최강실무 파워포인트

강현주 지음

성안당
www.cyber.co.kr

Foreign Copyright:
Joonwon Lee
Address: 10, Simhaksan-ro, Seopae-dong, Paju-si, Kyunggi-do,
      Korea
Telephone: 82-2-3142-4151
E-mail: jwlee@cyber.co.kr

최강 실무 파워포인트

2017. 10. 27. 초 판 1쇄 인쇄
2017. 11. 3. 초 판 1쇄 발행

편저자 | 강현주
펴낸이 | 이종춘
펴낸곳 | BM 주식회사 성안당
주소 | 04032 서울시 마포구 양화로 127 첨단빌딩 5층(출판기획 R&D 센터)
      10881 경기도 파주시 문발로 112 출판문화정보산업단지(제작 및 물류)
전화 | 02) 3142-0036
      031) 950-6300
팩스 | 031) 955-0510
등록 | 1973. 2. 1. 제406-2005-000046호
출판사 홈페이지 | www.cyber.co.kr
ISBN | 978-89-315-5528-8 (13000)
정가 | 23,000원

이 책을 만든 사람들
책임 | 최옥현
기획·진행 | 앤미디어
본문·표지 디자인 | 앤미디어
홍보 | 박연주
국제부 | 이선민, 조혜란, 김해영
마케팅 | 구본철, 차정욱, 나진호, 이동후, 강호묵
제작 | 김유석

■ 도서 A/S 안내

성안당에서 발행하는 모든 도서는 저자와 출판사, 그리고 독자가 함께 만들어 나갑니다.
좋은 책을 펴내기 위해 많은 노력을 기울이고 있습니다. 혹시라도 내용상의 오류나 오탈자 등이 발견되면 **"좋은 책은 나라의 보배"**로서 우리 모두가 함께 만들어 간다는 마음으로 연락주시기 바랍니다. 수정 보완하여 더 나은 책이 되도록 최선을 다하겠습니다.
성안당은 늘 독자 여러분들의 소중한 의견을 기다리고 있습니다. 좋은 의견을 보내주시는 분께는 성안당 쇼핑몰의 포인트(3,000포인트)를 적립해 드립니다.
잘못 만들어진 책이나 부록 등이 파손된 경우에는 교환해 드립니다.

머리말
PREFACE

토탈 솔루션으로 발전한 파워포인트

파워포인트의 새로운 버전이 나올 때마다 하나씩 추가되는 기능을 보면, 단순히 프레젠테이션을 위한 슬라이드를 만드는 도구에 만족하지 않는 것 같습니다. 이제 파워포인트는 사용자가 사무실에서 해야 하는 모든 업무를 위한, 진정한 토탈 솔루션 역할을 담당하고 있으며, 다양한 목적으로 사용할 수 있도록 발전하였습니다.

추가적인 유틸리티 설치 없이 화면을 캡처하고, 색상을 추출하며, 동영상을 녹화할 수 있다는 것이 얼마나 편리한 일인지, 인터넷에서 다양한 형태의 자료를 수집하고 가공해서 보고서를 작성하는 일을 하는 사람들은 충분히 이해할 것입니다.

특히 파워포인트 2016은 '디자인 아이디어' 기능으로 슬라이드를 편리하게 만들 수 있으며, 모핑 화면 전환 효과를 제공하여 슬라이드가 입체적인 공간 속에 있는 것처럼 하여 더욱 멋진 결과물을 만들 수 있게 해 줍니다.

원리를 이해하고 다양하게 활용

무엇이든 원리를 알면 쉽습니다. 사용하려는 개체의 의미만 정확히 파악한다면 그것을 활용하는 방법이 떠오를 것입니다. 기본기가 중요한 것은 파워포인트에서도 마찬가지입니다.

> 그래서 이 책에서는
> Part 1 사용이 편리해진 파워포인트에 관해 살펴보고,
> Part 2 파워포인트에서 사용하는 기본 개체들의 특성을 파악하고,
> Part 3 그 개체들을 활용하는 방법을 살펴본 다음,
> Part 4 업무를 조금 더 빨리 처리하기 위한 방법들을 찾아보고,
> Part 5 최종적인 목표인 슬라이드 쇼를 성공적으로 진행하기 위한 기능과 목적에 맞는 배포 방법을 설명하고 있습니다.

각각의 파트를 실습하면서 똑같은 결과물을 만드는 것에 끝나지 않고, 실무에 활용할 수 있는 아이디어를 얻을 수 있으면 합니다.

가장 중요한 것은 '내용'

먼저 어떤 내용을 전달하고 싶은지 잘 정리해 보세요. 슬라이드에 넣을 내용을 잘 준비한다면, 파워포인트가 생각한 것을 슬라이드로 만들 수 있도록 도와줄 것입니다. 주제에 맞는 내용만 잘 구성할 수 있다면 파워포인트는 누구나 일정 수준 이상의 프레젠테이션을 가능하게 합니다. 파워포인트의 쉽고 강력한 기능을 다양하게 활용할 수 있도록 이 책이 도움이 되었으면 좋겠습니다.

강현주

이 책의 구성
PREVIEW

이 책은 총 5개의 파트로, 파워포인트의 효과적인 학습을 위하여 프레젠테이션 이론, 프로그램 이론, 기능 예제가 다양하게 구성되어 있습니다.

프레젠테이션 이론을 통해 주제를 선정하고 자료를 수집하는 기획 방법 및 효과적인 발표 방법을 알아보고, 프로그램 이론을 통해 파워포인트 개념을 익히고, 기능 예제를 통해 정리한 자료를 시각화하는 방법을 알 수 있습니다.

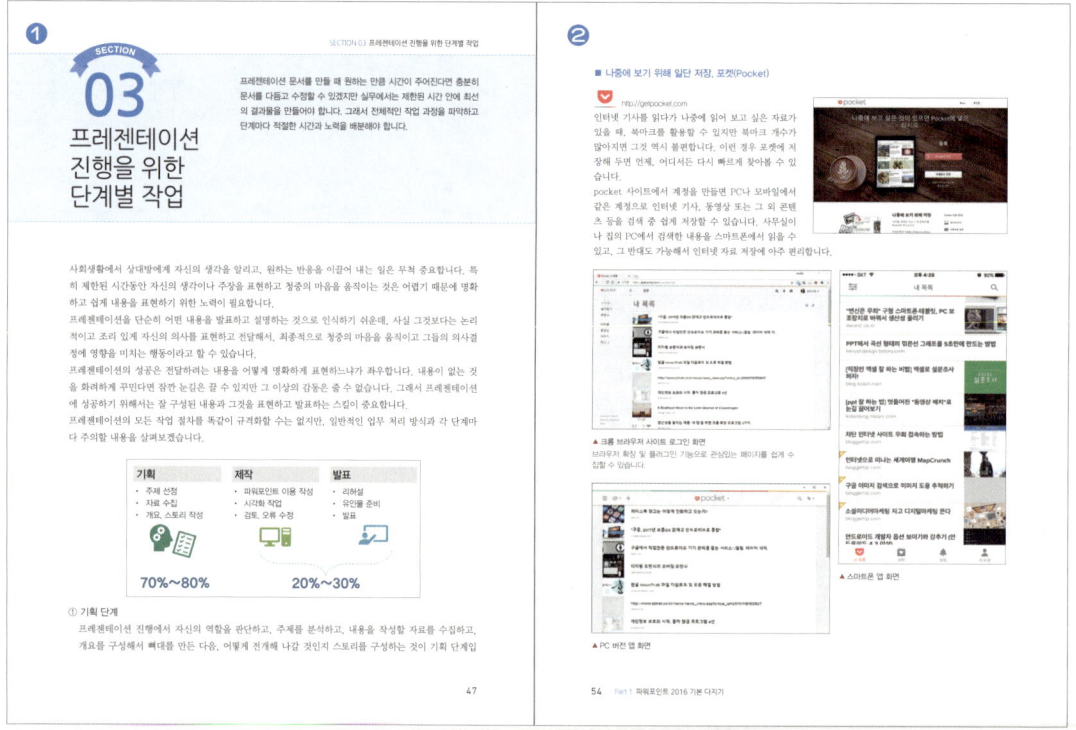

프레젠테이션 이론

❶ 단계별 작업
프레젠테이션을 위한 기획, 제작, 발표 단계에서 준비해야 할 것들을 알아봅니다.

❷ 자료 수집 및 정리 도구
성공적인 프레젠테이션을 위한 자료 수집 및 정리 도구 사용 방법을 익힙니다.

PowerPoint

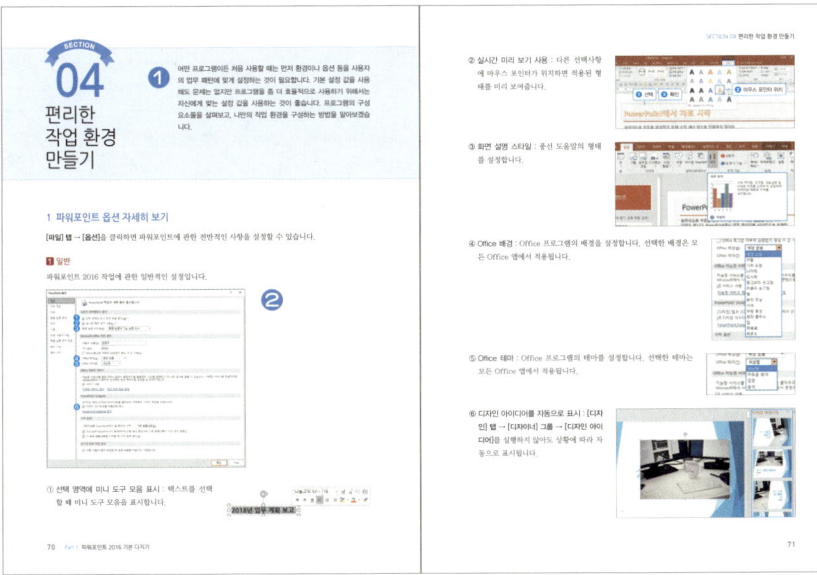

프로그램 이론

① 도입문
해당 섹션에서 다루고 있는 내용을 핵심적으로 간략하게 설명하고 학습 방향을 제시합니다.

② 개념 설명
실습 전 알아야 할 이론적인 개념을 설명해 놓았습니다.
개념을 미리 알아두면 훨씬 쉽고 재미있게 실습할 수 있습니다.

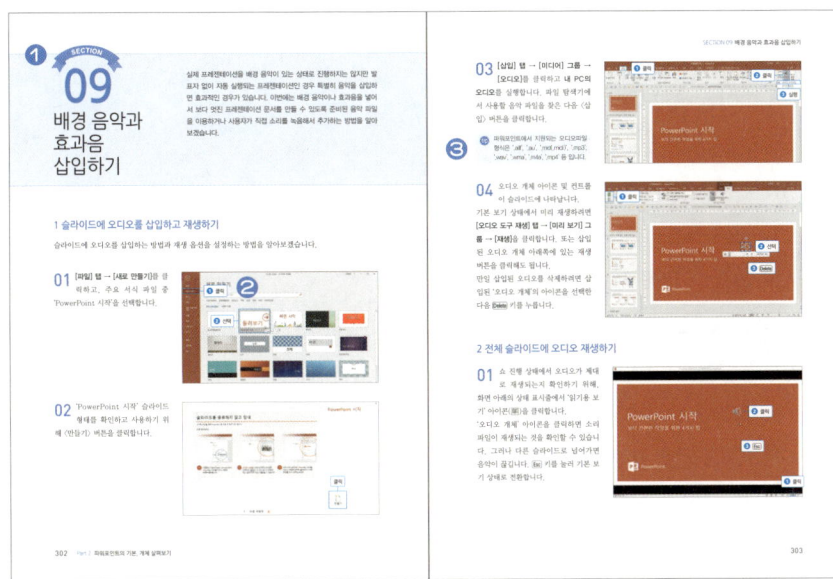

기능 예제

① 기능 예제
파워포인트의 주요한 기능을 엄선해 실습으로 구성했습니다.

② 지시선
작업 화면에 지시선과 짧은 설명을 넣어 보여줌으로써 예제를 정확하게 따라할 수 있습니다.

③ TIP
부연 설명, 관련 정보, 주의할 점은 무엇인지 등을 설명해 놓았습니다.

5

차례 CONTENTS

머리말	3
이 책의 구성	4
차례	6

PART 01 파워포인트 2016 기본 다지기

Section 01 파워포인트 2016의 새로운 기능 … 18

1 미리 설정된 투명 도형 스타일	19
2 [그리기] 탭	19
3 잉크 수식	20
4 빠른 작업 수행 기능	20
5 새롭게 추가된 차트 종류	21
6 작업 내용에 대한 정보를 찾아주는 '스마트 조회'	21
7 SVG 이미지 삽입 기능	22
8 텍스트 강조색	22
9 아이콘 삽입 기능	22
10 개체 정렬을 도와주는 눈금자	23
11 화면 녹화 기능	23
12 모핑 전환	23
13 그림 레이아웃을 위한 '디자인 아이디어'	24
14 프로세스 중심의 텍스트를 위한 '디자인 아이디어'	24
15 차트를 위한 '디자인 아이디어'	24
16 향상된 프레젠테이션 녹화	25
17 파워포인트 확대/축소	25
18 효율적인 공동 작업과 충돌 해결 방법 향상	25
19 동영상에 캡션 추가	25
20 '빠른 시작'으로 항목 리서치하며 프레젠테이션 파일 만들기	26
21 3D 모델 사용	28

Section 02	파워포인트 2016 프로그램 작업 환경	29
	1 파워포인트 2016 화면 구성	29
	2 사용자 정보	31
	3 프레젠테이션 정보와 관리	31
	4 파일 다루기	32
	5 작업에 맞는 보기 형태 선택하기	37
	6 리본 메뉴 살펴보기	42

Section 03	프레젠테이션 진행을 위한 단계별 작업	47
	1 결과의 품질을 좌우하는 가장 중요한 시간, 기획 단계	48
	2 자료 수집과 정리	51
	3 제작 단계	58
	4 최종 확인으로 마무리	64
	5 성공적으로 발표하기	68

Section 04	편리한 작업 환경 만들기	70
	1 파워포인트 옵션 자세히 보기	70
	2 편한 작업을 위해 설정하는 옵션	77
	3 파워포인트를 사용한다면 빠른 실행 도구 모음은 필수	78
	4 마우스 오른쪽 버튼을 클릭해 미니 도구 모음 사용하기	83

Section 05	파워포인트에서 슬라이드 다루기	87
	1 슬라이드를 만드는 방법	87
	2 슬라이드의 내용은 유지하며 레이아웃 변경하기	94
	3 슬라이드의 순서 다시 정렬	95
	4 슬라이드 삭제	95
	5 슬라이드 크기 변경	96
	6 슬라이드 구역으로 관리하기	97
	7 슬라이드 노트 활용하기	100

Section 06	가장 빠르게 프레젠테이션 파일 만들기	101
	1 생각하지 말고 선택하여 만들기	101

PART 02 파워포인트의 기본, 개체 살펴보기

Section 01 텍스트로 꾸미는 슬라이드 … 112
1 개체 틀에 텍스트 입력하기 … 112
2 빠른 입력 방법과 작업이 편해지는 단축키 익히기 … 114
3 임의의 위치에 텍스트 입력하기 … 116
4 기호 입력하기 … 118
5 수식 입력하기 … 121
6 한눈에 내용을 파악하는 범주 형태 데이터 입력하기 … 123
7 단락 간격과 줄 간격 조정하기 … 127
8 텍스트 서식 설정으로 전달력 높이기 … 129
9 다양한 텍스트 선택법 살펴보기 … 133
10 작업이 편리해지는 텍스트 관련 유용한 기능 … 134
11 WordArt로 텍스트 꾸미기 … 138

Section 02 도형을 자유롭게 다루기 … 143
1 슬라이드에 도형 삽입, 삭제하기 … 143
2 도형의 크기와 모양 변형하기 … 147
3 연결선을 이용해서 내용을 이어 주고 강조하기 … 149
4 서식을 설정해 도형 꾸미기 … 153
5 빠르게 색을 칠하는 방법 … 170
6 도형의 이동과 복사하기 … 173
7 도형의 맞춤과 그룹 … 177

Section 03 그림으로 정보 전달력을 높여 표현하기 … 187
1 그림 파일을 삽입하는 두 가지 방법 … 187
2 대칭과 회전, 순서 바꾸기 … 190
3 그림에서 필요 없는 부분 제거해서 내용 강조하기 … 194
4 적은 노력으로 문서의 품질을 높이는 조정 기능 활용하기 … 202
5 그림 스타일 변경하기 … 205

　　　　6 서식 설정한 그림 파일의 원본 저장하기　　　　　　　　　　　209
　　　　7 이미지 배경을 투명하게 만들기　　　　　　　　　　　　　211
　　　　8 그림 용량을 줄이는 방법　　　　　　　　　　　　　　　　214
　　　　9 사진 앨범 기능으로 많은 사진 한 번에 삽입하기　　　　　216

Section 04 파워포인트에서 쉽게 아이콘 삽입하기　　　　　　　　220
　　　　1 슬라이드에 아이콘 삽입하기　　　　　　　　　　　　　　220
　　　　2 아이콘 중 필요한 부분만 사용하기　　　　　　　　　　　　222

Section 05 편리한 SmartArt 그래픽 만들기　　　　　　　　　　224
　　　　1 SmartArt 그래픽이란?　　　　　　　　　　　　　　　　224
　　　　2 SmartArt 그래픽 쉽게, 편리하게 만들기　　　　　　　　　229
　　　　3 SmartArt 그래픽의 텍스트 창 살펴보기　　　　　　　　　232
　　　　4 SmartArt 그래픽 도형 추가하고 삭제하기　　　　　　　　233
　　　　5 SmartArt 레이아웃 변경　　　　　　　　　　　　　　　239
　　　　6 SmartArt 그래픽으로 작성한 내용 다른 프로그램에서 사용하기　242

Section 06 숫자가 많은 자료 차트로 정리하기　　　　　　　　　244
　　　　1 차트 종류별 특징과 적합한 데이터 형태　　　　　　　　　244
　　　　2 차트 삽입, 삭제　　　　　　　　　　　　　　　　　　　252
　　　　3 삽입된 차트를 수정하고 서식 작업하는 네 가지 방법　　　254
　　　　4 차트의 수정과 종류 변경　　　　　　　　　　　　　　　259
　　　　5 엑셀 문서에 만들어진 차트 복사해서 사용하기　　　　　　262
　　　　6 값의 범위가 너무 넓어 표현되지 않는다면 콤보 차트 활용　264
　　　　7 차트 영역이나 계열 막대를 그림으로 채우기　　　　　　　266

Section 07 표를 이용해서 많은 자료 정리하기　　　　　　　　　269
　　　　1 슬라이드에 표 삽입하고, 스타일 적용하기　　　　　　　　269
　　　　2 다른 프로그램 데이터 가져와서 표 만들기　　　　　　　　276
　　　　3 표의 레이아웃 변경하기　　　　　　　　　　　　　　　278

Section 08 동영상으로 슬라이드 만들기　　　　　　　　　　　283
　　　　1 동영상 삽입하고 재생하기　　　　　　　　　　　　　　　283

2 트리밍으로 동영상 편집하기	292
3 동영상에 서식 작업하기	294
4 미디어 파일이 삽입된 프레젠테이션 문서 문제 없이 다루기	298
5 비디오에 텍스트 오버레이하기	300

Section 09 배경 음악과 효과음 삽입하기 · 302

1 슬라이드에 오디오를 삽입하고 재생하기	302
2 전체 슬라이드에 오디오 재생하기	303
3 재생에 관련된 옵션 살펴보기	304
4 오디오 트리밍으로 원하는 부분만 사용하고, 책갈피로 빨리 찾기	305
5 슬라이드에 오디오 녹음해서 삽입하기	307

PART 03 파워포인트 핵심 스킬, 개체 활용하기

Section 01 텍스트 자료 활용 방법 · 310

1 자동 맞춤 옵션을 이용해서 슬라이드 분리하기	310
2 다른 파일에 입력된 자료 활용하기	313
3 슬라이드에서 자주 사용하는 텍스트 형태를 기본 텍스트 상자로 설정하기	320
4 개요 보기를 활용하는 방법	321
5 WordArt로 작성한 텍스트를 한글 파일에서 활용하기	324

Section 02 도형 자료 활용 방법 · 326

1 [도형 바꾸기] 명령으로 크기가 동일한 다른 모양의 도형 빠르게 만들기	326
2 기본 도형 설정으로 도형 작업을 빠르게 하기	329
3 도형 병합 기능 사용하기	333
4 점 편집으로 도형을 100% 활용하기	339
5 드로잉과 점 편집으로 도형 만들기	341

Section 03	그림을 관리하고 잘 다루기	344
	1 필요한 이미지와 글꼴 준비하기	344
	2 스크린샷 기능을 이용한 이미지 수집 방법	350
	3 웹용 이미지 개체 만들기	352
	4 이미지 제작에 유용한 사이트 활용하기	355

Section 04	아이콘 활용하기	358
	1 파워포인트 기능 확장해서 사용하기	358
	2 기호 글꼴을 이용한 아이콘 만들기	362

Section 05	SmartArt 그래픽 변형하기	366
	1 미리 입력된 텍스트 자료를 SmartArt 그래픽으로 만들기	366
	2 그림을 SmartArt 그래픽으로 만들기	371
	3 SmartArt 그래픽을 변경해서 사용하기	372

Section 06	차트를 쉽고 효과적으로 사용하기	383
	1 차트 서식을 저장해서 편리하고 빠르게 만들기	383
	2 차트를 꾸며 주는 도형	388

Section 07	표를 이용한 슬라이드 꾸미기	401
	1 도형과 함께 사용하는 표	401
	2 표를 도형처럼 활용하기	404

Section 08	동영상 문제 없이 다루기	406
	1 화면 녹화 기능을 사용해 동영상 수집하기	406
	2 동영상 파일 변환하기	410

Section 09	내레이션을 만들어서 사용하기	412
	1 TTS(Text To Speech) 사이트 활용하기	412
	2 내레이션 녹음하기	413

PART 04 빠른 작업을 위한 실무 활용 익히기

Section 01 슬라이드 마스터 활용하기 — 418
1 슬라이드 마스터란? — 418
2 슬라이드 마스터를 이용한 슬라이드 작성 작업 단계 — 423
3 사용자 설정 테마 저장해서 사용하기 — 440
4 슬라이드 마스터를 활용하는 팁 — 441

Section 02 텍스트 입력 빠르게 하기 — 446
1 많은 분량의 인쇄된 텍스트 및 필기 텍스트 사용하기 — 446
2 회의, 강의, 인터뷰 녹음 등 오디오 자료 텍스트로 입력하기 — 448

Section 03 스토리보딩 활용하기 — 453
1 파워포인트에 스토리보드 셰이프 기능 설치하기 — 453
2 스토리보드 셰이프 및 파워포인트 기능 사용하기 — 454

Section 04 테마색을 위한 색상 정보 — 457
1 Colourlovers — 457
2 Adobe Kuler(http://kuler.adobe.com) — 458
3 기업의 색 가이드라인 참고 — 461
4 인쇄를 고려하여 색 선택하기 — 462
5 톤을 유지하며 색을 수정하는 방법 — 463

Section 05 작업을 빠르게 하는 팁 — 469
1 새 슬라이드 크기를 새 프레젠테이션의 기본값으로 만들기 — 469
2 트리밍한 동영상을 여러 번 사용하거나 별도의 파일로 저장하기 — 471

PART 05 성공적인 프레젠테이션을 위한 작업

Section 01 슬라이드 쇼 진행하기 — 476
1 슬라이드 쇼 진행하기 — 476
2 발표자 도구 활용하기 — 478

Section 02 쇼에 활력을 주는 전환 효과 사용하기 — 480
1 화면 전환 효과 적용하기 — 480
2 화면 전환 효과를 변경 또는 삭제하기 — 482
3 프레지 효과를 만들 수 있는 모핑 전환 활용하기 — 483

Section 03 하이퍼링크 이용하기 — 490
1 같은 프레젠테이션의 슬라이드에 연결 — 490
2 텍스트 개체에 하이퍼링크를 설정할 때 주의할 점과 텍스트 색상 변경하기 — 491
3 다른 프레젠테이션의 슬라이드에 연결 — 493
4 전자 메일 주소에 연결 — 494
5 웹 사이트 또는 웹에 있는 파일에 연결 — 495
6 새 파일에 연결 — 495
7 하이퍼링크 편집과 제거하기 — 496

Section 04 확대/축소 기능 활용하기 — 497
1 요약 확대/축소 — 497
2 구역 확대/축소 — 499
3 슬라이드 확대/축소 — 500

Section 05 애니메이션 활용하기 — 502
1 다양한 애니메이션 종류 — 502
2 애니메이션을 추가하고 시작 방법 설정하기 — 503
3 개체에 따라 달라지는 애니메이션 효과 옵션 — 511

4 이동 경로 애니메이션 효과 설정하기	517
5 동영상 개체에 트리거 이용해서 애니메이션 효과 설정하기	519

Section 06 목적에 맞는 인쇄물 준비하기 525

1 인쇄 명령 살펴보기	525
2 결재를 위한 인쇄물 A4 용지에 맞추기	528
3 발표자를 위한 슬라이드 노트 인쇄하기	531
4 청중을 위한 슬라이드 유인물 인쇄하기	535
5 텍스트만 확인하는 개요 인쇄하기	538
6 슬라이드 번호 변경	540

Section 07 프레젠테이션 발표 준비하기 542

1 슬라이드 쇼 재구성하기	542
2 슬라이드 숨기기	544
3 슬라이드 쇼 설정	545
4 예행 연습하기	546
5 슬라이드 쇼 녹화하기	548

Section 08 Microsoft 계정 활용하기 551

1 Microsoft 계정 하나로 사용할 수 있는 기능	551
2 프레젠테이션 문서 웹에 저장하고 공유하기	553
3 원격 청중에게 온라인 프레젠테이션	559

Section 09 배포 전 문서 점검하기 562

1 미디어가 실패 없이 재생되도록 문제 해결	562
2 프레젠테이션 보호하기	564
3 프레젠테이션 검사하기	565

Section 10 목적에 맞게 저장하고 배포하기　　567
　　1 PDF/XPS 문서 만들기　　567
　　2 프레젠테이션 문서를 비디오로 만들기　　568
　　3 CD용 프레젠테이션 패키지 만들기　　569
　　4 유인물 만들기　　571
　　5 PowerPoint 쇼로 저장하기　　572
　　6 수정할 수 없는 그림 형식으로 프레젠테이션 파일 저장하기　　572
　　7 그림으로 저장하기　　573

　찾아보기　　575

예제 · 완성 파일 다운로드

1 성안당 홈페이지(http://www.cyber.co.kr)에 접속하여 회원으로 가입하세요(회원이 아니면 자료를 다운로드할 수 없습니다).
2 메인 화면 왼쪽의 '자료실'을 클릭하고 '부록CD'의 `바로가기 ▶` 버튼을 클릭한 다음 검색 창에서 '최강 실무 파워포인트'를 검색하세요.
3 검색된 목록을 클릭하고 `자료 다운로드 바로가기`를 클릭하여 예제 및 완성 파일을 다운로드한 다음 찾기 쉬운 위치에 압축을 풀어 사용하세요.

파워포인트 템플릿 무료 제공 주요 사이트

- 네이버 : http://hangeul.naver.com/document
- 마이크로소프트 : https://templates.office.com/ko-kr/templates-for-PowerPoint

PART 01

SECTION 01 파워포인트 2016의 새로운 기능
SECTION 02 파워포인트 2016 프로그램 작업 환경
SECTION 03 프레젠테이션 진행을 위한 단계별 작업
SECTION 04 편리한 작업 환경 만들기
SECTION 05 파워포인트에서 슬라이드 다루기
SECTION 06 가장 빠르게 프레젠테이션 파일 만들기

파워포인트 2016 기본 다지기

파워포인트는 일반적으로 프레젠테이션을 제작하기 위해 사용하는 프로그램이지만 프레젠테이션이 목적이 아니라도 업무에 많은 도움이 될 수 있습니다. 최신 버전의 파워포인트에 일반 사무에 활용할 수 있는 다양한 기능들이 추가되었기 때문입니다. 이미지 편집, 화면 캡처, 화면 녹화 등의 기능을 활용하면 파워포인트 프로그램 하나로 업무에 필요한 자료 수집부터 가공까지 쉽고 편리하게 할 수 있습니다. 파워포인트 2016에 새롭게 추가된 기능과 사용하기 편리한 작업 환경을 만드는 방법을 살펴보겠습니다.

SECTION 01
파워포인트 2016의 새로운 기능

최신 버전의 프로그램을 사용한다면 추가된 기능을 찾아 활용하는 것이 작업 능률을 높일 수 있습니다. 좋은 기능이 추가로 제공되었는데도 이전 버전 방식으로 어렵게 작업하지 않으려면 새로운 기능을 먼저 알아두는 것이 필요합니다.

파워포인트는 버전이 바뀔 때마다 매력적인 기능들이 추가됩니다. 특히 이번 2016 버전은 업무에 유용하고 편리한 기능들이 많이 추가되었습니다.

파워포인트는 기본적으로 다양한 기능을 포함하고 있습니다. 유료 유틸리티를 따라갈 정도는 아니지만 그동안 무료 유틸리티를 사용했던 사용자라면 파워포인트 하나로 어느 정도 해결됩니다. 업무 처리에 관한 종합적인 해결책으로 파워포인트 최신 버전을 사용하는 것은 충분히 가치 있는 일입니다.

 다양하게 활용할 수 있는 파워포인트 개체와 프레젠테이션 문서 제작 이외의 파워포인트로 할 수 있는 작업

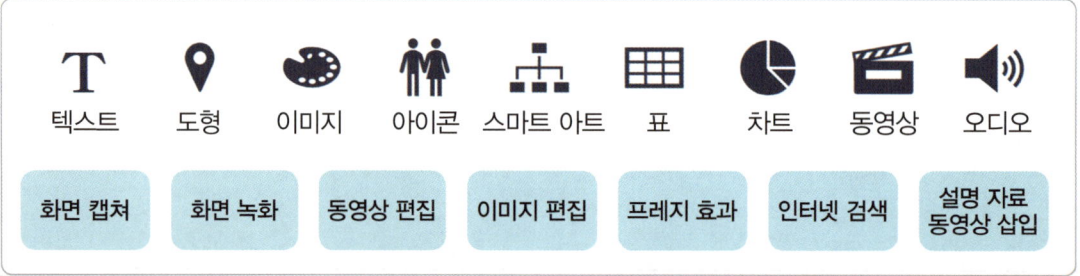

파워포인트의 기능은 계속 개발되고 있고, 만일 현재 파워포인트 2016을 사용 중인 오피스 365 구독자라면 새로운 기능이 주기적으로 업데이트됩니다. 먼저 어떤 기능이 추가되었는지 살펴보겠습니다(2017년 9월 기준).

> tip 파워포인트 2016 새로운 기능 중 오피스 365 구독자만 사용할 수 있는 기능이 있습니다.

1 미리 설정된 투명 도형 스타일

파워포인트에서 도형을 다루다 보면 도형의 투명도를 조정하는 작업을 자주하게 됩니다. 그때마다 [채우기] 명령을 이용해서 색을 설정하지 않아도, **[그리기 도구 서식] 탭 → [도형 스타일] 그룹 → [빠른 스타일]**의 '미리 설정' 항목에서 투명 효과가 적용된 스타일을 선택하면 편하게 사용할 수 있습니다.

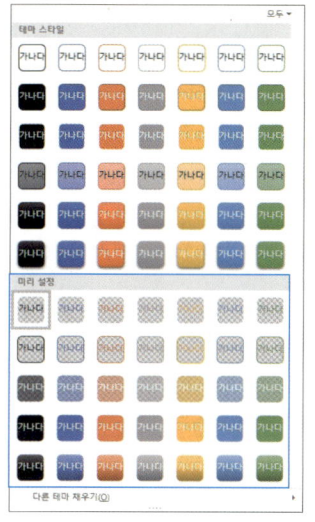
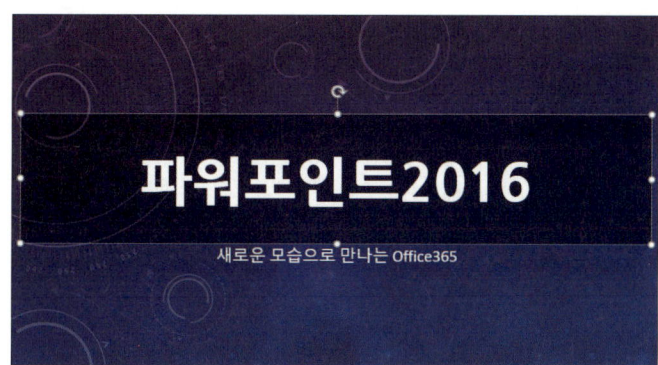

2 [그리기] 탭

터치 장치 또는 펜 사용 장치를 사용해 텍스트를 강조 표시하거나, 잉크 그림을 도형으로 변환하거나, 수학 공식을 작성한 후 텍스트로 변환할 수 있습니다. 터치 장치가 없는 경우 마우스로도 사용할 수 있습니다.

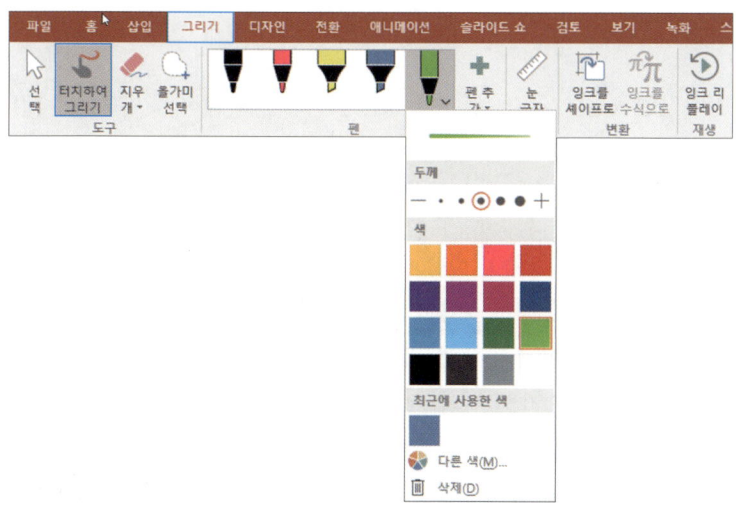

터치가 가능한 장치가 연결되면 [그리기] 탭이 자동으로 표시됩니다. 만일 자동으로 표시되지 않는다면 [파일] 탭 → [옵션]을 실행하고 'PowerPoint 옵션' 대화상자에서 [리본 사용자 지정] 탭을 선택합니다. 목록에서 '그리기'를 선택해 추가한 다음 〈확인〉 버튼을 클릭합니다.

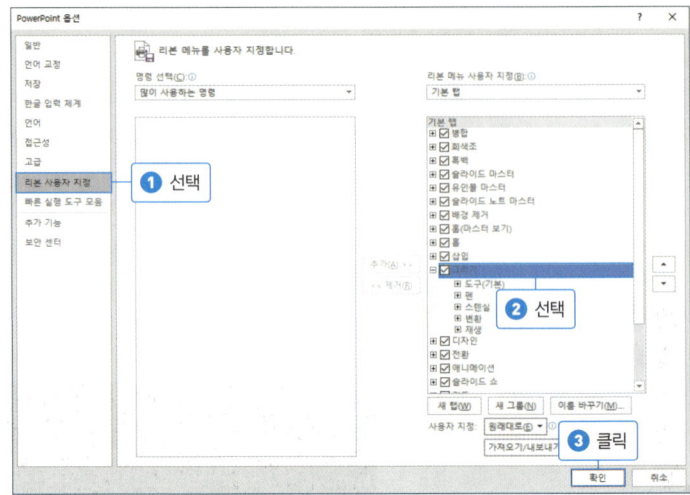

3 잉크 수식

[삽입] 탭 → [기호] 그룹 → 수식 → 잉크 수식을 클릭하면 프레젠테이션에 복잡한 수학 방정식을 간편하게 삽입할 수 있습니다. 터치 장치가 있는 경우 손가락이나 터치 스타일러스 펜으로 직접 수학 방정식을 쓰면 작성한 내용이 텍스트로 변환됩니다. 터치 장치가 없는 경우 마우스로도 쓸 수 있습니다.

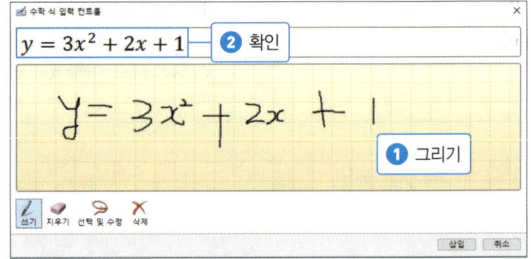

4 빠른 작업 수행 기능

파워포인트 2016의 리본 메뉴에는 [어떤 작업을 원하시나요?] 또는 [수행할 작업을 알려 주세요]라는 검색 창이 있습니다. 이곳에 작업과 관련된 단어 및 구를 입력하여, 사용하려는 기능이나 메뉴에 빠르게 액세스할 수 있습니다. 또한 찾는 내용과 관련된 도움말이 표시되도록 선택하거나 입력한 용어에 대해 스마트 조회를 할 수도 있습니다.

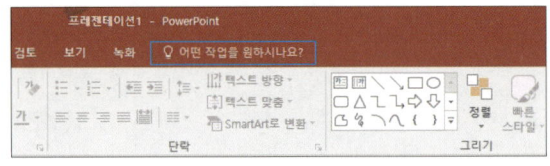
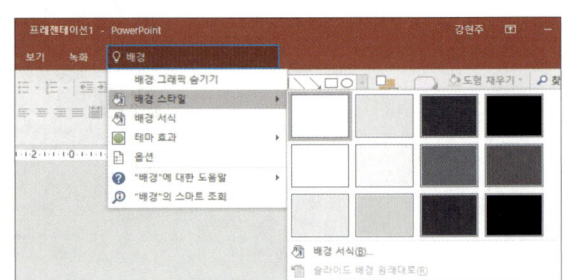

5 새롭게 추가된 차트 종류

데이터를 시각화하는 것은 효과적으로 데이터를 분석할 때뿐만 아니라 설득력 있는 설명이 필요할 때도 중요합니다. 파워포인트 2016에는 재무 또는 계층 구조 정보에서 가장 일반적으로 사용하는 몇 가지 데이터를 시각화하거나 데이터에서 통계 속성을 찾아낼 수 있도록 기존에 사용하던 다양한 서식 옵션이 포함된 새 차트가 추가되었습니다.

[삽입] 탭 → [일러스트레이션] 그룹 → [차트]를 클릭해 '차트 삽입' 대화상자를 표시하면 데이터를 시각화하기에 적합한 새로운 차트 종류인 '지도', '트리맵', '선버스트', '히스토그램', '상자 수염 그림', '폭포', '깔때기'형을 사용할 수 있습니다.

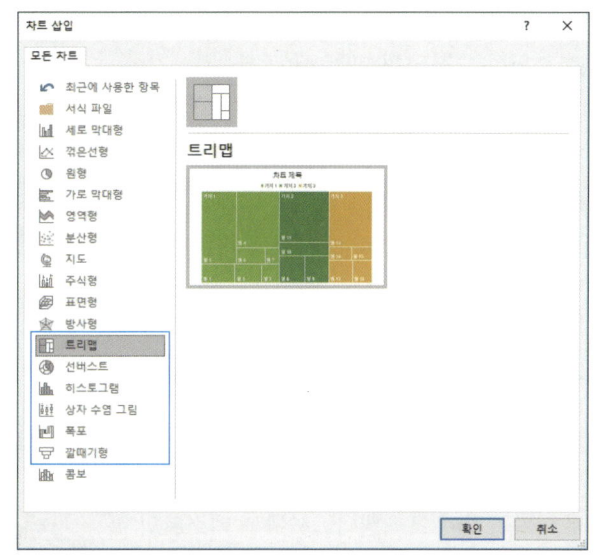

6 작업 내용에 대한 정보를 찾아주는 '스마트 조회'

단어나 구를 선택한 다음 마우스 오른쪽 버튼을 클릭하고 **스마트 조회**를 실행하면 Bing에서 제공하는 스마트 조회 창이 표시되고 정의, Wiki 문서, 웹에서 가장 관련성이 높은 검색 결과가 표시됩니다.

'스마트 조회' 기능은 파워포인트에서 나가거나 기타 웹 브라우저를 이용하여 검색을 하지 않아도 정보를 찾을 수 있도록 도와주는 역할을 합니다. 또한 [검토] 탭 → [정보 활용] 그룹 → [스마트 조회]를 클릭하면 언제든지 [스마트 조회] 작업창으로 이동할 수 있습니다.

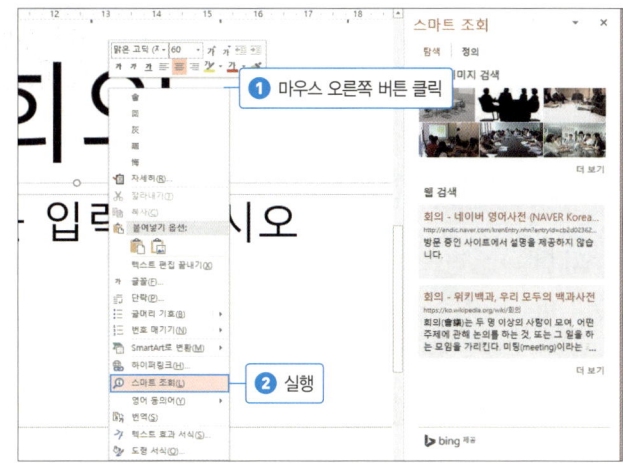

7 SVG 이미지 삽입 기능

SVG(Scalable Vector Graphic)는 크기가 변경되어도 화질이 저하되지 않습니다. 이전 버전 파워포인트에서 SVG 포맷의 벡터 파일을 사용하려면 파워포인트에서 사용 가능한 포맷으로 변환하는 작업을 먼저 해야 했습니다. 파일 포맷 변환 사이트를 이용하거나 전문 프로그램을 사용해야 했던

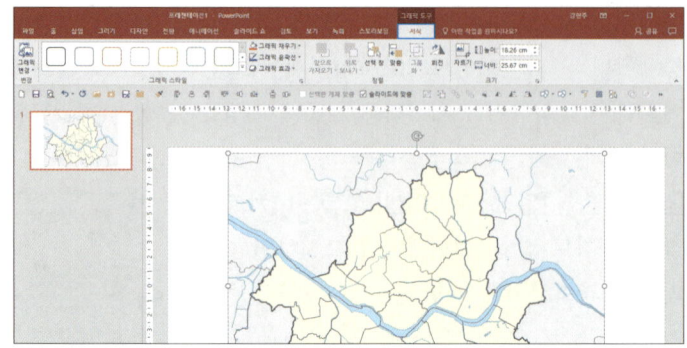

불편한 중간 작업 없이 파워포인트에서 바로 사용할 수 있어 편리합니다. SVG 포맷의 파일이 삽입되면 **[그래픽 도구 서식]** 탭이 표시되고 채우기나 윤곽선 등을 설정할 수 있습니다.

8 텍스트 강조색

워드와 마찬가지로 파워포인트에서도 텍스트 강조색을 사용할 수 있습니다. 다양한 형광펜 색을 사용하여 프레젠테이션에서 텍스트의 특정 영역을 강조할 수 있습니다.

9 아이콘 삽입 기능

[삽입] 탭 → [일러스트레이션] 그룹 → [아이콘]을 클릭해 다양한 아이콘을 추가할 수 있습니다. 파워포인트 2013 버전까지는 클립아트 기능이 없어서 외부 사이트를 통해서 각종 아이콘을 검색해야 했는데 이제 파워포인트 작업 중 바로 아이콘을 사용할 수 있습니다.

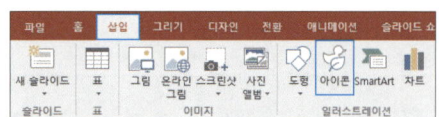

10 개체 정렬을 도와주는 눈금자

[그리기] 탭 → [스텐실] 그룹 → [눈금자]를 클릭하여 눈금자를 사용할 수 있습니다. 눈금자는 이동과 회전이 가능한데, 마우스로는 사용할 수 없으며 터치 기능으로만 작업이 가능합니다.

① 한 손가락으로 탭 한 상태에서 움직이면 상하좌우로 이동이 가능합니다.
② 두 손가락으로 탭 한 상태에서 움직이면 눈금자를 회전할 수 있습니다.
③ 세 손가락으로 탭 한 상태에서 회전을 하면 5°씩 회전할 수 있습니다.

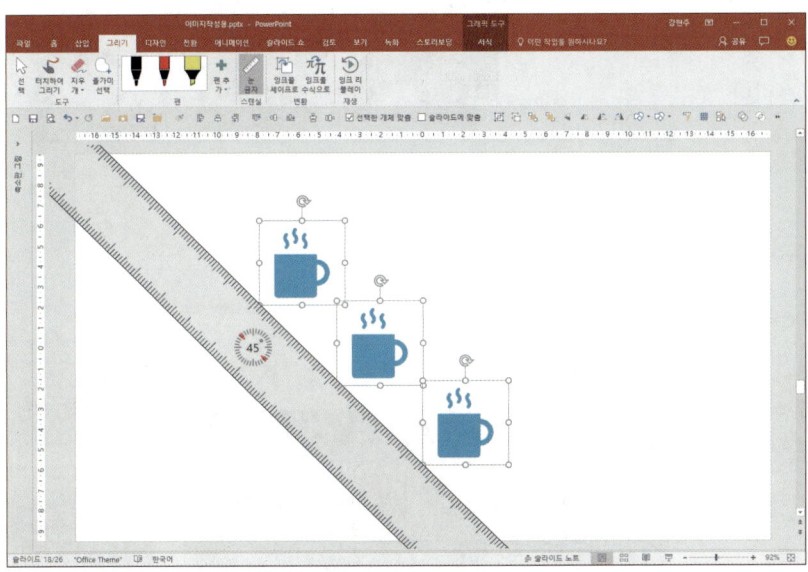

11 화면 녹화 기능

[삽입] 탭 → [미디어] 그룹 → [화면 녹화]를 클릭하면, 화면에서 녹화할 부분을 선택하거나 필요한 내용을 캡처하고, 프레젠테이션에 직접 삽입하는 작업을 한번에 쉽게 할 수 있습니다.

12 모핑 전환

슬라이드에 애니메이션, 전환, 개체 이동을 손쉽게 만들 수 있는 새로운 전환 유형인 '모핑' 기능이 제공됩니다. 프레지에서 느껴지는 입체감이나 공간감을 파워포인트에서 모핑 기능으로 쉽게 만들 수 있습니다.

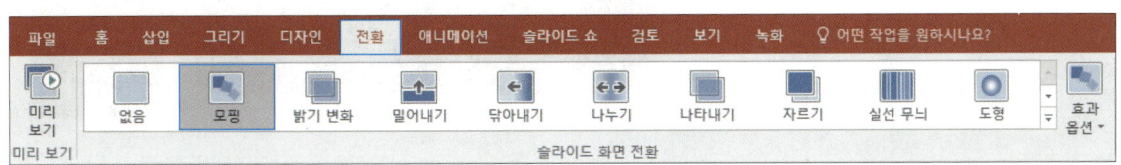

13 그림 레이아웃을 위한 '디자인 아이디어'

'디자인 아이디어'는 사용자의 콘텐츠에서 슬라이드를 보다 멋지게 만들 수 있는 다양한 디자인을 자동으로 구성하는 새로운 서비스입니다. 사진이나 기타 고유한 시각적 콘텐츠를 추가하면, [디자인 아이디어] 작업창이 표시되고 슬라이드에 적용할 수 있는 다양한 시각적 추천 디자인이 제시됩니다.

14 프로세스 중심의 텍스트를 위한 '디자인 아이디어'

슬라이드에 글머리 기호가 적용된 프로세스 목록을 작성한 다음 '디자인 아이디어' 기능을 사용하면, 파워포인트에서 이를 감지하고 프로세스를 나타내기 위해 텍스트를 SmartArt 그래픽으로 변환한 다음 여러 형태를 선택할 수 있도록 디자인을 제시합니다.

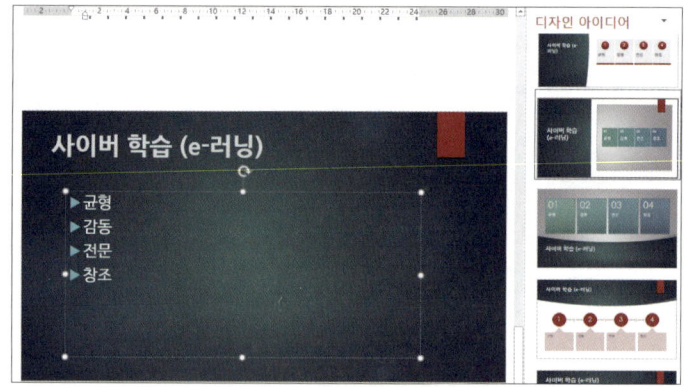

15 차트를 위한 '디자인 아이디어'

슬라이드에서 차트를 삽입할 때 '디자인 아이니어' 기능이 레이아웃 아이디어를 제안합니다.

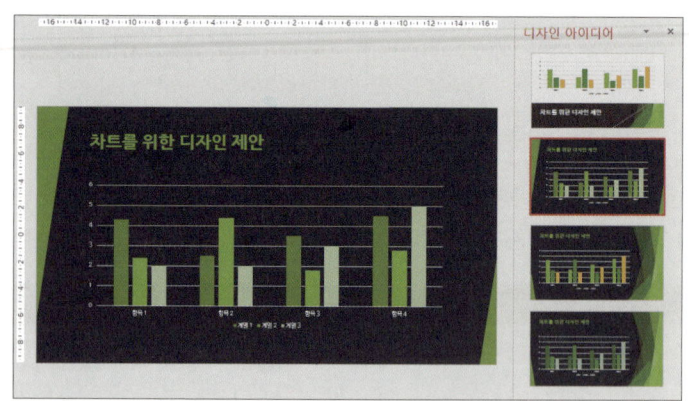

16 향상된 프레젠테이션 녹화

녹화 창에서 잉크 색상을 직접 변경할 수도 있고 잉크 제스처까지 캡처합니다. 사운드 카드, 마이크, 스피커와 웹 캠이 있는 경우 프레젠테이션과 함께 설명을 녹화할 수 있습니다.

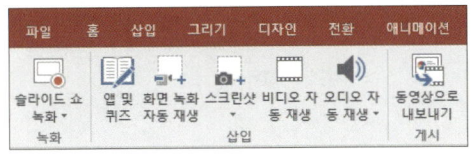

17 파워포인트 확대/축소

'확대/축소'기능을 사용하면 발표 중에 특정 슬라이드, 섹션 및 부분을 원하는 순서대로 보여줄 수 있으며, '요약 확대/축소', '구역 확대/축소', '슬라이드 확대/축소'의 세 가지 기능을 사용할 수 있습니다.

18 효율적인 공동 작업과 충돌 해결 방법 향상

OneDrive 또는 SharePoint를 사용하여 파워포인트 2016 프레젠테이션을 다른 사용자와 공유하고 실시간으로 공동 작업할 수 있습니다. 또한 여러 명이 협업을 하는 경우 서로 작업 내용이 충돌되었을 때 유지할 버전 및 변경할 내용을 선택할 수 있습니다.

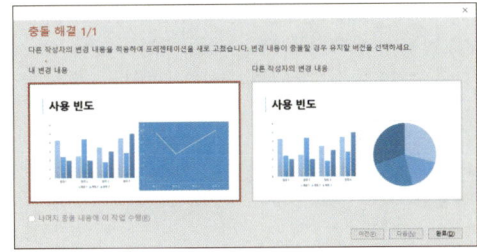

19 동영상에 캡션 추가

파워포인트에 삽입하는 온라인 동영상을 제외한 동영상이 삽입된 프레젠테이션에 캡션을 추가할 수 있습니다. 확장명이 '.vtt'인 텍스트 기반 캡션 파일을 준비하고, **[재생] 탭 → [캡션 삽입] 그룹**에서 **캡션 삽입**을 클릭하면 동영상에 원하는 자막을 추가할 수 있습니다.

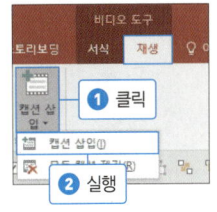

20 '빠른 시작'으로 항목 리서치하며 프레젠테이션 파일 만들기

빠른 시작은 검색어에 따른 정보를 수집하며 검색한 항목과 관련된 주제 목록을 제공하기 때문에 빠르게 프레젠테이션 파일을 만들 수 있습니다. (검색 기능을 사용하기 때문에 인터넷이 연결되어 있어야 합니다.)

01 [파일] 탭 → [새로 만들기]에서 [빠른 시작] 서식 파일을 클릭합니다.

tip [빠른 시작] 서식 파일은 오피스 365에서 제공합니다.

02 작성하려는 프레젠테이션의 주제를 입력합니다.

tip Office 지능형 서비스를 켜지 않았다면 서비스를 켜도록 요청하는 대화상자가 나타날 수 있습니다. 빠른 시작을 사용하려면 옵션에서 지능형 서비스를 켜야 합니다.

03 검색된 주제의 종류를 선택합니다.

04 제시되는 슬라이드 중 사용할 슬라이드를 선택합니다.

05 디자인으로 사용할 모양을 선택합니다.

06 주제어를 기준으로 작성된 슬라이드를 이용해서 자료를 리서치하고 내용을 만듭니다.

07 내용을 만들 때 '스마트 조회' 기능을 활용해서 관련 내용을 바로 검색하며 작업할 수 있습니다.

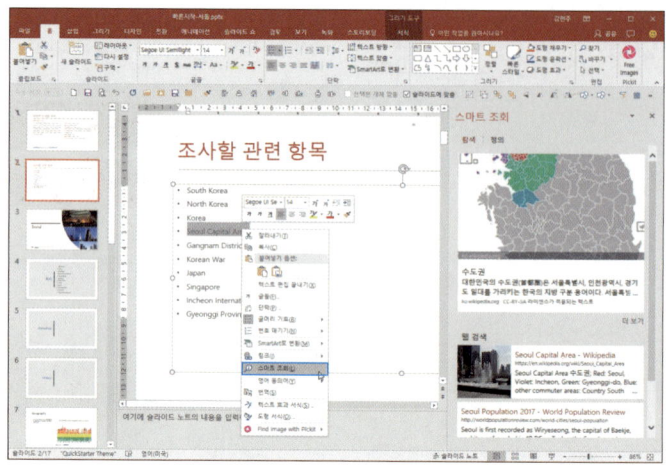

21 3D 모델 사용

360도 회전할 수 있는 개체를 프레젠테이션에 삽입하고, 위로 또는 아래로 기울일 수 있습니다. 모핑 및 전환을 사용하면 3D 모델을 생생하게 표현할 수 있습니다. 3D 모델을 삽입하면 **[모델 도구 서식 3D] 탭**을 사용할 수 있습니다.

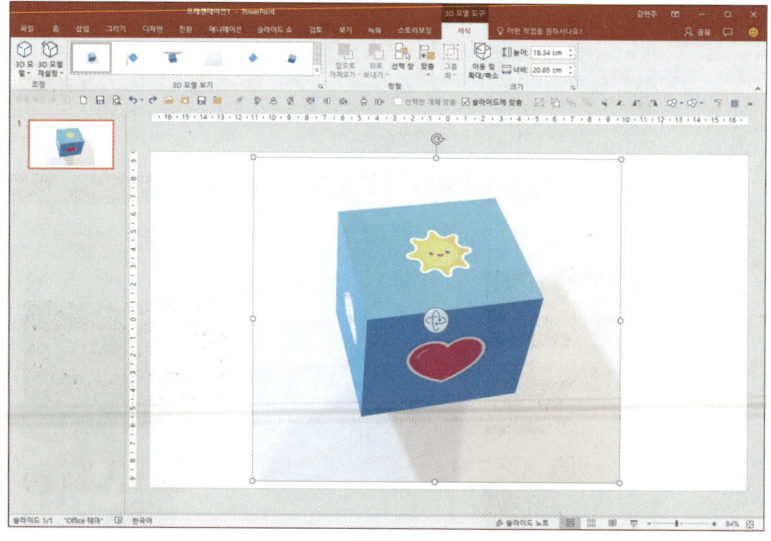

> **tip** Remix 3D에서 필요한 3D 이미지를 검색할 수도 있습니다. Remix 3D는 2017.8월 현재 대한민국은 지원되지 않습니다. 사용 가능한 국가는 계속 추가되고 있습니다.

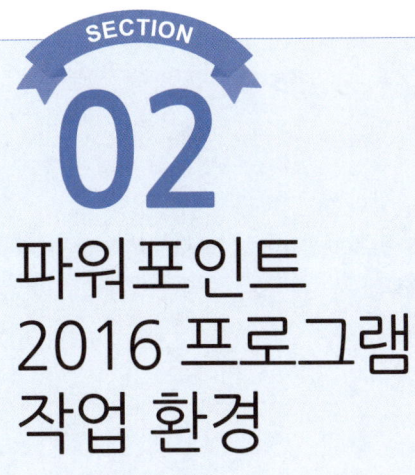

SECTION 02 파워포인트 2016 프로그램 작업 환경

파워포인트 2016 프로그램 작업 환경

파워포인트를 능숙하게 다루려면 프로그램이 어떤 모습인지 자세히 살펴보고, 화면 구성에 익숙해지는 것이 중요합니다. 물론 사용하면서 하나씩 알아갈 수도 있지만, 먼저 전체적인 형태를 둘러보고 사용하는 것도 좋은 방법입니다.

1 파워포인트 2016 화면 구성

파워포인트 2016에서 달라진 화면을 중점적으로 살펴보겠습니다.

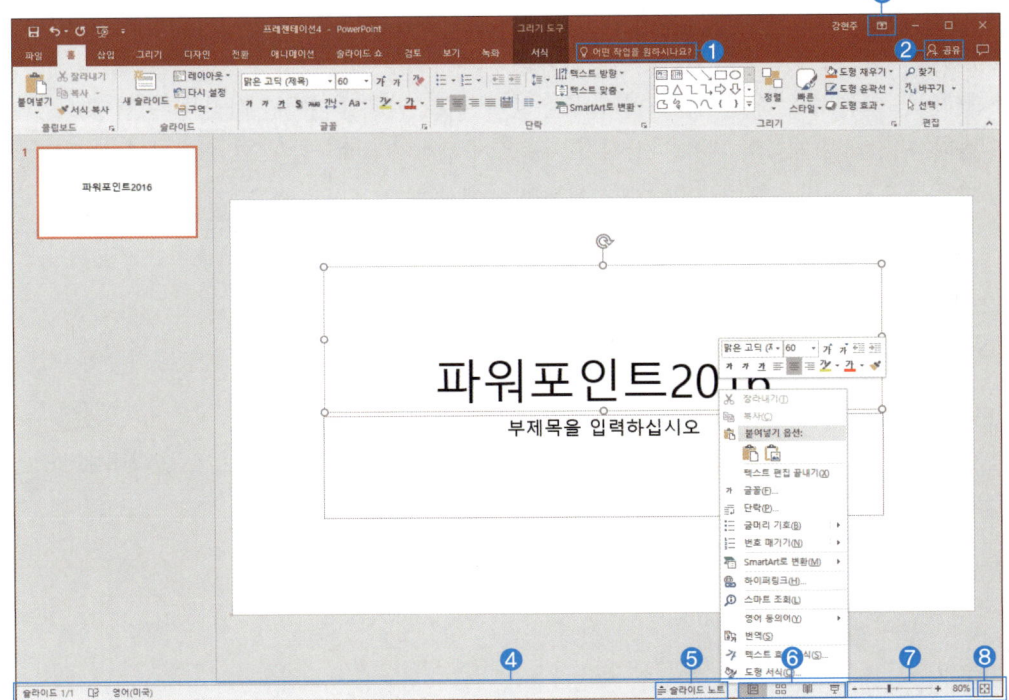

① '어떤 작업을 원하시나요?' 검색 창

　작업과 관련된 단어 및 구를 입력하여 사용하려는 기능이나 메뉴에 빠르게 접근할 수 있습니다. 또한 찾는 내용과 관련된 도움말이 표시되도록 선택하거나, 입력한 용어에 대해 스마트 조회를 할 수도 있습니다.

② 다른 작업자와 작업 공유

문서를 공유하고 공유 사용자를 확인할 수 있습니다.

③ 리본 메뉴 확대/축소 아이콘

문서를 작성하다 보면 리본 메뉴가 작업 공간을 너무 많이 차지해서 불편한 경우가 있습니다. 그런 경우 잠시 리본 메뉴를 축소할 수 있습니다.

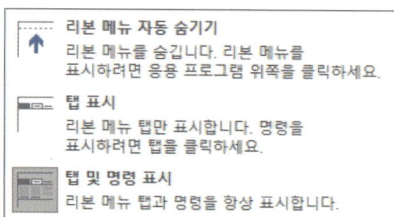

tip 리본 메뉴를 최소화하거나 원래 상태로 복원하는 방법 세 가지
① '빠른 실행 도구 모음'이나 리본 메뉴 위를 마우스 오른쪽 버튼으로 클릭하고 **리본 메뉴 축소**를 실행합니다.
② 탭을 더블클릭하면 리본 메뉴를 축소할 수 있습니다. 다시 원래 상태로 돌아가려면 다시 탭을 더블클릭하면 됩니다.
③ 단축키 : Ctrl + F1

④ 상태 표시줄

전체 프레젠테이션 문서 중 현재 슬라이드의 위치를 알려 주고, 적용된 디자인 서식에 관한 정보를 확인할 수 있습니다. 상태 표시줄의 내용은 상태 표시줄을 마우스 오른쪽 버튼으로 클릭하면 설정할 수 있습니다. 마우스 오른쪽 버튼을 클릭하면 표시되는 메뉴에서 체크 표시된 것은 [상태 표시줄]에서 확인 가능한 내용입니다.

⑤ 슬라이드 노트

슬라이드 노트를 표시합니다.

⑥ 빠른 보기 아이콘

현재 작업 중인 슬라이드의 보기 상태(기본 보기, 여러 슬라이드 보기, 읽기용 보기, 슬라이드 쇼 보기)를 빠르게 변경합니다.

⑦ 확대/축소 슬라이더

슬라이드의 배율을 조정합니다.

⑧ 창 크기 맞춤

확대/축소된 슬라이드 크기를 현재 창 크기에 빠르게 맞춥니다.

2 사용자 정보

[파일] 탭 → [계정]을 클릭하면 사용하고 있는 제품의 정보나 사용자에 관한 정보를 확인할 수 있습니다. 또한 이곳에서 다양한 테마를 변경할 수 있습니다. 특히 파워포인트 2016에서는 가장 높은 대비의 검정 Office 테마가 제공됩니다.

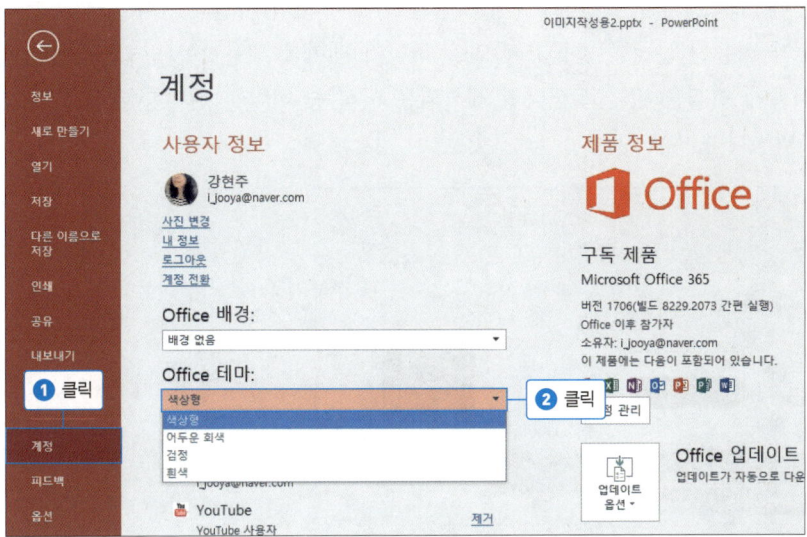

3 프레젠테이션 정보와 관리

[파일] 탭 → [정보]를 클릭하면 프레젠테이션 파일에 관한 전반적인 정보를 볼 수 있고, 속성을 변경할 수 있습니다. 이곳에서 파일을 게시하기 전 문제점이 없는지 미리 점검하거나, 파일에 암호를 설정할 수도 있습니다.

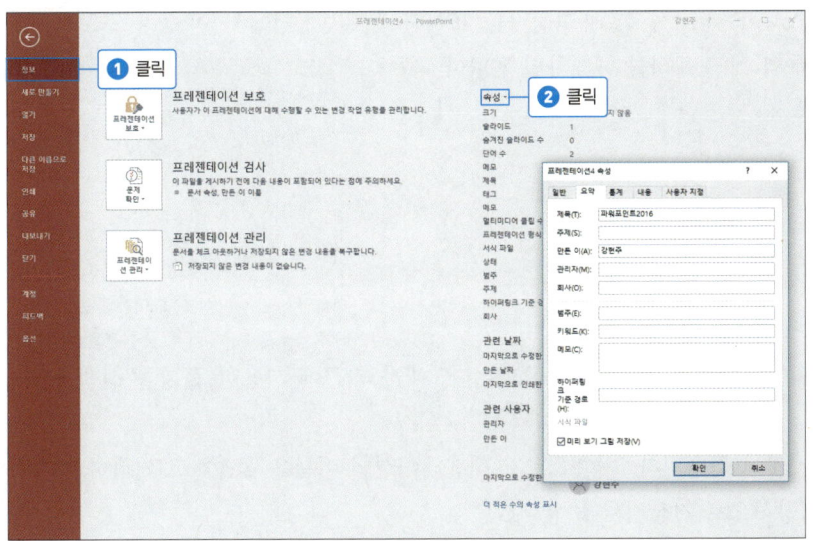

4 파일 다루기

파일을 만들고, 만든 파일을 저장한 다음 불러오는 등 파일 단위의 작업은 **[파일] 탭**에서 이루어집니다.

1 새 프레젠테이션 만들기

파워포인트 파일을 처음 만들 때 프로그램을 실행하고 [새로 만들기]에서 서식 파일의 종류를 선택합니다. 흰색 배경의 '오피스 테마'가 적용된 문서를 만들고 작업을 하다가 테마를 적용하는 방법도 있지만, 특별히 준비된 서식이 없고 빠르게 서식을 만들고 싶다면 제시되는 서식 중 하나를 선택한 다음 슬라이드를 채워나가는 것도 좋은 방법입니다.

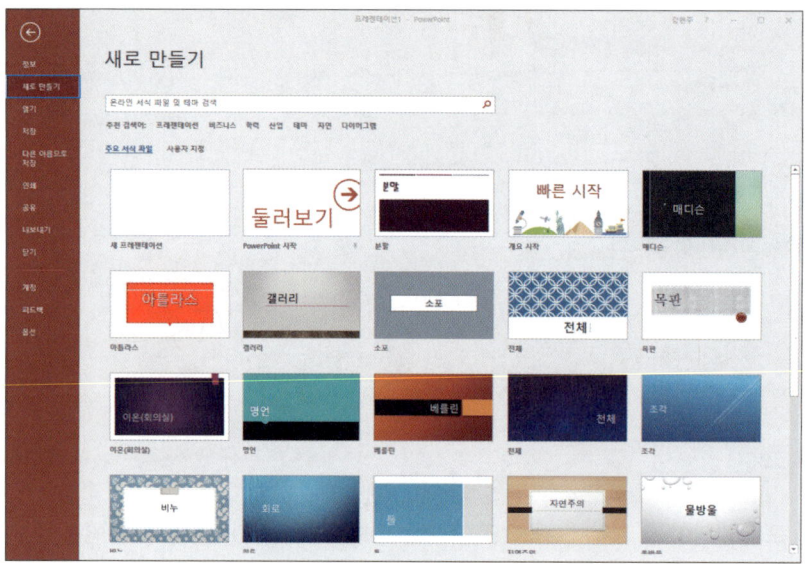

■ 파워포인트 2016을 실행할 때 시작 페이지가 열리지 않게 하기

[파일] 탭 → [옵션]을 클릭해 'PowerPoint 옵션' 대화상자를 표시하고 [일반] 탭에서 '이 응용 프로그램을 시작할 때 시작 화면 표시' 항목의 체크 표시를 해제하면 됩니다.

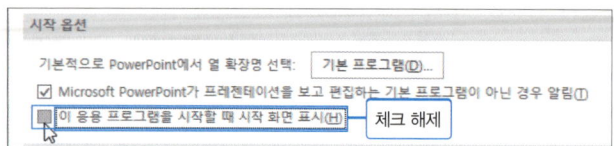

2 파일 저장하기

파일을 저장할 때는 저장할 위치를 선택하는 것이 중요합니다. 내가 최근에 사용한 폴더를 선택하거나 OneDrive 등 원하는 위치를 선택하고 저장하면 됩니다.

그리고 작업 중 자주 저장하는 것이 좋습니다. 처음으로 프레젠테이션의 이름을 설정하고 저장하면 다음부터는 같은 이름에 덮어쓰는 방식으로 저장됩니다.

SECTION 02 파워포인트 2016 프로그램 작업 환경

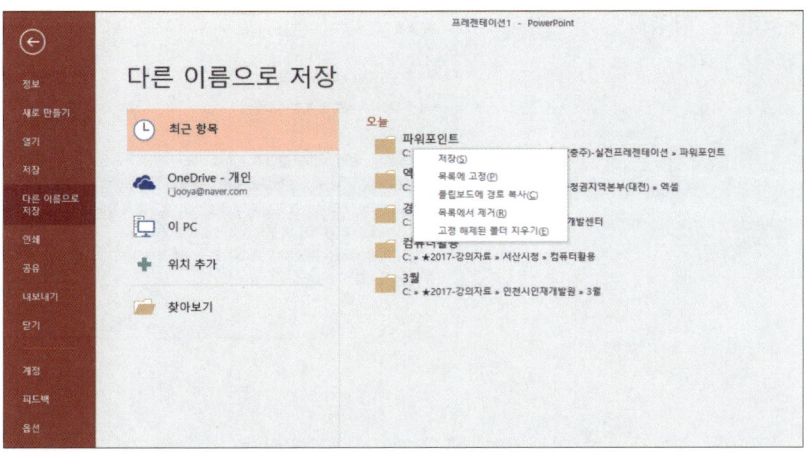

■ **[찾아보기]를 선택해서 파일을 저장할 때 사용하는 옵션**

'다른 이름으로 저장' 대화상자의 왼쪽 아래에 있는 〈도구〉 버튼을 클릭하면 옵션의 종류가 표시됩니다. 이 옵션을 활용하면 파일을 저장할 때 파일에 암호를 설정하거나, 글꼴을 포함하거나, 그림을 압축하는 등의 작업을 할 수 있습니다.

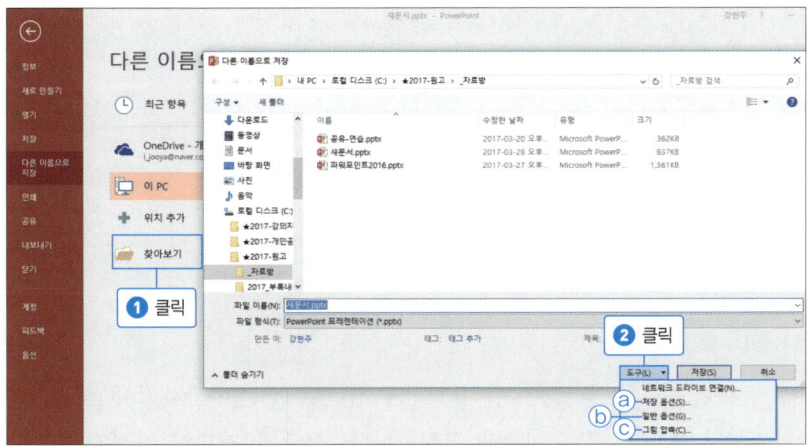

ⓐ **저장 옵션** : 'PowerPoint 옵션' 대화상자의 중 '저장' 항목과 같습니다. 이전 버전 형식으로 저장하거나, 파일에 사용된 글꼴 포함 여부를 설정할 수 있습니다.

ⓑ **일반 옵션** : 문서를 열 때, 혹은 편집할 때 암호를 설정할 수 있습니다. 또한 매크로가 포함된 문서라면 포함 여부를 설정할 수 있습니다.

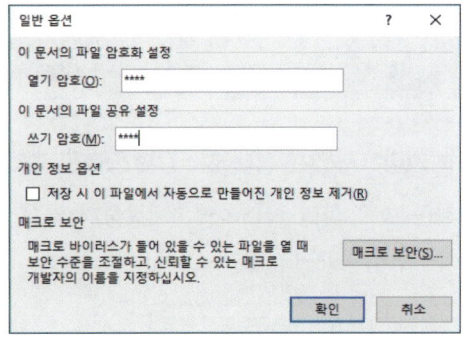

ⓒ **그림 압축** : 파일에 있는 모든 그림을 압축하면서 저장하는 것에 관한 옵션을 설정할 수 있습니다.

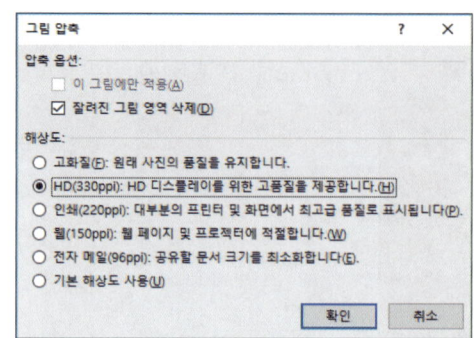

3 파일 열기

이미 만들어져 있는 파일을 불러올 때는 저장되어 있는 폴더에서 파일을 선택하면 됩니다. 최근 항목 파일 목록에서 빠르게 선택할 수도 있습니다. 이 최근 항목은 항상 최근 것이 가장 위에 표시되며 개수가 설정된 값보다 커지면 오래된 목록부터 삭제됩니다. 목록을 마우스 오른쪽 버튼으로 클릭하고 **목록에 고정**을 실행하면 선택한 항목이 고정되어 표시됩니다.

■ 최근에 사용한 파일 표시 수나 폴더 표시 수 설정

최근에 사용한 파일이나 폴더를 표시할 개수를 설정하려면 'PowerPoint 옵션' 대화상자에서 [고급] 탭을 선택하고 [표시] 범주에서 파일이나 폴더의 표시 개수를 설정합니다. 최대 50개까지 설정이 가능하고, 최근에 사용한 파일 목록을 표시하지 않으려면 '0'을 입력합니다.

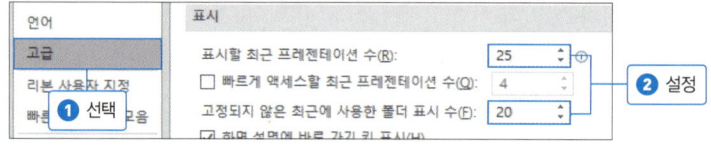

■ 저장하지 않은 상태에서 강제 종료된 프레젠테이션 복구

최근 항목 화면 아래쪽에 〈저장하지 않은 프레젠테이션 복구〉 버튼이 있어 저장하지 않고 닫은 문서를 복구할 수 있습니다.

이 명령은 [파일] 탭 → [정보] → [프레젠테이션 관리]의 '저장되지 않은 프레젠테이션 복구'와 같은 기능을 합니다.

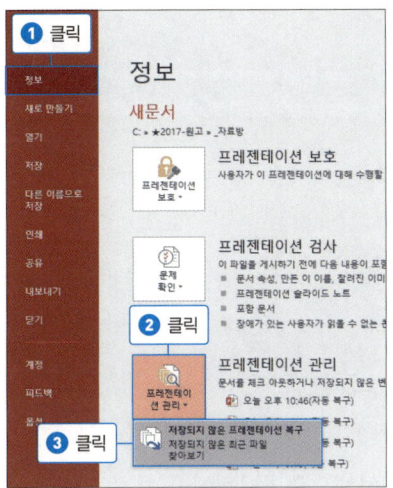

이 명령을 실행하고 '열기' 대화상자에서 복구하려는 저장하지 않은 파일을 선택한 다음 〈열기〉 버튼을 클릭하면 됩니다.

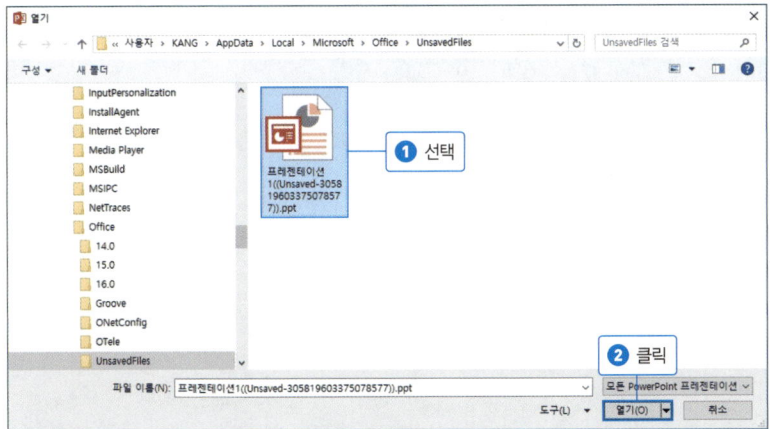

■ [찾아보기]를 선택해서 파일을 열 때 사용하는 옵션

'열기' 대화상자에서 파일을 선택한 다음, 〈열기▼〉 버튼을 클릭하면, 편집할 목적으로 원본 파일을 열거나 복사본을 열 수 있으며, 파일을 다른 이름으로 저장하기 전에는 변경 내용을 저장할 수 없도록 읽기 전용으로 열 수도 있습니다.

이 중 **열기 및 복구** 명령을 사용하면 문제가 있는 슬라이드를 복구하거나 제외하고 파일을 엽니다. 모든 파일을 복구할 수 있는 것은 아니지만, 대부분의 파일을 열 수 있으므로 열고 나서 복구가 되지 않은 부분을 수정해 사용합니다.

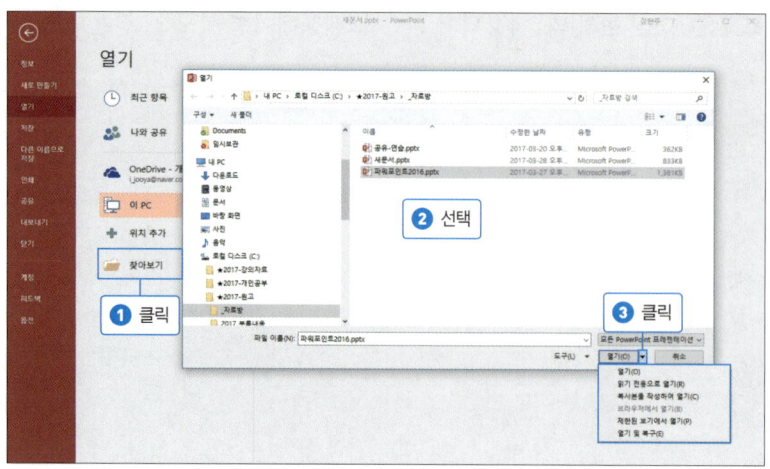

4 제한된 보기 설정 해제하기

인터넷에서 다운로드한 파워포인트 문서를 열 때, '제한된 보기, 주의하세요―인터넷에서 가져온 파일에는 바이러스가 있을 수 있습니다. 편집하지 않는다면 제한된 보기에서 여는 것이 안전합니다.'라는 문구가 파워포인트 위쪽에 표시됩니다.

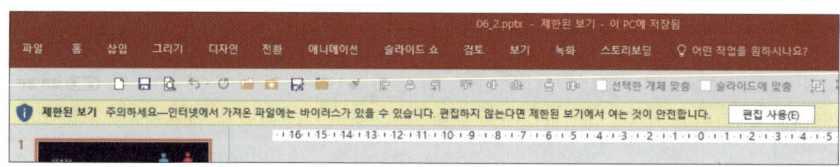

이 상태로는 문서를 볼 수 있으나 편집을 할 수 없습니다. 사용자가 편집을 하기 위해서는 알림 표시에 있는 〈편집 사용〉 버튼을 클릭하여 '제한된 보기' 설정을 해제해야 합니다.

제한된 보기를 설정해서 악성 코드가 포함된 문서로부터 내 PC를 지키는 것도 필요하지만, 업무 상 알고 있는 안전한 자료인 경우에도 계속해서 나타난다면 번거로울 수 있습니다. 제한된 보기를 해제하는 방법을 살펴보겠습니다.

01 [파일] 탭 → [옵션]을 실행해 'Powerpoint 옵션' 대화상자를 표시한 다음 [보안 센터] 탭을 선택합니다. 〈보안 센터 설정〉 버튼을 클릭해 '보안 센터' 대화상자를 표시합니다.

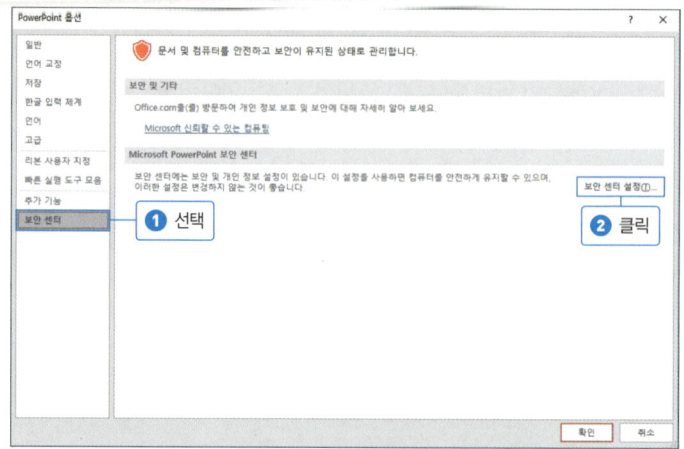

02 '보안 센터' 대화상자가 표시되면 [제한된 보기] 탭을 선택합니다. '인터넷에서 가져온 파일에 대해 제한된 보기 사용', '안전하지 않은 위치에 있는 파일에 대해 제한된 보기 사용', 'Outlook 첨부 파일에 대해 제한된 보기 사용' 이 세 가지 설정사항을 원하는 상태로 설정하고 〈확인〉 버튼을 클릭합니다.

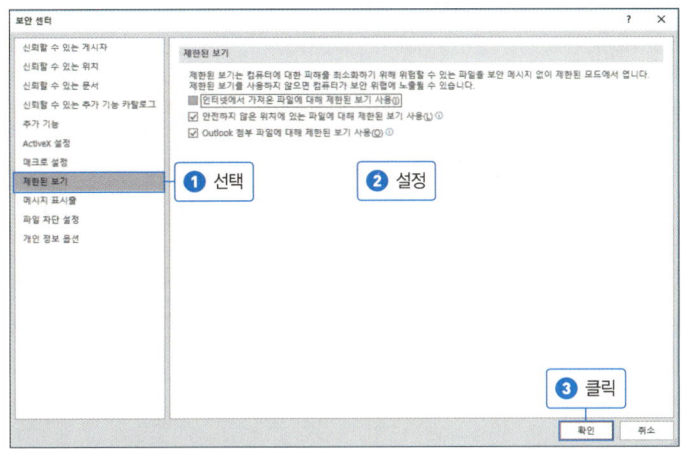

03 '인터넷에서 가져온 파일에 대해 제한된 보기 사용'에 체크 표시를 해제한 상태로 인터넷에서 가져온 파일을 열면 제한 없이 사용할 수 있습니다.

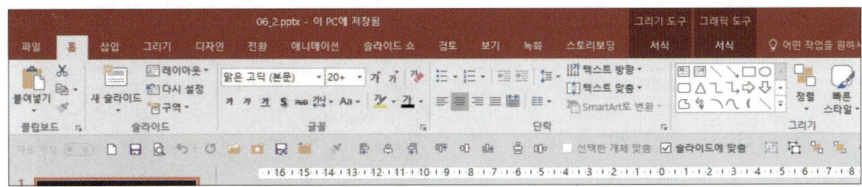

5 작업에 맞는 보기 형태 선택하기

파워포인트에서의 보기는 한글 프로그램의 인쇄 미리 보기나, 쪽 윤곽 보기처럼 작업한 것을 다른 형태로 확인하는 차원의 보기와는 다릅니다. 파워포인트에서는 보기 상태 각각에 적합한 작업이 있습니다. 각 보기는 고유 기능을 제공하니 작업에 따라 적절한 보기 상태를 선택할 수 있도록 각각의 특징을 살펴보겠습니다.

파워포인트 2016에는 '기본 보기', '개요 보기', '여러 슬라이드 보기', '슬라이드 노트 보기', '읽기용 보기'의 다섯 가지 프레젠테이션 보기 상태와 '슬라이드 마스터', '유인물 마스터', '슬라이드 노트 마스터'의 세 가지 마스터 보기 상태가 있습니다.

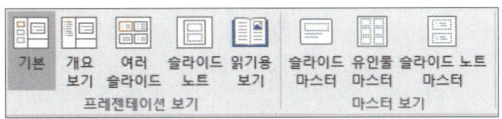

1 기본 보기

프레젠테이션을 디자인할 때 사용하는 주 편집 보기 상태입니다. 현재 슬라이드가 편집 가능 상태로 표시되어 텍스트를 추가하고 도형이나 그림 등 각종 개체들을 삽입하기에 적합합니다. 또한 애니메이션이나 하이퍼링크 등 슬라이드 안의 개체를 대상으로 하는 작업에 적합한 보기 형태입니다.

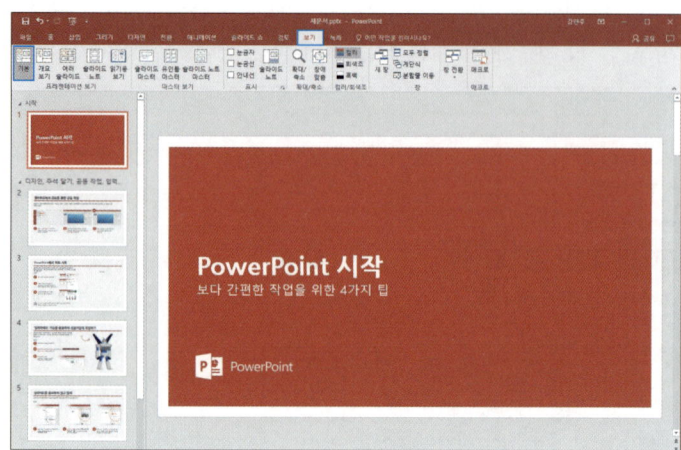

2 개요 보기

슬라이드 내용의 텍스트 전용 보기 상태를 제공합니다. 기본 보기 화면에서 개요 보기 화면으로 전환하려면 Ctrl + Shift + Tab 키를 누릅니다.

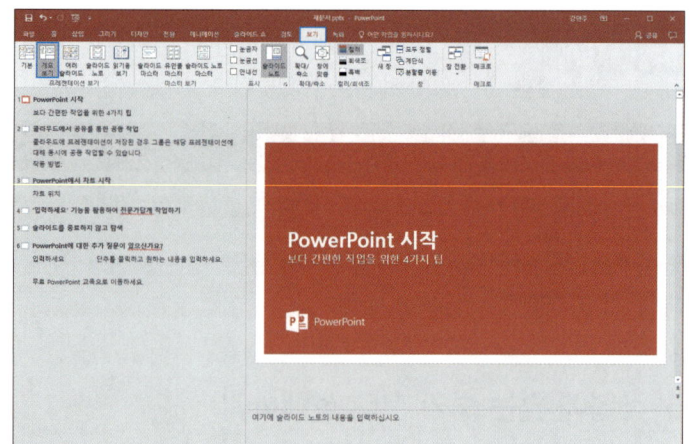

3 여러 슬라이드 보기

여러 슬라이드 보기는 슬라이드를 축소된 그림 형태로 표시합니다. 슬라이드의 위치 이동이나, 복사, 삭제, 화면 전환 설정 등 슬라이드 단위의 작업이 편리한 보기 형태입니다.

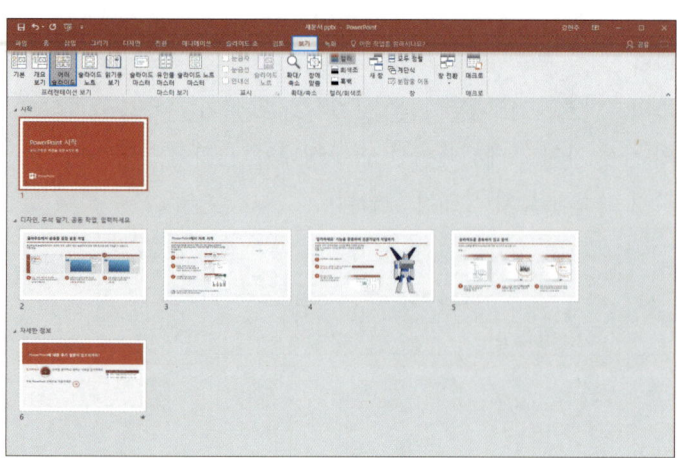

4 슬라이드 노트 보기

슬라이드 노트를 만들 때 편리한 보기 상태입니다. 이곳에서는 슬라이드 노트에 도형이나 차트, 그림 등 다양한 개체를 삽입할 수 있습니다.

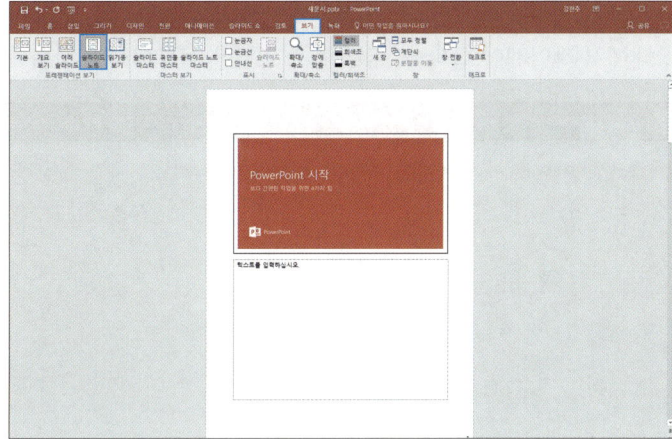

 기본 보기 상태에서는 슬라이드 노트 영역에 텍스트만 입력 가능합니다.

5 읽기용 보기

슬라이드 쇼 보기와 유사하게 프레젠테이션을 검토할 수 있습니다. 그래픽, 타이밍, 동영상, 애니메이션 효과 및 전환 효과가 실제 프레젠테이션에서 어떻게 보이는지 확인할 때 사용하는 보기 형태입니다. 이전 보기 화면으로 돌아가려면 Esc 키를 누릅니다.

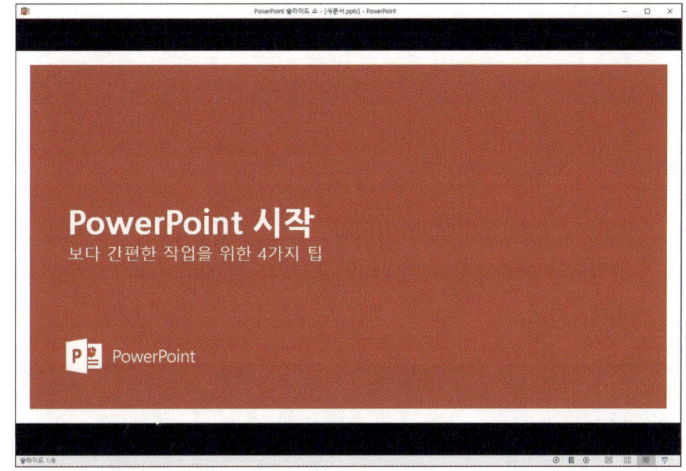

6 슬라이드 마스터 보기

슬라이드 마스터에 테마를 적용하면 해당 슬라이드 마스터와 연결된 모든 레이아웃에 같은 테마가 적용됩니다. 전체적인 문서의 공통사항을 설정할 때 사용하는 보기 형태입니다.

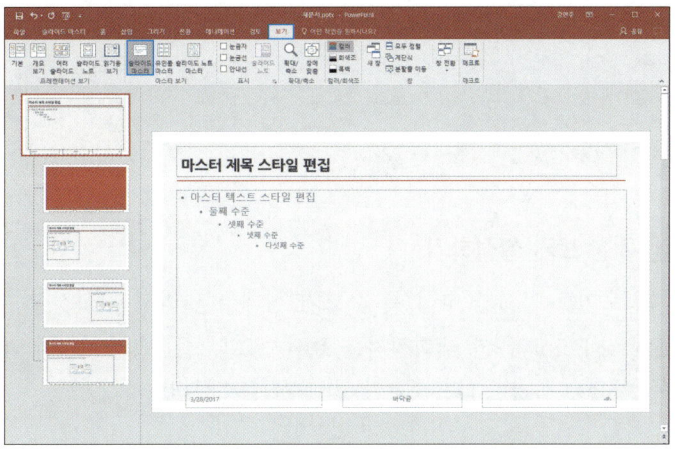

7 유인물 마스터 보기

유인물의 머리글과 바닥글, 날짜, 페이지 번호의 모양, 위치 및 크기를 변경하려면 유인물 마스터 보기 상태에서 작업해야 합니다. 유인물에 표시할 이름이나 로고를 넣을 때 사용하는 보기 형태입니다.

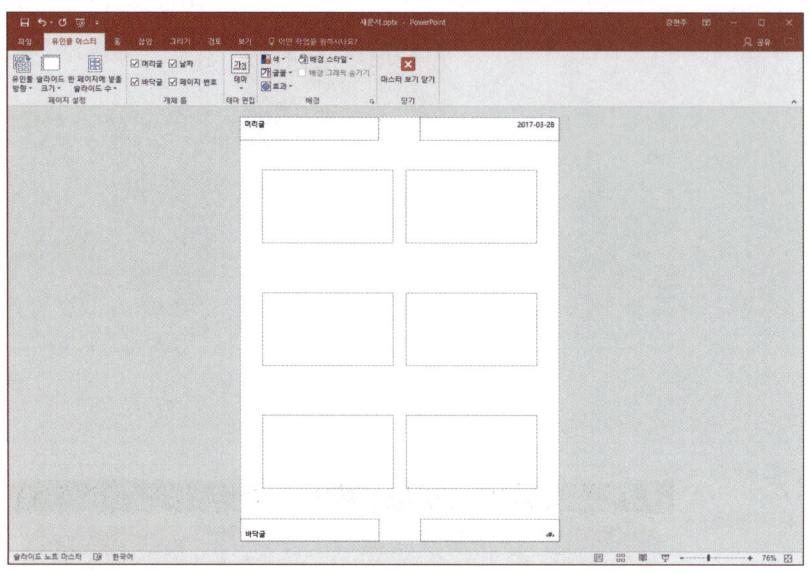

8 슬라이드 노트 마스터 보기

슬라이드 노트의 머리글과 바닥글, 날짜, 페이지 번호의 모양, 위치 및 크기를 변경하려면 슬라이드 노트 마스터 보기 상태에서 작업해야 합니다. 슬라이드 노트에 표시할 이름이나 로고를 넣을 때 사용하는 보기 형태입니다.

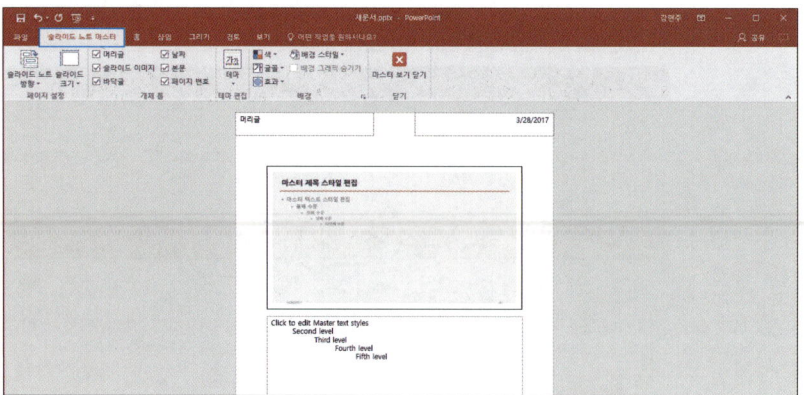

9 기본 보기 설정하기

파워포인트 문서가 항상 특정 보기 상태로 열리도록 설정할 수 있습니다. [파일] 탭 → [옵션]을 실행해 'PowerPoint 옵션' 대화상자를 표시하고 [고급] 탭의 [표시] 범주에서 '이 보기를 사용하여 모든 문서 열기' 항목을 설정한 다음 〈확인〉 버튼을 클릭합니다.

SECTION 02 파워포인트 2016 프로그램 작업 환경

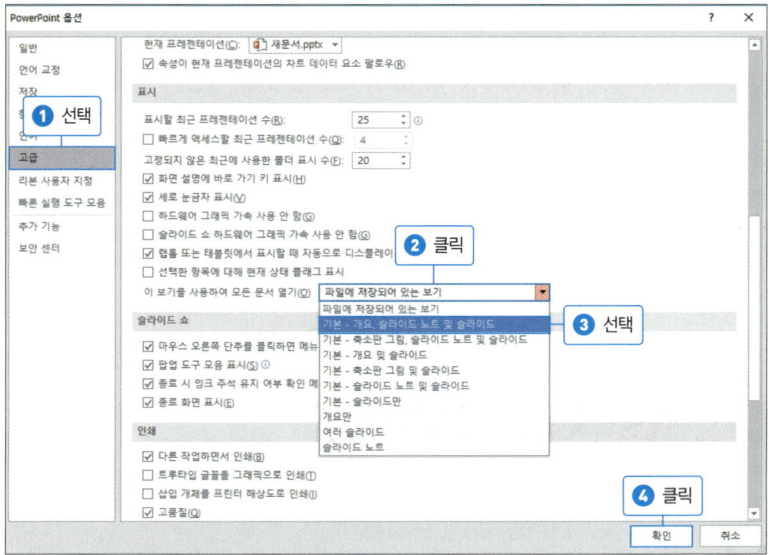

10 보기 상태 전환 방법

① 리본 메뉴 : [보기] 탭 → [프레젠테이션 보기] 그룹, [마스터 보기] 그룹에서 선택합니다.

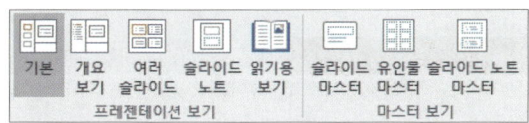

② 화면 하단 빠른 보기 아이콘 : '기본 보기(▢)', '여러 슬라이드 보기(▦)', '읽기용 보기(▤)', '슬라이드 (현재 슬라이드부터) 쇼 보기(▽)' 아이콘을 클릭합니다.

③ 슬라이드 쇼 보기
- 문서 처음부터 시작 : [F5]
- 현재 슬라이드부터 시작 : [Shift]+[F5]
- 모니터가 한 대인 경우 발표자 보기를 사용 : [Alt]+[F5]

④ 슬라이드 쇼 보기 → 기본 보기 : [Esc]

⑤ 여러 슬라이드 보기 → 기본 보기 : 해당 슬라이드를 더블클릭합니다.

⑥ 마스터 보기 → 기본 보기 : '마스터 보기 닫기', 또는 빠른 보기 아이콘의 '기본 보기'를 클릭합니다.

⑦ 빠르게 마스터 보기
- 슬라이드 마스터 보기 단축키 : [Shift]+'기본 보기' 아이콘(▢)을 클릭합니다.
- 유인물 마스터 보기 단축키 : [Shift]+'여러 슬라이드 보기' 아이콘(▦)을 클릭합니다.

⑧ 화면 보기 배율 바꾸기
- 확대 : [Ctrl]+마우스 휠 위로
- 축소 : [Ctrl]+마우스 휠 아래로

41

6 리본 메뉴 살펴보기

파워포인트 2007부터 사용한 리본 메뉴 방식을 파워포인트 2016에도 사용하고 있습니다. 먼저 리본 메뉴의 작동 원리를 살펴본 다음 필요한 기능을 찾는 방법을 알아보겠습니다.

1 개체를 선택해야 사용할 수 있는 메뉴

파워포인트의 명령은 작업하려는 개체에 따라 다르게 제시됩니다. 만일 슬라이드 개체 중 아무것도 선택하지 않았다면, 파워포인트가 할 수 있는 일은 새로운 슬라이드를 삽입하거나 레이아웃을 변경하는 등 슬라이드 단위의 작업입니다. 따라서 항상 대상 개체를 먼저 선택하고 사용할 명령을 찾아야 합니다.

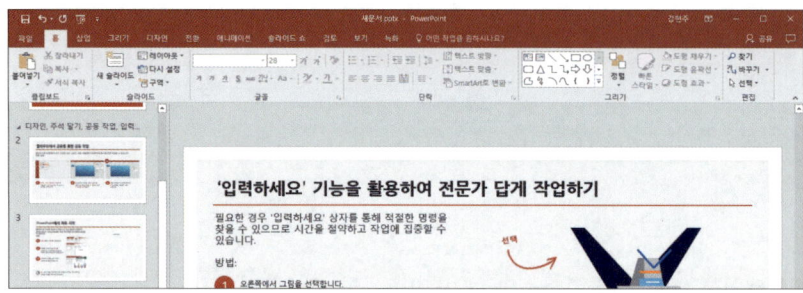
▲ 개체가 선택되지 않아 비활성화된 메뉴

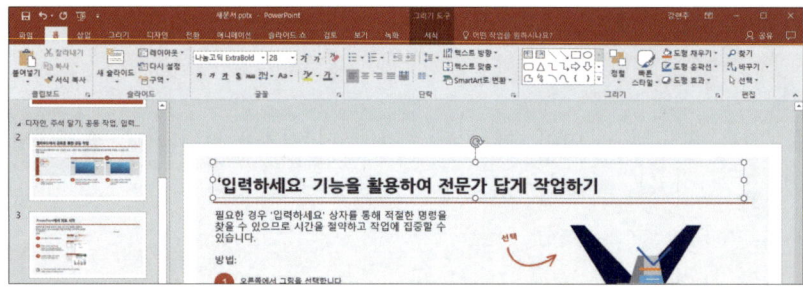
▲ 개체가 선택되어 활성화된 메뉴

2 탭, 그룹, 작업 창 표시 아이콘, 자세히 아이콘 사용하기

■ 탭

리본 메뉴에는 용도에 따라 필요한 도구 및 기능이 모여 있습니다. 예를 들어 슬라이드에 테마를 적용하려면 [디자인] 탭을 선택하면 됩니다. 각 탭에 있는 명령을 살펴보겠습니다.

① [홈] 탭 : 잘라내기 및 붙여넣기 기능, 글꼴 및 단락 옵션, 슬라이드를 추가 및 구성하는 데 필요한 기능이 있습니다.

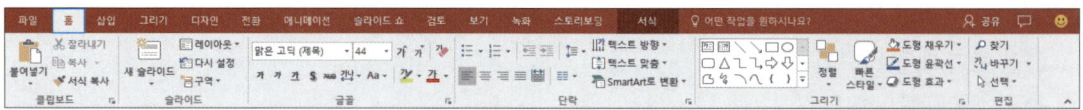

② [삽입] 탭 : 그림, 도형, 차트, 링크, 텍스트 상자, 비디오 등 다양한 요소를 슬라이드에 추가할 수 있습니다.

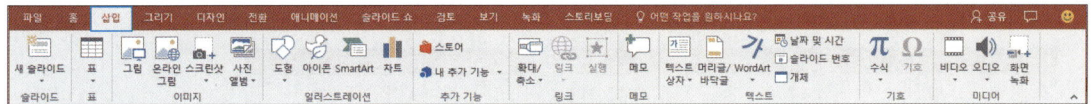

③ [그리기] 탭 : 터치 장비가 있다면, 잉크를 셰이프 또는 수식으로 변경하거나 눈금자를 이용해서 개체를 정렬할 수 있습니다.

④ [디자인] 탭 : 테마나 색 구성표를 추가하거나 슬라이드 배경 서식을 설정할 수 있습니다.

⑤ [전환] 탭 : 슬라이드 화면 전환 방법을 설정할 수 있습니다. 슬라이드 화면 전환 그룹에는 적용 가능한 전환 옵션 갤러리가 있으며, 갤러리 옆의 '자세히' 아이콘(▼)을 클릭하면 모든 종류를 볼 수 있습니다.

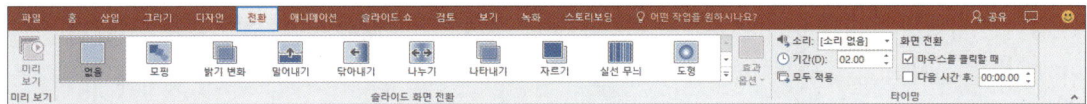

⑥ [애니메이션] 탭 : 슬라이드 요소의 움직임을 구성합니다. 애니메이션 그룹에서 적용 가능한 다양한 애니메이션을 보고 '자세히' 아이콘(▼)을 클릭하여 추가로 설정 가능한 애니메이션을 볼 수 있습니다.

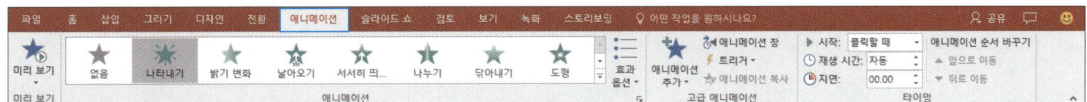

⑦ [슬라이드 쇼] 탭 : 프레젠테이션을 청중에게 보여주는 방식을 설정할 수 있습니다.

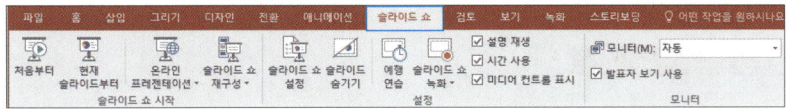

⑧ [검토] 탭 : 메모를 추가하고, 맞춤법 검사를 실행하거나 이전 버전 등의 다른 프레젠테이션과 비교할 수 있습니다.

⑨ **[보기] 탭** : 현재 프레젠테이션을 만드는 중인지, 발표 중인지에 따라 프레젠테이션을 다양한 방식으로 볼 수 있습니다.

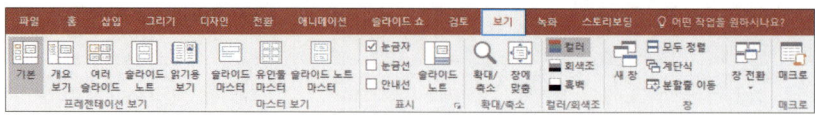

⑩ **[녹화] 탭** : 녹화된 슬라이드, 화면 녹화, 내레이션 및 오디오와 비디오를 포함하는 프레젠테이션을 만들 수 있습니다. 녹화 창의 팔레트에서 잉크 색상을 직접 변경할 수도 있고, 더 간단한 컨트롤을 사용하여 내레이션과 오디오를 녹음할 수도 있습니다.

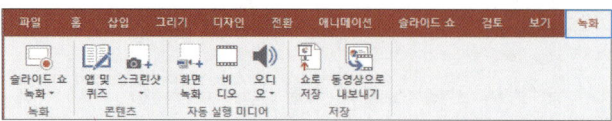

■ **상황에 따라 나타나는 도구 탭**

그림, 도형, SmartArt, 텍스트 상자 등 슬라이드에 삽입된 개체를 클릭하면 색이 다른 새 탭이 나타납니다. 예를 들어 도형이나 텍스트 상자를 클릭하면 [그리기 도구] 탭이 나타나고 그림을 클릭하면 [그림 도구] 탭이 나타납니다. 마찬가지로 선택한 요소에 따라 [SmartArt 도구], [차트 도구], [표 도구], [비디오 도구] 탭이 나타납니다. 다른 요소를 클릭하면 이러한 탭이 사라지거나 다른 탭으로 바뀝니다.

이 방식은 선택된 개체에 맞는 메뉴를 보여주고, 사용하지 않는 메뉴는 보여주지 않는 방식으로 원리를 이해한다면 굳이 명령을 외우지 않아도 작업하려는 개체를 선택하고 제시되는 메뉴에서 쉽게 원하는 명령을 찾을 수 있습니다.

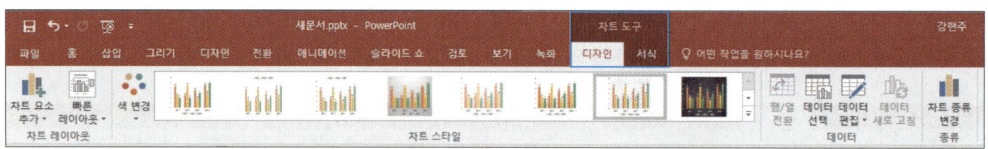

■ **그룹**

각 탭에서 비슷한 기능을 하는 명령들을 묶어 놓은 것이 그룹입니다. 예를 들어 개체에 입력된 텍스트의 글꼴 등 서식을 설정할 때는 **[홈] 탭 → [글꼴] 그룹**에서 명령을 찾을 수 있습니다.

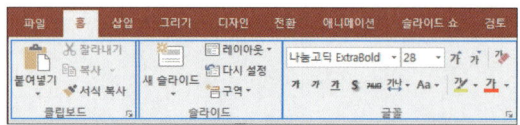

■ **작업 창 표시 아이콘**

일부 그룹의 오른쪽 아래 모서리에는 '작업 창 표시' 아이콘( )이 있습니다. 이 아이콘을 클릭하면 해당 기능과 관련된 작업 창이나 대화상자를 열 수 있습니다.

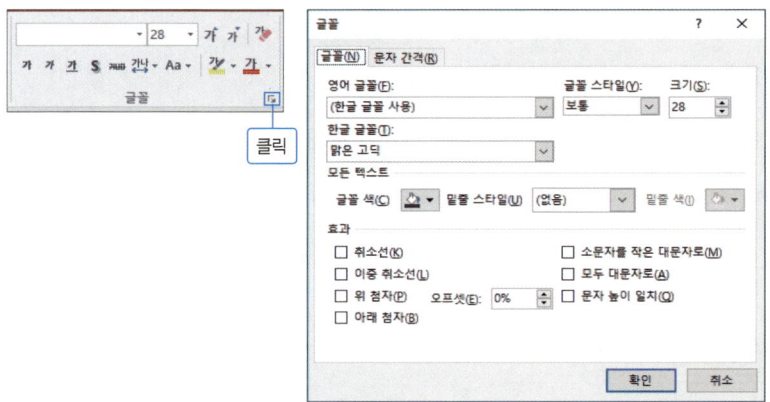

■ 자세히 아이콘

그룹 중에는 적용 가능한 형태로 미리 만들어진 갤러리가 있으며, '자세히' 아이콘(▼)을 클릭하면 모든 옵션을 볼 수 있습니다.

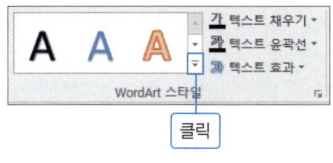 

■ [파일] 탭

리본 메뉴의 처음에는 [파일] 탭이 있습니다. [파일] 탭에는 프레젠테이션 열기, 저장, 공유, 내보내기, 인쇄, 관리 등 프레젠테이션 파일에 대한 작업을 수행하는 데 사용하는 기본 기능이 있습니다.

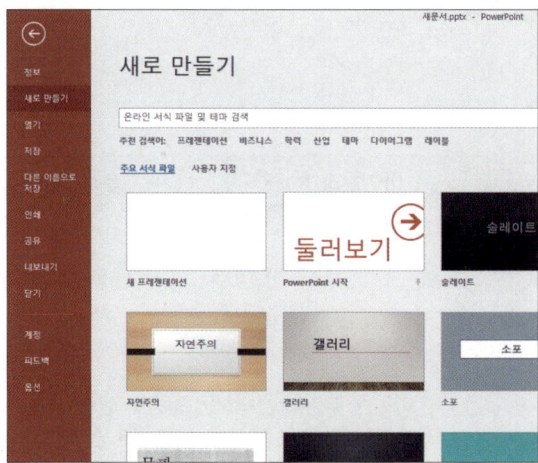

■ 리본 메뉴 감추거나 표시하기

사용하지 않는 리본 메뉴는 사용자가 직접 감추거나, 표시할 수 있습니다.

방법 ① 리본 메뉴를 마우스 오른쪽 버튼으로 클릭하고 **리본 메뉴 사용자 설정**을 실행합니다.

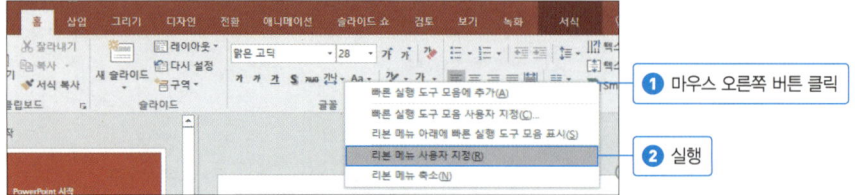

방법 ② [파일] 탭 → [옵션]을 실행해 'PowerPoint 옵션' 대화상자를 표시하고 [리본 사용자 설정] 탭을 선택합니다. 사용하지 않으려는 탭의 선택을 해제하면 리본 메뉴에 탭이 표시되지 않습니다.

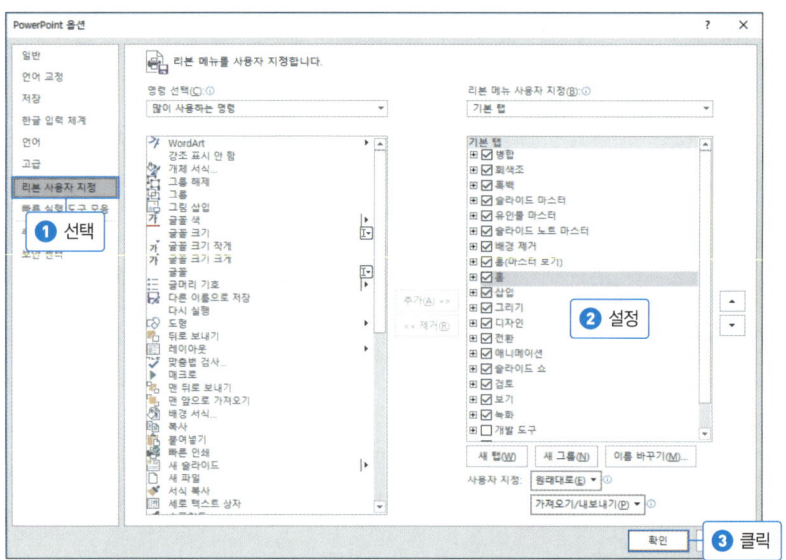

■ 파워포인트 명령 형태 3가지

일반 아이콘	▼ 표시가 있는 경우	아이콘과 ▼ 표시가 있는 두 부분으로 나누어지는 경우
그림	도형 ▼	새 슬라이드 ▼
해당 명령이 실행됩니다.	명령을 선택하도록 메뉴가 표시됩니다.	① 아이콘 부분을 클릭하면 명령이 실행되고, ② ▼ 표시가 있는 부분을 클릭하면 명령을 실행할 수 있는 메뉴가 표시됩니다.

SECTION 03
프레젠테이션 진행을 위한 단계별 작업

프레젠테이션 문서를 만들 때 원하는 만큼 시간이 주어진다면 충분히 문서를 다듬고 수정할 수 있겠지만 실무에서는 제한된 시간 안에 최선의 결과물을 만들어야 합니다. 그래서 전체적인 작업 과정을 파악하고 단계마다 적절한 시간과 노력을 배분해야 합니다.

사회생활에서 상대방에게 자신의 생각을 알리고, 원하는 반응을 이끌어 내는 일은 무척 중요합니다. 특히 제한된 시간동안 자신의 생각이나 주장을 표현하고 청중의 마음을 움직이는 것은 어렵기 때문에 명확하고 쉽게 내용을 표현하기 위한 노력이 필요합니다.

프레젠테이션을 단순히 어떤 내용을 발표하고 설명하는 것으로 인식하기 쉬운데, 사실 그것보다는 논리적이고 조리 있게 자신의 의사를 표현하고 전달해서, 최종적으로 청중의 마음을 움직이고 그들의 의사결정에 영향을 미치는 행동이라고 할 수 있습니다.

프레젠테이션의 성공은 전달하려는 내용을 어떻게 명확하게 표현하느냐가 좌우합니다. 내용이 없는 것을 화려하게 꾸민다면 잠깐 눈길은 끌 수 있지만 그 이상의 감동은 줄 수 없습니다. 그래서 프레젠테이션에 성공하기 위해서는 잘 구성된 내용과 그것을 표현하고 발표하는 스킬이 중요합니다.

프레젠테이션의 모든 작업 절차를 똑같이 규격화할 수는 없지만, 일반적인 업무 처리 방식과 각 단계마다 주의할 내용을 살펴보겠습니다.

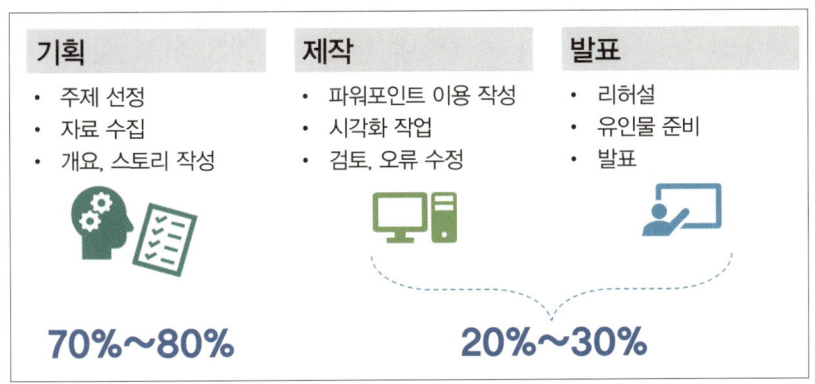

① 기획 단계

프레젠테이션 진행에서 자신의 역할을 판단하고, 주제를 분석하고, 내용을 작성할 자료를 수집하고, 개요를 구성해서 뼈대를 만든 다음, 어떻게 전개해 나갈 것인지 스토리를 구성하는 것이 기획 단계입니다. 다른 단계보다 이 부분에 가장 많은 시간을 배정하고 꼼꼼하게 체크해야 합니다. 무엇을 위해 어떤 것을 만들 것인지 분명하다면 나머지는 의외로 빠르게 진행할 수 있습니다.

② 제작 단계

기획 단계에서 준비한 것을 적절한 기술을 사용해 표현하여, 주제를 분명하게 나타내도록 작성합니다. 이 단계에서 파워포인트를 활용하게 되는데, 많은 사람들이 프레젠테이션을 준비할 때 파워포인트로 내용을 표현하는 단계를 걱정합니다. 하지만 보고서 주제와 내용이 분명하게 정해졌고 그것을 위한 자료가 준비되어 있다면 생각보다 빠르게 진행되는 단계입니다. 프레젠테이션 작업에서 파워포인트를 사용하는 것은, 잘 만들어진 제품을 어떻게 포장하는가에 해당합니다. 물론 같은 내용이라도 어떻게 정리하고 표현하는지가 의견 채택의 중요한 판단 기준이 되기 때문에 파워포인트를 능숙하게 다루는 것은 중요합니다. 내가 표현하고, 전달하고 싶은 것을 만드는 제작 도구이기 때문입니다.

③ 발표 단계

성공적인 발표를 위한 리허설을 하고, 청중을 위한 유인물을 만드는 등 배포 작업을 합니다. 이 단계에서 다시 한번 내용 오류나 오타 등 잘못된 곳을 확인하는 것이 좋습니다. 발표 후 피드백 검토 또한 이 단계에서 해야 하는 중요한 부분입니다. 잘된 점과 잘못된 점을 파악하는 것은 자신만의 노하우로 쌓여 업무 역량을 높여줄 것입니다.

1 결과의 품질을 좌우하는 가장 중요한 시간, 기획 단계

1 프레젠테이션 목적 설정

너무나 당연한 이야기지만 프레젠테이션 문서를 만들기 전, 우선은 주제에 관한 정확한 질문을 하는 것이 중요합니다 '무슨 이야기를 할 것인가?' 라는 질문을 스스로에게 던져 보면 내가 진행하려는 프레젠테이션의 주제가 분명해지고, 어디서부터 시작해야 할 지 방향성이 잡힐 것입니다.

프레젠테이션이 의견을 전달하고 상대방의 의사결정 행동을 변화하게 하는 수단이라면 결국 그것도 의사 소통 방식의 하나입니다. 사람 사이 의사소통에서 가장 중요한 것은 하려는 말이 무엇인지 서로 이해하는 것입니다. 하려는 말을 군더더기 없이 정리하고, 오해의 소지가 없도록 내용을 표현해야 원하는 목적을 달성할 수 있습니다.

2 스케줄 관리

'어떤 일'을 '언제까지', '어떤 방식'으로 처리할 것인지에 대한 생각 없이 닥치는 대로 일을 하면 목적도 잊어버리고 결국엔 시간도 맞출 수 없게 됩니다. 업무를 맡게 되면 기본적으로 '언제까지'라는 기한이 정해지므로, 그 일정에 맞춰 진행하려면 세부적인 일정 관리가 필요합니다. 작업의 중요도와 업무량을 고려해서 시간을 배분하고, 타 부서나 업체와 협력이 필요한 경우는 상대방의 일정까지 고려해 꼼꼼한 계획을 세워야 합니다. 작업 내용과 진행 시간은 축을 이용해 작성하는 것이 가장 무난합니다. 이렇게 작성한 스케줄 표는 팀원이나 협력 부서와 공유해서 관리하면 서로 전체 일정 중 자신의 역할이 한눈에 파악되어 효율적으로 작업할 수 있습니다.

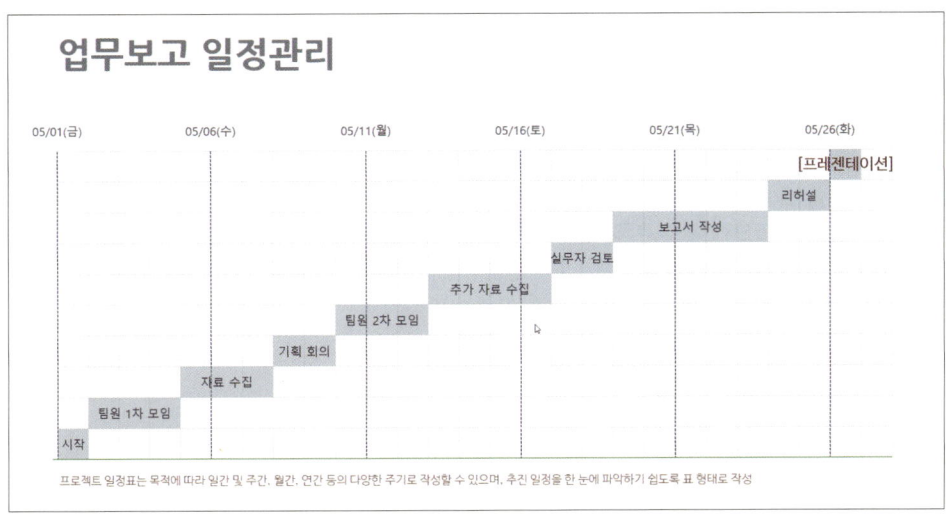

3 필수 점검 요소

효과적인 결과물을 만들려면 무엇을 만들고 있는지 분명하게 알고 있어야 합니다. 프레젠테이션은 '누구'에게, '왜' 하는지, '어디'에서 하는지 등의 기본 정보가 정리되어 있는 상태에서 진행해야 합니다. 흔히 사용하는 방식인 프레젠테이션의 '3p' 분석 방법입니다. 목적(Purpose)을 분석하고, 청중(People)을 분석하고, 장소(Place)를 분석하면 프레젠테이션의 전개 방식을 잘 설정할 수 있습니다. 이런 분석들은 프레젠테이션의 설계 방향을 잡아 주고 정확한 자료를 준비하게 하는 가이드 역할을 합니다. 특히 소홀히 하기 쉬운 인터넷 활용 여부, 오디오 상태, 조명, 청중 위치에서 화면의 보이는 정도 등 장소에 관한 부분까지 꼼꼼하게 체크하는 것이 필요합니다. 발표에 필요한 장비를 능숙하게 다루는 것 또한 발표자에게 필요한 능력입니다.

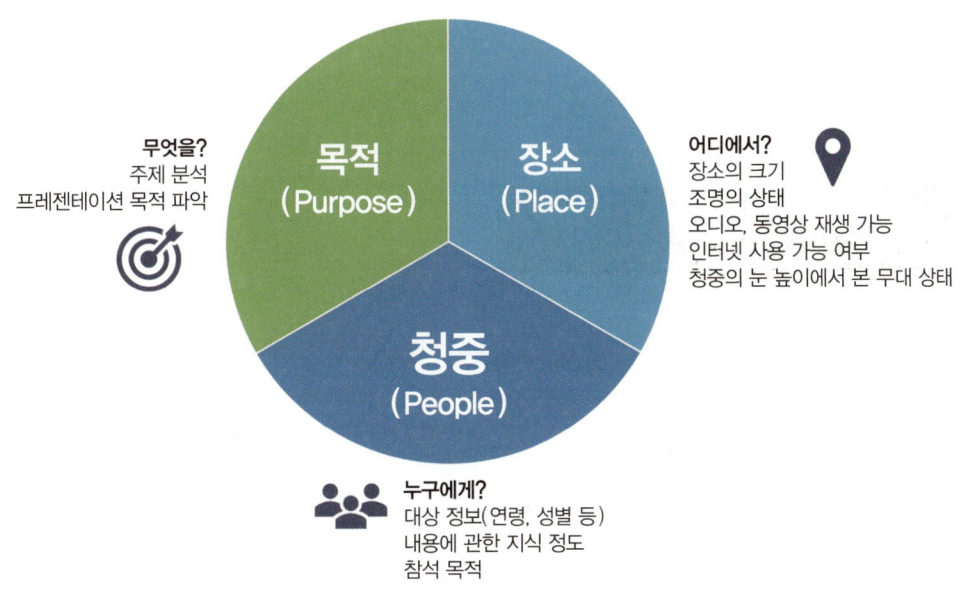

4 마인드 맵을 활용한 생각 정리

주제를 잡고 그에 따른 내용을 정리하는 방법 중 하나로 '마인드 맵'을 활용하는 방법이 있습니다. 생각이 정리되지 않을 때 일단 주제에 따른 가지를 만들며 관련된 것을 생각하고 확장하는 방법입니다.

마인드 맵은 마인드(Mind) + 맵(Map)라는 말 그대로, '생각의 지도'라는 의미입니다. 영국의 토니 부잔이 만든 두뇌 개발 기법으로, 복잡하고 많은 정보를 문장이 아닌 그림으로 정리하는 방법입니다. 머릿속에 있는 복잡한 문제나 추상적인 생각을 지도 그리듯 시각적으로 표현하여, 관련된 정보나 아이디어를 체계적으로 정리 및 확장시켜 나가는 두뇌 개발 기법입니다.

중심 주제에서 나뭇가지가 뻗어 나가는 것 같이 사고가 확장되는 내용을 만들면서, 관련된 정보와 생각의 조각을 전체적으로 파악할 수 있습니다.

요즘은 디지털 방식으로 작성하는 마인드 맵 프로그램이 많이 있고, 사용법도 쉽고 편리합니다. 무료로 사용하는 프로그램도 있으니 활용해 보세요.

■ 알마인드 : 무료(Lite 버전)

http://www.altools.co.kr/download/almind.aspx

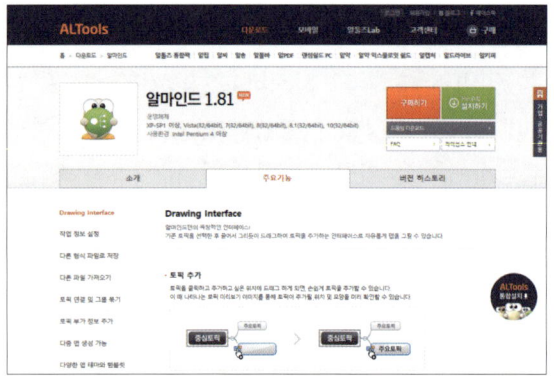
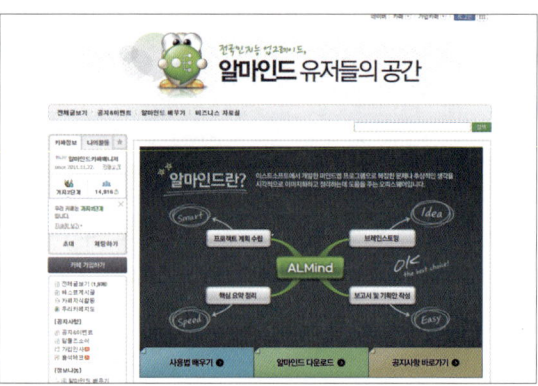

■ Xmind : 무료 (기업/개인 Standard 버전)

http://www.xmindkorea.net

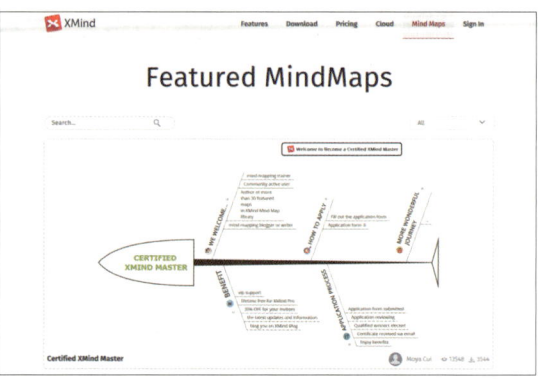

> tip 공공기관용이나 교육용은 라이선스를 꼭 확인하세요.

5 목차 만들기

목차를 만든다는 것은 보고서의 전체 흐름을 논리적으로 구성하는 것입니다. 목차가 잘 만들어지면 슬라이드를 작성할 때, 목차를 기준으로 내용을 붙여가며 전체적인 흐름을 벗어나지 않고 작업할 수 있습니다. 그리고 이렇게 목차에 따라 작업하면 내용이 서로 중복되지 않으면서 꼭 들어가야 하는 중요한 부분이 누락되는 것을 방지할 수 있습니다.

목차는 내용을 분류해서 구조적으로 작성합니다. 잘 만들어진 목차는 슬라이드의 제목으로 사용될 수 있고, 보고 받는 사람이 내용을 한눈에 알아볼 수 있도록 도와줍니다.

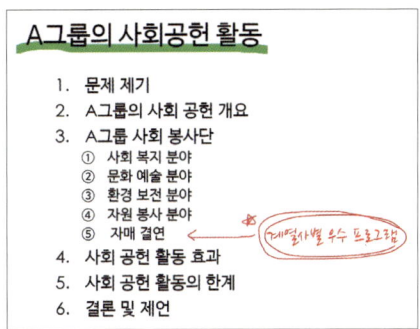

2 자료 수집과 정리

작성하려는 내용에 필요한 자료를 얻는 것이 중요한 만큼, 어떤 자료를 수집할 것인지, 어디에서 누구로부터 수집할 것인지를 잘 선정해야 합니다. 성공적인 프레젠테이션을 만들기 위해서는 적절한 자료가 있어야 합니다. 그러려면 항상 참고할 만한 자료들을 수집하고 정리하는 습관을 갖는 것이 좋습니다.

1 원하는 정보가 새로 생기면 알려주는 구글 알리미 활용

업무를 하다 보면 업무에 관련된 정보를 계속 새롭게 제공 받아야 하는 경우가 있습니다. 새로운 내용이 등록되었는지 구글에서 매번 동일한 검색어를 입력하면서 검색하는 것은 번거롭고 비효율적입니다. 만일 찾고 싶은 내용에 관해 새로운 검색 결과가 생길 때마다 자동으로 전달 받고 싶다면 '구글 알리미'를 사용하면 편리합니다.

 구글 알리미 : http://www.google.co.kr/alerts

알리미

01 구글 알리미(http://www.google.co.kr/alerts) 사이트에 접속합니다.

02 화면 오른쪽 위에 있는 〈로그인〉 버튼을 클릭한 다음, 아이디와 비밀번호를 입력하고 로그인합니다. 구글 계정이 없으면 '계정 만들기'를 클릭하고 계정을 만듭니다.

03 윗부분 입력란에 팔로우할 주제를 입력합니다.

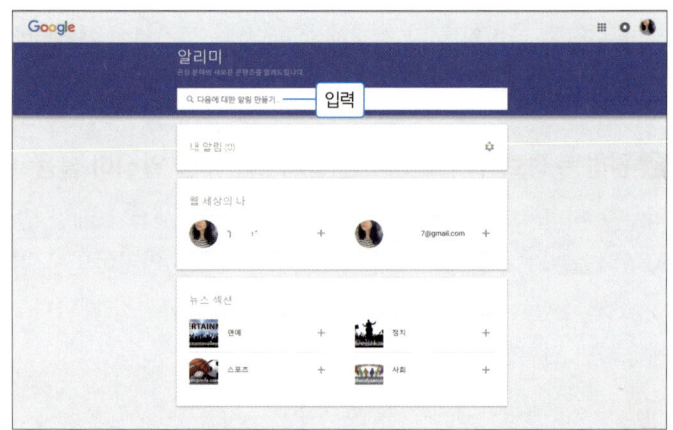

04 검색어가 입력되면 이메일 입력 상자가 표시됩니다. 이메일 입력 상자 옆에 있는 〈옵션 표시〉 버튼을 클릭합니다.

SECTION 03 프레젠테이션 진행을 위한 단계별 작업

05 설정 화면이 표시되면 수신 빈도나 출처 등 원하는 검색 설정 사항을 설정하고 〈알림 만들기〉 버튼을 클릭합니다.

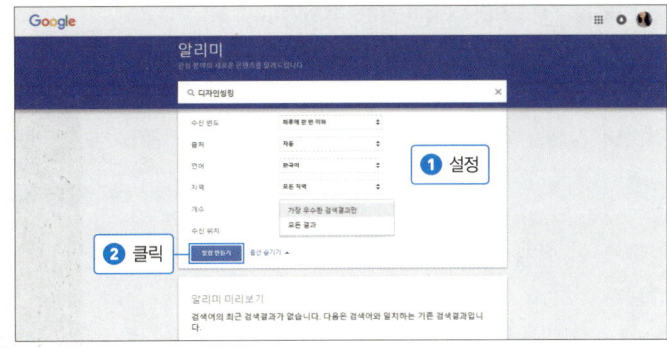

06 내 알림에서 만들어 놓은 알림의 설정 사항을 수정, 삭제할 수 있습니다.

07 이렇게 알림을 설정하면 검색된 자료를 메일로 받아볼 수 있습니다. 구글 알리미는 놓칠 수 있는 정보를 신속하고 지속적으로 얻으려는 경우에 유용하게 사용할 수 있습니다.

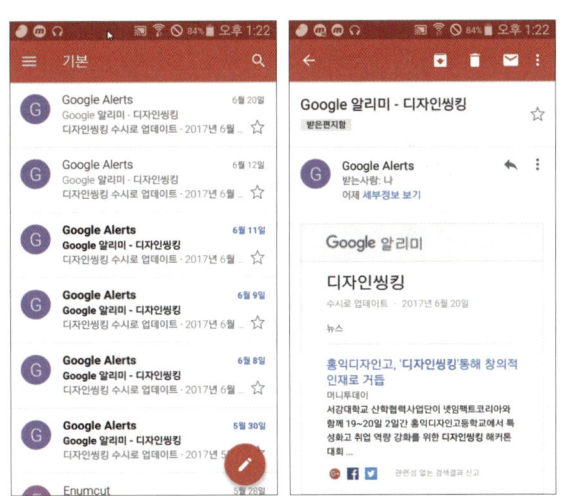

2 아이디어를 얻고, 자료를 관리하는 데 도움이 되는 어플리케이션

관심 분야의 내용을 저장해 두면 필요할 때 언제든 찾아서 볼 수 있습니다. 꼭 보고서를 위한 준비가 아니더라도 참고할 가치가 있는 자료들은 모아서 관리하는 것이 좋습니다. 그리고 그렇게 다양한 경로를 통해 수집한 자료는 사용이 편리하도록 매체별, 혹은 주제별로 분류해서 관리하면 편리합니다.

자료 관리를 위한 다양한 노트 및 메모 어플리케이션이 있으니 자신에게 알맞은 것을 선택해서 사용하면 도움이 됩니다. 다만 고려할 점은 컴퓨터와 스마트폰 등 여러 기기에서 사용하기 편리하도록 기기 사이에 동기화가 가능한 어플리케이션을 사용하는 것이 활용도가 좋습니다.

■ 나중에 보기 위해 일단 저장, 포켓(Pocket)

 http://getpocket.com

인터넷 기사를 읽다가 나중에 읽어 보고 싶은 자료가 있을 때, 북마크를 활용할 수 있지만 북마크 개수가 많아지면 그것 역시 불편합니다. 이런 경우 포켓에 저장해 두면 언제, 어디서든 다시 빠르게 찾아볼 수 있습니다.

pocket 사이트에서 계정을 만들면 PC나 모바일에서 같은 계정으로 인터넷 기사, 동영상 또는 그 외 콘텐츠 등을 검색 중 쉽게 저장할 수 있습니다. 사무실이나 집의 PC에서 검색한 내용을 스마트폰에서 읽을 수 있고, 그 반대도 가능해서 인터넷 자료 저장에 아주 편리합니다.

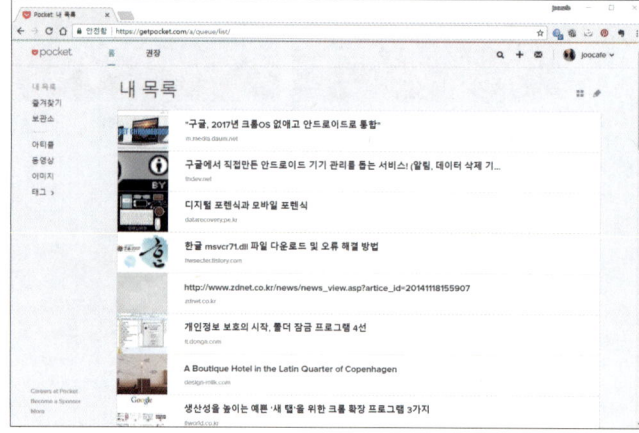

▲ 크롬 브라우저 사이트 로그인 화면
브라우저 확장 및 플러그인 기능으로 관심있는 페이지를 쉽게 수집할 수 있습니다.

▲ PC 버전 앱 화면

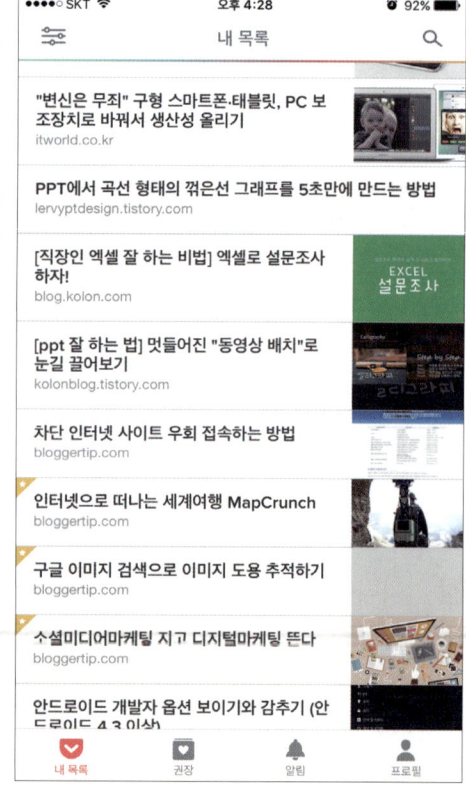

▲ 스마트폰 앱 화면

SECTION 03 프레젠테이션 진행을 위한 단계별 작업

■ 세상의 모든 것을 기억하세요, 에버노트(Evernote)

 http://www.evernote.com

자료를 원하는 카테고리로 분류하고 다양한 방법으로 관리하려면 에버노트를 추천합니다. 포켓으로 관심 있는 자료를 모으고, 그 중 나만의 정보로 보관하고 싶은 것은 에버노트로 보내서 관리하는 방법을 사용하면 효과적입니다.

에버노트는 '모든 것을 기억하세요(Remember Everything)'라는 슬로건을 내세울 만큼 메모, 사진, 오디오 등 다양한 형태의 정보들을 스마트폰, PC 등 모든 기기를 통해 언제든지 보관하고 찾아볼 수 있습니다.

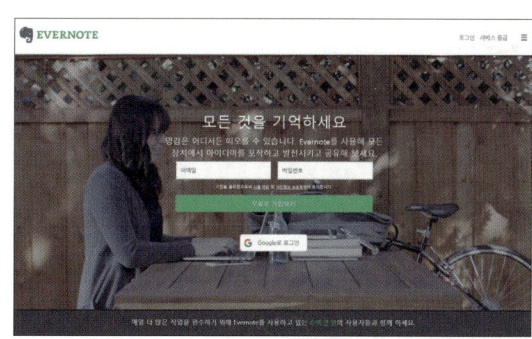

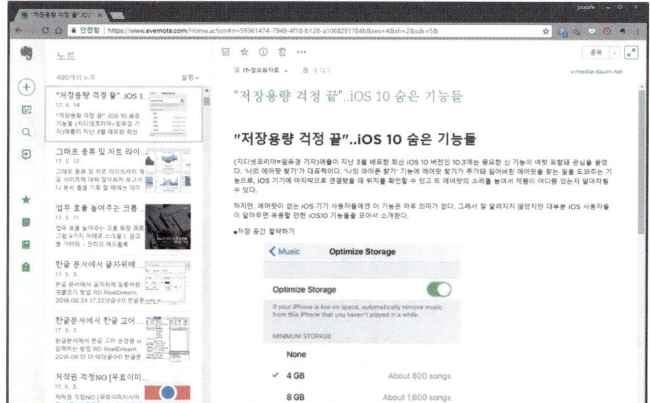

▲ 크롬 브라우저 사이트 로그인 화면

브라우저 확장 및 플러그인 기능으로 관심있는 페이지를 쉽게 수집할 수 있습니다.

▲ PC 버전 앱 화면

▲ 스마트폰 앱 화면

55

■ 아이디어 카탈로그, 핀터레스트(Pinterest)

 http://kr.pinterest.com

핀터레스트는 스스로를 'Pinterest는 전 세계의 아이디어 카탈로그입니다. 레시피, 육아 팁, 영감을 주는 스타일 등 시도할 만한 아이디어를 찾아서 저장하세요.'라고 소개하고 있습니다. 관심 있는 주제를 검색해서 활용할 아이디어를 저장해 두는 것입니다. 다양한 이미지 자료에서 힌트를 얻어 응용할 수 있습니다.

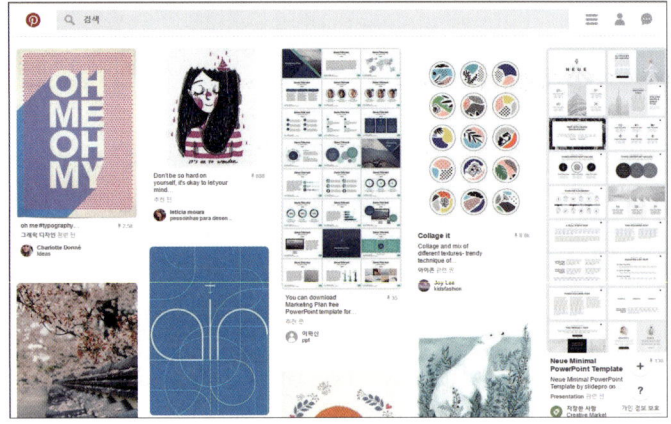

▲ 크롬 브라우저 사이트 로그인 화면
브라우저 확장 및 플러그인 기능으로 관심 있는 페이지를 쉽게 수집할 수 있습니다.

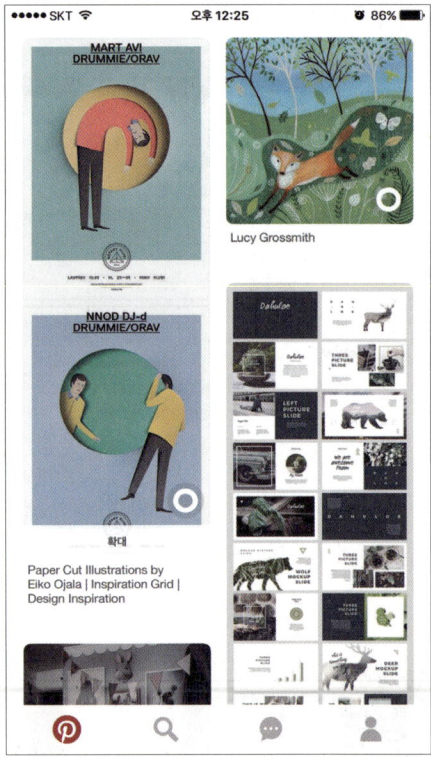

▲ 스마트폰 앱 화면

❸ 자료의 보관과 공유, 클라우드(Cloud) 서비스 활용

인터넷 자료뿐만 아니라 다양한 형태의 자료들을 보관하고, 다른 사람들과 공유해서 작업할 때는 클라우드 공간을 활용하는 것이 좋습니다. 클라우드 서비스는 웹에 자신만의 고유한 공간을 만들어 파일을 저장하고, 공유하는 등 다양하게 활용할 수 있는 서비스입니다.

구글, 애플, 마이크로소프트, 통신사, 포털 사이트 등 여러 기업에서 무료 클라우드 스토리지를 제공하고 있습니다. 단, 이들 업체가 무료 스토리지 용량을 필요에 따라 바꾼다는 점을 주의하고 공간이 부족하다면 여러 업체를 적절히 활용하는 것이 필요합니다.

구글	네이버	Microsoft	Apple
구글 드라이브	N 클라우드	One Drive	iCloud Drive
15GB 무료	30GB 무료	15GB 무료	5GB 무료

특히 OneDrive는 파일 공유를 하거나 온라인용 오피스 프로그램을 사용할 때 유용하게 사용할 수 있습니다. 오피스 365 구독자는 1TB가 무료입니다.

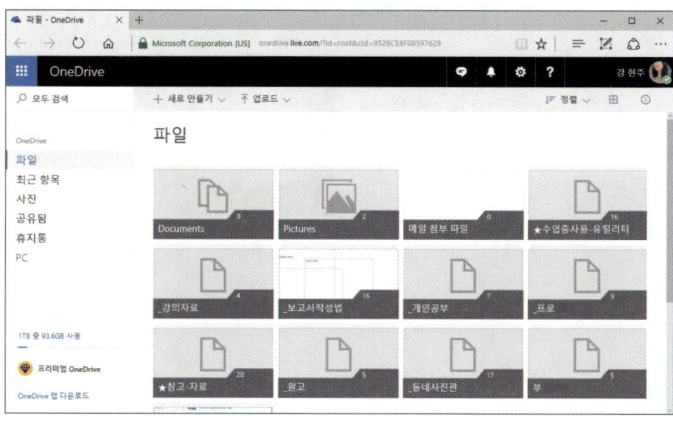

■ **필요한 것과 불필요한 것 구분하기**

프레젠테이션을 만들기 위해 자료를 정리할 때는 기존에 작성된 문서, 사진이나 이미지, 엑셀 수치 자료 등 주제와 연관된 것들을 차근차근 챙겨 보게 됩니다. 자료를 모으면서 어떻게 활용할지 생각해 본다면 더욱 방향성 있게 준비할 수 있습니다.

자료를 수집하다 보면 중복되거나 불필요한 것들이 포함될 수 있습니다. 주제에 맞는 자료를 활용하는 것은 좋은 보고서를 만들기 위한 필요조건입니다. 단지 멋진 어휘나 이미지를 버리지 못해서 주제와 관련 없는 것을 넣는 것은, 분량이 늘어나는 것에서 끝나는 것이 아니라 전체 문서의 내용을 모호하게 만드는 심각한 문제가 될 수 있습니다.

자료를 정리하면서 '주제에 적합한가?', '꼭 필요한가?', '신뢰할 수 있는가?'라는 질문을 계속해서 스스로에게 던져야 합니다.

3 제작 단계

어떤 내용을 만들지 결정하고 그것에 필요한 자료를 준비했다면, 이제 실제 슬라이드를 작성합니다. 성공적인 프레젠테이션을 위해서는 청중이 끝까지 집중할 수 있도록 시선을 끌어야 하고, 최대한 요점을 명확하게 전달할 수 있도록 작성해야 합니다.

1 무엇으로 만들까? 적합한 도구 선택하기

발표를 할 때 아무런 자료 없이 발표자가 화이트보드에 직접 적어가며 진행할 수도 있고, 한글, 엑셀, 파워포인트, 프레지 등 다양한 방법을 선택할 수도 있습니다. 어떻게 진행하는 것이 좋은지 생각해 보고, 가장 효율적인 방식을 선택하면 됩니다. 대부분 가장 많이 사용되는 방식은 청중들에게 화면으로 시각적 정보를 제공하면서 발표자가 내용을 이끌어 가는 형태입니다.

다음 단계는 화면에 보이는 내용을 무엇으로 만들지 결정해야 합니다. 한글, 엑셀, 파워포인트, 프레지 등 발표 도구로 사용할 수 있는 각 프로그램의 장단점을 이해하고 자신이 잘 다룰 수 있는 프로그램을 선택하는 것이 좋습니다. 이 책에서 프레젠테이션 제작 도구로 파워포인트를 선택한 이유는 무엇보다 다루기 쉽고, 다양한 결과물 형태를 제공한다는 점입니다.

파워포인트의 장점
① 프레젠테이션 전문 프로그램으로 슬라이드 쇼에 적합하고 사용법이 쉬움
② 이미지, 동영상, 오디오 등 멀티미디어 자료 처리에 뛰어난 편집 기능 제공
③ 전체 슬라이드 영역을 개체들이 자유롭게 활용하기 편리함
④ 다양한 차트 작성이 쉬움
⑤ 인쇄물, 프레젠테이션, PDF, 동영상 등 다양한 형태로 저장해서 활용 가능

2 어떻게 만들까?

프레젠테이션 문서의 기본 작성법은 '너무 많은 내용을 한 화면에 담지 않는 것'입니다. 즉 하나의 슬라이드에 한 개의 메시지를 담아야 합니다. 하지만 실무에서 작성하는 슬라이드 형태는 생각보다 많은 내용을 하나의 슬라이드에 담아야 하는 경우가 많습니다.

이유는 대부분 발표도 하지만 인쇄해서 내용을 보고하는 목적으로도 사용하기 때문입니다. 그러니 너무 원칙이라는 것에 얽매이지 말고 사용하는 목적과 분량을 생각한 다음 슬라이드 구성 형태를 결정하는 것이 좋습니다. 다음 항목들을 고려해 보면서 어떤 형태의 보고서를 만들지 생각해 보세요.

■ 슬라이드 한 장에 들어갈 내용의 분량

슬라이드 한 장의 분량을 결정하는 주된 요소는 '발표 규모'와 '세부 데이터의 포함 여부'입니다.

발표 장소가 넓은 회의실에서 진행되는 대규모 발표라면 슬라이드 내용은 뒷자리까지 충분히 보이도록 큰 글꼴 크기를 사용해 담아야 합니다. 그래서 충분히 내용을 간추리고 표, 차트, 도형, 이미지 등을 활용해서 한눈에 내용을 파악하도록 만드는 것이 좋습니다.

만일 발표 내용에 들어가는 수치 자료나 세부 설명이 모두 명확히 알려야 하는 기본 데이터로 표시되어야 한다면 슬라이드 한 장에 많은 내용이 밀집되는 형태가 됩니다. 이럴 경우 표나 차트 등을 이용해서 데이터를 정리하는 것이 좋습니다. 물론 내용을 잘 설명할 수 있는 도해화 방법도 함께 사용합니다. 하지만, 커다란 이미지나 도해가 슬라이드에 많은 부분을 차지하는 형태가 되지는 않아야 합니다.

■ 파워포인트나 이미지 편집 도구를 다루는 능숙도

도형 개체를 다루는 것이 자신 있거나 전문적인 이미지 편집 프로그램을 잘 이용할 수 있다면, 직접 준비한 사진, 그림이나 도형 등을 이용해 내용을 이해하기 쉽게 표현하면서 시각화합니다.

만일 그렇지 못하다면 파워포인트 기능 중 SmartArt 그래픽을 활용합니다. SmartArt 그래픽은 사용 방법이 편리하고 변형도 가능하기 때문에, 도형 개체를 다루는 것에 익숙하지 않은 사용자도 쉽게 도해화 작업을 할 수 있습니다. 파워포인트에도 쉬우면서도 강력한 이미지 관련 기능이 있으니 다양하게 응용하면 훌륭한 결과물을 만들 수 있습니다.

> **tip 사진이나 동영상 등 프레젠테이션에 필요한 자료의 제공**
>
> 회사에서 필요한 이미지를 구매할 수 있거나, 직접 촬영해서 준비한 사진이나 동영상이 있다면, 이미지를 충분히 활용해 프레젠테이션 내용을 보강하는 것이 좋습니다. 하지만 만일 저작권에 자유롭지 못한 자료라면 사용하지 말아야 합니다. 요즘은 상업용으로 사용 가능한 무료 이미지를 얻을 수 있는 사이트도 많이 있으니 활용하는 것이 좋으며, 파워포인트 2016에서 추가된 아이콘 명령도 사용해 보세요.

3 슬라이드 스케치하기

무작정 파워포인트 2016을 실행하고 슬라이드를 만드는 것보다는, 먼저 목차와 내용에 따라 실제 만들 슬라이드를 스케치해 보는 것이 좋습니다.

전체 스토리가 구성되고, 자료를 준비되어 목차가 정해진 상태라면, 실제로 진행될 슬라이드를 자세히 서술하는 것입니다. 자료를 적절한 형태로 시각화하고, 내용 중 키워드를 추출하며 간략하게 정리합니다. 이렇게 스케치가 되어 있다면, 슬라이드 제작에 필요한 레이아웃의 형태나 필요한 개체 틀의 형태를 정할 수 있습니다.

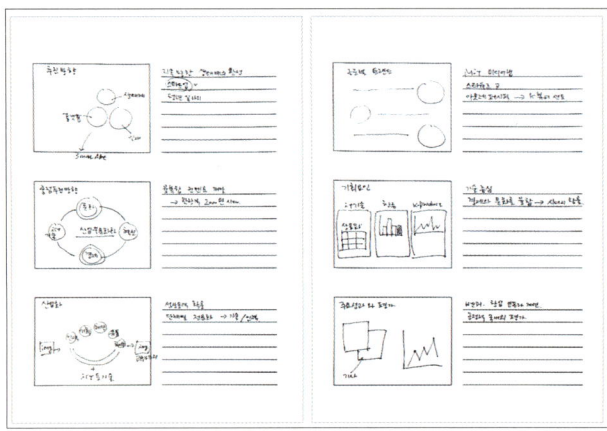

■ 스토리보드 용지 만들기

스토리보드에 사용되는 용지는 필요한 양식에 맞게 만들어서 사용하면 편리합니다. 특별한 요구사항이 없다면 간단하게 파워포인트의 유인물 인쇄 옵션으로 슬라이드 형태의 용지를 만들 수 있습니다.

01 새 프레젠테이션 문서에서 빈 슬라이드를 세 장 삽입합니다.

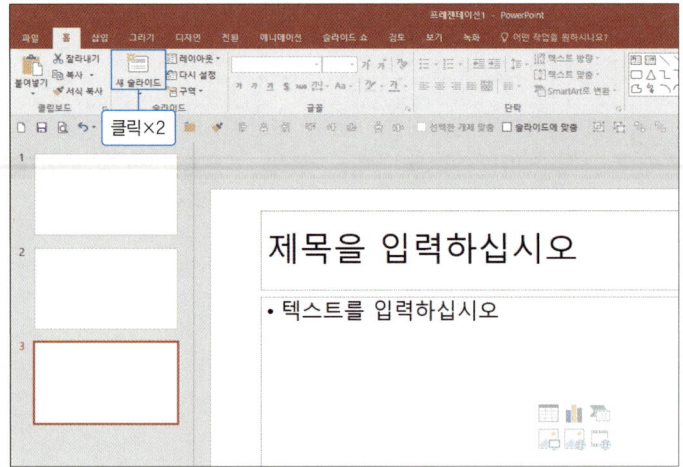

SECTION 03 프레젠테이션 진행을 위한 단계별 작업

02 [파일] 탭 → [인쇄]를 클릭합니다.

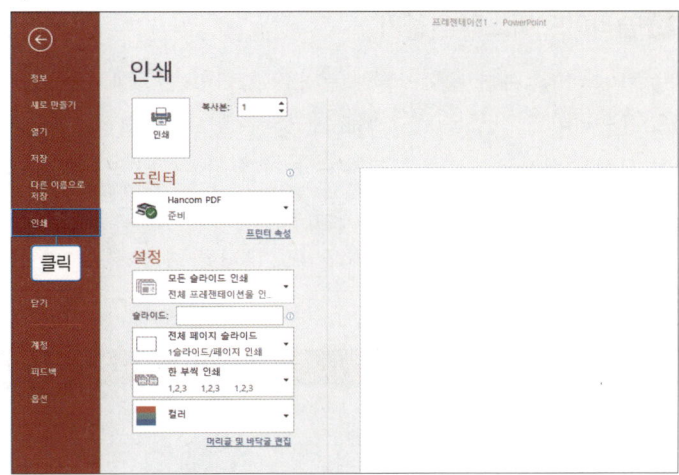

03 슬라이드 항목에서 '3슬라이드'를 선택하고 '슬라이드 테두리', '용지에 맞게 크기 조정'에 체크 표시합니다.

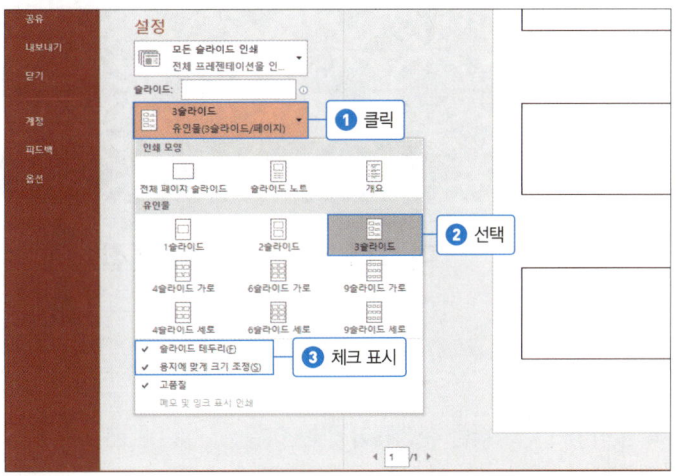

04 인쇄 부수를 설정하고 [인쇄]를 클릭합니다.

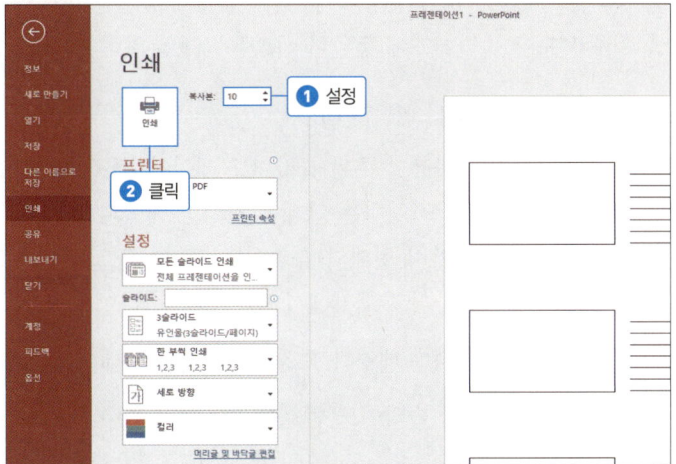

61

4 슬라이드 마스터 만들기

슬라이드 마스터는 슬라이드에 내용을 입력하는 실제 작성 단계가 편리하도록 도와줍니다. 한 번의 설정으로 슬라이드 작성을 쉽고 빠르게 할 수 있으며, 수정도 편리하게 할 수 있습니다. Office.com의 디자인 서식을 다운로드하여 수정하거나 직접 처음부터 작업하는 두 가지 방법이 있는데, 슬라이드 마스터를 작업하는 데 시간을 투자하면 나중에 실제 슬라이드 작성하거나 수정하는 단계에서 그 몇 배의 시간을 절약할 수 있게 됩니다. 프레젠테이션 문서를 딱 한 장만 만드는 것이 아니라면 반드시 슬라이드 마스터를 만들어야 합니다.

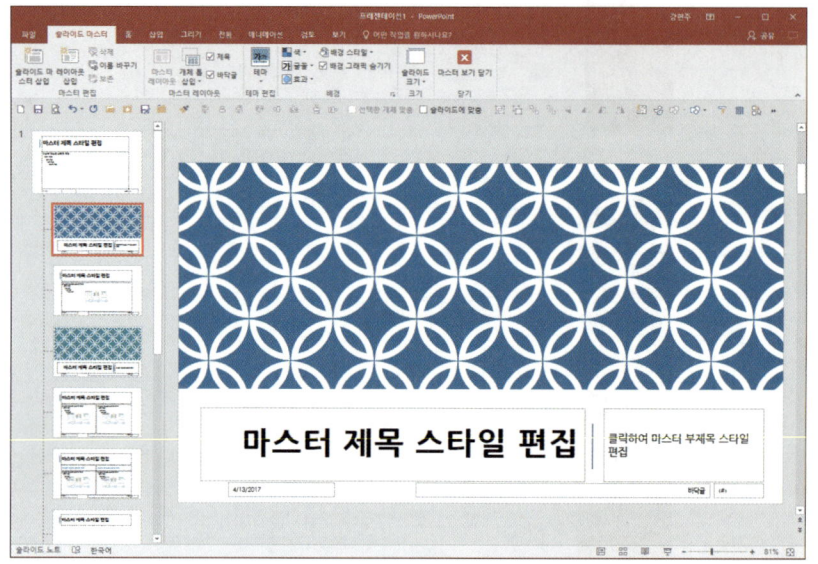

■ 슬라이드 마스터를 설정해야 하는 이유

① 문서 전체에 통일감을 줄 수 있습니다.
② 슬라이드 레이아웃을 설정할 수 있기 때문에 동일한 형태의 슬라이드 작성 속도를 높일 수 있습니다.
③ 언제든 모든 슬라이드에 동일한 사항을 적용하거나 수정할 수 있습니다.

■ 슬라이드 마스터에서 설정할 내용

① 슬라이드 제작에 사용할 주된 슬라이드 레이아웃을 설정합니다.

슬라이드 스케치를 작성하는 단계를 거치면 대략의 슬라이드 레이아웃을 파악할 수 있습니다. 작성할 슬라이드들을 몇 가지 형태의 슬라이드 레이아웃으로 나누고 그 형태대로 작성합니다. 좀 더 정교하게 세분화하면 슬라이드 제작에서 많은 수의 슬라이드일수록 큰 효과를 볼 수 있습니다.

② 문서 전체에 적용되는 배경과 색상 모음, 글꼴과 테마 등 디자인적인 서식을 설정합니다.

③ 머리글/바닥글이나 슬라이드 번호를 사용하는 경우 위치와 서식을 설정합니다.

④ 하이퍼링크나 애니메이션 등 어떤 작업이더라도 전체적인 슬라이드에 공통으로 적용되는 일이라면 슬라이드 마스터에서 설정합니다.

5 슬라이드 만들기

작성된 슬라이드 마스터를 토대로 파워포인트 2016의 기능을 이용하면서 실제 슬라이드를 만듭니다. 단, 지나치게 화려하고 내용과 어울리지 않는 시각화는 피해야 합니다. 특히 애니메이션 기능은 주의해서 사용해야 하는데, 부자연스러운 움직임이나 내용에 집중할 수 없는 산만한 움직임은 사용하지 않는 것이 좋습니다.

좋은 아이디어만큼 확실한 성공 전략은 없습니다. 주제와 무관한 도형과 이미지로 꾸며진 슬라이드는 청중에게 아무것도 이야기하지 못합니다. 발표자가 전하려는 내용이 담기도록 메시지를 다듬고, 가장 효과적인 표현 방법을 찾아야 합니다.

■ 짧은 문장으로 내용을 간결하게 표현

글머리 기호를 사용하거나 문장을 간결하게 표현하여 되도록 각 문장이 한 줄을 넘기지 않도록 합니다. 청중이 화면 내용을 읽기보다 발표 내용을 듣도록 유도하는 것이 좋습니다. 불필요한 조사를 생략하여 글자 수를 줄입니다.

■ 명확하고 간결한 시각 자료 사용

인간의 두뇌에 전달된 모든 정보의 90%는 시각에 의한 것이고, 그 중 시각화 자료를 본 것을 80%, 문자를 읽은 것은 20% 기억한다고 합니다. 내용을 효율적으로 전달하려면 정보를 시각화하는 작업이 필요합니다.

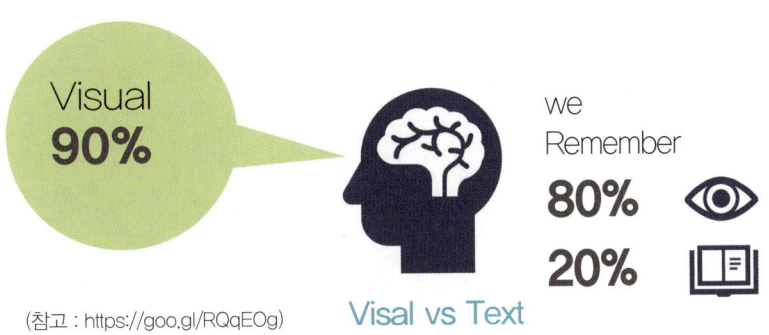

(참고 : https://goo.gl/RQqEOg)

메시지가 간결해야 하는 것처럼, 시각적인 그래픽 자료도 간단명료해야 합니다. 의미 없는 이미지를 추가하거나 단순히 슬라이드를 채우기 위해 넣은 이미지는 청중에게 혼란을 주게 되고 메시지 전달력을 떨어지게 하니 과감하게 빼는 것이 좋습니다. 엉성하고 품질이 떨어지는 이미지는 차라리 사용하지 않습니다. 대체로 초벌 원고에서 핵심 키워드를 추출하고 그 내용을 도식화하는 방법을 사용하게 되는데, 편하게 도형을 작성하고 수정하려면 SmartArt 그래픽을 이용하는 것이 좋습니다.

■ 내용과 어울리는 적절한 디자인으로 통일감 유지

배경이나 디자인이 너무 화려하면 메시지에 집중하기가 어려우므로 일관성 있고 두드러지지 않으면서 주의를 집중시키는 서식 파일이나 테마를 선택합니다.

■ 자료 출처와 신뢰도 확인

수치 자료를 사용한다면 어떤 자료를 기반으로 작성된 내용인지 출처나 근거를 제시할 수 있어야 하며, 신뢰도 있는 정확한 자료를 사용해서 작업해야 합니다.

4 최종 확인으로 마무리

일을 할 때는 항상 꼼꼼하게 마무리하는 습관이 필요합니다. 이 단계에서는 작성자 입장에서 벗어나 보고 받을 사람의 입장으로 문서를 바라봅니다. 맞춤법 검토는 기본이고, 특히 사용된 수치나 명칭에 오류가 없는지 다시 한 번 확인합니다. 마지막으로 인쇄를 할 때는 슬라이드 내용 중 빠지는 영역이 없는지 체크합니다.

1 파워포인트의 맞춤법 검토 기능

멋진 디자인으로 만든 보고서에 맞춤법이나 띄어쓰기가 틀리거나, 오타가 보인다면 전체 보고서에 대한 신뢰도가 떨어질 수 있습니다. 항상 문서가 작성되고 나서 배포 전에 맞춤법을 검사하는 것이 좋습니다. 짧은 시간을 투자하여 정성들여 작성한 문서라는 느낌을 줄 수 있습니다.

{실습 파일} 01\03.pptx

01 보고서 문서에 철자나 띄어쓰기 등 맞춤법 오류가 있다면 텍스트 아래로 빨간색 밑줄이 표시됩니다.

02 상태 표시줄에 있는 '맞춤법 검사' 아이콘()을 클릭합니다.

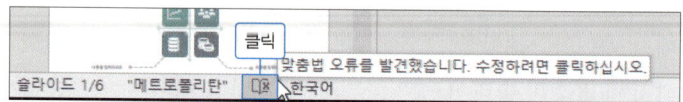

> tip 리본 메뉴에서의 명령 위치는 **[검토] 탭 → [언어 교정] 그룹 → [맞춤법 검사]**입니다.

03 맞춤법이 틀린 단어가 오른쪽 작업 창 화면에 표시됩니다. 발견된 오류를 수정하는 다양한 방법이 제시되는데, 추천 단어로 변경하거나, 건너뛰기 버튼을 클릭하여 다음 단어로 진행하면서 교정하면 됩니다.

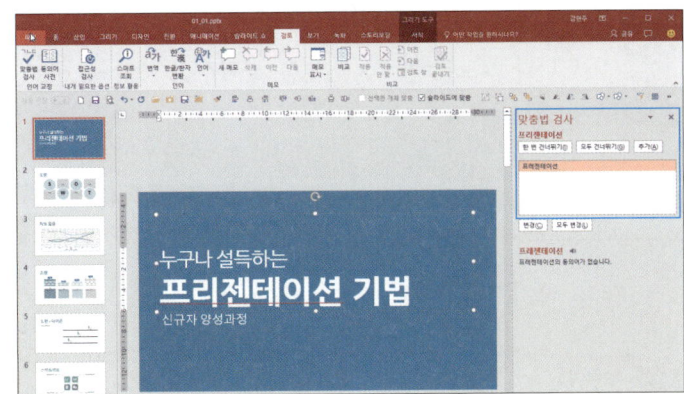

2 문서 검사로 숨겨진 데이터 및 개인 정보 제거

문서에 포함된 메모나 주석, 속성 및 개인 정보, 숨김으로 설정된 슬라이드 정보, 슬라이드 노트 내용 등을 삭제할 수 있습니다. 숨겨진 정보에는 공유하지 않을 프레젠테이션의 세부 정보가 포함될 수 있으므로 다른 사람과 프레젠테이션을 공유하기 전에 경우에 따라 해당 정보를 제거할 필요가 있습니다. 발표자가 참고하려고 작성한 슬라이드 노트 또한 삭제하고 배포합니다.

01 [파일] 탭 → [정보] → [문제 확인] → [문서 검사]를 실행합니다.

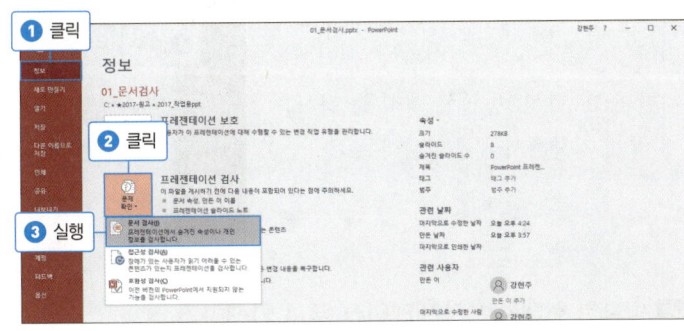

02 '문서 검사' 대화상자가 표시되면, 삭제하려는 항목에 체크 표시를 하고 〈검사〉 버튼을 클릭합니다.

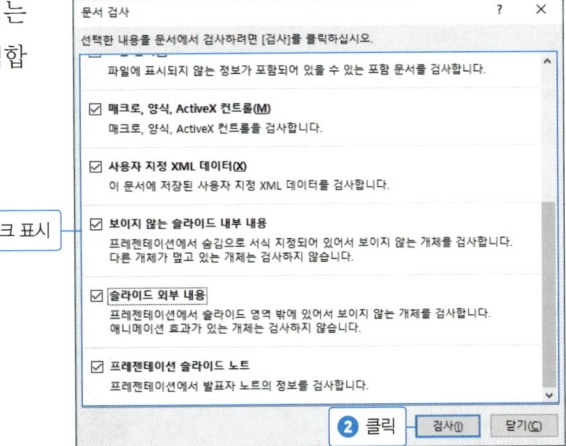

03 제거할 정보가 검사되면 〈모두 제거〉 버튼이 표시됩니다. 〈모두 제거〉 버튼을 클릭하면 해당 정보가 지워집니다.

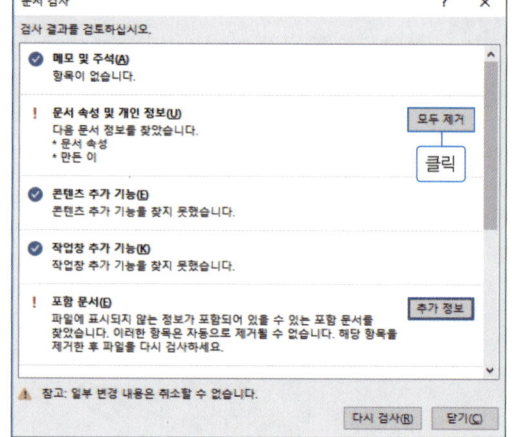

tip 슬라이드 노트를 제거할 때는 원본 파일에서 제거해 버리면 발표자가 입력한 노트를 사용할 수 없으니, 항상 먼저 배포용 파일을 복사한 후 복사본의 노트 내용을 제거합니다.

3 용도에 맞는 형식으로 저장하기

파워포인트에서는 작성된 프레젠테이션 문서를 다양한 방식으로 저장할 수 있습니다.

결재를 위한 슬라이드 형식, 청중을 위한 유인물 형식, 게시판에 올리기 위한 PDF 형식, 동영상 형식 등 용도에 맞게 저장해서 사용합니다.

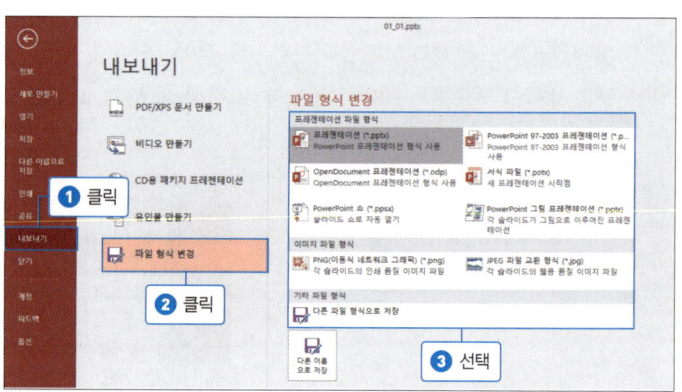

4 필요한 형태로 프레젠테이션 문서 인쇄하기

작성한 보고서를 인쇄하는 경우에도 목적에 맞게 인쇄할 수 있습니다.

01 [파일] 탭 → [인쇄]를 클릭합니다.

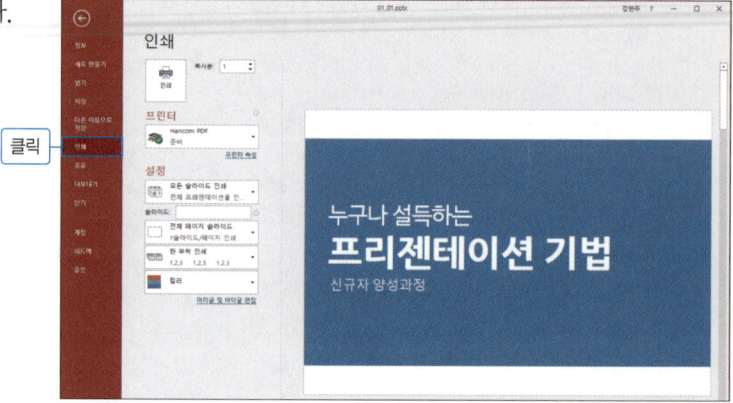

SECTION 03 프레젠테이션 진행을 위한 단계별 작업

02 인쇄할 슬라이드를 설정합니다.

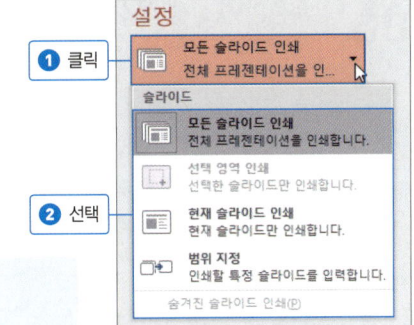

> tip 범위를 지정하려면 ',' 또는 '-' 기호를 이용합니다.
> 예) 3,5,6-8 → 3, 5, 6, 7, 8 슬라이드

03 인쇄할 형태를 설정합니다.

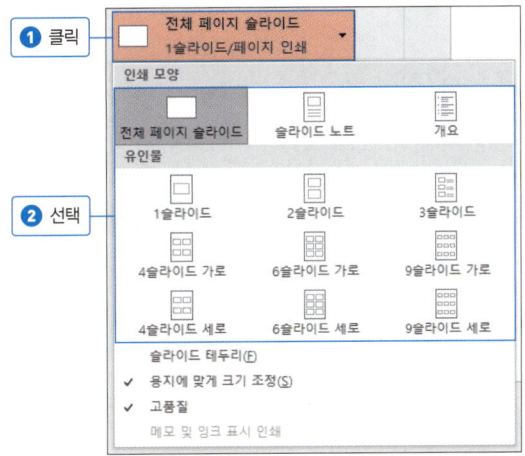

04 인쇄 단계에서는 인쇄 옵션도 꼼꼼하게 설정하는 것이 좋습니다. 도형에 그림자 효과가 인쇄되지 않는 등 미세한 부분에서 빠진 부분이 있을 수 있습니다.

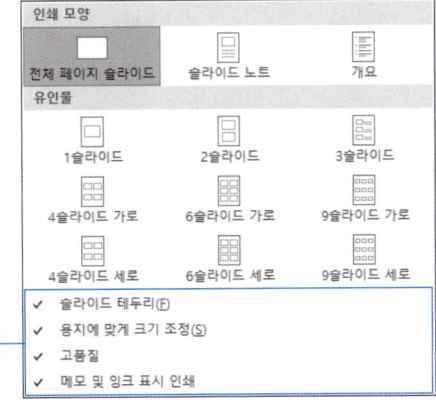

05 여러 부를 인쇄할 때 한 세트씩 인쇄를 부수만큼 반복할 것인지, 슬라이드별로 부수만큼 인쇄할 것인지 선택합니다.

67

06 인쇄물의 색상을 설정합니다.

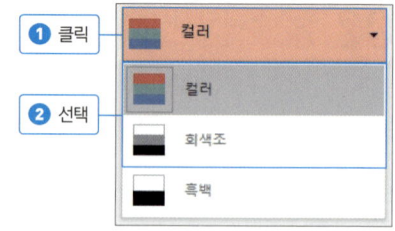

5 성공적으로 발표하기

작성된 발표 자료를 가지고 실제 프레젠테이션을 진행합니다.

1 연습, 실전 같은 리허설

프레젠테이션은 준비 없이 누구나 할 수 있는 것이 아닙니다. 유명 프레젠터들이 원래 말을 잘하고 쉽게 하는 것처럼 보여도, 오랜 시간 동안 고민하고 훈련한 결과입니다. 철저한 준비와 연습만이 성공적인 프레젠테이션을 보장합니다. 실제와 동일한 조건에서 리허설을 진행해 보는 것은 발표에 대한 두려움을 줄이고 자신감을 가지는 데 도움이 됩니다. 동영상을 녹화해서 확인해 보는 것도 좋은 방법입니다.

■ **만일의 사태를 대비**

시간을 엄수하고, 언제라도 신속하게 프레젠테이션을 마무리할 수 있어야 합니다. 정해진 시간이 있는 경우에는 그 시간을 지키는 것이 좋습니다. 그러나 예기치 않은 상황으로 60분짜리 발표를 10분 안에 정리해야 한다면, 당황하지 않고 요약할 수 있도록 준비합니다. 미리 슬라이드 쇼를 재구성하고 핵심만 추려두면 깔끔하게 마무리할 수 있습니다.

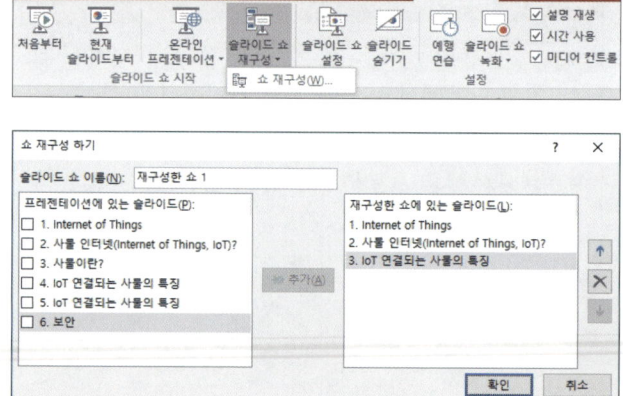

■ **충분한 연습**

프레젠테이션을 연습하는 동안 작성한 슬라이드의 내용도 파악되고 다음 내용이 무엇인지도 자연스럽게 암기되며, 리허설을 통한 경험이 누적되면 자신감도 생깁니다. **[예행 연습]** 명령을 이용해서 소요 시간을 파악해 보는 것도 도움이 됩니다.

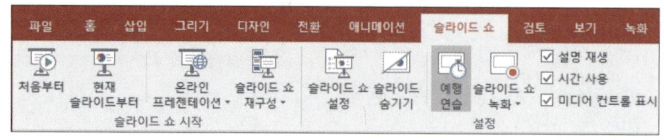 

2 준비 잘된 발표

'알기 쉽게', '간결하게', '인상 깊게'라는 프레젠테이션 3원칙이 있습니다. 구체적이고 흥미로운 사례를 들거나 청중의 지식 수준을 고려해 적절한 단어를 사용하면서 알기 쉽게 진행하도록 합니다. 쓸모없는 것은 과감히 버리고 정확하게 요점을 정리하는 것이 필요합니다. 프레젠테이션이란 것도 사람이 하는 것이라 같은 내용이라도 무미건조하게 설명하기보다는 감정이 실린 것이 힘이 있습니다. 적절한 비유와 기승전결이 있는 진행으로 생기 있게 진행하면 성공적인 프레젠테이션이 될 것입니다.

■ 발표 장소의 상태를 미리 점검

프레젠테이션 장소에 일찍 도착해서 장치가 제대로 작동하는지 확인해야 합니다. 마이크, 스피커, 프로젝터 등 모든 장치의 연결 상태를 확인합니다. 프로젝터 해상도에 따라 슬라이드가 잘리거나 다른 표시 문제가 발생할 수 있습니다. 인터넷을 사용해야 한다면 접속 상태도 확인합니다.

■ 현장 사태를 완벽하게 준비

발표 장소의 컴퓨터에서 프레젠테이션이 제대로 실행되지 않는 것을 예방해야 합니다. 슬라이드 글꼴이 제대로 보이는지, 동영상 재생에 문제는 없는지, 오디오가 잘 들리는지, 연결된 파일과 파워포인트 2016이 설치되는지 등 모든 경우의 수를 따져 준비합니다.

■ 필요한 동작만 하기

발표를 하다 보면 자신도 모르는 습관이 나올 수 있습니다. 무의식적으로 마우스 포인터를 이동하여 청중의 주의를 분산시키거나, '에', '음' 같은 의미 없는 소리를 내기도 합니다. 자신의 습관을 파악해서 불필요한 동작을 최소화하도록 합니다.

■ 발표자의 입으로 이야기하기

발표자의 역할은 단순히 슬라이드를 넘겨 주거나 읽어 주는 사람이 아닙니다. 슬라이드에 부족한 설명을 자신의 입으로 이야기해야 합니다. 슬라이드 내용을 글자 그대로 읽지 않도록 합니다. 자연스럽게 진행하려면 발표자가 슬라이드 구석구석의 내용을 충분히 파악하고 있어야 합니다.

3 나만의 노하우를 만드는 평가

프레젠테이션이 끝난 다음이라도 결과를 분석해서 다음 업무 수행을 위한 노하우를 만들어야 합니다. 청중의 피드백을 정리한 다음 성공이나 실패의 원인을 정확하게 분석하고 전체적인 진행 과정을 평가해 보는 것이 좋습니다. 프레젠테이션이 끝난 이후 질문 시간이 있었다면 청중과의 질의응답에서 중요한 참고사항을 얻을 수도 있습니다.

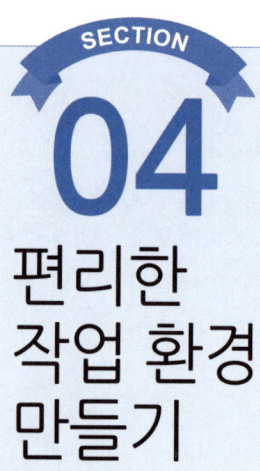

편리한 작업 환경 만들기

어떤 프로그램이든 처음 사용할 때는 먼저 환경이나 옵션 등을 사용자의 업무 패턴에 맞게 설정하는 것이 필요합니다. 기본 설정 값을 사용해도 문제는 없지만 프로그램을 좀 더 효율적으로 사용하기 위해서는 자신에게 맞는 설정 값을 사용하는 것이 좋습니다. 프로그램의 구성 요소들을 살펴보고, 나만의 작업 환경을 구성하는 방법을 알아보겠습니다.

1 파워포인트 옵션 자세히 보기

[파일] 탭 → [옵션]을 클릭하면 파워포인트에 관한 전반적인 사항을 설정할 수 있습니다.

1 일반

파워포인트 2016 작업에 관한 일반적인 설정입니다.

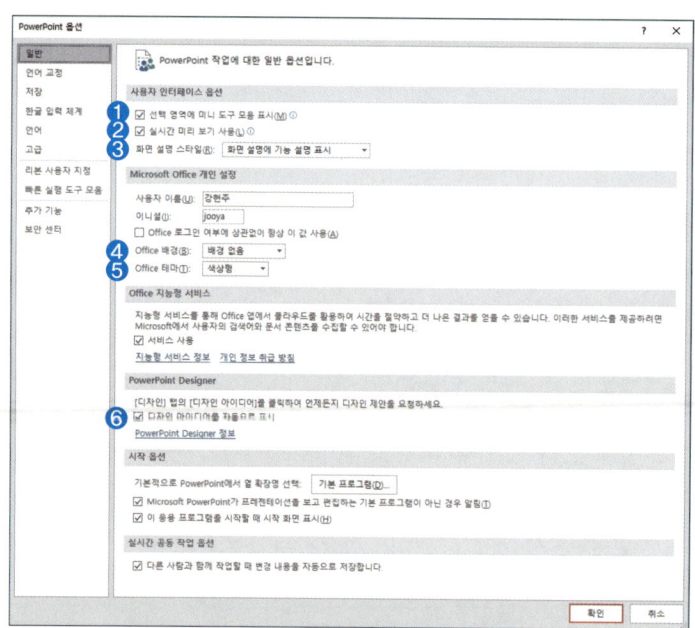

① 선택 영역에 미니 도구 모음 표시 : 텍스트를 선택할 때 미니 도구 모음을 표시합니다.

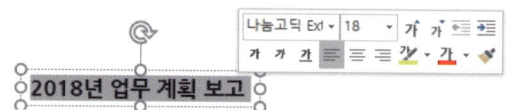

② 실시간 미리 보기 사용 : 다른 선택사항에 마우스 포인터가 위치하면 적용된 형태를 미리 보여줍니다.

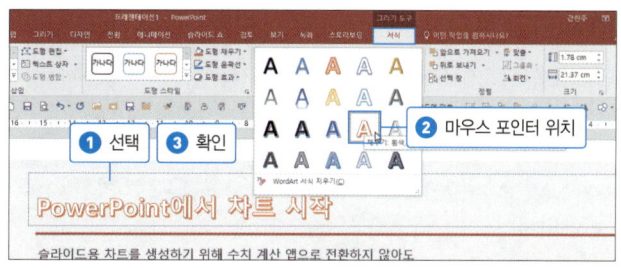

③ 화면 설명 스타일 : 풍선 도움말의 형태를 설정합니다.

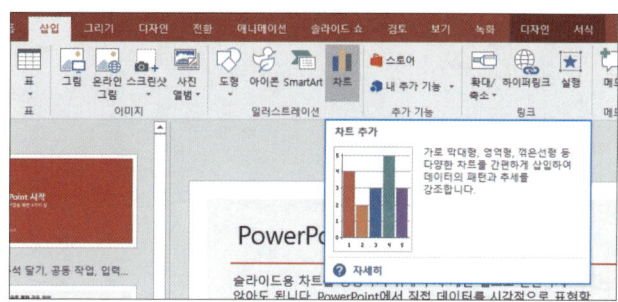

④ Office 배경 : Office 프로그램의 배경을 설정합니다. 선택한 배경은 모든 Office 앱에서 적용됩니다.

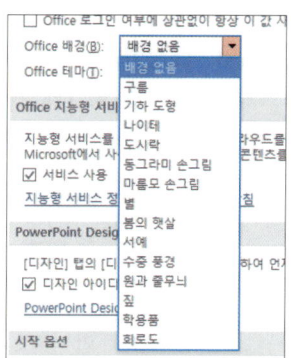

⑤ Office 테마 : Office 프로그램의 테마를 설정합니다. 선택한 테마는 모든 Office 앱에서 적용됩니다.

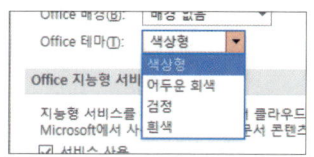

⑥ 디자인 아이디어를 자동으로 표시 : [디자인] 탭 → [디자이너] 그룹 → [디자인 아이디어]를 실행하지 않아도 상황에 따라 자동으로 표시됩니다.

2 언어 교정

파워포인트 2016에서 텍스트를 수정하거나 서식을 설정하는 방법을 선택합니다.

① **자동 고침 옵션** : 텍스트를 입력할 때 자동으로 고칠 수 있는 항목을 설정합니다.

② **입력할 때 자동으로 맞춤법 검사** : 맞춤법이 틀린 단어에 빨간 밑줄이 표시되는 것이 싫다면, 이 항목에 체크 표시를 해제합니다.

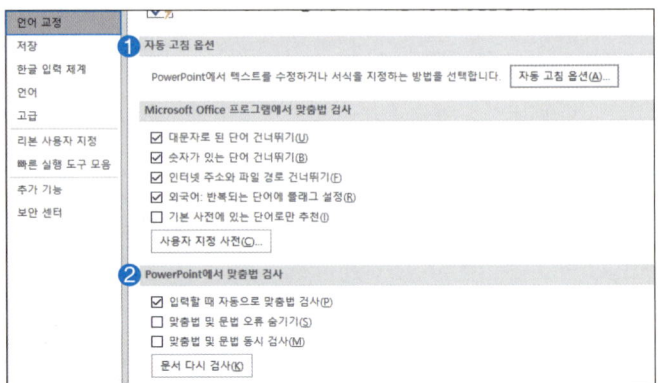

3 저장

문서 저장 방식을 설정합니다.

① **자동 복구 정보 저장 간격** : 프로그램 데이터 및 프로그램 상태를 저장할 간격을 설정합니다.

② **저장하지 않고 닫은 경우 마지막으로 자동 복구된 버전 유지** : 저장하지 않고 닫는 경우 마지막으로 자동 저장된 버전을 유지합니다.

③ **자동 복구 파일 위치** : 작업 중인 파일이 자동으로 저장되는 위치를 변경할 수 있습니다.

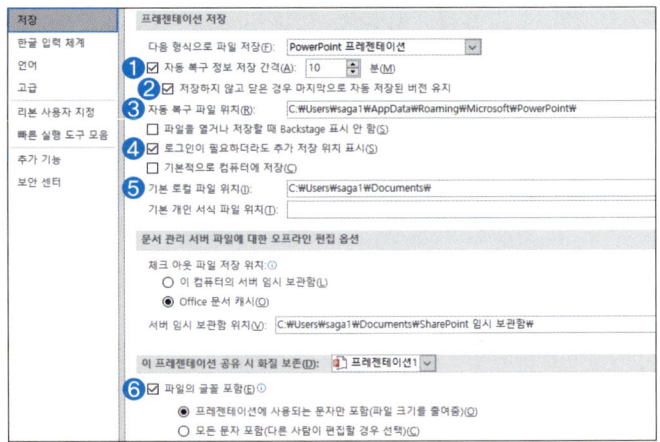

④ **파일을 열거나 저장할 때 Backstage 표시 안 함** : 이 항목에 체크 표시하면 파일을 열거나 저장할 때 대화상자 방식으로 작업 위치를 설정합니다.

⑤ **기본 로컬 파일 위치** : [열기], [저장] 명령을 실행하면 기본적으로 표시되는 위치입니다.

⑥ **파일의 글꼴 포함** : 프레젠테이션 파일을 저장할 때 사용된 글꼴도 함께 저장합니다.

- 프레젠테이션에 사용되는 문자만 포함(파일 크기를 줄여줌) : 사용된 글꼴을 문서에 저장하지 않기 때문에 편집을 할 수는 없지만, 파일 용량이 작습니다.
- 모든 문자 포함(다른 사람이 편집할 경우 선택) : 사용된 글꼴을 문서에 포함하여 저장합니다. 용량이 커지는 단점이 있지만 편집할 수 있습니다.

4 한글 입력 체계

한글 문자에 대한 줄 바꿈 설정입니다.

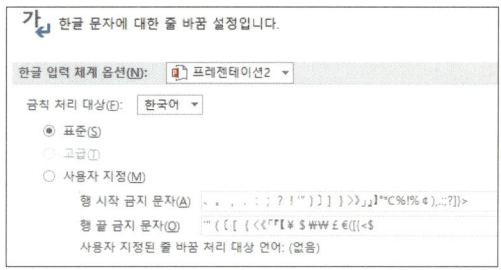

5 언어

언어 기본 설정을 구성합니다. 기본 편집, 표시, 도움말 및 화면 설명 언어를 프랑스어나 영어와 같은 다른 언어로 변경할 수 있습니다.

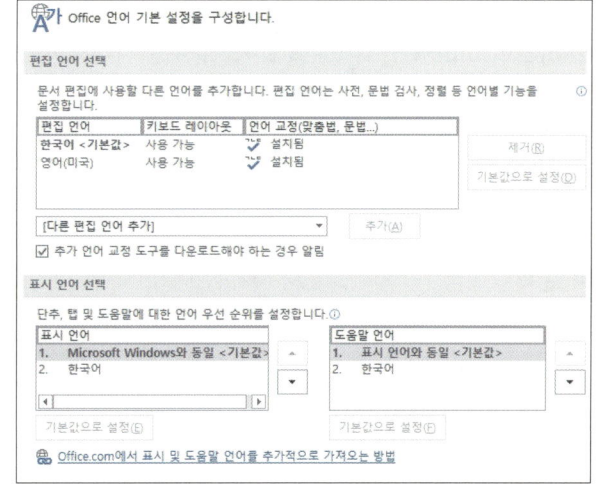

6 고급

파워포인트 2016에서 사용하는 고급 옵션을 설정합니다.

■ 편집 옵션

① **선택 시, 자동으로 단어 전체 선택** : 단어를 선택할 때 자동으로 연결된 조사나 접미사까지 블록으로 설정됩니다.

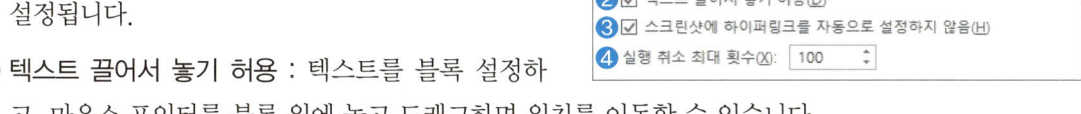

② **텍스트 끌어서 놓기 허용** : 텍스트를 블록 설정하고, 마우스 포인터를 블록 위에 놓고 드래그하면 위치를 이동할 수 있습니다.

③ **스크린샷에 하이퍼링크를 자동으로 설정하지 않음** : 웹 페이지를 삽입할 때 하이퍼링크 설정이 되지 않도록 합니다.

④ **실행 취소 최대 횟수** : 실행 취소로 되돌릴 수 있는 명령 횟수를 설정합니다. 최대 150까지 설정할 수 있습니다.

■ 잘라내기, 복사, 붙여넣기

① 내용을 붙여넣을 때 붙여넣기 옵션 아이콘 표시 : 붙여넣은 다음 서식에 관한 선택을 할 수 있는 옵션 아이콘을 표시합니다.

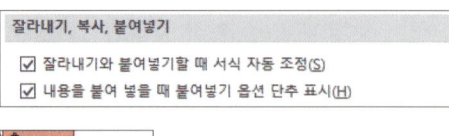

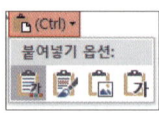

■ 이미지 크기 및 품질

① 편집 데이터 취소 : 편집된 그림을 원래 상태로 복원하는 데 사용되는 데이터를 삭제합니다.

② 파일의 이미지 압축 안 함 : 이 옵션을 선택하면 그림 품질은 최대로 높일 수 있지만 파일 크기가 매우 커질 수 있습니다.

③ 기본 해상도 : '파일의 이미지 압축 안 함' 옵션에 체크 표시를 해제하면 이곳에서 설정한 해상도로 처리됩니다. 파워포인트 2016부터 고화질도 제공하고 있습니다.

■ 표시

① 표시할 최근 프레젠테이션 수 : 최근 문서 목록에 표시되는 문서의 개수를 설정합니다. 최대 50개까지 표시할 수 있습니다.

② 고정되지 않은 최근에 사용한 폴더 표시 수 : 최근 문서 목록에 표시되는 폴더의 개수를 설정합니다. 최대 50개까지 표시할 수 있습니다.

③ 화면 설명에 바로 가기 키 표시 : 명령의 풍선 도움말에 단축키를 표시합니다.

④ 세로 눈금자 표시 : 화면에 눈금자 표시를 하면 세로 눈금자도 함께 표시됩니다.

⑤ 이 보기를 사용하여 모든 문서 열기 : 프레젠테이션 파일을 열 때 보이는 형식을 설정합니다.

■ 슬라이드 쇼

① 마우스 오른쪽 단추를 클릭하면 메뉴 표시 : 슬라이드 쇼 상태에서 마우스 오른쪽 아이콘을 클릭하면 메뉴가 표시됩니다.

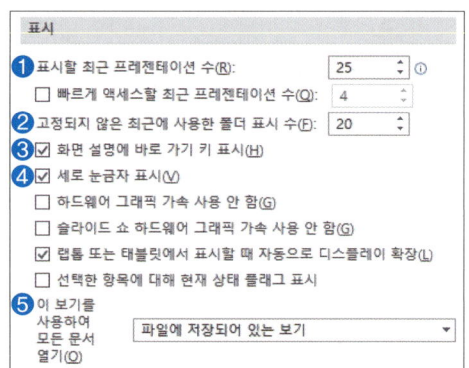

② 팝업 도구 모음 표시 : 슬라이드 쇼 상태에서 화면 아래쪽의 도구 모음이 표시됩니다.

③ 종료 시 잉크 주석 유지 여부 확인 메시지 표시 : 슬라이드 쇼 상태에서 화면에 주석을 입력한 다음, 슬라이드 쇼를 마쳤을 때 주석을 슬라이드에 삽입할 것인지를 확인합니다.

④ 종료 화면 표시 : 슬라이드 쇼를 마칠 때 보이는 검은 종료 화면을 표시합니다.

■ 인쇄

① 다른 작업하면서 인쇄 : 인쇄 속도는 조금 느려지지만, 인쇄 중 다른 작업을 할 수 있습니다.

② 트루타입 글꼴을 그래픽으로 인쇄 : 트루타입 글꼴을 그래픽으로 인쇄하면 크기를 크게 설정한 경우에도 깨끗하게 출력됩니다.

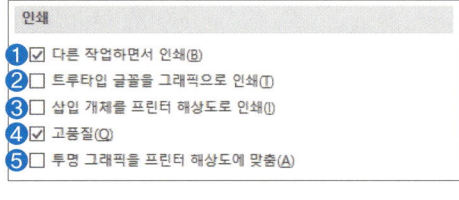

③ 삽입 개체를 프린터 해상도로 인쇄 : 삽입한 이미지의 해상도가 높아도 프린터에서 지원하는 해상도에 맞게 인쇄합니다.

④ 고품질 : 부드러운 그림자를 인쇄합니다.

⑤ 투명 그래픽을 프린터 해상도에 맞춤 : 투명 그래픽의 해상도를 프린터 해상도에 맞춥니다.

■ 이 문서 인쇄 시

① 최근의 인쇄 설정 사용 : 마지막으로 인쇄한 설정 값을 사용해서 인쇄합니다.

② 다음 인쇄 설정 사용 : 인쇄 대상, 색조, 숨겨진 슬라이드의 인쇄 등 설정 사항을 아래에서 설정한 값으로 인쇄합니다.

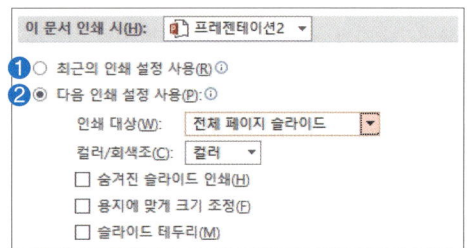

7 리본 사용자 지정

리본 메뉴를 사용자가 직접 설정합니다.

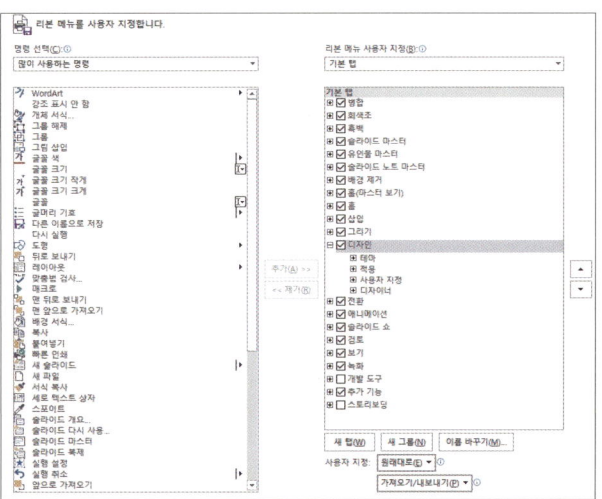

8 빠른 실행 도구 모음

빠른 실행 도구 모음에 등록할 명령을 설정합니다.

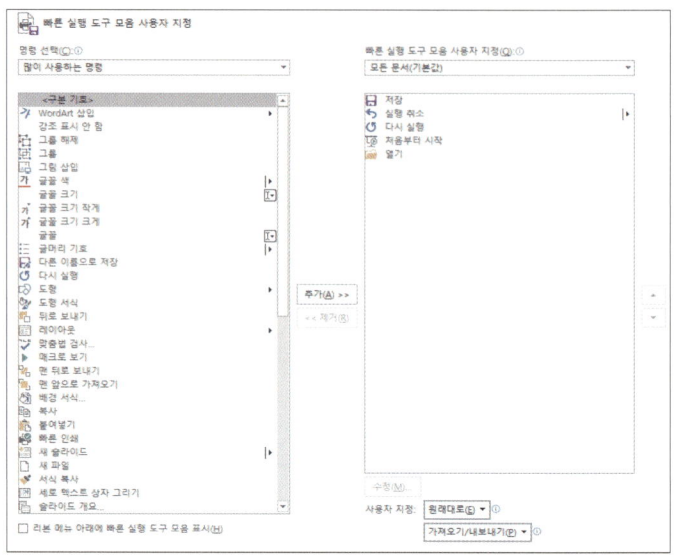

9 추가 기능

오피스의 추가 기능을 관리합니다. 추가 기능은 파워포인트 2016에 사용자 설정 명령이나 사용자 설정 기능을 추가하는 보조 프로그램으로 Office.com나 타사 공급업체 웹 사이트에서 구할 수 있습니다.

개발자의 경우 VBA를 사용하여 사용자 설정 추가 기능 프로그램을 직접 작성할 수 있습니다. 추가 기능을 사용하려면 사용 가능한 추가 기능 목록에 추가 기능을 먼저 추가한 다음 이 추가 기능을 로드합니다.

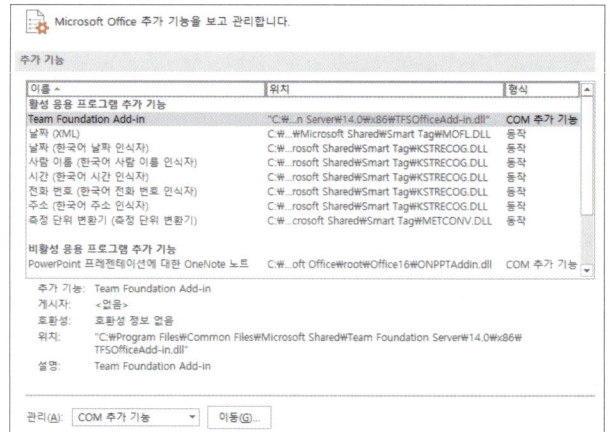

10 보안 센터

문서 및 컴퓨터의 보안을 관리합니다. 〈보안 센터 설정〉버튼을 클릭하면 문서를 열면서 매크로를 포함할 것인지 등의 여부를 설정할 수 있습니다.

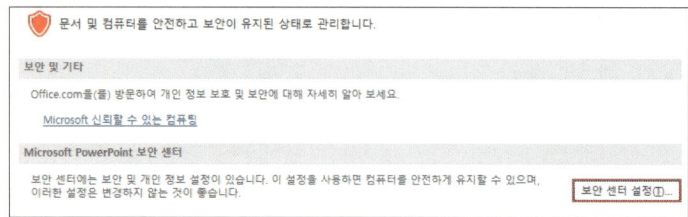

SECTION 04 편리한 작업 환경 만들기

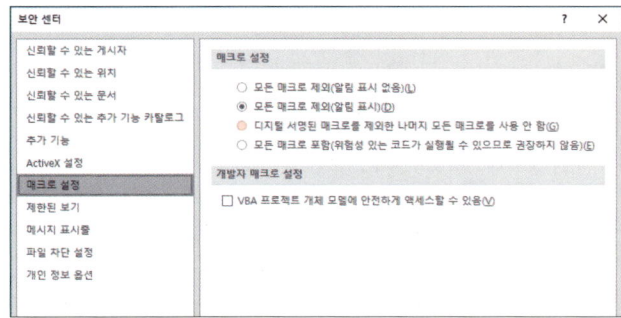

'보안 센터' 대화상자 설정 내용

① 신뢰할 수 있는 게시자 : 신뢰하는 코드 프로젝트의 게시자 목록을 만듭니다.
② 신뢰할 수 있는 위치 : 컴퓨터에서 출처를 신뢰할 수 있는 파일을 저장할 폴더를 설정합니다. 신뢰할 수 있는 위치 폴더의 파일은 파일 유효성 검사를 거치지 않습니다.
③ 신뢰할 수 있는 문서 : Office 프로그램이 액티브 콘텐츠와 상호 작용하는 방식을 관리합니다.
④ 추가 기능 : 추가 기능에 디지털 서명이 필요한지에 대한 여부 또는 추가 기능을 사용하지 않을지 여부를 선택합니다.
⑤ ActiveX 설정 : Office 프로그램에서 ActiveX 컨트롤에 대한 보안 메시지를 관리합니다.
⑥ 매크로 설정 : Office 프로그램에서 매크로를 사용하거나 사용하지 않도록 설정합니다.
⑦ 제한된 보기 : 제한된 보기는 컴퓨터에 대한 피해를 최소화하기 위해 위험할 수 있는 파일을 보안 메시지 없이 제한된 모드에서 엽니다. 인터넷에서 가져온 파일이나 안전하지 않은 위치에 있는 파일이거나 Outlook에 첨부된 파일에 대해 사용 여부를 설정할 수 있습니다.
⑧ 메시지 표시줄 : 메시지 표시줄을 표시하거나 숨깁니다.
⑨ 파일 차단 설정 : 각 파일 형식에 대해 차단 및 저장 허용 여부를 지정합니다.
⑩ 개인 정보 옵션 : Office 프로그램에서 개인정보 취급 방식의 수준을 결정하는 옵션을 선택합니다.

2 편한 작업을 위해 설정하는 옵션

파워포인트 문서 작업을 자주 하다 보면 매번 하는 번거로운 작업이 있을 것입니다. 그런 사항은 옵션에서 한 번만 설정하면 편하게 작업할 수 있습니다.

1 실행 취소 최대 횟수 조정

파워포인트 작업을 할 때 자주 사용하는 실행 취소 단계의 횟수를 늘리는 것이 좋습니다. 도형 작업이나 세밀한 작업을 한 경우 작업 횟수가 많아 더 이상 되돌릴 수 없는 단계가 있기 때문입니다. 'PowerPoint 옵션' 대화상자를 표시하고 [고급] 탭의 [편집 옵션] 범주에서 '실행 최대 횟수'를 조정합니다. 입력 가능한 값은 '3~150'입니다.

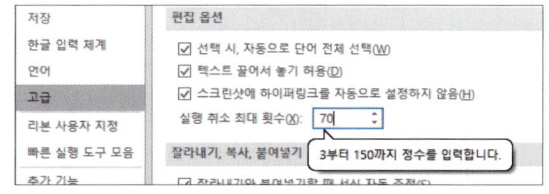

77

2 글자 크기 자동 조정 기능

텍스트 개체에 글자 수가 많으면 글자 크기가 자동으로 바뀌는 것이 기본 값입니다. 설정한 글꼴의 크기를 유지하고 싶다면, 'PowerPoint 옵션' 대화상자에서 [언어 교정] 탭의 **〈자동 고침 옵션〉** 버튼을 클릭합니다.

'자동 고침' 대화상자가 표시되면 [입력할 때 자동 서식] 탭을 선택하고 '개체 틀에 제목 텍스트 자동 맞춤'과 '개체 틀에 본문 텍스트 자동 맞춤' 항목의 체크 표시를 해제합니다.

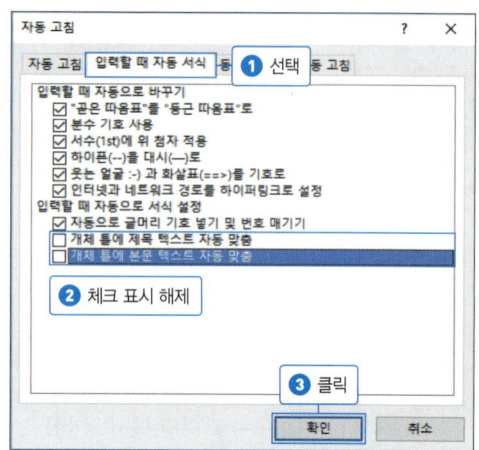

3 만일의 상황을 대비하는 자동 저장

작업을 하다 보면 예기치 않은 상황이 발생할 수 있습니다. 항상 작업 중 파일을 저장하고 백업해 두는 습관을 가지는 것이 좋습니다. USB나 외장하드도 소모품이니 언제든 파일을 잃어버릴 수 있습니다. 중요한 파일이라면 클라우드 공간에도 백업하는 것이 좋습니다. 'PowerPoint 옵션' 대화상자의 [저장] 탭에서 작업 중 자동으로 저장되는 기능을 사용하고, 복구 정보 간격을 설정해야 합니다.

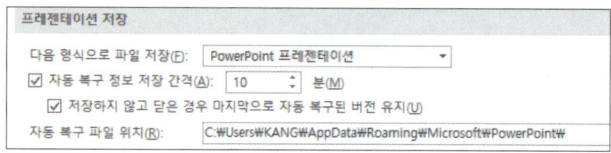

4 글꼴 포함 저장하기

파워포인트 문서가 기본 글꼴을 사용한 경우에는 문제없지만, 개인이 추가로 설치한 글꼴을 사용하여 작업한 경우 그 글꼴이 설치되어 있지 않은 컴퓨터에서는 기본 글꼴로 변경됩니다. 이런 과정에서 슬라이드의 형태가 흐트러지는 경우가 있습니다. 만일 다른 장소에서 발표할 목적이라면, 'PowerPoint 옵션' 대화상자의 [저장] 탭에서 문서에 작성한 글꼴을 포함하는 것이 좋습니다.

3 파워포인트를 사용한다면 빠른 실행 도구 모음은 필수

자주 사용하는 명령을 빠르게 사용할 수 있다면 작업 시간을 줄일 수 있습니다. 업무 패턴에 맞는 자신만의 작업 환경을 만들어 보세요. 간단한 설정으로 작업 능률이 훨씬 좋아집니다.

파워포인트 화면 위쪽에 위치한 빠른 실행 도구 모음은 탭과는 달리 독립적으로 항상 나타나있는 명령을 보여줍니다. 이곳에 사용자의 업무 패턴에 따라 자주 사용하는 명령을 등록해 둔다면, 명령 선택을 위해 탭을 이동하거나 여러 번 클릭하는 번거로움을 줄일 수 있습니다.

1 빠른 실행 도구 모음에 명령 등록하기

[파일] 탭 → [옵션]을 클릭해 'PowerPoint 옵션' 대화상자를 표시합니다. [빠른 실행 도구 모음] 탭을 선택하고 자주 사용하는 명령을 찾아 선택하고 등록합니다. 필요한 명령을 찾아 〈추가〉 버튼을 클릭하면 등록됩니다.

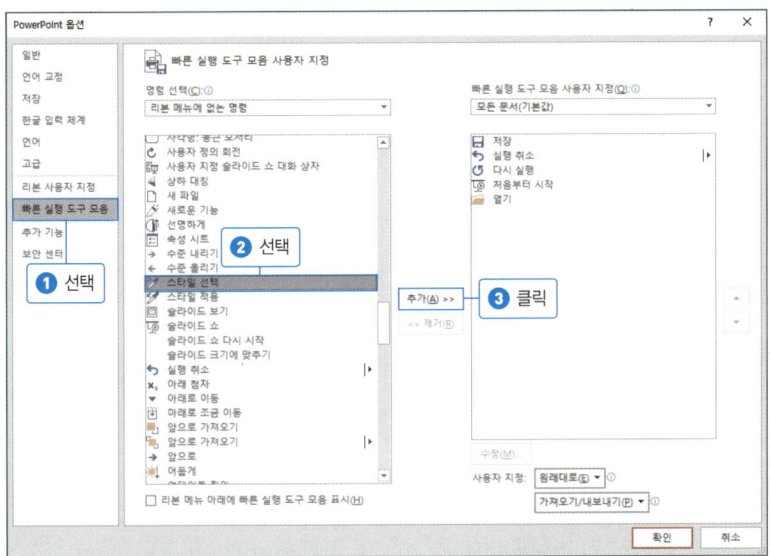

대화상자를 빠르게 표시하려면, 리본 메뉴를 마우스 오른쪽 버튼으로 클릭하고 **빠른 실행 도구 모음 사용자 지정**을 실행합니다.

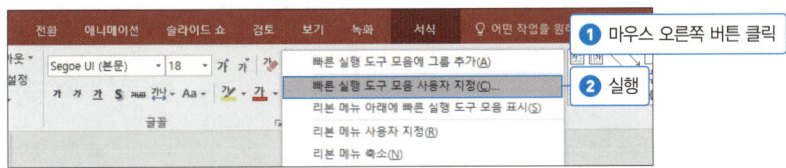

2 리본 명령에서 바로 등록하기

슬라이드 작성 중에 사용하는 명령을 바로 등록할 수 있습니다. 빠른 실행 모음에 등록할 명령에 마우스 오른쪽 버튼을 클릭하고 **빠른 실행 도구 모음에 추가**를 실행합니다.

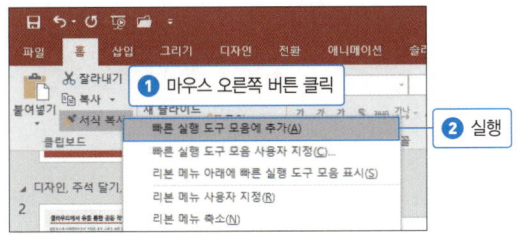

빠른 실행 모음에 등록된 명령을 삭제할 때는 삭제할 명령을 마우스 오른쪽 버튼으로 클릭하고 **빠른 실행 도구 모음**에서 삭제를 실행합니다.

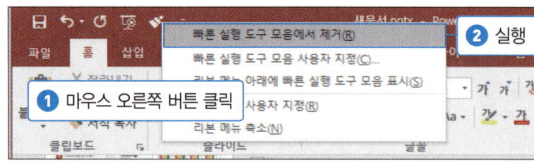

3 작성한 빠른 실행 도구 모음을 다른 PC에서 사용하기

빠른 실행 도구 모음을 설정하고 나면, 다른 PC에서 사용할 수 있도록 저장하고 불러올 수 있습니다. 실습 예제 폴더에 있는 파일을 불러서 적용해 보도록 하겠습니다.

{실습 파일} 01\나의빠른실행도구모음.exportedUI

01 [파일] 탭 → [옵션]을 클릭해 'PowerPoint 옵션' 대화상자를 표시하고 [빠른 실행 도구 모음] 탭을 선택합니다. 사용자 지정에서 **사용자 지정 파일 가져오기**를 실행합니다.

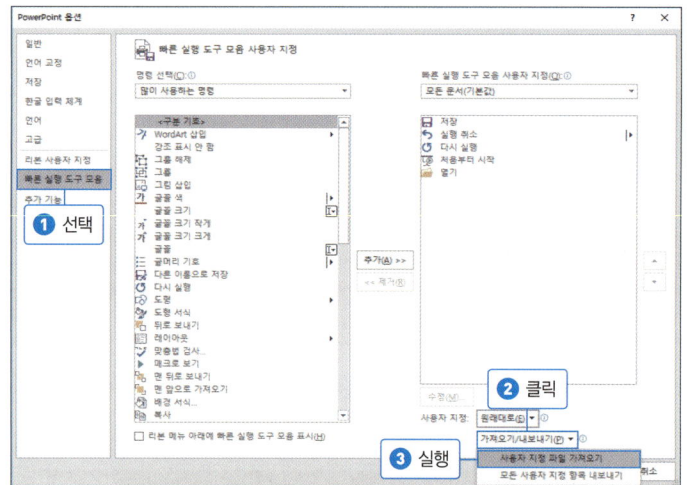

02 01 폴더에서 '나의 빠른실행도구모음.exportedUI' 파일을 선택하고, 〈열기〉 버튼을 클릭합니다.

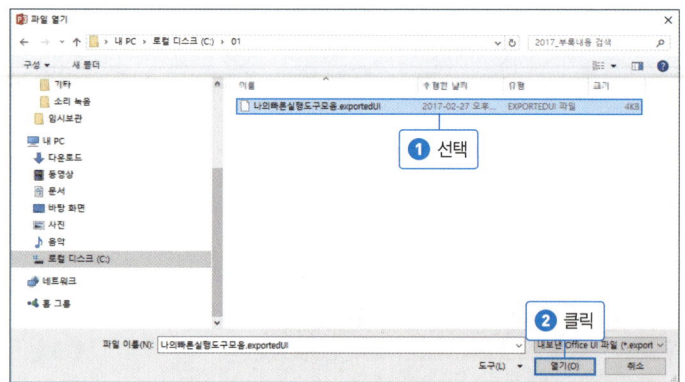

SECTION 04 편리한 작업 환경 만들기

03 대화상자가 표시되면 빠른 실행 도구 모음을 변경하기 위해 〈예〉 버튼을 클릭합니다.

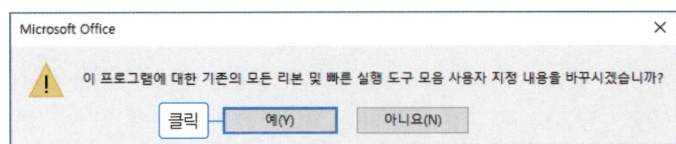

04 등록된 명령의 개수가 많아지면 리본 메뉴 위쪽 공간이 불편합니다. 빠른 실행 도구 모음을 리본 명령 아래쪽 넓은 공간에서 사용할 수 있도록 '리본 메뉴 아래에 빠른 실행 도구 모음 표시'에 체크 표시하고 〈확인〉 버튼을 클릭합니다.

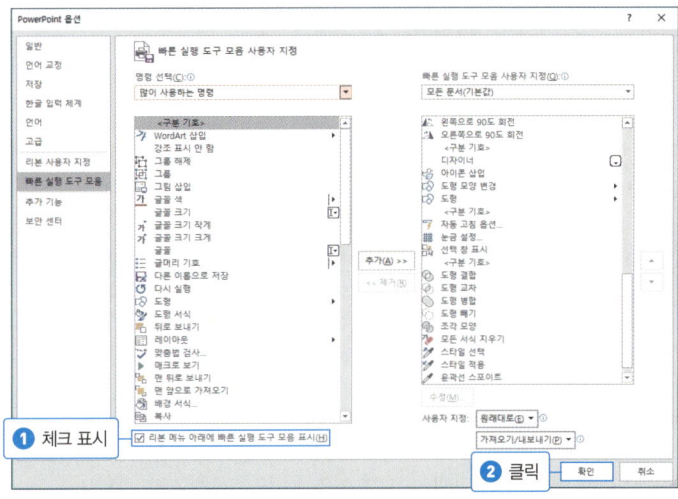

05 리본 메뉴 아래쪽에 빠른 실행 도구 모음이 표시된 것을 확인할 수 있습니다.

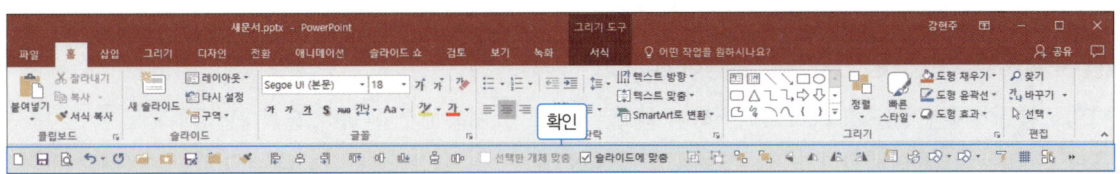

4 빠른 실행 도구 모음에 등록하면 편리한 명령들

업무를 하면서 자주 사용하는 명령이나 리본 메뉴에서 여러 번 클릭해야 접근할 수 있는 명령을 '빠른 실행 도구 모음'에 등록하면 편리합니다. 한번 시간을 투자해서 만들면 파워포인트를 사용하는 동안 빠르게 작업할 수 있습니다.

■ 업무에 관련된 자주 사용하는 명령

서식 복사나, 텍스트 관련 명령처럼 업무 패턴에 따라 자주 사용하게 되는 명령이 있다면 빠른 실행 도구 모음에 등록합니다.

■ 정렬 관련 명령

[그리기 도구 서식] 탭 → [정렬] 그룹에 있는 맞춤에 관한 명령이나 그룹, 개체의 순서 조정 등의 명령을 등록해 두면 도해 작업에서 작업 시간을 많이 단축할 수 있습니다.

■ 도형 병합에 관련된 명령

도형을 병합하거나 교차시켜 새로운 도형을 만드는 기능입니다. 도해 작업을 많이 해야하는 경우 빠른 실행 도구 모음에 등록해 두면 편리합니다.

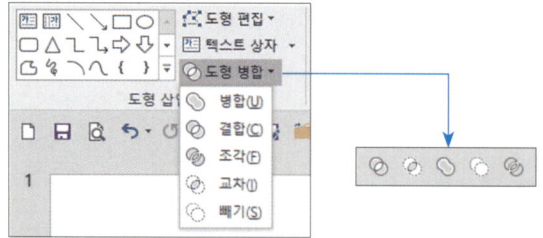

> **tip** 파워포인트 2010 버전 사용자는 도형 병합 기능을 리본 메뉴에서 사용할 수 없기 때문에 반드시 빠른 실행 도구 모음에 등록해서 사용해야 합니다.

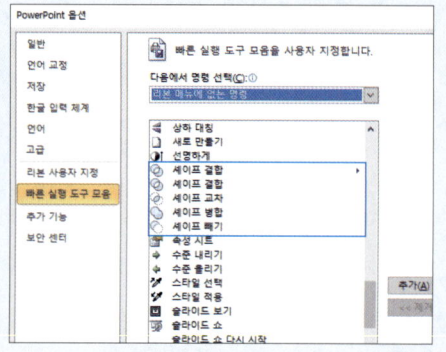

5 자주 사용하는 명령 단축키로 실행하기

파워포인트에서 명령을 마우스로 선택하지 않고, 키보드를 이용해서 선택하고 싶다면 Alt 키를 누르면 사용할 수 있는 키가 안내됩니다. 이 기능을 활용하면 Alt 키를 눌렀을 때 나타나는 숫자와 조합해서 '빠른 실행 도구 모음'에 등록된 명령을 단축키처럼 사용할 수 있습니다. 빠른 실행 도구 모음에 등록된 명령의 순서를 조정하면 단축키를 원하는 것으로 설정할 수 있습니다.

좀 더 효율적으로 사용하려면, 자주 사용하는 명령을 빠른 실행 도구 모음의 앞쪽에 등록해 Alt + 1 ~ Alt + 9 단축키를 활용합니다.

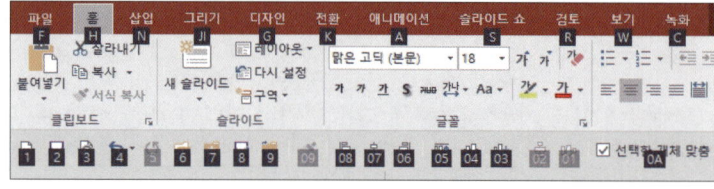

4 마우스 오른쪽 버튼을 클릭해 미니 도구 모음 사용하기

파워포인트에서 제공하는 많은 명령 중에서 지금 작업하려는 개체에 적용할 명령을 가장 빨리 찾는 방법은 마우스 오른쪽 버튼을 클릭하는 것입니다. 마우스 오른쪽 버튼을 클릭하면 표시되는 메뉴는 선택한 개체에 따라 다르게 제시됩니다. 또한 파워포인트 2016에서는 미니 도구 모음도 다양하게 표시됩니다.

1 텍스트 개체

■ **텍스트 개체에서 텍스트의 일부분을 선택한 경우**

미니 도구 모음이 표시되면서, [홈] 탭을 누르지 않아도 글꼴 종류나 크기 등 서식 작업을 바로 할 수 있습니다.

■ **텍스트 개체에서 텍스트의 일부분을 선택하고 마우스 오른쪽 버튼을 클릭한 경우**

미니 도구 모음과 바로가기 메뉴가 함께 표시됩니다. 바로가기 메뉴에는 해당 단어나 글자가 '한자'로 제시되고, 글머리 기호를 적용하거나 SmartArt 그래픽으로 변환할 수 있습니다.

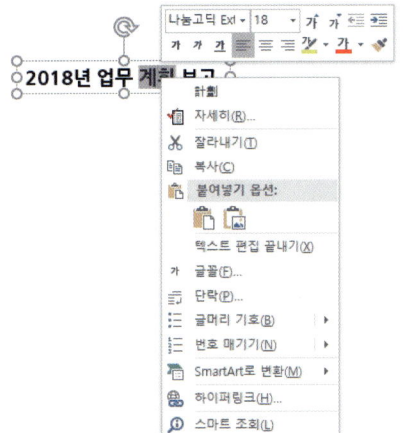

2 도형 개체

■ **도형을 하나만 선택하고 마우스 오른쪽 버튼을 클릭한 경우**

도형의 스타일이나 채우기, 윤곽선 등을 설정하는 미니 도구 모음과 점을 편집하거나 기본 도형으로 설정하는 등 도형에 관련된 작업을 할 수 있는 메뉴가 함께 표시됩니다.

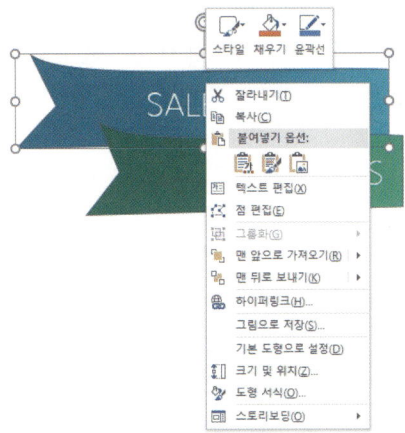

■ **도형을 두 개 이상 선택하고 마우스 오른쪽 버튼을 클릭한 경우**

도형을 여러 개 선택한 경우, 그룹 기능을 사용할 수 있습니다. 그 대신 기본 도형으로 설정하거나 하이퍼링크를 설정할 수는 없습니다.

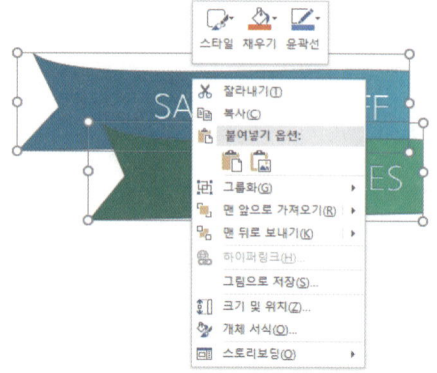

3 그림 개체

■ **그림을 하나만 선택하고 마우스 오른쪽 버튼을 클릭한 경우**

그림의 스타일을 변경할 수 있는 미니 도구 모음과 다른 그림으로 바꾸거나 하이퍼링크를 설정할 수 있는 메뉴가 함께 표시됩니다.

■ **그림을 두 개 이상 선택하고 마우스 오른쪽 버튼을 클릭한 경우**

그림을 위한 미니 도구 모음이 도형을 위한 형태로 변경되고 채우기를 제외한 스타일을 설정할 수 있습니다. 메뉴에서는 그룹 기능을 사용할 수 있습니다.

4 차트 개체

차트 위에서 마우스 오른쪽 버튼을 클릭하면, 차트 영역을 선택할 수 있는 도구 상자와 채우기와 윤곽선을 설정할 수 있는 미니 도구 모음, 차트 종류를 변경하거나 데이터를 편집할 수 있는 메뉴가 함께 표시됩니다.

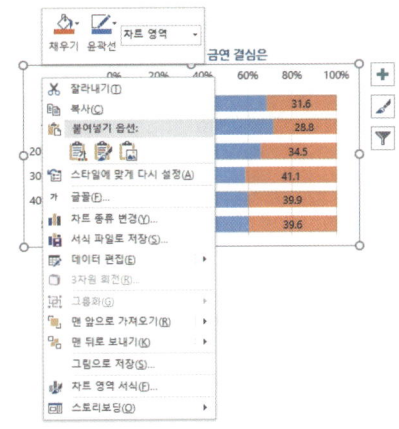

5 표 개체

표 개체 위에서 마우스 오른쪽 버튼을 클릭하면, 표 안의 글꼴 서식을 설정하고 표의 행렬을 조정할 수 있는 미니 도구 모음과 메뉴가 표시됩니다.

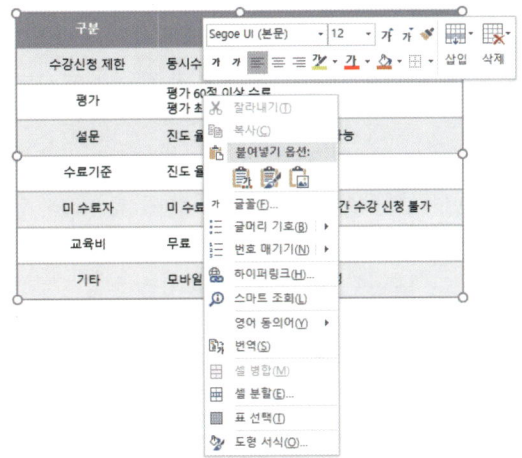

6 스마트아트 개체

스마트아트 개체 위에서 마우스 오른쪽 버튼을 클릭하면, 스마트아트의 스타일이나 레이아웃을 조정할 수 있는 미니 도구 모음과 도형이나 텍스트로 변환할 수 있는 메뉴가 표시됩니다.

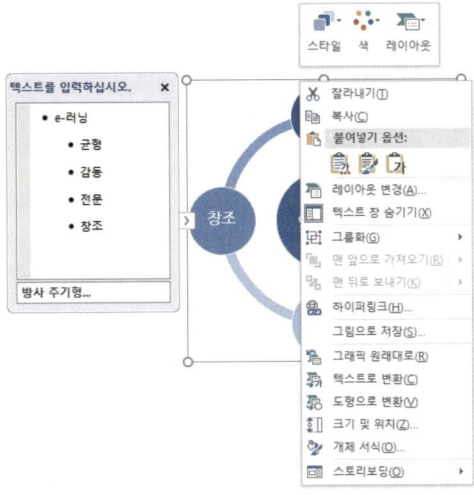

7 동영상 개체

동영상 개체 위에서 마우스 오른쪽 버튼을 클릭하면 동영상의 스타일을 변경하거나 트리밍할 수 있는 미니 도구 모음과 미디어를 다른 이름으로 저장할 수 있는 메뉴가 표시됩니다.

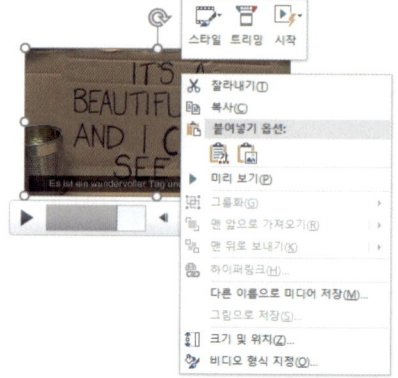

8 오디오 개체

오디오 개체위에서 마우스 오른쪽 버튼을 클릭하면, 오디오의 스타일을 변경하거나 트리밍할 수 있는 미니 도구 모음과 미디어를 다른 이름으로 저장할 수 있는 메뉴가 표시됩니다.

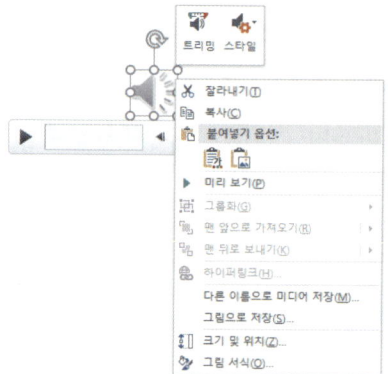

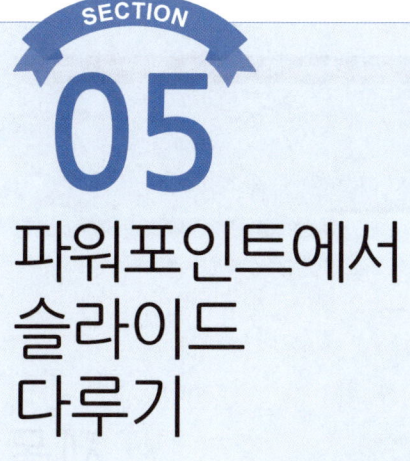

프레젠테이션 파일을 만들 때 가장 먼저 해야 하는 것은 작업할 내용에 따라 슬라이드를 추가하는 것입니다. 원하는 개수만큼 새 슬라이드를 추가하고, 필요 없는 슬라이드를 삭제하거나 원하는 위치로 이동하는 방법을 익힌 다음 구역을 나눠 많은 양의 슬라이드를 관리하는 방법을 살펴보겠습니다.

1 슬라이드를 만드는 방법

프레젠테이션 파일을 만들 때 가장 먼저 새로운 슬라이드를 하나씩 추가하면서 내용을 작성하게 됩니다. 새로운 슬라이드를 추가하는 데는 명령을 이용해서 직접 삽입하는 방법, 텍스트를 입력해서 삽입하는 방법, 이미 만들어진 슬라이드를 복사한 다음 내용을 수정하는 방법, 다른 파일에 있는 슬라이드를 복사하는 방법 등 다양한 방법이 있습니다.

1 새 슬라이드 삽입 명령

새 프레젠테이션을 만들면 자동으로 표시되는 슬라이드에는 제목과 부제목을 위한 두 개체 틀이 있습니다. 슬라이드에서 이러한 개체 틀의 배열을 '레이아웃'이라고 합니다.
프레젠테이션에 슬라이드를 추가할 때, 작성하려는 내용에 적합한 형태의 레이아웃을 선택하면서 추가하면 슬라이드를 작성할 때 빠르고 쉽게 작업할 수 있습니다.

01 슬라이드 축소판 그림 창에서 추가할 슬라이드 위치를 클릭합니다.

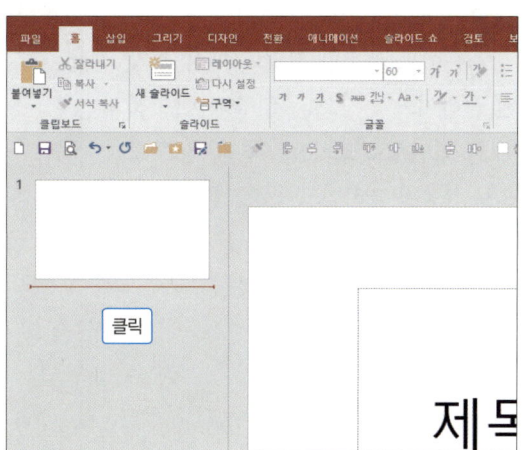

또는 추가하려는 슬라이드의 위쪽 슬라이드를 선택합니다.

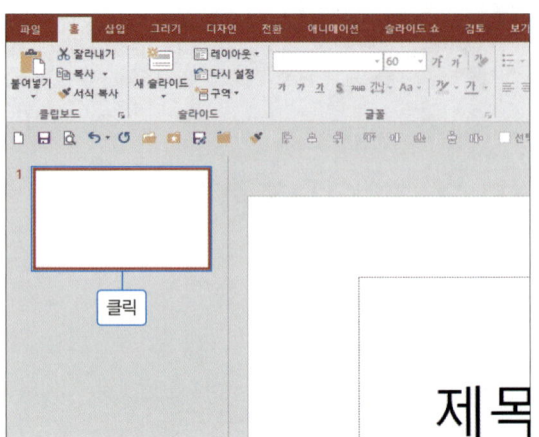

02 [홈] 탭 → [슬라이드] 그룹 → [새 슬라이드▼]를 클릭합니다. 새 슬라이드로 사용 가능한 여러 슬라이드 레이아웃이 표시되면 그 중에 사용할 레이아웃을 선택합니다.

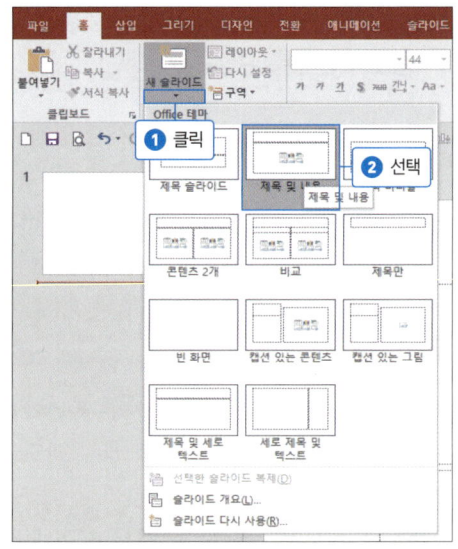

03 새 슬라이드가 추가되면 슬라이드 축소판 그림 창에서 추가된 슬라이드가 강조되고, 슬라이드 창에 큰 화면으로 표시됩니다. 같은 방법으로 사용할 슬라이드를 추가합니다.

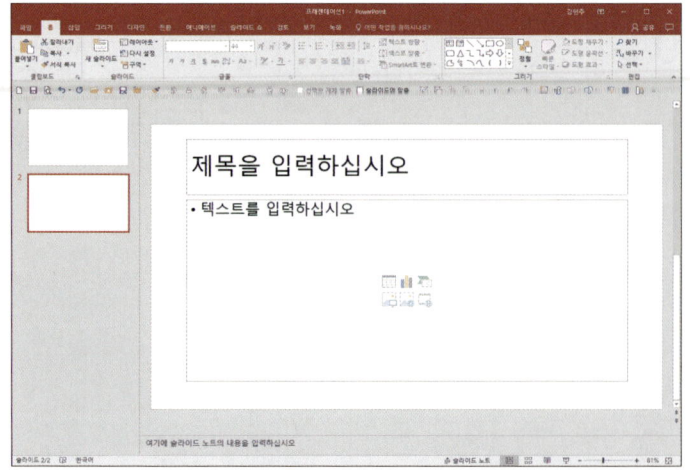

SECTION 05 파워포인트에서 슬라이드 다루기

04 만일 이전 슬라이드와 동일한 레이아웃을 삽입하려면, 슬라이드 축소판 그림 창에서 추가할 슬라이드 형태를 선택하고 **[홈] 탭 → [슬라이드] 그룹 → [새 슬라이드]**를 클릭하거나 Enter 키를 누릅니다.

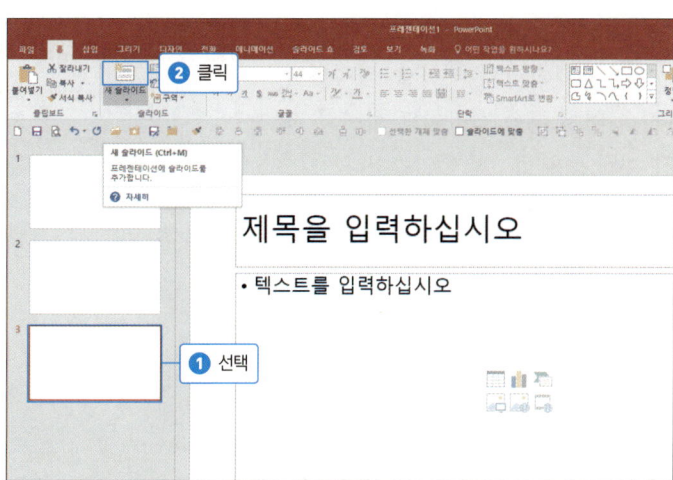

 새 프레젠테이션의 단축키는 Ctrl+N이고, 새 슬라이드의 단축키는 Ctrl+M입니다.

2 슬라이드 개요 창에서 텍스트를 입력하면서 슬라이드 추가하기

슬라이드 구성에 따라 텍스트를 입력하면서 슬라이드를 추가한 다음 세부적인 내용을 조정하는 방법도 있습니다.

이렇게 미리 슬라이드를 만들어 두고 작업을 진행하면, 전체적인 구성을 한눈에 알 수 있고 자료가 많은 경우 작업 시간을 단축하는 효과도 있습니다.

{완성 파일} 01\05_1결과.pptx

01 새 프레젠테이션에서 **[보기] 탭 → [프레젠테이션 보기] 그룹 → [개요 보기]**를 클릭합니다.

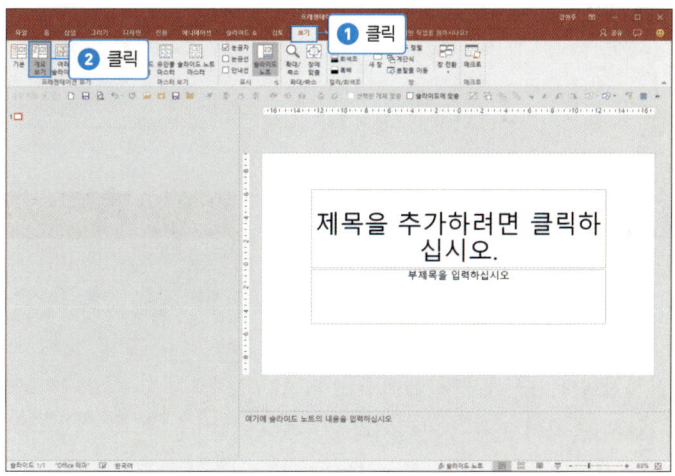

02 왼쪽에 표시된 개요 창에 프레젠테이션의 제목을 입력합니다. 이때 오른쪽 슬라이드 화면의 제목 개체 틀은 클릭하지 않습니다.
입력을 마친 위치에 커서가 있는 상태에서 부제목을 입력하기 위해 Enter 키를 누릅니다.

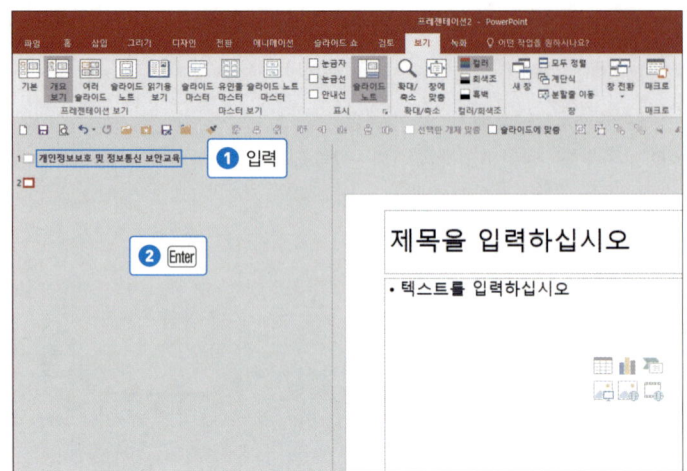

03 Enter 키를 누르면 새로운 슬라이드가 삽입되는 것을 확인할 수 있습니다. 이 상태에서 Tab 키를 누르면 추가된 슬라이드가 삭제되고 커서가 제목 아래로 위치합니다.
이 위치가 슬라이드의 두 번째 개체의 틀이 됩니다.

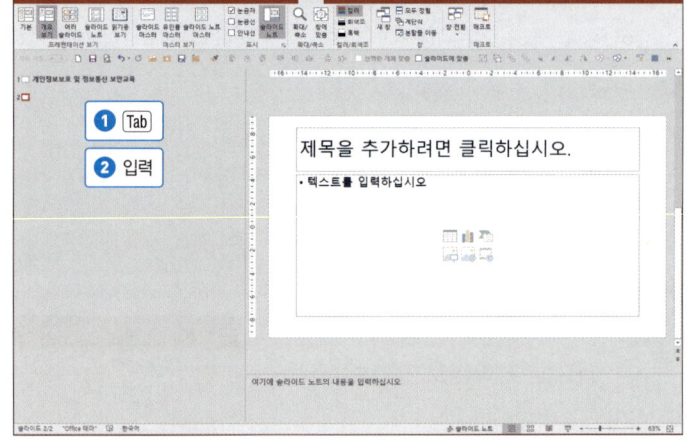

04 부제목을 입력합니다. 입력을 마친 상태에서 Enter 키를 누릅니다. 이번에 누른 Enter 키는 새로운 슬라이드가 아닌 부제목의 줄 바꿈으로 인식됩니다. 즉 개요 창에서 Enter 키는 새로운 슬라이드를 추가하거나 줄 바꿈을 하는 두 가지 동작을 합니다.

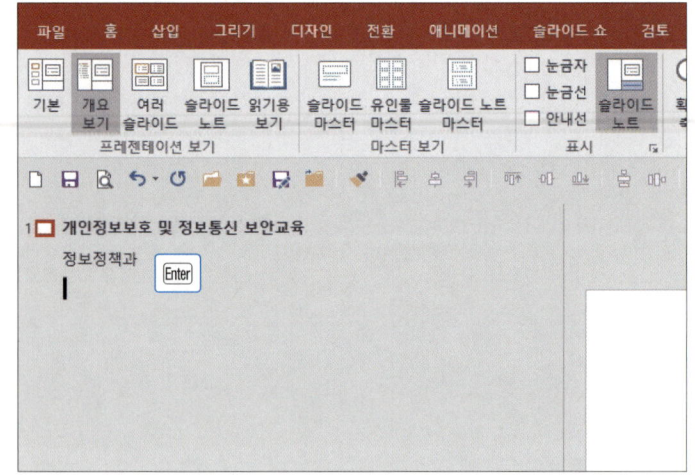

SECTION 05 파워포인트에서 슬라이드 다루기

05 이 상태에서 Shift+Tab 키를 누릅니다. 새로운 슬라이드가 추가된 것을 확인할 수 있습니다. Enter, Tab, Shift+Tab 키를 이용해 텍스트를 입력하면서 슬라이드를 추가합니다.

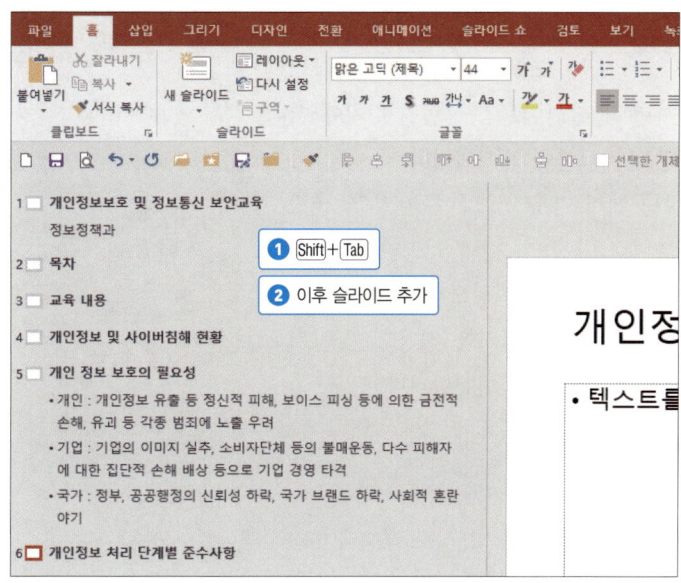

3 슬라이드 복사해서 붙여넣기

콘텐츠와 레이아웃이 비슷한 슬라이드를 여러 개 만들 때, 작업 시간을 절약하려면 작업 중인 프레젠테이션 또는 별도의 프레젠테이션에서 슬라이드를 복사해 사용하는 것이 편리합니다.

{실습 파일} 01\05_2.pptx, 05_3.pptx   {완성 파일} 01\05_3결과.pptx

01 슬라이드 축소판 그림 창에서 복사할 슬라이드를 선택합니다. 선택한 슬라이드 위에서 마우스 오른쪽 버튼을 클릭하고 **복사**를 실행합니다.

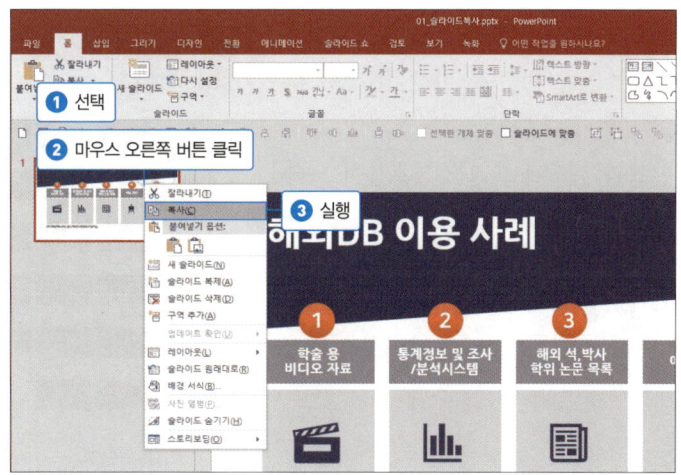

> **tip** 슬라이드를 여러 개 선택하기
> - 연속된 여러 개의 슬라이드를 선택하려면, 첫 번째 슬라이드를 클릭하고 Shift 키를 누른 상태로 원하는 마지막 슬라이드를 클릭합니다.
> - 연속되지 않은 여러 개의 슬라이드를 선택하려면, Ctrl 키를 누른 상태로 원하는 각 슬라이드를 클릭합니다.

02 두 번째 프레젠테이션에서 슬라이드를 추가할 위치를 클릭하면 새 슬라이드가 삽입될 위치에 빨간색 가로줄이 표시됩니다.
이곳에서 마우스 오른쪽 버튼을 클릭합니다.
복사한 곳과 붙여넣으려는 곳의 서식 중 어느 곳의 서식을 사용할 것인지 붙여넣기 옵션을 선택합니다.

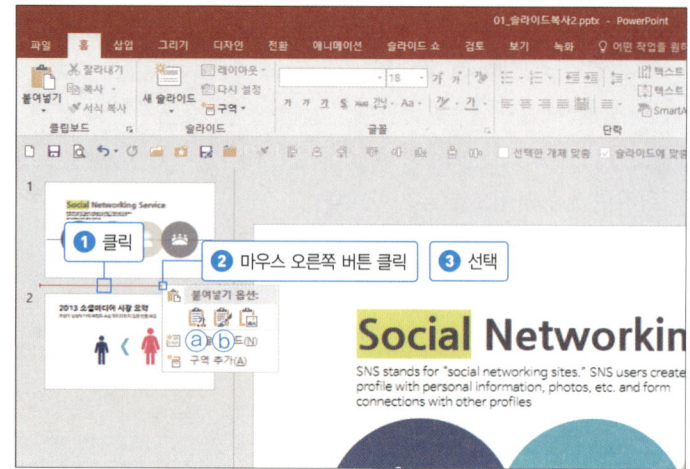

ⓐ **대상 테마 사용** : 대상 프레젠테이션의 테마를 사용합니다.
ⓑ **원본 서식 유지** : 복사한 원본 프레젠테이션의 테마를 유지합니다.

4 슬라이드 다시 사용하기

필요한 슬라이드가 어느 파일에 있는지 알고 있다면 프레젠테이션 파일을 열지 않고도 필요한 슬라이드를 가져와 추가할 수 있습니다.

{실습 파일} 01\05_4.pptx, 05_5.pptx   {완성 파일} 01\05_4결과.pptx

01 슬라이드를 추가할 프레젠테이션을 열고, 슬라이드를 추가하려는 위치를 클릭합니다.
삽입될 위치에 빨간색 가로줄이 나타납니다. [홈] 탭 → [슬라이드] 그룹 → [새 슬라이드▼]를 클릭하고 **[슬라이드 다시 사용]**을 실행합니다.

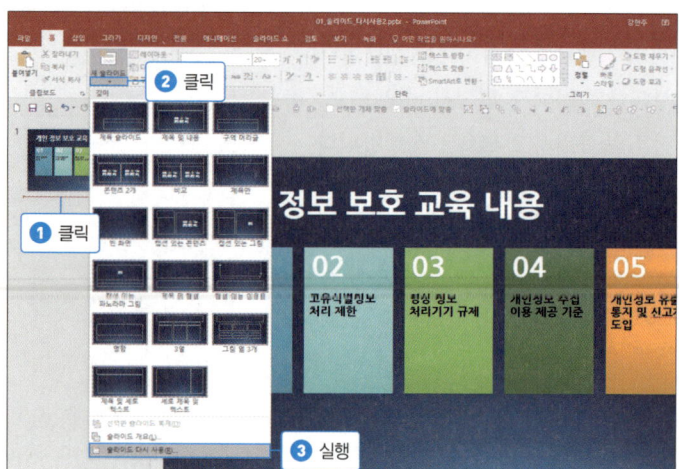

SECTION 05 파워포인트에서 슬라이드 다루기

02 [슬라이드 다시 사용] 작업 창에서 [PowerPoint 파일 열기]를 클릭합니다.

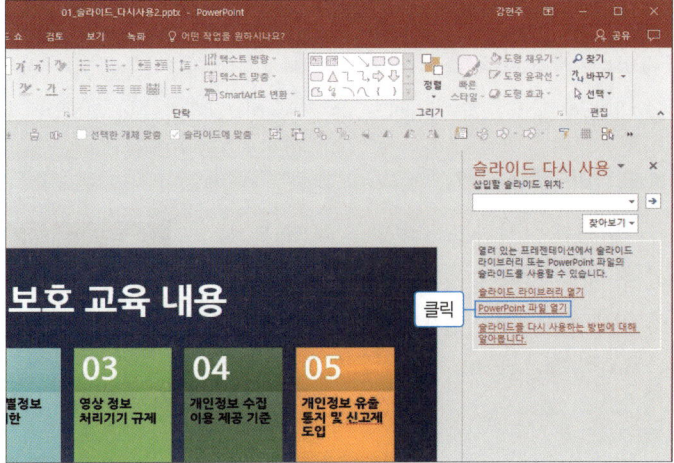

tip **슬라이드 라이브러리 열기**
슬라이드 라이브러리는 SharePoint 라이브러리에 저장된 개별 슬라이드의 집합입니다.

03 '찾아보기' 대화상자에서 사용하려는 슬라이드가 들어 있는 프레젠테이션 파일을 찾아 선택하고 〈열기〉 버튼을 클릭합니다.

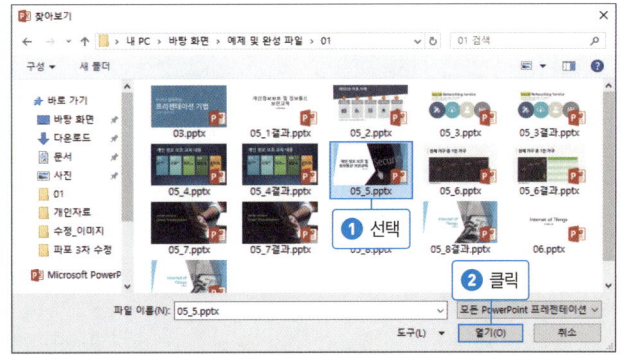

04 오른쪽 작업 창에 추가할 프레젠테이션 문서의 슬라이드가 표시됩니다. 슬라이드를 추가하려면 해당 슬라이드를 클릭합니다.
원본 프레젠테이션의 서식을 유지하려면, 대상 프레젠테이션으로 슬라이드를 추가하기 전에 작업 창 아래에 있는 '원본 서식 유지'에 체크 표시합니다.

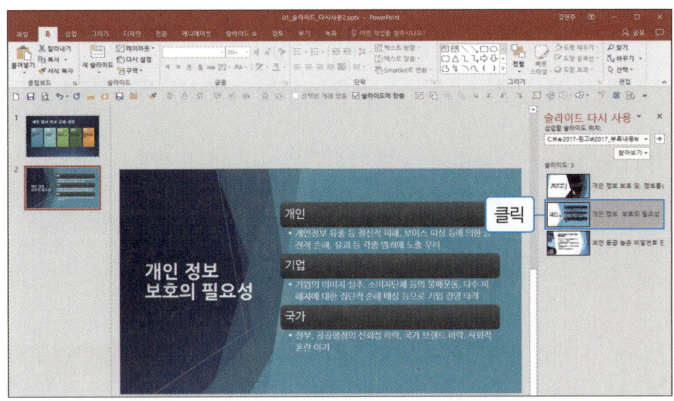

tip 만일 한 번에 모든 슬라이드를 추가하려면 슬라이드에서 마우스 오른쪽 버튼을 클릭하고 **모든 슬라이드 삽입**을 실행합니다.

5 슬라이드를 복사해서 붙여넣는 것과 [슬라이드 다시 사용] 명령의 차이점

[슬라이드 복사]와 [슬라이드 다시 사용]은 슬라이드를 추가하는 과정에도 차이점이 있지만, 추가한 파일의 내부 형태를 모두 가져오느냐, 사용한 슬라이드의 형태만 가져오느냐 하는 차이가 있습니다.

■ 슬라이드 복사

슬라이드를 복사하고 붙여넣을 때 '원본 서식 유지'를 선택한 경우, 추가된 슬라이드의 원래 프레젠테이션 파일에 있는 전체 레이아웃이 추가됩니다.

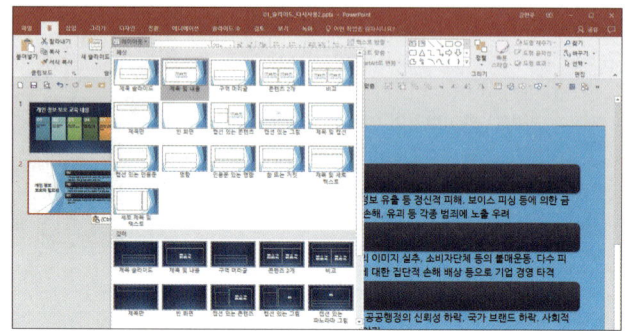

■ 슬라이드 다시 사용

[슬라이드 다시 사용] 명령으로 슬라이드를 추가할 때, '원본 서식 유지'를 선택한 경우, 추가된 슬라이드의 원래 프레젠테이션 파일에 있는 레이아웃 중 추가된 슬라이드의 레이아웃만 추가됩니다.

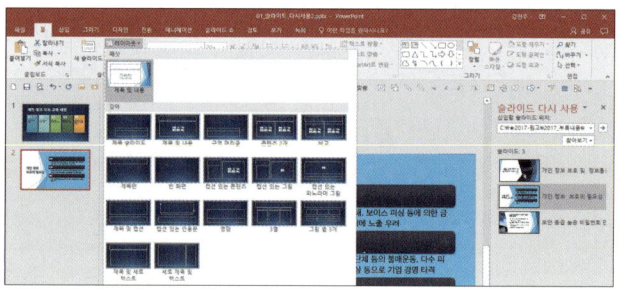

2 슬라이드의 내용은 유지하며 레이아웃 변경하기

파워포인트에서 제시하는 레이아웃을 꼭 따를 필요는 없지만 내용을 빠르게 입력하고 쉽게 수정하며 통일감을 줄 때 아주 편리한 기능입니다. 기존 슬라이드의 레이아웃을 변경하는 방법을 알아보겠습니다.

{실습 파일} 01\05_6.pptx   {완성 파일} 01\05_6결과.pptx

01 레이아웃을 변경할 슬라이드를 선택합니다. [홈] 탭 → [슬라이드] 그룹 → [레이아웃]을 클릭한 다음 원하는 새 레이아웃을 선택합니다.

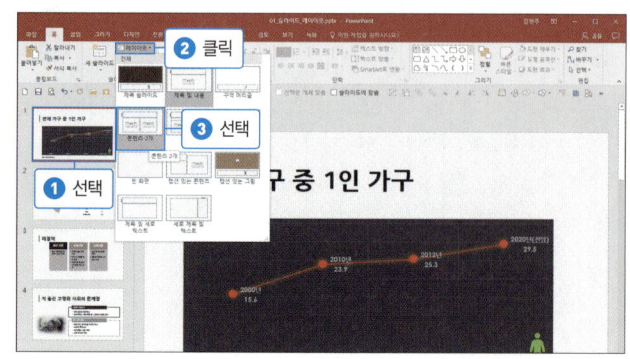

02 레이아웃이 변경되었으면 레이아웃에서 설정된 개체 틀 이외의 개체는 수동으로 조절합니다.

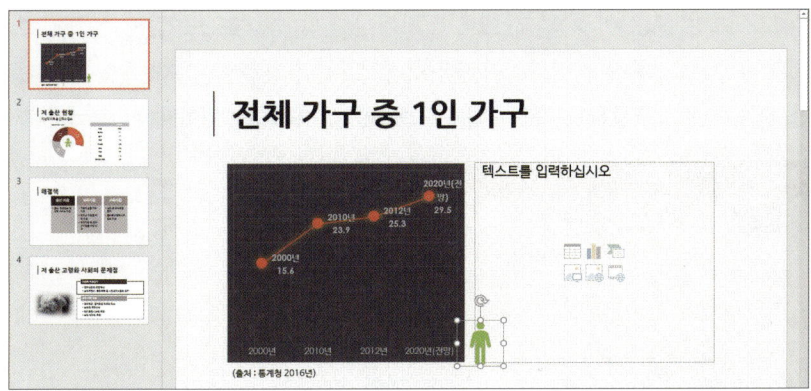

3 슬라이드의 순서 다시 정렬

슬라이드 축소판 그림 창에서 이동할 슬라이드를 클릭하여 원하는 위치로 드래그합니다. 여러 슬라이드를 선택하고 이동할 수도 있습니다.

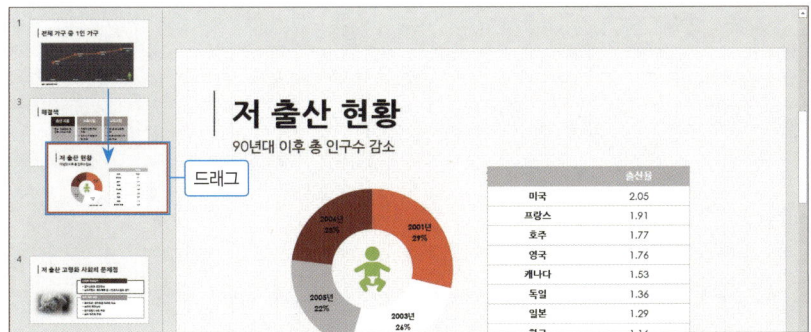

4 슬라이드 삭제

슬라이드 축소판 그림 창에서 삭제할 슬라이드를 마우스 오른쪽 버튼으로 클릭한 다음 **슬라이드 삭제**를 실행합니다. 또는 Delete 키를 누릅니다.

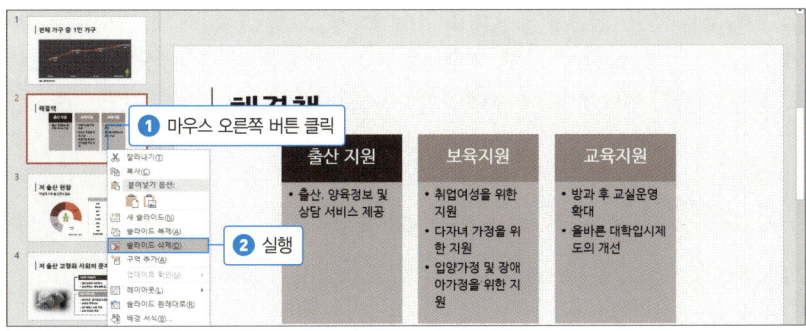

5 슬라이드 크기 변경

새 프레젠테이션을 만들면 와이드스크린(16:9)이 기본 값으로 설정됩니다. 슬라이드 크기를 와이드스크린(16:9)에서 표준(4:3)으로 또는 표준(4:3)에서 와이드스크린(16:9)으로 변경하려면 **[디자인] 탭 → [사용자 설정] 그룹 → [슬라이드 크기]**를 클릭하고 표준(4:3) 또는 와이드스크린(16:9)을 선택합니다.

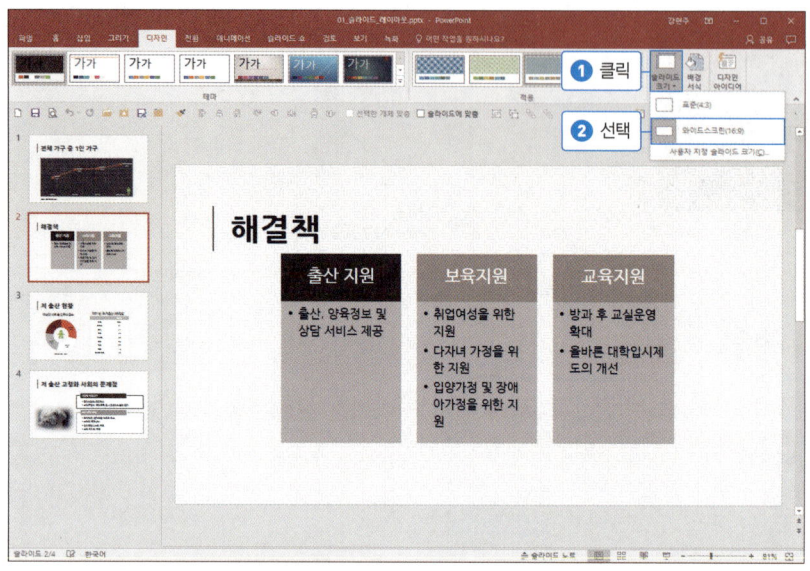

파워포인트가 콘텐츠 크기를 자동으로 조정하지 못하면 두 가지 옵션이 있는 메시지 창이 표시됩니다.

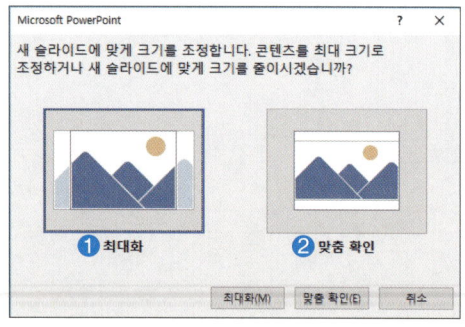

① **최대화** : 슬라이드 크기를 확대할 때 슬라이드 콘텐츠 크기를 확대하려면 이 옵션을 선택합니다. 이 옵션을 선택하면 콘텐츠가 슬라이드에 맞지 않을 수 있습니다.

② **맞춤 확인** : 슬라이드 크기를 축소할 때 콘텐츠 크기를 축소하려면 이 옵션을 선택합니다. 이 옵션을 선택하면 콘텐츠가 작게 표시되지만 슬라이드에 전체 콘텐츠가 표시됩니다.

6 슬라이드 구역으로 관리하기

내용이 많은 프레젠테이션을 만들 때 슬라이드를 구별하기 어려워 위치를 찾는 데 어려움을 겪은 적이 있을 것입니다. 이런 문제점을 해결하기 위해 구역으로 슬라이드를 나누고 관리하는 방법을 살펴보겠습니다.

{실습 파일} 01\05_7.pptx   {완성 파일} 01\05_7결과.pptx

1 구역 개요

구역은 내용이나 관련성에 따라 슬라이드를 묶어서 관리하는 것입니다. 이것은 폴더를 사용하여 파일을 구성하는 것과 비슷한 개념입니다. 이름이 설정된 구역을 사용해서 슬라이드 그룹을 추적하고, 공동 작업 중에 소유권을 명확하게 할 수 있도록 구역을 담당자별로 할당할 수 있습니다.

여러 슬라이드 보기 또는 기본 보기 상태에서 모두 구역을 만들고 볼 수 있지만, 내용에 따라 관련된 슬라이드를 모두 이동하거나 정렬, 복사, 삭제하는 등 슬라이드 관리에 관한 작업은 여러 슬라이드 보기 상태가 편리합니다.

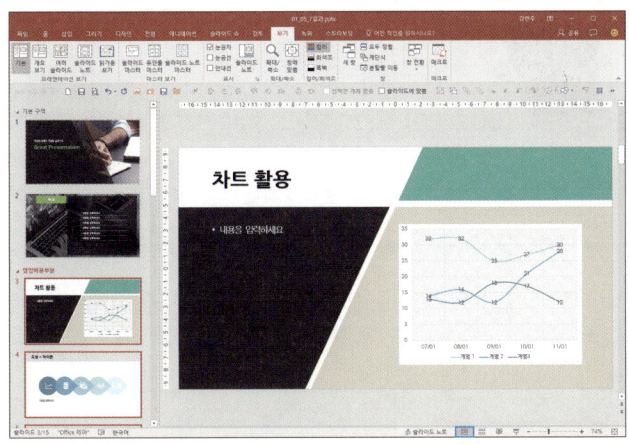

▲ 기본 보기 상태에서 구역을 사용한 화면

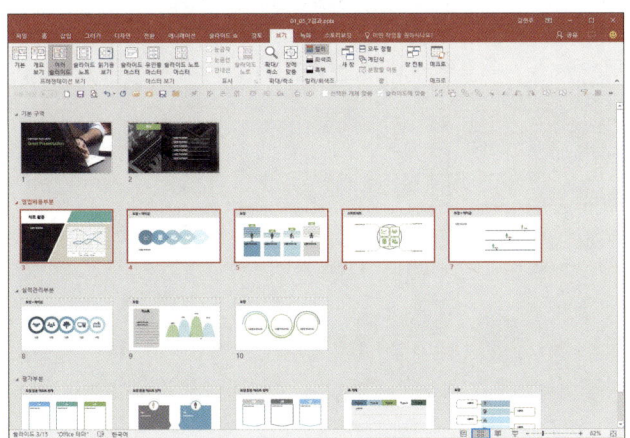

▲ 여러 슬라이드 보기 상태에서 구역을 사용한 화면

2 구역 추가 및 이름 설정

기본 보기 또는 여러 슬라이드 보기 상태에서 구역을 추가할 두 슬라이드 사이를 마우스 오른쪽 버튼으로 클릭해 **구역 추가**를 실행합니다.

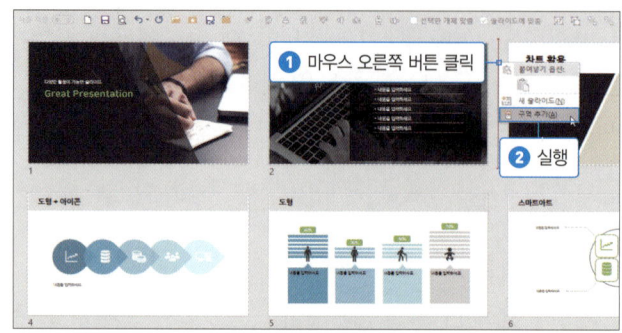

새로운 구역이 추가된 것을 확인할 수 있습니다.

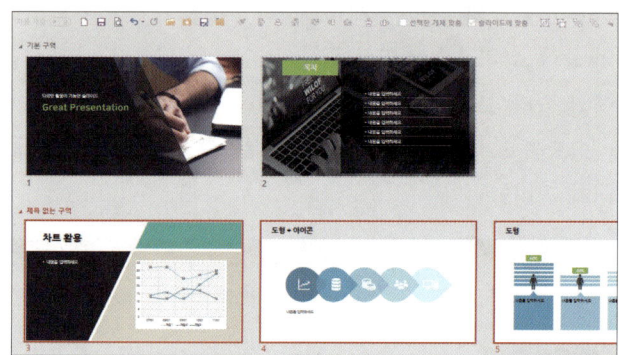

3 구역 이름 바꾸기

구역 이름을 변경하려면 다음과 같이 제목 없는 구역 마커 위를 마우스 오른쪽 버튼으로 클릭하고 **구역 이름 바꾸기**를 실행합니다. '구역 이름 바꾸기' 대화상자에서 구역 이름을 입력한 다음 〈이름 바꾸기〉 버튼을 클릭합니다.

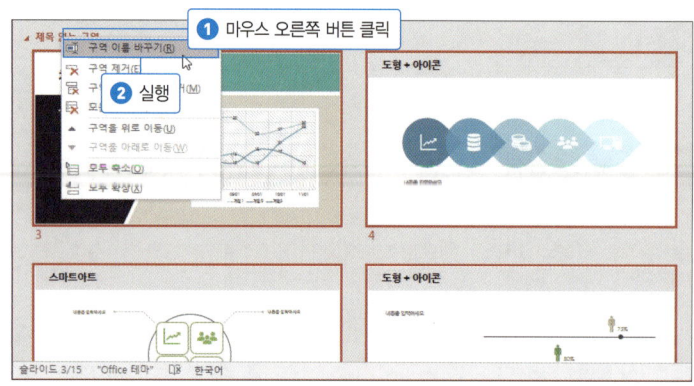
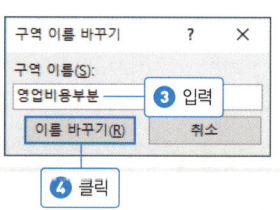

4 슬라이드 목록 위 또는 아래로 구역 이동

이동할 구역을 마우스 오른쪽 버튼으로 클릭한 다음 **구역을 위로 이동** 또는 **구역을 아래로 이동**을 실행합니다.

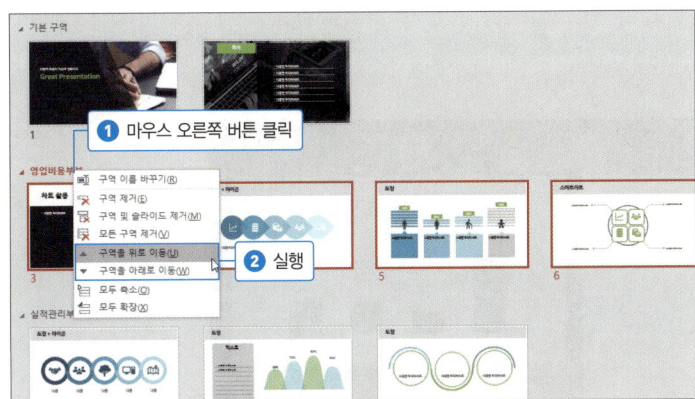

또는 직접 드래그해서 위치를 이동합니다.

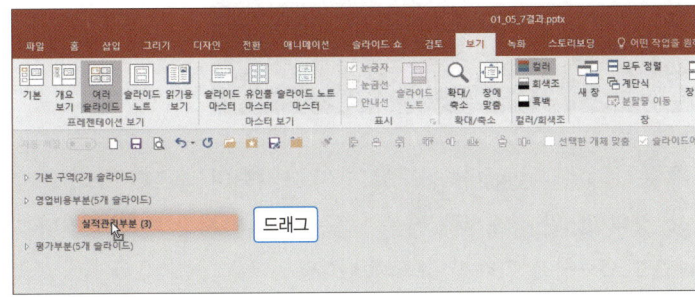

5 구역 제거

제거할 구역을 마우스 오른쪽 버튼으로 클릭한 다음 **구역 제거**를 실행합니다. 모든 구역을 제거하려면 **모든 구역 제거**를 실행합니다.

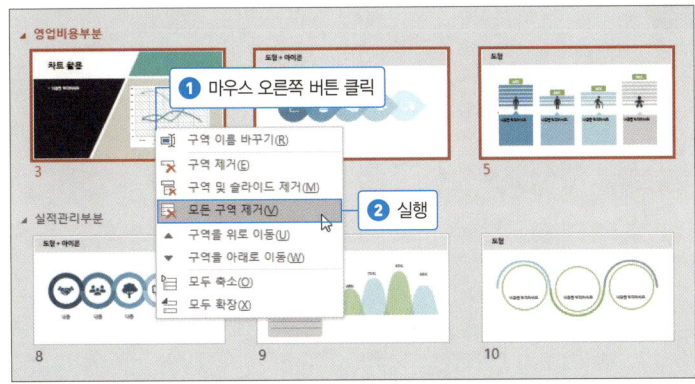

> tip 구역과 함께 해당 구역의 슬라이드까지 제거하려면 **구역 및 슬라이드 제거**를 실행합니다.

7 슬라이드 노트 활용하기

프레젠테이션을 만들 때 청중을 대상으로 슬라이드 쇼를 진행하면서 참조할 수 있는 발표자 노트를 추가할 수 있습니다. 프레젠테이션 중 발표자 노트는 자신의 모니터에는 표시되지만 청중에게 표시되지 않습니다. 따라서 슬라이드 노트 창을 활용해서 추가 정보를 저장하면 프레젠테이션을 진행할 때 슬라이드에 관련된 설명 자료를 참조하는 데 활용할 수 있습니다.

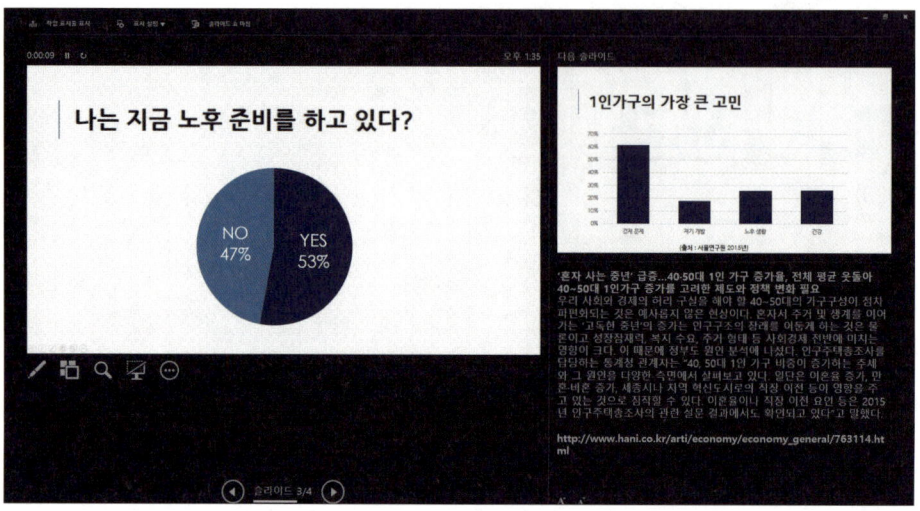

슬라이드 노트 창은 각 슬라이드의 아래에 표시되는 부분입니다. 노트 창이 표시되지 않으면 상태 표시줄에서 '슬라이드 노트'를 클릭합니다. 노트 창의 맨 위 경계선에 마우스 포인터를 가져간 다음 포인터가 양방향 화살표로 바뀌면 드래그해서 슬라이드 노트 창을 확대할 수 있습니다.

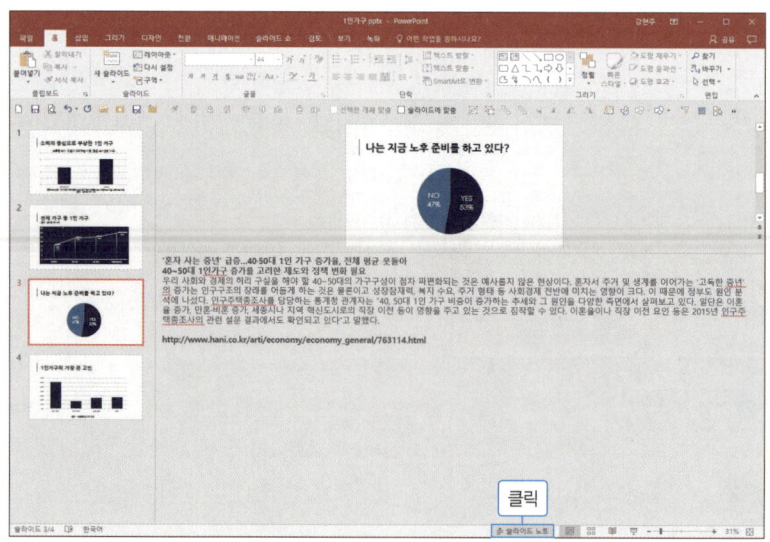

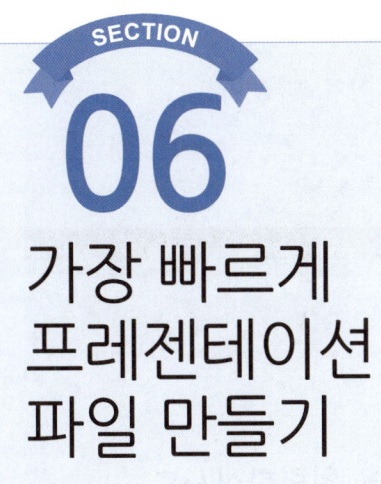

가장 빠르게 프레젠테이션 파일 만들기

파워포인트 초보자여도 단지 좋아 보이는 것을 선택하는 것만으로 빠르게 프레젠테이션 파일을 만들 수 있습니다. 준비된 자료를 가지고 파워포인트에서 제공하는 테마를 이용해 슬라이드를 구성한 다음, 디자인 아이디어를 이용해 간단히 좋아 보이는 디자인을 골라 적용해 보겠습니다.

1 생각하지 말고 선택하여 만들기

파워포인트는 프로그램이 업그레이드될 때마다 간편하면서도 디자인적으로 만족감을 줄 수 있는 슬라이드를 구성할 수 있도록 기능을 추가하고 있습니다. 물론 슬라이드에 삽입되는 개체 하나하나를 정성껏 만드는 것과 비교할 수는 없지만 초보자도 쉽게 만들 수 있다는 장점이 있습니다.

이번엔 세부적인 파워포인트의 기능을 배우기 전에, 가장 쉽고 빠르게 프레젠테이션 파일을 만드는 방법을 살펴보겠습니다.

일단 만들려는 내용과 사용할 이미지 등의 자료가 준비되어 있어야 합니다. 이것은 파워포인트뿐만 아니라 한글 프로그램을 이용한 보고서 작성에서도 마찬가지입니다. 파워포인트나 한글 프로그램은 단지 작성자의 생각을 표현하는 도구일 뿐입니다. 도구가 생각을 만들지는 않는 것이니까요.

그리고 가장 중요한 점은, 만드는 단계에서는 생각하지 말고 제시되는 것을 선택하라는 것입니다. 이것이 초보자가 가장 빠르게 만드는 방법입니다.

이런 방식으로 프레젠테이션 파일을 만들어 쇼를 진행하기까지의 작업을 크게 나누면, 이렇게 3단계로 구분할 수 있습니다.

① **만들기** : 모양을 신경 쓰지 않고 자료를 슬라이드에 입력하는 단계

② **다듬기** : 디자인을 조금 다듬거나 쇼를 진행할 때 움직임을 주어 내용을 돋보이게 하고 발표하는 단계

③ **활용하기** : 만들어진 프레젠테이션 파일을 공유해서 작업하거나 언제 어디서든 기기에 구애 받지 않고 이용하는 단계

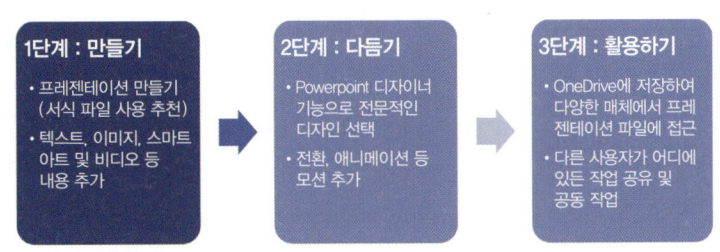

준비된 자료를 가지고 빠르고 쉽게 프레젠테이션 파일을 만드는 방법을 살펴보겠습니다.

{실습 파일} 01\06.pptx   {완성 파일} 01\06결과.pptx

01 슬라이드를 구성할 내용이 준비되었다면 먼저 새로운 프레젠테이션 파일을 만듭니다.

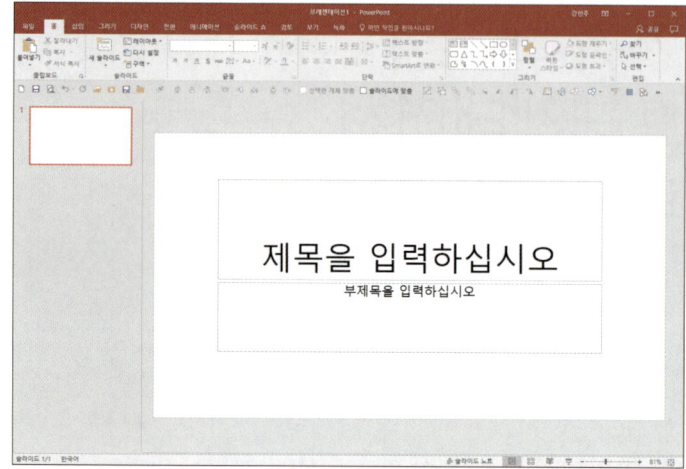

02 빈 문서에서 시작해도 되지만, 색상 선택이나 서식 적용을 파워포인트에서 제공하는 디자인 아이디어의 도움을 받아 해결하려면 서식 파일을 적용하는 것이 좋습니다. [디자인] 탭 → [테마] 그룹에서 원하는 테마를 선택합니다.

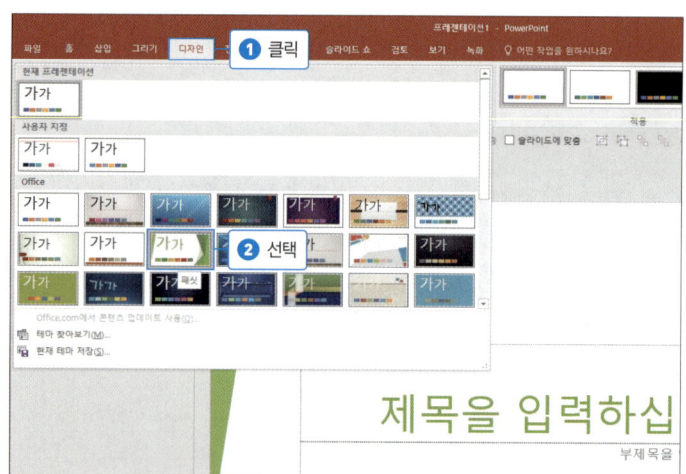

03 [디자인] 탭 → [적용] 그룹에서 사용하고 싶은 색상 세트를 선택합니다.

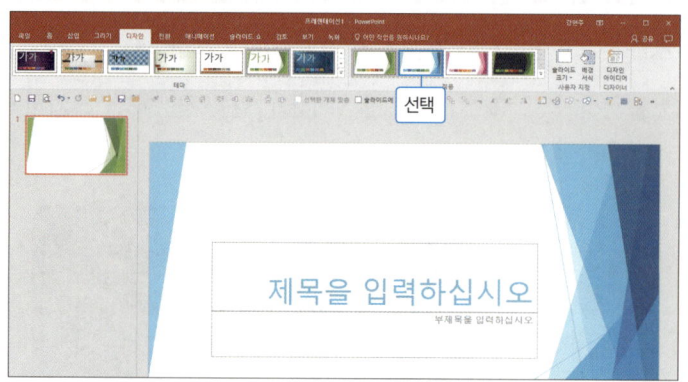

04 제시되는 스타일이 마음에 들지 않는다면 [디자인] 탭 → [적용] 그룹의 '자세히' 아이콘(▽)을 클릭해, 좀 더 다양한 색 목록을 확인하고 선택합니다.

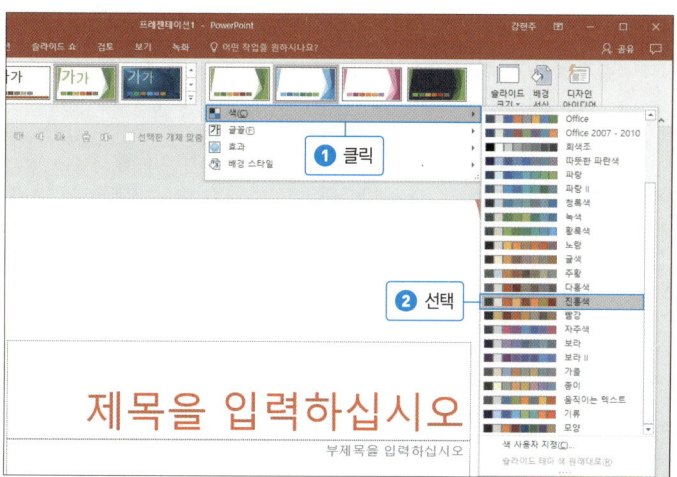

05 다시 [디자인] 탭 → [적용] 그룹의 '자세히' 아이콘(▽)을 클릭하고, 사용하려는 글꼴 세트를 선택합니다.

06 제목과 부제목을 입력합니다.

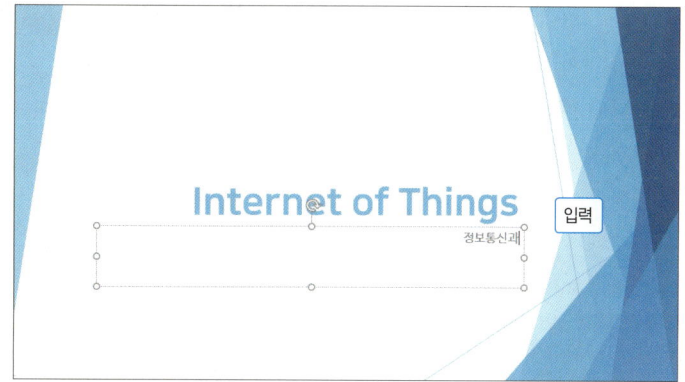

07 슬라이드를 추가하면서 텍스트 자료를 입력합니다.

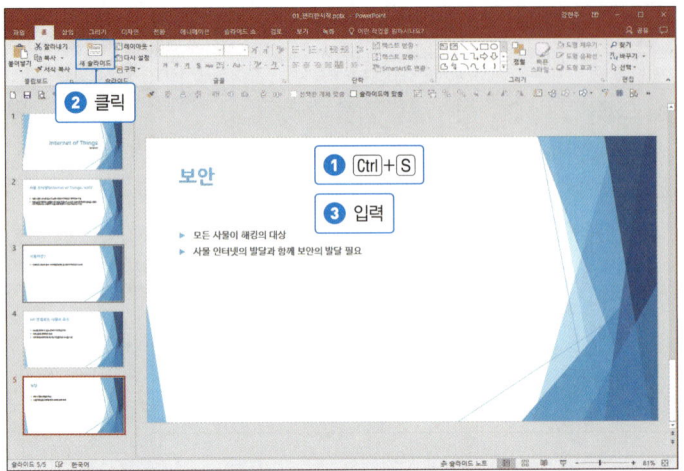

08 슬라이드에 이미지를 삽입하는 작업은 [디자인 아이디어] 명령으로 전문적인 디자인 도움을 받으며 구성해 보겠습니다.
첫 번째 슬라이드를 클릭한 다음 **[삽입] 탭 → [이미지] 그룹 → [그림]**을 클릭하고, 01\이미지 폴더에서 표지로 사용할 그림을 찾아 삽입합니다.

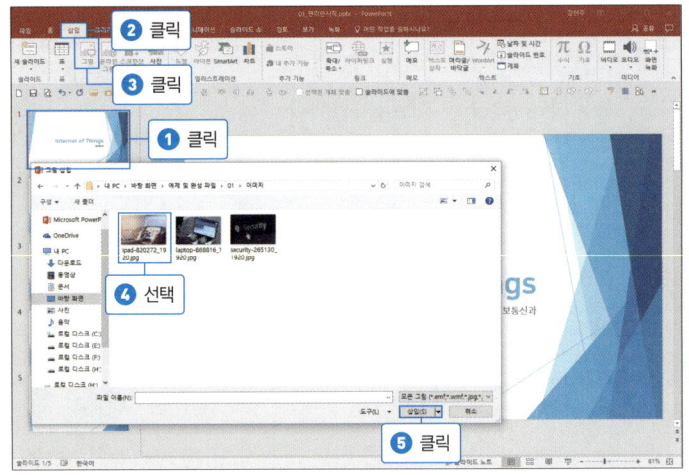

09 그림이 삽입되면 [디자인 아이디어] 작업 창이 화면 오른쪽에 표시되면서, 슬라이드에 이미지를 다양한 형태로 삽입할 수 있도록 옵션을 표시합니다.
만일 [디자인 아이디어] 작업창이 자동으로 나타나지 않으면, **[디자인] 탭 → [디자이너] 그룹 → [디자인 아이디어]**를 클릭합니다.

SECTION 06 가장 빠르게 프레젠테이션 파일 만들기

> **tip 디자인 아이디어 제안이 표시되지 않는 경우**
>
> 디자인 아이디어가 제공되지 않을 경우 몇 가지 이유가 있을 수 있습니다.
>
> ① 인터넷에 연결되어 있는지 확인합니다. 슬라이드에 추가한 콘텐츠에 따라 디자인 아이디어를 만들려면 온라인 상태여야 합니다.
> ② 슬라이드당 최대 네 개의 사진 파일(.JPG, .PNG, .GIF, .BMP)을 사용하고 이미지의 크기가 200×200픽셀보다 큰지 확인합니다.
> ③ 사용자 설정 테마나 다른 위치에서 다운로드한 테마가 아니라 파워포인트와 함께 제공되는 테마를 사용합니다.
> ④ 그림이 있는 슬라이드에 대해 디자인 아이디어가 제공되지 않는다면 슬라이드에 '제목' 또는 '제목+콘텐츠 슬라이드' 레이아웃이 적용되어 있는지 확인합니다.
> ⑤ 프로세스 기반 슬라이드에 대해 디자인 아이디어가 제공되지 않는다면 슬라이드에 '제목+콘텐츠' 슬라이드 레이아웃이 적용되어 있는지 확인합니다.

10 마음에 드는 옵션을 선택합니다.

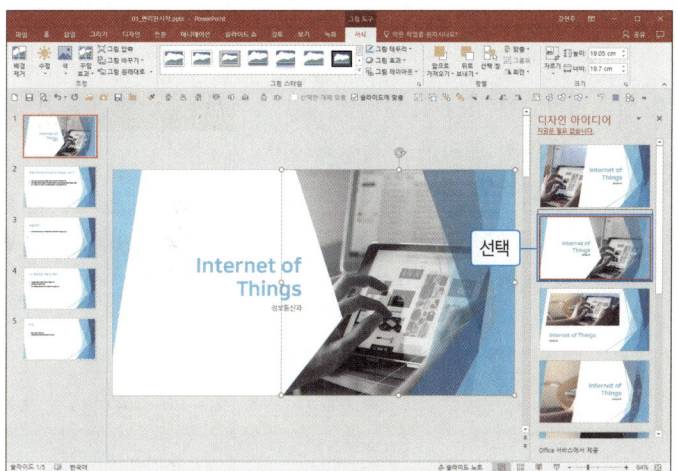

11 슬라이드에 아이콘을 넣고 싶다면 [삽입] 탭 → [일러스트레이션] 그룹 → [아이콘]을 클릭해 내용에 어울리는 적당한 아이콘을 삽입합니다.

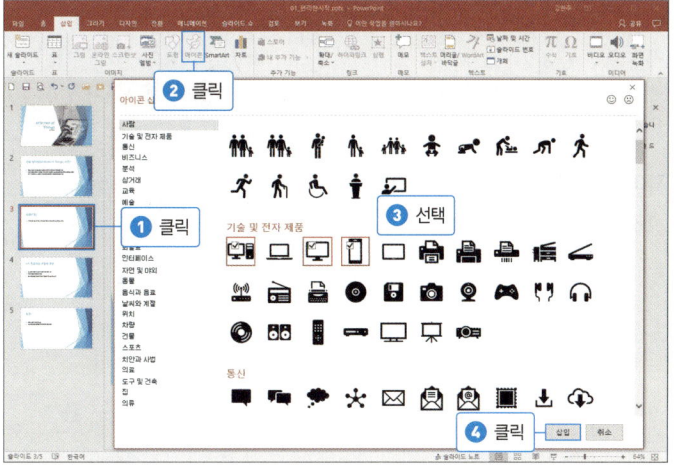

12 아이콘이 삽입되면 [디자인 아이디어] 작업 창에 아이콘을 슬라이드에 다양한 형태로 삽입할 수 있도록 디자인 아이디어가 표시됩니다. 그 중 마음에 드는 옵션을 선택합니다.

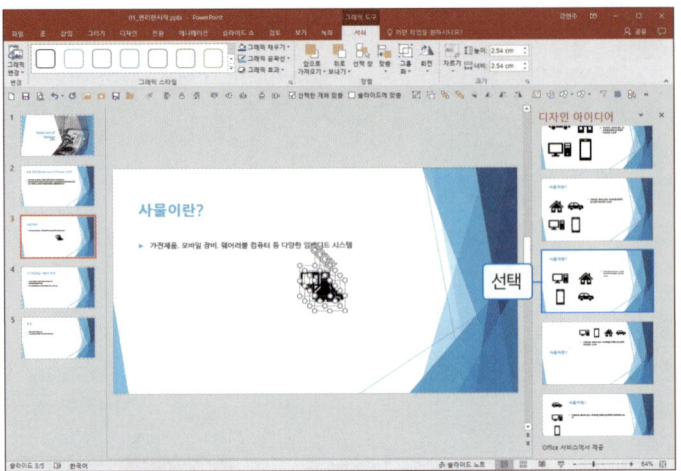

13 [디자인 아이디어] 명령을 사용해 배치한 아이콘을 하나씩 선택하고 [그래픽 도구 서식] 탭 → [그래픽 스타일] 그룹에서 미리 만들어진 서식을 적용해 스타일을 변경합니다.

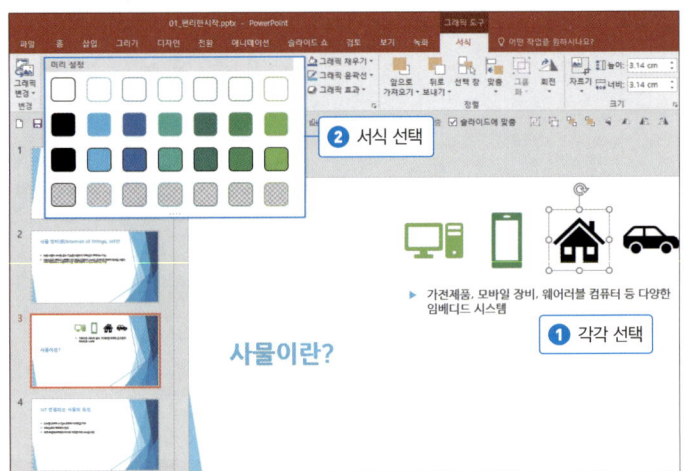

14 목록으로 작성한 슬라이드를 꾸미기 위해 [디자인] 탭 → [디자이너] 그룹 → [디자인 아이디어]를 클릭합니다.

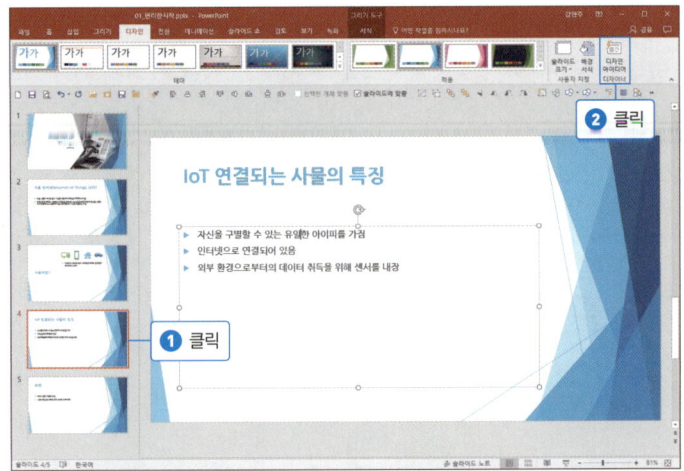

15 [디자인 아이디어] 작업 창에 텍스트를 다양한 형태로 삽입할 수 있도록 디자인 아이디어가 표시됩니다. 그 중 마음에 드는 옵션을 선택합니다.

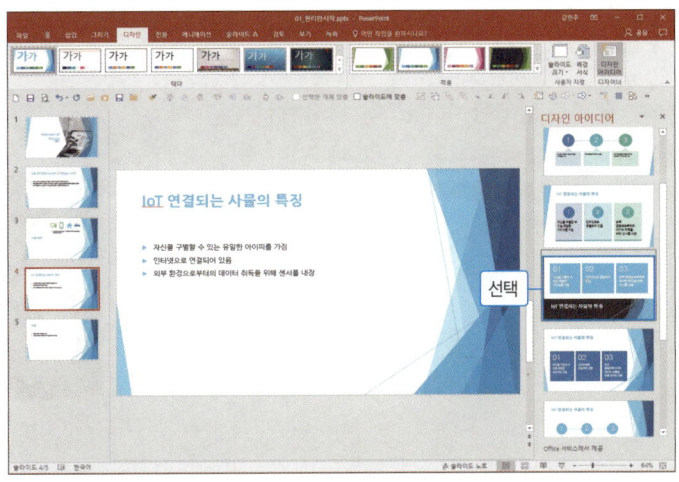

16 [디자인 아이디어] 명령으로 배치된 도형의 서식을 변경하고 싶다면, **[SmartArt 도구 디자인] 탭** → **[SmartArt 스타일] 그룹** → **[색 변경]**을 클릭하고 미리 만들어진 서식 중 하나를 적용해서 스타일을 선택합니다.

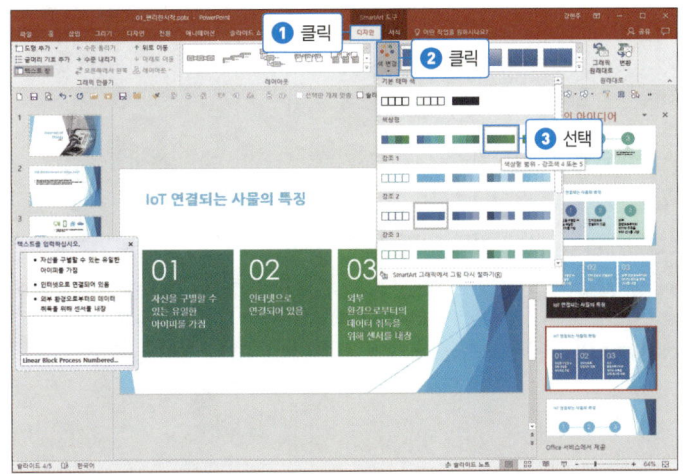

17 만일 슬라이드에 사진을 여러 장 삽입하고 싶다면, **[삽입] 탭** → **[이미지] 그룹** → **[그림]**을 클릭하고 사용할 사진을 모두 선택합니다.

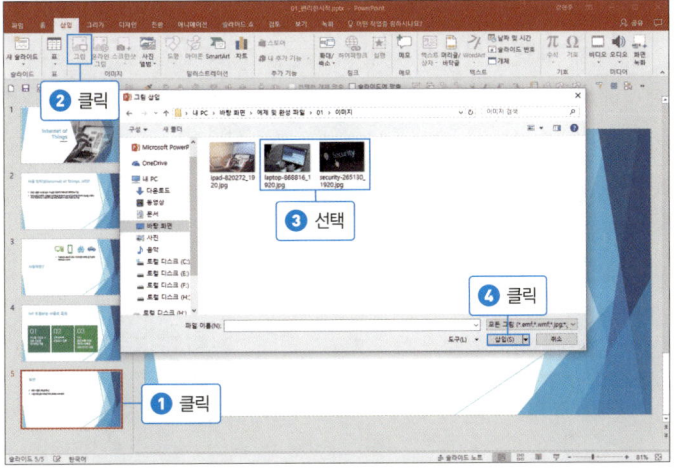

18 사진이 삽입되고 나면 [디자인 아이디어] 작업 창에 그림을 다양한 형태로 삽입할 수 있도록 디자인 아이디어가 표시됩니다. 그 중 마음에 드는 옵션을 선택합니다.

19 슬라이드 쇼를 진행하면서, 하나의 슬라이드에서 다른 슬라이드로 전환할 때 특정 효과를 추가하려면 전환을 추가할 슬라이드를 선택합니다.
[전환] 탭 → [슬라이드 화면 전환] 그룹에서 원하는 효과를 선택합니다.

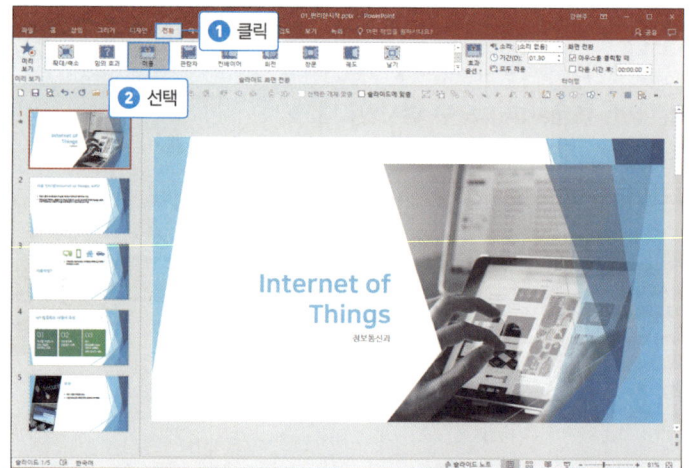

20 슬라이드의 텍스트 또는 개체에 애니메이션을 적용하려면, 애니메이션을 적용할 텍스트 또는 개체를 선택합니다.
[애니메이션] 탭 → [애니메이션] 그룹에서 원하는 애니메이션을 선택합니다.

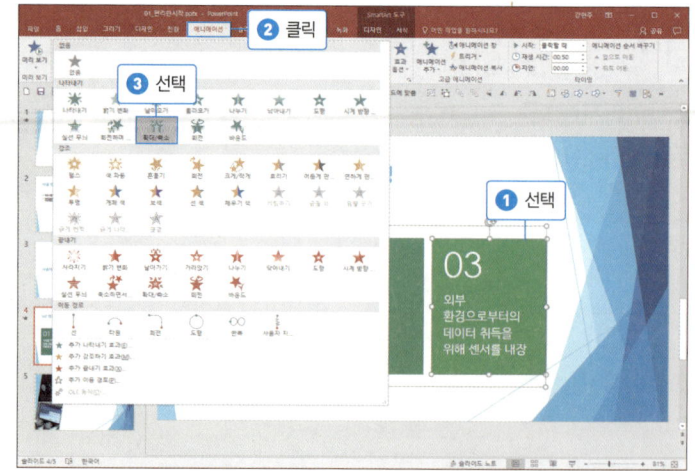

21 이제 만들어진 프레젠테이션 파일을 가지고 발표를 진행할 수 있습니다.
화면 아래의 상태 표시줄에서 '슬라이드 쇼' 아이콘(🖳)을 선택하거나, [슬라이드 쇼] 탭 → [슬라이드 쇼 시작] 그룹 → [처음부터]를 클릭해서 첫 번째 슬라이드부터 슬라이드 쇼를 진행합니다.

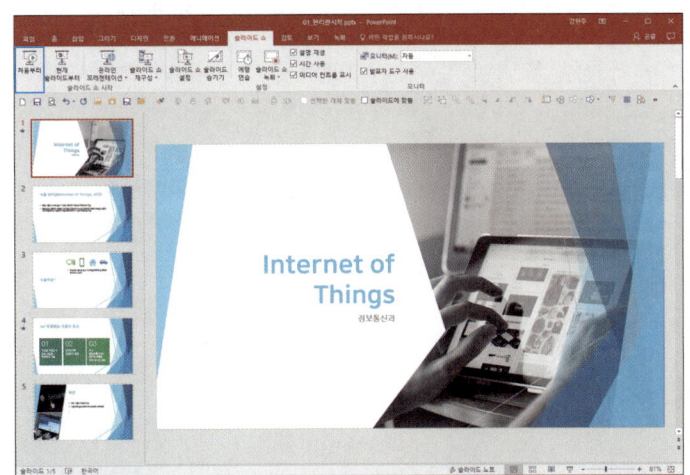

> tip
> - 슬라이드 쇼를 현재 슬라이드 위치에서 시작하려면 '현재 슬라이드부터'를 선택합니다.
> - 단축키 : 처음부터 슬라이드 쇼를 진행하는 단축키는 F5, 현재 슬라이드부터 진행하는 단축키는 Shift+F5 이고, 슬라이드 쇼를 종료하려면 Esc 키를 누릅니다.

22 컴퓨터, 태블릿 또는 휴대폰으로 프레젠테이션에 접근하거나, 다른 사용자가 어디에 있든 작업 공유 및 공동 작업을 진행할 수 있도록 OneDrive에 저장하는 것도 좋습니다.

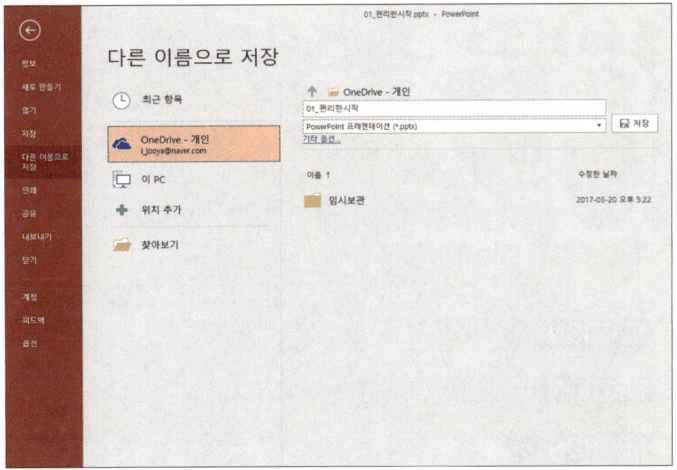

만일 초보자라면 내용을 입력하고 이런 방식으로 디자이너가 제공하는 서식 스타일과 디자인 아이디어를 활용하면 빠른 시간에 일관된 디자인 흐름을 유지하면서 슬라이드를 만들 수 있습니다.

이 기능을 적절히 활용하려면 기본 테마를 적용하고 그에 따라 제시되는 각종 스타일을 선택하는 방법으로 진행하면 됩니다. 파워포인트에서는 초보자도 어느 정도 품질을 유지하면서 만들 수 있도록 각 상황마다 서식 스타일이나 디자인 아이디어를 제공하고 있으니 아직 파워포인트 기능이 익숙하지 않다면 이 방식을 이용해 보는 것도 좋습니다.

PART 02

SECTION 01 텍스트로 꾸미는 슬라이드
SECTION 02 도형을 자유롭게 다루기
SECTION 03 그림으로 정보 전달력을 높여 표현하기
SECTION 04 파워포인트에서 쉽게 아이콘 삽입하기
SECTION 05 편리한 SmartArt 그래픽 만들기
SECTION 06 숫자가 많은 자료 차트로 정리하기
SECTION 07 표를 이용해서 많은 자료 정리하기
SECTION 08 동영상으로 슬라이드 만들기
SECTION 09 배경 음악과 효과음 삽입하기

파워포인트의 기본, 개체 살펴보기

어떤 프로그램이든 하나하나의 기능을 빠짐없이 외우는 것보다 전체적인 사용 원리를 이해하는 것이 상황에 따라 알맞은 명령을 적용하는 데 수월합니다. 원리를 이해한다는 것은 각 기능에 공통된 규칙이 있고, 그 규칙을 파악하고 있다는 것입니다. 파워포인트는 비교적 단순한 도구이기 때문에 각 개체의 정확한 동작 원리를 파악하면 어려움 없이 응용할 수 있습니다.

SECTION 01 텍스트로 꾸미는 슬라이드

실제 프레젠테이션에서 텍스트만으로 슬라이드가 구성되는 경우는 거의 없습니다. 그러나 텍스트에 관한 기능은 이후 나올 다른 개체에서도 함께 사용하는 가장 기본적인 기능이기 때문에 이번 기회에 텍스트를 입력하고 서식을 설정하는 것에 관한 내용을 꼼꼼히 살펴보겠습니다. 슬라이드에 텍스트를 입력하는 다양한 방법(개체 틀 이용, 텍스트 상자 이용, 도형 이용)을 알아보겠습니다.

1 개체 틀에 텍스트 입력하기

파워포인트에서 슬라이드 레이아웃을 구성하는 여러 요소 중 실제로 슬라이드에 입력할 수 있는 것은 '개체 틀' 밖에 없습니다. 이 개체 틀에 텍스트나 표, 차트, 스마트아트, 그림, 온라인 그림, 동영상 등을 삽입할 수 있습니다. 이런 개체 틀은 슬라이드 레이아웃에 만들어져 있고 슬라이드를 삽입하면 사용할 수 있습니다.

{완성 파일} 02\01-1결과.pptx

01 파워포인트 프로그램을 실행하고 새 프레젠테이션을 만듭니다.

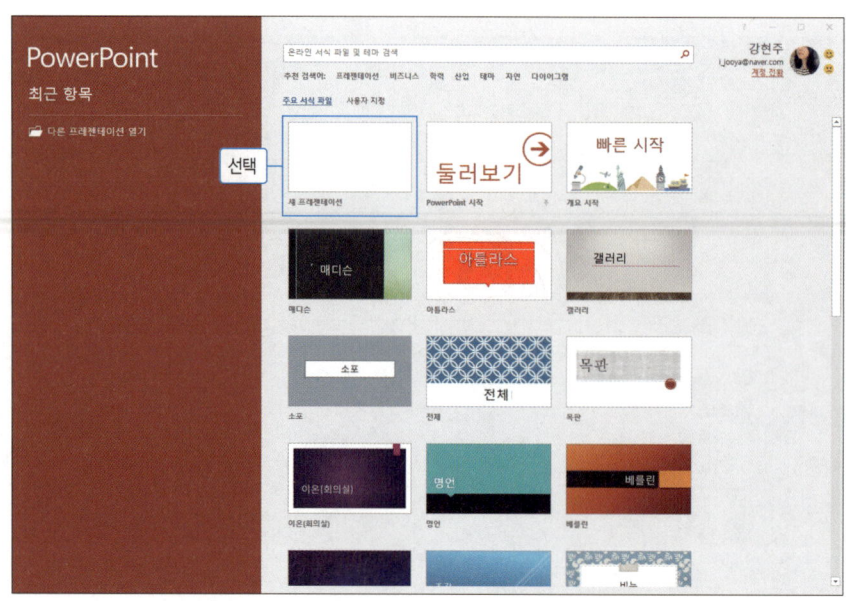

SECTION 01 텍스트로 꾸미는 슬라이드

02 새 프레젠테이션이 만들어지고 제목과 부제목을 입력할 수 있는 개체 틀이 준비되었습니다.
개체 틀 안쪽을 클릭하면 개체 틀이 점선으로 바뀌고 텍스트를 입력할 수 있는 커서가 나타납니다. 그림과 같이 제목과 부제목을 입력합니다.

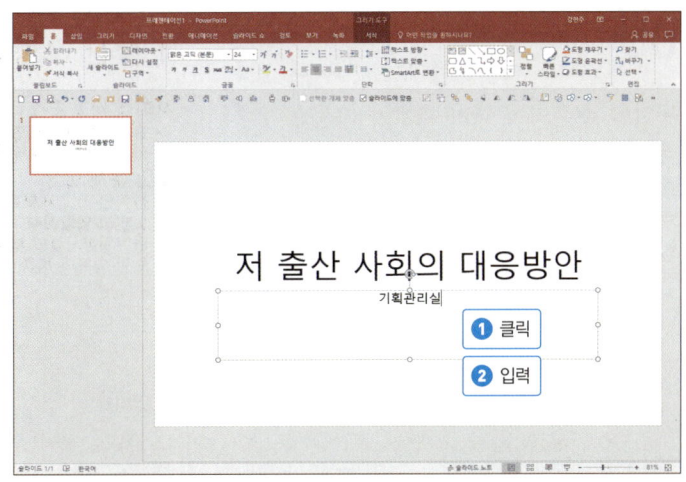

03 슬라이드를 추가하기 위해 [홈] 탭 → [슬라이드] 그룹 → [새 슬라이드]를 클릭하면, 제목과 내용을 입력할 수 있는 슬라이드가 삽입됩니다.
제목과 내용 개체 틀을 각각 클릭한 다음 내용을 입력합니다.

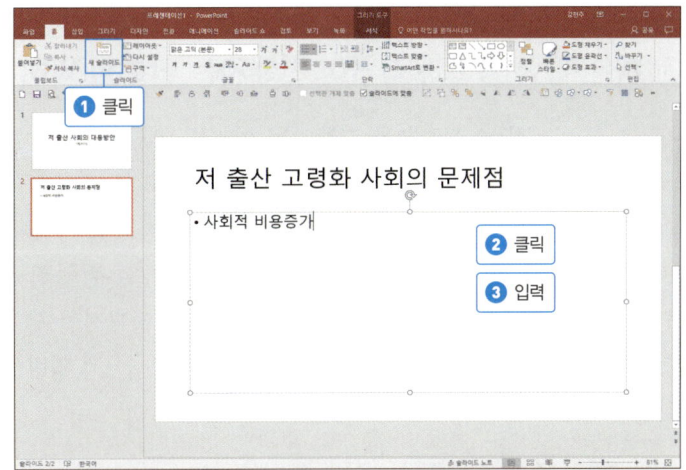

04 내용 개체 틀에 '사회적 비용 증가'를 입력한 다음에는 Enter 키를 눌러 단락을 나눕니다.
[홈] 탭 → [단락] 그룹 → [목록 수준 늘림]을 클릭합니다. 문단 왼쪽에 여백이 많아지면서, 글꼴 크기도 작아진 것을 확인할 수 있습니다. 그림과 같이 내용을 입력합니다.

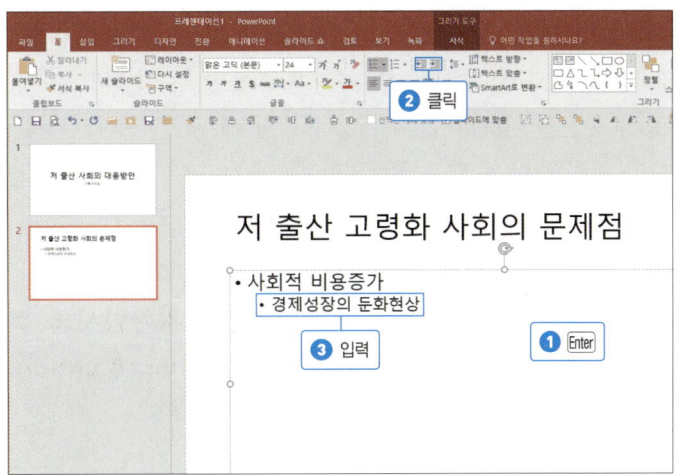

05 내용 개체 틀에서는 내용을 입력하고 Enter 키를 누를 때마다 동일한 수준의 글머리 기호가 자동으로 적용됩니다.
[홈] 탭 → [단락] 그룹 → [목록 수준 줄임] 또는 [목록 수준 늘림]을 클릭하면서 그림의 내용을 입력합니다.

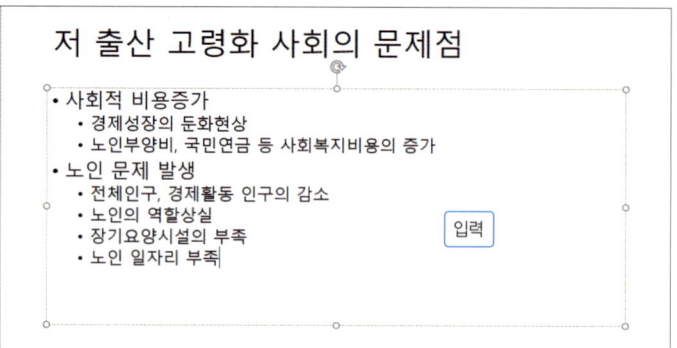

> **tip** 목록 수준의 글머리 기호와 글자 크기는 어디에 설정되어 있나요?
> 목록 수준의 글머리 기호와 글꼴의 크기는 슬라이드 마스터에 설정되어 있습니다. 슬라이드 마스터에서 목록 수준이 증가할수록 왼쪽 여백이 많아지고, 글꼴 크기가 작아지도록 설정해 놓은 것입니다.

2 빠른 입력 방법과 작업이 편해지는 단축키 익히기

텍스트를 입력할 때 목록으로 구분하면 입력된 내용들 중 어떤 것이 상위 개념이고, 하위 개념인지 한눈에 파악하기 쉽습니다. 그리고 비슷해 보여도 [목록 수준 줄임]이나 [목록 수준 늘림] 명령으로 입력한 것과 사용자가 직접 수동으로 글꼴 크기와 여백 조정으로 서식 작업한 것과는 차이가 있습니다. 파워포인트에서 목록 수준은 꼭 [목록 수준 줄임]이나 [목록 수준 늘림] 명령을 사용해서 입력해야 마스터에서 한 번에 글머리 기호 종류, 글꼴 크기, 여백 조정 등 일괄적인 서식 작업이 쉽고, SmartArt로 변경이 가능합니다. 이번에는 [목록 수준 줄임]이나 [목록 수준 늘림] 명령을 좀 더 빠르게 사용해서 입력하는 방법을 알아보겠습니다.

{실습 파일} 02\01-2.pptx   {완성 파일} 02\01-2결과.pptx

1 슬라이드에서 커서를 다음 개체 틀로 이동하는 단축키

Ctrl + Enter 키로 슬라이드 안의 커서를 이동할 수 있습니다. Ctrl + Enter 키를 누를 때마다 시계 반대 방향으로 개체 틀을 이동하며, 더 이상 이동할 개체가 없을 때는 새 슬라이드가 추가됩니다. 이 단축키를 사용하면 키보드만으로 빠르게 작업할 수 있습니다.

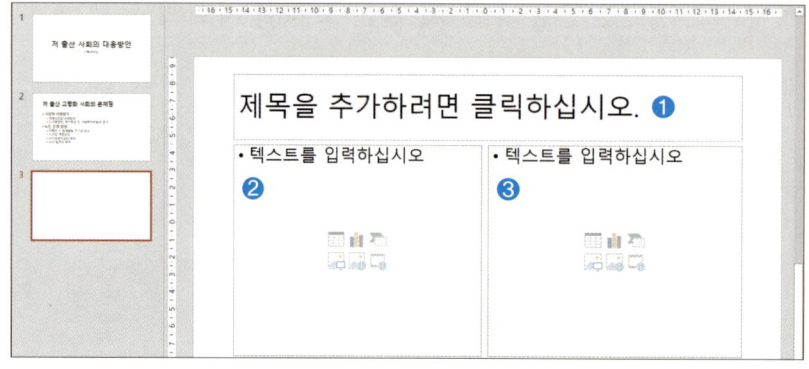

❶개체에서 Ctrl + Enter 키를 누르면 ❷개체로 커서 이동
❷개체에서 Ctrl + Enter 키를 누르면 ❸개체로 커서 이동
❸개체에서 Ctrl + Enter 키를 누르면 [새 슬라이드] 삽입

슬라이드가 새로 삽입되면 커서가 제목 개체에서 깜박이지 않더라도 바로 제목 개체 틀에 입력됩니다.

2 목록 수준별 텍스트 입력에서 사용되는 단축키

작업을 하다 보면, 단락과 줄을 구분하지 않고 모두 Enter 키를 사용하는 분들이 많습니다. 단락과 줄을 정확하게 구분해서 입력하면 SmartArt 그래픽으로 변경할 때도 원하는 형태로 쉽게 표현됩니다.

Enter 키로 입력을 마무리한 곳까지가 하나의 단락이 됩니다. 글머리 기호나 단락의 들여쓰기는 Enter 키를 기준으로 즉 단락을 기준으로 적용됩니다. 글머리 기호를 새로 만들지 않고, 단락은 그대로 유지한 채 단지 줄만 바꾸고 싶은 경우는 Shift + Enter 키를 누릅니다.

- 단락 바꿈 : Enter (글머리 기호 생김)
- 줄 바꿈 : Shift + Enter (글머리 기호 안 생김)
- 목록 수준 줄임 : Shift + Tab
- 목록 수준 늘림 : Tab
- 문장 처음 위치에서 Tab 키와 문장 중간에서의 Tab 키
  - 문장의 처음 위치에서 Tab 키는 [목록 수준]을 조정
  - 문장의 중간에서는 일정 간격을 띄우는 Tab 키의 고유한 기능을 수행

실제로 텍스트를 입력하는 경우에 단축키를 많이 사용하게 됩니다.
다음 슬라이드를 보고 빈 슬라이드에 단축키로 입력하는 것을 연습해 보세요.

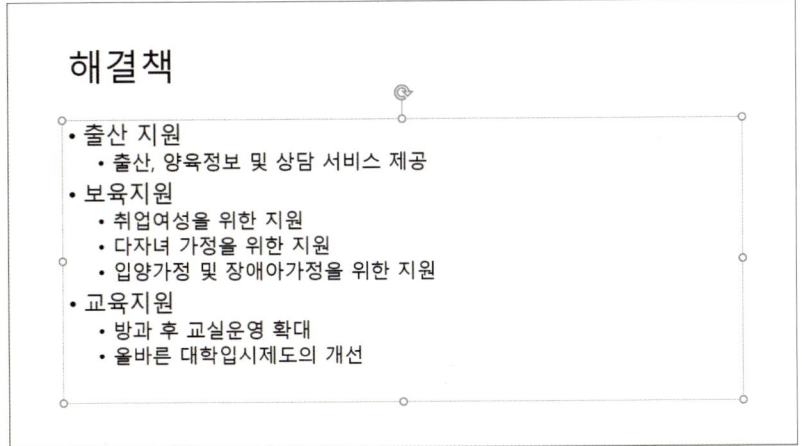

■ 키보드만으로 입력하는 방법

3 임의의 위치에 텍스트 입력하기

슬라이드에서 개체 틀이 없는 위치에 텍스트를 입력하려면, 텍스트 상자나 도형을 이용해야 합니다.

{실습 파일} 02\01-3.pptx   {완성 파일} 02\01-3결과.pptx

01 예제 파일의 2번 슬라이드를 보면, 제목과 내용 개체 틀 이외의 위치에 텍스트를 입력할 수 없습니다. 제목과 내용 사이에 설명을 추가해 보겠습니다.
[삽입] 탭 → [텍스트] 그룹 → [텍스트 상자▼]를 클릭하면, 가로와 세로 방향을 선택할 수 있습니다. [가로 텍스트 상자]를 클릭합니다.

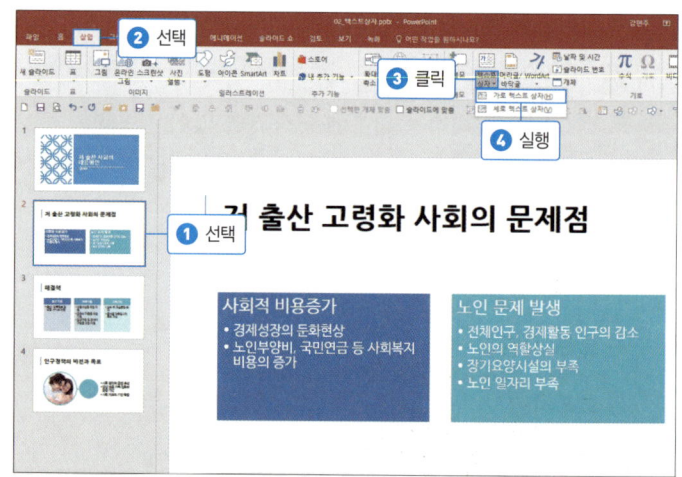

02 슬라이드 영역 안에서 클릭을 하거나 드래그하면 텍스트를 입력할 수 있는 커서가 나타납니다. 그림과 같이 슬라이드에 내용을 입력합니다.

SECTION 01 텍스트로 꾸미는 슬라이드

03 슬라이드를 클릭한 다음 입력한 것과 드래그하여 텍스트 상자를 만들고 입력한 것의 차이점은 텍스트 상자를 만들면 가로 크기가 정해진다는 것입니다. 물론 언제든 텍스트 상자의 크기는 조절 가능합니다.

슬라이드를 클릭만 하고 글을 쓴 경우	원하는 크기만큼 드래그하고 글을 쓴 경우
내용이 길어지면 개체 틀이 자동으로 늘어납니다.	드래그한 크기를 넘는 내용은 세로 방향으로만 크기가 늘어납니다. 드래그한 만큼 가로의 길이가 고정됩니다.
스마트한 프레젠테이션 도구	스마트한 프레젠테이션 도구

tip 만일 **가로 텍스트 상자**를 실행하고 입력했는데 계속 세로로 써진다면, 슬라이드를 클릭하지 않고 미세하게 드래그한 경우입니다. 이런 경우 텍스트 상자의 가로 너비를 직접 드래그해서 늘리면 됩니다.

04 4번 슬라이드를 선택합니다. 슬라이드에 도형이 삽입되어 있습니다. 이번에는 도형에 직접 텍스트를 입력하는 방법을 알아보겠습니다.

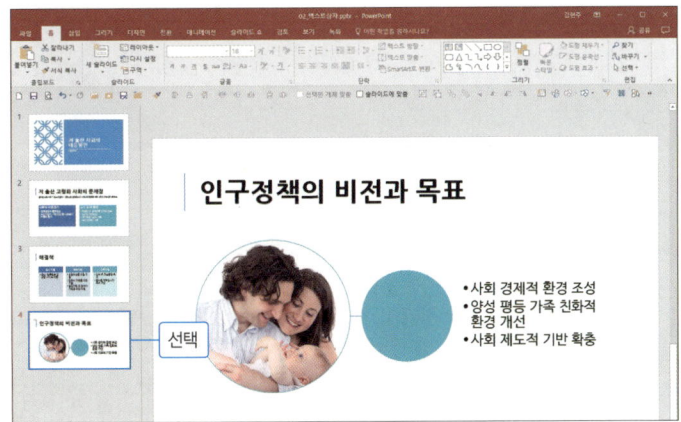

05 원 도형을 선택하고 그림과 같이 '국민 삶의 질 향상'이라고 입력하면, 도형 가운데에 텍스트가 입력됩니다.
슬라이드 작업을 할 때는 이렇게 도형에 직접 입력하는 방법과 도형 위에 텍스트 상자를 이용해서 입력하는 방법을 필요에 따라 적절하게 사용합니다.

tip 도형 위에 별도의 텍스트 상자를 추가해 텍스트를 입력하는데, 텍스트 상자가 아닌 도형 안에 텍스트가 입력되는 경우가 있습니다. 텍스트를 입력하려고 클릭하는 순간 도형이 선택되면서 도형 안에 입력하는 상태가 되기 때문입니다. 이런 경우 슬라이드의 빈 영역에 텍스트를 입력하고 도형 위로 위치를 이동하면 됩니다.

4 기호 입력하기

키보드에 없는 기호를 입력하는 방법을 알아보겠습니다. 기호를 텍스트로 사용하는 경우도 있지만, 아이콘으로 활용하는 경우도 많습니다. 그림으로 삽입된 아이콘과 텍스트로 입력된 특수문자는 다루는 방법이 다르니 기호의 속성이 어떤 것인지 정확히 파악하는 것이 중요합니다.

{실습 파일} 02\01-4.pptx   {완성 파일} 02\01-4결과.pptx

01 입력하려는 위치를 클릭한 다음 [삽입] 탭 → [기호] 그룹 → [기호]를 클릭합니다.

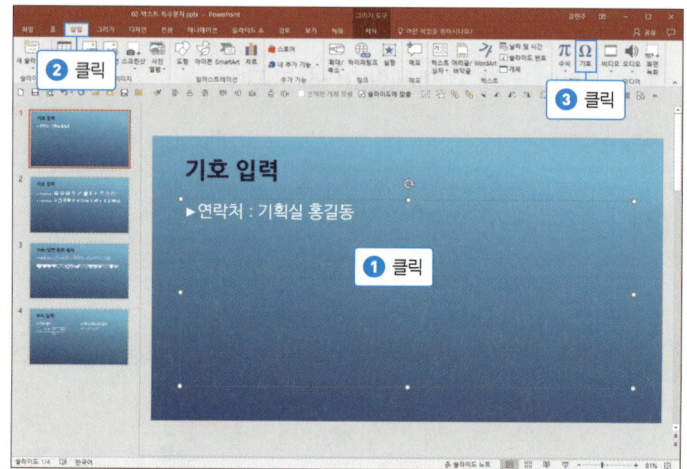

02 '기호' 대화상자가 표시되면 [글꼴] 목록을 'webdings'나 'wingdings', 'wingdings2', 'wingdings3' 등으로 설정하고 원하는 기호를 찾아 〈삽입〉 버튼을 클릭합니다.

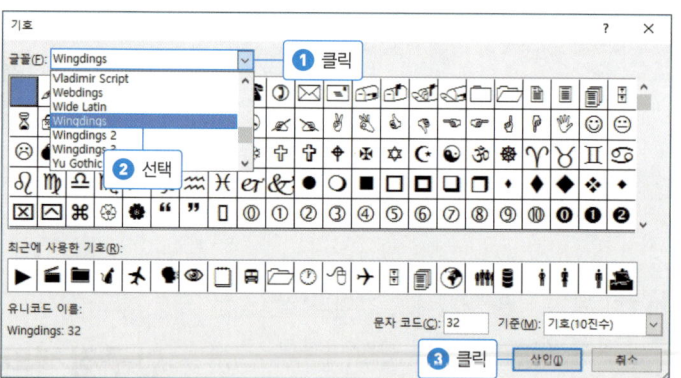

tip '기호' 대화상자는 한 번 실행해서 계속 삽입할 수 있습니다. 필요한 만큼 입력하고 닫으면 됩니다.

SECTION 01 텍스트로 꾸미는 슬라이드

03 특수문자를 입력하는 다른 방법으로는 한글 자음과 [한자] 키를 이용하는 방법이 있습니다. 오피스 계열 프로그램에서는 모두 사용할 수 있는 기능입니다. 자음(ㄱ, ㄴ, ㄷ, …)을 입력한 다음, [한자] 키를 누르면 삽입 가능한 특수문자가 표시됩니다.

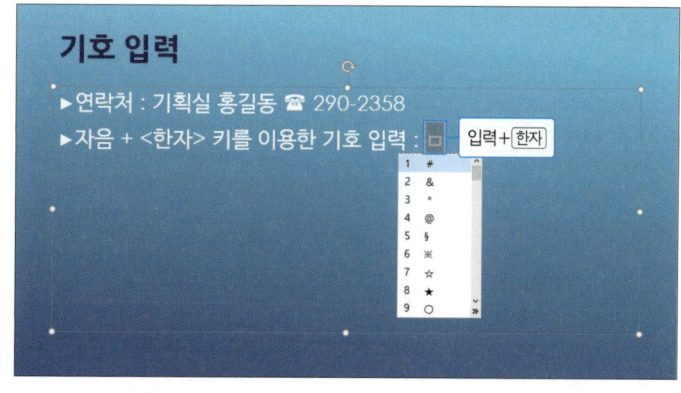

tip 텍스트 입력에서 자주 사용되는 화살표는 '-->'를 입력하면 자동으로 '→'로 변경됩니다.

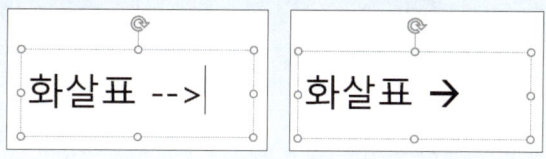

04 좀 더 다양한 기호를 입력하고 싶다면, 기호 글꼴을 설치하는 방법도 있습니다.
인터넷에서 글꼴을 제공하는 사이트 중 잘 알려진 소프트웨어 네이버 자료실(http://software.naver.com)에 접속하고 **카테고리 → 폰트 → 딩벳(특수문자)**에서 마음에 드는 글꼴을 다운로드합니다.

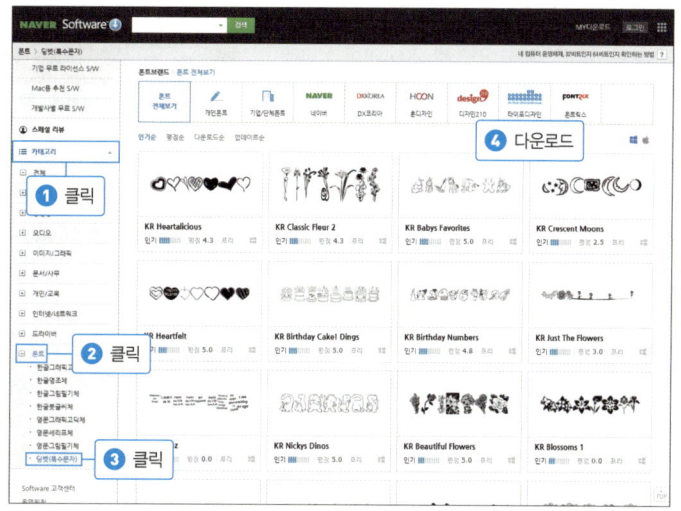

05 무료로 사용할 수 있는 기호 글꼴이어도 반드시 사용 범위를 확인하고 사용해야 합니다.

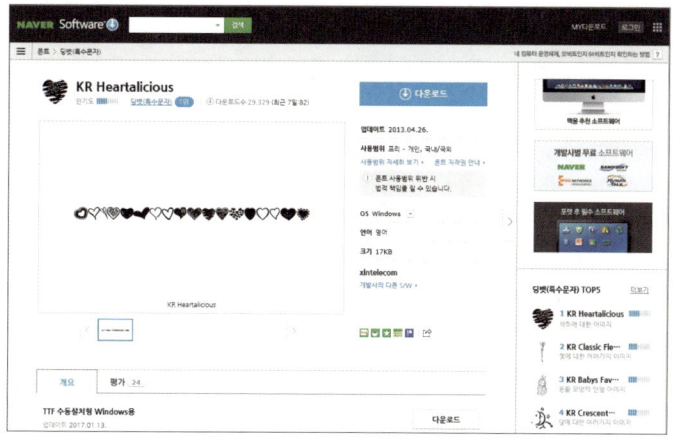

06 다운로드한 글꼴을 설치하고 사용합니다. 자동 설치 글꼴이 아니라면 글꼴 파일을 더블클릭해서 설치합니다.

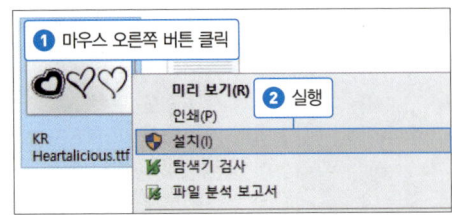
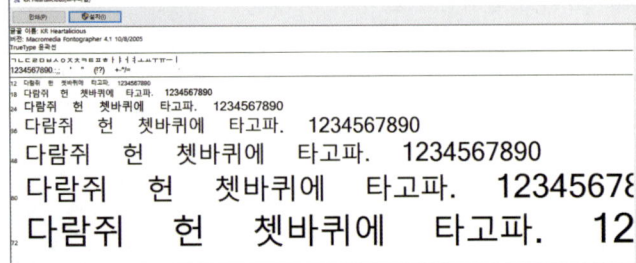

> **tip** **글꼴 설치법**
> 자동 설치형 글꼴(EXE)는 다운로드 후 해당 파일을 실행하면 자동으로 설치됩니다.
> Windows XP는 수동 설치 글꼴은 다운로드 후 **시작 버튼 → 제어판 → 모양 및 개인 설정 → 글꼴**에 다운로드한 글꼴 파일을 넣습니다.
> Windows 7 이상에서는 글꼴 파일을 더블클릭하거나 마우스 오른쪽 버튼을 클릭한 후 **설치**를 실행합니다.
> TTF(True Type Font)는 Window용, OTF(Open Type Font)는 Mac용 글꼴입니다.

07 딩벳 글꼴은 영문 상태에서 입력된 글자에 기호가 배정되어 있으니 영문 입력 상태에서 사용합니다. 예제 파일에 입력된 영문을 블록 설정하고 글꼴을 변경해 보면 어떤 키에 어떤 기호가 배정되었는지 확인할 수 있습니다.

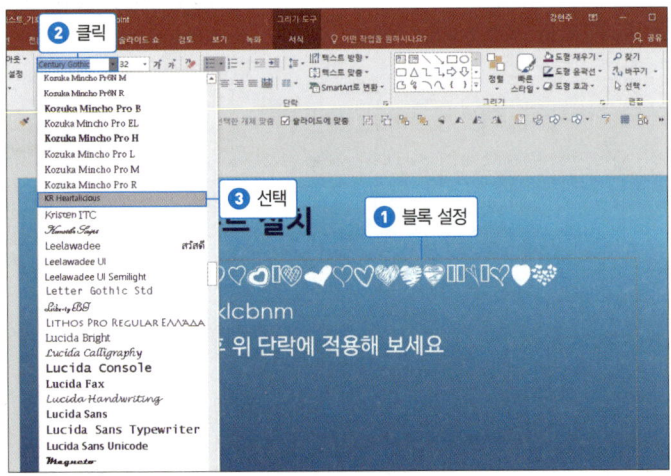

5 수식 입력하기

복잡한 수식을 입력할 때, 기호나 위첨자를 사용해서 입력할 수도 있지만 줄 간격이나 서식을 조정해야 하고 모양이 어색해지는 단점이 있습니다. 이번에는 간편하게 수식을 입력하는 방법을 알아보겠습니다.

01 슬라이드에 '근의 공식'이라고 입력하고 [삽입] 탭 → [기호] 그룹 → [수식▼]을 클릭합니다.

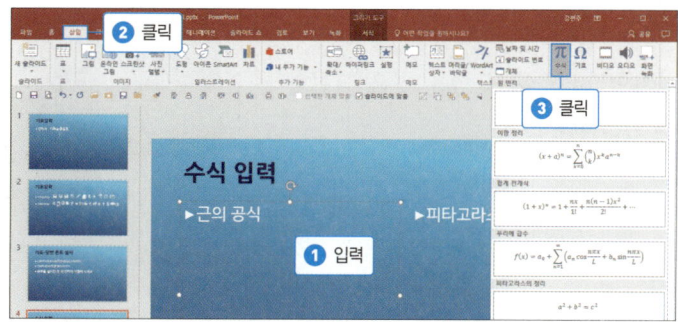

02 자주 사용되는 수식들이 등록되어 있습니다. 스크롤을 이용해서 목록 중 '근의 공식'을 찾아 선택합니다.

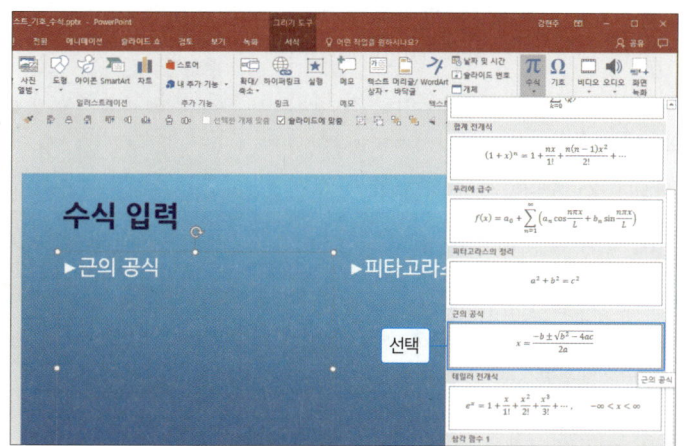

03 수식이 입력되고, 리본 메뉴는 수식을 편집할 수 있는 [수식 도구 디자인] 탭이 된 것을 확인할 수 있습니다.

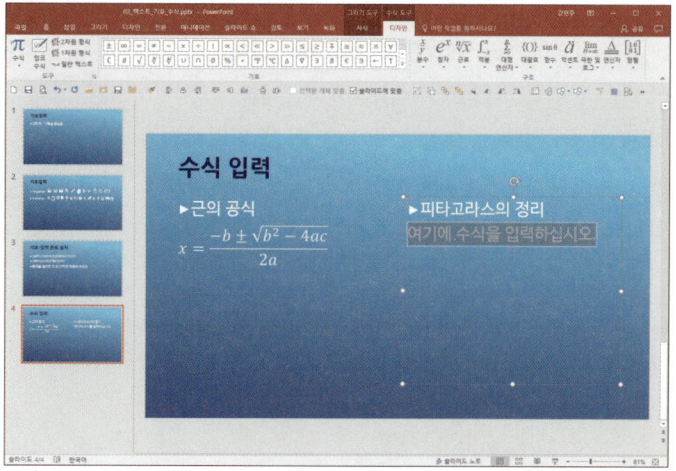

04 만일 목록에 없는 수식을 입력하고 싶다면 [삽입] 탭 → [기호] 그룹 → [수식]을 클릭합니다.

'여기에 수식을 입력하십시오.'라는 수식 입력 상자가 표시되고, 리본 메뉴는 수식을 편집할 수 있는 [수식 도구 디자인] 탭이 되어 있는 것을 확인할 수 있습니다.

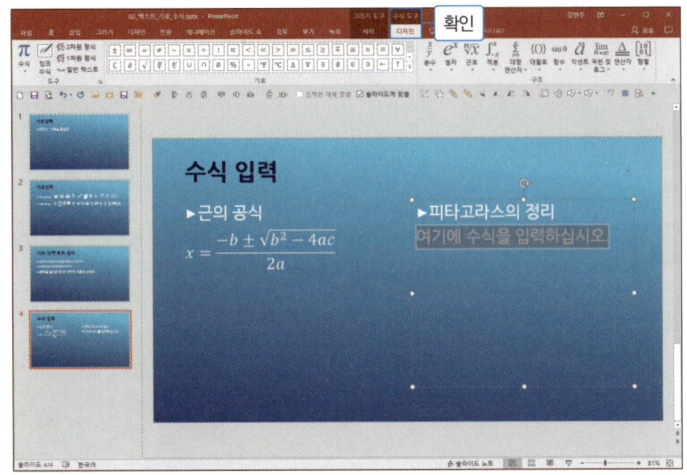

05 작성하려는 수식 내용에 따라 [수식 도구 디자인] 탭에 있는 기호와 구조를 선택해가며 입력합니다. 구조를 선택하면 수식을 입력할 수 있는 빈칸이 생깁니다. 빈칸을 선택하고 수식을 입력하면 됩니다.

> **tip** 수식 상태에서 입력되는 영문 글꼴은 자동으로 Cambria Math, 기울임 형태로 설정되어 수식이 자연스럽게 표현됩니다. 수식 사이에 들어가는 연산자는 Spacebar 키를 눌러 여백을 주지 않아도 자동으로 적당한 여백을 만듭니다.

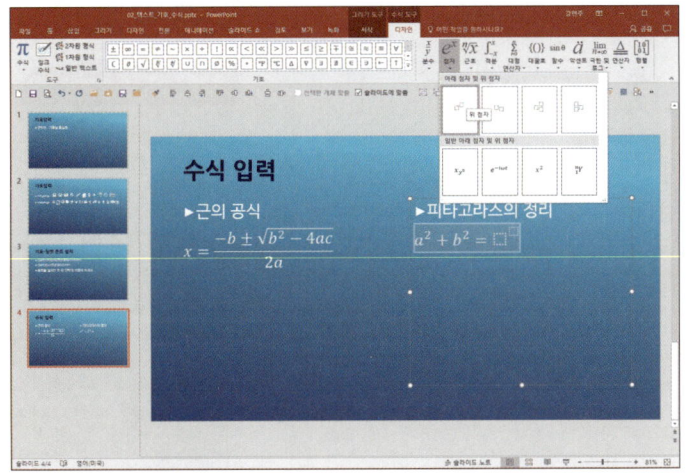

06 수식을 만들어 사용할 때 좀 더 편리하게 입력하려면, [삽입] 탭 → [기호] 그룹 → [수식▼]을 클릭하고 [잉크 수식]을 선택합니다.

[잉크 수식] 기능은 복잡한 수식을 직접 입력하면 자동으로 문자를 인식해서 수식을 작성하는 기능입니다. 만일 인식이 제대로 되지 않는 경우에는 입력한 부분을 선택하여 지우거나 수정할 수도 있습니다. 이 기능은 터치가 지원되는 노트북 또는 태블릿 사용자들의 작업 속도를 높일 수 있고, 마우스로도 입력이 가능합니다.

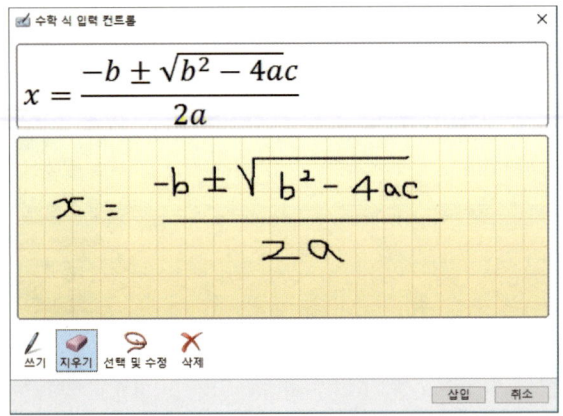

6 한눈에 내용을 파악하는 범주 형태 데이터 입력하기

슬라이드에 텍스트 자료가 너무 많으면 정보 전달력이 낮아집니다. 만일 텍스트 자료를 사용해야 한다면 먼저 자료를 명확하게 요약하고, 글머리 기호와 계층 구조를 분명히 표현해서 일목요연하게 정리하는 것이 필요합니다. 이번엔 글머리 기호로 단락을 구분하는 방법을 알아보겠습니다.

{실습 파일} 02\01-5.pptx   {완성 파일} 02\01-5결과.pptx

01 단락을 구분해 주는 글머리 기호에 관해 알아보겠습니다. 예제 파일을 열고, 슬라이드 내용 중 마지막 항목에 커서를 만듭니다. Enter 키를 누르고 다음 단락에 '낮은 품질'이라고 입력하겠습니다. Enter 키를 누를 때마다 글머리 기호가 자동으로 만들어지는 것을 확인할 수 있습니다. 두 번째 Enter 키를 누르고 '서비스 불만'이라고 입력합니다.

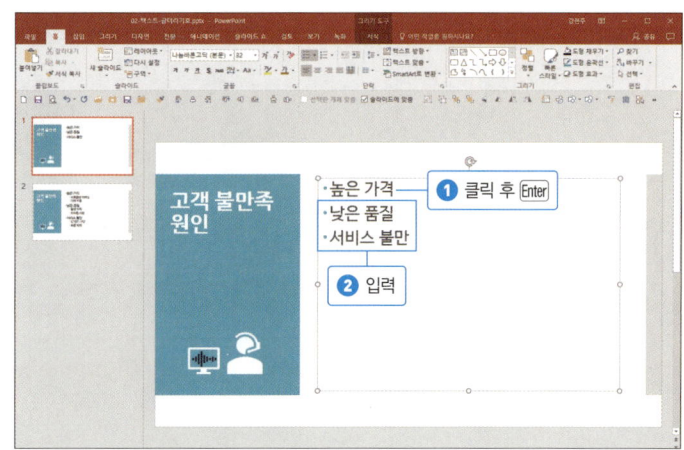

02 단락(문단)과 줄을 구분하지 않고 모든 곳에서 Enter 키를 누르는 경우가 종종 있습니다. 하지만 단락을 유지한 채로 줄을 나누는 것과 단락을 나누는 것은 큰 차이가 있습니다.
텍스트를 입력할때는 Enter 키로 입력을 마무리한 곳까지가 하나의 단락이 됩니다. 글머리 기호나 단락의 들여쓰기는 Enter 키를 기준으로 적용되기 때문에 단락과 줄을 잘 구분해서 사용해야 합니다. 텍스트 작업을 하다 보면, 단락을 그대로 유지한 채 줄만 바꿔야 하는 경우가 있습니다. 글머리 기호를 만들지 않고 줄만 바꾸고 싶은 경우는 Shift + Enter 키를 누릅니다.

03 글머리 기호를 삭제하려면 단락에 커서를 만들고, [홈] 탭 → [단락] 그룹 → [글머리 기호] 명령을 클릭합니다.
버튼은 토글 방식으로 한 번 클릭할 때마다 글머리 기호의 〈삭제〉와 〈적용〉이 설정됩니다.

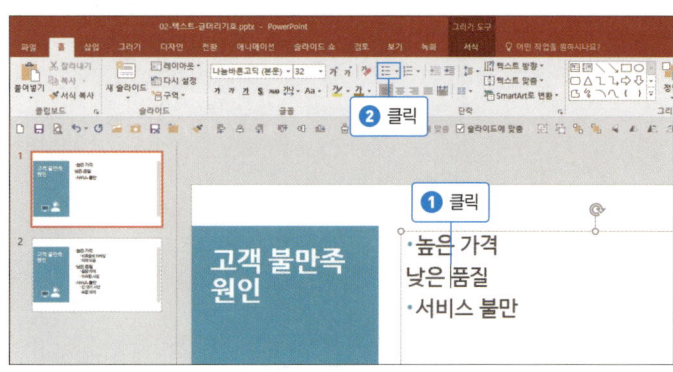

04 글머리 기호의 모양을 변경하려면 [홈] 탭 → [단락] 그룹 → [글머리 기호▼]를 클릭합니다.
기본으로 제시되는 형식 이외의 기호를 사용하려면 **글머리 기호 및 번호 매기기**를 실행합니다.

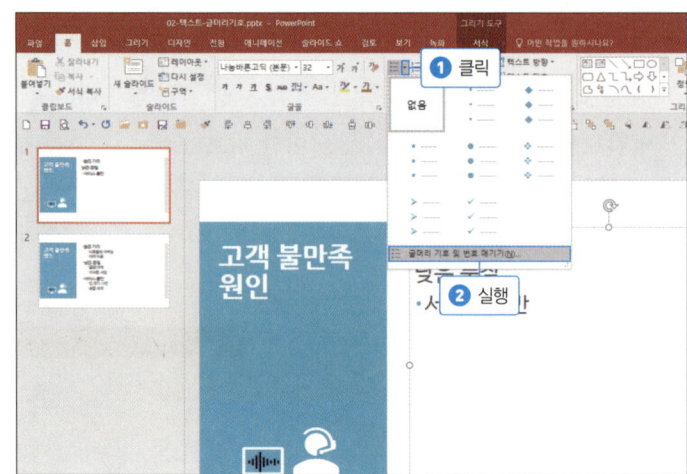

05 '글머리 기호 및 번호 매기기' 대화상자가 표시되면 [글머리 기호] 탭에서 〈사용자 지정〉 버튼을 클릭합니다.

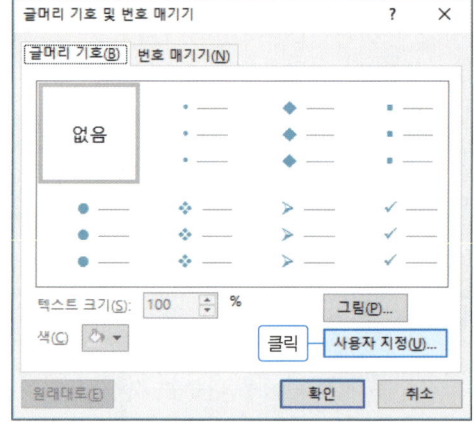

06 글꼴을 'webdings', 'wingdings', 'wingdings2', 'wingdings3'로 변경하면 다양한 도형을 선택할 수 있습니다. 원하는 도형을 선택하고 〈확인〉 버튼을 클릭합니다.

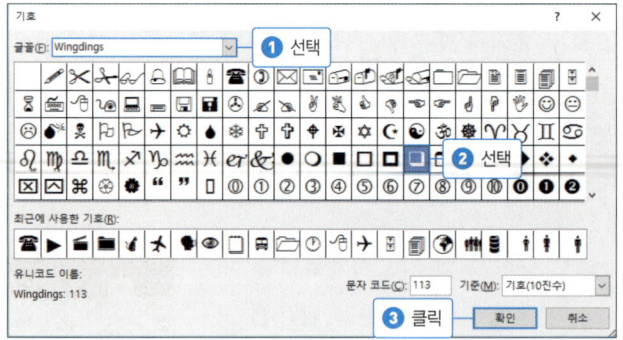

SECTION 01 텍스트로 꾸미는 슬라이드

07 '글머리 기호 및 번호 매기기' 대화상자의 [글머리 기호] 탭에서 텍스트 크기를 '80'으로 입력하고, 색을 원하는 색상으로 선택한 다음 〈확인〉 버튼을 클릭합니다.
글머리 기호의 크기는 글자 크기에 따른 글머리 기호의 비율로 현재 글꼴 크기의 몇 %로 보여줄 것인가를 나타냅니다.

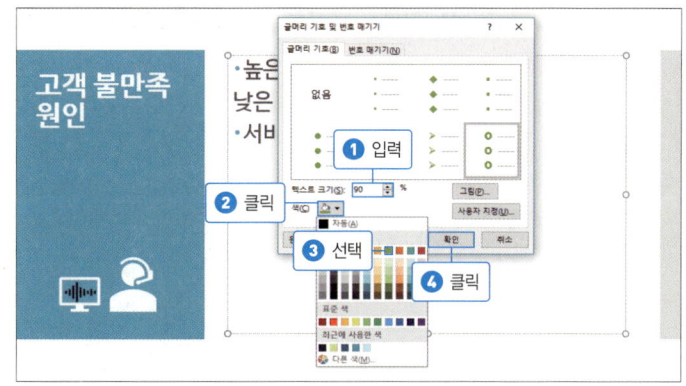

tip 만일 슬라이드가 여러 장인 경우, 프레젠테이션 안 모든 슬라이드에서 글머리 기호를 한꺼번에 변경하려면 슬라이드 마스터에서 동일한 작업을 합니다.

08 두 번째 슬라이드에서 전체 항목의 번호를 한꺼번에 설정하기 위해, 본문 내용이 입력된 부분을 아무 곳이나 클릭합니다. 내용 주변에 점선 표시되고 조절점이 생기면 이 상태에서 점선 테두리를 다시 한 번 클릭합니다.
[홈] 탭 → [단락] 그룹 → [번호 매기기] 명령을 클릭합니다. 글머리 기호가 번호로 변경된 것을 확인합니다.

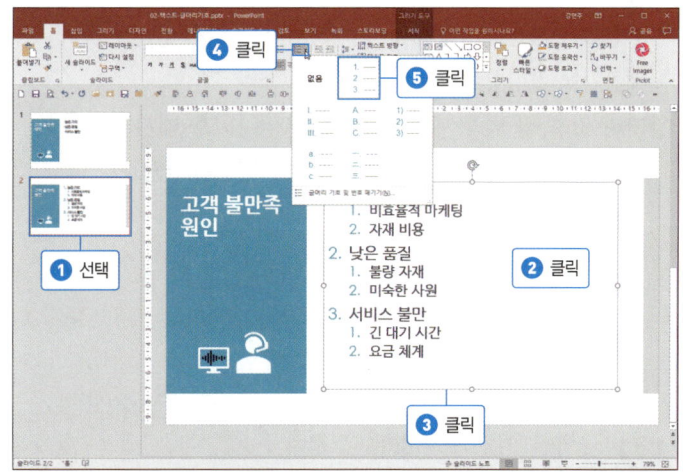

tip 개체 틀이 점선인 상태에서 Esc 키를 눌러도 전체 개체 틀이 선택됩니다. 커서가 사라지고 테두리는 실선으로 바뀌면서 개체 안의 모든 내용을 블록 설정한 것과 같습니다.

09 하위 수준의 번호 체계를 변경하기 위해, 하위 수준을 블록 설정합니다. 처음 두 개를 블록 설정한 다음, 두 번째 하위 항목부터는 Ctrl 키를 누른 채 블록 설정합니다.

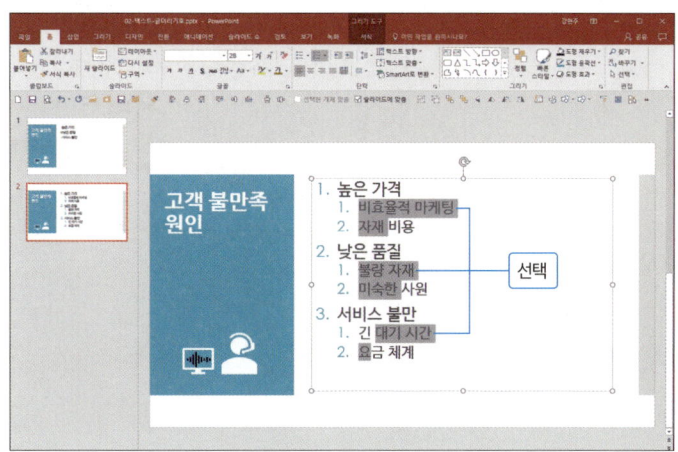

125

10 [홈] 탭 → [단락] 그룹 → [번호 매기기▼]를 클릭하고 원하는 유형을 선택합니다.

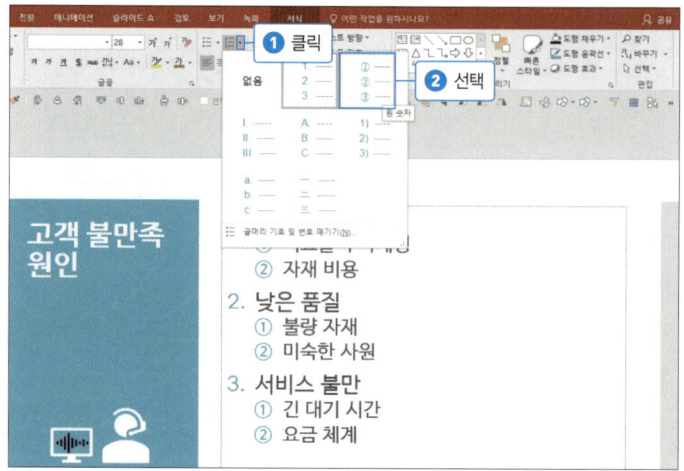

11 시작 번호를 직접 설정하고 싶다면, [홈] 탭 → [단락] 그룹 → [번호 매기기▼]를 클릭하고 **글머리 기호 및 번호 매기기**를 실행합니다.
'글머리 기호 및 번호 매기기' 대화상자의 [번호 매기기] 탭에서, 번호의 종류와 함께 시작 번호를 변경할 수 있습니다.

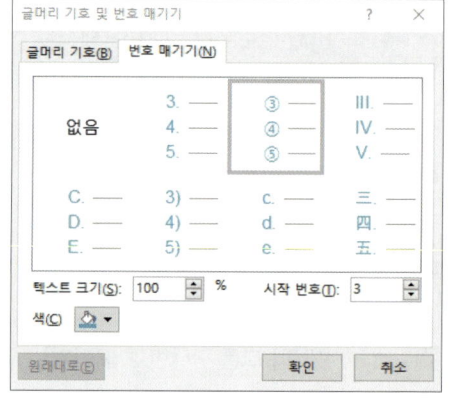

12 글머리 기호나 번호를 수정하려는 단락을 블록 설정하고, 마우스 오른쪽 버튼을 클릭해도 글머리 기호나 번호 매기기 명령을 이용할 수 있습니다.

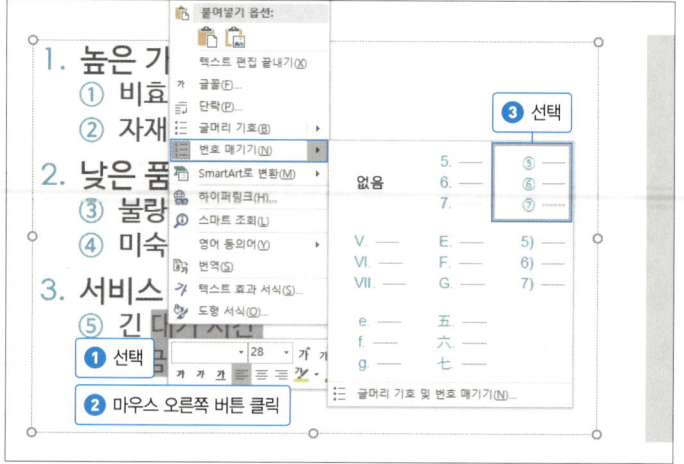

7 단락 간격과 줄 간격 조정하기

되도록 실제 프레젠테이션 슬라이드에서는 텍스트 분량을 줄이는 것이 좋습니다. 하지만 텍스트가 많은 형태를 사용해야 한다면 문자 간격과 줄 간격 등을 적절히 조정해서 가독성을 높이는 것이 효과적입니다. 이번에는 단락과 단락 사이 간격과 단락 안의 줄 간격을 조정하는 방법을 알아보겠습니다.

{실습 파일} 02\01-6.pptx   {완성 파일} 02\01-6결과.pptx

01 간격을 조정할 첫 번째 수준의 텍스트를 블록 설정하고, **[홈] 탭 → [단락] 그룹 → [줄 간격]**을 클릭한 다음 **줄 간격 옵션**을 실행합니다.

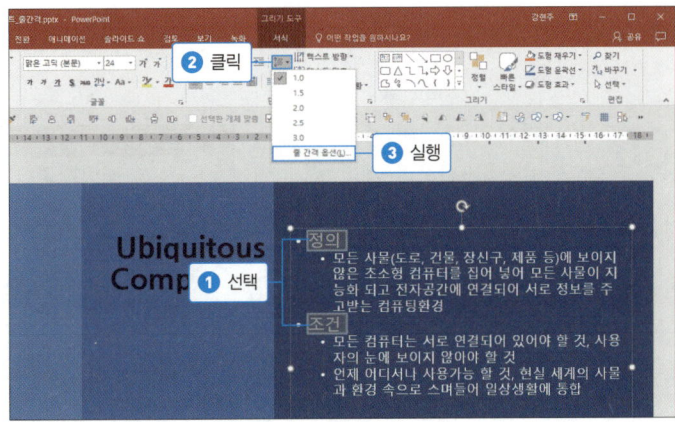

02 '단락' 대화상자에서 단락 앞의 값을 '30pt'로 설정하고 〈확인〉 버튼을 클릭합니다.

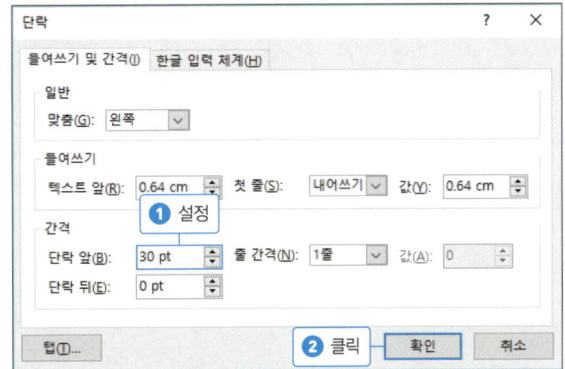

03 이번에는 두 번째 수준의 단락을 모두 블록 설정합니다. **[홈] 탭 → [단락] 그룹 → [줄 간격]**을 클릭한 다음 **줄 간격 옵션**을 실행합니다.

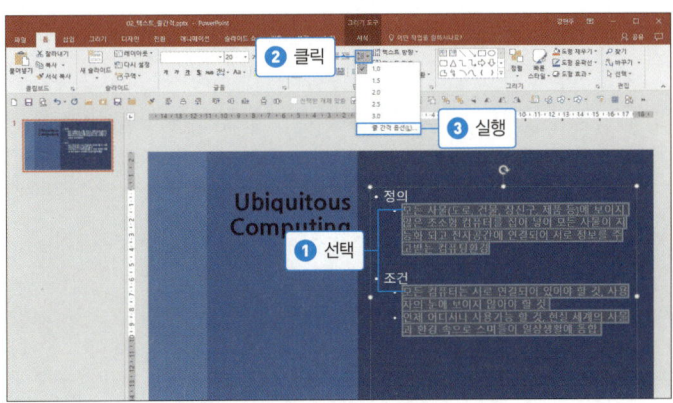

04 '단락' 대화상자에서 단락 앞을 '10pt', 줄 간격을 '배수', 값을 '0.9'로 설정하고 〈확인〉 버튼을 클릭합니다.

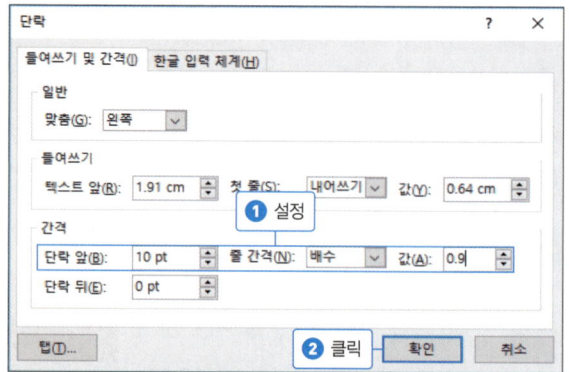

05 줄 간격이 변경되어 분류가 일목요연하게 보이는 것을 확인할 수 있습니다.

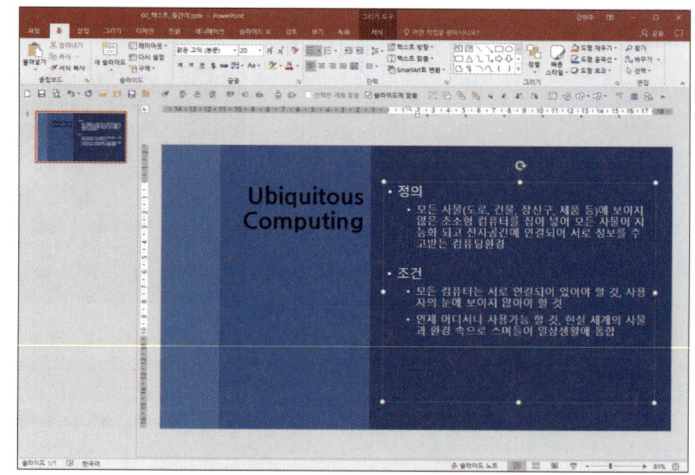

> **tip** 자동으로 줄이 나누어질 때 한글 단어를 자르지 않고 표시하고 싶다면 [홈] 탭 → [단락] 그룹에서 '대화상자 표시' 아이콘(□)을 클릭해 '단락' 대화상자를 표시합니다. [한글 입력 체계] 탭을 열고 '한글 단어 잘림 허용'에 체크 표시를 해제합니다.

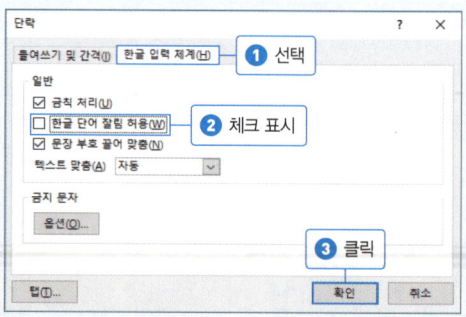

SECTION 01 텍스트로 꾸미는 슬라이드

8 텍스트 서식 설정으로 전달력 높이기

프레젠테이션에서 사용되는 글꼴은 인쇄물로 보는 글꼴과는 차이가 있습니다. 좀 더 효과적으로 내용을 전달할 수 있도록 텍스트의 글꼴과 크기, 색상을 설정하는 방법을 살펴보겠습니다.

{실습 파일} 02\01_7.pptx　　{완성 파일} 02\01_7결과.pptx

01 제목의 서식을 바꾸기 위해 제목을 클릭하면, 커서가 깜박이며 개체 주위에 점선이 나타납니다.

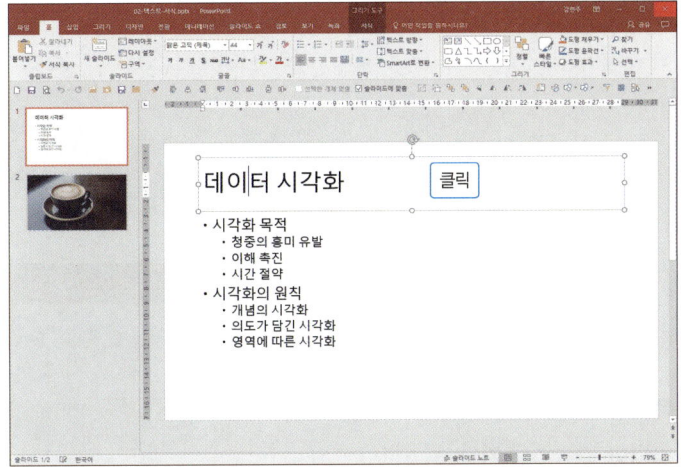

02 개체 틀 안의 내용을 모두 바꾸기 위해, 점선의 개체 틀을 다시 한 번 클릭하거나 Esc 키를 누릅니다. 커서가 사라지고, 점선이었던 개체 틀이 실선으로 표시됩니다.

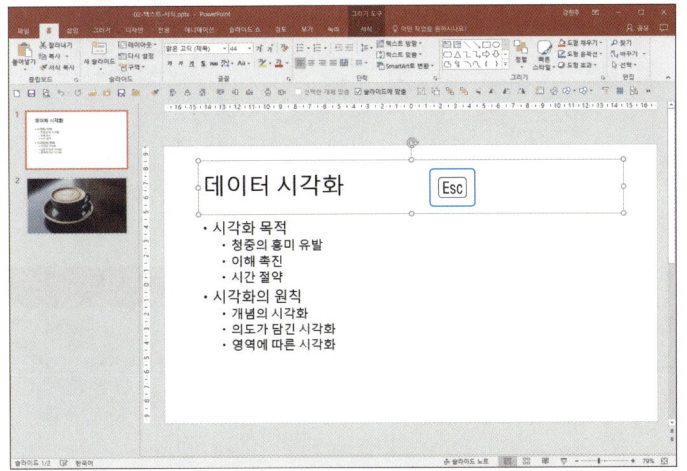

> tip 개체 틀이 선택되면 테두리가 실선으로 표시됩니다. 이 상태는 선택된 개체 안의 모든 텍스트가 선택된 상태입니다. 만일 점선 상태로 되어 있다면 커서가 있는 곳의 단어에만 서식이 적용됩니다.

129

03 [홈] 탭 → [글꼴] 그룹 → [글꼴]을 클릭하고 'HY헤드라인M'을 선택합니다.

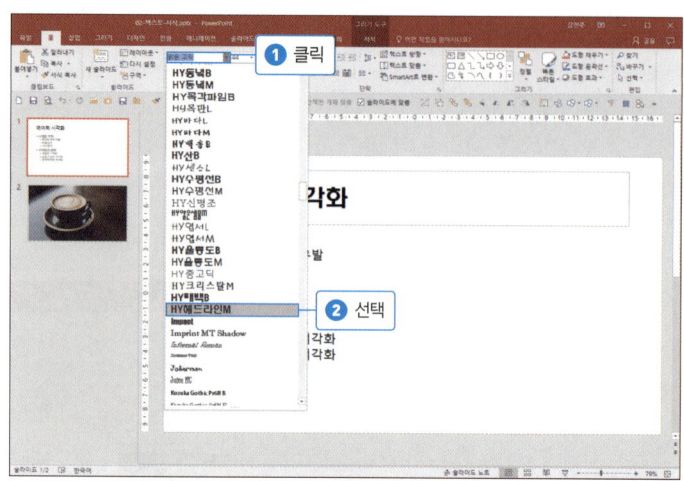

04 제목 텍스트의 글꼴이 'HY헤드라인M'으로 변경되었습니다. 글꼴 크기를 '38'로 설정합니다. 목록에 없는 크기는 원하는 값을 직접 입력한 다음 Enter 키를 누릅니다.

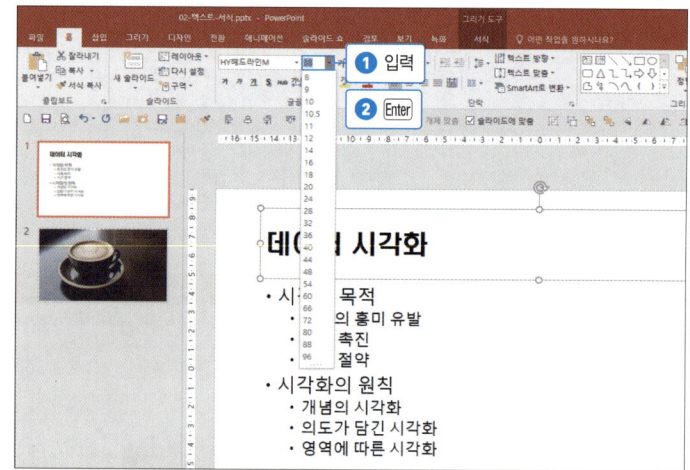

05 글꼴 크기가 38pt로 변경되었습니다. [홈] 탭 → [글꼴]그룹 → [글꼴 색▼]을 클릭하고 [테마 색]에서 파란색을 선택합니다.

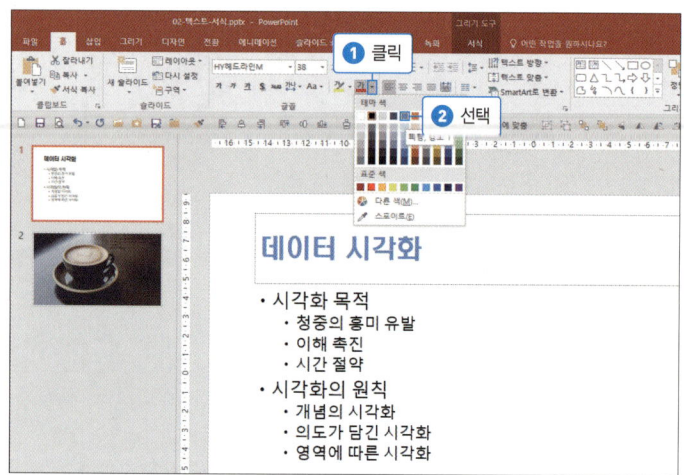

> **tip** 텍스트의 서식을 지우려면 지우려는 개체나 텍스트를 선택한 다음 **[홈] 탭 → [글꼴] 그룹 → [모든 서식 지우기]**를 클릭합니다. 텍스트만 남기고 서식을 기본 텍스트 상태로 초기화합니다.

SECTION 01 텍스트로 꾸미는 슬라이드

06 아래쪽 본문 부분을 선택한 다음, [홈] 탭 → [글꼴] 그룹 → [문자 간격]을 클릭합니다. 수치를 직접 입력하기 위해 목록 가장 아래에 있는 **기타 간격**을 실행합니다.

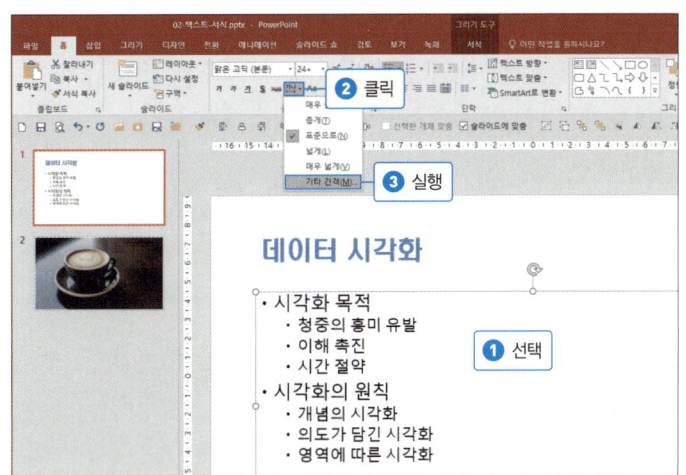

07 '글꼴' 대화상자의 [문자 간격] 탭에서 간격을 '좁게', 값을 '3pt'로 설정하고 〈확인〉 버튼을 클릭합니다.

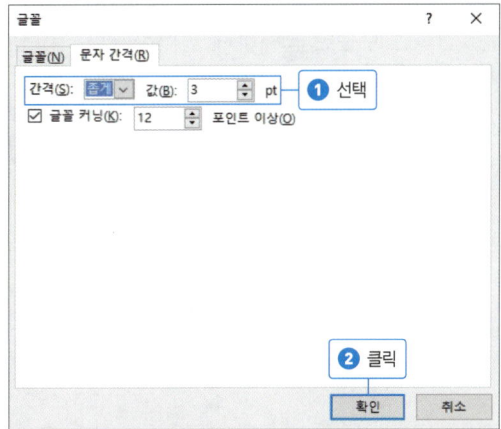

08 설정한 대로 글자 간의 간격이 좁아졌습니다.
문자의 간격이 넓으면 오히려 가독성이 떨어지고 약간 좁게 만들면 단어를 읽기가 쉬워져 가독성이 높아집니다. 단락 간격이나 줄 간격도 조정해서 보기 좋게 정리합니다.

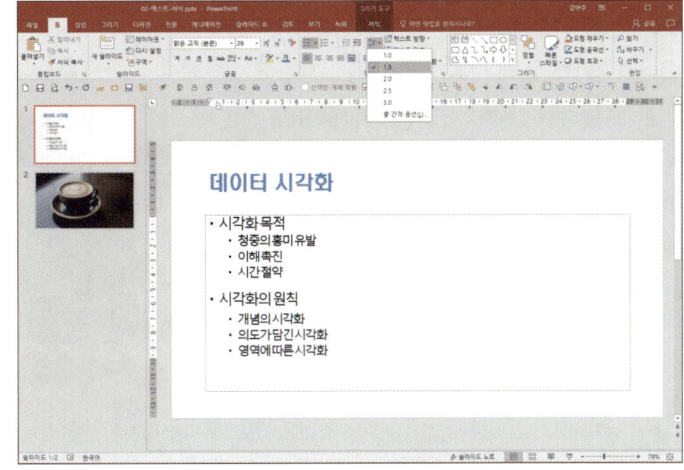

09 선택한 개체의 글자 크기가 여러 가지라면, '글꼴 크기 크게' 아이콘(가˄)과 '글꼴 크기 작게' 아이콘(가˅)을 활용해야 각 크기의 상대적 비율을 유지하면서 크기가 조절됩니다.

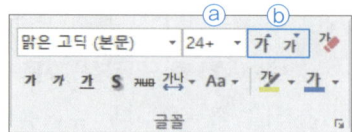

ⓐ 선택한 개체에 여러 글꼴 크기가 있을 때는 글꼴 크기 중에 가장 작은 크기와 함께 '+' 표시가 붙어있습니다. 이때 만일 [글꼴 크기] 명령에서 크기를 설정하면 모든 글꼴 크기가 동일하게 설정됩니다.

ⓑ '글꼴 크기 크게' 아이콘(가˄)과 '글꼴 크기 작게' 아이콘(가˅)을 이용하면 선택한 개체 안에 있는 글꼴 크기의 상대적인 차이를 유지하면서 크기가 조정됩니다.

> tip 글꼴 크기 조절은 여러 작업에서 사용되므로 단축키를 사용하면 작업 시간을 줄일 수 있습니다. 글꼴 크기를 크게 만드는 단축키는 Ctrl+], 글꼴 크기를 작게 만드는 단축키는 Ctrl+[, 서식을 초기화하는 단축키는 Ctrl+Spacebar입니다.

10 개체 틀 중에서 텍스트의 일부분만 서식을 바꾸고자 할 때는, 원하는 부분만 드래그해 선택하고 서식을 적용하면 됩니다.

11 텍스트를 블록 설정하면 미니 도구 모음이 반투명하게 표시됩니다. 이때 미니 도구 모음 위로 마우스 포인터를 가져가면 선명하게 표시되며 명령을 선택할 수 있습니다. 이 방법을 사용하면 [홈] 탭을 클릭하지 않아도 빠르게 글꼴 서식 작업을 할 수 있습니다.

> tip 만일 미니 도구 모음이 반투명 상태로 나타났을 때 마우스 포인터를 가져가지 못해서 도구 모음이 사라졌다면, 마우스 오른쪽 버튼을 클릭해서 다시 표시할 수 있습니다.

9 다양한 텍스트 선택법 살펴보기

서식 적용이나 복사, 삭제 등 텍스트에 관한 작업을 할 때 원하는 부분을 선택하는 방법을 알아보겠습니다.

1 전체 선택법

방법 ① 먼저 개체 틀 안을 클릭하고, 테두리를 다시 한 번 클릭합니다.
방법 ② 먼저 개체 틀 안을 클릭하고, [Esc] 키를 누릅니다.

2 단어 선택법

방법 ① 선택할 단어를 드래그하여 블록 지정합니다.
방법 ② 선택할 단어를 더블클릭합니다.

3 단락 선택법

방법 ① 선택할 단락을 드래그하여 블록 지정합니다.
방법 ② 선택할 단락 아무 곳을 세 번 클릭합니다.

4 선택 시, 자동으로 단어 전체 선택

블록을 설정할 때 원하는 부분만 선택되지 않고, 앞, 뒤에 있는 전체 단어가 블록으로 만들어지기도 합니다. 이럴 경우는 **[파일] 탭 → [옵션]**을 클릭해 'PowerPoint 옵션' 대화상자를 표시하고 [고급] 범주에서 '선택 시, 자동으로 단어 전체 선택' 항목의 체크 표시를 해제합니다.

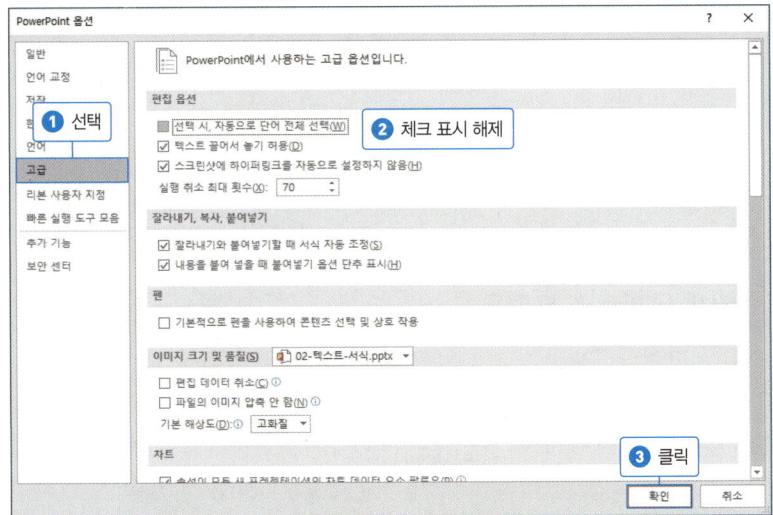

10 작업이 편리해지는 텍스트 관련 유용한 기능

{실습 파일} 02\01_8.pptx

1 [대/소문자 바꾸기] 명령을 활용한 영문 편하게 입력하기

영어 문장이나 단어를 입력한 다음 원하는 형태로 대/소문자를 변환할 수 있습니다. 이 기능을 이용하면 입력 중간에 Shift 키나 Caps Lock 키를 누르는 번거로움 없이 원하는 형식으로 입력할 수 있습니다.

한/영 키를 누르지 않고, 대소문자 구분 없이 입력합니다. 입력을 마친 다음 [홈] 탭 → [글꼴] 그룹 → [대/소문자 바꾸기]를 눌러 원하는 형태를 설정합니다.

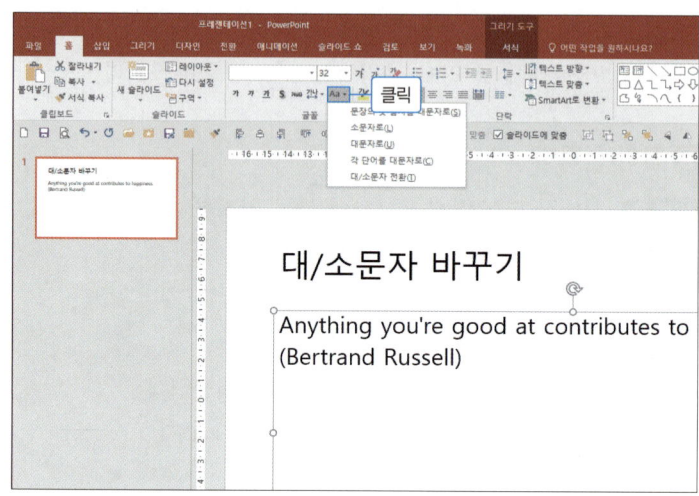

> **tip** [첫 글자를 대문자], [한/영 자동고침] 기능
>
> 영어 문장이나 단어를 입력할 때 한글로 인식하지 못하는 조합의 내용이 입력되면 자동으로 영문으로 변환해 주는 기능 때문에 굳이 한/영 키에 신경 쓰지 않고 입력했습니다. 그리고 문장에서 첫 글자는 대문자로 자동으로 바꾸고 있습니다. 이 기능의 설정은 'PowerPoint 옵션' 대화상자의 [언어 교정] 범주에 있는 [자동 고침] 옵션의 내용입니다. '문장의 첫 글자를 대문자로'와 '한/영 자동 고침'에 체크 표시합니다.

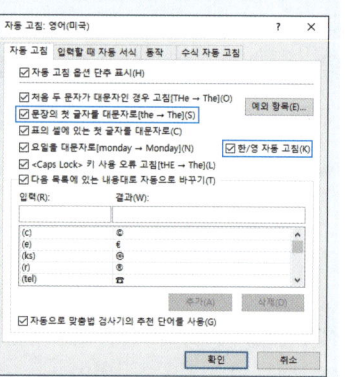

2 언제든 파워포인트 안에서 정보 검색, 스마트 조회 활용

슬라이드 작성 중 정보를 검색하고 싶은 단어나 구를 선택하고 마우스 오른쪽 버튼을 클릭해 **스마트 조회**를 실행하면 정보 활용 창이 열리고 정의, Wiki 문서, 웹에서 가장 관련성이 높은 검색 결과가 표시됩니다. 또한 [검토] 탭 → [정보 활용] 그룹 → [스마트 조회]를 클릭하면 언제든지 스마트 조회로 이동할 수도 있습니다.

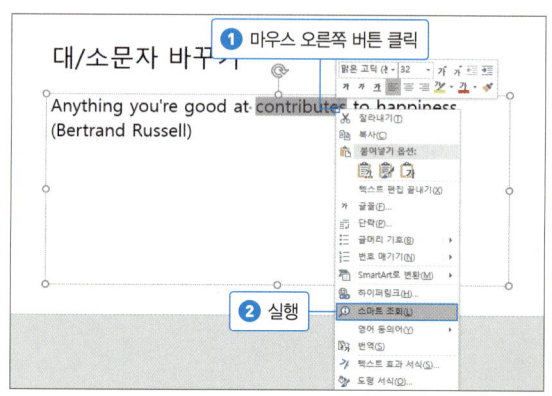

3 [미니 번역기]를 사용한 번역 보기

슬라이드 작성 중 정확한 의미를 알지 못하는 다른 언어의 단어가 포함된 자료를 사용할 수 있습니다. Microsoft Office 미니 번역기를 사용하면 단어나 선택한 구를 마우스로 가리켜 번역 내용을 작은 창에 표시할 수 있습니다. 미니 번역기에는 재생 아이콘도 있으므로 해당 단어나 구의 발음을 오디오로 들을 수도 있고, 복사 아이콘을 사용하면 번역 내용을 다른 문서에 붙여넣을 수도 있습니다.

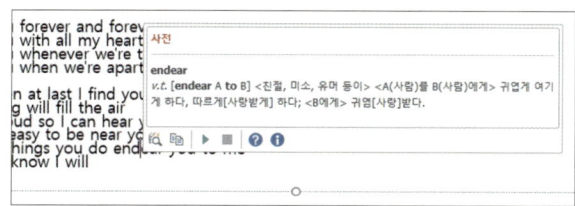

미니 번역기를 사용하려면 **[검토] 탭 → [언어] 그룹 → [번역]**에서 **미니 번역기**를 선택해야 합니다.

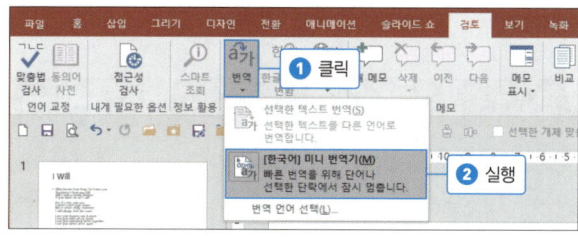

4 한 번에 끝내는 편리한 글자 바꾸기

프레젠테이션 문서 안의 특정 단어를 변경해야 하는 경우라면, 하나씩 찾아다니면서 바꾸는 것이 아니라 한 번에 바꾸는 [바꾸기] 명령을 활용합니다.

{실습 파일} 새로 만들기 → 'PowerPoint 시작' 서식 파일

01 [홈] 탭 → [편집] 그룹 → [바꾸기 ▼] → [바꾸기]를 클릭합니다.

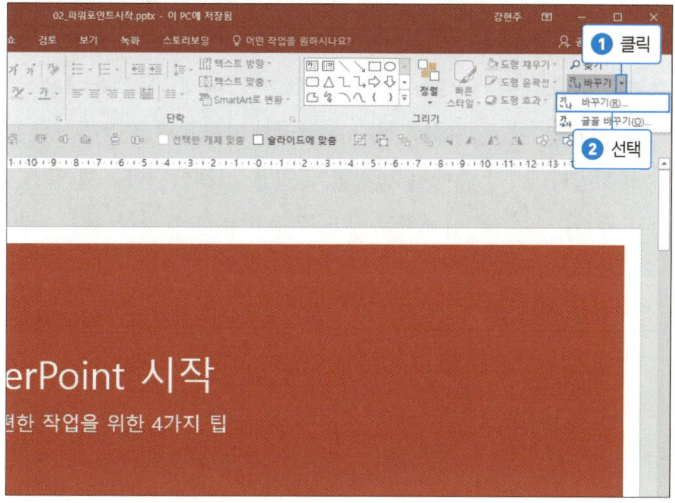

tip 바꾸기 단축키는 Ctrl + H 입니다.

02 '바꾸기' 대화상자가 표시되면, '찾을 내용'과 '바꿀 내용'을 입력한 다음 〈모두 바꾸기〉 버튼을 클릭합니다.

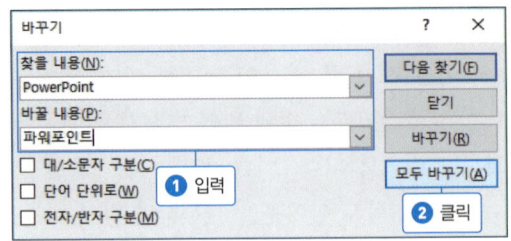

5 깔끔한 문서를 위한 글꼴 바꾸기

하나의 프레젠테이션 문서에 너무 많은 글꼴이 있으면 산만해지기 쉽습니다. 문서가 깔끔해지도록 적당한 개수의 글꼴로 문서를 작성하는 것이 좋습니다. 파워포인트에서는 제목과 부제목용으로 두 가지 종류의 글꼴을 권장합니다.

프레젠테이션 문서에 포함된 개체 틀의 글꼴은 슬라이드 마스터에서 관리하지만, 슬라이드 마스터에서 설정되지 않는 개체의 글꼴을 한 번에 모두 변경하려면 [글꼴 바꾸기] 명령을 활용합니다.

01 [홈] 탭 → [편집] 그룹 → [바꾸기▼]를 클릭하고 **글꼴 바꾸기**를 실행합니다.

02 '글꼴 바꾸기' 대화상자가 표시되면 '현재 글꼴' 목록을 선택합니다. 이 목록에는 현재 프레젠테이션에서 사용된 모든 글꼴이 표시됩니다. 이 중에서 변경할 글꼴을 선택합니다. '새 글꼴' 목록에서 원하는 글꼴을 선택하고 〈바꾸기〉 버튼을 클릭합니다.

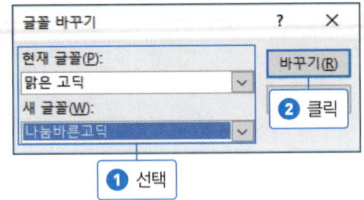

SECTION 01 텍스트로 꾸미는 슬라이드

6 맞춤법 검사

작성한 문서가 신뢰감을 주려면 기본적으로 맞춤법에 맞게 작성된 문서여야 합니다. 항상 문서를 작성하고 나서 맞춤법을 검사하는 것이 좋습니다. 짧은 시간의 투자로 훨씬 정성들여 작성된 문서라는 느낌을 줄 수 있습니다.

{실습 파일} 02\01_9.pptx

01 프레젠테이션 문서에 철자나 띄어쓰기 등 맞춤법에 오류가 있다면 텍스트 아래로 표시되는 빨간색 밑줄과 상태 표시줄에 '맞춤법 오류' 아이콘(📖)이 표시됩니다.

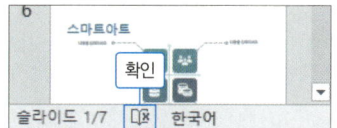

02 [검토] 탭 → [언어 교정] 그룹 → [맞춤법 검사]를 클릭합니다. [맞춤법 검사] 작업 창이 표시되고, 발견된 오류를 수정하는 다양한 방법이 제시됩니다.

ⓐ **한 번 건너뛰기** : 철자가 잘못된 해당 단어를 건너뛰고 다음 단어로 이동합니다.
ⓑ **모두 건너뛰기** : 철자가 잘못된 단어와 동일한 모든 오류를 건너뛰고 다음 단어로 이동합니다.
ⓒ **추가** : 철자가 잘못된 단어가 실제로는 사용하는 단어인 경우 모든 Microsoft Office 프로그램에서 이 단어를 인식하여 오류로 처리하지 않도록 설정합니다.
ⓓ **변경** : 추천 단어 중 하나를 사용하여 현재 단어의 오류를 해결합니다.
ⓔ **모두 변경** : 추천 단어 중 하나를 사용하여 문서에 있는 현재 단어와 동일한 모든 오류를 해결합니다.

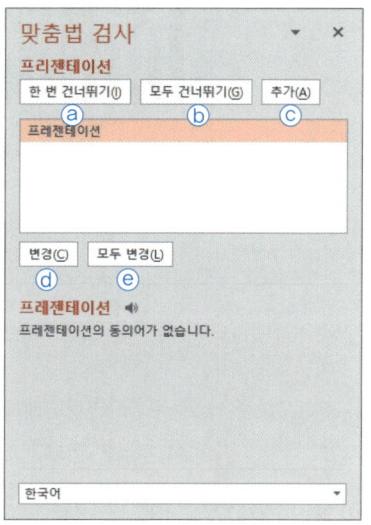

> **tip 빨간 안내선을 화면에 표시하지 않으려면**
> 'PowerPoint 옵션' 대화상자의 [언어 교정] 범주에서 '맞춤법 및 문법 오류 숨기기'에 체크 표시를 하면 오류가 있더라도 빨간색 밑줄이 표시되지 않습니다.
> 빨간 안내선은 인쇄를 하거나 슬라이드 쇼를 실행하면 보이지 않습니다. 오류를 점검해 주는 기능이니 옵션에서 오류를 표시하는 것으로 설정하는 것이 좋습니다.

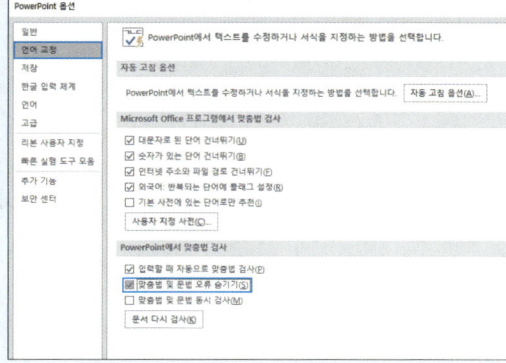

11 WordArt로 텍스트 꾸미기

{완성 파일} 02\01_10결과.pptx

WordArt는 텍스트를 그라데이션으로 채우거나 3차원 효과를 설정하는 등 다양한 형태로 장식할 수 있습니다. 그러나 기본 텍스트로는 다양한 그래픽적인 효과를 만들 수 없습니다. 글꼴을 채우는 명령만 보더라도 다음과 같은 차이가 있습니다.

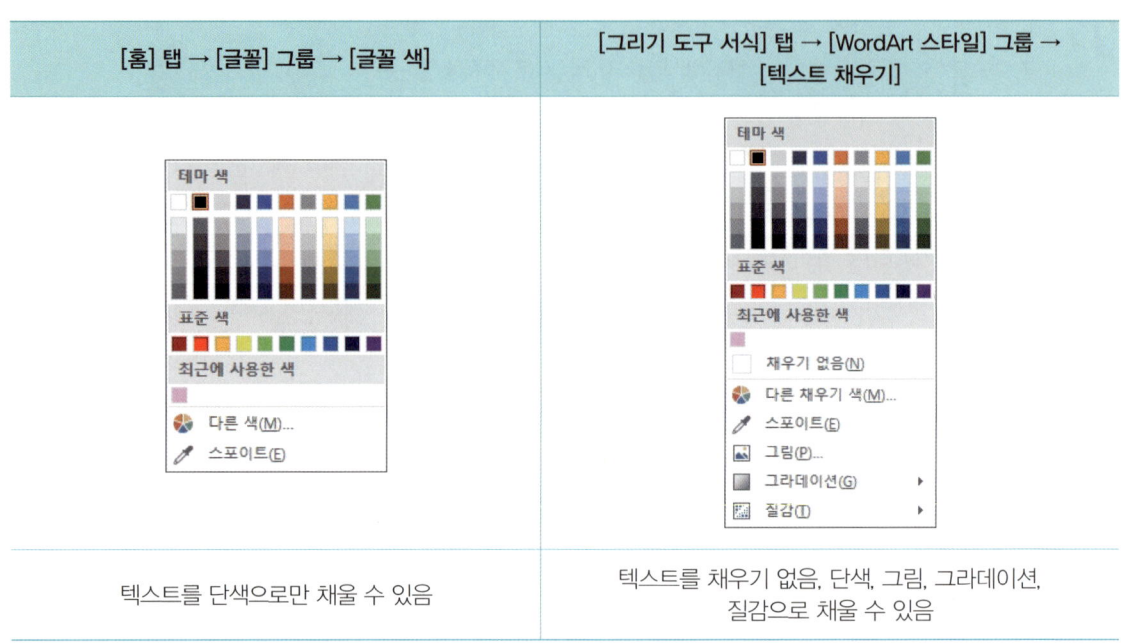

[홈] 탭 → [글꼴] 그룹 → [글꼴 색]	[그리기 도구 서식] 탭 → [WordArt 스타일] 그룹 → [텍스트 채우기]
텍스트를 단색으로만 채울 수 있음	텍스트를 채우기 없음, 단색, 그림, 그라데이션, 질감으로 채울 수 있음

사실 파워포인트 2007부터는 텍스트와 워드아트, 도형의 구분이 크게 없습니다. 텍스트를 입력하고 배경에 색을 채우면 도형이 되고, 도형을 채우기 없음으로 설정하고 텍스트를 입력하면 텍스트 상자가 됩니다. 그러니 편하게 입력하고 변형해서 사용하면 됩니다.

다만 주의할 점은 예를 들어 **[그리기 도구 서식] 탭 → [WordArt 스타일] 그룹 → [텍스트 채우기]**에서 사용하는 '단색 채우기'와 텍스트 효과 서식을 설정하는 〈작업 창 표시〉 버튼을 이용한 도형 서식 작업 창에서 '단색 채우기'의 차이점으로, 작업 창에서는 투명도를 조절할 수 있습니다.

이처럼 조금씩 차이가 있으니 필요한 설정 사항을 적절히 활용하는 것이 필요합니다.

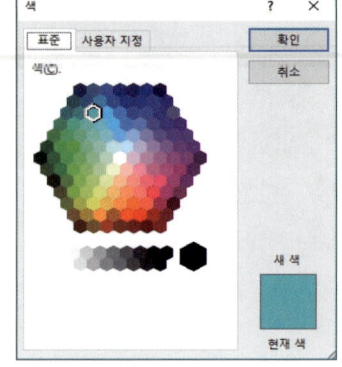 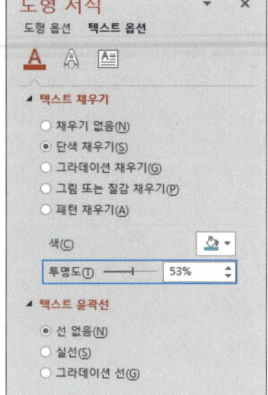

SECTION 01 텍스트로 꾸미는 슬라이드

01 WordArt를 추가, 삭제하는 방법과 다양하게 서식을 적용하는 방법을 알아보겠습니다.
새로운 WordArt를 추가하기 위해 **[삽입] 탭 → [텍스트] 그룹 → [WordArt]**를 클릭합니다. 미리 만들어져 제공되는 빠른 스타일 중 사용할 스타일을 선택합니다.

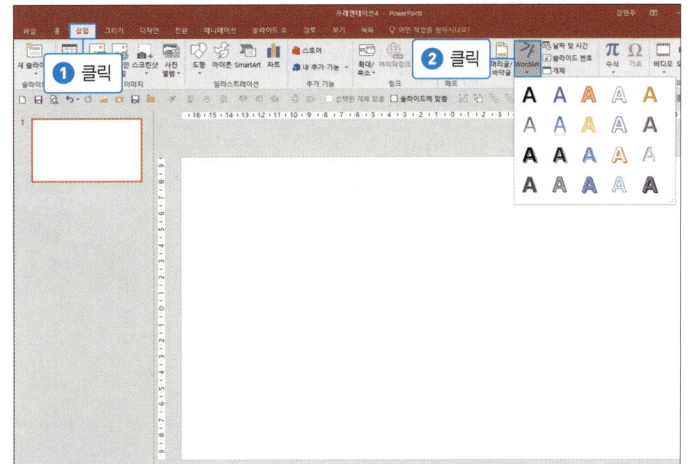

tip 새롭게 WordArt 개체를 삽입하려면 **[삽입] 탭 → [텍스트] 그룹 → [WordArt]**를 클릭하고, 기존의 텍스트를 WordArt 개체로 변환하거나, 이미 만들어진 WordArt 개체를 수정하려면 개체를 선택하고 **[그리기 도구 서식] 탭 → [WordArt 스타일] 그룹**에서 설정합니다.

02 슬라이드에 WordArt가 삽입되면서, [그리기 도구 서식] 탭이 선택되어 다양한 서식을 설정할 수 있는 상태가 됩니다.
'필요한 내용을 적으십시오.' 부분을 클릭해서 텍스트를 입력합니다.

03 WordArt 스타일을 변경하려면, 입력된 WordArt를 선택하고 [WordArt 스타일] 그룹의 '자세히' 아이콘(▽)을 클릭합니다. 빠른 스타일에 제시되는 목록 중 하나를 선택합니다.
텍스트의 일부분만 다른 스타일을 적용할 때는 블록을 설정한 다음 선택합니다.

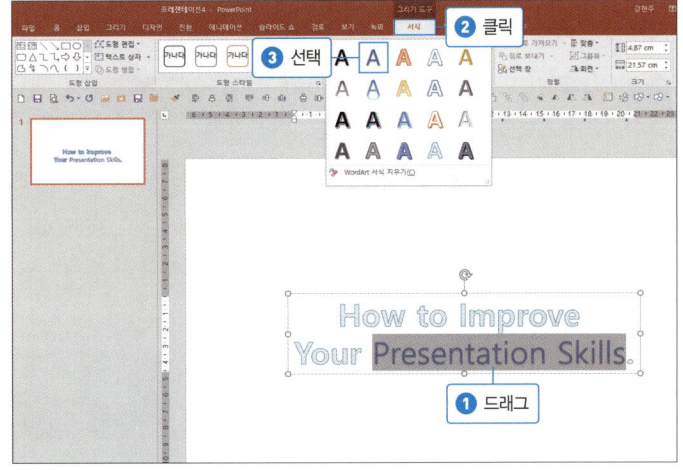

tip WordArt 스타일을 미리 만들어 사용하기 편리하게 제공하는 것이 '빠른 스타일'입니다. 빠른 스타일 서식은 [텍스트 채우기], [텍스트 윤곽선], [텍스트 효과] 명령으로 각각 수정할 수 있습니다.

04 WordArt 텍스트의 글꼴과 크기 등을 수정하려면, **[홈] 탭 → [글꼴] 그룹**에 있는 명령을 이용하거나 미니 도구 모음을 이용합니다.

> tip WordArt는 [변환] 명령이 적용되기 전까지는 텍스트 개체처럼 사용되기 때문에 개체 틀을 드래그해서 크기를 조정할 수 없습니다. 글꼴 크기에서 원하는 값을 설정해 크기를 조정합니다.

05 빠른 스타일을 설정했거나 아직 WordArt 스타일이 적용되지 않은 텍스트의 설정을 직접 변경하고 싶다면, 개체를 선택하고 **[그리기 도구 서식] 탭 → [WordArt 스타일] 그룹 → [텍스트 채우기▼]**를 클릭합니다. 목록에서 원하는 색을 선택합니다.

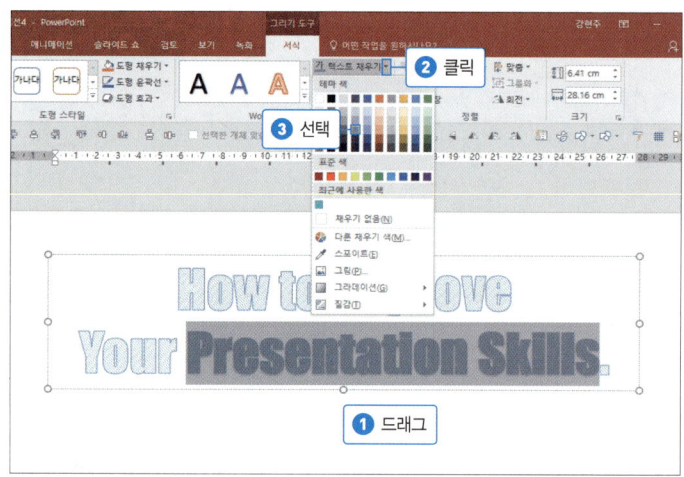

06 **[그리기 도구 서식] 탭 → [WordArt 스타일] 그룹 → [텍스트 윤곽선▼]**을 아이콘을 클릭하고, 목록에서 원하는 색을 선택합니다.

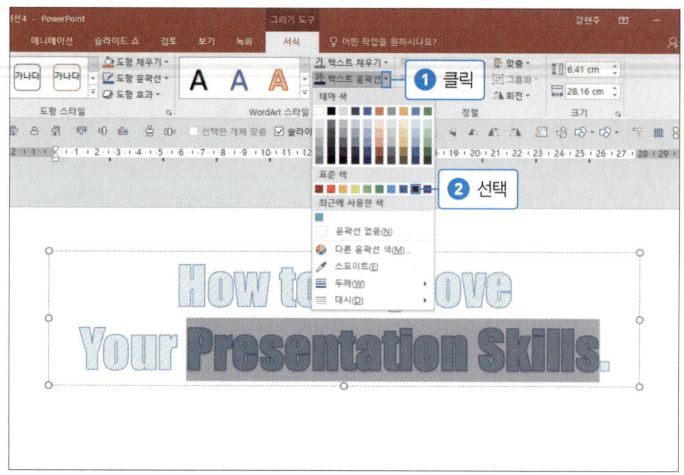

07 [그리기 도구 서식] 탭 → [WordArt 스타일] 그룹 → [텍스트 효과]를 클릭하고 **반사**를 선택한 다음, 반사 종류 중 마음에 드는 것을 선택합니다.

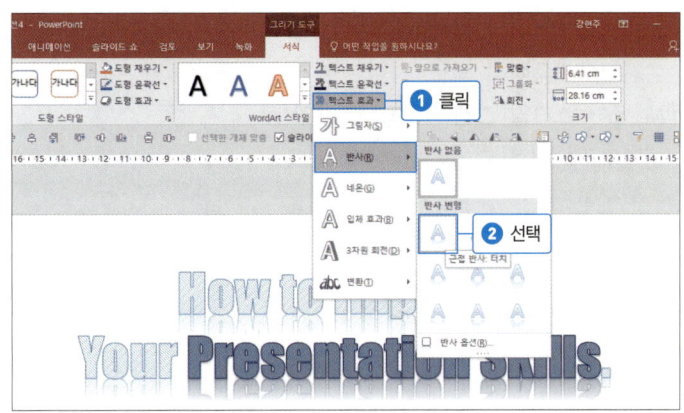

08 만일 텍스트를 휘거나 물결 모양으로 만들고 싶다면 [그리기 도구 서식] 탭 → [WordArt 스타일] 그룹 → [텍스트 효과]를 클릭하고 **변환**을 선택합니다. 예제에서는 종류 중 '물결: 아래로'를 선택했습니다.

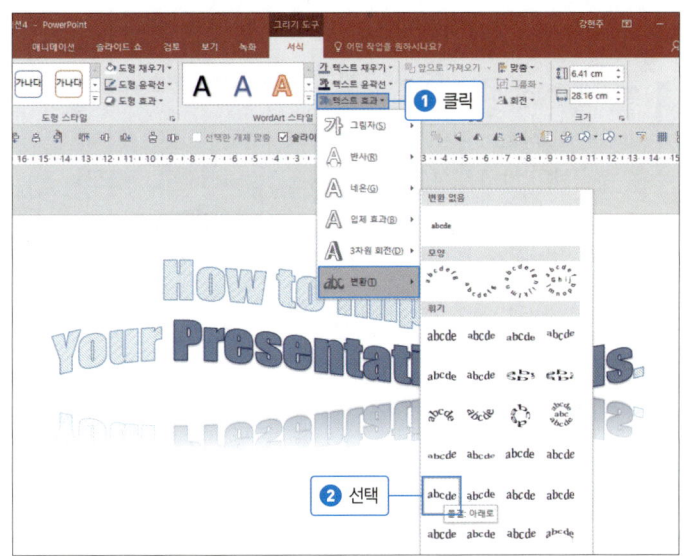

09 WordArt가 물결 모양을 따라 채워진 것을 확인할 수 있습니다. 이렇게 WordArt를 어떤 도형에 채워진 형태로 변경하고 싶다면 [변환] 명령을 사용합니다.

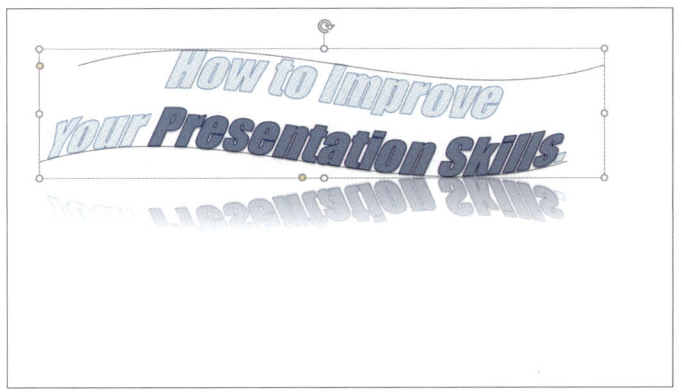

> **tip** [변환] 명령이 적용된 WordArt는 개체 테두리의 크기 조절점으로 텍스트 크기가 조정됩니다. 그리고 WordArt 개체에 흰색 크기 조절점(○) 이외에 노란색의 모양 조절점(●)이 표시됩니다. 이 핸들을 드래그해서 WordArt의 형태를 변경할 수 있습니다.

10 입체적인 효과를 적용하기 위해 [그리기 도구 서식] 탭 → [WordArt 스타일] 그룹 → [텍스트 효과] → [입체 효과]를 클릭하고 입체 효과 설정 값을 직접 설정하기 위해, 종류 중 **3차원 옵션**을 실행합니다.

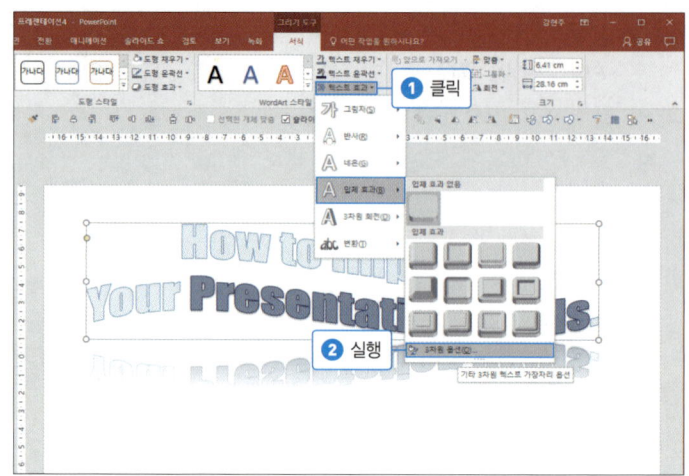

11 [도형 서식] 작업 창이 표시되면 [3차원 서식] 범주에서 위쪽을 '둥글게', 너비를 '100pt', 높이를 '10pt'로 설정합니다.
WordArt는 이렇듯 [텍스트 채우기], [텍스트 윤곽선], [텍스트 효과]를 다양하게 설정할 수 있습니다.

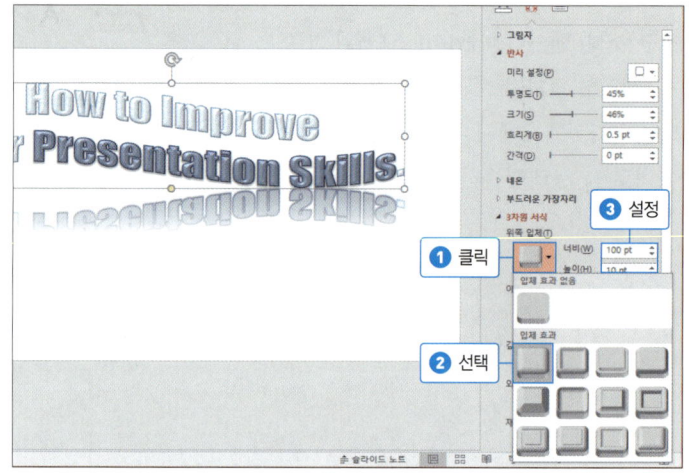

> **tip** WordArt 서식 지우기
>
> WordArt 스타일을 제거하면 텍스트는 그대로 유지되지만 일반 텍스트로 변경됩니다. WordArt 스타일을 제거할 WordArt 텍스트를 선택하고, [그리기 도구 서식] 탭 → [WordArt 스타일] 그룹의 '자세히' 아이콘(▼)을 클릭해 **WordArt 서식 지우기**를 실행합니다. 만일 적용된 효과 중 하나만 제거하려면 각 효과 항목에서 '없음'으로 설정하면 됩니다.
> 서식을 초기화하는 단축키는 Ctrl + Spacebar 입니다.

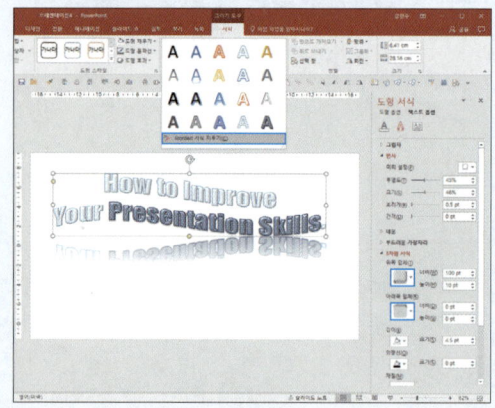

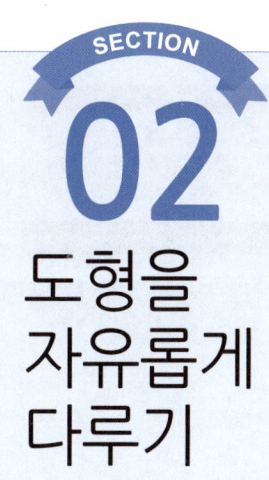

SECTION 02 도형을 자유롭게 다루기

도형을 자유롭게 다루기

정보를 슬라이드에 표현할 때는 텍스트만 나열하는 것보다 적절히 도해화해서 단순하게 보여주는 것이 좋습니다. 이번에는 도해화 작업의 가장 기본이 되는 도형을 다루는 방법에 대해 알아보겠습니다.

기본적인 도형을 다루는 방법을 알고 있다면 여러 개체에 다양하게 활용할 수 있습니다. 도형에 적용되는 대부분의 채우기와 윤곽선, 정렬 등의 기능은 슬라이드에 삽입되는 모든 개체와 동일하게 사용할 수 있기 때문입니다.

1 슬라이드에 도형 삽입, 삭제하기

{실습 파일} 02\02_1.pptx

파워포인트를 빨리 익숙하게 다루고 싶다면 파워포인트 2016에서 제공되는 다양한 도형을 한 번씩 빈 슬라이드에 삽입해 보세요. 어떤 형태의 도형이 있는지 그리고 그 도형이 어떤 모양으로 변형이 가능한지 확인해 둔다면, 실제 슬라이드를 만들 때 필요한 도형을 선택하고 응용하기 쉽습니다.

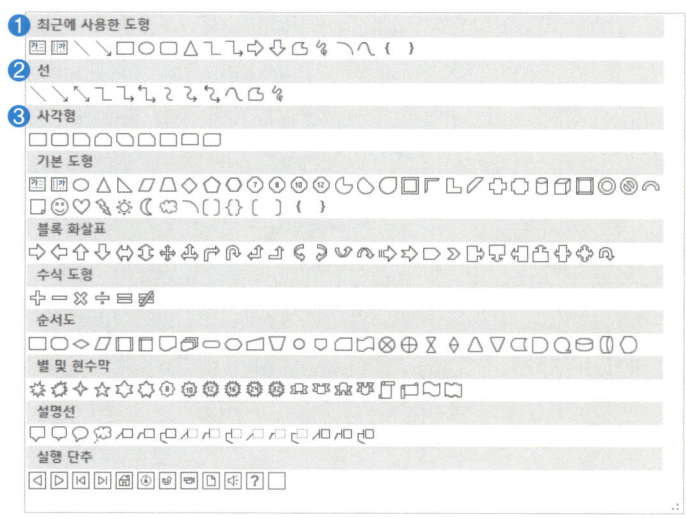

① **최근에 사용한 도형** : 가장 최근에 사용한 도형들이 가장 위쪽에 표시되어 범주에 상관없이 바로 선택할 수 있습니다.

② **선** : 모든 선은 연결 기능을 갖고 있어서 도형에 이어지면 연결선이 되고, 다른 도형과 독립적으로 사용되면 그냥 선이 됩니다. 자유 곡선도 그릴 수 있습니다.

③ **사각형** : 모서리의 모양에 따라 사각형이 다양하게 제공됩니다.

01 [삽입] 탭 → [일러스트레이션] 그룹 → [도형]이나 [홈] 탭 → [그리기] 그룹에서 도형을 선택합니다.

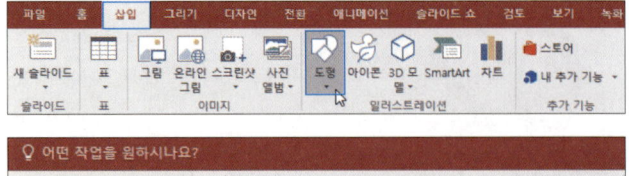

02 도형을 삽입할 때 알고 있어야 하는 내용을 살펴보겠습니다. 삽입할 도형을 선택한 다음 슬라이드에 다음과 같은 방법으로 그립니다.

① 클릭

기본 크기의 도형을 그립니다.

② 드래그

원하는 크기만큼 드래그하여 도형을 그립니다.

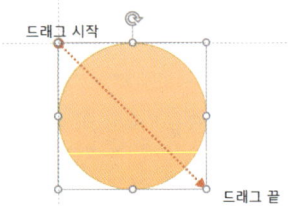

③ Ctrl + 드래그

도형을 그릴 때 처음 드래그를 시작한 곳을 중심점으로 삼으며 도형을 그립니다. 여러 도형을 중심점을 맞추며 그릴 때 사용하면 편리합니다.

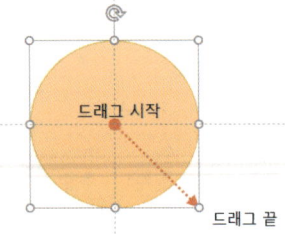

④ Shift + 드래그

도형을 그릴 때 정원이나 정사각형처럼 도형의 가로, 세로의 비율을 유지하며 그립니다. 선의 경우 수평, 수직 방향으로 직선을 곧게 그릴 수 있습니다.

⑤ Ctrl + Shift + 드래그

도형을 그릴 때 Ctrl 키와 Shift 키를 함께 누르면, 처음 드래그를 시작한 곳을 중심점으로 삼으며 그려지면서 가로와 세로의 비율이 유지되는 도형을 그릴 수 있습니다.

SECTION 02 도형을 자유롭게 다루기

03 Ctrl, Shift 키를 이용해서 원하는 도형의 크기만큼 드래그해서 도형을 삽입합니다.

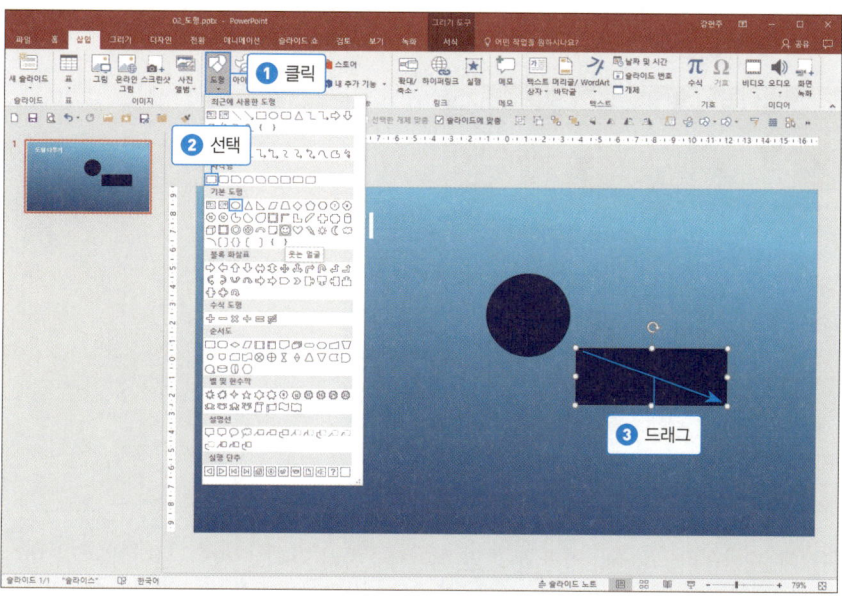

04 같은 도형을 여러 개 삽입할 때 매번 도형을 선택하는 동작을 반복하는 것은 상당히 불편합니다. 직사각형을 여러 개 사용해야 한다면 **[삽입] 탭 → [일러스트레이션] 그룹 → [도형]**을 클릭하고, 직사각형 모양 도형 위에서 마우스 오른쪽 버튼을 클릭한 다음 **그리기 잠금 모드**를 실행합니다. 마우스 포인터가 도형이 선택된 상태로 표시되고, 도형을 선택하는 동작 없이 필요한 만큼 여러 번 사용할 수 있습니다. 다 사용한 후에는 Esc 키를 누릅니다.

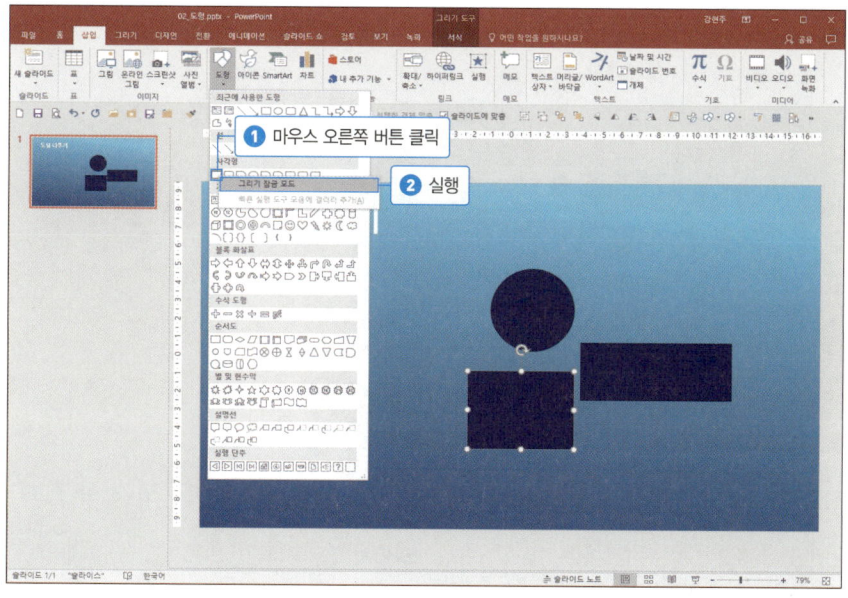

145

05 파워포인트 2016에 추가된 기능으로 잉크로 그려서 도형으로 변경하는 기능이 있습니다. **[그리기] 탭 → [변환 그룹] → [잉크를 세이프로]**를 클릭한 다음, **[펜] 그룹**에서 펜 종류를 선택하고 원하는 도형의 모양을 그리면 도형으로 변환됩니다.

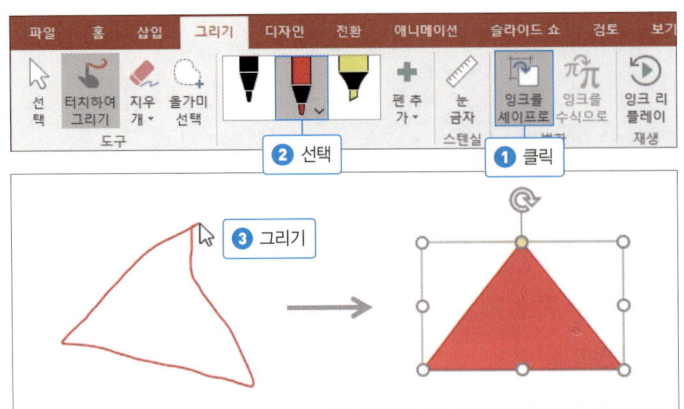

06 삽입된 도형을 삭제할 때는 선택하고 Delete 키를 누르면 됩니다. 여러 개의 도형을 선택하고 한 번에 삭제하는 것도 가능합니다.

여러 개의 도형을 선택하는 방법은 다음과 같습니다.

방법 ① 처음 도형을 클릭한 다음, 두 번째 도형부터는 Ctrl 키(또는 Shift 키)를 누른 상태에서 클릭합니다.

방법 ② 도형이 모두 포함되도록 넓게 드래그합니다. 드래그 영역에 일부분만 걸쳐진 도형은 선택되지 않습니다.

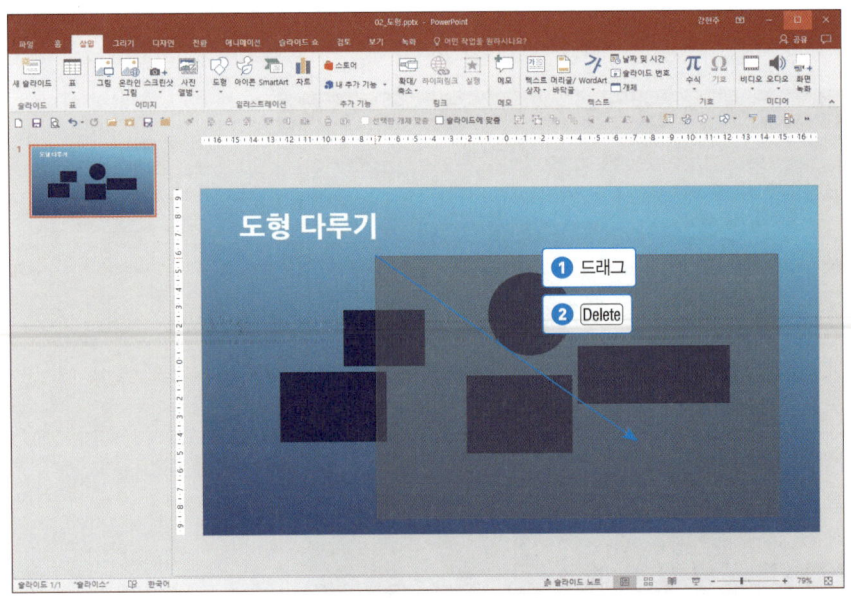

> **tip** 슬라이드의 모든 개체를 선택하는 Ctrl+A 키를 눌러 모든 도형을 선택하고 Delete 키를 누르는 것은 주의해야 합니다. 만일 슬라이드에 제목이나 슬라이드 번호 개체가 있다면 함께 선택되어 삭제되기 때문입니다.

2 도형의 크기와 모양 변형하기

도형은 종류에 따라서 모양을 변형할 수 있습니다. 이번에는 도형을 원하는 크기로 만들고 모양을 변형해 다양하게 활용하는 방법을 알아보겠습니다.

01 [삽입] 탭 → [일러스트레이션] 그룹 → [도형]을 클릭하고, '부분 원형' 도형을 선택해서 슬라이드에 삽입합니다.

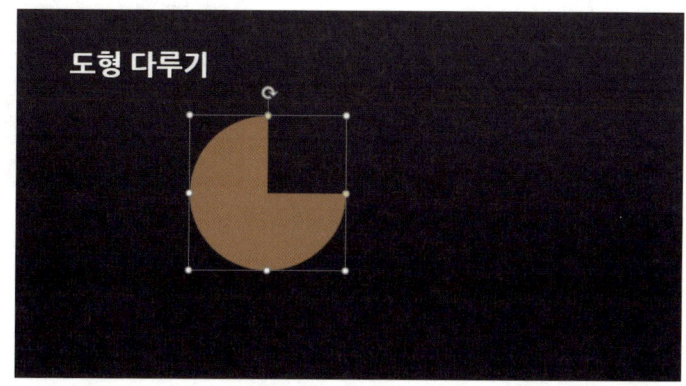

02 삽입된 도형을 선택하면 작은 원이 여러 개 나타납니다. 이 점들은 모양 조절점이라고 합니다. 이 핸들을 왼쪽이나 오른쪽으로 드래그해서 개체의 크기를 변경하거나 모양을 변형할 수 있습니다. 도형에 있는 노란 모양 조절점(●)을 드래그합니다. 도형의 전체 크기는 유지하면서, 모양이 변경되는 것을 확인할 수 있습니다.

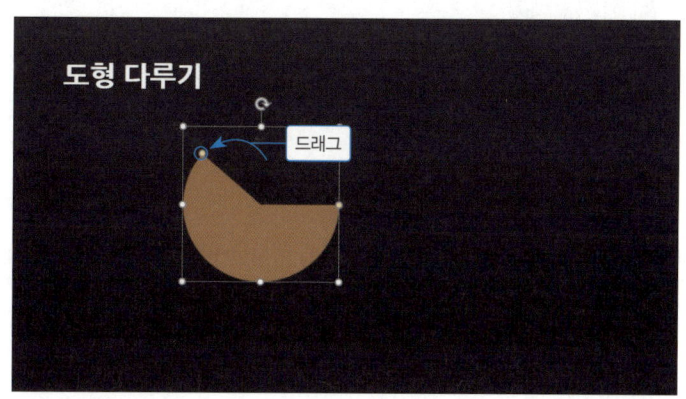

> **모양 조절점의 종류**
> ① 모서리의 크기 조절점(○) : 가로와 세로 동시에 크기를 조절할 수 있습니다.
> ② 각 변에 있는 크기 조절점(○) : 가로와 세로 중 한 방향으로 크기를 조절할 수 있습니다.
> ③ 모양 조절점(●) : 전체 도형의 크기는 변하지 않고, 모양만 변경합니다. 모양 조절점은 도형에 따라 없는 것도 있고, 여러 개일 수도 있습니다.
> ④ 회전 핸들( ) : 도형의 회전 핸들에 마우스를 가져가면, 마우스 포인터가 회전 가능 상태( )로 표시되는 것을 확인할수 있습니다. 이때 원하는 방향으로 드래그하면 회전할 수 있습니다.

03 도형 전체 크기를 조절하기 위해 모서리 크기 조절점(○)을 드래그합니다. 도형 전체 크기가 가로 세로 방향으로 함께 조절됩니다.

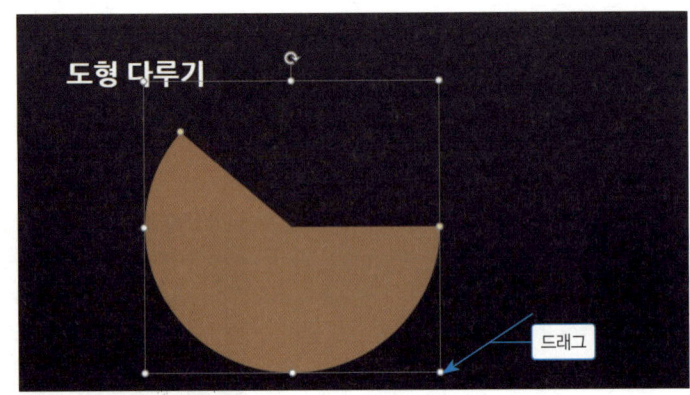

> **도형의 크기 조절할 때 함께 사용하는 키**
>
> ① Shift + 드래그
> 그려진 도형의 가로, 세로 비율을 유지하며 크기를 조절하려면, 도형의 모서리 크기 조절점(○) 위에서 Shift 키를 누른 채 드래그합니다.
>
> ② Ctrl + 드래그
> 도형의 중심으로부터 크기 조절을 하려면, 크기 조절점(○) 위에서 Ctrl 키를 누른 채 드래그합니다.
>
> ③ Ctrl + Shift + 드래그
> 도형의 가로, 세로 비율을 유지하며 중심으로부터 크기 조절을 하려면, 도형의 모서리 크기 조절점(○) 위에서 Ctrl + Shift 키를 함께 누른 채 드래그합니다.

04 도형 작업을 하다 보면 사용하려는 도형의 정확한 높이와 너비를 설정해야 하는 경우가 있습니다. 만일 직접 입력해서 크기를 조정하고 싶다면 도형을 선택하고 **[그리기 도구 서식] 탭 → [크기] 그룹**에서 높이와 너비의 값을 직접 입력하고 Enter 키를 누릅니다.

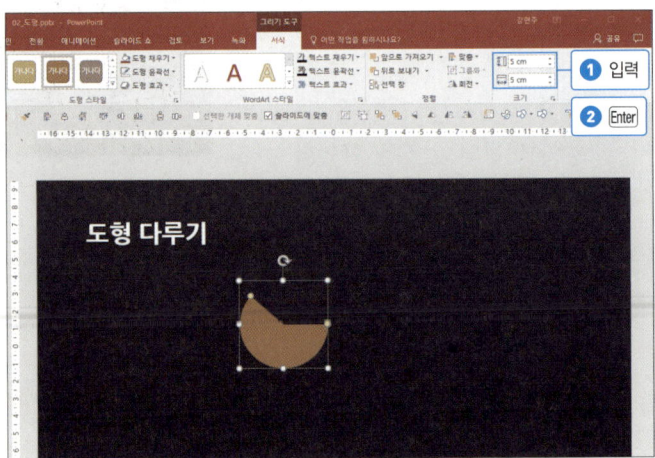

SECTION 02 도형을 자유롭게 다루기

05 만약 현재 도형 크기의 정확한 비율로 조정을 해야하거나, 가로 세로 비율을 함께 조정하고 싶다면, 도형을 선택하고 [그리기 도구 서식] 탭 → [크기] 그룹의 '작업 창 표시' 아이콘(　)을 클릭한 후 표시되는 작업 창에서 값을 설정합니다.

ⓐ 높이, 너비 : 값을 설정하면 입력 값으로 크기가 설정됩니다.
ⓑ 높이 조절, 너비 조절 : 값을 설정하면 비율로 설정됩니다.
ⓒ 가로 세로 비율 고정 : 체크 표시하면, 높이나 너비에 따라 현재 도형의 가로, 세로 비율을 유지하며 도형의 크기가 조절됩니다.

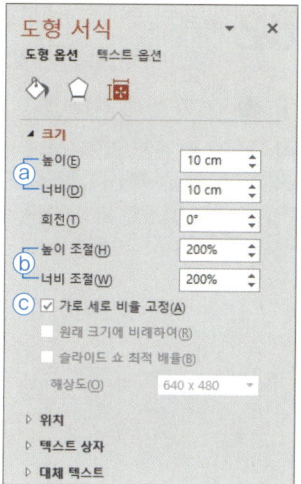

3 연결선을 이용해서 내용을 이어 주고 강조하기

텍스트를 꾸미거나 도형과 도형 사이의 상관관계를 표시할 때 화살표의 유무나 선의 종류만으로도 많은 이야기를 전달할 수 있습니다. 선을 이용해서 도형을 연관 짓는 방법을 알아보겠습니다.

{실습 파일} 02\02_2.pptx　　{완성 파일} 02\02_2결과.pptx

01 [홈] 탭 → [그리기] 그룹 → [도형]을 클릭하고 '연결선:꺾임' 도형을 선택합니다.

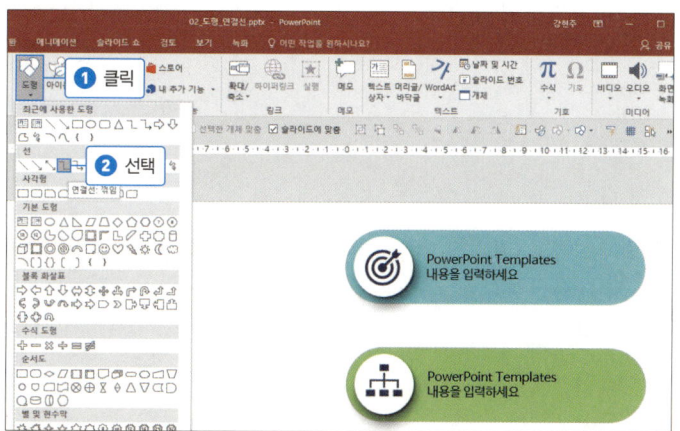

> **선 그리기에서 알아둘 점의 종류**
> 파워포인트에서 사용되는 선 개체는 사용할 때 다른 개체와 연결하지 않으면 선이고, 연결되면 연결선입니다.
> ① 도형의 연결점(●) : 선과 연결될 때 연결 상태로 만들어 줄 위치입니다.
> ② 선의 연두색 원(●) : 선에서 도형과 연결된 상태입니다.
> ③ 선의 흰색 원(○) : 도형과 분리된 상태
> 　만일 드래그가 도형 위의 연결점(●)에서 끝나지 않아 흰색(○) 원으로 표시될 때는, 해당 연결점을 다시 드래그해서 연결점(●)으로 이동하면 됩니다.
> ④ 선의 노란 원(●) : 선의 높이 등을 조절할 수 있는 모양 조절점입니다.

02 슬라이드에 있는 도형 위에 마우스 포인터를 가져가면 회색 점(●)이 도형에 나타납니다.
이 점은 연결선을 도형에 연결할 수 있는 위치를 나타내고, 도형 종류에 따라 개수가 다르게 표시됩니다.

03 도형을 연결하기 위해 왼쪽 도형에 있는 연결점(●)부터 드래그를 시작합니다.
가운데에 있는 도형까지 드래그해서 도형 위에 마우스 포인터를 위치시키고, 역시 선택할 수 있는 연결점(●)이 표시되면 드롭합니다.

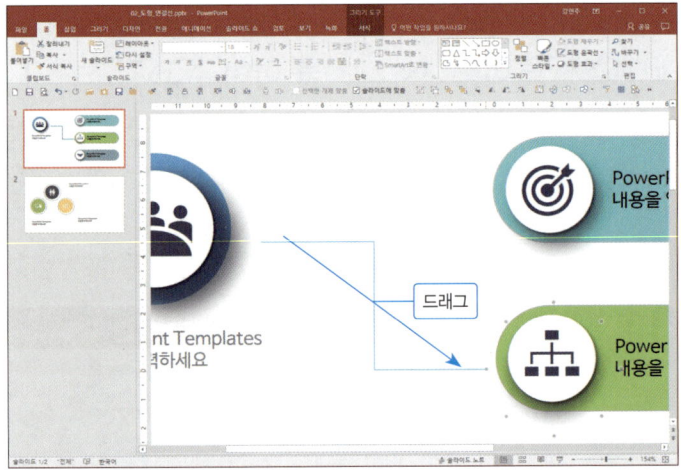

04 도형과 연결된 선은, 선의 흰색점(○)이 연두색점(●)으로 바뀌고 도형과 함께 연결되어 움직이게 됩니다.

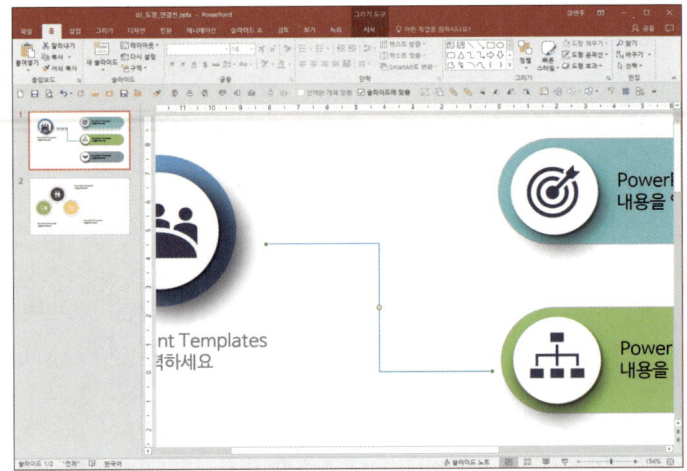

SECTION 02 도형을 자유롭게 다루기

05 다시 한 번 '연결선:꺾임'를 선택한 다음 위쪽 도형과 아래쪽 도형을 연결합니다.

위쪽 도형에 있는 연결점(●)부터 드래그를 시작하고, 아래쪽에 있는 도형까지 드래그해서 도형 위에 마우스 포인터를 위치시킨 다음 선택할 수 있는 연결점(●)이 표시되면 드롭합니다.

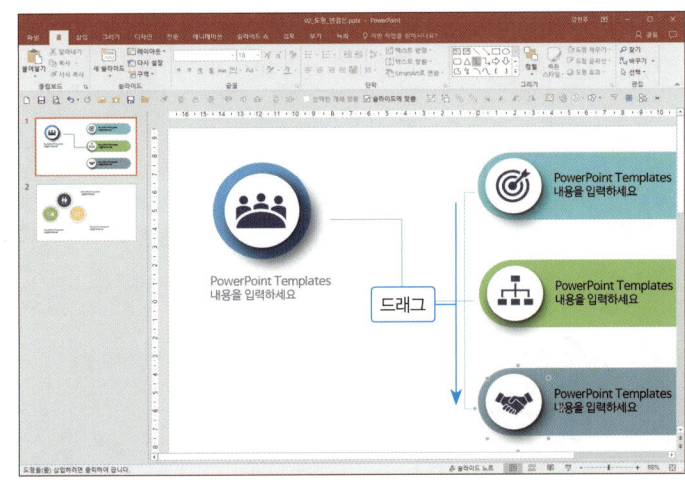

06 모양 조절점(●)을 드래그해서 선의 모양을 조절하고, [그리기 도구 서식] 탭 → [도형 스타일] 그룹의 빠른 스타일을 이용해서 선의 색을 변경합니다.

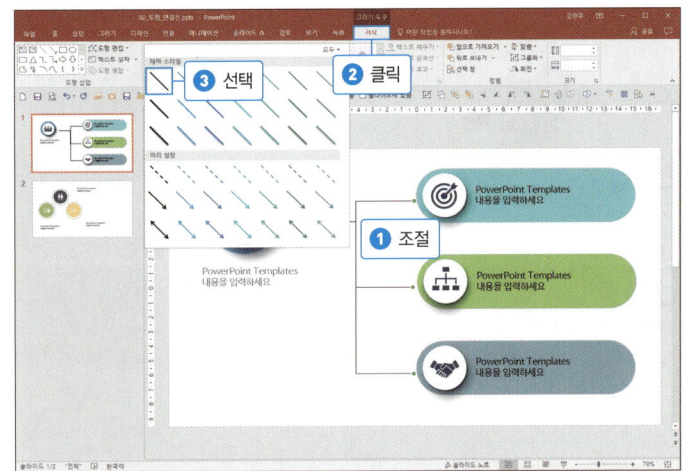

07 독자적인 선을 만들고 싶다면 개체의 연결점에서 연결하지 않으면 됩니다. 직선을 그릴 때 '연결선:꺾임'을 사용하면 원하는 위치에서 꺾이게 만들 수 없습니다.

만일 원하는 형태로 꺾이는 선을 만들고 싶다면 '자유형:도형'을 사용하는 것이 편리합니다. 선 중에서 '자유형:도형'으로 그리는 방법은 여러 곳에서 활용할 수 있도록 익히는 것이 좋습니다.

> **tip** 자유롭게 선을 그리는 데 유용한 '자유형:도형' 사용법
> ① 드래그하여 연필처럼 사용할 수 있습니다.

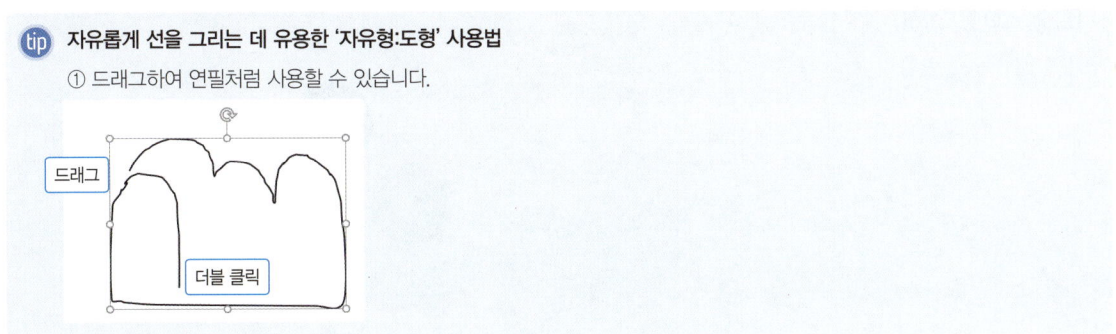

② 방향이 전환되는 곳에서 클릭을 하여 직선을 그릴 수 있습니다.

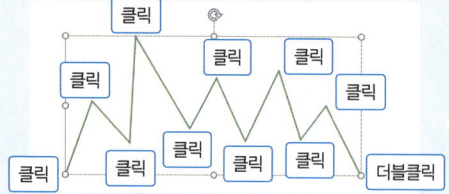

③ 처음 그리기 시작한 위치로 돌아가면 면에 색이 채워집니다.

④ 처음 위치와 다른 곳에서 끝내고 싶다면 Esc 키를 누르거나 더블클릭합니다.
선이 끝까지 이어지지 않았어도 채우기에서 색을 채우면 도형이 색으로 채워집니다.

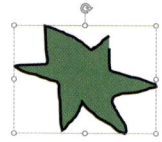

08 '자유형:도형'으로 원하는 위치에 클릭하여 선을 삽입합니다.

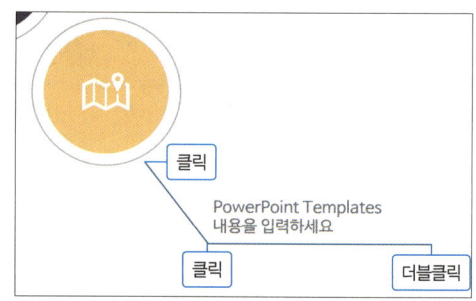

09 선의 모양을 변경하거나 화살표를 만들고 싶다면, 삽입된 선을 선택하고 **[그리기 도구 서식] 탭 → [도형 스타일] 그룹**의 '작업 창 표시' 아이콘(　)을 클릭합니다.

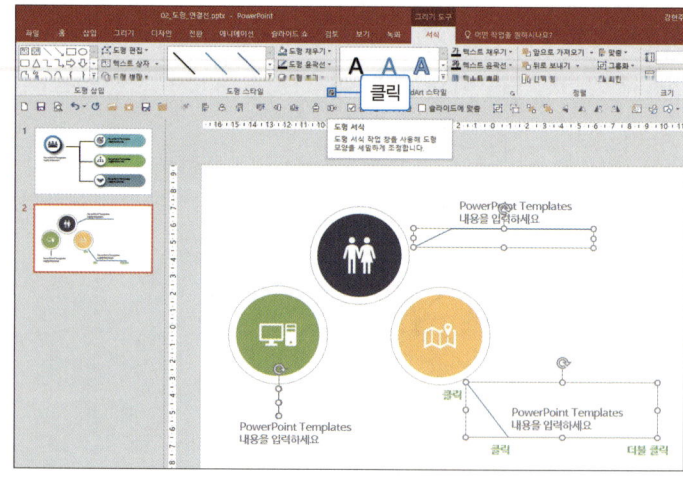

152　Part 2 파워포인트의 기본, 개체 살펴보기

SECTION 02 도형을 자유롭게 다루기

10 [도형 서식] 작업창에서 선색, 대시 종류, 화살표 머리 유형, 화살표 머리 크기 등을 설정합니다.

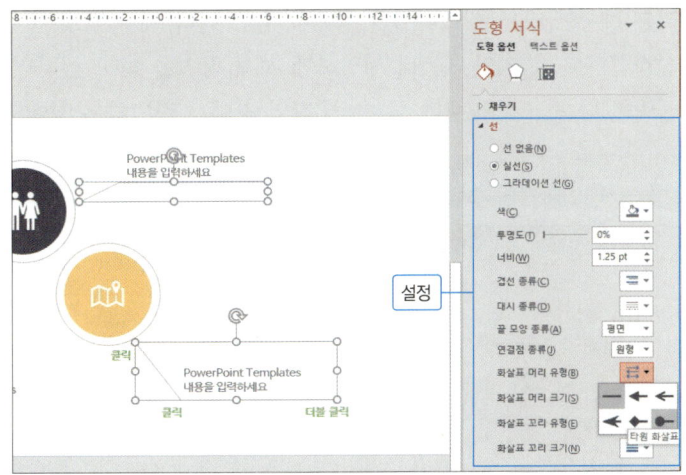

11 화살표 머리는 선을 그리는 시작 지점이고, 화살표 꼬리는 마지막 지점입니다. 화살표를 넣거나 화살표의 방향을 바꾸는 것도 이 작업 창에서 설정합니다.

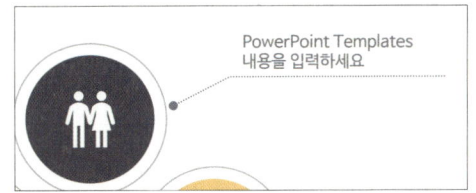

4 서식을 설정해 도형 꾸미기

파워포인트 2016의 서식 기능은 다양하게 응용이 되고 별도의 프로그램 없이 간단하게 훌륭한 결과물을 만들 수 있습니다. 서식을 설정하는 방법은 텍스트에도 동일하게 적용되기 때문에 한번만 익히면 다양한 개체에서 편리하게 사용할 수 있습니다.

{실습 파일} 02\02_3.pptx

도형의 서식을 설정하는 명령은 **[그리기 도구 서식] 탭**에 있고, 크게 도형의 스타일을 설정하는 **[도형 스타일] 그룹**과 도형에 입력한 텍스트의 스타일을 설정하는 **[WordArt 스타일] 그룹**에 있습니다.

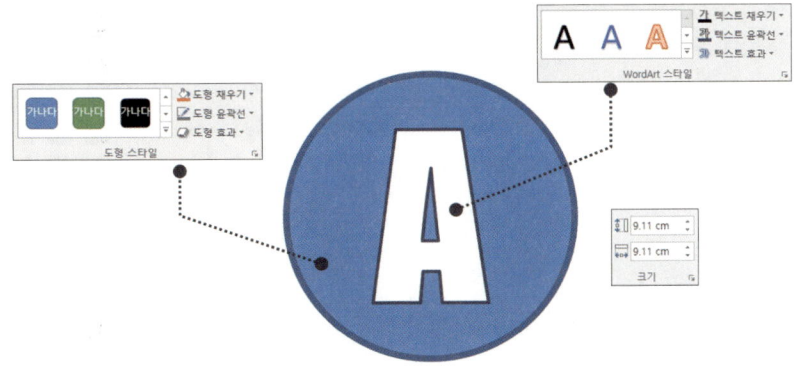

리본 메뉴에서 빠른 스타일을 적용하거나, 각각 채우기 또는 윤곽선 등의 명령을 사용해서 도형 서식을 설정할 수도 있지만, 좀 더 세밀하게 서식 작업을 하고 싶다면 그룹에 있는 작업 창 표시 아이콘( )을 클릭한 다음 표시되는 [도형 서식] 작업 창에서 작업하는 것이 편리합니다.

[도형 서식 작업 창]		
도형 옵션 → 채우기 및 선	도형 옵션 → 효과	도형 옵션 → 크기 및 속성
텍스트 옵션 → 텍스트 채우기 및 윤곽선	텍스트 옵션 → 텍스트 효과	텍스트 옵션 → 텍스트 상자

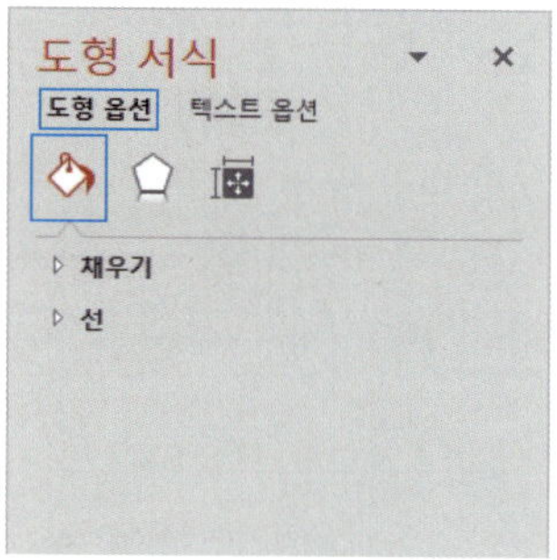

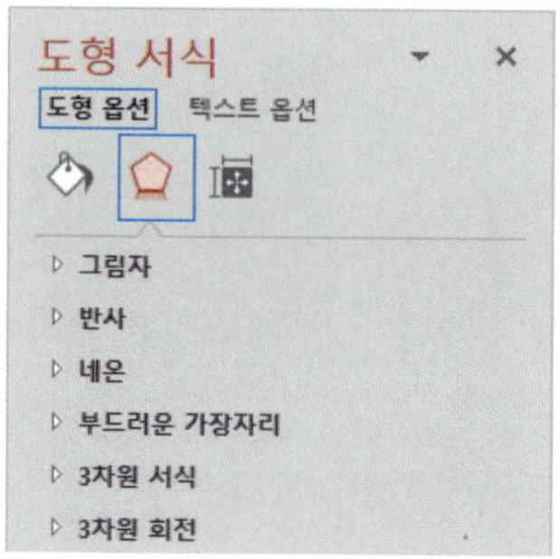

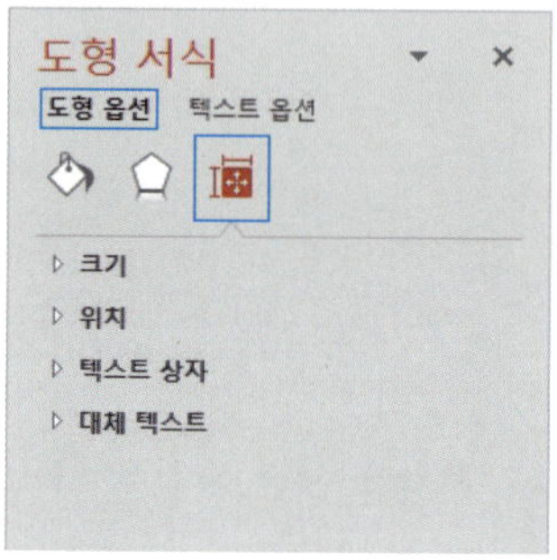

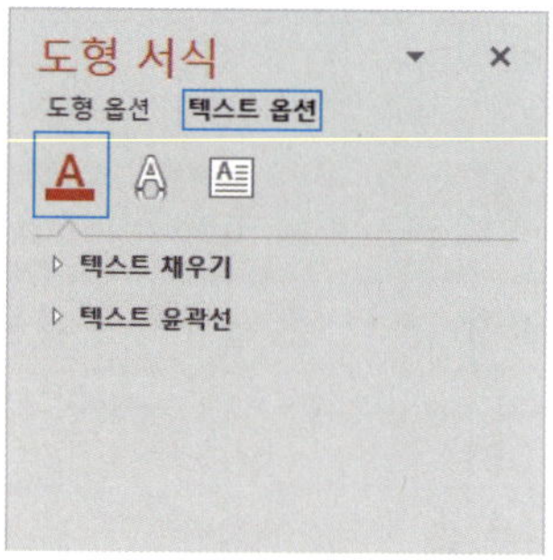

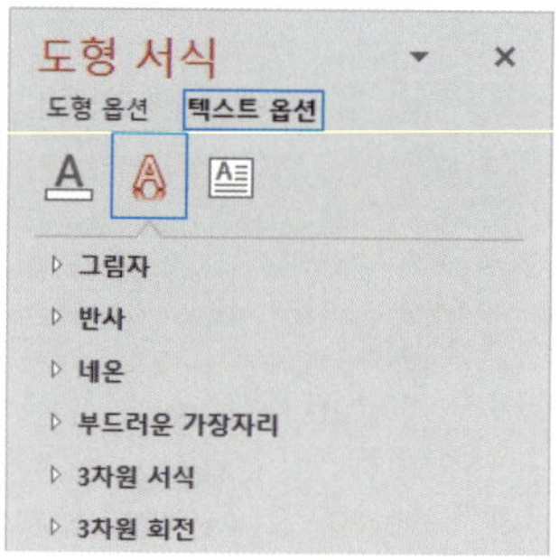

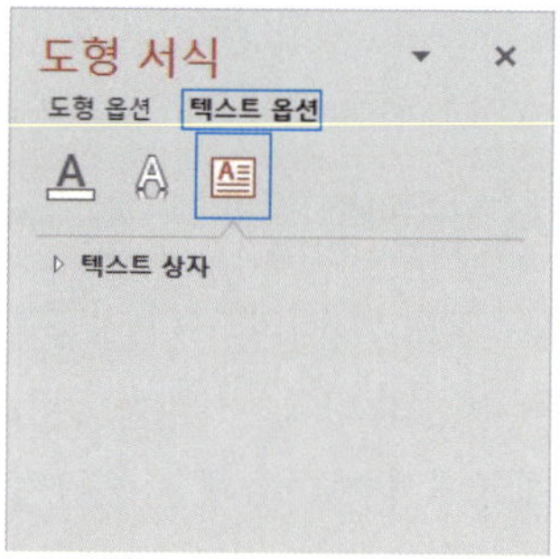

1 빠른 스타일로 도형 채우기

채우기란 도형 또는 텍스트의 내부 장식을 말합니다. 도형을 색으로 채울 수도 있고, 그림이나 무늬, 질감 등으로 채울 수 있습니다.

빠른 스타일은 도형의 채우기, 윤곽선, 효과, 글꼴에 관련된 여러 가지 설정 사항들을 조합해서 미리 만들어 놓은 것입니다. 여기에서 사용되는 색상은 테마에서 설정된 테마 색을 사용하고 있어서 문서에 포함된 도형의 스타일을 빠른 스타일 안에서 선택한다면, 색상 선택의 어려움 없이 전체 문서에 일관된 분위기를 적용할 수 있습니다.

2 단색으로 도형 채우기

만일 빠른 스타일에 원하는 스타일이 없다면, 직접 색상을 선택할 수 있습니다. 채우기에 관한 자세한 내용을 한 번에 볼 수 있고, 좀 더 자세한 옵션까지 살펴보기 위해 **[그리기 도구 서식] 탭 → [도형 스타일]** 그룹의 '작업 창 표시' 아이콘( )을 클릭한 후 표시되는 [도형 서식] 작업 창에서 색을 선택하고 설정할 수 있습니다.

■ [도형 서식] 작업 창 → 도형 옵션 → 채우기 → 단색 채우기

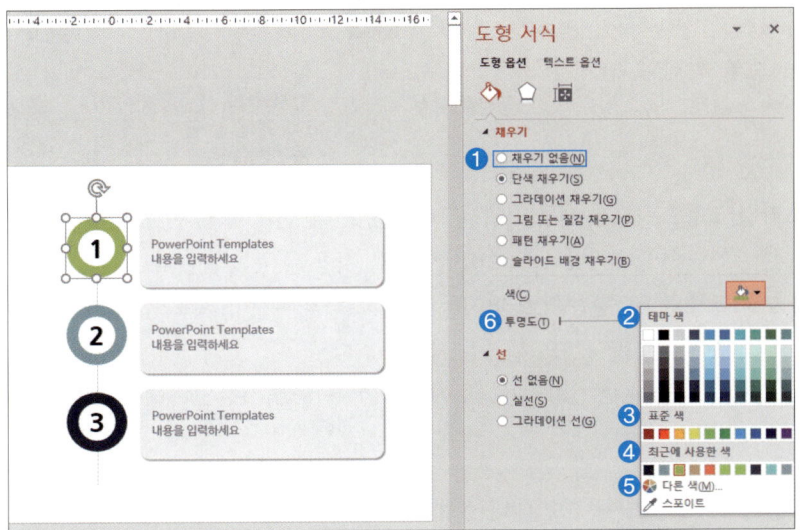

① **채우기 없음** : 흰색으로 채우는 것과는 다릅니다. 도형을 투명하게 채웁니다.

② **테마 색** : 작업 중인 문서의 테마에 설정된 색입니다.

③ **표준 색** : 가장 기본적인 색이 표시됩니다.

④ **최근에 사용한 색** : 최근에 사용한 색이 표시되어 같은 색을 다시 사용할 때 편리합니다.

⑤ **다른 색** : 단색 중 다른 색으로 설정하고 싶을 때 사용합니다.

⑥ **투명도** : 도형의 투명도를 설정하려면 투명도 슬라이더를 이동하거나 슬라이더 옆의 상자에 숫자를 입력합니다. 완전히 불투명한 0%(기본 설정)부터 완전히 투명한 100%까지 다양한 투명도를 백분율로 설정할 수 있습니다.

> **tip 테마 색과 사용자 설정 색 사용할 때 유의점**
> 테마 색은 프레젠테이션 문서 전체에 사용되는 색 집합입니다. 테마 색은 테마 글꼴 및 테마 효과와 함께 테마를 구성합니다. 테마 색 이외의 색으로 사용자가 직접 작업한 색상은, 나중에 문서의 테마를 변경할 경우 업데이트되지 않습니다.

3 그라데이션으로 도형 채우기

그라데이션은 색, 밝기, 투명도 등이 중지점의 설정 값을 기준으로 점차 변하면서 채워지는 방식입니다. 도형 작업에서 그라데이션을 활용하면 좀 더 완성도 있는 결과물을 만들 수 있습니다.

예를 들어 아래와 같은 도형은 40% 위치까지는 색1로 표시되다 나머지 부분까지는 색2로 변하면서 중간 단계를 채우고 있는 것을 확인할 수 있습니다.

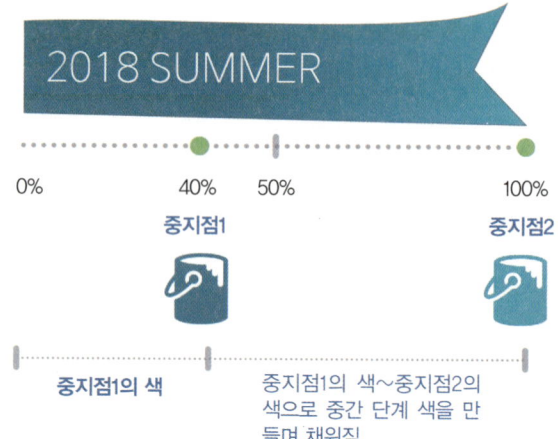

[그리기 도구 서식] 탭 → [도형 스타일] 그룹 → [도형 채우기]에서 그라데이션을 선택하면, 현재 선택된 도형의 색상을 기준으로 제공되는 밝은 그라데이션과 어두운 그라데이션을 사용할 수 있습니다. 각각 왼쪽에 있는 아홉 개는 중심의 방사형을 기준으로 각 방향으로 퍼지는 선형 그라데이션이 제공되고, 오른쪽에 있는 네 개는 각 방향에서 안쪽으로 모아지는 방사형의 샘플을 제공합니다.

다른 그라데이션이나 샘플을 수정해서 사용하고 싶다면 목록 맨 아래에 있는 [기타 그라데이션]을 선택해서 [도형 서식] 작업 창에서 설정합니다.

■ [도형 서식] 작업 창 → 도형 옵션 → 채우기 → 그라데이션 채우기

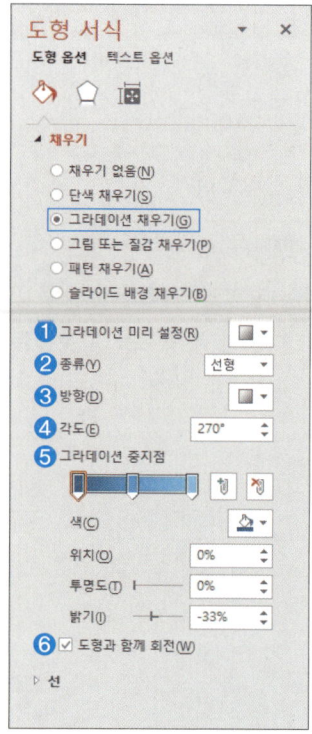

① **그라데이션 미리 설정** : 테마 색을 기준으로 몇 가지 스타일을 제공합니다.

② **종류** : 그라데이션의 종류를 설정합니다. 선택하는 종류에 따라 사용할 수 있는 방향이 결정됩니다.

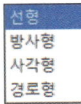

③ **방향** : 종류에 따라 색과 음영의 진행 방향을 설정합니다.

- '선형' 종류의 방향 :
- '방사형' 종류의 방향 :
- '경로형' 종류의 방향 :

④ **각도** : 도형 안에서 그라데이션 채워지는 회전 각도를 설정하려면 원하는 각도 값을 입력합니다. 이 옵션은 '선형'을 선택하는 경우에만 사용할 수 있습니다.

⑤ **그라데이션 중지점** : 중지점이란 그라데이션에서 인접한 두 색상의 혼합이 끝나는 지점입니다.
중지점은 색, 위치, 밝기, 투명도로 구성됩니다.
투명도가 설정되면 아래쪽에 있는 슬라이드의 내용이 비춰집니다. 도형을 겹쳐서 멋진 효과를 낼 때 많이 사용하게 됩니다.

⑥ **도형과 함께 회전** : 도형을 회전할 때 그라데이션도 함께 회전하려면 여기에 체크 표시합니다.

■ **[도형 서식 작업 창] → 도형 옵션 → 채우기 → 그라데이션 채우기 → 중지점**

그라데이션은 '중지점'을 이해하면 사용이 쉽습니다. 중지점이란 그라데이션에서 인접한 두 색상의 혼합이 끝나는 지점입니다. 즉 서식의 변화가 중지되는 곳입니다. 중지점과 중지점 사이의 값은 두 값의 차이를 서서히 변화되는 값으로 만들어 채워줍니다.

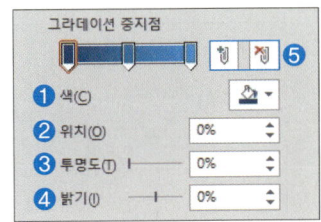

① **색** : 각 중지점의 색을 설정합니다.

② **위치** : 백분율을 사용하여 중지점의 위치를 설정합니다.

③ **투명도** : 색상의 투명도를 설정할 수 있습니다.

④ **밝기** : 중지점에 같은 색이 있더라도 그 색의 밝기 변화를 줄 수 있습니다.

⑤ **중지점 추가/삭제** : 중지점은 슬라이더 막대에서 추가하거나 제거합니다. 설정할 수 있는 최대 중지점 수는 열 개이고, 최소 중지점 수는 두 개입니다.

4 그림 또는 질감으로 도형 채우기

도형을 그림이나 제공되는 질감으로 채우기 할 수 있습니다.

■ [도형 서식] 작업 창 → 도형 옵션 → 채우기 → 그림 또는 질감 채우기

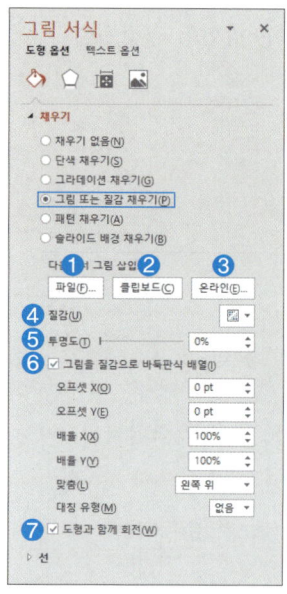

① **파일** : 파일에서 그림을 삽입하려면 이 아이콘을 클릭하고 추가할 그림을 찾습니다.

② **클립보드** : 클립보드 또는 다른 프로그램에서 그림을 붙여넣으려면, 복사한 다음 이 아이콘을 클릭합니다. 클립보드의 내용이 채워집니다.

③ **온라인** : 온라인에서 검색된 이미지를 삽입하려면 이 아이콘을 클릭합니다.

④ **질감** : 제공되는 질감을 선택하려면 이 아이콘을 클릭하고 원하는 질감을 클릭합니다.

⑤ 투명도 : 도형에 그림이 채워진 상태라면 투명도 조절이 가능합니다.

⑥ 그림을 질감으로 바둑판식 배열 : 그림을 늘려서 채우거나, 반복되게 바둑판 형식으로 채우는가를 설정합니다.

⑦ 도형과 함께 회전 : 도형을 회전할 때 그림 채우기도 회전하려면 이 확인란을 선택합니다.

■ **[도형 서식] 작업 창 → 도형 옵션 → 채우기 → 그림 또는 질감 채우기 → 그림을 질감으로 바둑판식 배열 항목**

① 체크 표시 해제

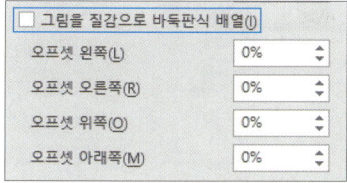

- 오프셋 : 도형과 채우려는 그림의 비율이 다르다면 그림이 왜곡되어 보일 수 있습니다. 그때는 도형의 크기를 조정하거나 오프셋 설정을 사용하여 그림의 모양을 조정할 수 있습니다. 양수는 그림 가장자리를 도형 중심쪽으로 이동하며 음수는 그림 가장자리를 도형에서 멀리 이동합니다.

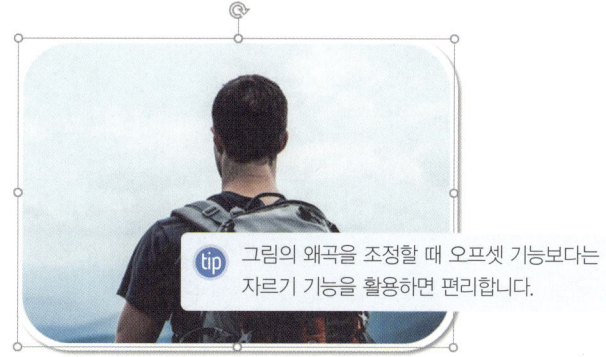

tip 그림의 왜곡을 조정할 때 오프셋 기능보다는 자르기 기능을 활용하면 편리합니다.

② 체크 표시

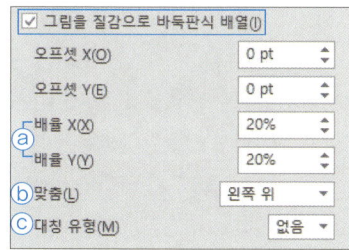

ⓐ 배율 : 바둑판 형식으로 보는 그림의 비율을 설정합니다.
ⓑ 맞춤 : 맞춤은 그림의 바둑판식 배열을 시작할 기준 위치를 나타냅니다.

ⓒ **대칭 유형** : 교대로 반복되는 가로 또는 세로 바둑판식 배열에서 하나씩 건너 미러 이미지나 대칭 이미지를 표시할지 여부를 설정하려면 목록에서 옵션을 선택합니다.

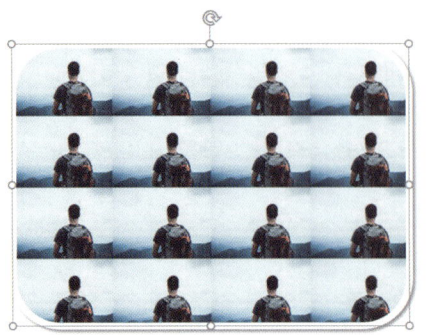 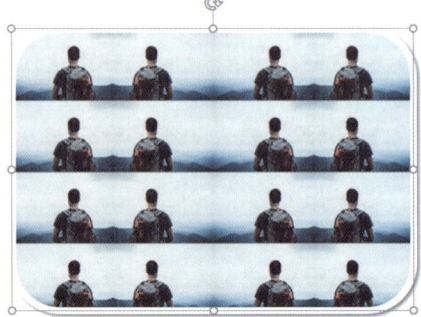

5 패턴으로 도형 채우기

도형을 채울 패턴의 형태와 전경색, 배경색을 설정할 수 있습니다.

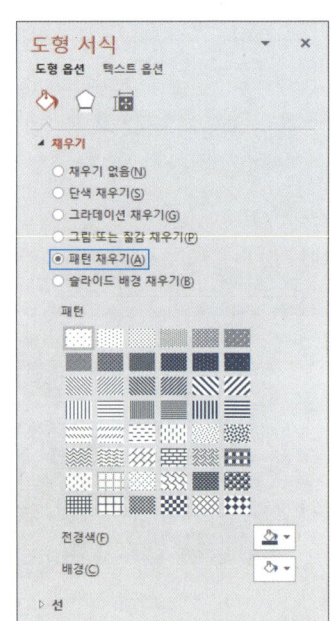

6 슬라이드 배경으로 도형 채우기

도형을 프레젠테이션 문서의 배경으로 채웁니다. 이 기능은 도형이 움직이는 위치에 따라 그림의 일부분만 보이게 하는 등 다양하게 활용할 수 있습니다.

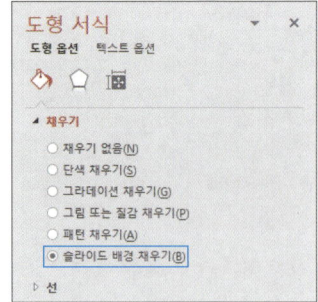

7 도형 윤곽선 다루기

도형의 색을 채우는 방법과 동일한 방법으로 단색이나 그라데이션 색을 설정하면 됩니다. 파워포인트에서 도형 작업을 할 때, 주로 도형을 겹쳐서 사용하거나 그라데이션, 투명도 등을 설정하게 되는데 도형의 윤곽선은 감추는 경우가 많습니다. [선 없음] 명령을 이용해서 윤곽선을 감출 수 있다는 것을 기억해 두기 바랍니다.
선을 그린 다음 시작점과 끝나는 점의 머리 모양만 바꿔주면 줄 화살표로 변형 가능합니다.

■ [도형 서식] 작업 창 → 도형 옵션 → 선

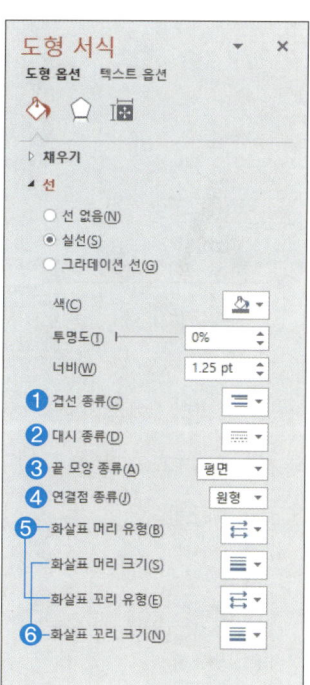

① 겹선 종류 : 이중선의 종류를 설정합니다.

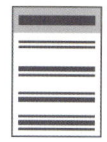

② 대시 종류 : 실선과 다양한 점선의 종류를 설정합니다.

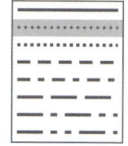

③ 끝 모양 종류 : 선의 끝부분의 모양을 설정합니다.

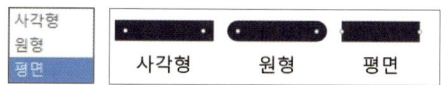

④ 연결점 종류 : 선이 꺾이는 부분의 모양을 설정합니다.

⑤ 화살표 머리, 꼬리 유형 : 선의 시작과 끝의 화살표 모양을 설정합니다.

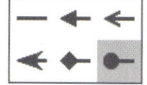

⑥ 화살표 머리, 꼬리 크기 : 선의 시작과 끝의 화살표 크기를 설정합니다.

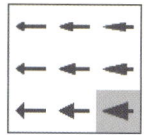

8 도형에 그림자 효과 주기

도형에 그림자 효과를 주어 입체감 있게 만들 수 있습니다. 미리 설정된 값을 사용하거나, 직접 수치를 조절합니다.

- [도형 서식] 작업 창 → 도형 옵션 → 효과 → 그림자

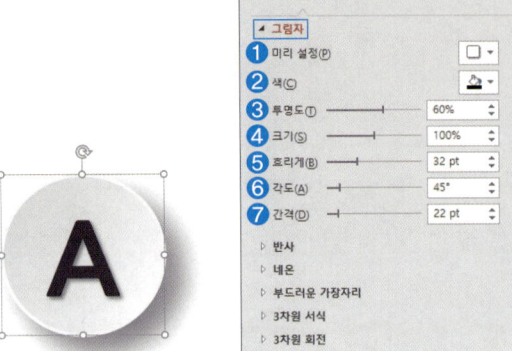

① 미리 설정 : 기본적으로 제공하는 그림자를 선택할 수 있습니다.

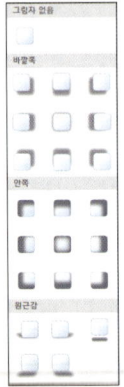

② 색 : 그림자 색을 선택합니다.

③ 투명도 : 그림자 투명도를 설정합니다. 수치가 높을수록 투명도가 높아지고 그림자는 흐리게 표현됩니다.

④ 크기 : 그림자 크기를 설정합니다.

⑤ 흐리게 : 이 수치가 커질수록 그림자가 넓게 퍼져 보입니다.

⑥ 각도 : 조명이 들어오는 각도를 설정합니다.

⑦ 간격 : 개체와 그림자 사이 거리를 설정합니다.

9 도형에 반사 효과 주기

도형이 거울에 비친 것 같은 효과를 설정합니다.

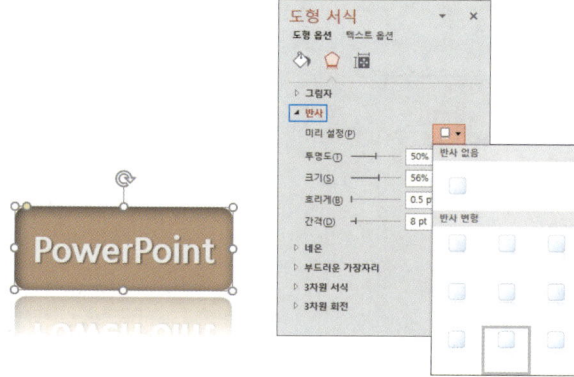

10 도형에 네온 효과 주기

도형에 네온사인처럼 사방으로 특정 색의 빛이 둘러지는 효과를 설정합니다. 미리 설정된 값을 사용하거나, 직접 수치를 조절합니다.

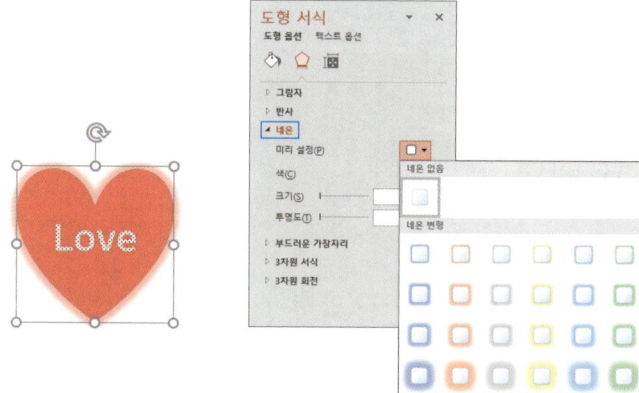

11 도형에 부드러운 가장자리 효과 주기

도형에 부드러운 가장자리 효과를 설정합니다. 미리 설정된 값을 사용하거나, 직접 수치를 조절합니다.

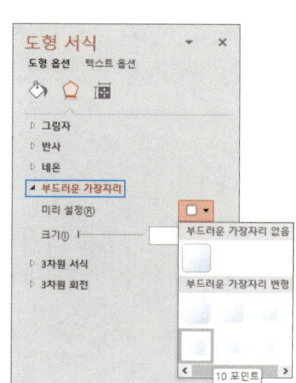

12 도형에 3차원 서식 효과 주기

도형에 입체 효과를 설정합니다. 미리 설정된 값을 사용하거나, 직접 수치를 조절합니다.

■ [도형 서식] 작업 창 → 도형 옵션 → 효과 → 3차원 서식

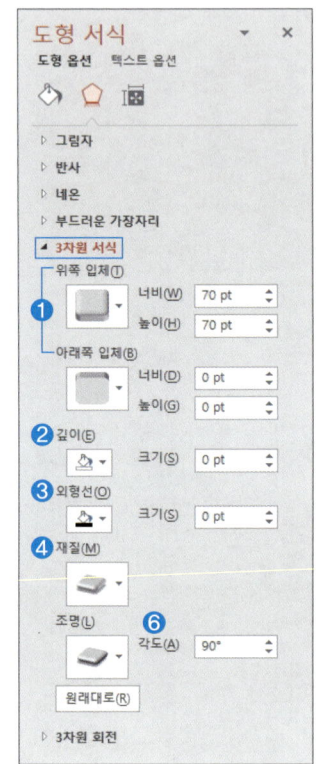

① **입체 효과** : 위쪽 면과 아래쪽 면의 입체 효과 종류와 입체 효과의 크기인 너비와 높이를 설정합니다.

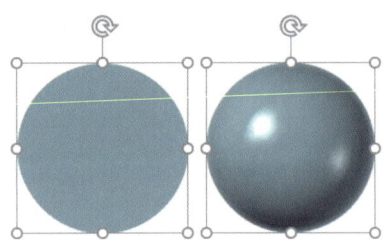

② **깊이** : 입체 효과의 깊이와 색상을 설정합니다. 깊이는 3차원 회전을 해야 확인할 수 있습니다.

③ **외형선** : 도형의 가장자리에 표시되는 선으로, 3차원 회전을 하지 않은 상태에는 윤곽선처럼 보입니다.

④ 재질 : 도형의 표면을 플라스틱, 금속, 반투명 등의 효과를 설정합니다.

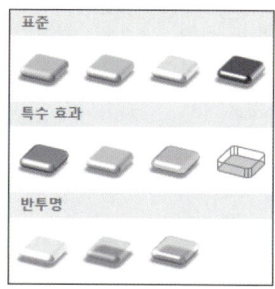

⑤ 조명 : 빛에 따라 따뜻한 느낌, 차가운 느낌을 주는 표면으로 만듭니다.

⑥ 각도 : 빛의 방향을 설정합니다.

모든 3차원 효과 설정 값을 정확히 확인하려면, 3차원 회전을 해야 합니다. 타원을 삽입하고 3차원 회전 효과로 미리 설정된 평행 중 '축분리2:위로'를 설정한 다음 살펴보겠습니다.

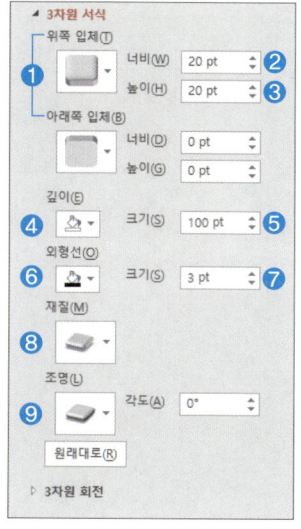
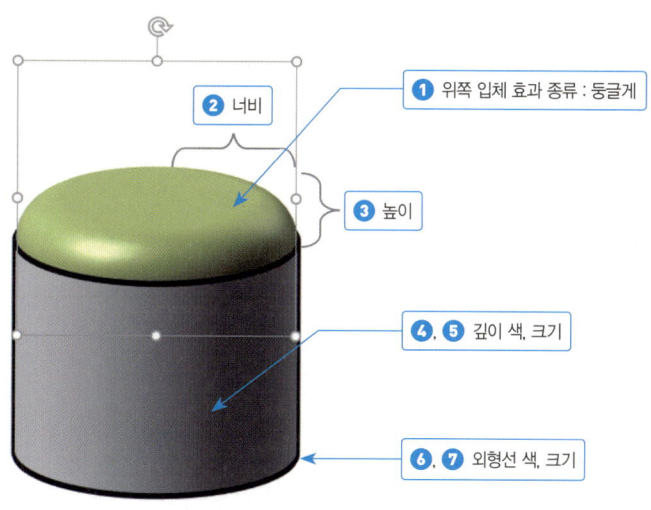

13 도형에 3차원 회전 효과 주기

도형에 3차원 회전 효과를 설정합니다. 미리 설정된 값을 사용하거나, 직접 수치를 조절합니다.

■ [도형 서식] 작업 창 → 도형 옵션 → 효과 → 3차원 회전

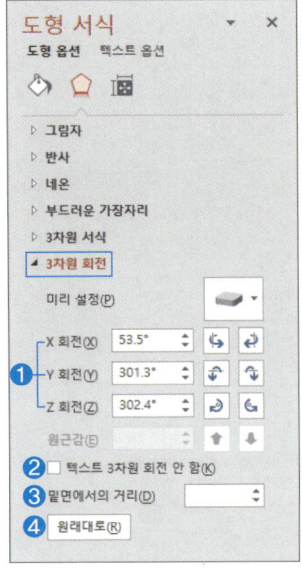

① 회전 : X, Y, Z축으로 회전할 수 있습니다. 직접 각도를 입력해도 되지만, 미리 보기에서 종류를 선택하고 원하는 상태로 조금씩 수정하는 것이 편리합니다.

② 텍스트 3차원 회전 안 함 : 텍스트가 입력된 도형을 회전하는 경우, '텍스트 3차원 회전 안 함'을 선택하면 도형만 회전되게 합니다.

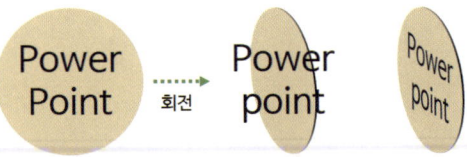

③ 밑면에서의 거리 : 원래 위치에서부터의 거리를 설정하는 것입니다.

④ 원래대로 : 3차원 회전과 원근감 효과를 제거하고 기본 설정으로 복구합니다.

14 크기 및 속성

개체의 크기를 정확하게 제어하고 싶다면 직접 수치를 입력해서 사용하는 것이 필요합니다.

■ **[도형 서식] 작업 창 → 도형 옵션 → 크기 및 속성 → 크기**

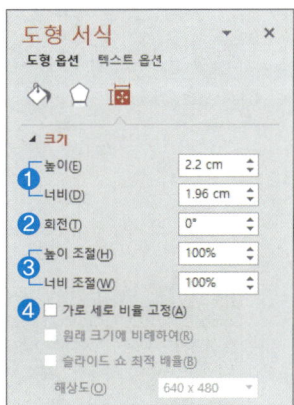

① 높이, 너비 : 직접 원하는 도형의 크기를 입력합니다.

② 회전 : 회전 조절점으로 드래그해서 회전하는 것보다 미세하게 조절할 수 있습니다.

③ 높이, 너비 조절 : 비율로 도형의 크기를 조절합니다. 현재 크기가 100%입니다.

④ 가로 세로 비율 고정 : 이 항목을 선택하고 크기를 조절하면 하나의 값만 입력해도 비율을 따져 함께 조절됩니다.

15 활용도가 높은 텍스트 상자 옵션

도형 작업을 하다 보면, 도형에 텍스트를 입력하는 과정에서 여러 가지 문제점이 생기게 됩니다. 그래서 [도형 서식 작업 창]의 텍스트 상자 설정 옵션은 반드시 이해하고 있어야 합니다.

■ **[도형 서식] 작업 창 → 도형 옵션 → 크기 및 속성 → 텍스트 상자**
　[도형 서식] 작업 창 → 텍스트 옵션 → 텍스트 상자

① 세로 맞춤 : 도형에 입력한 텍스트의 세로 맞춤 관련 설정 사항입니다.

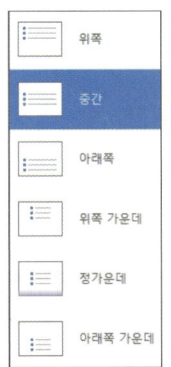

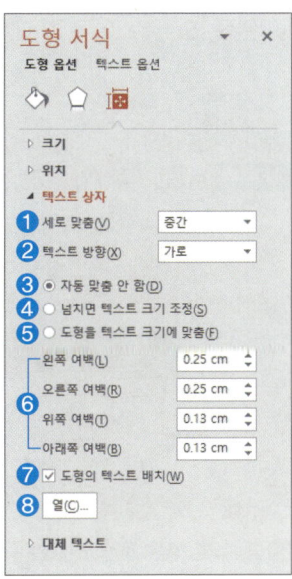

② 텍스트 방향 : 세로쓰기나 가로쓰기 등 방향을 설정합니다.

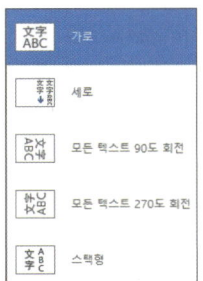

슬라이드 작업 중 설정한 텍스트의 크기가 변하거나 작성한 도형의 크기가 바뀌는 경우가 있습니다. 그런 경우 [텍스트 상자] 설정 옵션에서 맞춤 부분의 설정 값을 확인해야 합니다.

③ **자동 맞춤 안 함** : 도형 크기와 무관하게 텍스트 크기를 조절하지 않습니다.

④ **넘치면 텍스트 크기 조정** : 설정된 텍스트 크기로 도형 안에 입력할 수 없다면 도형 크기에 맞도록 텍스트 크기를 조절합니다.

⑤ **도형을 텍스트 크기에 맞춤** : 설정된 텍스트 크기로 내용을 입력할 수 있도록 도형 크기를 조절합니다.

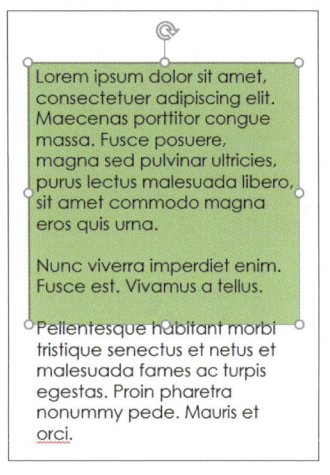 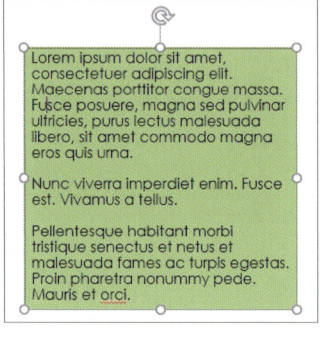 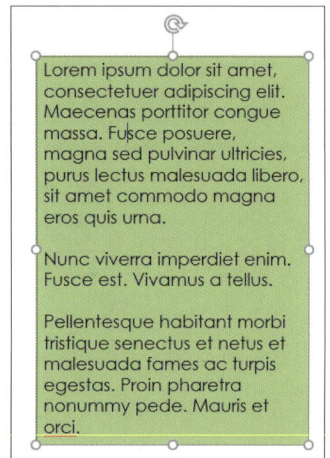

⑥ **왼쪽, 오른쪽, 위쪽, 아래쪽 여백** : 도형에 텍스트를 입력할 때 가장 흔한 어려움은 도형에 텍스트가 원하는 크기와 모양으로 입력되지 않는 경우일 것입니다. 이럴 때 도형 안쪽 여백을 조정하는 방법이 있습니다.

사례 ① 같은 크기의 도형을 사용하는 데 입력하는 글자 수가 다른 경우, 특정 도형만 글꼴 크기나 도형의 크기를 조정할 수 없어서 불편한 경우가 있습니다. 이런 경우 도형 안쪽의 여백을 조정하면 해결할 수 있습니다.

사례 ❷ 대부분 도형 작업에서는 도형을 겹쳐서 사용하는 경우가 많은데, 겹쳐진 곳의 글자 위치를 Spacebar 키나 Enter 키를 사용해 설정하면 정확하게 같은 위치에 설정하기 어렵습니다. 그런 경우도 도형 안 쪽 여백으로 조정하는 것이 깔끔합니다.

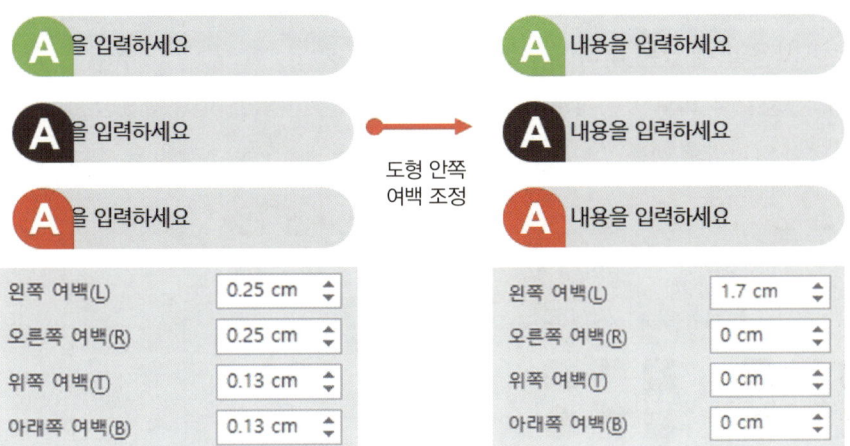

⑦ **도형의 텍스트 배치** : 입력한 텍스트의 줄 바꿈을 자동으로 도형의 가로에 맞추는 것과 관련된 설정입니다. 선택하면 가로 폭이 도형에 맞춰 자동으로 줄 바꿈이 됩니다.

⑧ **열** : 입력된 텍스트의 단을 설정합니다.

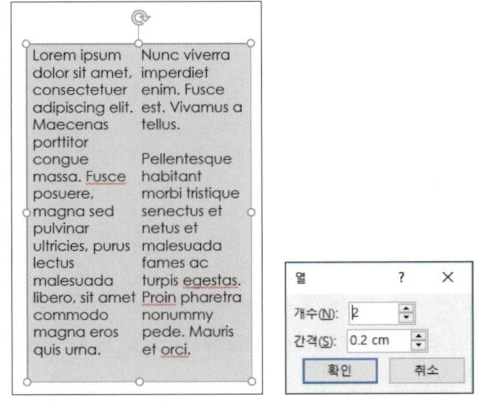

5 빠르게 색을 칠하는 방법

도형 작업을 하다 보면 [그리기 도구 서식] 탭을 클릭해서 원하는 서식을 만드는 일이 번거롭게 느껴지는 경우가 많을 것입니다. 좀 더 빠르게 서식 작업을 하는 방법을 몇 가지 살펴보겠습니다.

1 언제 어디서든 사용할 수 있는 미니 도구 모음

개체 위에서 마우스 오른쪽 버튼을 클릭하면 표시되는 미니 도구 모음과 메뉴를 활용하면, [그리기 도구 서식] 탭을 찾아가지 않더라도 빠른 스타일을 적용하거나 [도형 서식] 작업 창을 표시할 수 있습니다.

현재 어떤 메뉴 탭 상태에 있던지 [그리기 도구 서식] 탭에 있는 명령을 사용할 수 있다는 것은 그만큼 작업을 빠르게 할 수 있다는 것입니다. 앞으로는 마우스 오른쪽 버튼을 클릭한 다음 중 [도형 서식]을 선택해서 작업 창을 표시하고 서식 작업을 하세요.

2 다른 개체의 서식만 복사하기

이미 만들어져 있는 다른 개체의 서식을 복사해서 사용하면, 훨씬 빠르게 서식 작업을 할 수 있습니다. 만들고 있는 개체의 내용은 유지하면서 서식만 복사하는 [서식 복사] 기능을 활용해 보세요. [서식 복사]를 사용하면 한 개체의 서식 전체(색, 글꼴 스타일 및 크기, 테두리 스타일, 효과 등)를 복사하여 다른 개체에 적용할 수 있습니다.

01 도형을 삽입하고 텍스트를 각각 입력합니다.

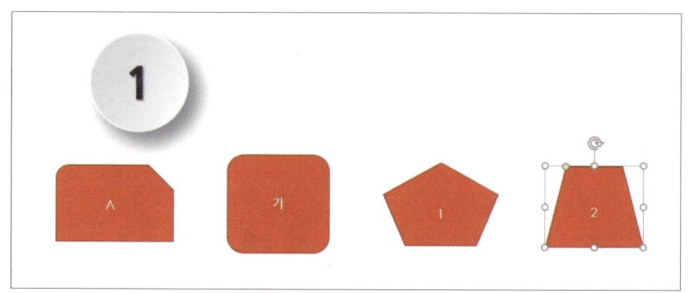

SECTION 02 도형을 자유롭게 다루기

02 원하는 형태로 서식이 만들어져 있는 도형을 선택하고, [홈] 탭 → [클립보드] 그룹 → [서식 복사]를 클릭합니다.
마우스 포인터가 페인트 브러시 형태로 변경되면, 복사한 서식을 적용하려는 도형을 클릭합니다.

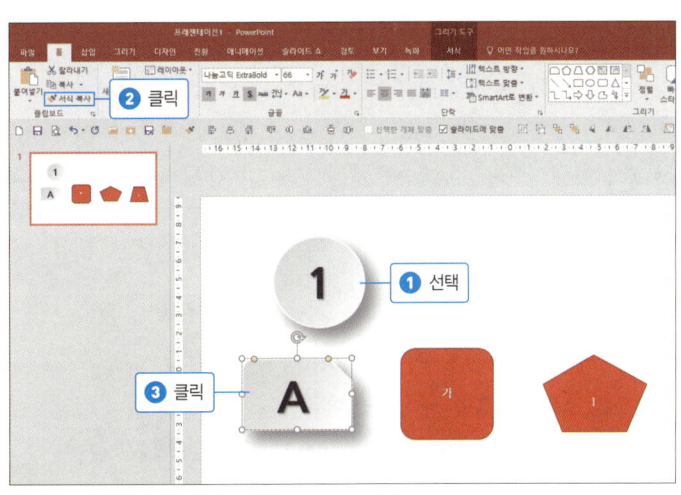

tip
- 서식 복사 : Ctrl + Shift + C
- 서식 붙여넣기 : Ctrl + Shift + V

03 서식은 한 번만 적용됩니다. 만일 여러 개체의 서식을 변경하려면 [서식 복사]를 더블클릭합니다. 이제 도형들을 하나씩 클릭하면 계속 사용할 수 있습니다. 서식 복사를 중지하려면 Esc 키를 누릅니다.

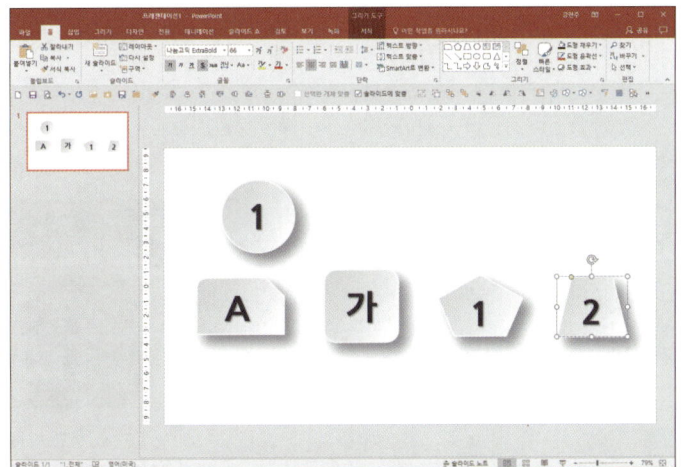

04 만일 글꼴에 관한 서식만 복사하고 싶다면, 텍스트를 블록 설정하고 [홈] 탭 → [클립보드] 그룹 → [서식 복사]를 클릭합니다.
서식을 붙여넣을 곳에서도 마찬가지로 텍스트를 블록 설정하면 서식이 적용됩니다.

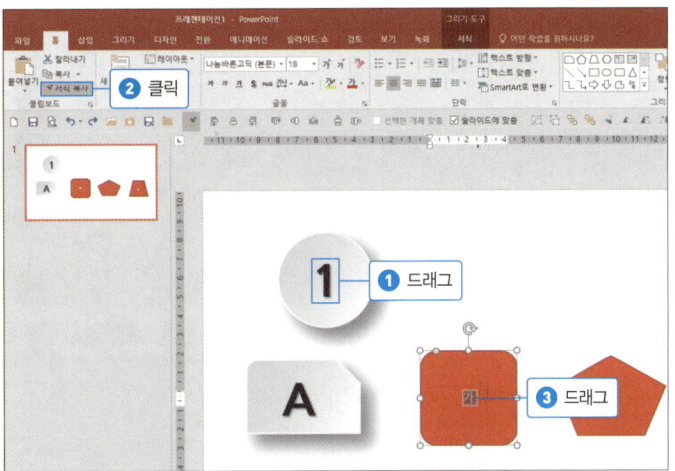

tip 서식 복사는 도형과 같은 그리기 개체에 가장 적합합니다. 그러나 그림에서 그림 테두리와 같은 서식을 복사할 수도 있습니다.

171

3 활용도 100%, 색상을 추출하는 스포이트

파워포인트 2013부터 추가된 기능으로, 색상을 설정할 때 스포이트로 원하는 색을 클릭하면 그 색상을 똑같이 사용할 수 있습니다. 이 기능이 추가되지 않은 이전 버전에서는 색상 추출 유틸리티를 별도로 사용해야 합니다. 이 스포이트 기능은 RGB 값을 직접 입력하는 번거로움 없이 빠르게 원하는 색상을 설정할 수 있어서 아주 편리하고 유용한 기능입니다.

01 색을 설정하려는 개체를 선택하고, [그리기 도구] → [서식] 탭 → [도형 스타일] 그룹 → [도형 채우기 ▼]를 클릭하고, **스포이트**를 실행합니다. 또는 마우스 오른쪽 버튼을 클릭해 **채우기 → 스포이트**를 실행합니다.

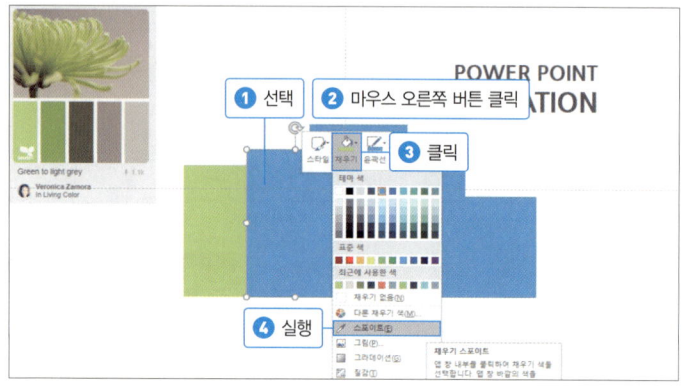

02 마우스 포인터가 스포이트 형태로 변경되면 원하는 부분을 클릭합니다.

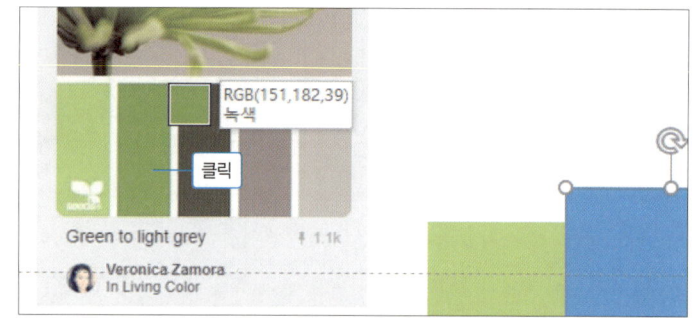

03 만일 파워포인트 프로그램 밖에 있는 색을 사용하고 싶다면, 마우스 포인터가 스포이트 형태로 변경되었을 때 원하는 색 위치까지 드래그합니다.

6 도형의 이동과 복사하기

하나의 슬라이드는 대부분 여러 개의 개체로 이루어지고, 또한 같은 유형이 반복되는 경우가 많습니다. 그래서 한 세트의 도형을 만들어 복사해서 사용하고 내용만 변경하는 일이 자주 있습니다. 이때 만들어 놓은 도형을 이동하거나 복사하는 방법을 살펴보겠습니다.

{실습 파일} 02\02_4.pptx

1 개체 작업에서 마우스 포인터의 변화

개체를 다루는 작업을 할 때는 항상 마우스 포인터를 주의 깊게 확인하면서 작업하는 습관이 필요합니다.

크기 조절	이동	복사
도형의 크기 조절점(○) 위에 마우스 포인터를 가져가면 양방향 화살표가 나타나고 이때 드래그하면 크기가 조절됩니다.	도형 위에 마우스 포인터를 가져가면 화살표가 나타나고 이때 드래그하면 위치가 이동됩니다.	이동 상태에서 [Ctrl] 키를 누르면 마우스 포인터의 모양에 + 부호가 표시되며 복사 상태로 변환됩니다. 이때 드래그하면 도형이 복사됩니다.

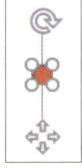

이동하려는 개체의 크기가 작다면 마우스 포인터로 크기를 조절하거나 이동하기가 어려운 경우가 있습니다. 파워포인트 2016에서는 그 단점을 보완하여 도형의 아래쪽에 이동 도구가 표시되어 작은 도형을 쉽게 이동할 수 있도록 만들었습니다.

2 개체 작업에서 사용하는 조합키

도형을 한층 더 쉽게 이동하고 복사할 수 있는 방법을 알아보겠습니다.

■ 수직이나 수평으로만 이동하기
이동할 때 정확한 수평과 수직으로만 움직이고 싶을 때는 [Shift] 키를 누른 상태에서 드래그합니다.

■ 방향키로 도형 수직, 수평으로 이동하기
도형을 선택하고, 키보드의 방향키로 도형을 수직, 수평으로 이동할 수 있습니다.

■ 좀 더 세밀하게 움직이기
도형을 선택하고 [Ctrl] 키를 누른 상태에서 키보드의 방향키를 누르면 세밀하게 이동할 수 있습니다.

■ **복사 위치를 수직, 수평으로 정확하게 이동하기**

Ctrl + Shift 키를 누른 채 드래그하면 도형을 수직 혹은 수평으로 정확하게 복사할 수 있습니다.

■ **도형의 크기를 중심부터 조절하기**

Ctrl 키를 누른 채 크기 조절점을 드래그하면 도형의 중심으로부터 크기를 조절할 수 있습니다.

	Shift	Ctrl	Alt
선택 작업	복수 선택	복수 선택	
도형 그리기 작업	도형 : 정방형 선 : 직선 그리기	중심부터 그리기	세밀하게 그리기
크기 조절 작업	가로 세로 비율 유지	중심부터 크기 조절	세밀하게 크기 조절
이동 작업	수평/수직 이동	마우스 : 도형 복사 키보드(방향키와 함께) : 미세 이동	마우스 미세 이동

3 주변의 개체를 인식해서 위치를 표시를 하는 스마트 가이드

파워포인트 2013 이후 버전부터는 스마트 가이드 기능에 간격 맞춤 기능까지 추가되어서 개체를 이동하거나 복사하면서 수평, 수직, 간격 등을 쉽게 맞출 수 있습니다.

스마트 가이드 기능을 사용하려면 슬라이드의 빈 공간을 마우스 오른쪽 버튼을 클릭하고 **눈금 및 안내선 → 스마트 가이드**를 실행합니다.

▲ 1번 도형을 이동하다 다른 개체의 위치 근처로 이동하게 되면 위, 아래, 가운데, 왼쪽, 오른쪽 등 위치에 선이 표시됩니다.

이 기능을 사용하면 도형 작업을 할 때 주변 도형과의 위치를 표시해 주기 때문에 편리합니다.

도형을 마우스로 이동하거나 복사할 때 주변 도형을 기준으로 맞춤을 표시하는 빨간 점선, 같은 간격을 표시하는 화살표가 나타납니다.

▲ 1, 2번 도형이 원하는 위치에 있는 상태에서 3번 도형을 이동하는 경우, 간격까지 동일한 위치가 표시됩니다.

4 안내선을 이용한 맞춤 작업

인쇄나 슬라이드 쇼 상태에는 보이지 않지만, 개체를 작업할 때 위치를 쉽게 설정하도록 안내선을 활용하는 것이 필요한 경우도 있습니다. 세밀한 도형 작업과 슬라이드 전체의 개체 입력 영역을 표시할 때는 안내선을 이용하면 편리합니다.

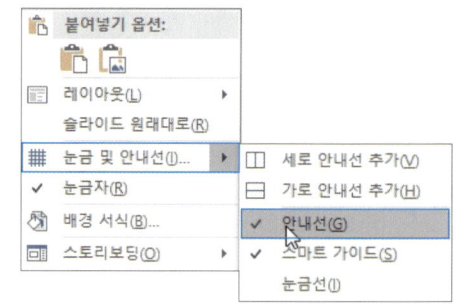

기능을 사용하려면 슬라이드의 빈 공간에 마우스 오른쪽 버튼을 클릭하고 **눈금 및 안내선 → 안내선**을 실행합니다.

① 안내선 표시/해지 단축키 : Alt + F9

② 안내선의 위치 이동 : 드래그

③ 안내선 추가 : 기존의 안내선을 Ctrl 키를 누른 상태에서 드래그

④ 안내선 삭제 : 작업 영역 밖으로 드래그

슬라이드에 이미 개체가 많은 경우라면 안내선을 드래그하다가 개체가 선택될 수 있습니다. 슬라이드 영역 밖 공간에서 안내선을 선택하는 것이 안전합니다.

화면에 가로, 세로 안내선이 표시되며 작업할 때 기준으로 사용할 안내선을 추가할 수 있습니다. 안내선 근처로 개체를 이동하면 자석에 붙듯 자동으로 안내선에 위치가 맞춰집니다.

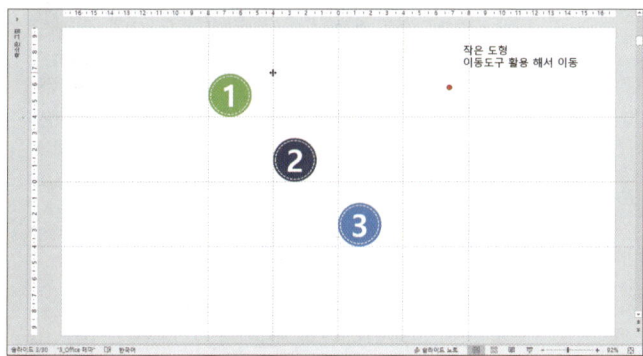

tip 슬라이드 마스터에서 안내선을 설정하면 모든 레이아웃에 사용할 수 있어 편리합니다.

5 개체를 눈금에 맞춰 이동

파워포인트에는 눈금의 크기가 정해져 있고, '개체를 눈금에 맞춰 이동'하는 옵션이 기본적으로 설정되어 있습니다. 눈금의 표시 여부는 눈으로 보는 것일 뿐 표시하지 않더라도 눈금 크기는 정해져 있기 때문에, 방향키로 이동하면 이 눈금을 따라 한 칸씩 이동합니다.

눈금을 표시하려면 슬라이드의 빈 공간에 마우스 오른쪽 버튼을 클릭하고 **눈금 및 안내선 → 눈금선**을 실행합니다.

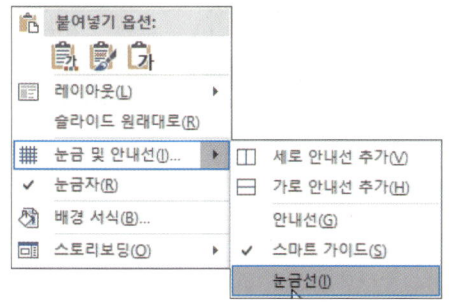

tip 눈금자 표시/숨김 단축키는 Shift + Alt + F9 이고 눈금선 표시/숨김 단축키는 Shift + F9 입니다.

키보드의 방향키로 도형을 이동할 때 한 번에 이동되는 거리는 '눈금 및 안내선' 대화상자에서 설정합니다. 대화상자를 표시하는 방법은 다음과 같습니다.

방법 ① 슬라이드의 빈 공간에 마우스 오른쪽 버튼을 클릭하고 **눈금 및 안내선**을 실행합니다.

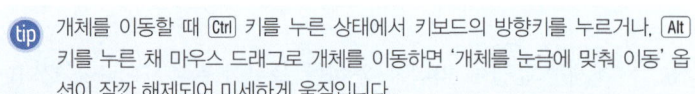

방법 ② [보기] → [표시] 그룹에서 '대화상자 표시' 아이콘(□)을 클릭합니다.

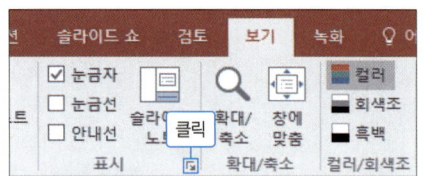

'눈금 및 안내선' 대화상자에서 눈금 설정을 조절할 수 있고, '개체를 눈금에 맞춰 이동' 항목에 체크 표시가 되어 있으면 설정된 눈금에 맞춰 개체가 이동됩니다.

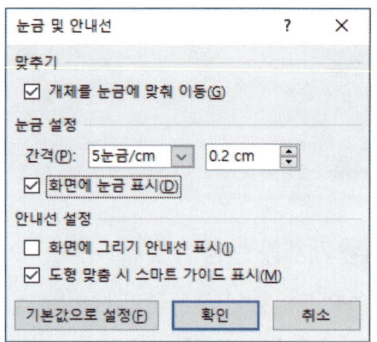

> **tip** 개체를 이동할 때 Ctrl 키를 누른 상태에서 키보드의 방향키를 누르거나, Alt 키를 누른 채 마우스 드래그로 개체를 이동하면 '개체를 눈금에 맞춰 이동' 옵션이 잠깐 해제되어 미세하게 움직입니다.

6 도형 복사해서 내용만 바꾸기

반복되는 형태의 도형이라면 하나를 만들어 복사하는 것이 편리합니다. 나중에 별도의 수정을 거치지 않고 색상이나 내용만 변경하려면, 복사하기 전에 글꼴이나 글꼴 크기, 여백, 그룹화 등 모든 설정사항을 완료한 다음 복사해서 사용합니다.

복사하려는 도형을 선택하고 Ctrl 키를 누른 다음 도형을 드래그하면 복사됩니다. 수직 수평에 관한 문제는 스마트 가이드를 활용해서 해결합니다.

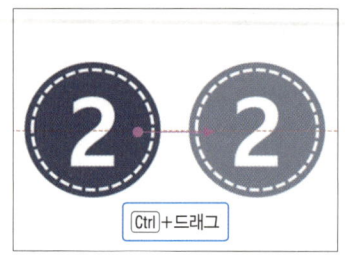

> **tip** 복사 단축키는 Ctrl+C, 붙여넣기 단축키는 Ctrl+V이며, [홈] 탭 → [클립보드] 그룹 → [복사], [홈] 탭 → [클립보드] 그룹 → [붙여넣기]를 사용해도 됩니다.

7 도형의 맞춤과 그룹

슬라이드를 작성하면서 자주하는 작업 중 하나는 개체들 사이의 간격이나 위치를 설정하는 일입니다. 개체를 원하는 위치에 맞추고 정렬하는 기능은 도형뿐 아니라 파워포인트에서 사용하는 그림, 도형, 텍스트 상자 또는 WordArt 등의 개체에서 모두 동일하게 사용할 수 있습니다.

{실습 파일} 02\02_5.pptx

1 개체 선택하기

■ [홈] 탭에서 하기

[홈] 탭 → [편집] 그룹 → [선택]에는 좀 더 다양하게 개체를 선택할 수 있는 명령이 있습니다.

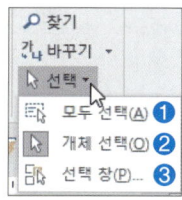

① 모두 선택 : 슬라이드의 모든 개체 및 개체 틀을 선택합니다.

② 개체 선택 : 숨겨진 개체, 겹쳐진 개체 또는 텍스트 뒤에 있는 개체를 선택하려면 [개체 선택]을 클릭한 다음, 개체를 넓게 포함하도록 드래그합니다. 드래그할 때 걸쳐지는 개체는 선택되지 않습니다.

③ 선택 창 : 하나 이상의 개체를 선택하거나 개체를 표시하거나 숨기거나 개체의 순서를 변경할 수 있는 선택 창을 표시합니다.

■ 단축키로 개체 선택하기

① 전체 선택 : Ctrl + A 키를 누릅니다.

② 여러 개체 선택 : 처음 개체는 클릭하고 두 번째 부터는 Shift 키를 누른 상태에서 클릭합니다.

③ 선택 해제 : 선택 해제하려는 개체를 Shift 키를 누른 상태에서 클릭합니다

④ 선택한 개체 보다 위쪽 개체 선택 : Tab 키를 누릅니다.

⑤ 선택한 개체 보다 아래쪽 개체 선택 : Shift + Tab 키를 누릅니다.

> tip 여러 개체를 선택할 때 Ctrl 키를 사용해도 되지만, Ctrl 키는 복사하는 기능도 있어서 원하지 않게 개체가 복사될 수 있으니 안전하게 Shift 키를 활용하는 것이 좋습니다.

2 메뉴를 이용한 정렬하기

슬라이드에 삽입된 여러 개체들을 마우스와 키보드만으로 정확하게 정렬하는 것은 [스마트 가이드] 기능을 사용한다고 해도 어려운 경우가 있습니다. 이번에는 메뉴를 이용해서 선택된 개체들끼리 상대적인 위치를 기준으로 조정하는 방법과 슬라이드의 절대적인 위치를 기준으로 정렬하는 방법을 알아보겠습니다.

01 정렬하려는 개체가 모두 포함되도록 넓게 드래그해서 선택합니다.

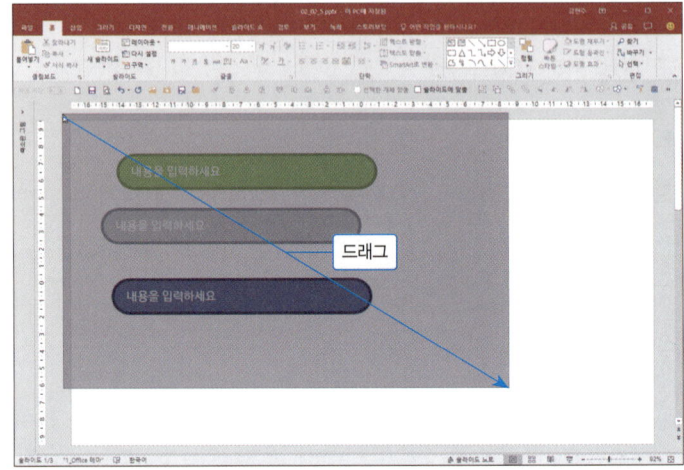

tip [Ctrl]+[A] 키를 눌러 슬라이드 안의 모든 개체를 선택했을 때 만약 슬라이드에 정렬 대상이 아닌 다른 개체가 있으면, 그 개체까지 모두 선택되어 원하는 정렬이 안 될 수도 있으니 주의하세요.

02 선택한 개체를 슬라이드의 가로 중심에 맞추기 위해, **[그리기 도구 서식]** 탭 → **[정렬]** 그룹 → **[맞춤]**을 클릭하고 **슬라이드에 맞춤**을 실행해서 정렬 기준을 설정합니다.

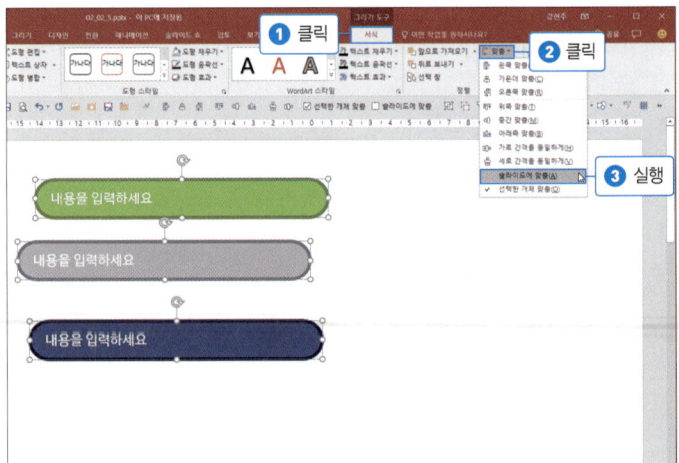

SECTION 02 도형을 자유롭게 다루기

03 [그리기 도구 서식] 탭 → [정렬] 그룹 → [맞춤]을 클릭하고 **가운데 맞춤**을 실행합니다.

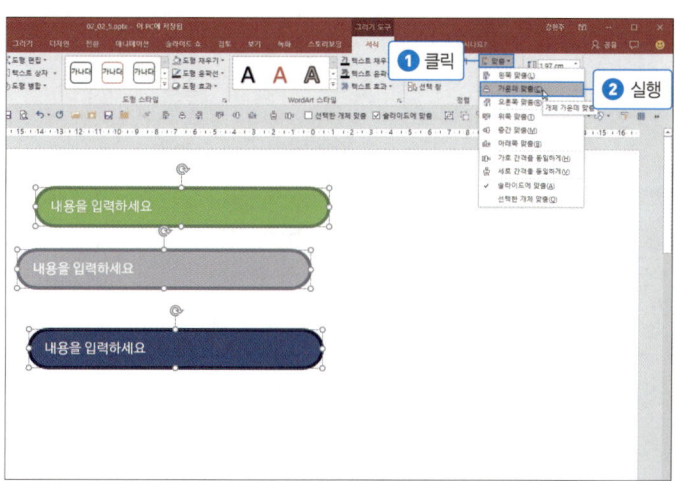

04 [그리기 도구 서식] 탭 → [정렬] 그룹 → [맞춤]을 클릭하고 **선택한 개체에 맞춤**을 실행해서 정렬 기준을 설정합니다.

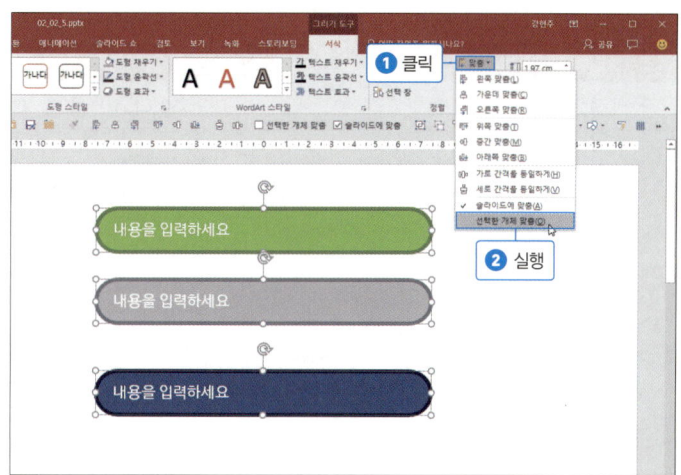

05 개체의 전체 위치는 유지하면서 세로의 간격이 동일하도록 [그리기 도구 서식] 탭 → [정렬] 그룹 → [맞춤]을 클릭하고 **세로 간격을 동일하게**를 실행합니다.

원하는 형태로 슬라이드의 가로 가운데와 개체의 원래 위, 아래 위치는 유지한 상태에서 간격만 동일하게 조정된 것을 확인할 수 있습니다.

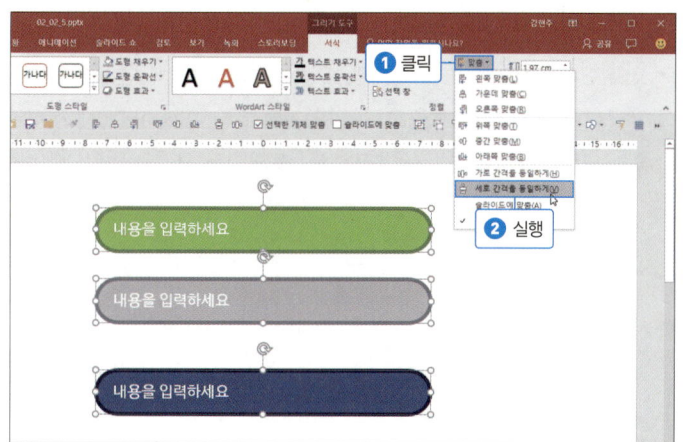

> tip [맞춤] 명령은 [홈] 탭 → [그리기] 그룹 → [정렬]이나, [그리기 도구 서식] 탭 → [정렬] 그룹 → [맞춤] 중 어느 곳의 명령을 사용해도 되지만 보통 여러 번 기준이나 명령을 선택해야 하기 때문에 빠른 실행 도구 모음에 등록해서 사용하는 것이 편리합니다.

3 맞춤 명령 사용하기

■ 맞춤이나 배분 작업의 순서와 주의할 점

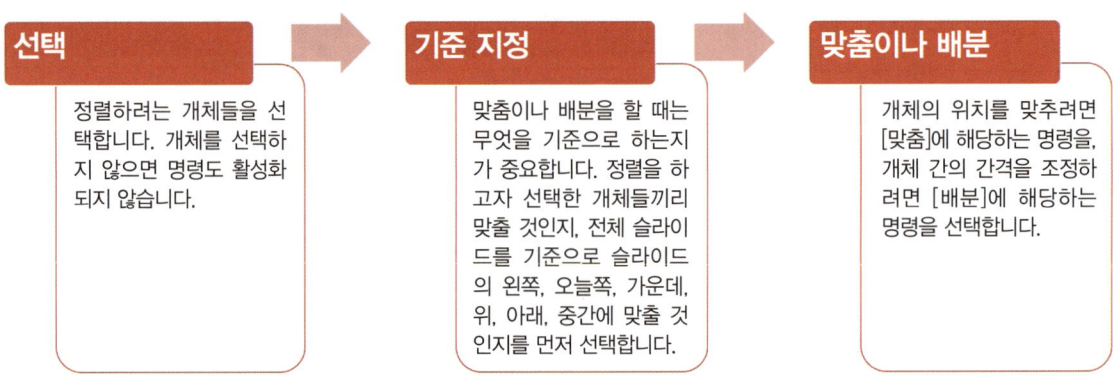

- 배분 관련 명령은 개체가 적어도 세 개 이상 선택되어야 활성화됩니다.
- 개체가 하나만 선택된 경우, 맞춤과 배분의 기준이 자동으로 '슬라이드에 맞춤'이 선택됩니다. 한 개의 개체를 맞추는 방법은 슬라이드를 기준으로 하는 방법밖에 없기 때문입니다.
- '선택한 개체를 기준'으로 맞춤이나 배분을 할 때는 먼저 기준으로 사용할 개체를 원하는 위치에 이동합니다. 그 개체를 기준으로 왼쪽, 오른쪽, 위, 아래'가 정해지고, 가운데, 중간은 선택된 개체들 중 가운데, 중간의 위치가 상대적으로 정해지는 것입니다. 그 다음에 정렬하려는 개체들을 모두 선택하고 정렬하면 됩니다. 배분이라면 가장 위와 아래, 왼쪽과 오른쪽 두 개의 개체로 기준 위치를 설정합니다.
- 맞춤을 했더니 한쪽으로 몰리는 것은, 세로로 배열된 개체들에게 가로 맞춤을 하거나, 가로로 배열된 개체들에게 세로 맞춤을 한 경우입니다. 즉시 Ctrl+Z 키를 누르거나, 빠른 실행 도구 모음에서 [실행 취소] 명령을 클릭해서 실행을 취소한 다음 다시 작업하세요.

SECTION 02 도형을 자유롭게 다루기

4 한 덩어리로 움직여야 한다면 그룹으로 만들기

슬라이드 작업에 여러 도형이 함께 하나의 내용을 만들고 있다면, 정렬하거나 배분 작업을 할 때 주의해야 합니다.

01 개체들을 정렬하기 위해 넓게 드래그해서 모든 개체를 선택합니다. 먼저 간격을 조절하기 위해 [**그리기 도구 서식**] **탭** → [**정렬**] **그룹** → [**맞춤**]을 클릭하고 **세로 간격을 동일하게**를 실행합니다.

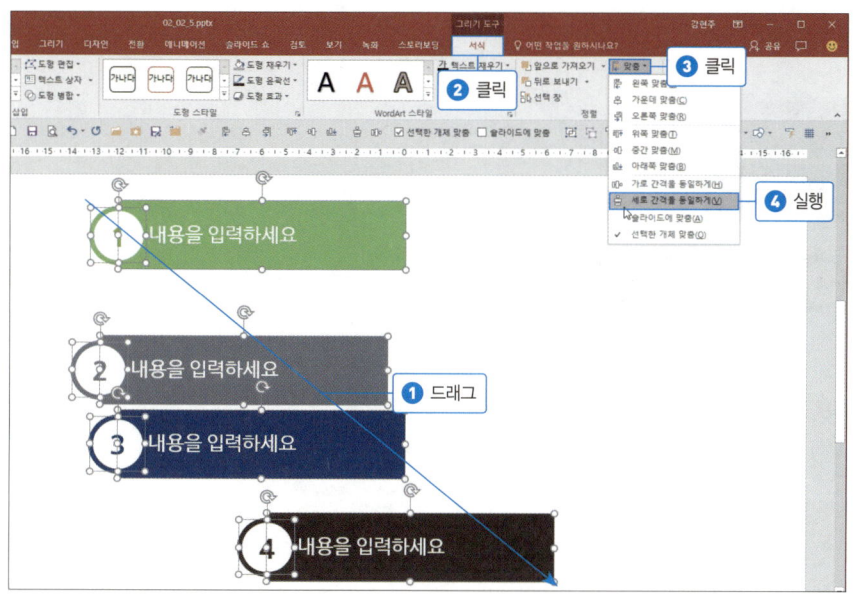

02 그런데 결과가 생각한 것과는 다르게 되었습니다. 도형을 만든 사용자는 번호와 내용 부분이 한 세트라 당연히 네 개 도형의 간격을 조절한다고 생각하겠지만, 개체 별로 맞춤이 적용되는 파워포인트는 선택된 여덟 개 도형의 세로 간격을 조절한 것입니다. 빠른 실행 도구 모음에서 [실행 취소] 명령을 클릭해 방금 했던 작업을 취소합니다.

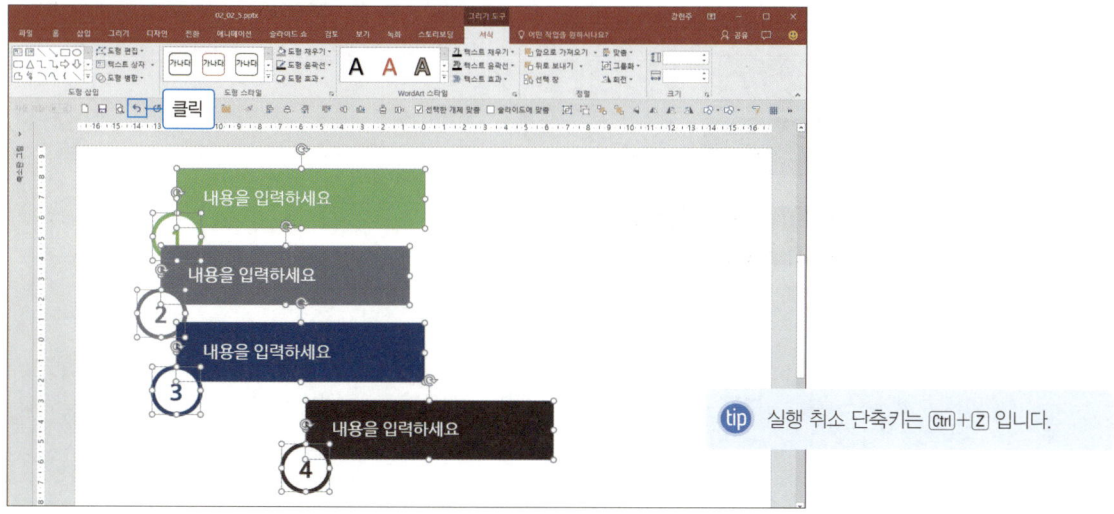

tip 실행 취소 단축키는 Ctrl+Z 입니다.

181

03 번호와 내용 하나씩을 선택하고, **[그리기 도구 서식] 탭 → [정렬] 그룹 → [그룹화]**를 클릭하고 **그룹**을 실행합니다.

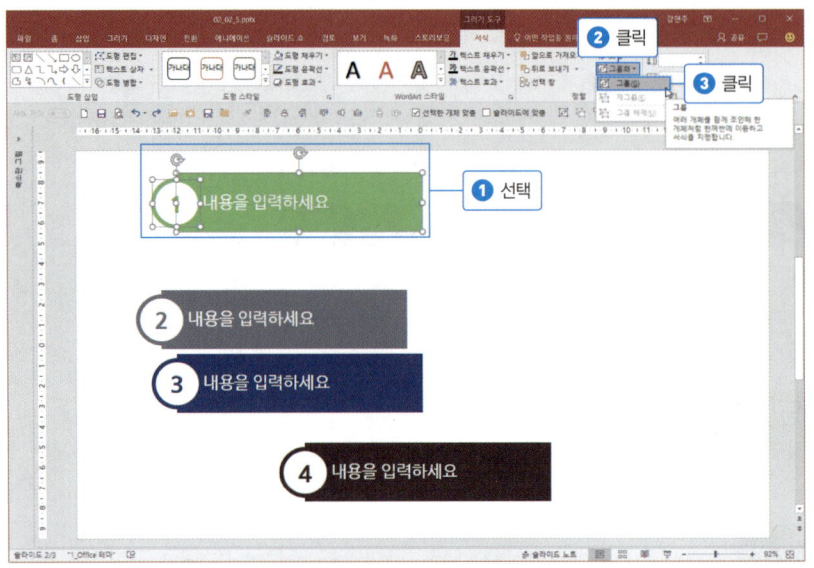

tip 선택한 도형 위에서 마우스 오른쪽 버튼을 클릭해 **그룹화 → 그룹**을 실행해도 됩니다.
그룹 단축키는 Ctrl+G, 그룹 해제 단축키는 Ctrl+Shift+G입니다.

04 같은 방법으로 나머지 도형도 두 개씩 선택해서 그룹으로 만듭니다.

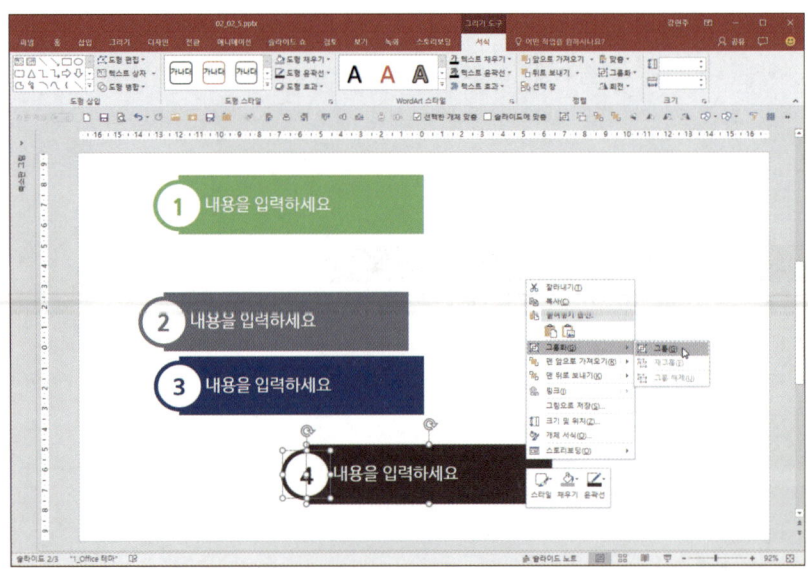

tip 지금은 먼저 복사를 해 놓고, 그룹화하는 작업을 했기 때문에 그룹 작업을 네 번이나 했습니다. 만일 먼저 그룹까지 만들어 놓고 복사했다면 작업 시간이 단축될 수 있습니다. 항상 동일한 형태의 도형이라면 글꼴 관련 서식과 그룹화 등 모든 내용을 완벽히 작성하고 복사하는 것이 작업 시간을 줄이는 방법입니다.

SECTION 02 도형을 자유롭게 다루기

05 이제 다시 간격을 조절하기 위해, 도형을 모두 선택하고 **[그리기 도구 서식] 탭 → [정렬] 그룹 → [맞춤]**을 클릭해 **세로 간격을 동일하게**를 실행합니다. 개체 세로 간격이 조절되었습니다. 슬라이드 기준으로 개체를 균등하게 맞추기 위해 **[그리기 도구 서식] 탭 → [정렬] 그룹 → [맞춤]**을 클릭하고 **[슬라이드에 맞춤]**을 실행해서 정렬할 기준을 슬라이드로 설정합니다.

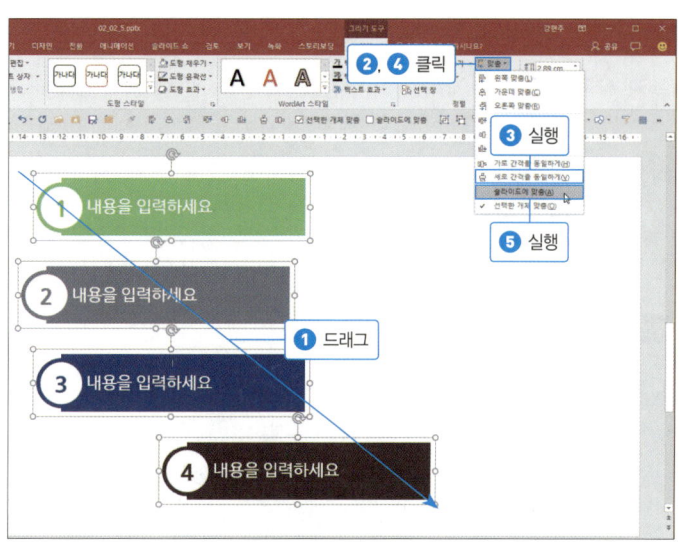

06 **[그리기 도구 서식] 탭 → [정렬] 그룹 → [맞춤]**을 클릭하고 **세로 간격을 동일하게**를 실행합니다.
다시 한 번 **[그리기 도구 서식] 탭 → [정렬] 그룹 → [맞춤]**을 클릭해 **가운데 맞춤**을 실행합니다.

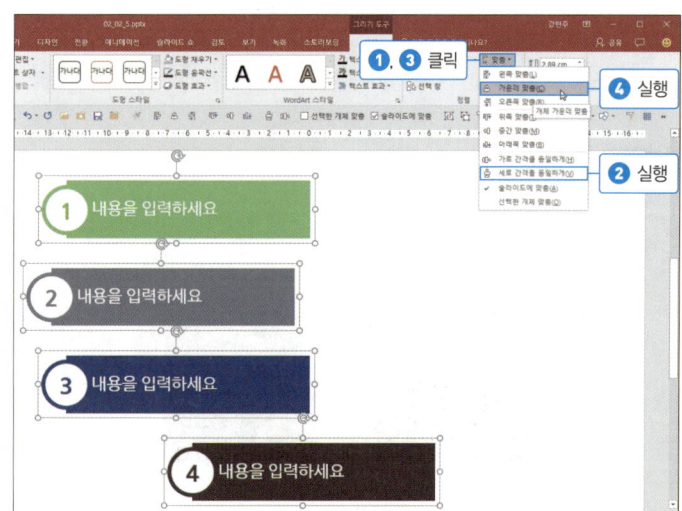

07 슬라이드의 가로, 세로에 맞게 개체가 배분된 것을 확인할 수 있습니다.

5 도형을 여러 개 선택하는 것과 그룹을 만드는 것의 차이

실제 슬라이드 작업에서는 도형을 그룹으로 만들었다 해제하고, 다시 그룹으로 만들고 하는 일이 있습니다. 그런 이유는 도형을 다룰 때 그룹으로 다루는 것과 여러 개를 선택한 다음 다루는 것이 차이가 있기 때문입니다. 어느 것이 좋고 나쁜 것이 아니라 각각 특징이 있습니다. 그렇기 때문에 여러 개 선택된 도형과 그룹화된 도형으로 작업하는 것은 같은 작업이라도 결과가 다를 수 있습니다. 각 상황의 차이점을 알고 필요에 따라 적당한 방법을 선택해서 사용합니다.

상황 ① 크기 조절하는 경우

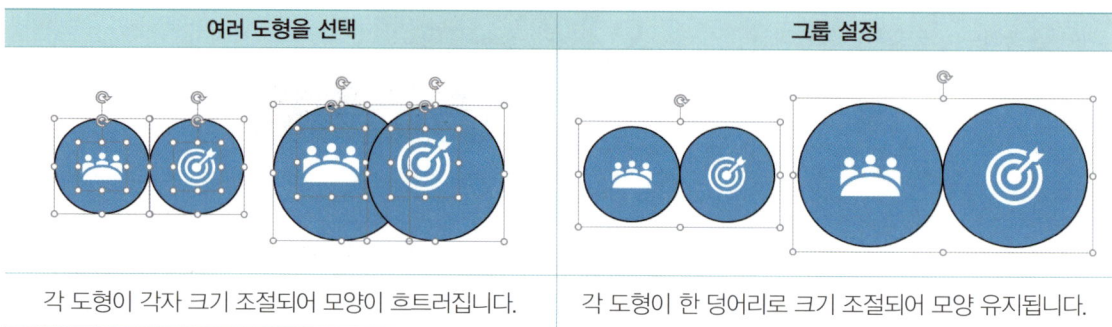

상황 ② 도형을 그림으로 채우는 경우

상황 ③ 도형에 그림자를 지정하는 경우

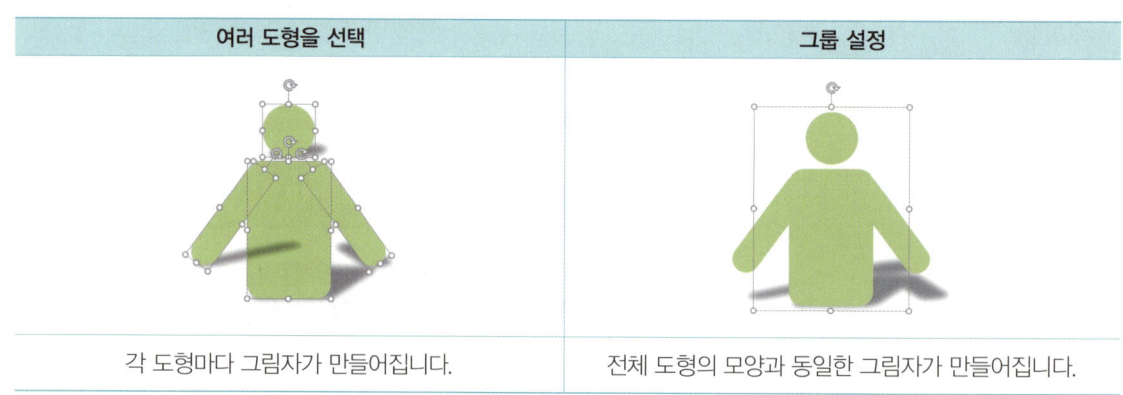

SECTION 02 도형을 자유롭게 다루기

6 그룹이 만들어지지 않는 경우

만일 개체를 선택하고 그룹으로 만들 때 그룹 명령이 적용되지 않는다면, 혹시 선택된 개체 중 슬라이드 레이아웃에 기본으로 있는 제목이나 슬라이드 번호 등의 개체가 함께 선택되지는 않았는지 확인해 봅니다. 슬라이드 레이아웃에 있는 요소들은 다른 개체와 함께 그룹으로 설정할 수 없습니다.

01 슬라이드 마스터에서 설정된 개체 틀을 사용하는 슬라이드 레이아웃을 사용하는 경우를 살펴보겠습니다.
예를 들어 제목, 내용, 슬라이드 번호가 있는 슬라이드 레이아웃을 사용해서 슬라이드를 만듭니다.

02 이 슬라이드 레이아웃으로 그림과 같은 슬라이드를 작성했습니다.

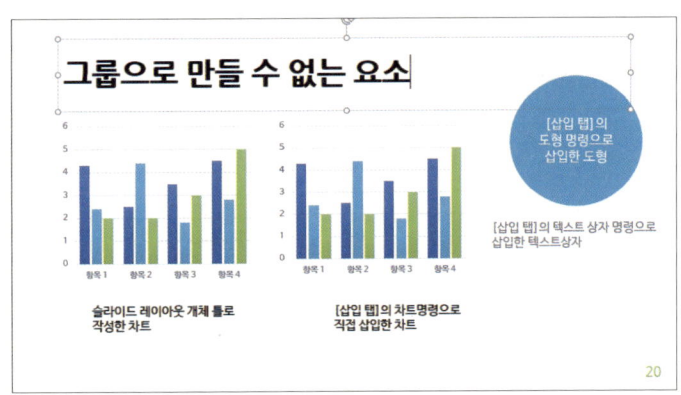

03 표시된 슬라이드 레이아웃 요소 중 한 가지라도 포함된 개체들은 그룹으로 설정할 수 없습니다.

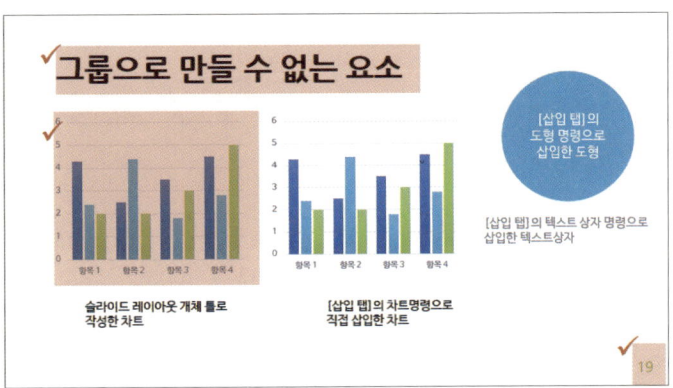

185

04 직접 삽입한 개체를 선택한 후 그룹 명령을 확인하면 그룹 명령을 사용할 수 있습니다.

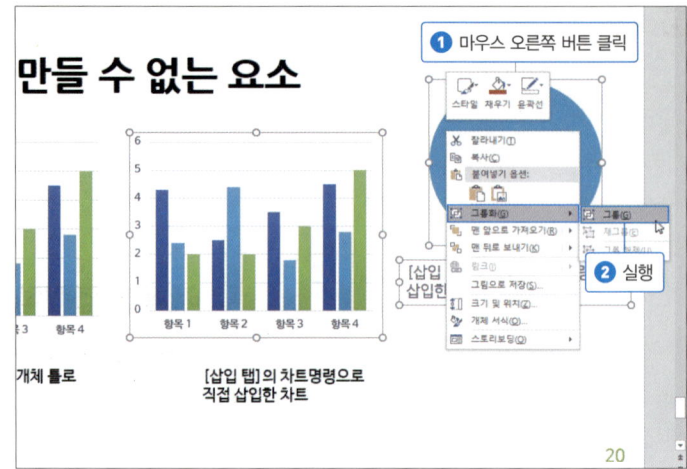

05 슬라이드 레이아웃 내용 개체 틀로 작성한 차트를 포함한 개체 선택한 후, 그룹 명령을 확인하면 비활성화되어 사용할 수 없습니다.

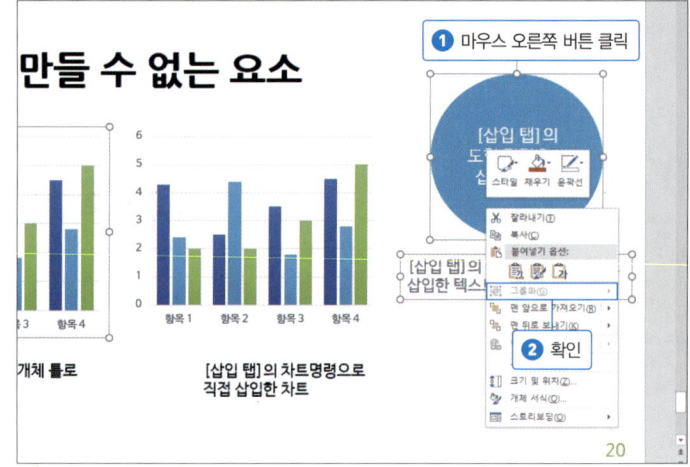

SECTION 03 그림으로 정보 전달력을 높여 표현하기

텍스트로 구성된 내용보다는 이미지화한 것들이 훨씬 빠르게 이해되고, 오래 기억된다고 합니다. 그리고 이미지 형태의 정보는 다양한 매체를 통해 전달하기도 편리합니다. 정보의 시각화 처리에 유용한 그림 개체를 다루는 방법을 살펴보겠습니다.

정보를 제공하는 여러 방법 중 그림에 의한 표현은 간결하고 이해가 쉬우면서도 기억에 오래 남습니다. 슬라이드에서 그림과 관련된 주요 작업은 아래와 같습니다.

준비한 그림을 삽입하고, 적당하게 크기를 조정하고, 이미지의 상태에 따라 색이나 선명도를 조절한 다음 알맞은 스타일을 설정하게 됩니다. 다양한 그림 자료를 다루는 방법과 파워포인트에서 전문 이미지 편집 프로그램을 사용하지 않아도 이미지 작업을 할 수 있도록 향상된 그림 관련 기능을 살펴보겠습니다.

1 그림 파일을 삽입하는 두 가지 방법

{실습 파일} 02\03_01.pptx

슬라이드에 그림을 삽입하는 방법은 크게 두 가지입니다. 명령을 직접 이용하는 것과 개체 틀을 이용하는 것입니다. 두 가지 모두 삽입된 후 그림 크기나 위치를 수정할 수 있습니다. 두 방법의 차이점을 알아두면 많은 분량의 슬라이드 작업을 할 때 편리한 방법을 찾을 수 있습니다.

1 그림 명령을 이용한 그림 삽입

01 [삽입] 탭 → [이미지] 그룹 → [그림]을 클릭합니다. '그림 삽입' 대화상자가 표시되면, 02\이미지 폴더에서 삽입할 그림을 선택하고 〈삽입〉 버튼을 클릭합니다.

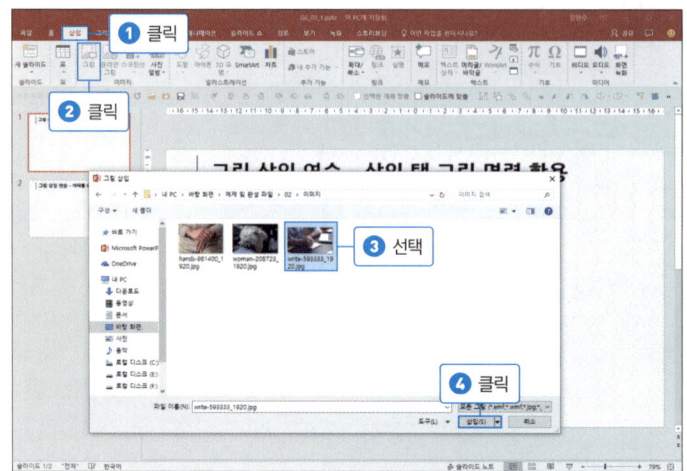

02 파워포인트에서 그림은 기본적으로 프레젠테이션 문서에 포함됩니다. 만일 그림을 파일에 연결시켜서 관리하려면, '그림 삽입' 대화상자에서 〈삽입▼〉 버튼을 클릭하고, **파일에 연결** 또는 **삽입 및 연결**을 실행합니다.

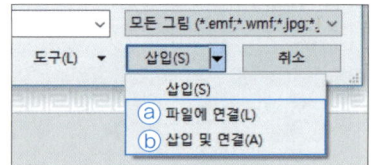

ⓐ **파일에 연결** : 그림을 연결합니다. 원본 그림이 수정되면 수정된 결과가 반영되고, 원본 그림이 없으면 그림이 표시되지 않습니다.

ⓑ **삽입 및 연결** : 그림을 삽입과 함께 연결합니다. 원본 그림이 수정되면 수정된 결과가 반영되고 원본이 없어도 그림이 표시됩니다.

03 그림이 슬라이드의 가운데에 삽입됩니다. 삽입된 그림이 슬라이드의 크기보다 크다면, 슬라이드의 가로세로에 맞도록 크기가 최대로 조절되어 삽입됩니다.

> **tip** 이렇게 그림의 가로세로 비율을 왜곡하지 않는 상태에서 슬라이드 최대로 삽입되는 이유는 이 그림의 기본 속성 값이 가로 세로 비율을 고정하고, 원래 크기에 비례하여 높이와 너비를 조절하는 것으로 되어 있기 때문입니다.

> **tip** 슬라이드에 사용하지 않은 개체 틀이 있다면 [삽입] 탭 → [이미지] 그룹 → [그림]을 클릭해도 개체 틀 안에 그림이 삽입됩니다.

SECTION 03 그림으로 정보 전달력을 높여 표현하기

04 슬라이드에 맞춰 그림의 크기를 조절합니다.

정렬과 가로 세로 비율을 유지하면서 크기만 조절하려면, 도형 개체와 같은 방법으로 Ctrl+Shift 키를 누른 채 모서리의 크기 조절점(○)을 드래그합니다.

 특히 로고처럼 회사나 단체를 대표하는 이미지들은 비율이 왜곡되지 않도록 사용에 주의합니다.

2 개체 틀을 이용한 그림 삽입

01 그림을 삽입할 때 설정한 크기에 맞춰 삽입하고 싶다면 개체 틀을 이용하는 것이 편리합니다. 개체 틀은 여러 개의 개체를 삽입할 때 빠르게 삽입 명령을 찾을 수 있고, 삽입되는 개체의 크기를 관리할 수도 있습니다.

개체 틀 안의 '그림' 아이콘(🖼)을 클릭합니다.

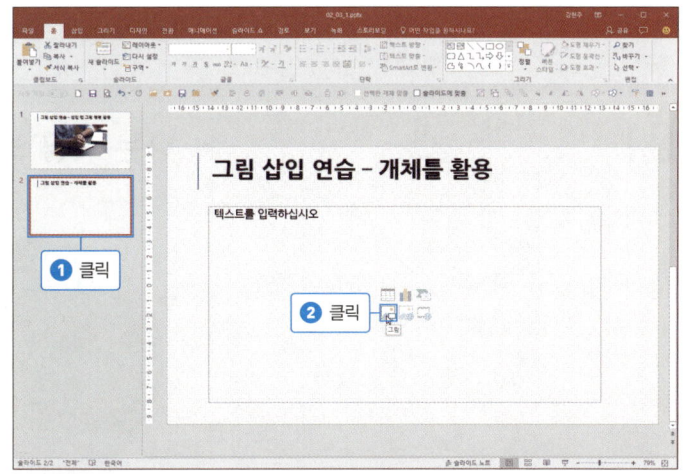

- 개체 틀에서 개체를 삽입하면, 슬라이드 마스터에서 사용자가 원하는 슬라이드의 형태를 만들고 그곳에 삽입하는 개체의 크기나 위치를 한번에 조정하고 변경할 수 있어 편리합니다.
- 그림이 삽입될 때 슬라이드의 레이아웃에 따라 제시되는 '디자인 아이디어'의 형태가 다르게 표시됩니다. 표지로 사용할 것인지 내용 슬라이드로 사용할 것인지를 판단해서 표시해 줍니다.

02 슬라이드보다 큰 사이즈의 그림이라도 슬라이드의 전체 영역을 사용하는 것이 아니라, 개체 틀의 범위를 넘지 않는 크기로 삽입되는 것을 확인할 수 있습니다.

2 대칭과 회전, 순서 바꾸기

{실습 파일} 02\03_2.pptx

개체를 사용할 때 개체를 회전하거나 순서를 바꾸는 방법을 알아보겠습니다.

01 개체 틀 안의 '그림' 아이콘(🖼)을 클릭하고 02\이미지 폴더에서 그림을 삽입합니다.

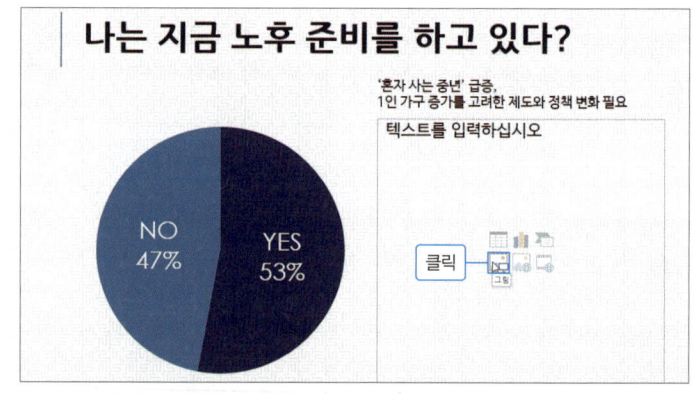

02 준비한 그림은 오른쪽을 바라보고 있는 형태인데 내용을 왼쪽에 입력했다면 자료에 대한 집중도가 떨어지게 됩니다. 이런 경우 그림을 좌우를 반전하면 내용에 좀 더 집중하는 것으로 보입니다.
[그림 도구 서식] 탭 → [정렬] 그룹 → [회전]을 클릭하고, **좌우 대칭**을 실행합니다.

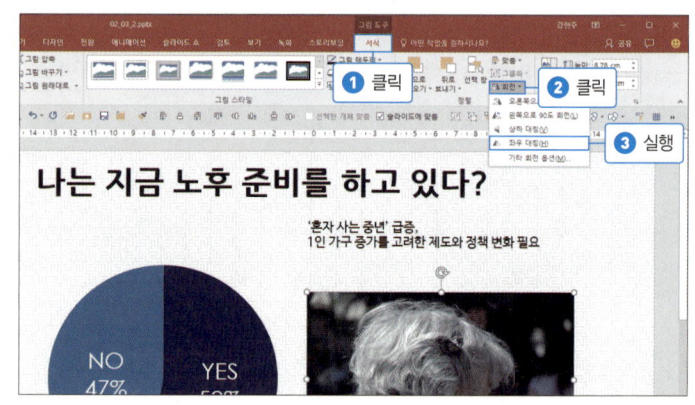

03 [그림 도구 서식] 탭 → [그림 스타일] 그룹에서 '자세히' 아이콘(▼)을 클릭하고, '회전, 흰색' 스타일을 선택합니다.

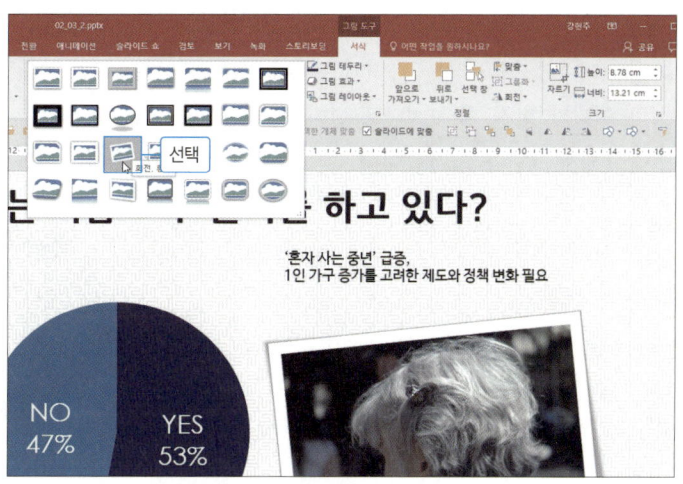

04 삽입된 그림을 Ctrl 키를 누른 채 드래그해서 그림을 하나 더 복사합니다.

05 Shift 키를 누른 채 모서리의 크기 조절점(○)을 드래그해서 적당한 크기로 조절합니다.

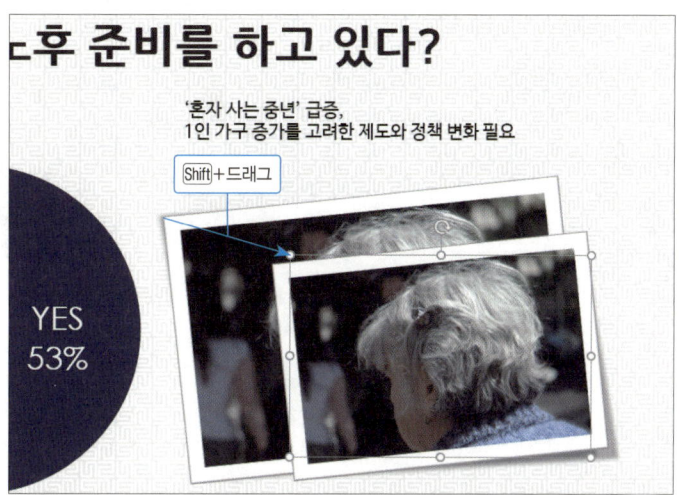

06 그림 위쪽의 회전 핸들(⟳)에 마우스 포인터를 가져가 마우스 포인터가 회전 형태(↻)로 변하면 드래그해서 그림을 회전합니다.

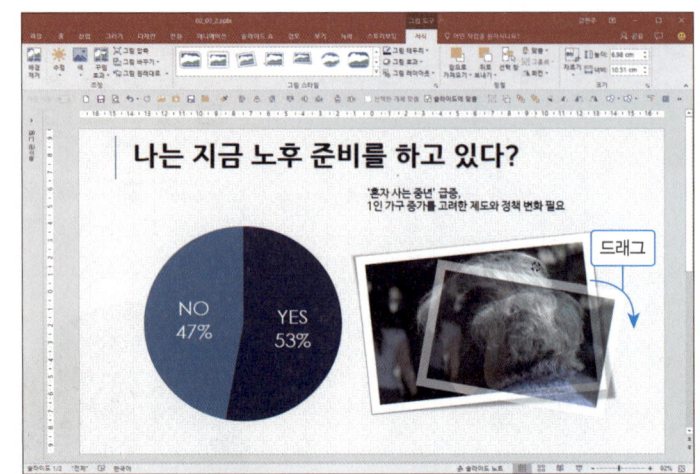

07 아래쪽 큰 그림의 크기와 위치를 유지하면서 이미지만 변경하겠습니다.
큰 그림이 선택된 상태에서 **[그림 도구 서식] 탭 → [조정] 그룹 → [그림 바꾸기]**를 클릭하고 **파일에서**를 실행합니다.

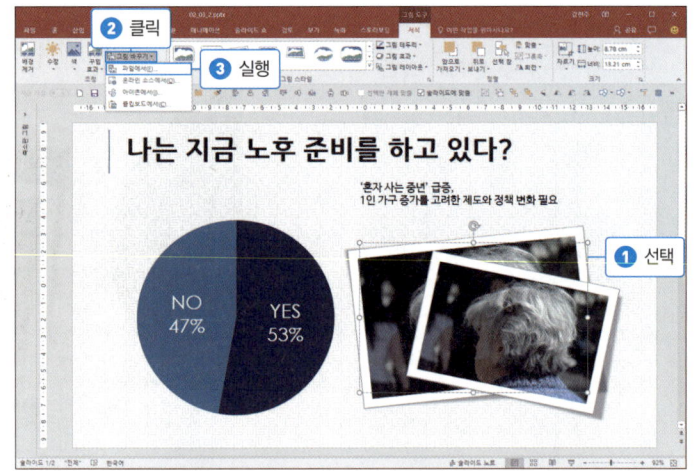

tip 개체 위에서 마우스 오른쪽 버튼을 클릭하고 **그림 바꾸기 → 파일에서**를 실행해도 됩니다.

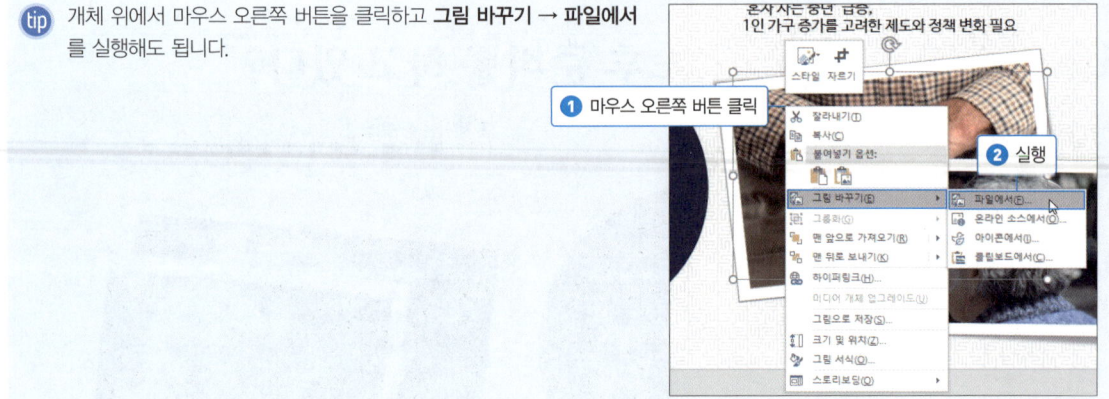

SECTION 03 그림으로 정보 전달력을 높여 표현하기

08 '그림 삽입' 대화상자가 표시되면 원하는 그림을 선택하고 〈삽입〉 버튼을 클릭합니다.

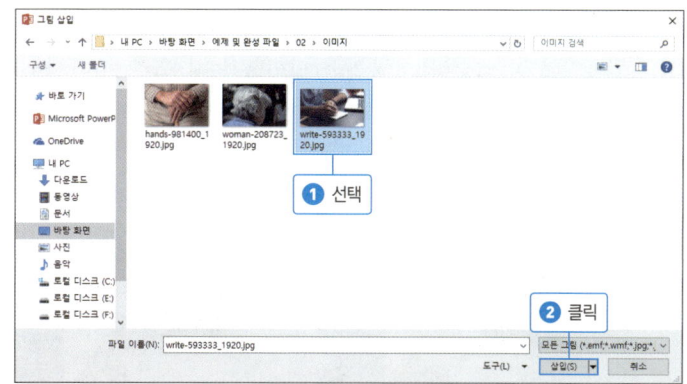

09 그림이 변경된 것을 확인할 수 있습니다. 이처럼 슬라이드에 그림을 여러 장 삽입할 때 직접 개체를 삽입할 수도 있고, 하나만 삽입한 후 복사해서 그림을 바꿀 수도 있습니다.

10 파워포인트에서는 슬라이드에 개체가 삽입되는 순서에 따라 개체의 순서가 정해집니다. 개체를 겹쳐서 사용할 때 겹쳐지는 순서가 이 순서입니다.
앞쪽의 작은 그림을 뒤로 보내고 싶다면, 작은 그림을 선택하고 마우스 오른쪽 버튼을 클릭해 **맨 뒤로 보내기**를 실행합니다.

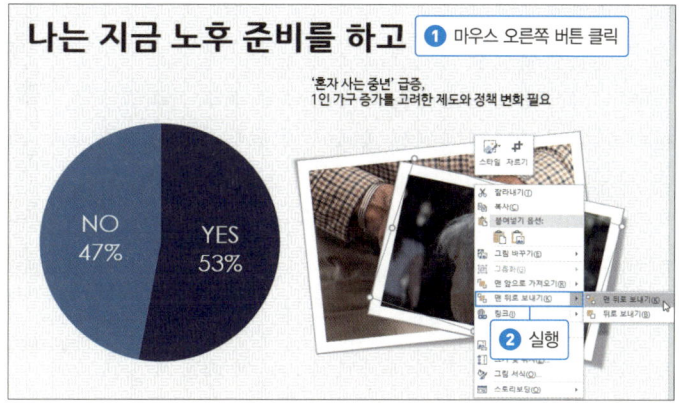

11 개체의 순서를 바꿀 때는 [그림 도구 서식] 탭 → [정렬] 그룹 → [앞으로 가져오기]/[뒤로 보내기]를 클릭합니다. 여러 개의 개체가 삽입되었을 때 [앞으로 가져오기]/[뒤로 보내기] 명령을 사용하면 한 단계씩 순서를 조정할 수 있고 [맨 앞으로 가져오기]/[맨 뒤로 보내기]는 한 번에 가장 앞이나 가장 뒤로 순서를 변경할 수 있습니다.

3 그림에서 필요 없는 부분 제거해서 내용 강조하기

프레젠테이션 문서에 사용하는 이미지들은 내용을 설명할 때 시각적인 도움을 주거나 추가적인 정보를 주기 위해 사용합니다. 그런데 사용하려는 이미지가 내용에 딱 맞게 준비되지 않는 경우, 이미지 중 일부분을 사용하기 위해 불필요한 부분은 자르게 됩니다.

이미지의 전체적인 크기를 조정하는 리사이즈보다 일부분을 잘라내는 크롭은 더욱 신중하게 작업해야 합니다. 전달하려는 정보를 위해 이미지가 가진 전체 정보를 왜곡할 수 있기 때문입니다. 좋은 구도를 만들거나 주변을 정리하기 위해 이미지를 자르는 것은 좋지만 그로 인해 그 상황이 전혀 다른 상황으로 보일 수도 있음을 항상 조심해야 합니다.

오른쪽 사례를 보면 이미지 자르기 기능이 어떻게 상황을 왜곡하게 되는지 알 수 있습니다.

▲ 사진 출처 : https://goo.gl/wn50UT

자르기는 이미지를 편집하는 데 아주 중요한 기능으로, 정확한 상황을 전달하기 위한 수단으로 사용하는 것이 중요합니다.

파워포인트에서 제공하는 자르기 명령은 불필요한 부분을 효율적으로 제거하여 원하는 모양으로 만들 수도 있지만, 도형에 채워진 그림을 자를 수도 있습니다. 다양하게 활용할 수 있는 자르기 명령을 살펴보겠습니다.

SECTION 03 그림으로 정보 전달력을 높여 표현하기

{실습 파일} 02\03_3.pptx

1 자르기

01 자르려는 그림을 선택합니다. [그림 도구 서식] 탭 → [크기] 그룹 → [자르기]를 클릭하거나 혹은 [자르기▼]를 클릭한 다음 **자르기**를 실행합니다.

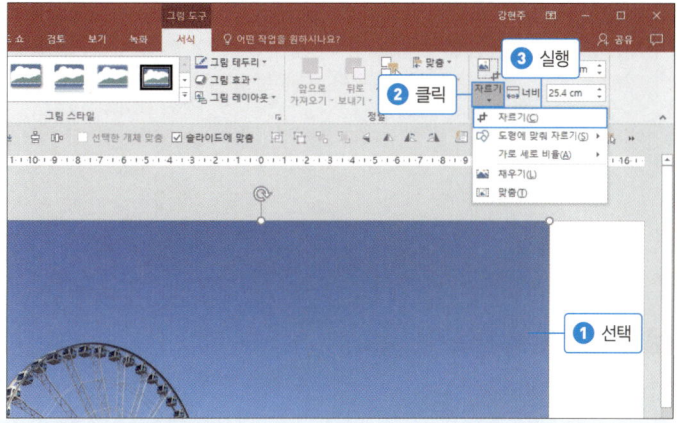

tip [그림 도구 서식] 탭이 보이지 않으면 그림을 선택했는지 확인하세요. 그림을 더블클릭하면 [그림 도구 서식] 탭을 바로 열 수 있습니다.

02 자르려는 형태에 따라 다음과 같이 자르기 핸들을 드래그합니다.
ⓐ 한 면 자르기 : 자르려는 면의 가운데 핸들을 안쪽으로 드래그합니다.
ⓑ 두 면을 동시에 똑같이 자르기 : [Ctrl] 키를 누른 상태로, 두 면 중 하나의 가운데 핸들을 안쪽으로 드래그합니다.
ⓒ 네 면을 모두 동시에 똑같이 자르기 : [Ctrl]+[Shift] 키를 누른 상태로 모서리의 핸들을 안쪽으로 드래그합니다.

03 핸들을 드래그해서 자를 영역을 조정한 다음, 그림을 이동하여 자를 위치를 설정하는 방법도 가능합니다.

04 작업을 마치면 Esc 키를 누릅니다.

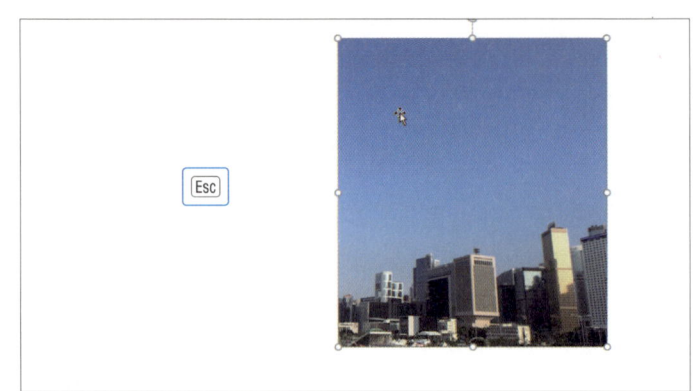

2 도형에 맞춰 자르기

이미지를 도형으로 자르면 그림이 도형으로 잘려 채워지고, 도형의 가로세로 비율은 그림의 비율이 유지됩니다.

01 특정 도형으로 자를 그림을 선택합니다. **[그림 도구 서식] 탭 → [크기] 그룹 → [자르기▼]**를 클릭해 **도형에 맞춰 자르기**를 실행한 다음 자르려는 도형을 선택합니다.

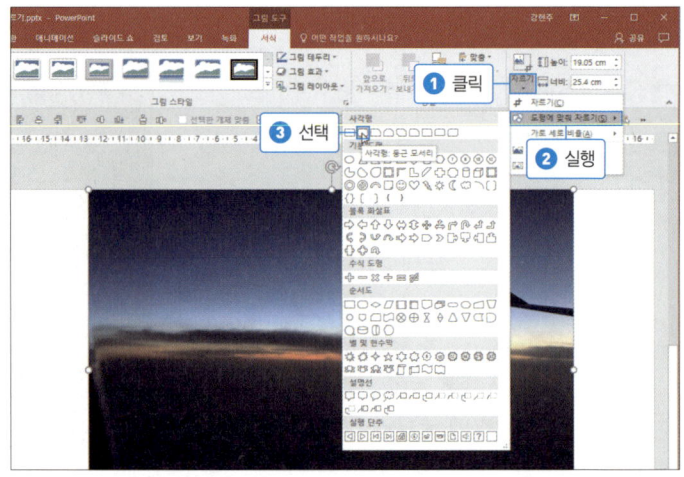

02 도형이 그림으로 채워진 것을 확인할 수 있습니다.

> **tip** 같은 그림을 다른 도형으로 자르려면 그림을 복사한 다음 각 그림을 개별적으로 원하는 도형으로 자릅니다.
> 여러 그림을 자르는 경우 같은 도형으로 잘라야 합니다. 다른 모양으로 자르려면 그림을 개별적으로 자릅니다.

❸ 가로 세로 비율을 맞춰 자르기

그림을 특정 비율로 자르려면, [가로 세로 비율] 명령을 활용하면 쉽게 자를 수 있습니다.

01 가로 세로 비율로 자를 그림을 선택합니다. [**그림 도구 서식**] **탭 → [크기] 그룹 → [자르기▼]를** 클릭해 **가로 세로 비율**을 실행한 다음 원하는 비율을 선택합니다.

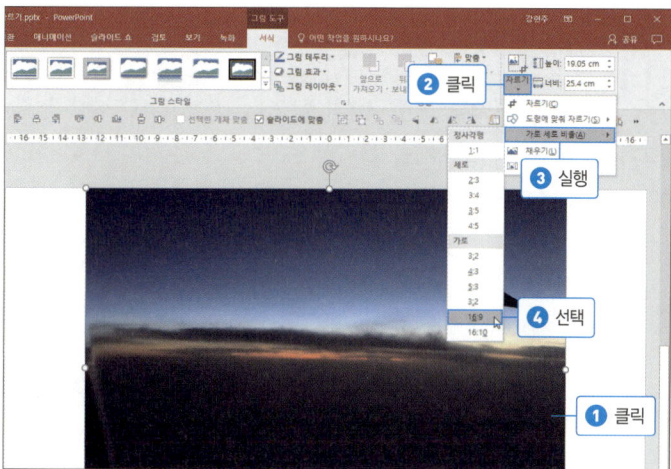

02 선택한 비율로 자르기 영역의 크기가 설정됩니다. 자르기 영역의 비율은 유지하고 위치만 조정하면 원하는 형태로 이미지를 자를 수 있습니다. 작업을 마치려면 Esc 키를 누릅니다.

4 도형으로 자르는 이미지 위치 조정하기

도형 모양으로 자르기를 한 다음, 도형에 보이는 그림의 위치를 조절할 수 있습니다. 그림의 위치를 조정할 때는 오프셋으로 조정하는 것보다 빠르고 편리합니다.

01 도형 형태로 자르려는 그림을 선택하고, [**그림 도구 서식**] **탭** → [**크기**] **그룹** → [**자르기▼**]를 클릭해 **도형에 맞춰 자르기**를 실행한 다음 '타원'을 선택합니다.

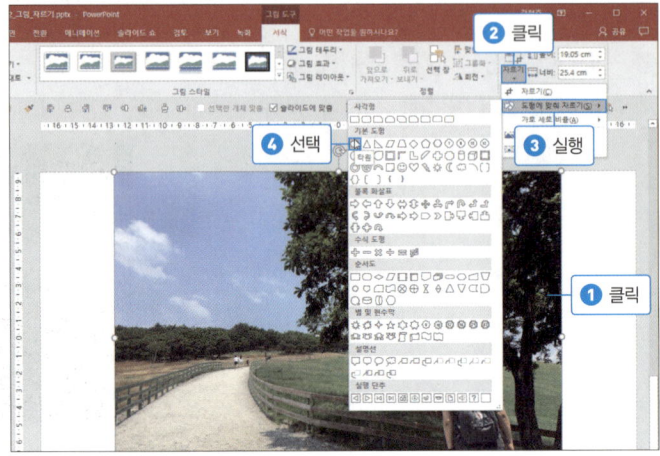

02 원래 사진의 비율에 맞춰 타원이 된 것을 확인할 수 있습니다.

03 이때 크기 조절점(○)을 조정해서 정원으로 만들면 사진이 왜곡되는 것을 확인할 수 있습니다.

SECTION 03 그림으로 정보 전달력을 높여 표현하기

04 [그림 도구 서식] 탭 → [크기] 그룹 → [자르기▼]를 클릭하고 [채우기] 또는 [맞춤]을 실행합니다.

채우기	맞춤
그림의 높이 또는 너비 중 더 큰 값에 맞게 그림 크기를 설정합니다.	그림의 높이와 너비 모두가 도형의 경계선에 맞도록 그림 크기를 설정합니다. 이렇게 하면 그림이 도형에 최대한 맞춰집니다. 이때 도형의 일부 영역이 비어 있을 수 있습니다.

05 그림의 크기 조절점(○)과 자르기 영역을 조절하는 검은 조절점(┏)을 이용해서 자르기 영역의 크기나 그림의 크기를 조정하고, 그림이나 자르기 영역을 드래그해서 그림이 표시되는 영역을 변경합니다.

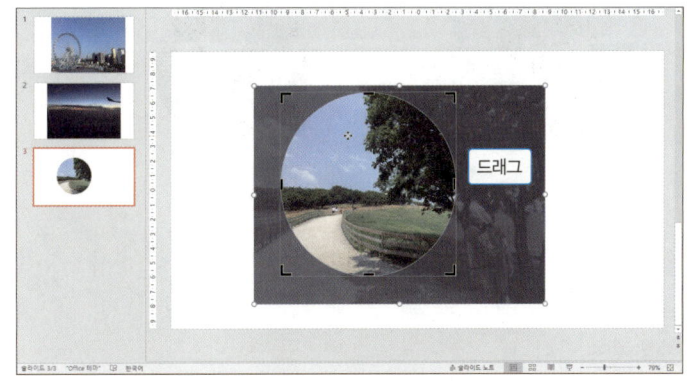

06 작업을 마치면 Esc 키를 누릅니다.

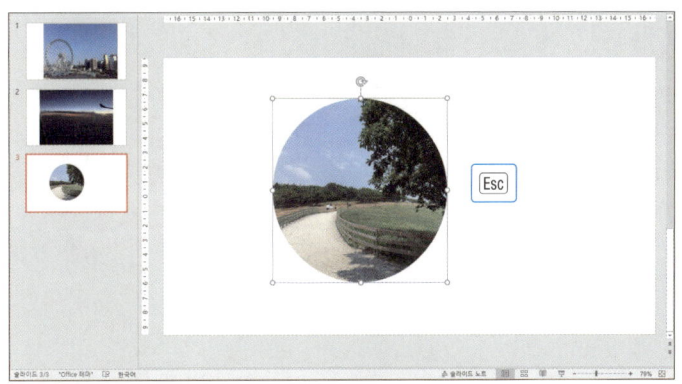

5 도형을 그림으로 채우기와 그림을 도형에 맞춰 자르기의 차이점

도형의 모양에 이미지가 있는 형태는 두 가지 방법으로 만들 수 있습니다.

① 도형을 먼저 삽입하고 그림으로 도형을 채우는 방법
② 그림을 삽입한 다음 그림을 도형에 맞춰 자르는 방법

두 방법 모두 결과는 같은 모습으로 보이고, 도형에 표시되는 그림의 위치를 조정할 때 **[그림 도구 서식] 탭 → [크기] 그룹 → [자르기▼]**를 클릭해 **채우기** 또는 **맞춤**을 사용할 수 있는 것도 동일합니다.

사용 가능한 명령 비교	그림 바꾸기 명령	도형 모양 변경 명령
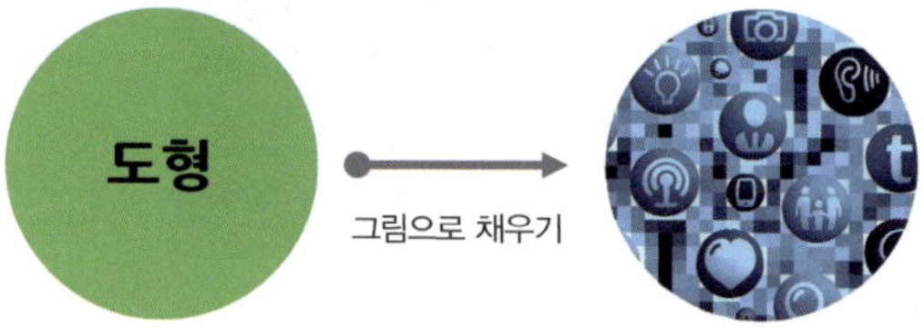 도형 → 그림으로 채우기 → (그림)	사용 불가능 (대신 **그림으로 채우기** 명령 다시 지정)	사용 가능
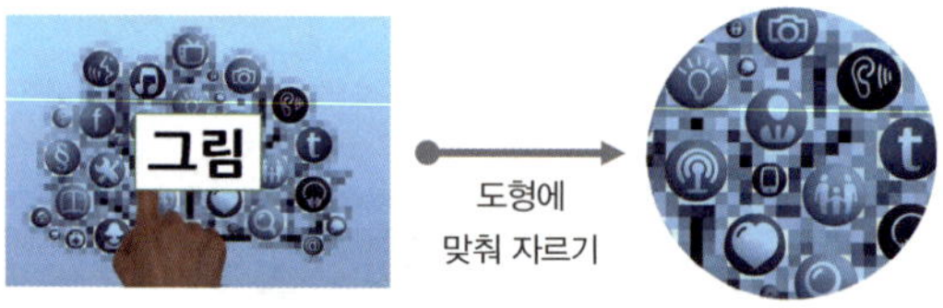 그림 → 도형에 맞춰 자르기 → (그림)	사용 가능	사용 불가능 (대신 **도형에 맞춰 자르기** 명령 다시 지정)

사실 실무에서는 두 가지 방법이 큰 문제나 차이 없이 사용할 수 있습니다.

단, 그림의 투명도를 조절하는 효과를 주고 슬라이드를 꾸미려고 한다면 도형에 그림을 채우는 방법을 사용해야 합니다.

■ 도형을 그림으로 채우기

도형을 위한 [그리기 도구 서식] 탭과 채워진 그림을 위한 [그림 도구 서식] 탭 두 가지를 사용할 수 있습니다. 단 [그림 도구 서식] 탭의 빠른 그림 스타일은 사용할 수 없습니다.

도형으로 만들어졌기 때문에 채우기의 투명도를 조절할 수 있습니다. 이 기능을 활용하면 그림의 투명도를 조절할 수 있습니다.

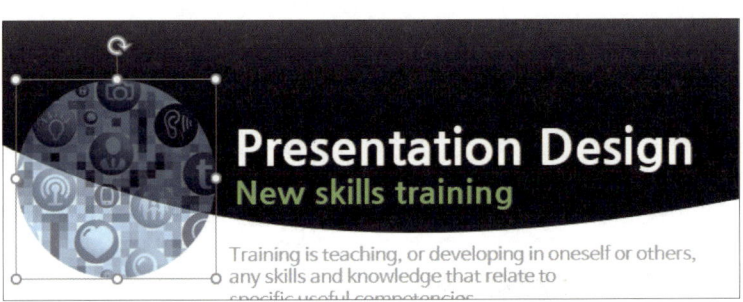
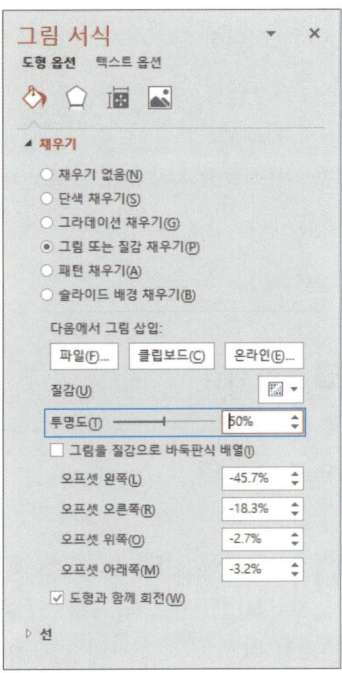

■ 그림을 도형에 맞춰 자르기

[그림 도구 서식] 탭을 사용할 수 있습니다.
도형 옵션의 채우기 기능을 사용할 수 없어서 그림의 투명도를 조절할 수 없습니다.

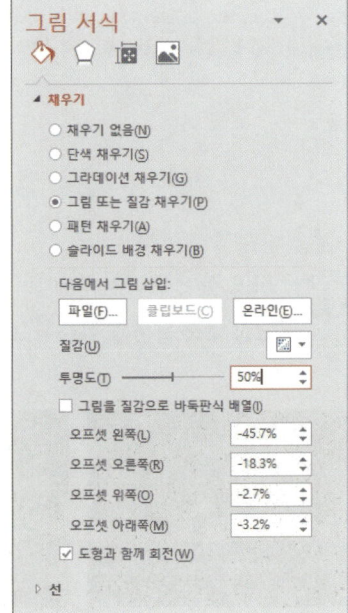

4 적은 노력으로 문서의 품질을 높이는 조정 기능 활용하기

프레젠테이션 문서를 작성하기 위해 수집한 자료에는 상태가 다른 이미지 자료들이 섞여 있기도 합니다. 노출이 과하거나 부족한 상태, 또는 선명하지 않은 사진 말입니다. 이런 자료들이 하나의 문서에 사용되어야 한다면, 미리 조정 작업을 거쳐 비슷한 톤을 맞춰 전체적으로 일관되고 정돈된 느낌을 줄 수 있습니다. 이미지 자료의 색상이나 노출, 선명도 조정 등 파워포인트에서 제공하는 이미지 조정 기능을 살펴보겠습니다.

{실습 파일} 02\03_4.pptx

1 수정 작업

수집한 이미지가 너무 어둡거나 너무 밝고, 선명하지 못하다면 조정 작업을 통해 정돈하고 사용하는 것이 좋습니다.

01 그림을 선택하고 [**그림 도구 서식**] **탭 → [조정] 그룹 → [수정]**을 클릭합니다. 사진의 상태를 보며 선명도와 밝기/대비 등을 조정합니다.

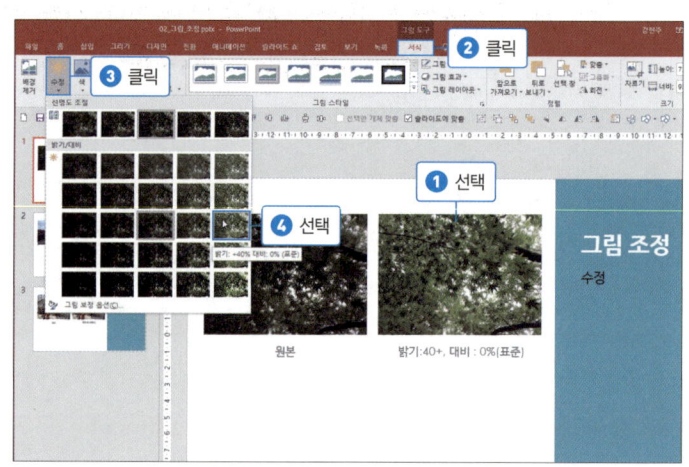

02 미리 설정된 값보다 좀 더 세밀하게 조정하고 싶다면 [**그림 도구 서식**] **탭 → [조정] 그룹 → [수정]**에서 **그림 보정 옵션**을 실행하고, [그림 서식] 작업창에서 조정합니다.

SECTION 03 그림으로 정보 전달력을 높여 표현하기

2 색 조정 작업

사진의 채도를 조절하거나 색 온도에 따른 왜곡된 상태를 수정할 수 있습니다.

01 그림을 선택하고 [**그림 도구 서식**] **탭** → [**조정**] **그룹** → [**색**]을 클릭합니다. 사진의 상태를 보며 색 채도와 색조, 다시 칠하기 등을 조정합니다.

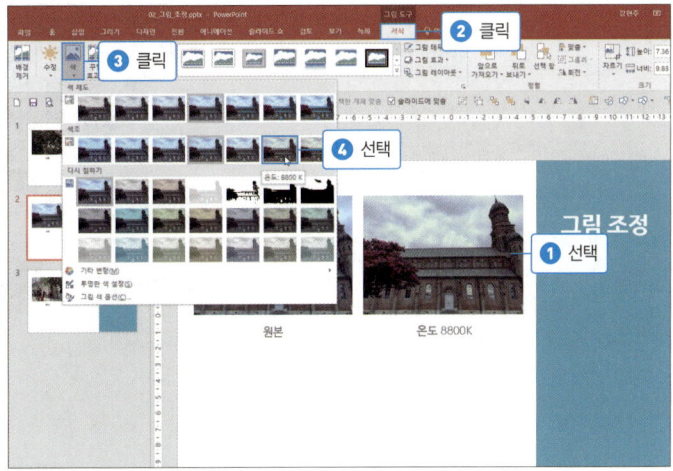

02 미리 설정된 값보다 좀 더 세밀하게 조정하고 싶다면 [**그림 도구 서식**] **탭** → [**조정**] **그룹** → [**색**]을 클릭해 **그림 색 옵션**을 실행하고, [그림 서식] 작업창에서 조정합니다.

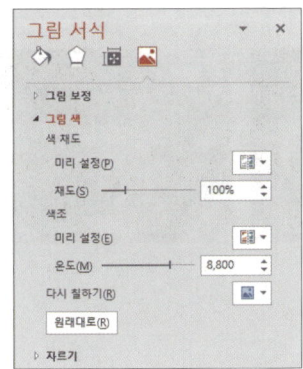

203

3 꾸밈 효과 작업

포토샵의 필터 효과를 적용하듯이, 사진에 스케치나 회화 느낌의 효과를 만들 수 있습니다.

01 그림을 선택하고 [**그림 도구 서식**] **탭** → [**조정**] **그룹** → [**꾸밈 효과**]를 클릭합니다. 준비되어 있는 여러 효과를 그림에 적용할 수 있습니다.

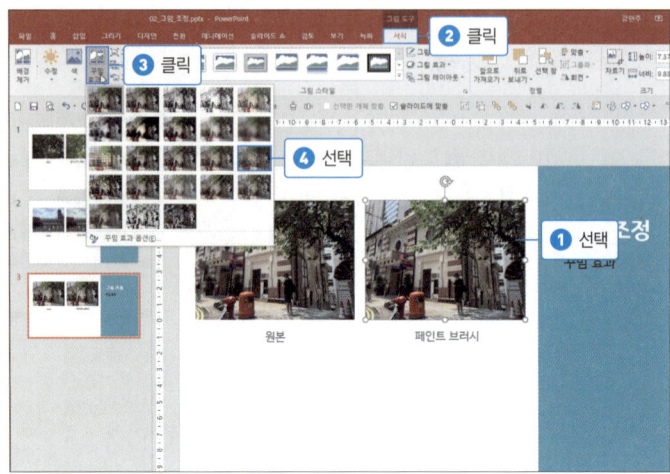

02 미리 설정된 값보다 좀 더 세밀하게 조정하고 싶다면 [**그림 도구 서식**] **탭** → [**조정**] **그룹** → [**꾸밈 효과**]에서 **꾸밈 효과 옵션**을 실행하고 [그림 서식] 작업창에서 조정합니다.

SECTION 03 그림으로 정보 전달력을 높여 표현하기

5 그림 스타일 변경하기

그림을 삽입하고 테두리나 그림자 등으로 효과를 줄 수 있습니다. [그림 도구 서식] 탭 → [그림 스타일] 그룹의 빠른 스타일은 효과를 바로 적용할 수 있도록 미리 만들어 제공하고 있습니다.

효과를 적용할 그림을 선택하고 제시되는 스타일을 클릭하면 바로 적용됩니다. 간단히 선택해서 적용된 스타일은 [그림 서식] 작업창을 통해 언제든 수정 가능합니다.

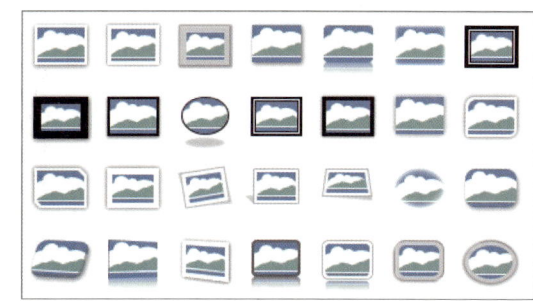

{실습 파일} 02\03_5.pptx   {완성 파일} 02\03_5결과.pptx

01 삽입된 그림을 선택하고, Ctrl 키를 누른 상태에서 그림을 드래그해서 두 개 더 복사합니다.

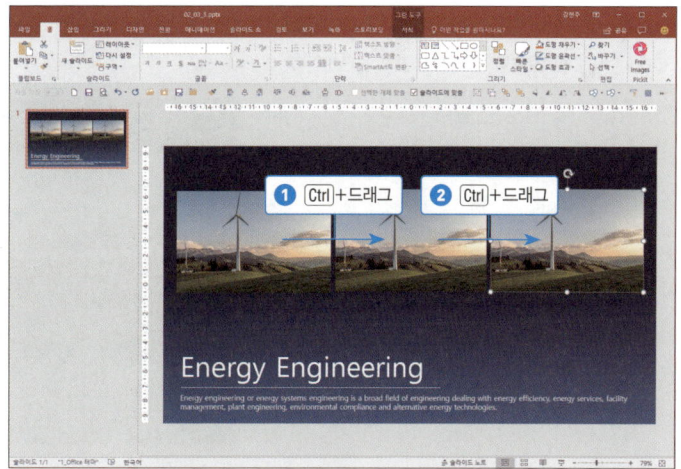

02 그림에 테두리와 3차원 서식 등 스타일을 한꺼번에 지정하기 위해, [그림 서식] 작업창을 이용해서 작업하겠습니다. 슬라이드에 삽입된 첫 번째 그림을 마우스 오른쪽 버튼으로 클릭한 다음 **그림 서식**을 실행합니다.

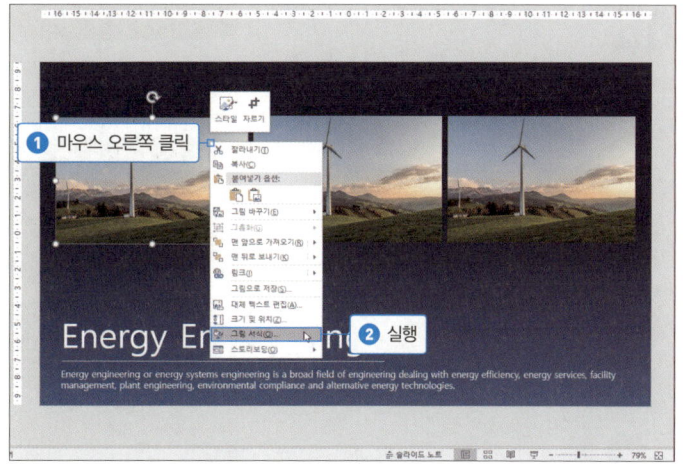

03 3차원 회전 항목에서 미리 설정을 '원근감: 대조적으로(오른쪽)'으로 지정합니다.

04 오른쪽 그림을 선택하고 미리 설정을 '원근감 : 대조적으로(왼쪽)'으로 지정합니다.

05 가운데 그림을 선택하고, 그림과 같이 그림 크기와 위치를 적당히 조절합니다.

SECTION 03 그림으로 정보 전달력을 높여 표현하기

06 그림을 모두 선택하고 [그림 서식] 작업창의 '채우기 및 선' 옵션에서 선을 '실선', 색을 흰색으로, 너비를 '10pt'로 설정합니다.

07 '3차원 서식'의 위쪽 입체를 '둥글게', 깊이를 '10pt', 재질을 '진한 가장자리', 조명을 '2점'으로 설정합니다.

08 '그림자'에서 적당한 그림자를 설정합니다.

207

09 이제 복사한 두 개의 이미지를 바꾸도록 하겠습니다. 중간 그림을 선택하고, **[그림 도구 서식]** 탭 → **[조정]** 그룹 → **[그림 바꾸기]**를 클릭하고 **[파일에서]**를 실행합니다. '그림 삽입' 대화상자가 표시되면 원하는 그림을 선택하고 〈삽입〉 버튼을 클릭합니다. 나머지 오른쪽 그림도 같은 방법으로 바꿉니다.

10 그림에 적용된 서식을 한 번에 삭제하려면 **[그림 도구 서식]** 탭 → **[조정]** 그룹 → **[그림 원래대로]**를 클릭합니다.

tip 그림에 적용된 서식뿐만 아니라 크기까지 처음으로 되돌리려면, **[그림 원래대로]-[그림 및 크기 다시 설정]** 명령을 사용합니다.

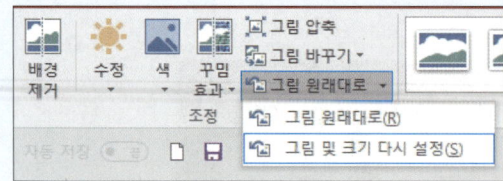

6 서식 설정한 그림 파일의 원본 저장하기

만일 이미지에 다양한 효과를 적용해서 변형된 파워포인트 파일을 받았는데 이미지의 원본을 사용하고 싶은 경우, 또는 파워포인트에 이미 삽입된 파일을 찾을 수 없는 경우에는 삽입된 그림의 원본을 저장하는 기능을 사용할 수 있습니다.

{실습 파일} 02\03_6.pptx

01 이미 파워포인트에 삽입한 그림을 저장하려면 그림 위에서 마우스 오른쪽 버튼을 클릭해 **그림으로 저장**을 실행합니다.
'그림으로 저장' 대화상자가 표시되면 저장 위치를 선택하고, 파일 이름을 '그림으로저장'으로 입력한 다음 〈저장〉 버튼을 클릭합니다.

02 윈도우 탐색기에서 저장한 파일을 확인해 보면, 스타일이 적용된 상태로 저장된 것을 확인할 수 있습니다.

03 원본으로 저장해 보도록 하겠습니다. 그림 위에서 마우스 오른쪽 버튼을 클릭해 **그림으로 저장**을 실행합니다.

04 '그림으로 저장' 대화상자가 표시되면 저장 위치를 선택하고, 파일 이름을 '원본그림저장'으로 입력합니다. 〈저장▼〉 버튼을 클릭한 다음 **원본 그림 저장**을 실행합니다.

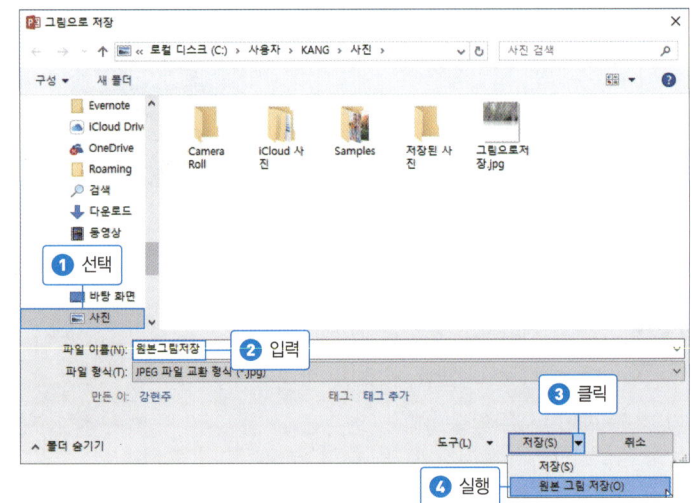

05 윈도우 탐색기에서 저장한 파일을 확인해 보면, 원본 상태로 크기도 저장된 것을 확인할 수 있습니다.

06 한 가지 주의할 점은 고해상도 이미지를 삽입해서 작업한 경우, [원본 그림 저장] 명령을 사용해 저장해도 실제 원본 파일보다 저장한 파일의 크기가 작은 경우가 있습니다.

이유는 파워포인트에 삽입되는 이미지를 압축하는 기능이 있는데 이 옵션이 설정된 경우 옵션 값으로 저장되기 때문입니다. 그림 압축 기능을 해제하면 그림의 품질이 향상되지만, 그림을 압축하지 않으면 파일 크기가 커집니다. 다음과 같이 원하는 옵션으로 필요에 따라 설정합니다.

① [파일] 탭 → [옵션] → [고급]을 클릭합니다.

② [이미지 크기 및 품질] 중에서 다음 중 하나를 실행합니다.
- 목록을 무시하여 기본적으로 현재 문서가 선택되게 합니다.
- 목록 화살표를 클릭하고 그림 압축 기능을 해제할 파일을 선택합니다(파일이 여러 개 열린 경우).

③ [이미지 크기 및 품질]에서 '파일의 이미지 압축 안 함'에 체크 표시합니다.

7 이미지 배경을 투명하게 만들기

이미지 자료에서 일부분을 투명하게 만들어 사용하는 것이 필요할 때가 있습니다. 이미지에 상태에 따라 적합한 배경 지우는 방법을 살펴보겠습니다.

1 로고처럼 배경이 한 가지의 색으로 단순한 경우

인터넷에서 수집한 자료 중 회사 로고는 기업 측에서 투명한 상태로 제공하는 경우가 많습니다. 하지만 투명한 이미지가 없어서 슬라이드 배경과 겉도는 그림 배경이 거슬린다면 투명색 만들기 기능을 활용하면 됩니다. 이 기능은 색상이 단순한 색상으로 만들어진 일러스트 이미지에서 활용하는 것이 좋습니다.

{실습 파일} 02\03_7.pptx

01 그림을 선택하고 [그림 도구 서식] 탭 → [조정] 그룹 → [색]을 클릭해 **투명한 색 설정**을 실행합니다.

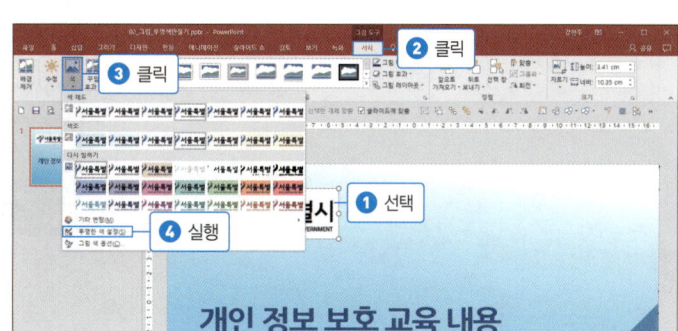

02 그림에서 투명하게 만들 색을 클릭합니다. 클릭한 곳과 동일한 색이 투명해집니다.

03 이미지 상태나 슬라이드 배경 상태에 따라 깔끔하게 되지 않는 경우도 있습니다. 그런 경우는 배경 제거 명령, 전문 이미지 편집 툴, 배경 제거 사이트 등을 이용해서 해결해야 합니다.

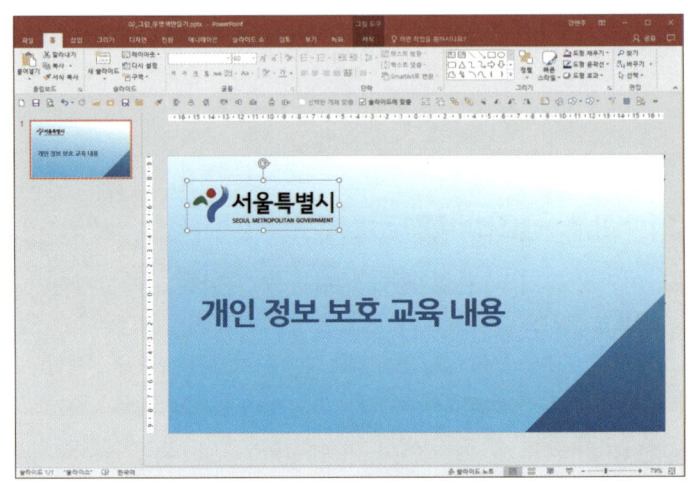

2 복잡한 색상으로 되어 있는 배경 제거

그림에서 필요한 특정 부분만 남기고 배경을 제거하여 사용할 수 있습니다. 파워포인트에 포함된 [배경 제거] 명령을 이용하면, 별도의 이미지 편집 프로그램을 설치하지 않고 간편하게 배경을 제거할 수 있습니다.

{실습 파일} 02\03_8.pptx

01 그림을 선택하고 [그림 도구 서식] 탭 → [조정] 그룹 → [배경 제거]를 클릭합니다.

SECTION 03 그림으로 정보 전달력을 높여 표현하기

02 파워포인트 2016부터는 영역에 크기 조절점이 없이 제거할 영역이 자동으로 자홍색으로 표시됩니다.
추가 작업 없이 원하는 결과가 된다면 바로 사용하고, 만일 자동으로 인식한 영역 중 제거하고 싶은 영역이 있거나 다른 영역을 추가하고 싶다면 영역을 직접 설정할 수 있습니다.

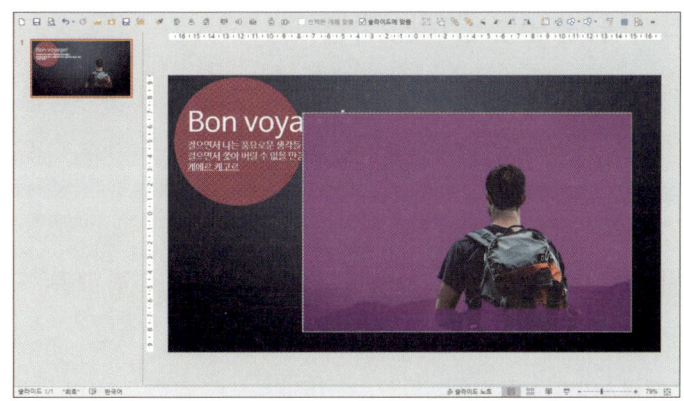

> tip 이전 버전 사용자라면 크기 조절점을 조절해서 자동으로 인식된 영역을 조절합니다.

03 그림에서 유지하려는 부분이 제거된 경우 [배경 제거] 탭 → [고급 검색] 그룹 → [보관할 영역 표시]를 클릭하고, 연필을 사용하여 그림에서 유지할 영역을 표시합니다. 그림에서 더 많은 부분을 제거하려면 [배경 제거] 탭 → [고급 검색] 그룹 → [제거할 영역 표시]를 클릭하고 연필을 사용하여 해당 영역을 표시합니다. 파워포인트 2016부터는 연필로 유지하거나 제거할 영역을 표시할 때 직선만 그릴 수 있는 것이 아니라 자유 곡선으로도 그릴 수 있습니다.

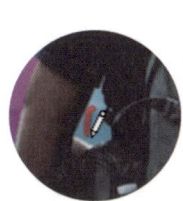

유지하려는 부분이 제거된 경우
[보관할 영역 표시]를 클릭하고 연필로 드래그해
연두색으로 표시

제기하려는 부분이 유지된 경우
[제거할 영역 표시]를 클릭하고 연필로 드래그해 빨간색으로 표시

04 작업이 완료되면 [배경 제거] 탭 → [닫기] 그룹 → [변경 내용 유지]를 클릭합니다. 배경이 제거된 그림을 이용해서 작업을 완성합니다.
만일 배경 제거를 취소하려면 [배경 제거] 탭 → [닫기] 그룹 → [변경 내용 모두 취소]를 클릭합니다.

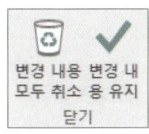

213

8 그림 용량을 줄이는 방법

이미지를 다루다 보면 파일의 용량이 커지게 됩니다. 해상도를 조절하고, 품질 손상 없이 압축하고, 잘린 부분이나 기타 그림 편집 정보를 삭제하는 방법으로 파일 용량을 관리할 수 있습니다.

{실습 파일} 02\03_9.pptx

1 그림 용량과 관련된 [그림 도구 서식] 탭 → [조정] 그룹 → [그림 압축]

■ **그림의 해상도 변경(그림 압축 방법)**

디지털 이미지 장비의 성능이 좋아지다 보니 고화질 이미지 자료를 사용하는 경우가 많습니다. 하지만 실제 슬라이드에서 사용되는 이미지 크기가 필요 이상으로 크거나 고품질이라면 전체적인 파일 용량만 커질 것입니다. 이런 경우 파일이 무거워져 불러오거나, 저장, 편집, 또는 다른 사람에게 전달할 때도 불편하게 됩니다. 용량을 줄이기 위해 이미지 해상도를 변경할 수 있습니다.

01 해상도를 변경할 그림을 하나 이상 선택하고, [그림 도구 서식] 탭 → [조정] 그룹 → [그림 압축]을 클릭합니다.

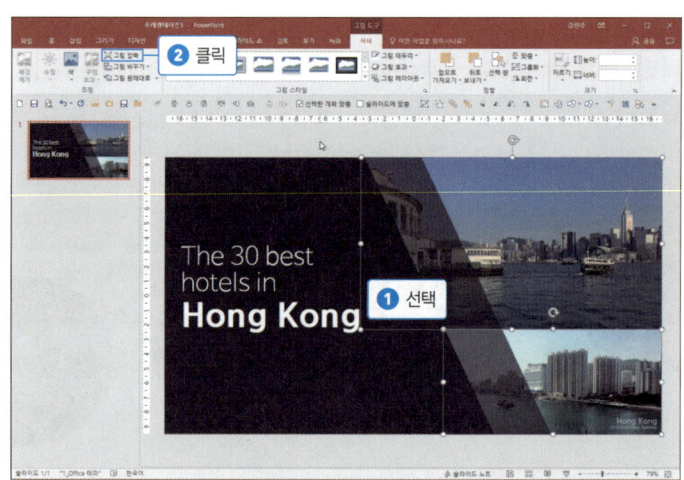

02 '그림 압축' 대화상자가 표시되면 대상 출력에서 원하는 해상도를 선택합니다.
문서에 있는 모든 그림이 아니라 선택한 그림의 해상도만 변경하려면 '이 그림에만 적용'에 체크 표시하고, 〈확인〉 버튼을 클릭합니다.

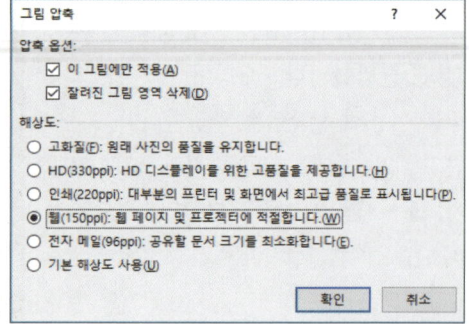

SECTION 03 그림으로 정보 전달력을 높여 표현하기

03 용량을 줄이기 위해 이미지의 해상도를 변경할 수는 있지만, 주의할 점은 프레젠테이션에서 화질이 나쁜 상태의 이미지를 사용하는 것은 전체적인 문서의 품질을 떨어지게 할 수 있다는 점입니다. 해상도를 변경하면 이미지 품질에 영향을 줄 수 있으니 사용처에 맞는 적절한 이미지 상태로 관리하는 것이 좋습니다. 예를 들어 같은 파일을 그림 저장 해상도를 달리해서 저장한 경우 다음과 같이 용량의 차이가 납니다. 이때 웹용으로 저장을 했지만, 실제 프레젠테이션을 위해 슬라이드 쇼를 해 보니 화질이 떨어진다면 좀 더 높은 해상도로 저장해야 합니다. 사용자가 화질이 중요한지, 용량이 중요한지 결정해서 사용 목적에 맞게 선택하면 됩니다.

■ **잘려진 그림 영역 삭제**

그림의 일부에 자르기를 수행한 후에도 잘린 부분이 그림 파일의 일부로 남아 있습니다. 이러한 부분을 삭제하면 파일 크기를 줄일 수 있습니다. 또한 제거된 그림 부분을 다른 사람이 볼 수 없게 만들 수도 있습니다.

자르기 작업 후 남아 있는 잘린 부분을 완전히 삭제할 그림을 선택하고, **[그림 도구 서식] 탭 → [조정] 그룹 → [그림 압축]**을 클릭합니다.

'그림 압축' 대화상자가 표시되면 압축 옵션에서 '잘려진 그림 영역 삭제'에 체크 표시합니다.

파일에 있는 모든 그림이 아닌 선택한 그림에 대해 잘려진 영역만 제거하려면 '이 그림에만 적용'에 체크 표시합니다.

2 그림 용량과 관련된 'PowerPoint 옵션' 대화상자의 이미지 크기 및 품질 항목

[파일] 탭 → [옵션]을 클릭해 'PowerPoint 옵션' 대화상자를 표시하고 [고급] 범주의 '이미지 크기 및 품질' 항목에서 현재 문서의 그림, 또는 목록에서 선택한 문서의 그림 크기 및 품질을 설정할 수 있습니다.

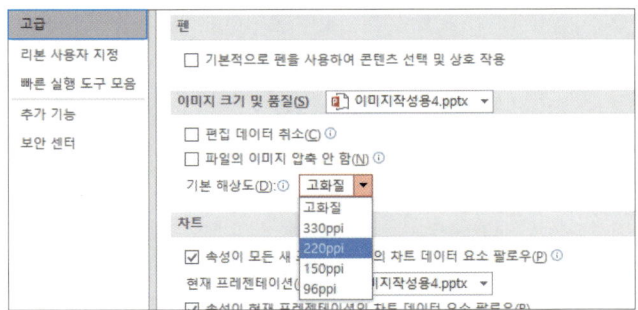

■ 문서에 삽입되는 그림의 기본 해상도 설정

문서에 그림을 추가하면 이미지 크기 및 품질 옵션에 설정된 숫자를 사용하여 자동으로 압축됩니다. 기본적으로 이 숫자는 인쇄용(220ppi)으로 설정되지만 옵션을 변경할 수 있습니다.

■ 편집 데이터 취소

그림을 자르거나 또는 색이나 밝기를 조절해서 그림을 변경한 경우 원래 상태로 복원하는 방법에 대한 정보는 파일에 저장됩니다. 이러한 편집 데이터를 삭제하여 파일 크기를 줄일 수 있습니다. 이 옵션을 선택하면 문서 크기가 줄어들지만 편집 및 변경 사항 적용을 취소하려면 그림을 문서에 다시 삽입해야 합니다. [이미지 크기 및 품질]에서 '편집 데이터 취소'에 체크 표시합니다.

9 사진 앨범 기능으로 많은 사진 한 번에 삽입하기

사진 앨범 기능으로 그림을 삽입하면, 새로운 프레젠테이션 문서를 만들고 각 슬라이드에 삽입될 그림의 개수와 형식 캡션 등을 쉽게 설정할 수 있습니다. 사진 앨범 기능을 이용해서 여행 사진 정리나 견학 보고서 등을 작성하면 많은 분량의 이미지를 한 번에 슬라이드에 삽입할 수 있어 편리합니다.

01 [삽입] 탭 → [이미지] 그룹 → [사진 앨범]을 클릭합니다.

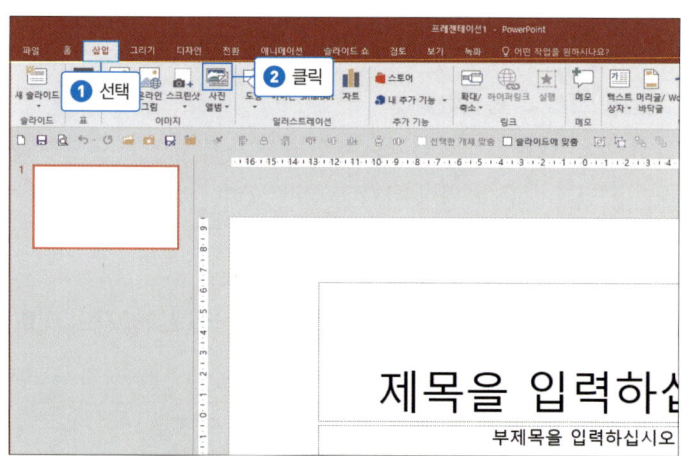

02 '사진 앨범' 대화상자의 그림 삽입에서 〈파일/디스크〉 버튼을 클릭합니다.

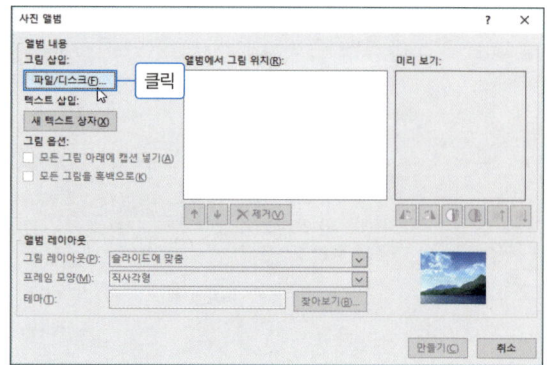

SECTION 03 그림으로 정보 전달력을 높여 표현하기

03 '새 그림 삽입' 대화상자에서 삽입할 그림이 있는 위치를 찾아 사진을 모두 선택하고 〈삽입〉 버튼을 클릭합니다.
사진을 하나씩 삽입해도 되지만, 한 번에 선택해서 삽입하는 것이 편리합니다.

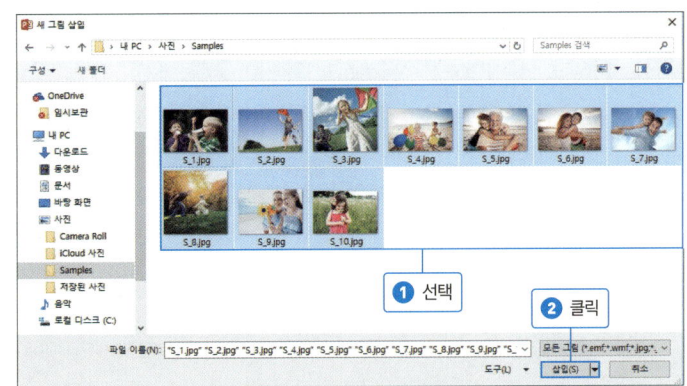

tip 윈도우에서 제공하는 샘플 이미지를 활용해서 실습해 보세요.

04 '사진 앨범' 대화상자에서 그림 파일을 미리 보려면 그림을 선택하고 미리 보기 창에서 확인합니다.

ⓐ **그림 순서 이동, 제거** : 슬라이드에서 그림이 표시되는 순서를 변경하려면, 그림을 선택하고 화살표 아이콘을 사용하여 목록에서 파일을 위로 또는 아래로 이동합니다.

ⓑ **그림 회전, 대비, 명암** : 삽입된 그림을 하나씩 선택해서 수정할 수 있습니다.

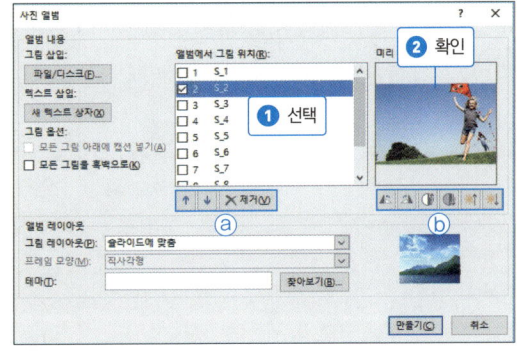

05 [앨범 레이아웃] 중 '그림 레이아웃'은 슬라이드에 사진이 보이는 형태를 설정하는 것입니다. 슬라이드 한 장에 그림을 어떻게 넣을지 선택하면 됩니다.

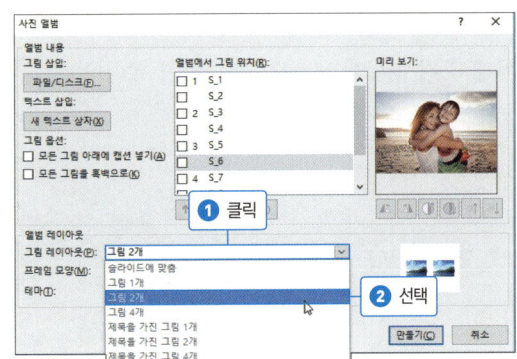

217

06 레이아웃을 설정하면, 그림에 적용할 프레임 모양을 선택할 수 있습니다. 레이아웃과 프레임 모양은 오른쪽 작은 이미지로 확인할 수 있습니다.

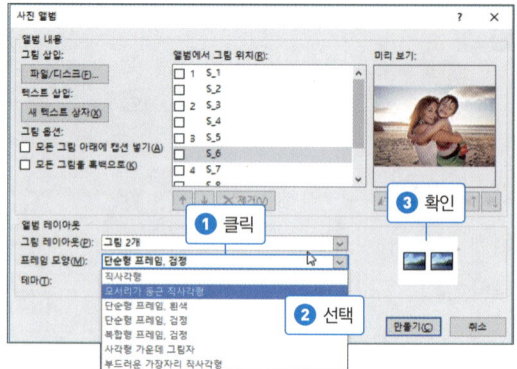

07 테마는 사진 앨범 문서에 적용할 테마를 설정하는 것입니다. 〈찾아보기〉 버튼을 클릭해서 마음에 드는 테마를 선택합니다.

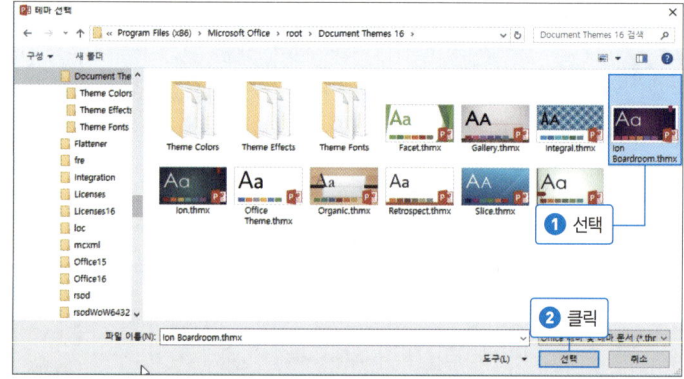

08 각 그림 마다 설명을 입력하는 텍스트 상자를 만들고 싶다면 그림 옵션에서 '모든 그림 아래에 캡션 넣기'에 체크 표시하면 됩니다.

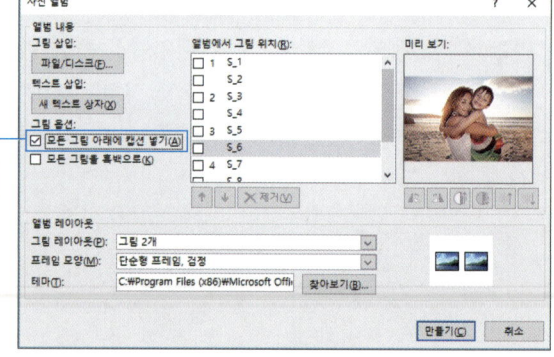

09 '사진 앨범' 대화상자에서 〈만들기〉 버튼을 클릭합니다. 새로운 프레젠테이션 파일에 사진 앨범이 만들어진 것을 확인할 수 있습니다.

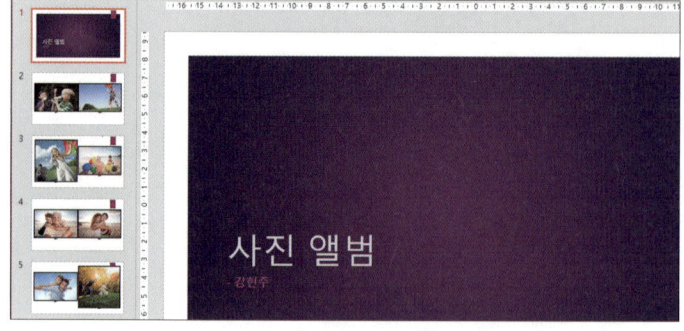

10 제목을 수정하고, 각 슬라이드에서 사진 아래에 있는 캡션을 수정하면서 내용을 정리합니다.

11 작성한 [사진 앨범]은 다시 불러 편집이 가능합니다. 만들어진 앨범을 수정하려면 **[삽입] 탭 → [이미지] 그룹 → [사진 앨범▼]**을 클릭하고 **사진 앨범 편집**을 실행합니다.

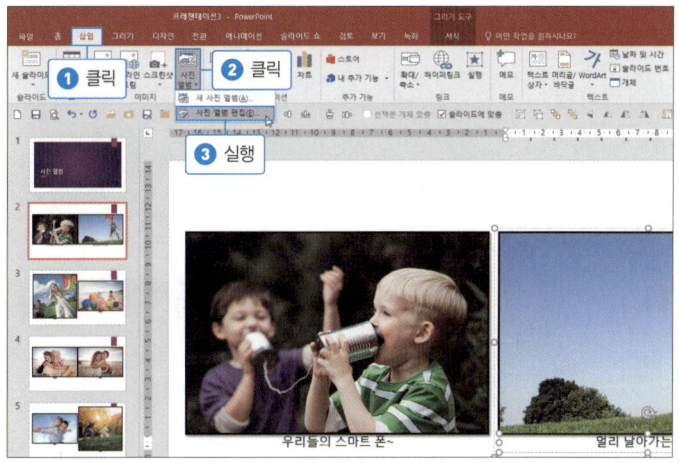

12 '사진 앨범 편집' 대화상자가 표시되면 사진을 추가, 삭제하거나, 슬라이드에 보이는 사진의 개수를 조정하거나 프레임을 바꿀 수 있습니다. 편집이 끝나면 〈업데이트〉 버튼을 클릭합니다.

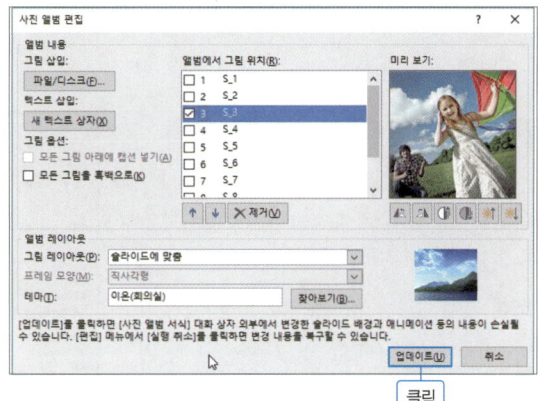

SECTION 04
파워포인트에서 쉽게 아이콘 삽입하기

프레젠테이션 문서를 작성할 때 자주 사용하는 시각화 자료중 하나인 SVG 아이콘이 포함되어 있어 편리하게 사용할 수 있습니다. (이 기능은 윈도우용 오피스 2016의 최신 버전의 오피스 365 구독자만 사용할 수 있습니다.)

1 슬라이드에 아이콘 삽입하기

슬라이드를 작성할 때 차트나 도형을 좀 더 시각적으로 이해하기 쉽게 만들기 위해 아이콘을 삽입하면 좋습니다.

{실습 파일} 02\04_1.pptx

01 아이콘을 삽입하려면 [삽입] 탭 → [일러스트레이션] 그룹 → [아이콘]을 클릭합니다.

 이전 버전 사용자라면 iconfinder 같은 웹 사이트를 이용해서 아이콘을 사용합니다.

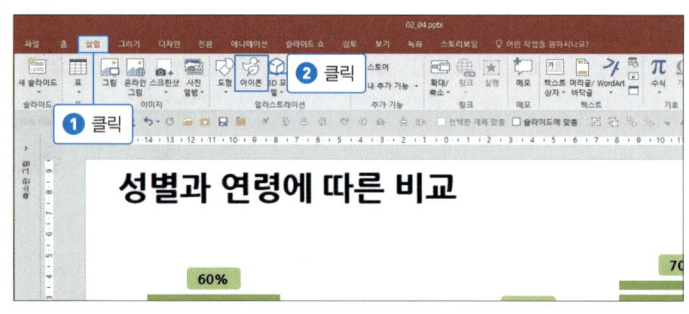

02 '아이콘 삽입' 대화상자가 표시되면 [사람] 또는 [비즈니스]와 같은 범주별로 구성된 아이콘을 찾을 수 있습니다.

오른쪽에 있는 스크롤 막대를 사용하여 범주에서 아래로 스크롤하거나, 왼쪽 탐색 창에서 해당 범주의 이름을 클릭하여 원하는 범주를 이동할 수 있습니다.

SECTION 04 파워포인트에서 쉽게 아이콘 삽입하기

03 아이콘을 선택하고 〈삽입〉 버튼을 클릭하거나, 아이콘을 더블클릭하면 슬라이드에 아이콘이 삽입됩니다.
〈삽입〉 버튼을 클릭하기 전에 아이콘을 여러 개 선택하면 동시에 여러 개의 아이콘을 삽입할 수 있습니다.

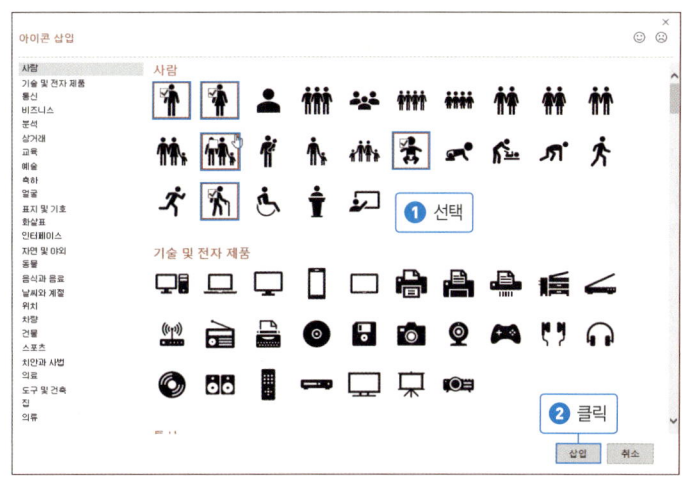

04 아이콘이 삽입되면 [그래픽 도구 서식] 탭이 표시됩니다.

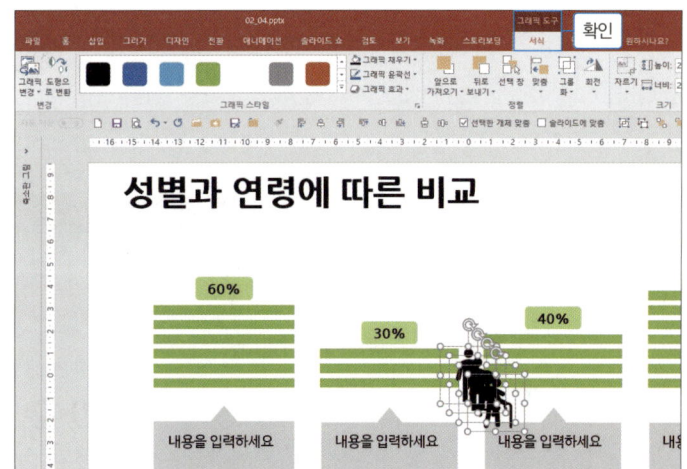

05 '그래픽 채우기' 또는 '채우기 윤곽선'을 변경하는 등 삽입된 아이콘을 편집할 수 있습니다. 이 탭에서 스케일러블 벡터 그래픽(SVG) 파일의 편집도 가능합니다.

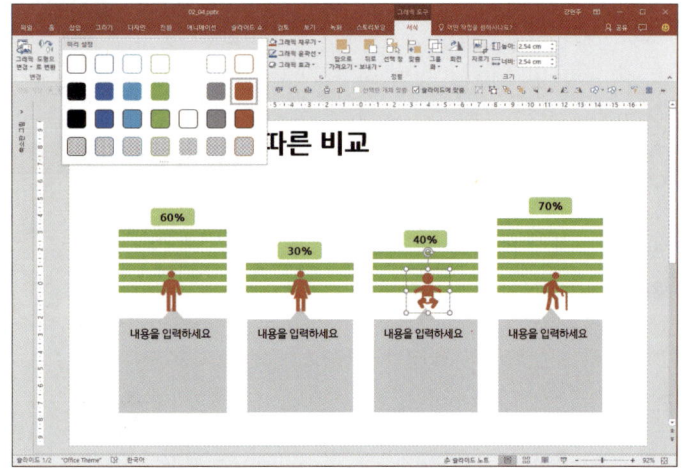

2 아이콘 중 필요한 부분만 사용하기

아이콘은 도형으로 변경하면 그룹을 해제해서 다양하게 사용할 수 있습니다.

{실습 파일} 02\04_2.pptx

01 사용하려는 아이콘을 삽입하고 크기를 조절합니다.

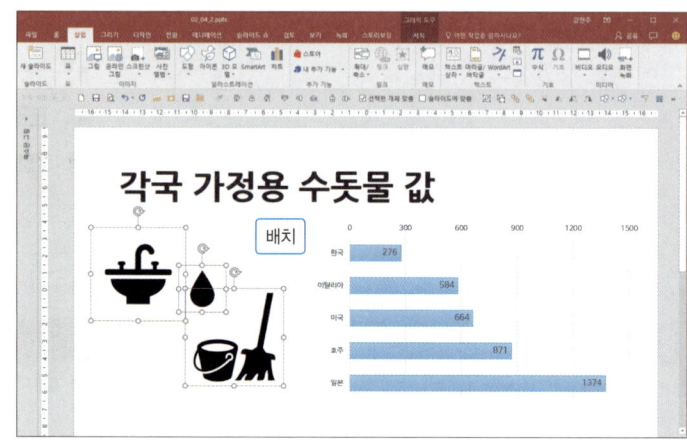

02 아이콘 중 일부분만 사용하고 싶다면 [그래픽 도구 서식] 탭 → [변경] 그룹 → [도형으로 변환]을 클릭합니다. 그리기 개체로 변경할지 묻는 대화상자가 표시되면 〈예〉 버튼을 클릭합니다.

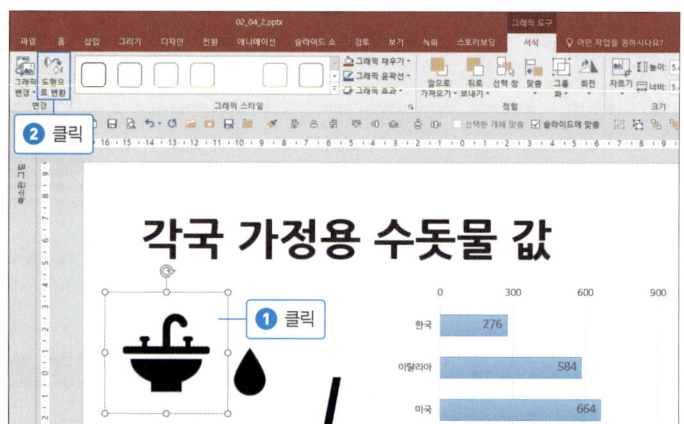

03 도형으로 변경된 개체를 마우스 오른쪽 버튼으로 클릭하고 표시되는 바로가기 메뉴에서 **그룹화 → 그룹 해제**를 실행합니다.

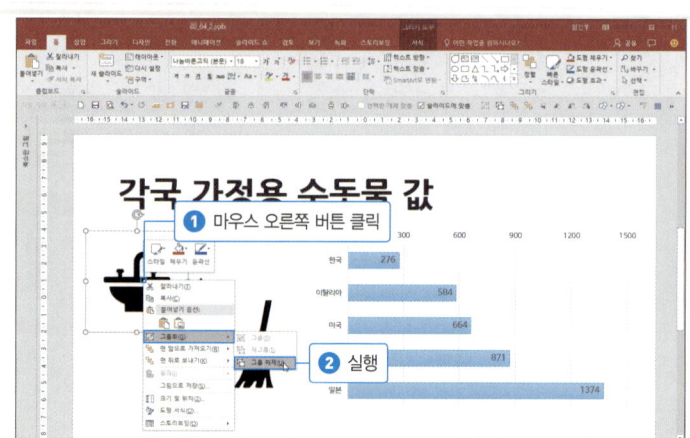

SECTION 04 파워포인트에서 쉽게 아이콘 삽입하기

04 그룹 해제된 도형 중 불필요한 것은 삭제하고 원하는 서식을 설정합니다.

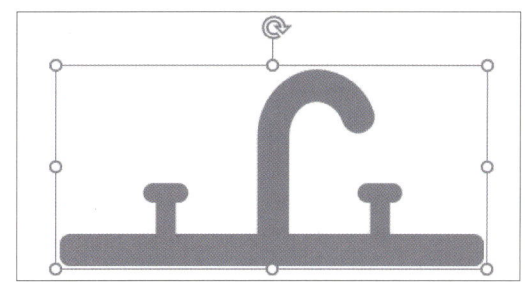

05 도형으로 만드는 명령은 아이콘을 마우스 오른쪽 버튼을 클릭하면 표시되는 바로가기 메뉴에서 **도형으로 변환**을 실행해도 됩니다.

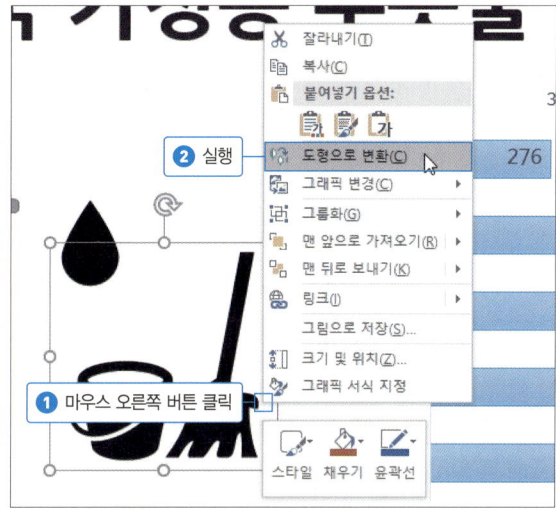

> **tip** [도형으로 변환] 기능은 오피스 2016의 최신 버전의 오피스 365 구독자만 사용할 수 있고, 언제든 기능이 삭제되거나 업데이트 될 수 있습니다. 이 기능을 사용할 수 없는 이전 버전 사용자들이나 기능이 추가되지 않은 사용자들은 다음과 같은 방법을 이용합니다.
>
> ① 무료 아이콘 사이트(iconfinder.com 등)에서 SVG 파일 형식으로 아이콘을 구하고,
> ② 파일 변환 사이트(cloudconvert.com 등)를 이용해 WMF 파일 형식으로 변환한 다음,
> ③ 파워포인트에서 [그룹 해제] 명령을 실행해서 도형으로 변환합니다.

06 같은 방법으로 아이콘을 도형으로 만들고 그룹을 해제해서 다양하게 활용합니다.

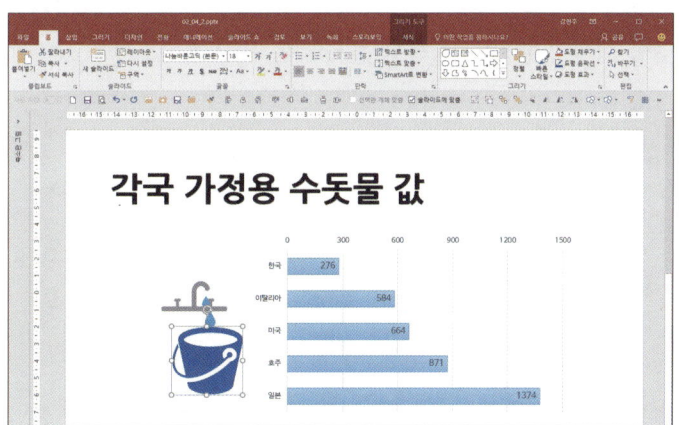

> **tip** 이전 버전 사용자들은 SVG 파일 형식으로 아이콘을 구하고, WMF 파일 형식으로 변환한 다음 파워포인트에서 그룹 해제해서 사용하는 방법을 이용할 수 있습니다.

SECTION 05
편리한 SmartArt 그래픽 만들기

텍스트보다 그래픽 자료로 정보를 표현하는 것이 효과적이라는 것은 알지만, 전문 디자이너가 아니라면 그래픽 작업이 쉽지만은 않습니다. 여러 도형을 같은 크기로 만들어 적절히 정렬하고 문서의 전체적인 스타일에 맞게 도형의 서식을 설정하는 일에, 내용을 구상하는 것보다 더 많은 시간을 투자할 수도 있습니다. 그러나 SmartArt 그래픽 기능을 사용하면 몇 번의 클릭만으로 디자이너 수준의 전문적인 일러스트레이션을 만들 수 있습니다.

1 SmartArt 그래픽이란?

SmartArt 그래픽은 이미 여러 형태로 만들어진 레이아웃을 선택하여, 빠르고 쉽게 도형 세트를 만들 수 있는 정보의 시각적 표현 방법입니다.

1 SmartArt 그래픽의 종류 살펴보기

프레젠테이션 문서를 작성할 때 가장 중요한 점은 작성자가 만든 내용을 상대방이 쉽게 이해할 수 있어야 한다는 것입니다. 무엇을 만들 것인지 결정했다면 그 목적에 적합한 형태로 만들어야 합니다. 화려하고 멋진 이미지로 꾸민다고 꼭 좋은 것만은 아닙니다. 주제에 맞는 이미지와 도해화 작업이 필요한 것이 당연한 일입니다. SmartArt 그래픽을 사용할 때도 그 원칙은 동일합니다. 작성하려는 슬라이드의 텍스트 양과 도형 수에 따라 가장 잘 어울리는 레이아웃을 결정해야 합니다. 내용과 무관한 형태의 SmartArt 그래픽을 사용하면 오히려 내용을 모호하게 만들 수 있습니다. SmartArt 그래픽 명령을 실행하기 전에 어떤 종류가 있는지, 어떤 상황에 사용하면 적당한지 살펴보겠습니다.

■ **목록형**

비순차적 정보를 표시할 때 적당합니다. 각 항목 사이의 직접적인 관계가 있는 것보다는, 서로 대등한 정보들을 나열할 때 주로 사용합니다. 많은 분량의 텍스트를 삽입할 수 있는 구조입니다.

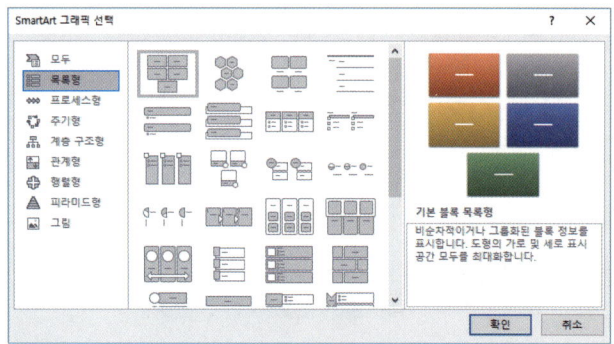

■ 프로세스형

시간의 순서나 업무의 흐름에 따른 진행 과정을 단계별로 표현하기에 적당합니다. 논리의 흐름이나 방향은 일반적으로 왼쪽에서 오른쪽으로, 위에서 아래의 흐름으로 진행됩니다. 제조 과정, 내용 전개, 스케줄표 등에 사용합니다.

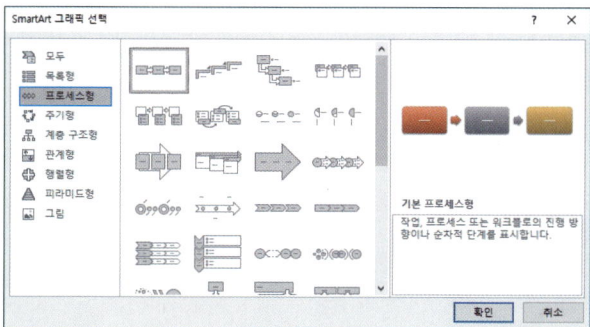

■ 주기형

순환 과정을 표현하기에 적당합니다. 시작과 끝이 연결되어 하나의 흐름을 가질 수 있습니다. 각 구성 요소들 사이 영향과 상호 작용 상황을 쉽게 나타내고, 주로 시계 방향으로 진행됩니다. 제품의 순환도나 아이디어 피드백 과정 등에 사용됩니다.

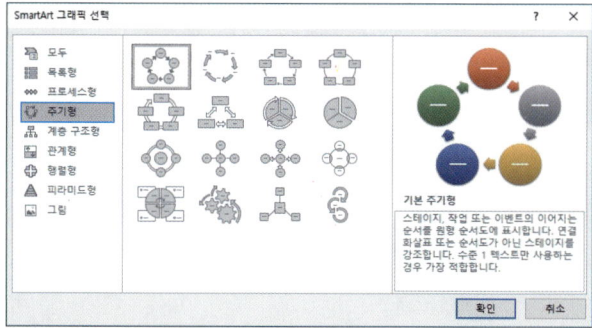

■ 계층 구조형

조직도를 작성하는 데 적당합니다. 순서, 위치, 상하 관계 등을 설명할 때 활용합니다. 전체적인 구조를 명확하게 표현합니다.

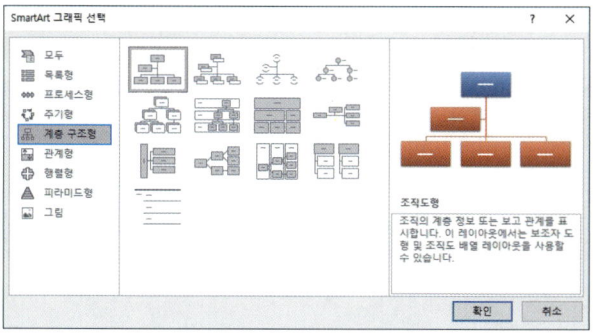

■ 관계형

항목 사이 중심 내용과 주변 설명의 관계나 두 내용이 비교, 경쟁, 대조 등 서로 상반되는 관계일 때 표현하기 적당합니다. 두 개념의 명확한 대비 관계를 나타냅니다.

■ 행렬형

전체에 대한 각 부분의 관계를 표시합니다. 중요한 항목을 두고 관련된 설명을 주위에 배치해서 설명하는 방식을 사용합니다. 중요사항에서 여러 갈래로 나누어지는 조직도나 주변부로 갈라지는 내용에 적당합니다.

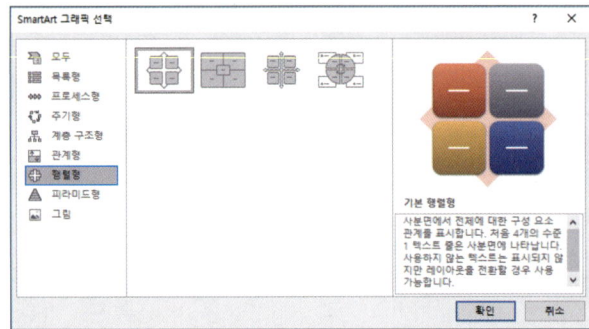

■ 피라미드형

가장 큰 구성 요소가 맨 위 또는 맨 아래에 있는 비례 관계를 표시합니다. 아래와 위로 분류되어 위로 갈수록 상위 개념을 나타냅니다.

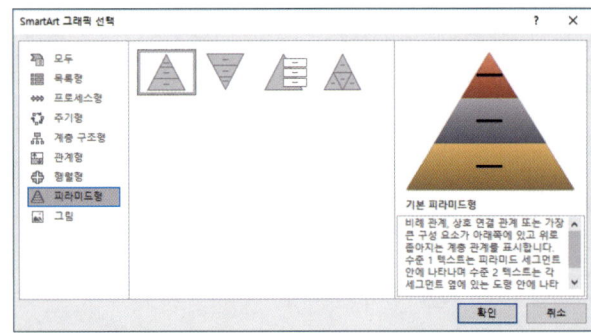

■ 그림

그림을 연관된 설명 텍스트와 함께 표시합니다. 사진이나 이미지 자료를 함께 설명하는 경우에 사용하기 적당합니다.

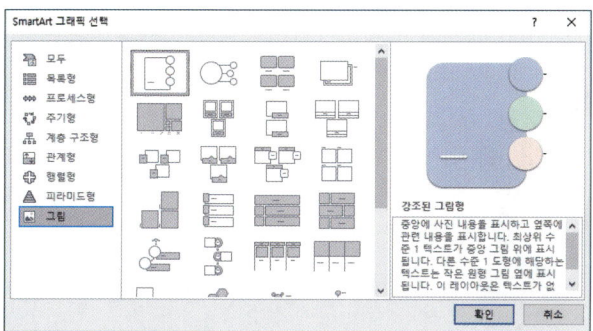

SmartArt 그래픽의 레이아웃을 선택할 때는 전달하려는 내용이 무엇이고 정보를 표시하고자 하는 특정한 방식이 있는지 생각해 보세요. 콘텐츠와 연관 없는 유형은 오히려 콘텐츠 이해를 방해하기 쉽습니다. 스마트 아트를 사용하기 전에 데이터를 표시하는 데 가장 적합한 그래픽 유형을 먼저 그려 보고 명확하고 쉽게 이해할 수 있는 형태로 만듭니다.

2 SmartArt 그래픽이 도형보다 편리한 이유

도형 작업에서 어려운 점은 도형의 서식, 정렬, 텍스트 관리 등일 것입니다. 이것을 편리하게 그러나 결과물은 일정 수준 이상으로 만들고 싶다면 가장 쉬운 방법이 SmartArt 그래픽 기능을 활용하는 것입니다.

■ 도형의 색상 선택 고민 해결

SmartArt 그래픽에서는 내용을 입력하면 선택한 종류에 맞춰 도형이 계속 삽입됩니다. 이때 새로 삽입되는 도형의 서식은 테마 색을 기준으로 자동으로 설정되어 색상을 선택하는 데 고민할 필요가 없습니다. 이것이 얼마나 편리한 점인지 직접 작업을 해 보면 실감할 수 있을 것입니다. 도형을 하나씩 만들 때마다 어울리는 서식을 선택해야 하는 일이 자동으로 해결되는 것입니다.

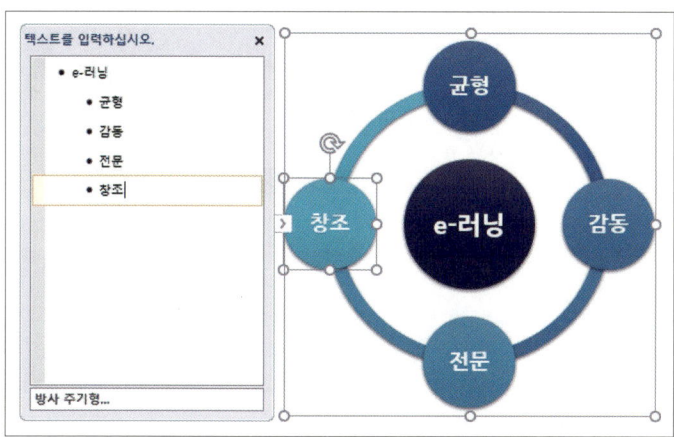

■ 도형 사이 간격과 정렬 자동 조정

내용만 입력하면 도형을 삽입하거나 복사해서 사용할 때 도형 사이 간격이나 위치를 조정하지 않아도 자동으로 맞춰집니다.

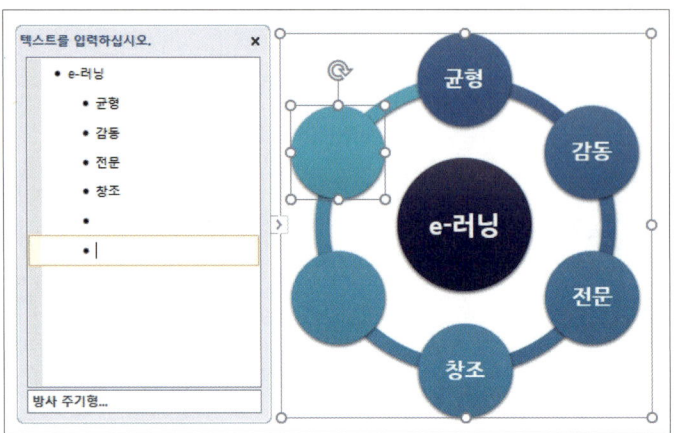

■ 글꼴 크기 자동 조절

도형을 그룹으로 만들어 크기를 한번에 조정하면 도형끼리의 상대적 크기가 유지되면서 조정되지만 도형 안의 텍스트는 수동으로 조정해야 했습니다. 그러나 SmartArt 그래픽은 크기가 조정되면 텍스트 크기도 자동으로 조정됩니다.

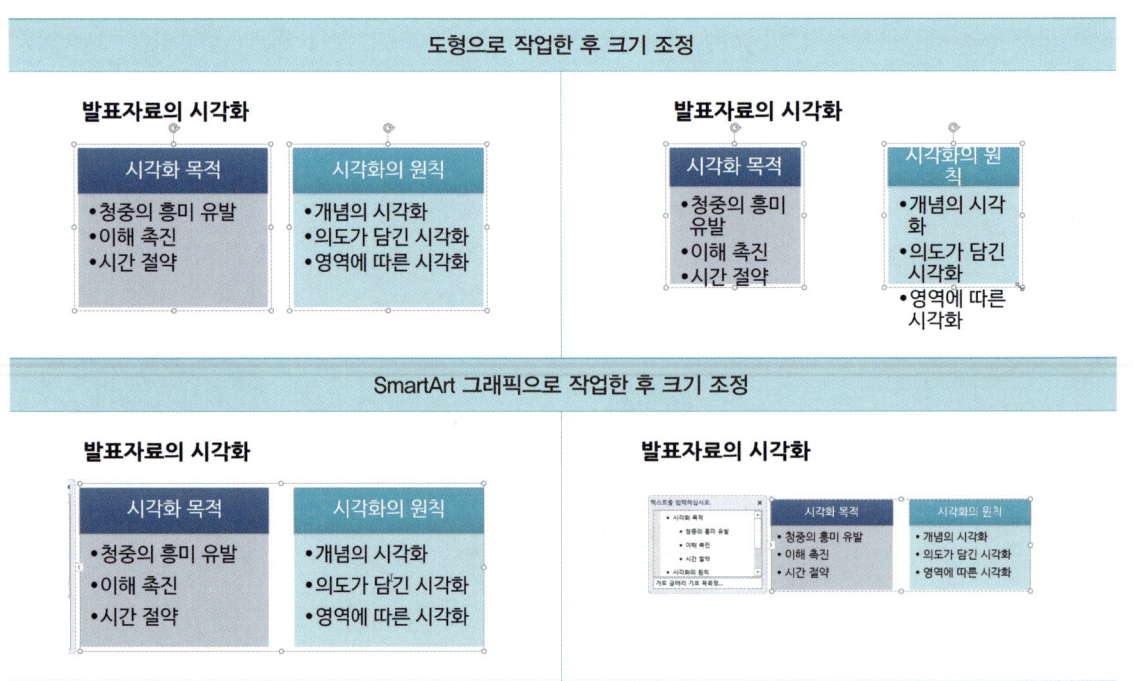

SECTION 05 편리한 SmartArt 그래픽 만들기

2 SmartArt 그래픽 쉽게, 편리하게 만들기

아무리 사용하기 편리하게 제공되는 기능이라도 결국 사용자가 적절하게 선택하고 사용해야 합니다. SmartArt 그래픽을 무작정 실행하기 전에 어떤 형태로 작성할지 구상하고, 자료 내용과 분량을 잘 살펴보는 것이 중요합니다. 그래픽은 명확하고 쉽게 이해할 수 있어야 합니다. SmartArt 그래픽을 이용한 슬라이드 작성 방법을 알아보겠습니다.

{실습 파일} 02\05_1.pptx   {완성 파일} 02\05_1결과.pptx

01 다음과 같은 텍스트 자료를 SmartArt 그래픽으로 만들어, 메시지가 좀 더 효과적으로 전달되도록 시각화하겠습니다.
내용을 살펴보니 하나의 핵심 주제와 세 가지 하위 항목이 있는 형태입니다.

02 [삽입] 탭 → [일러스트레이션] 그룹 → [SmartArt]를 클릭합니다. 또는 개체 틀의 'SmartArt 그래픽 삽입' 아이콘(📊)을 클릭합니다.

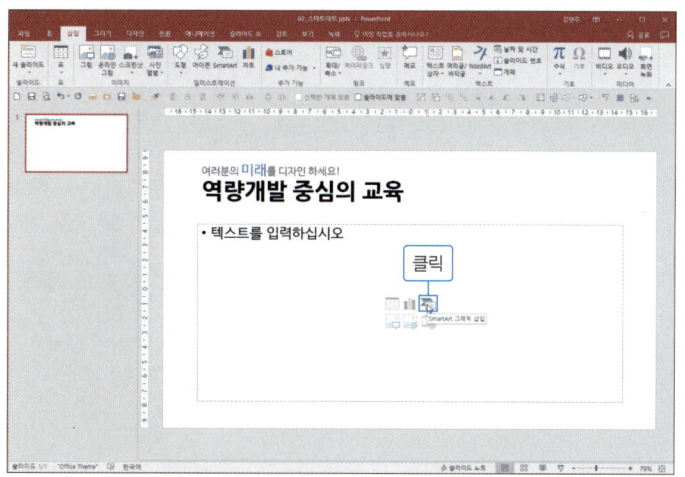

03 주제에 관한 개념 또는 관계를 표현하기 위해 관계형 중 '수렴 방사형'을 선택하고, 〈확인〉 버튼을 클릭합니다.

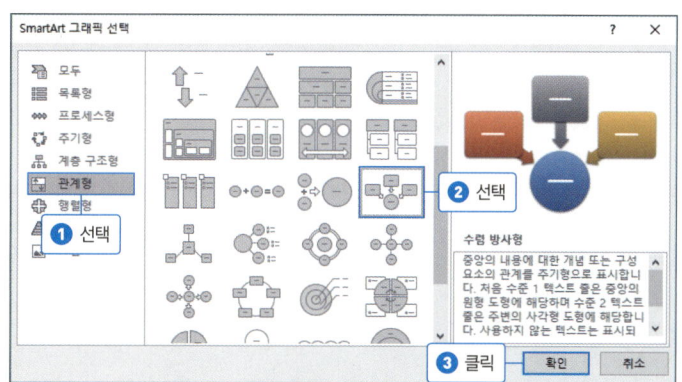

04 슬라이드에 SmartArt 그래픽이 삽입되고, 왼쪽에는 내용을 입력할 수 있는 텍스트 창이 표시됩니다. 리본 메뉴는 [SmartArt 도구 디자인] 탭으로 변경되어 있습니다.

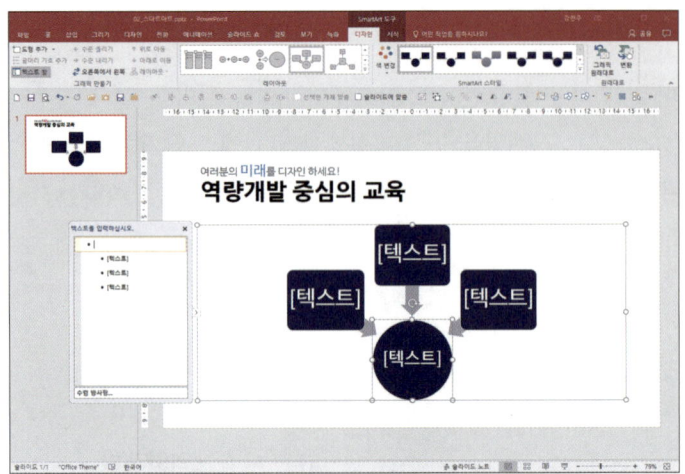

05 텍스트 창에 내용을 입력합니다.

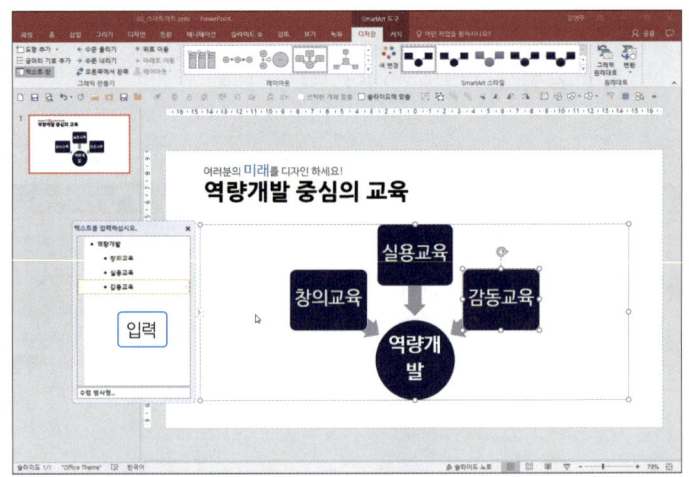

> tip 텍스트 창에서 단락은 유지한 채 줄만 바꾸려면, 줄을 바꾸려는 위치에서 Shift + Enter 키를 누릅니다.

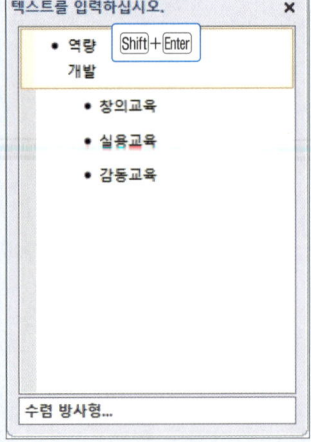

SECTION 05 편리한 SmartArt 그래픽 만들기

06 색상을 변경하기 위해 [SmartArt 도구 디자인] 탭 → [SmartArt 스타일] 그룹 → [색 변경]을 클릭하고 빠른 스타일 중 원하는 색상 스타일을 선택합니다.

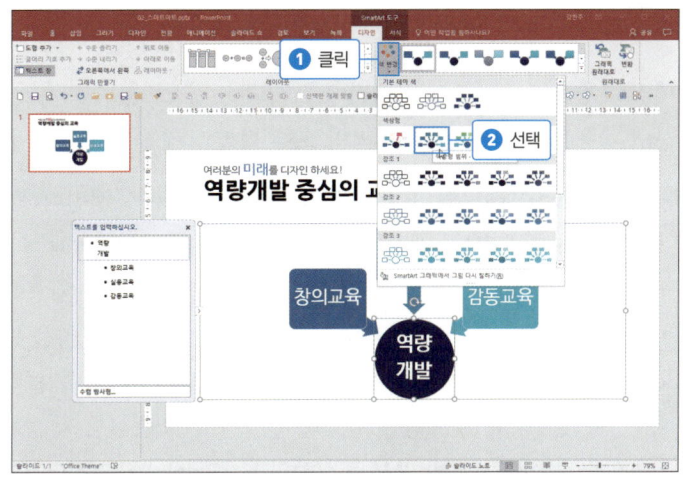

07 도형의 테두리와 3차원 등 효과를 설정하기 위해, [SmartArt 도구 디자인] 탭 → [SmartArt 스타일] 그룹에서 제공되는 빠른 스타일 영역 위에 마우스 포인터를 위치시킵니다. 적용된 모습을 미리 확인하면서 선택할 수 있습니다. 더 많은 스타일을 한 번에 보려면, '자세히' 아이콘(▽)을 클릭합니다.

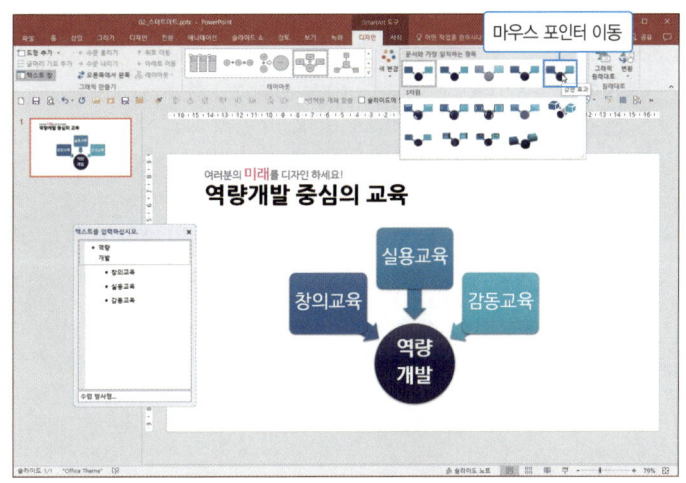

08 텍스트 내용이 간단하게 도형으로 완성된 것을 확인할 수 있습니다. 이제 사용자는 디자인에 큰 어려움 없이 슬라이드의 내용에만 집중할 수 있게 되었습니다.

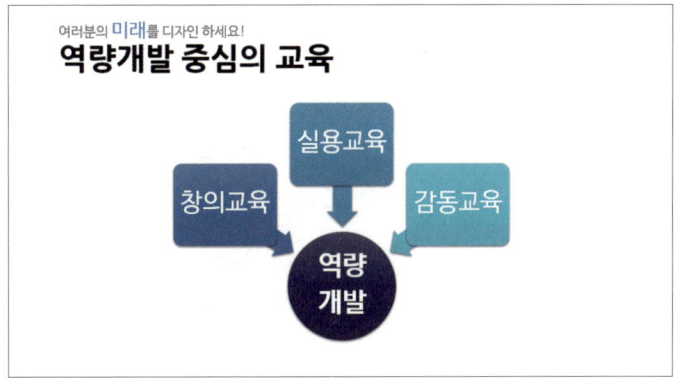

3 SmartArt 그래픽의 텍스트 창 살펴보기

텍스트 창은 SmartArt 그래픽에 표시되는 텍스트를 입력하고 편집하는 데 사용할 수 있습니다. 텍스트 창의 내용은 SmartArt 그래픽의 도형 집합과 직접적으로 매핑됩니다.

- SmartArt 그래픽의 도형은 입력되는 텍스트로 조정됩니다. 도형을 직접 클릭한 다음 입력해도 되지만 나중에 기본 제공 개수 이상의 도형을 추가, 삭제할 때는 텍스트 창에서 작업하는 것이 편리합니다. 되도록 SmartArt 그래픽 도형의 제어는 '텍스트 창'을 활용하는 것이 좋습니다.
- 텍스트 입력이 끝났다면 SmartArt 그래픽 도형의 구성을 마치고 서식 작업만 남았습니다. 사용하지 않을 때는 텍스트 창의 오른쪽 위에 있는 〈닫기〉 버튼을 클릭하거나, SmartArt 그래픽 개체 틀 왼쪽 중간에 있는 ' ' 아이콘을 클릭하여 닫을 수 있습니다.
- 내용을 수정하기 위해 다시 표시하려면, [SmartArt 도구 디자인] 탭 → [그래픽 만들기] 그룹 → [텍스트 창]을 클릭하거나 SmartArt 그래픽 개체 틀 왼쪽 중간에 있는 ' ' 아이콘을 클릭해 나타나게 합니다.

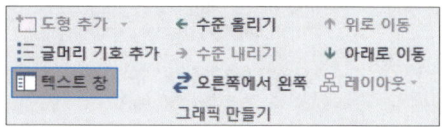

- 텍스트 창에서 사용되는 글머리 기호는 기호적인 의미보다는 SmartArt 그래픽의 도형들 사이 관계를 나타내며 SmartArt 유형에 따라 텍스트 창의 각 글머리 기호는 새 도형이나 도형 내의 글머리 기호로 표시됩니다. 이전 버전에서는 수정할 수 없었던 SmartArt 그래픽 도형 안의 글머리 기호 모양을 변경하거나 표시하지 않을 수 있습니다.

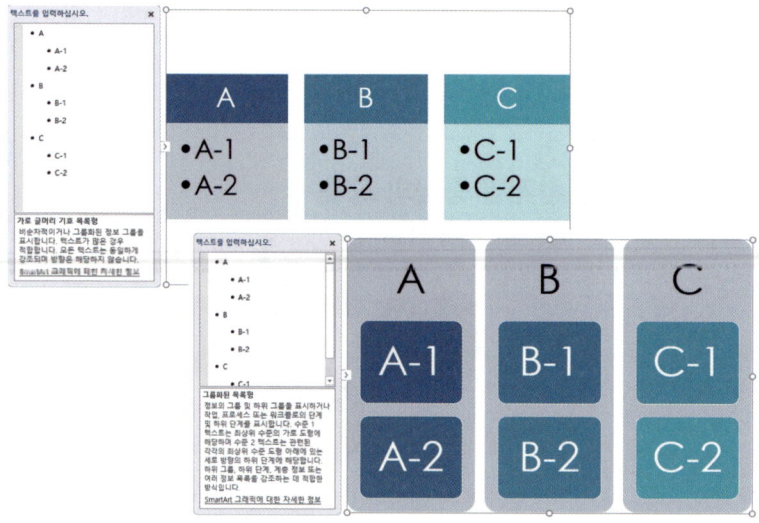

4 SmartArt 그래픽 도형 추가하고 삭제하기

SmartArt 그래픽을 만들 때 기본으로 제공되는 도형과 작성하고자 하는 내용이 딱 맞아 떨어지기는 어렵습니다. 항상 도형을 추가해서 삽입하고 수정하는 과정이 필요하게 됩니다. 이번에는 필요한 도형을 추가하고 삭제하는 방법을 살펴보겠습니다.

{실습 파일} 02\05_2.pptx

1 [SmartArt 도구 디자인] 탭 → [그래픽 만들기] 그룹 명령을 이용한 도형 추가

01 조직도 중 '경영본부'와 '마케팅본부' 사이에 같은 수준의 도형을 하나 더 만들어보겠습니다. 도형을 추가할 때 기준으로 사용할 '경영본부' 도형을 선택합니다.

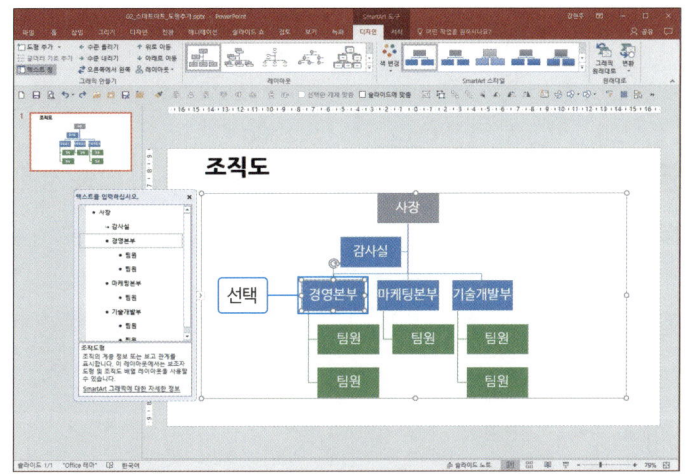

02 [SmartArt 도구 디자인] 탭 → [그래픽 만들기] 그룹 → [도형 추가▼]를 클릭하고 **뒤에 도형 추가**를 실행합니다.

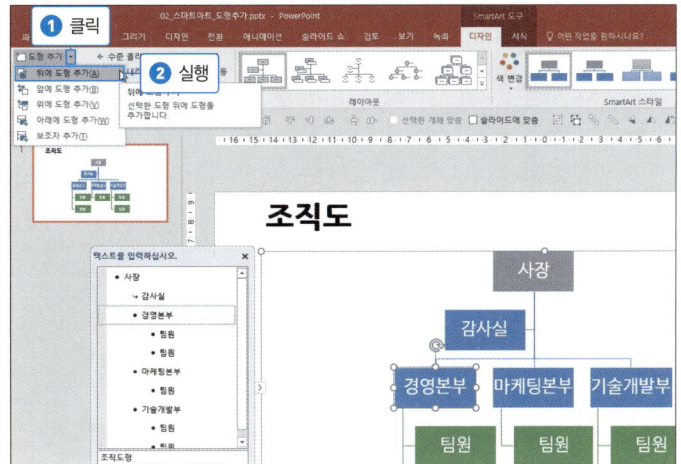

03 현재 선택된 도형과 같은 수준의 도형이 뒤쪽으로 추가됩니다. 도형이 추가되면 자동으로 SmartArt 그래픽의 균형이 다시 맞춰집니다. '자산운용본부'를 입력합니다.

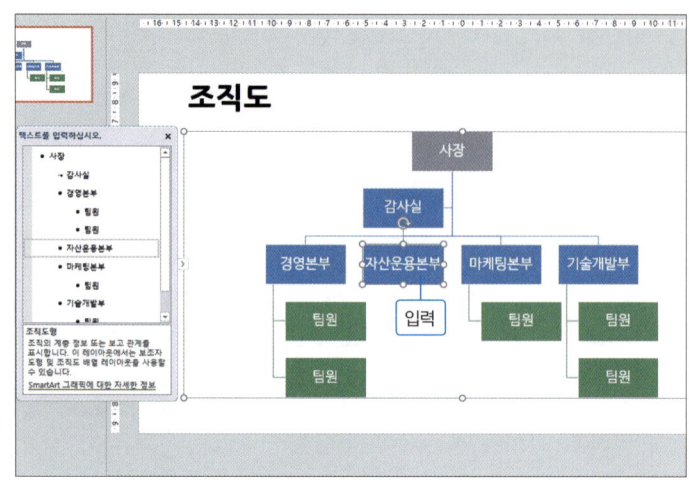

2 [SmartArt 도구 디자인] 탭 → [그래픽 만들기] 그룹 자세히 보기

[SmartArt 도구 디자인] 탭 → [그래픽 만들기] 그룹은 도형을 추가하고 위치를 변경하는 등 SmartArt 그래픽의 도형을 관리합니다.

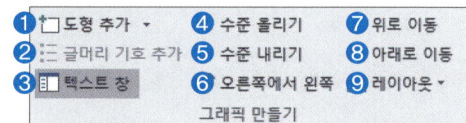

① **도형 추가** : 지정한 위치에 도형을 추가합니다.

- ⓐ 뒤에 도형 추가(A)
- ⓑ 앞에 도형 추가(B)
- ⓒ 위에 도형 추가(V)
- ⓓ 아래에 도형 추가(W)
- ⓔ 보조자 추가(T)

ⓐ **뒤에 도형 추가** : 선택한 도형과 동일한 수준에서 해당 도형 뒤에 도형을 추가합니다.
ⓑ **앞에 도형 추가** : 선택한 도형과 동일한 수준에서 해당 도형 앞에 도형을 추가합니다.
ⓒ **위에 도형 추가** : 선택한 도형보다 한 수준 위에 도형을 추가합니다. 새 도형이 선택한 도형의 위치에 추가되며, 선택한 도형과 그 아래에 있는 모든 도형이 각각 한 수준씩 아래로 내려갑니다.
ⓓ **아래에 도형 추가** : 선택한 도형보다 한 수준 아래에 도형을 추가합니다. 새 도형이 동일한 수준에 있는 다른 도형의 맨 끝에 추가됩니다.
ⓔ **보조자 추가** : 조직도에서만 가능합니다. SmartArt 그래픽에서 같은 수준의 다른 상자 위에 보조자 상자가 추가되지만 텍스트 창에서는 같은 수준의 다른 상자 뒤에 보조자 상자가 표시됩니다.

② **글머리 기호 추가** : SmartArt 그래픽에 글머리 기호를 추가합니다. 각 SmartArt 그래픽은 텍스트 창의 글머리 기호와 SmartArt 그래픽의 도형 집합 사이 고유한 매핑을 정의합니다. SmartArt 유형에 따라 도형에 글머리 기호가 있는지 여부가 결정됩니다. 유형에 글머리 기호가 없을 경우 SmartArt 그래픽에 글머리 기호를 표시하려면 다른 유형을 선택해야 합니다.

③ **텍스트 창** : SmartArt 그래픽에 표시되는 텍스트를 입력하고 편집하는 데 사용할 수 있는 창을 표시하고 감춥니다. 텍스트 창에서 콘텐츠를 추가하고 편집하면 SmartArt 그래픽이 자동으로 업데이트됩니다.

④ **수준 올리기** : 선택한 글머리 기호 또는 도형의 수준을 높입니다.

⑤ **수준 내리기** : 선택한 글머리 기호 또는 도형의 수준을 낮춥니다.

⑥ **오른쪽에서 왼쪽** : 왼쪽에서 오른쪽 또는 오른쪽에서 왼쪽으로 SmartArt 그래픽의 레이아웃을 전환합니다.

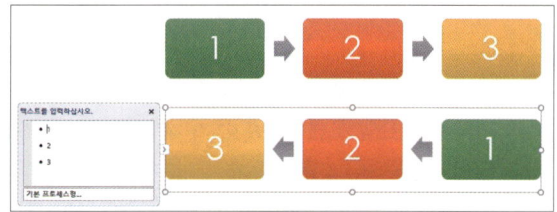

⑦ **위로 이동** : 현재 선택한 항목을 앞으로 이동합니다.

⑧ **아래로 이동** : 현재 선택한 항목을 뒤로 이동합니다.

⑨ **레이아웃** : 조직도와 같은 계층 구조형 도해에서만 사용할 수 있는 명령들로 역할은 다음과 같습니다.

ⓐ **표준** : 하위 도형을 가운데에 수평으로 배열합니다.

ⓑ **양쪽 균등 배열** : 선택한 도형을 아래에 있는 도형 위에서 가운데로 맞추고 아래에 있는 도형을 각 행에 두 개씩 가로로 배열합니다.

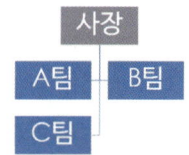

ⓒ **왼쪽 배열** : 하위 도형을 왼쪽으로 배열합니다.

ⓓ **오른쪽 배열** : 하위 도형을 오른쪽으로 배열합니다.

3 텍스트 창에서 직접 도형을 추가하기

SmartArt 그래픽에서 도형의 관리는 리본 메뉴를 이용하면 삽입하려는 도형이 뒤, 앞, 위, 아래 등을 고려해서 명령을 선택해야 했습니다. 그런 번거로움 없이 빠르게 도형을 추가하는 방법은 텍스트 창에서 작업하는 것입니다.

① 기존 텍스트 앞에 새 텍스트 추가 : 텍스트 창에서 도형을 추가할 텍스트의 시작 부분에 커서를 놓고, 텍스트를 입력한 다음 Enter 키를 누릅니다.
② 기존 텍스트 뒤에 새 텍스트 추가 : 텍스트 창에서 도형을 추가할 텍스트의 끝 부분에 커서를 놓고, Enter 키를 누른 다음 텍스트를 입력합니다.
③ 텍스트 수준 내리기 : Tab 키를 누릅니다.
④ 텍스트 수준 올리기 : Shift + Tab 키를 누릅니다.
⑤ SmartArt 그래픽의 테두리로 포커스 전환 : Esc 키를 누릅니다.

01 '자산운용본부'의 하위 항목을 입력하기 위해, 텍스트 창에 있는 '자산운용본부' 뒤에 커서를 놓고 Enter 키를 누릅니다.

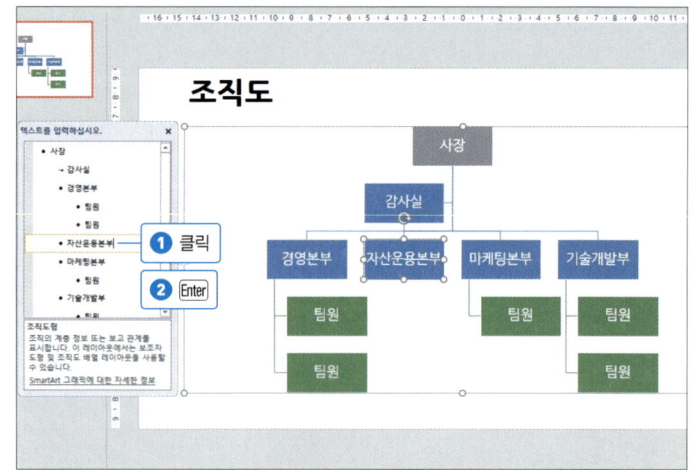

02 '자산운용본부'와 같은 수준의 도형이 뒤쪽에 삽입된 것을 확인할 수 있습니다.

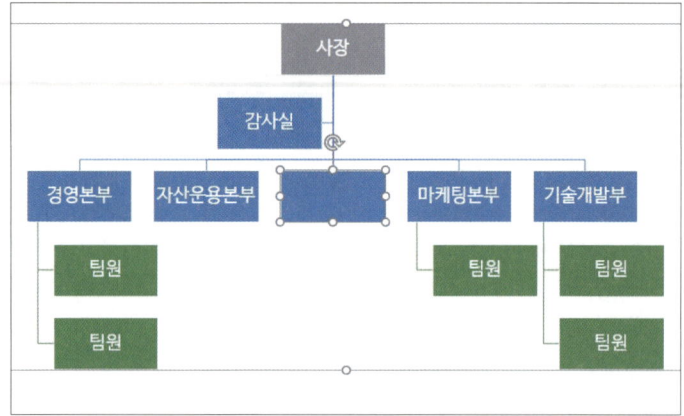

03 도형의 수준을 하위 항목으로 만들기 위해, 텍스트 창에서 Tab 키를 누르고 '팀원'이라고 입력합니다.

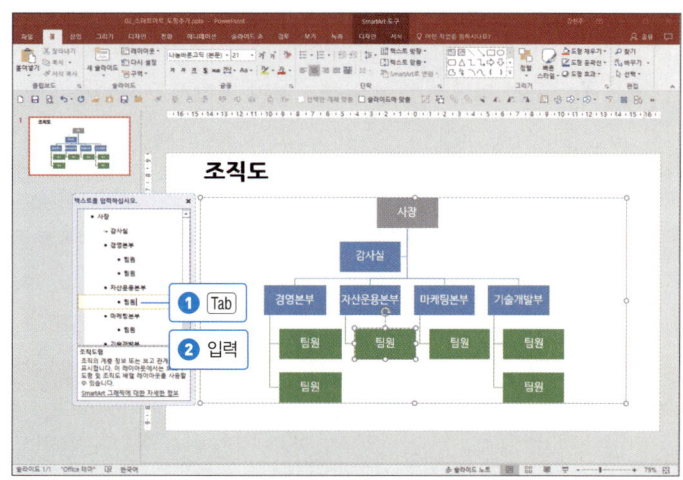

04 '팀원' 도형을 표준 배열로 만들기 위해 '팀원' 도형을 관리하는 위쪽 도형을 모두 선택합니다. 여러 도형을 선택할 때는 처음 도형을 클릭한 다음, 다음 도형부터는 Ctrl 키를 누르고 클릭하면서 선택합니다.
[SmartArt 도구 디자인] 탭 → [그래픽 만들기] 그룹 → [레이아웃] → [표준]을 클릭합니다.

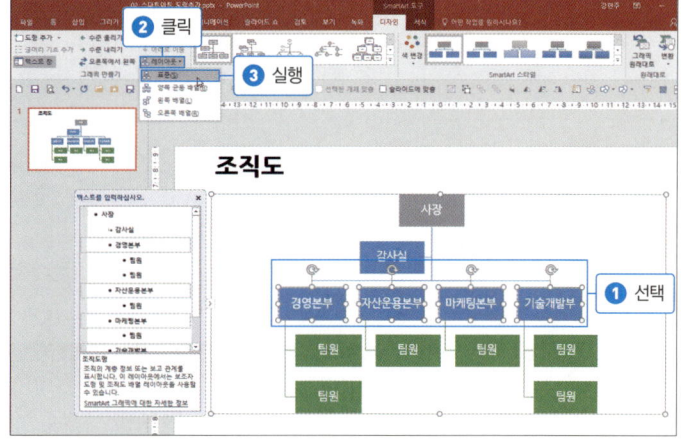

05 레이아웃이 표준으로 변경되면 도형의 크기도 자동으로 조정되는 것을 확인할 수 있습니다.

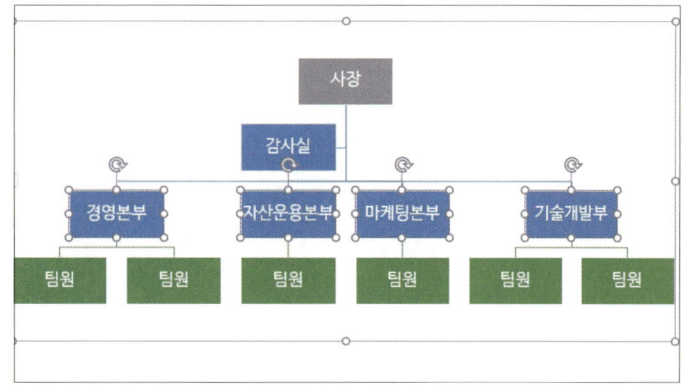

4 도형 삭제하기

01 텍스트 창 안에서 도형을 삭제하려면 삭제할 도형을 나타내는 텍스트를 Delete 키를 눌러 삭제합니다. SmartArt 그래픽 안에서 도형을 삭제하려면 삭제할 도형의 테두리를 클릭해서 선택하고, Delete 키를 누릅니다.

> tip SmartArt 그래픽 안의 도형을 선택해서 Delete 키로 삭제할 때, 도형의 텍스트 부분이 선택되면 삭제가 안 되는 경우가 있습니다. 도형의 테두리나 텍스트가 없는 부분을 클릭해서 선택합니다.

02 '연속 그림 목록형'으로 작성한 SmartArt 그래픽 중에 아래에 있는 화살표를 지우고 싶은 경우, Delete 키를 눌러서는 지워지지 않습니다.

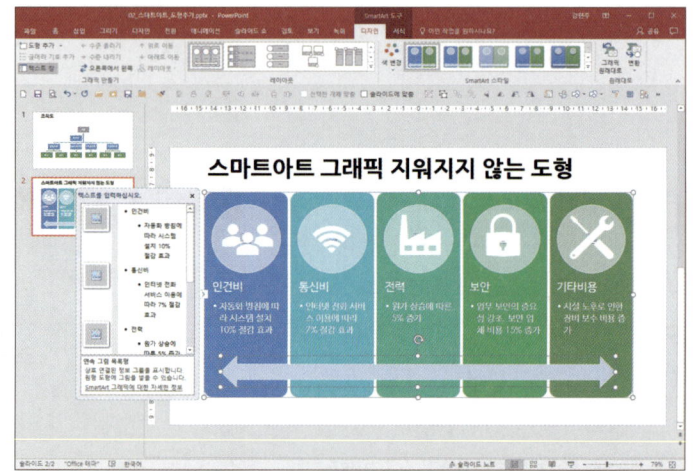

03 이런 경우 [SmartArt 도구 서식] 탭 → [도형 스타일] 그룹에서 도형의 채우기와 윤곽선을 '없음'으로 설정해서 감추면 됩니다.

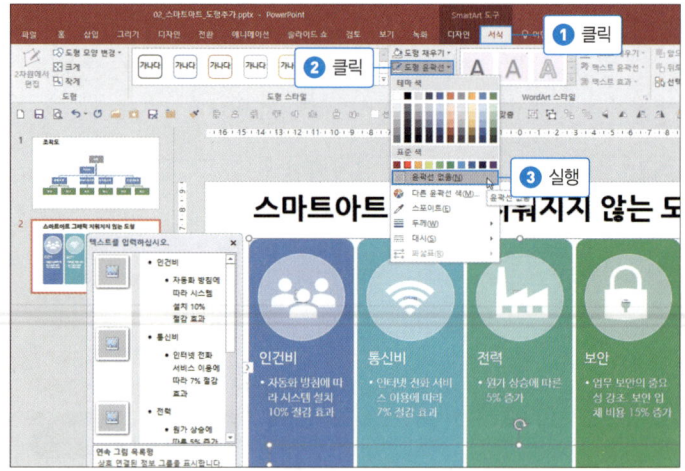

5 SmartArt 레이아웃 변경

SmartArt 그래픽의 레이아웃은 언제든지 다른 SmartArt 그래픽 레이아웃으로 바꿀 수 있습니다. 대부분의 서식을 유지한 채 레이아웃을 변경할 수 있다는 것은 큰 장점입니다. 그리고 프레젠테이션 문서 내의 모든 도형이나 개체들과 마찬가지로 SmartArt 그래픽에 적용되는 색은 문서의 테마에 따라 자동으로 조정됩니다.

{실습 파일} 02\05_3.pptx

01 다른 형태로 변경하려는 SmartArt 그래픽을 선택합니다.

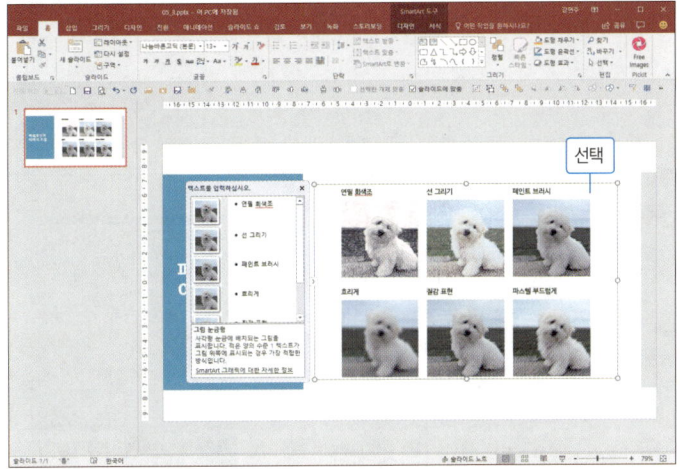

02 [SmartArt 도구 디자인] 탭 → [레이아웃] 그룹에서 '자세히' 아이콘(▼)을 클릭합니다.
표시되는 레이아웃 위에 마우스 포인터를 가져가면 적용된 모습을 미리 보기로 확인할 수 있습니다.

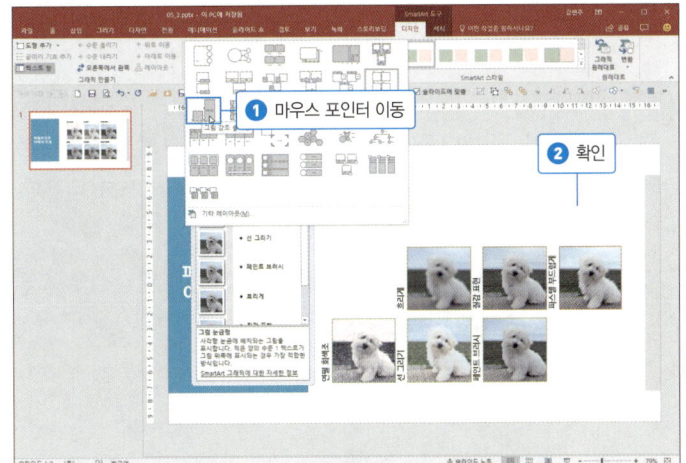

03 더 많은 종류의 SmartArt 그래픽을 사용하려면 아래에 있는 **기타 레이아웃**을 실행합니다.

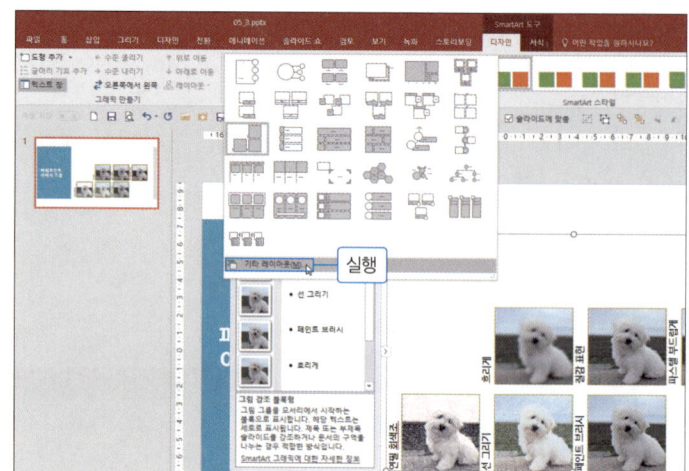

04 'SmartArt 그래픽 선택' 대화상자에서 [관계형] 중 '톱니바퀴형'을 선택해서 레이아웃을 변경합니다.
이 레이아웃은 그림을 포함하지 않는 형태이기 때문에 그림을 사용할 수 없고, 텍스트도 모두 표시되지 않는 것을 확인할 수 있습니다.

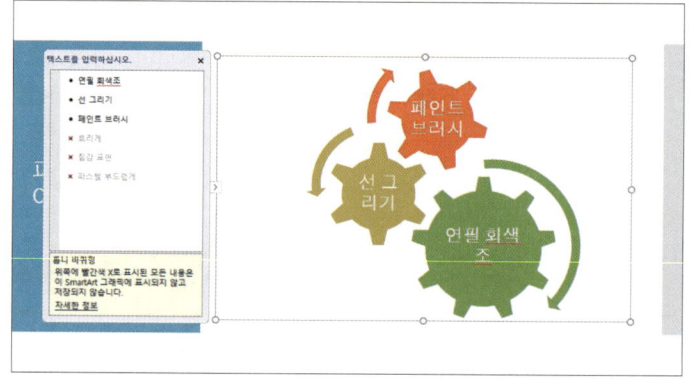

05 SmartArt 그래픽 유형 중에 제한된 수의 도형만 포함할 수 있는 경우, 최대 도형 수를 초과하면 텍스트 창의 일부 텍스트만 SmartArt 그래픽에 나타납니다. 표시되지 않는 텍스트 내용은 텍스트 창에서 빨간색×표시(■)가 나타납니다.
항상 레이아웃을 변경하고 나서 저장하기 전에는 빨간색으로 표시된 내용이 있는지 확인하세요. 그 상태에서 파일을 닫으면 정보가 저장되지 않습니다. 만일 빨간색×표시(■)가 나타난다면 레이아웃을 변경해서 텍스트가 모두 표시되도록 합니다.

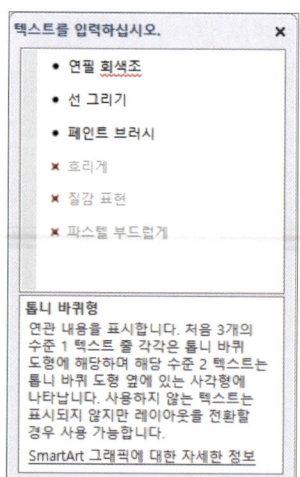

06 SmartArt 그래픽으로 작업하면 편리한 이유 중의 하나가 도형이 추가되거나 삭제되는 경우 사용자가 도형의 크기나 간격, 서식 등을 거의 의식하지 않아도 된다는 것입니다. 텍스트 창에서 맨 마지막 항목에서 Enter 키를 누른 다음 '강조'라고 입력합니다.

도형이 추가되면서 전체적인 도형들의 크기와 간격이 자동으로 조정됩니다. 그리고 특별히 설정하지 않아도 새롭게 추가되는 도형의 색상도 어울리게 설정되고 있습니다.

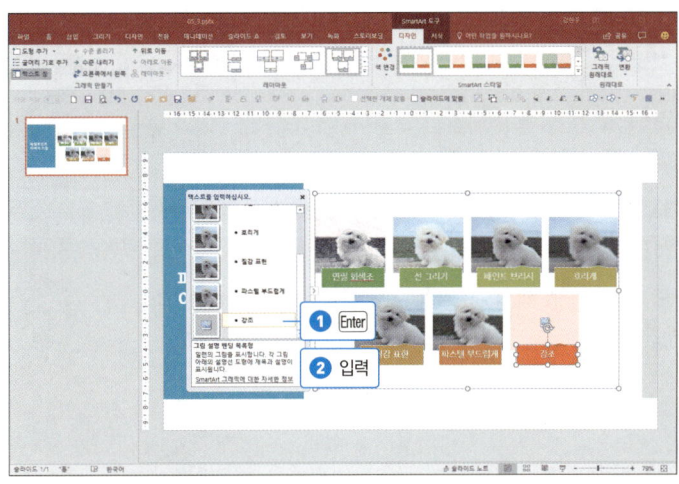

07 [SmartArt 도구 디자인] 탭 → [SmartArt 스타일] 그룹 → [색 변경]을 클릭하고 빠른 스타일 중 원하는 색상 스타일을 선택합니다.

이때 제시되는 색상은 테마에서 정의된 색상입니다.

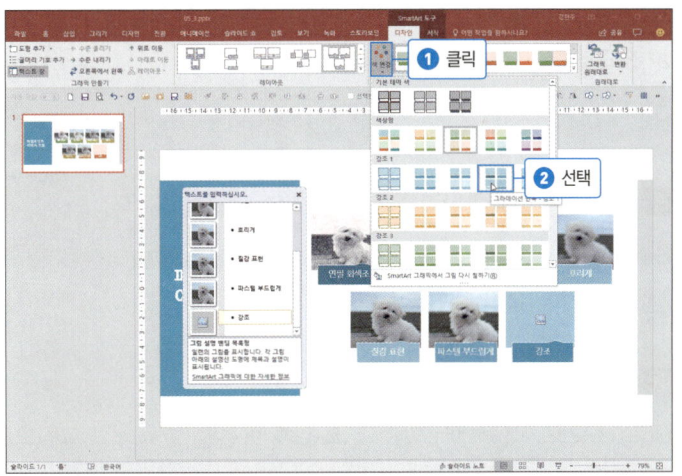

08 [디자인] 탭 → [테마] 그룹에서 '자세히' 아이콘(▼)을 클릭한 다음, 마음에 드는 테마를 선택해서 현재 문서의 테마를 변경합니다.

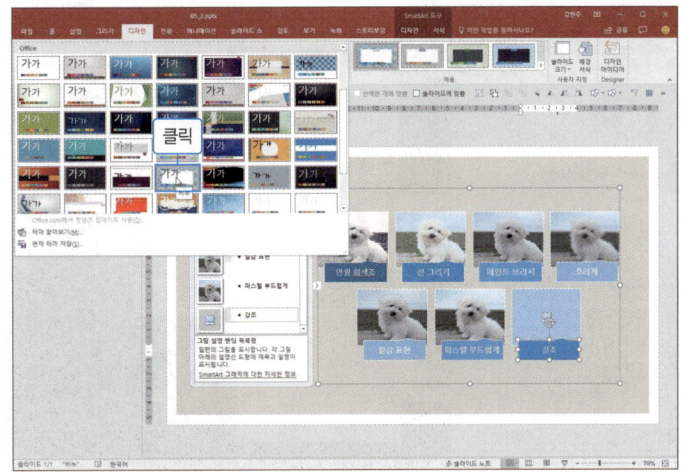

09 선택한 테마의 색상에 어울리는 색으로 SmartArt 그래픽이 변경된 것을 확인할 수 있습니다. 이렇게 설정한 다음에 제시되는 색상은 테마에 어울리는 색상 조합으로 구성되고, 또 다른 도형들이 추가될 때도 조화롭게 색상이 자동으로 설정됩니다.

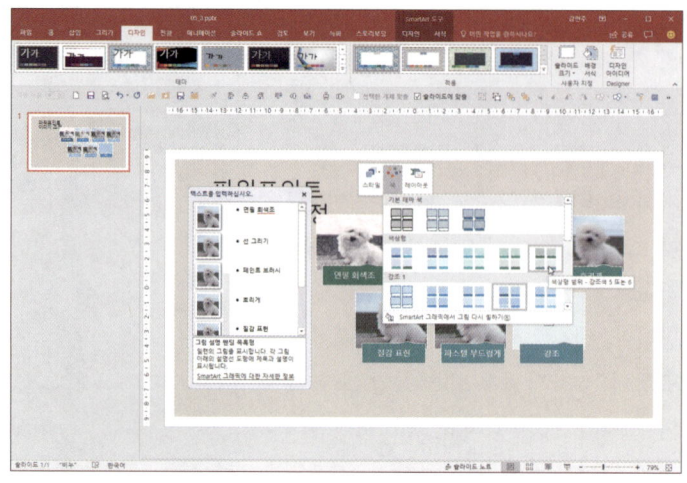

6 SmartArt 그래픽으로 작성한 내용 다른 프로그램에서 사용하기

파워포인트에서 만든 개체들은 오피스 프로그램 사이 자료 호환뿐만 아니라 한글 프로그램등 다른 프로그램에서도 사용할 수 있습니다.

{실습 파일} 02\05_4.pptx

1 SmartArt 그래픽을 복사하기

SmartArt 그래픽 개체 틀 테두리를 선택하고, Ctrl + C 키를 눌러서 복사를 하고, 아래 한글 프로그램에 Ctrl + V 키를 눌러 붙여넣습니다.

2 그림으로 저장해서 사용하기

SmartArt 그래픽에서 마우스 오른쪽 버튼을 클릭하고 **그림으로 저장**을 실행합니다. 이미지 파일로 저장한 다음, 한글 문서에서 필요할 때마다 그림으로 삽입해서 사용합니다.

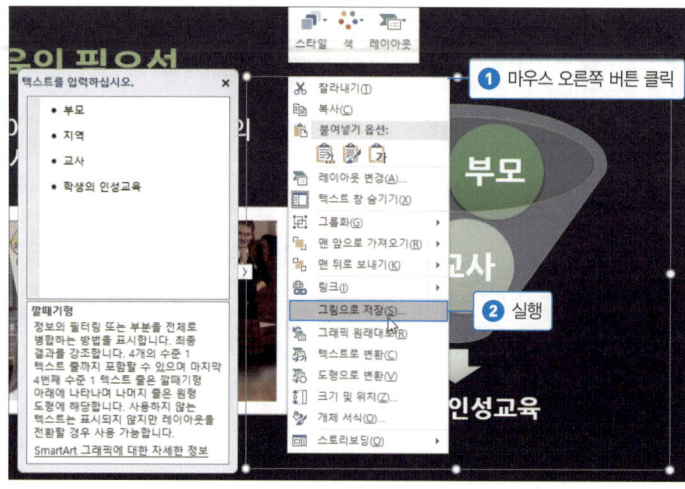

❸ SmartArt 그래픽의 일부만 그림으로 저장하기

SmartArt 그래픽은 여러 개의 도형으로 이루어져 있습니다. 만일 그 중 하나만 그림으로 저장하고 싶다면 SmartArt 그래픽의 속성이 없는 도형으로 만든 다음 그림으로 저장해야 합니다.
SmartArt 그래픽 전체를 도형으로 만들지 않고 원하는 부분만 도형으로 만드는 간단한 방법을 살펴보겠습니다.

01 SmartArt 그래픽 중 그림으로 저장하고 싶은 부분을 선택한 다음 Ctrl+C 키를 눌러서 복사를 하고, 슬라이드의 빈 공간에서 Ctrl+V 키를 눌러 붙여넣습니다.

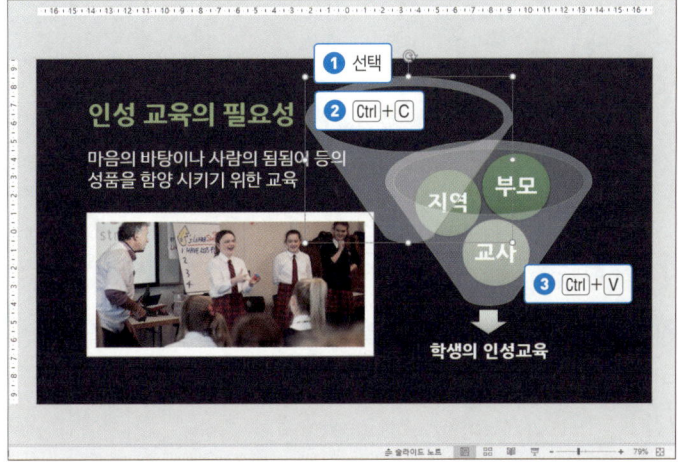

02 복사한 도형 위에서 마우스 오른쪽 버튼을 클릭하고 **그림으로 저장**을 실행합니다.

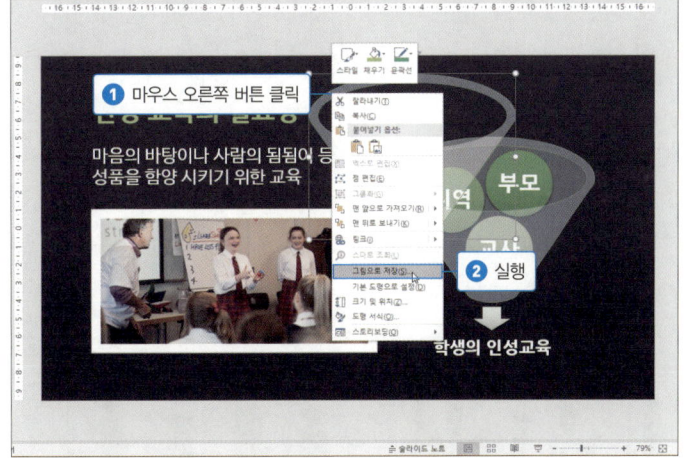

SECTION 06
숫자가 많은 자료 차트로 정리하기

엑셀과 마찬가지로 파워포인트에서도 전문가 수준의 차트를 쉽게 만들 수 있습니다. 차트 종류, 차트 레이아웃 및 차트 스타일만 선택하면 전문적인 형식으로 즉시 차트를 만들 수 있습니다. 또한 자주 사용하는 차트를 차트 서식 파일로 저장해 놓고 새로운 차트를 만들 때마다 신속하게 적용할 수 있습니다.

1 차트 종류별 특징과 적합한 데이터 형태

차트 역시 중요한 점은 내용을 잘 표현할 수 있는 종류를 선택해야 한다는 것입니다. 데이터 종류에 따라 어떤 차트를 사용하는 것이 적합한지 알기 위해 먼저 차트의 종류별 특징을 살펴보겠습니다.
(참고 : http://support.office.com)

1 세로 막대형

세로 막대형 차트는 특정한 순서 없이 배열되어 있는 여러 항목을 나타내거나 항목별 비교를 표시하는 데 유용합니다. 세로 막대형 차트에서는 일반적으로 항목이 가로 축에 표시되고 값은 세로 축에 표시됩니다. 종류 중 누적 세로 막대형의 경우는 합계를 강조하려는 경우 사용하고, 100% 기준 누적 세로 막대형의 경우는 전체에 대한 기여도를 강조하려는 경우, 특히 각 항목의 합계가 동일한 경우에 이 차트를 사용합니다.

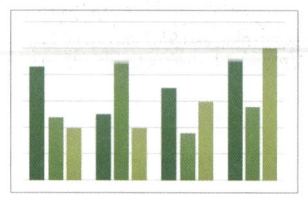
▲ 세로 막대형

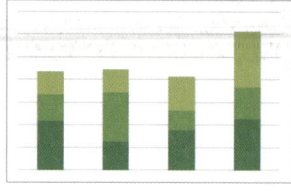
▲ 누적 세로 막대형

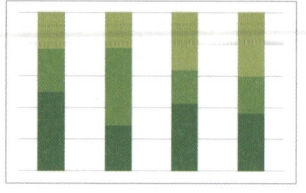
▲ 100% 기준 누적 세로 막대형

2 꺾은선형

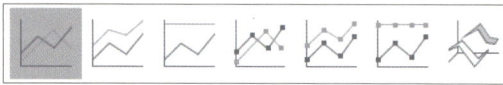

꺾은선형 차트는 일정한 배율의 축에 시간에 따른 연속 데이터가 표시되므로 월, 분기, 회계 연도 등과 같은 일정 간격에 따라 데이터의 추세를 표시하는 데 유용합니다. 항목이 많거나 값이 추정 값인 경우에는 표식이 없는 꺾은선형 차트를 사용하는 것이 좋습니다.

꺾은선형 차트는 시간의 흐름이나 일정 간격의 항목에 따른 추세를 표시하는 데 유용하며, 특히 데이터 요소가 많고 데이터 요소를 표시하는 순서가 중요한 경우에 적합합니다.

종류 중 누적 꺾은선형 차트는 시간의 흐름이나 일정 간격의 항목에 따른 각 값의 기여도 추세를 표시할 수 있고, 100% 기준 누적 꺾은선형 차트는 시간의 흐름이나 일정 간격의 항목에 따른 각 값의 기여도 추세를 표시할 수 있습니다.

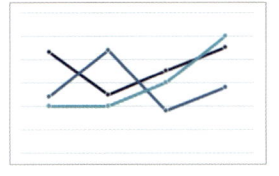 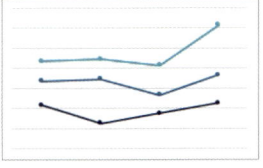 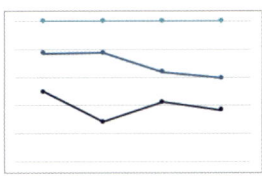

▲ 꺾은선형   ▲ 누적 꺾은선형   ▲ 100% 기준 누적 꺾은선형

3 원형

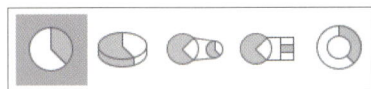

원형 차트에서는 데이터 계열 하나에 있는 항목의 크기가 항목 합계에 비례하여 표시됩니다. 원형 차트의 데이터 요소는 원형 전체에 대한 백분율로 표시됩니다. 원형 차트는 데이터 계열이 하나만 있는 경우, 데이터에 음수 값이 없는 경우, 항목의 수가 적고 이 항목이 모두 전체 원형의 일부분을 나타내는 경우에 사용하는 것이 좋습니다.

원형 차트의 조각을 수동으로 따로 분리하여 특정 원형 조각을 강조할 수 있습니다. 종류 중 원형 대 원형 또는 원형 대 가로 막대형 차트에서는 값을 추출하여 보조 원형 또는 누적 막대형 차트로 결합하여 해당 내용이 더 쉽게 구분되도록 만듭니다.

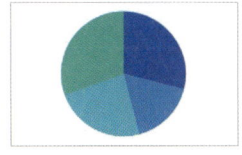 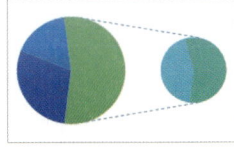 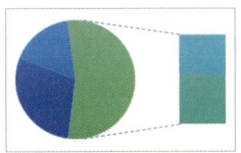

▲ 원형   ▲ 원형 대 원형   ▲ 원형 대 가로 막대형

4 가로 막대형

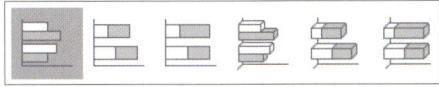

가로 막대형 차트에서는 개별 항목을 비교하여 보여줍니다. 가로 막대형 차트는 축 레이블이 긴 경우, 표시되는 값이 기간인 경우에 많이 사용합니다.

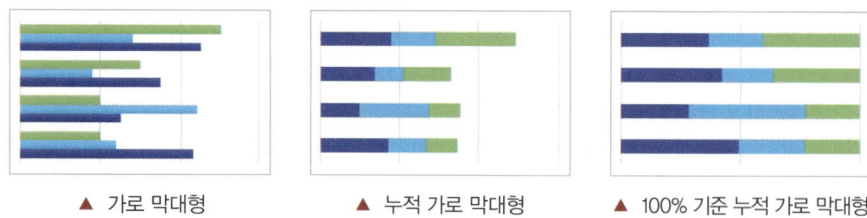

▲ 가로 막대형　　▲ 누적 가로 막대형　　▲ 100% 기준 누적 가로 막대형

5 영역형

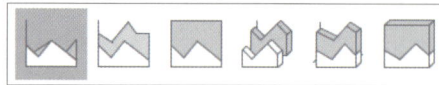

영역형 차트는 시간에 따른 변동의 크기를 강조하여 보여주며 추세와 함께 합계 값을 살펴볼 때 사용할 수 있습니다. 영역형 차트에서는 각 값의 합계를 표시하여 전체에 대한 부분의 관계도 보여줍니다.
일반적으로 영역형 차트에서는 한 계열의 데이터가 다른 계열의 데이터 뒤에 가려질 수 있으므로 누적 영역형 차트인 경우를 제외하고는 영역형 차트 대신 꺾은선형 차트를 사용하는 것이 좋습니다.

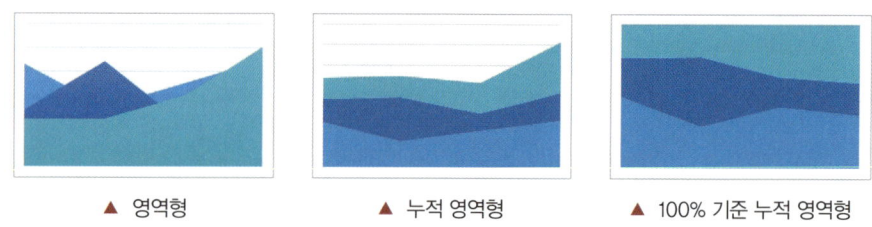

▲ 영역형　　▲ 누적 영역형　　▲ 100% 기준 누적 영역형

6 분산형과 거품형

분산형 차트는 여러 데이터 계열에 있는 숫자 값 사이의 관계를 보여주거나 두 개의 숫자 그룹을 xy 좌표로 이루어진 하나의 계열로 표시합니다.
분산형 차트에는 두 개의 값 축이 있으며 가로 축(x축)과 세로 축(y축)에 각각 다른 숫자 데이터 집합이 표시됩니다. 이러한 값은 단일 데이터 요소로 결합되어 일정하지 않은 간격이나 그룹으로 표시됩니다. 분산형 차트는 과학, 통계 및 공학 데이터와 같은 숫자 값을 표시하고 비교하는 데 주로 사용합니다.

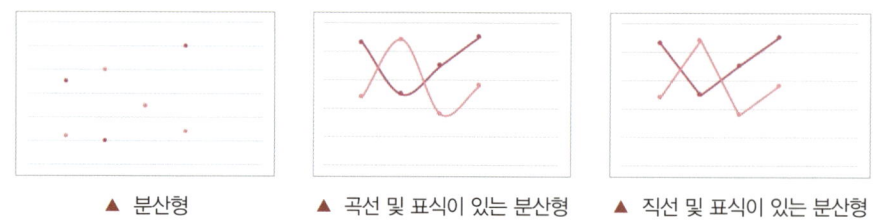

▲ 분산형　　▲ 곡선 및 표식이 있는 분산형　　▲ 직선 및 표식이 있는 분산형

분산형 차트와 매우 유사한 거품형 차트는 세 번째 열을 추가하여 데이터 계열의 데이터 요소를 나타내기 위해 표시하는 거품의 크기를 설정합니다.

SECTION 06 숫자가 많은 자료 차트로 정리하기

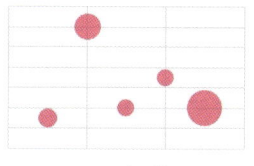

▲ 거품형

7 지도(오피스 2016에만 해당)

국가/지역, 시/도, 군 또는 우편번호와 같은 지리적 데이터를 가지고 지도 차트를 만듭니다.

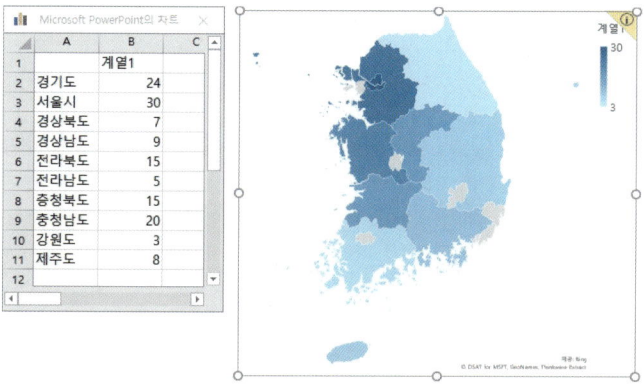

8 주식형

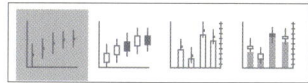

주식형 차트는 주가 변동을 나타내는 데 주로 사용합니다. 그러나 일일 강우량이나 연간 기온 등 기타 데이터의 변화도 이 차트로 표시할 수 있습니다. 주식형 차트를 만들려면 데이터를 올바른 순서로 구성해야 합니다.

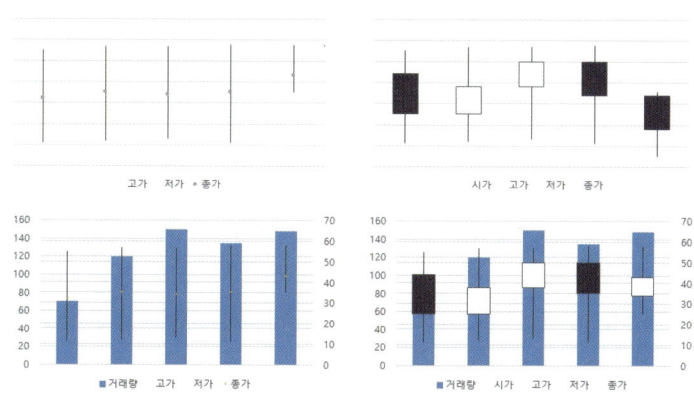

9 표면형

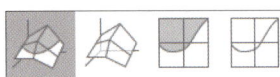

표면형 차트는 두 데이터의 집합 사이에서 최적의 조합을 찾을 때 유용합니다. 지형도에서와 마찬가지로 색과 무늬는 같은 값 범위에 있는 영역을 나타냅니다. 표면형 차트는 항목과 데이터 계열이 모두 숫자 값인 경우에 사용할 수 있습니다.

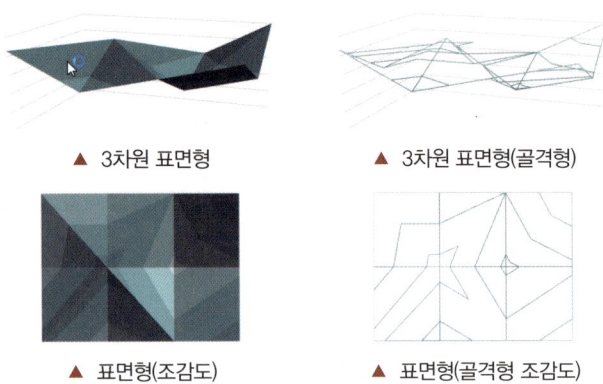

▲ 3차원 표면형　　▲ 3차원 표면형(골격형)

▲ 표면형(조감도)　　▲ 표면형(골격형 조감도)

10 방사형

방사형 차트에서는 여러 데이터 계열의 집계 값을 비교합니다.

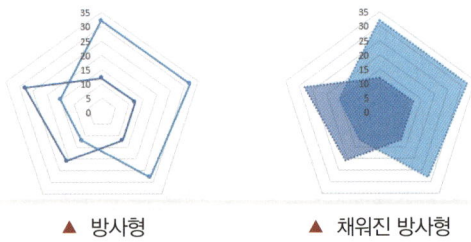

▲ 방사형　　▲ 채워진 방사형

11 트리맵(오피스 2016에만 해당)

트리맵 차트는 데이터를 계층 구조 보기로 제공하므로 다른 범주 수준을 비교하는 간편한 방법이 될 수 있습니다. 트리맵 차트는 색과 근접성을 기준으로 범주를 표시하며 다른 차트 유형으로 표시하기 어려운 많은 양의 데이터를 쉽게 표시할 수 있습니다. 트리맵 차트는 계층 안에서 비율을 비교하는 데 유용합니다.

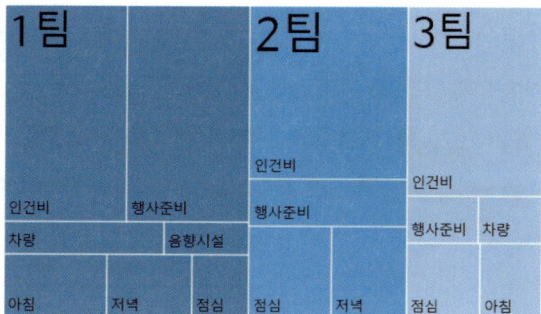

12 선버스트(오피스 2016에만 해당)

선버스트 차트는 계층 구조 데이터를 표시하는 데 적합하며, 하나의 고리 또는 원이 계층 구조의 각 수준을 나타내며 가장 안쪽에 있는 원이 계층 구조의 가장 높은 수준을 나타냅니다. 계층 구조가 없는(하나의 범주 수준) 선버스트 차트는 도넛형 차트와 모양이 유사합니다. 하지만, 범주 수준이 여러 개인 선버스트 차트는 외부 고리와 내부 고리의 관계를 보여줍니다. 선버스트 차트는 하나의 고리가 어떤 요소로 구성되어 있는가를 보여주는 데 가장 효과적입니다.

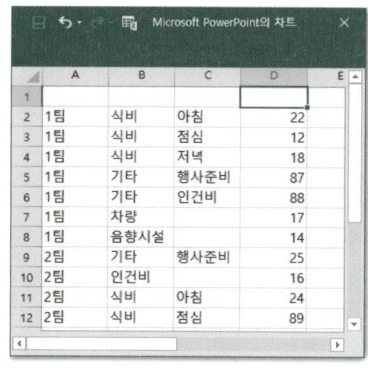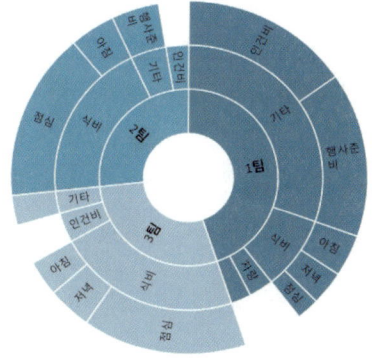

13 히스토그램(오피스 2016에만 해당)

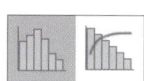

히스토그램 차트에 그려진 데이터는 분포 내의 빈도를 보여줍니다. 계급 구간이라고 하는 차트의 각 열을 변경하여 데이터를 보다 세부적으로 분석할 수 있습니다.
히스토그램 차트는 빈도 계급 구간으로 그룹화된 데이터 분포를 보여줍니다.
파레토는 내림차순으로 정렬된 열과 총 누적 백분율을 나타내는 선을 모두 포함하는 순차적 히스토그램 차트입니다.

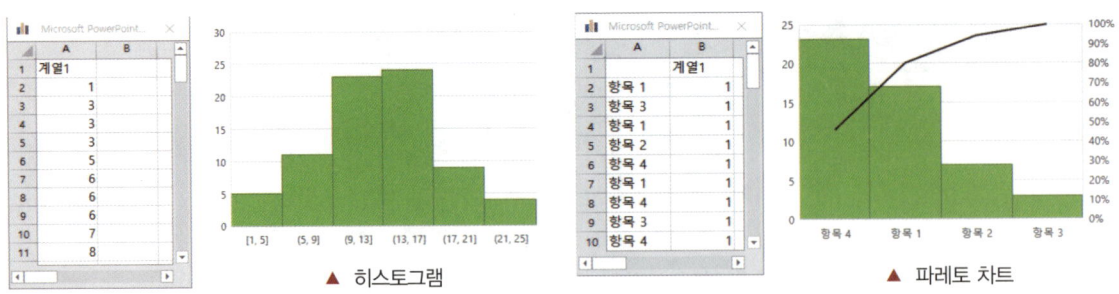

▲ 히스토그램　　　　　　　　　　　　　　　　　▲ 파레토 차트

14 상자 수염 그램(오피스 2016에만 해당)

상자 수염 차트는 데이터 분포를 사분위수로 나타내며 평균 및 이상 값을 강조하여 표시합니다. 상자에는 수직으로 확장되는 '수염'이라는 선이 포함될 수 있습니다. 이러한 선은 제 1사분위수와 제 3사분위수 외부의 변동성을 나타내며 이와 같은 선 또는 수염 외부의 모든 점은 이상 값으로 간주됩니다. 이 차트 종류는 서로 특정 방식으로 관계가 있는 여러 데이터 집합이 있는 경우에 사용합니다.

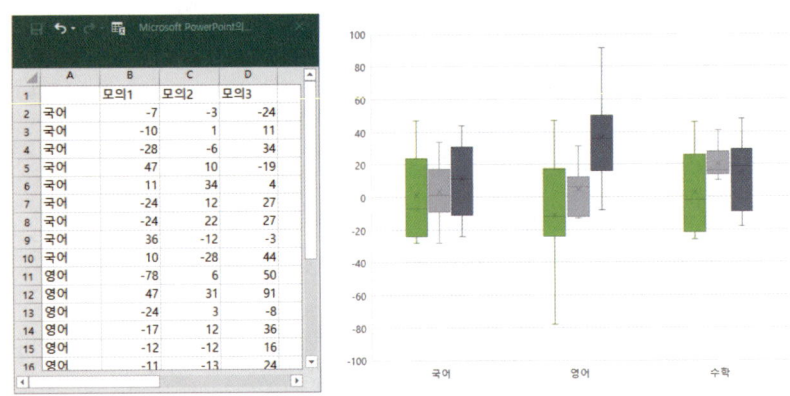

15 폭포(오피스 2016에만 해당)

폭포 차트는 값을 더하거나 빼는 경우의 재무 데이터 누계를 나타내며 초기 값이 일련의 양의 값 및 음의 값에서 어떤 영향을 받는지 이해하는 데 유용합니다. 막대는 색으로 구분되므로 양수와 음수를 빠르게 구분할 수 있습니다.

SECTION 06 숫자가 많은 자료 차트로 정리하기

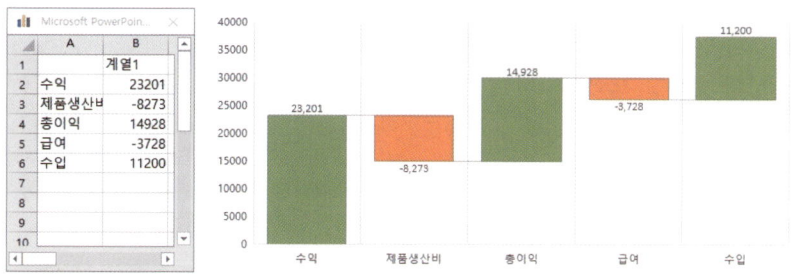

16 깔때기형(오피스 2016에만 해당)

깔때기형 차트에는 프로세스 안에서 여러 단계의 값이 표시됩니다. 일반적으로 값이 점차 감소하여 가로 막대가 깔때기 모양이 됩니다.

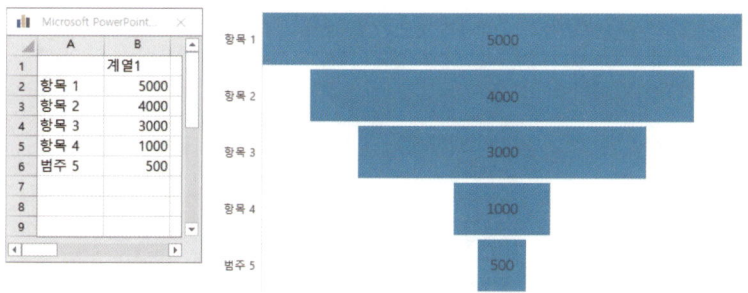

17 콤보

콤보 차트는 특히 데이터 범위가 광범위한 경우 데이터를 쉽게 이해할 수 있도록 만들기 위해 두 개 이상의 차트 종류를 결합합니다. 보조 축과 함께 표시되는 이 차트는 훨씬 더 보기 쉽습니다.

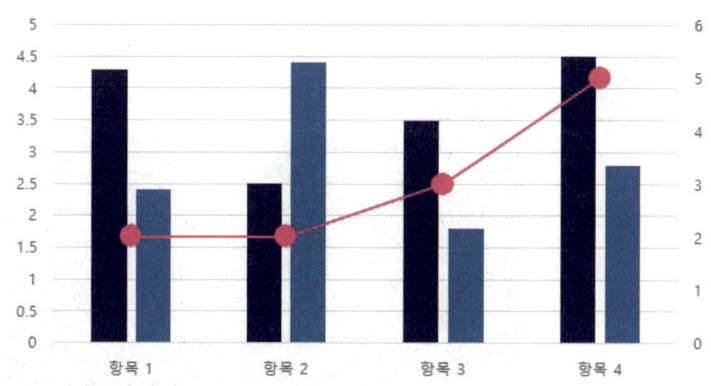

2 차트 삽입, 삭제

수치 자료를 그대로 나열하는 것보다 차트로 표현한다면 훨씬 알아보기 쉬울 것입니다. 특히 파워포인트에서는 몇 번의 클릭만으로 훌륭한 차트를 작성할 수 있어 활용도가 높습니다.

{실습 파일} 02\06_1.pptx   {완성 파일} 02\06_1결과.pptx

01 [삽입] 탭 → [일러스트레이션] 그룹 → [차트]를 클릭합니다.

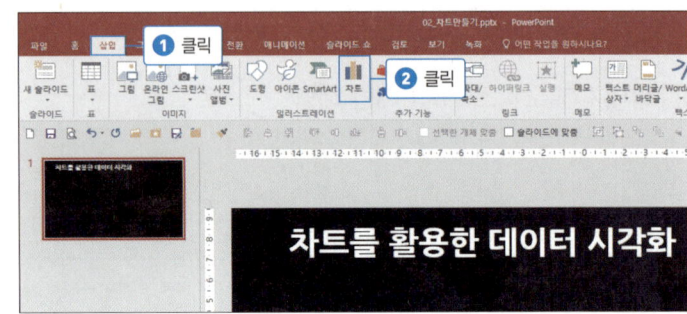

02 '차트 삽입' 대화상자가 표시되면 차트 종류 중 '묶은 세로 막대형'을 선택하고 〈확인〉 버튼을 클릭합니다.

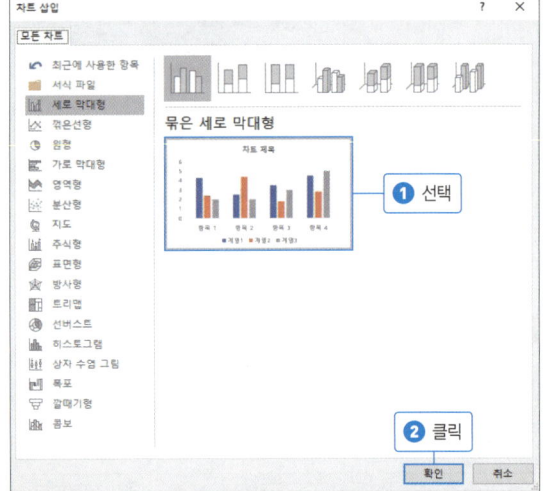

03 차트가 삽입되고, 기본 데이터를 보여주는 '데이터 편집 창'이 표시됩니다.

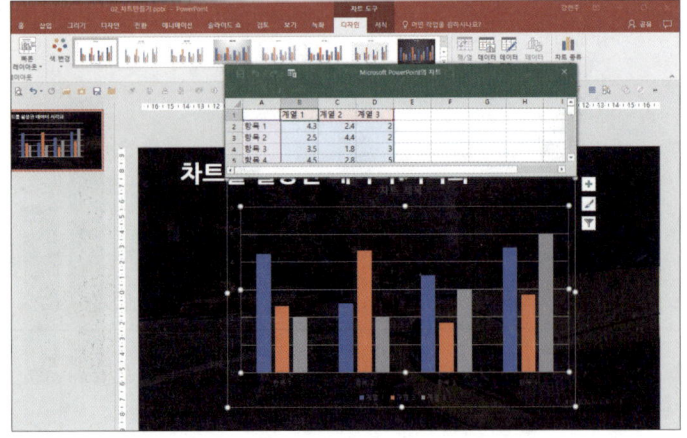

SECTION 06 숫자가 많은 자료 차트로 정리하기

04 데이터 창에서 실제 차트로 만들 데이터를 그림과 같이 입력합니다.
데이터를 입력하면 파랗게 표시되는 차트 데이터 범위가 자동으로 확장되는 것을 확인할 수 있습니다.

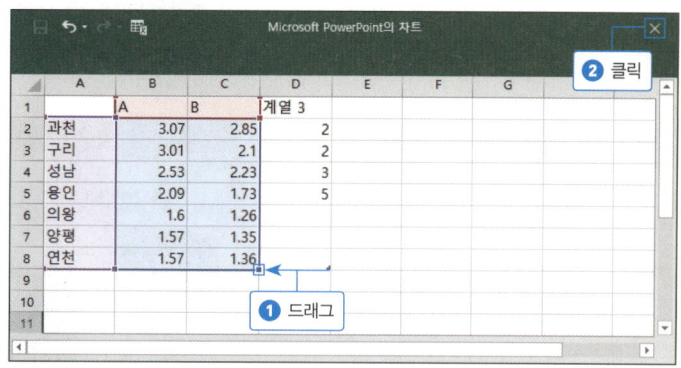

05 '계열3'의 데이터를 차트 데이터 범위에서 제거하겠습니다. 차트 데이터 범위의 파란색 영역 오른쪽 아래 모서리 점을 왼쪽으로 드래그해서 차트에 사용하는 범위만 설정합니다.
데이터 입력을 마쳤으면 데이터 창의 〈닫기〉 버튼을 클릭합니다.

> tip 차트 데이터 범위를 조정할 때 사용하지 않는 데이터의 행이나 열 전체를 삭제하는 것보다는 이렇게 모서리에 있는 조절점을 드래그해서 범위를 설정하는 것이 좋습니다. 엑셀 데이터의 일부분을 사용해서 차트를 그리는 경우가 많고, 엑셀 자료도 보관해야 하는 경우도 많기 때문입니다.

06 입력된 데이터로 변경된 차트가 삽입되었습니다.
간단히 서식을 변경하기 위해 차트의 색상과 효과를 설정해 놓은, [차트 도구 디자인] 탭 → [차트 스타일] 그룹에서 마음에 드는 스타일을 선택합니다.

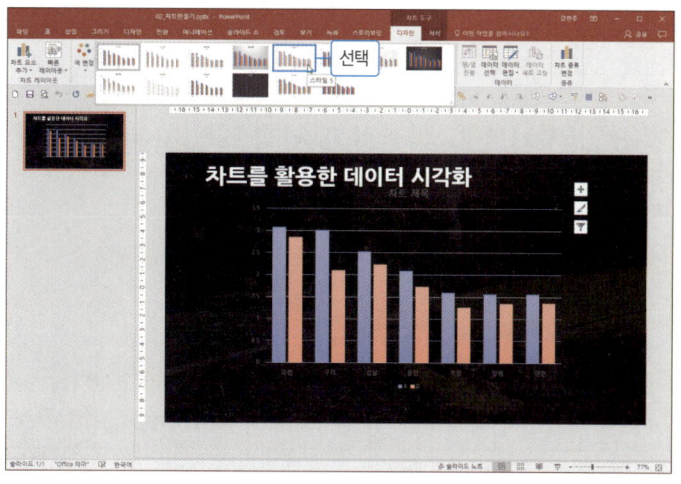

253

07 차트 전체에 있는 텍스트의 서식을 설정하겠습니다.

차트 개체를 선택하고 [**차트 도구 서식**] 탭 → [**WordArt 스타일**] 그룹 → [**텍스트 채우기**]에서 원하는 색상을 선택합니다.

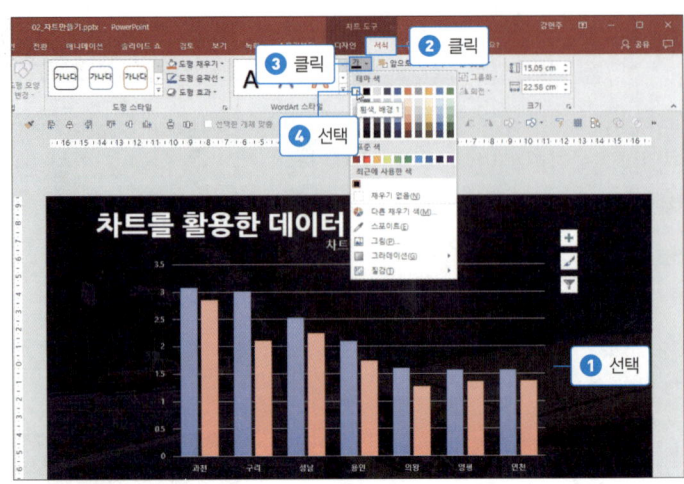

08 차트의 제목을 입력하지 않으려면 '차트 제목' 개체를 선택하고 Delete 키를 누릅니다.

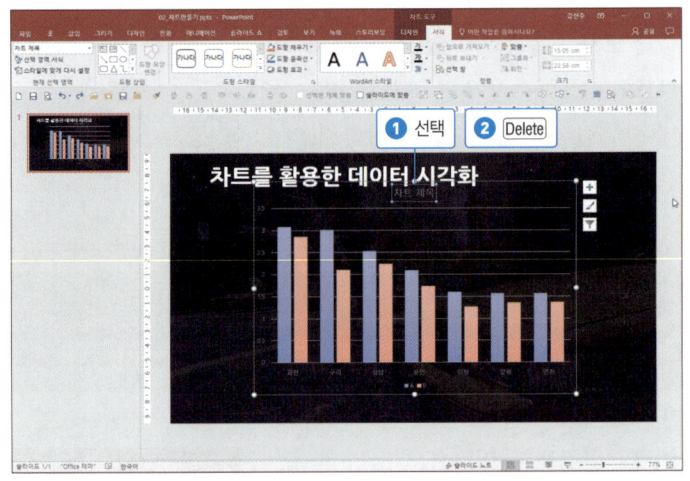

3 삽입된 차트를 수정하고 서식 작업하는 네 가지 방법

파워포인트에서 차트를 삽입하려면 원하는 차트의 종류를 선택하고 데이터를 데이터 창에 입력하면 됩니다. 이렇게 입력된 차트는 기본 형태이므로 사용자가 직접 필요한 차트 요소를 추가하고 서식을 설정해야 하는 경우가 많습니다.

우선 차트의 구성 요소를 살펴보고 용어를 익혀두는 것이 좋습니다. 차트 위에 마우스를 위치시키면 차트를 구성하는 요소들을 풍선 도움말로 확인할 수 있습니다.

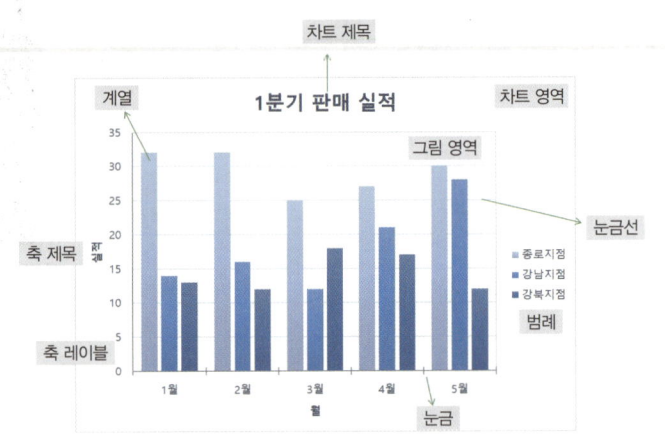

1 차트를 선택하면 사용할 수 있는 상황별 탭 두 가지 이용법

■ [차트 도구 디자인] 탭

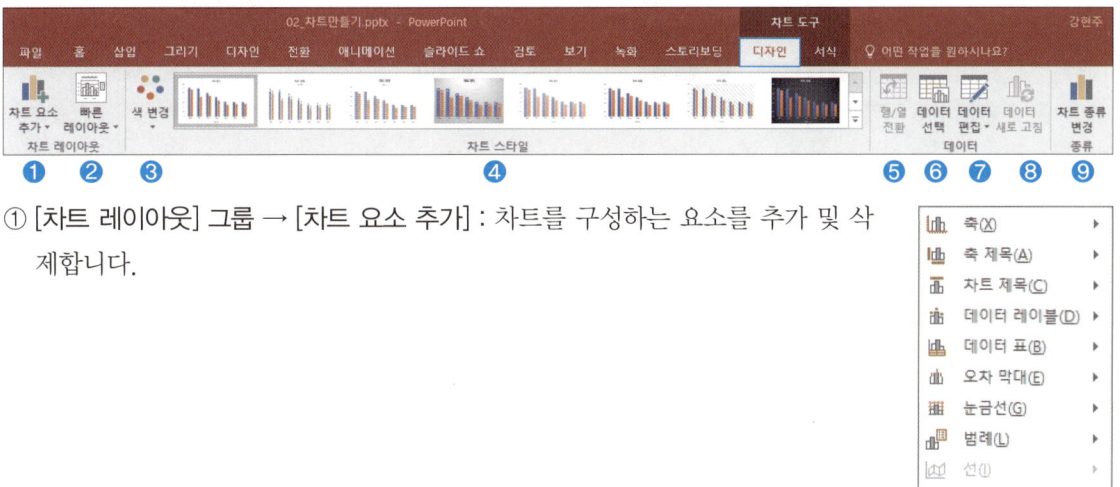

① [차트 레이아웃] 그룹 → [차트 요소 추가] : 차트를 구성하는 요소를 추가 및 삭제합니다.

② [차트 레이아웃] 그룹 → [빠른 레이아웃] : 차트의 구성 요소가 몇 가지 형태로 미리 만들어져 있어 빠르게 선택할 수 있습니다.

③ [차트 스타일] 그룹 → [색 변경] : 차트에 사용되는 색이 테마 색을 기준으로 만들어져 있어 바로 선택할 수 있습니다.

④ [차트 스타일] 그룹 : 차트에 사용되는 색이 테마 색을 기준으로 만들어져 있어 바로 선택할 수 있습니다.

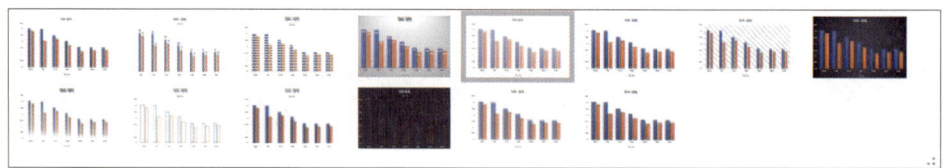

⑤ [데이터] 그룹 → [행/열 전환] : [데이터 선택]이 선택되면 사용할 수 있고, 데이터의 행과 열을 전환해서 차트를 작성합니다.

⑥ [데이터] 그룹 → [데이터 선택] : 차트에 사용된 데이터의 범위를 선택하거나 다시 설정할 수 있습니다.

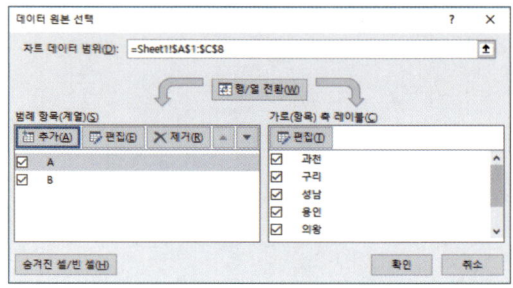

⑦ [데이터] 그룹 → [데이터 편집] : 차트에 사용된 원본 데이터가 있는 데이터 창을 불러 데이터를 수정하거나 추가할 수 있습니다. 엑셀 전체 기능을 활용해서 데이터를 입력하고 싶다면 엑셀에서 데이터 편집을 실행합니다.

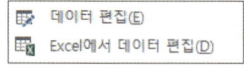

⑧ [데이터] 그룹 → [데이터 새로 고침] : 엑셀에서 차트를 만들고 프레젠테이션에 복사해서 사용한다면, 변경된 데이터를 항상 최신 상태로 유지하도록 하는 경우에 사용합니다. 이 경우 복사할 때 차트를 원본 엑셀 파일에 연결합니다.

⑨ [종류] 그룹 → [차트 종류 변경] : 데이터는 유지하면서 차트의 종류를 변경합니다.

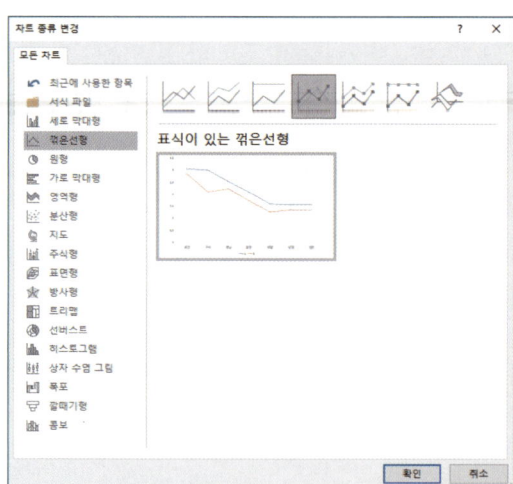

■ [차트 도구 서식] 탭

차트를 구성하는 여러 개체의 도형이나 텍스트 스타일을 설정하는 메뉴가 있습니다.

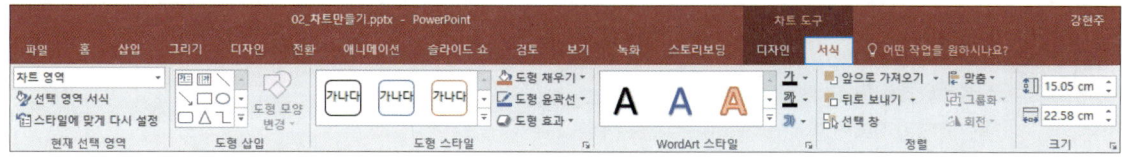

2 차트를 선택하면 표시되는 도구 이용법

① **차트 요소** : 차트를 구성하는 요소를 빠르게 추가 및 삭제하고, 수정할 수 있습니다.

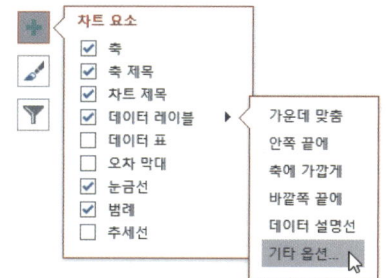

② **차트 스타일** : 빠른 스타일과 색을 선택할 수 있습니다.

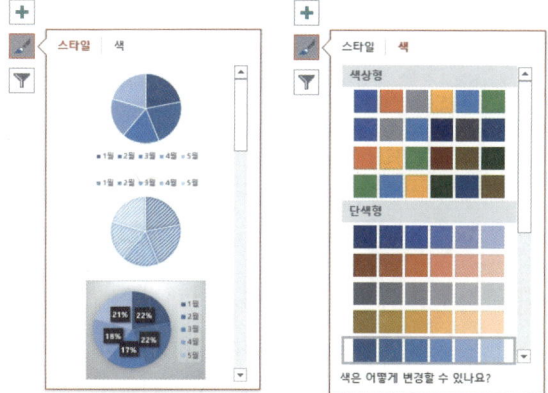

③ **차트 필터** : 차트에 표시되는 데이터에 값과 이름으로 필터를 적용할 수 있습니다.

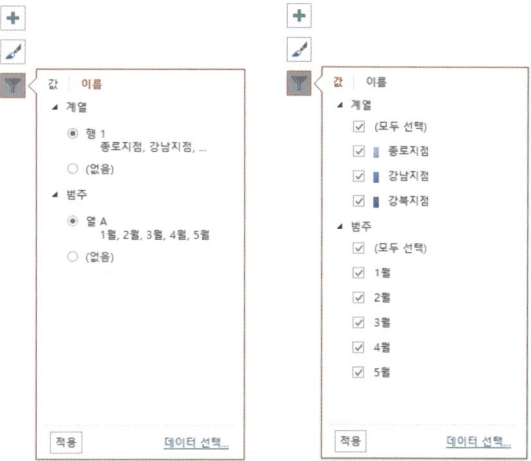

3 차트 위에서 마우스 오른쪽 버튼을 클릭하면 표시되는 미니 도구 모음과 바로가기 메뉴 이용법

차트 위에서 마우스 오른쪽 버튼을 클릭하면 표시되는 미니 도구 모음을 사용하면 차트 구성 요소 별로 채우기와 윤곽선 서식을 설정할 수 있습니다.

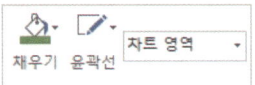

바로가기 메뉴는 어디에서 클릭했는가에 따라 다르게 보입니다. 수정을 하려는 곳에서 마우스 오른쪽 버튼을 클릭하고 제시되는 메뉴를 사용하면 됩니다.

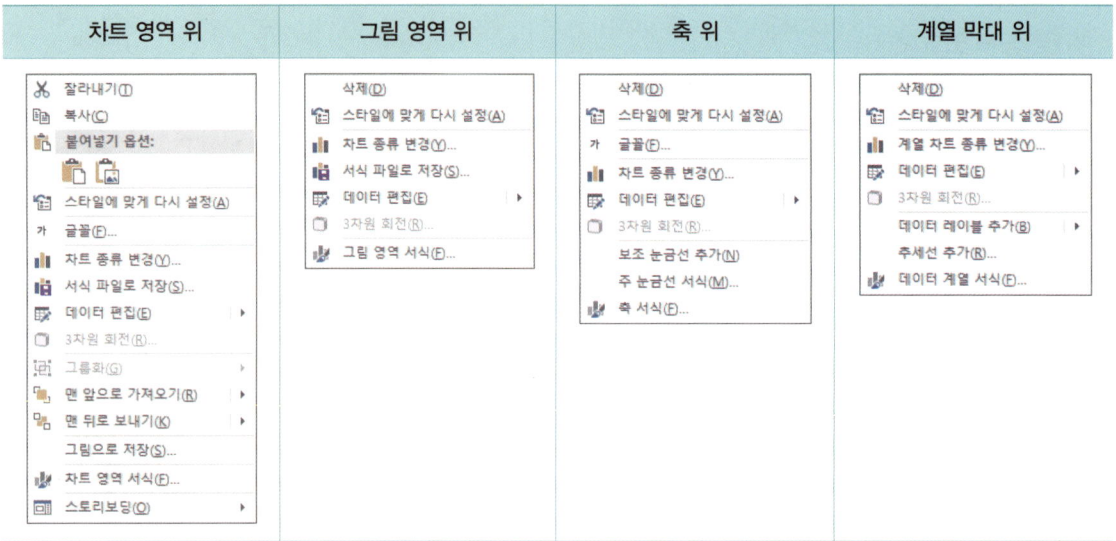

4 수정하고 싶은 곳을 더블클릭해서 작업 창을 열어 이용하는 법

작업 창에서 채우기나 윤곽선, 효과, 옵션 등을 설정할 수 있습니다. 작업 창을 부르는 가장 빠른 방법은 수정하려는 차트 요소를 더블클릭하는 것입니다.

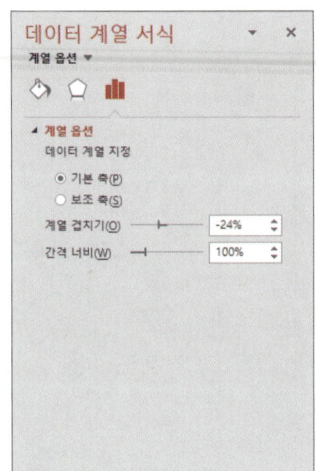

4 차트의 수정과 종류 변경

차트를 수정할 때는 위에서 살펴본 네 가지 방법 중 어느 것이나 상황에 따라 편리한 방법을 선택해서 사용합니다.

{실습 파일} 02\06_2.pptx

01 범례의 위치를 변경하기 위해 차트를 선택하고, '차트 요소' 아이콘(+)을 클릭해서 [범례] 항목의 '위쪽'을 선택합니다.

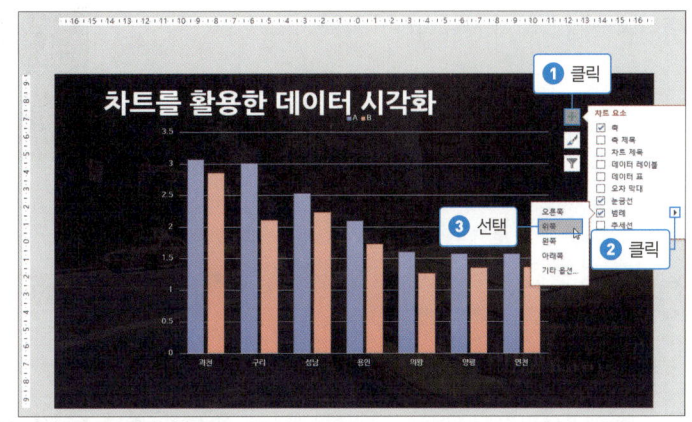

02 계열 중 한 군데에서 마우스 오른쪽 버튼을 클릭하고 미니 도구 모음의 [채우기] 명령을 이용해서 막대의 색을 변경합니다.

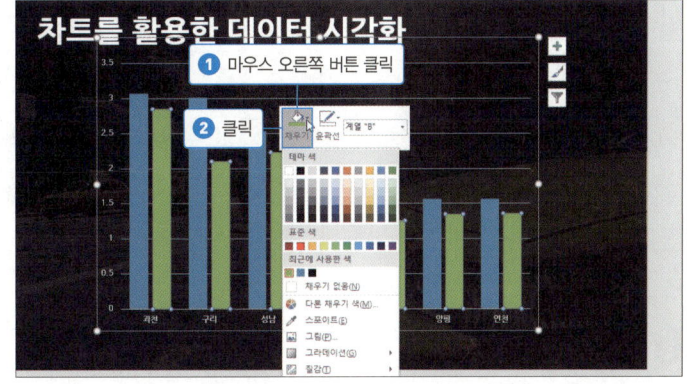

03 차트의 크기 조절점을 이용해 슬라이드에 맞도록 위치와 크기를 조절합니다.
범례의 정해진 기본 위치가 아니라 원하는 위치에 놓고 싶다면 드래그해서 이동합니다. 글꼴의 종류나 글꼴의 크기를 수정합니다.

tip 글꼴 크기는 Ctrl+], Ctrl+[단축키로 크게 작게 설정하는 것이 편리합니다.

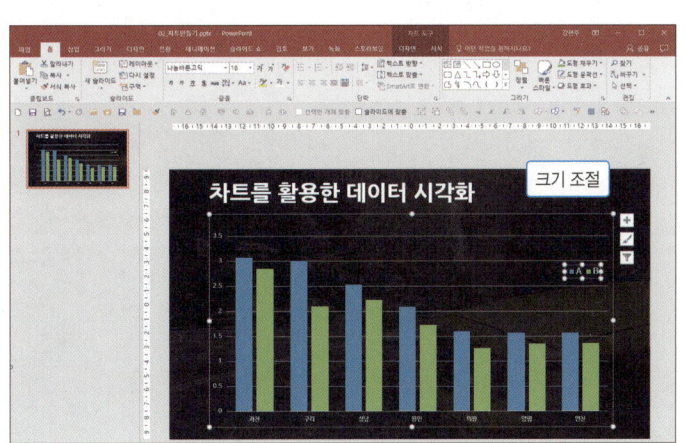

04 만일 차트에 아이콘이나 도형을 추가해서 설명하고 싶다면, 차트를 선택한 다음 개체를 삽입해야 차트와 함께 이동됩니다.
차트를 선택하지 않은 상태에서 차트 위에 다른 개체를 삽입하면 차트와 한 덩어리로 움직이지 않습니다.

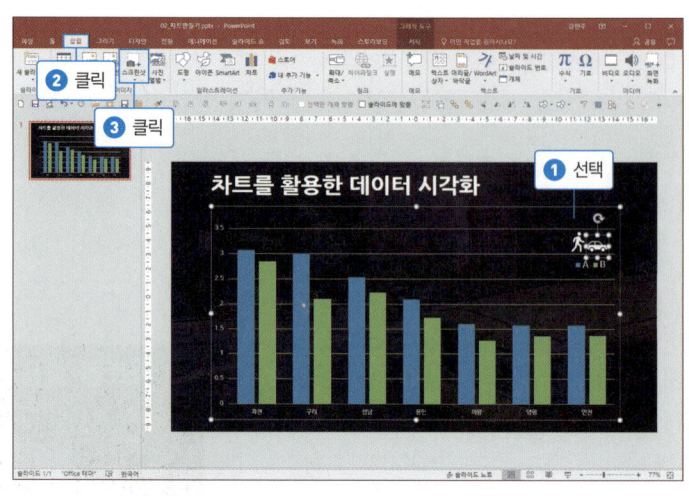

05 이미 작성된 차트의 종류를 변경하려면 차트 위에서 마우스 오른쪽 버튼을 클릭하고 **차트 종류 변경**을 실행합니다.

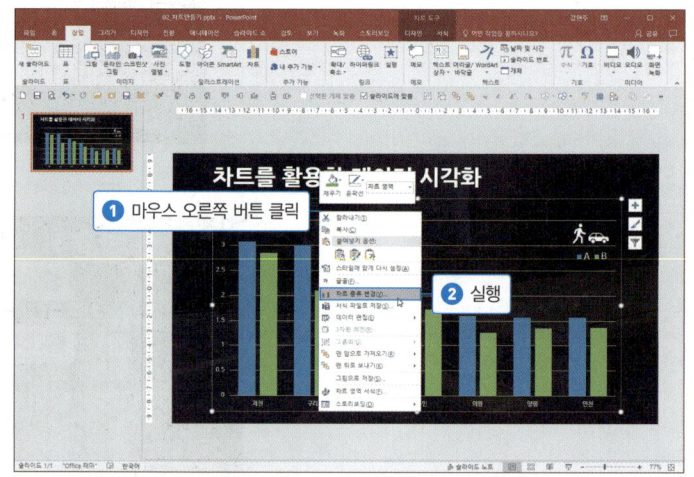

06 '차트 종류 변경' 대화상자에서 '표식이 있는 꺾은선형'을 선택한 다음, 〈확인〉 버튼을 클릭합니다.

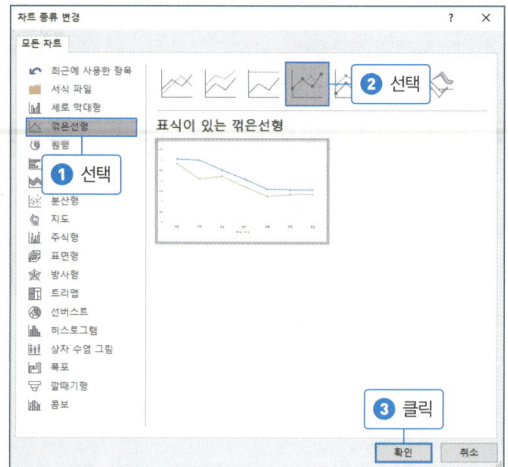

> tip 선형으로 차트를 변경했을 때 서식을 가져오지 못하고 기본 테마 색으로 변경된다면, 이전 차트에서 계열 막대의 윤곽선을 '선 없음'으로 설정한 경우입니다. 막대의 채우기와 윤곽선의 색을 동일하게 설정했다면 선형 종류를 설정해도 서식이 동일하게 보입니다.

SECTION 06 숫자가 많은 자료 차트로 정리하기

07 꺾은선의 서식을 변경하기 위해 선을 더블클릭해서 작업 창을 표시합니다. 선을 한 번씩 선택하면서 계열의 선 두께를 조정합니다.

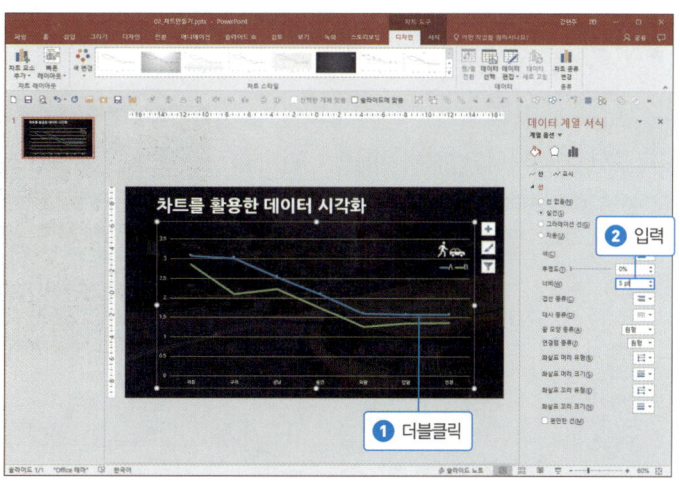

08 표식 중 하나를 클릭한 다음(표식 중 하나를 클릭하면 표식이 모두 선택됨), [채우기 및 선] 범주에서 표식을 선택하고 '표식 옵션'에서 형식과 크기를 설정합니다.

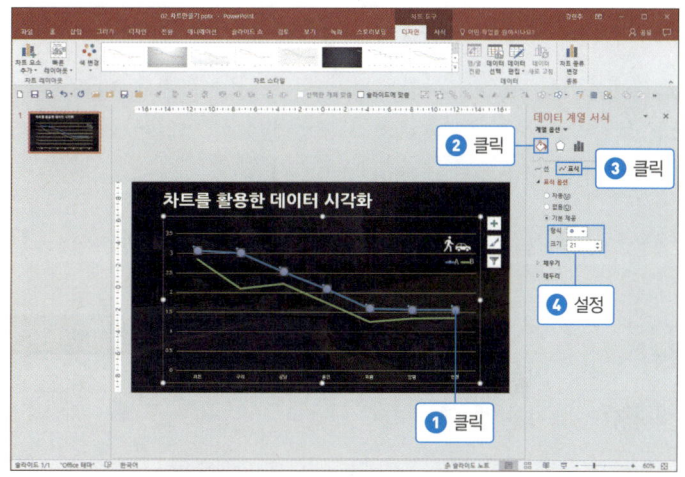

09 표식의 '채우기' 항목과 '테두리' 항목도 설정합니다. 같은 방법으로 다른 계열의 선도 수정합니다.

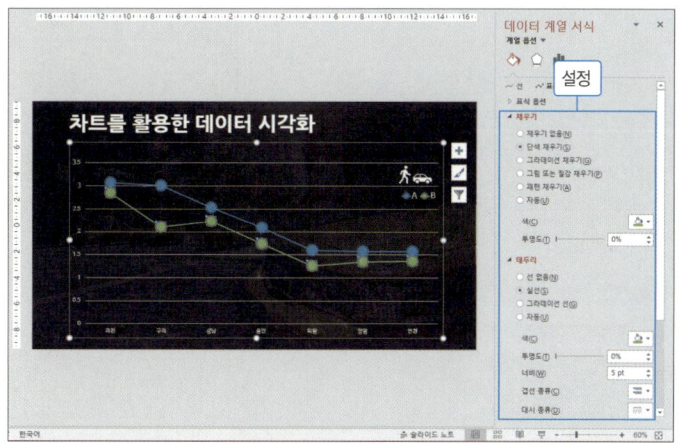

261

10 세로 축의 간격을 조정하기 위해 축의 값 중 한 곳을 클릭합니다. [축 서식] 작업 창으로 변경되면 '축 옵션'을 선택하고 '단위' 항목의 '기본'을 원하는 단위로 설정합니다.

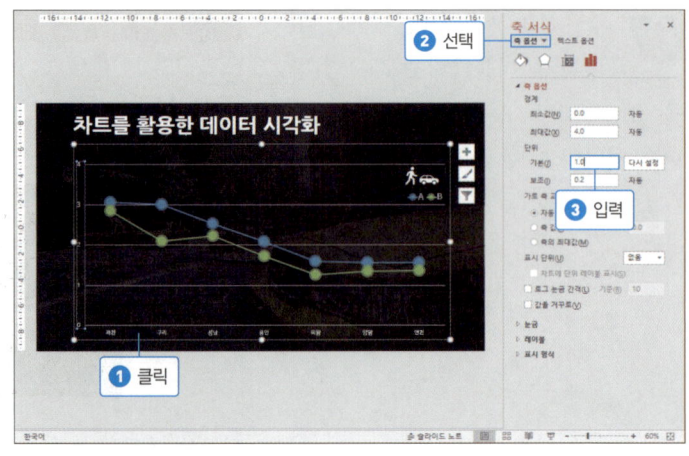

5 엑셀 문서에 만들어진 차트 복사해서 사용하기

프레젠테이션 문서에 사용되는 수치 표나 차트가 이미 엑셀 파일로 작성되어 있는 경우가 많을 것입니다. 처음부터 파워포인트에서 작성할 필요가 없다면 내용을 복사한 다음, 파워포인트 프레젠테이션에 붙여넣고 모양만 손질하는 것이 편리합니다.

{실습 파일} 02\06_3.pptx, 06_3(e).xlsx   {완성 파일} 02\06_3결과.pptx

01 엑셀에서 작성한 차트를 선택하고 마우스 오른쪽 버튼을 클릭한 다음 **복사**를 실행합니다.

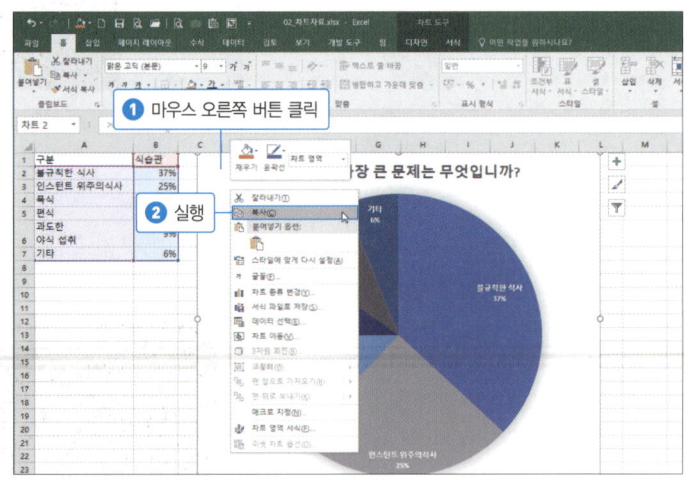

tip 차트를 선택한 다음 [홈] 탭 → [클립보드] 그룹 → [복사]를 클릭해도 됩니다. (단축키 : Ctrl + C)

02 프레젠테이션 문서에서 **[홈] 탭 → [클립아트] 그룹 → [붙여넣기 ▼]**를 클릭합니다. 표시되는 붙여넣기 옵션의 종류 위에 마우스를 위치시키면 붙여넣기 전에 삽입된 상태를 미리 확인할 수 있습니다.

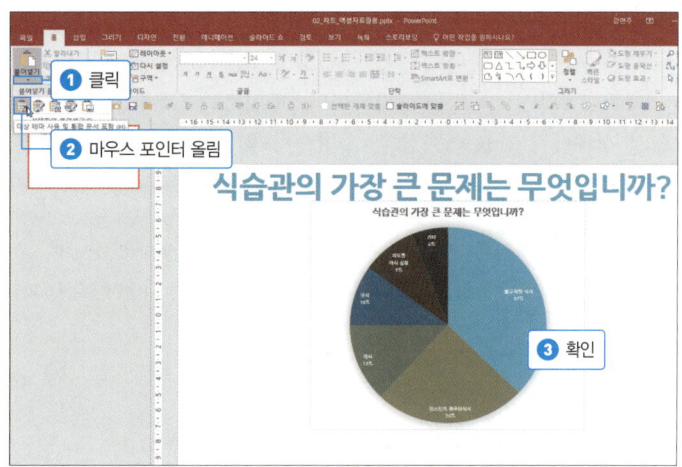

03 Ctrl+V 키를 눌러 붙여넣거나, **[홈] 탭 → [클립아트] 그룹 → [붙여넣기▼]**를 사용하거나, 마우스 오른쪽 버튼을 클릭하고 **붙여넣기**를 실행할 경우 붙여넣기 옵션이 표시되는 것을 확인할 수 있습니다. 이 기능을 이용하면 붙여넣기 전에 미리 붙여넣어진 상태를 미리 보기로 확인하고 선택할 수 있기 때문에 붙여넣기를 실행한 다음 실행 취소 명령을 사용하는 일이 없을 것입니다.

붙여넣기 옵션을 선택해서 다양한 형태로 붙여넣을 수 있는 종류를 살펴보겠습니다.

ⓐ **대상 테마 사용 및 통합 문서 포함** : 복사할 개체의 서식을 복사될 대상 문서의 서식으로 변경합니다. 파워포인트의 차트 개체로 삽입되어 [차트 도구]를 사용할 수 있습니다.

ⓑ **원본 서식 유지 및 통합 문서 포함** : 복사할 개체의 서식을 작성된 원본 문서의 서식으로 유지합니다. 파워포인트의 차트 개체로 삽입되어 [차트 도구]를 사용할 수 있습니다.

ⓒ **대상 테마 사용 및 데이터 연결** : 복사할 개체의 서식을 복사될 대상 문서의 서식으로 변경합니다. 파워포인트의 차트 개체로 삽입되어 [차트 도구]를 사용할 수 있습니다. 원본 엑셀 파일과 연결되어 업데이트된 데이터를 표시하는 **[차트 도구 디자인] 탭 → [데이터] 그룹 → [데이터 새로 고침]**을 사용할 수 있습니다.

ⓓ **원본 서식 유지 및 데이터 연결** : 복사할 개체의 서식을 작성된 원본 문서의 서식으로 유지합니다. 파워포인트의 차트 개체로 삽입되어 [차트 도구]를 사용할 수 있습니다. 원본 엑셀 파일과 연결되어 업데이트된 데이터를 표시하는 **[차트 도구 디자인] 탭 → [데이터] 그룹 → [데이터 새로 고침]**을 사용할 수 있습니다.

ⓔ **그림** : 복사할 개체의 서식을 유지하지만, 수정 불가능한 그림으로 붙여넣습니다. 파워포인트의 그림 개체로 삽입되어 [그림 도구]를 사용할 수 있습니다.

① **선택하여 붙여넣기** : 파워포인트 문서에 삽입된 개체가 원본 엑셀 파일과 연동되게 하려면, 붙여넣기 메뉴에서 '선택하여 붙여넣기'를 클릭하고, '선택하여 붙여넣기' 대화상자가 표시되면 '연결하여 붙여넣기'를 선택하고 〈확인〉 버튼을 클릭합니다. 파워포인트의 [차트 도구]는 사용할 수 없지만, 차트를 더블클릭하면 엑셀 상태에서 자료를 편집할 수 있습니다.

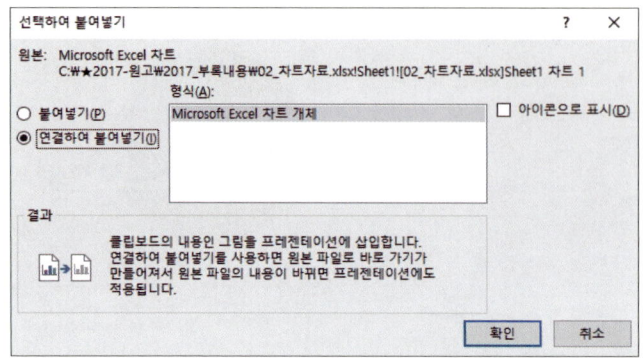

04 프레젠테이션 문서와 일관된 디자인 느낌을 주려면 '대상 테마 사용 및 통합 문서 포함'을 선택하는 것이 좋습니다.

엑셀에서 만들어진 차트의 제목이 필요없거나 차트 중 수정할 부분이 있다면 좀 더 손질을 합니다.

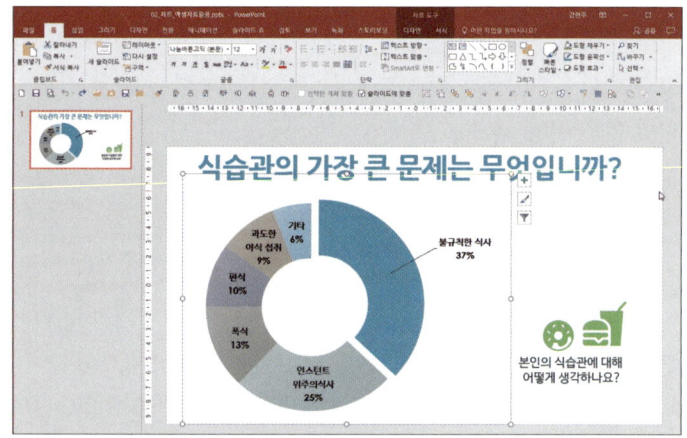

6 값의 범위가 너무 넓어 표현되지 않는다면 콤보 차트 활용

파워포인트 2013부터는 이중 축 혼합형 차트를 쉽게 만들 수 있습니다. 축을 이중으로 사용하는 것은 하나의 축으로 값을 표현하기에 데이터 범위가 넓은 경우에 적합합니다.

{실습 파일} 02\06_4.pptx

01 그림과 같이 다른 계열에 비해 '평균 소비성향'이 극단적으로 작습니다(74.10%는 실제 값으로 0.741 입니다).

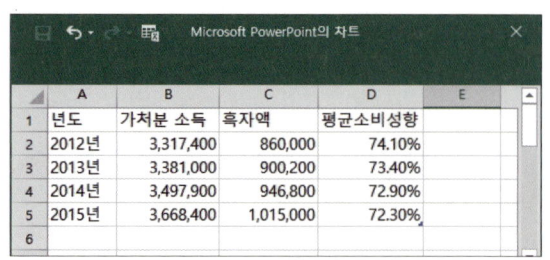

SECTION 06 숫자가 많은 자료 차트로 정리하기

02 '묶은 세로 막대형' 차트를 선택해서 작성하면, 아래처럼 범례에는 있지만 아주 작은 값이라 차트에 표현되지 못합니다.

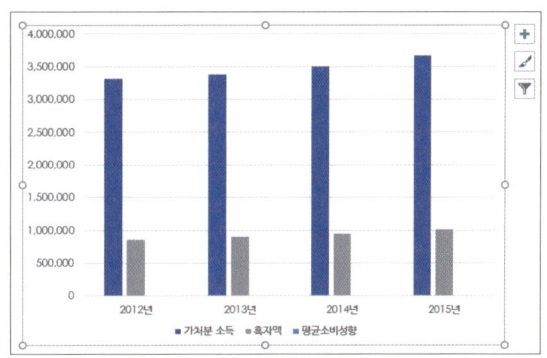

03 이런 경우에는 '평균 소비성향'을 위해 다른 기준으로 축을 세우는 차트로 변경하면 됩니다. 차트 위에서 마우스 오른쪽 버튼을 클릭하고 **차트 종류 변경**을 실행합니다.

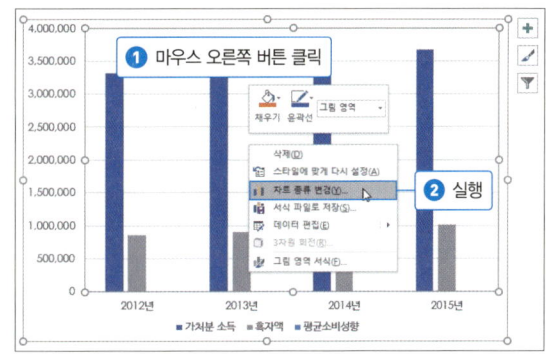

04 '차트 종류 변경' 대화상자가 표시되면 종류를 '콤보'로 선택하고 '보조 축'을 세울 계열에 체크 표시한 다음, 어떤 차트로 표시할지 설정합니다.

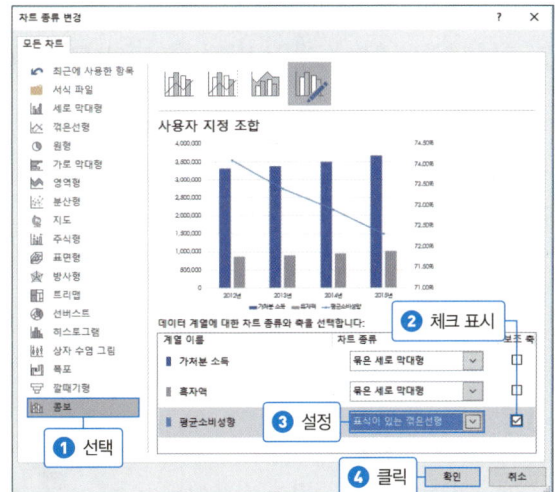

265

05 데이터 중 극단적으로 차이가 나는 계열을 따로 표시해서 내용이 잘 보이는지 확인합니다.

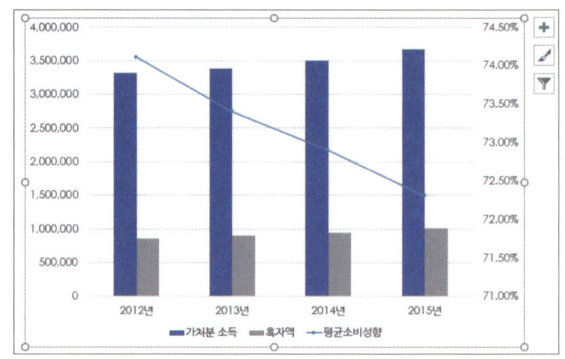

06 삽입된 콤보 차트를 원하는 형태로 서식 작업한 후 사용합니다.

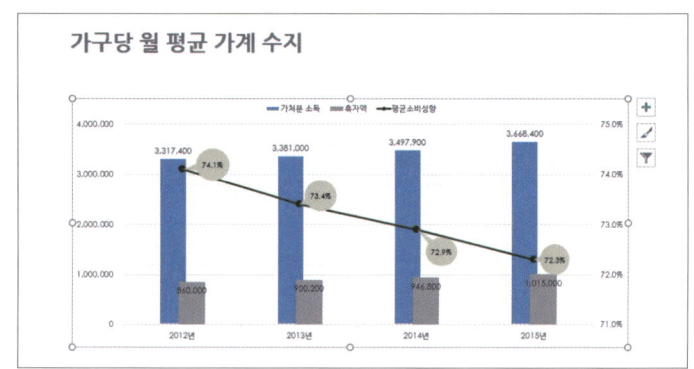

7 차트 영역이나 계열 막대를 그림으로 채우기

차트에 데이터와 연관된 그림을 삽입해서 내용을 훨씬 효과적으로 전달할 수 있습니다. '채우기' 명령을 사용하면 되는데, 차트 영역, 그림 영역, 계열 막대 등에 사용할 수 있습니다. 차트 영역의 배경으로 그림을 채울 경우 진한 그림보다는 배경에 사용하기 적당하도록 그림을 조정 기능으로 수정한 다음 사용하는 것이 좋습니다.

{실습 파일} 02\06_5.pptx   {완성 파일} 02\06_5결과.pptx

01 차트를 작성했는데 계열의 막대에 내용을 의미하는 그림으로 채우려면 준비된 그림을 사용해도 되고, 클립보드에 복사된 내용으로 채울 수도 있습니다.
첫 번째 계열의 강아지 막대를 강아지 아이콘으로 채우겠습니다. 슬라이드에 준비된 강아지 아이콘을 선택하고 Ctrl + X 키를 눌러 복사하면서 잘라냅니다.

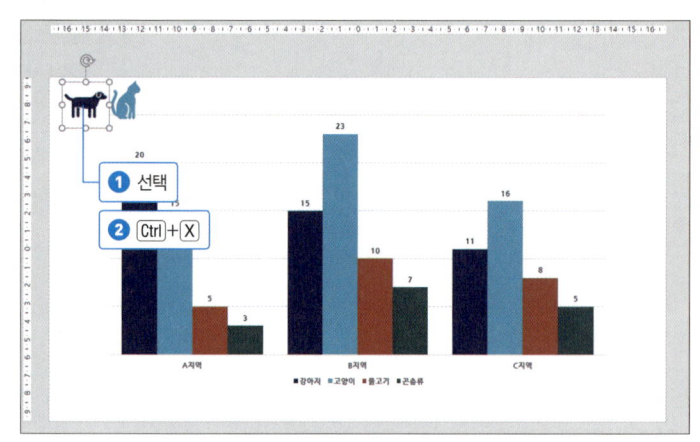

SECTION 06 숫자가 많은 자료 차트로 정리하기

02 강아지 '데이터 계열 서식' 막대 중 하나를 더블클릭해서 작업 창을 표시합니다.

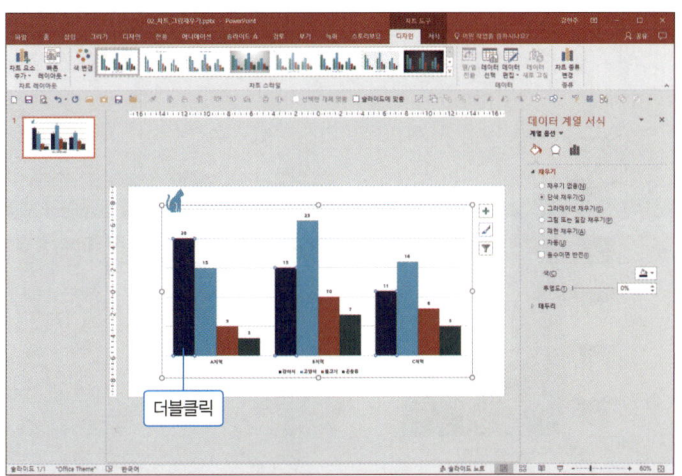

03 [채우기] 범주에서 '그림 또는 질감 채우기'를 선택하고 〈클립보드〉 버튼을 클릭합니다.

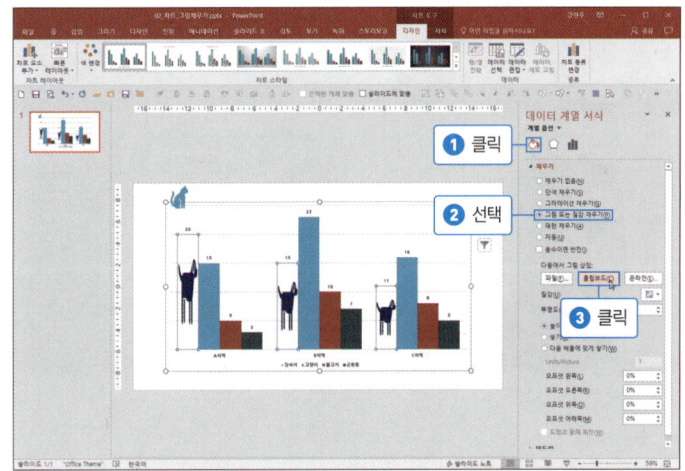

04 막대에 그림이 채워지는 형태를 설정할 수 있습니다.

① 늘이기

'늘이기'를 설정하면 계열의 막대 안에 그림이 늘어나서 채워집니다. 채워지는 그림의 오프셋을 설정할 수 있습니다.

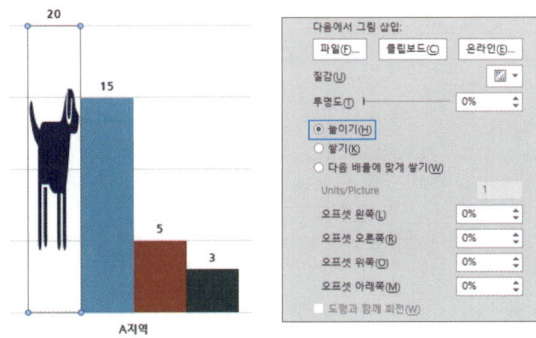

267

② 쌓기

'쌓기'를 설정하면 계열의 막대 안에 그림의 가로세로 비율을 유지한 채 막대 크기만큼 반복됩니다.

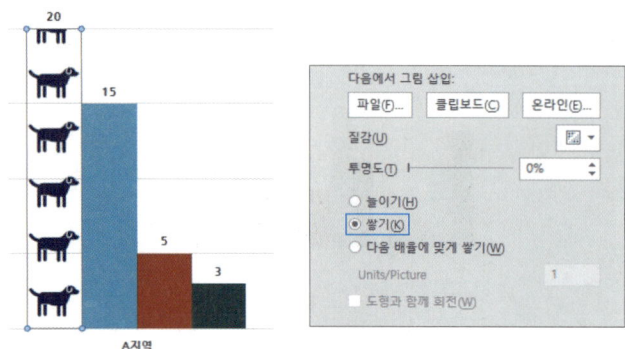

③ 다음 배율에 맞게 쌓기

'다음 배율에 맞게 쌓기'를 설정하면 원하는 단위마다 하나의 그림으로 쌓을 수 있습니다.

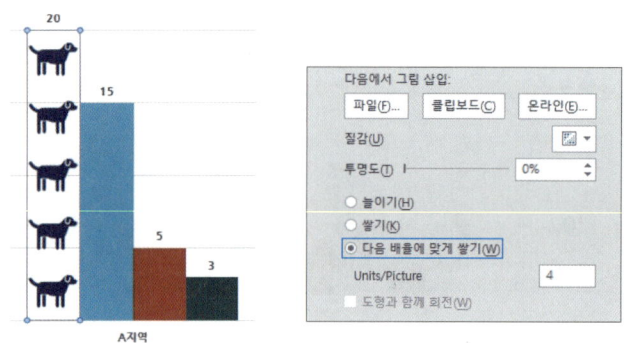

05 차트 영역의 테두리를 조절하기 위해, 차트 영역을 선택합니다.

작업 창이 [차트 영역 서식] 작업 창으로 변경되면 [테두리] 항목에서 색과 너비를 설정하고, '둥근 모서리'에 체크 표시합니다.

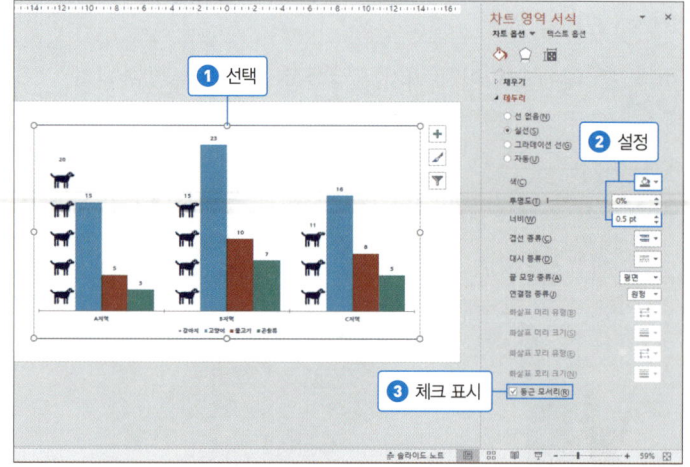

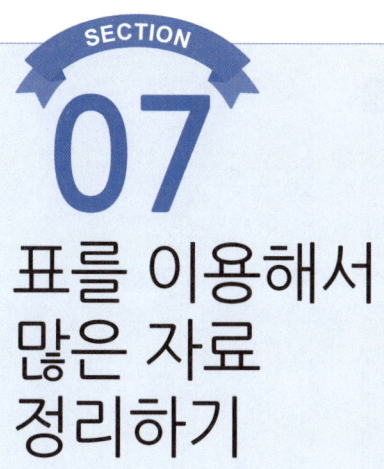

SECTION 07 표를 이용해서 많은 자료 정리하기

프레젠테이션 문서에서 표를 만드는 방법은 차트와 마찬가지로 직접 슬라이드에서 작성하거나 다른 프로그램에서 이미 만들어진 것을 가져와서 사용하는 것입니다. 만일 한글이나 엑셀 문서에 기초 자료가 있다면 내용은 복사하고 파워포인트에서 서식 작업을 하는 것이 편리합니다.

1 슬라이드에 표 삽입하고, 스타일 적용하기

파워포인트에서 표 개체는 만들기도 쉽고, 미리 준비된 다양한 스타일만 적용해도 깔끔한 표를 작성할 수 있습니다. 슬라이드에서 직접 표를 만드는 다양한 방법을 알아보겠습니다.

{실습 파일} 02\07_1.pptx   {완성 파일} 02\07_1결과.pptx

1 표를 만드는 방법 여섯 가지

표를 삽입하려면 일반적으로 **[삽입]** 탭 → **[표]** 그룹 → **[표]**를 클릭하면 됩니다. 표를 만드는 여섯 가지 방법을 알아보겠습니다.

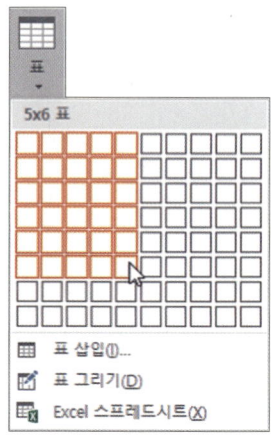

방법 ① 직접 드래그하기

표시되는 표 삽입 메뉴의 사각형에서 마우스를 이동하면 마우스의 위치에 따라 사각형이 주황색으로 바뀌고, 슬라이드에서는 만들어질 표를 미리 확인할 수 있습니다.

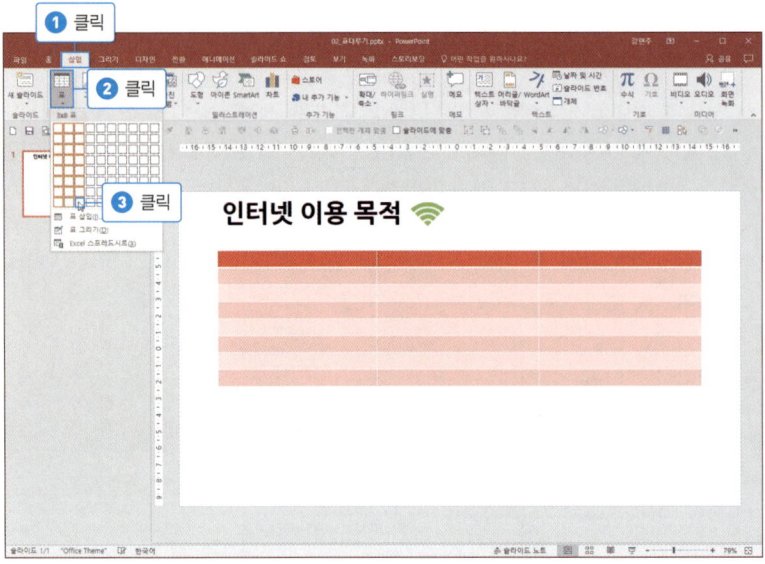

방법 ❷ 표 삽입하기

행과 열의 개수를 직접 입력해서 표를 만듭니다.

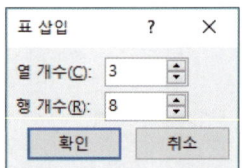

방법 ❸ 표 그리기

직접 드래그해서 표를 그리는 방법입니다. 연필 형태의 마우스 포인터를 사용해 전체 표와 행, 열을 드래그해서 표를 작성합니다.

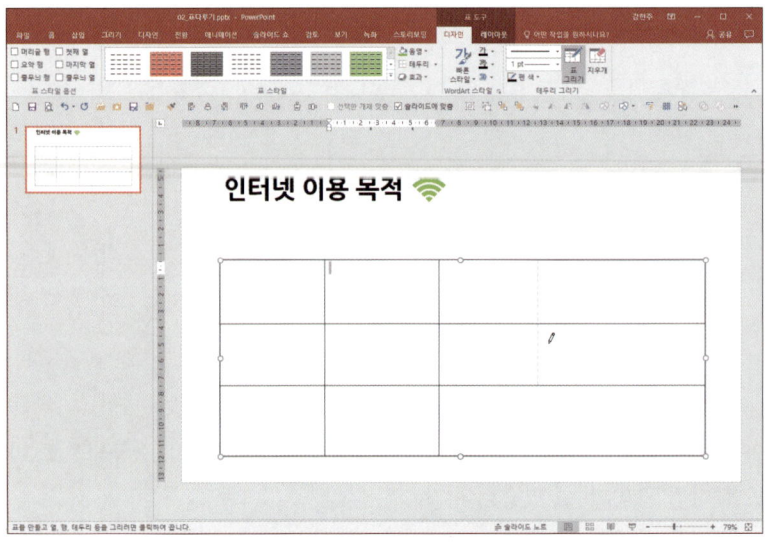

방법 ④ 엑셀 스프레드시트 사용하기

엑셀 입력창에서 직접 내용을 입력하는 방식입니다. 텍스트를 입력한 후 표 바깥쪽을 클릭합니다. 엑셀 표를 편집하려면 표를 더블클릭합니다. 엑셀 입력 상태에서는 리본 메뉴도 엑셀로 전환됩니다.

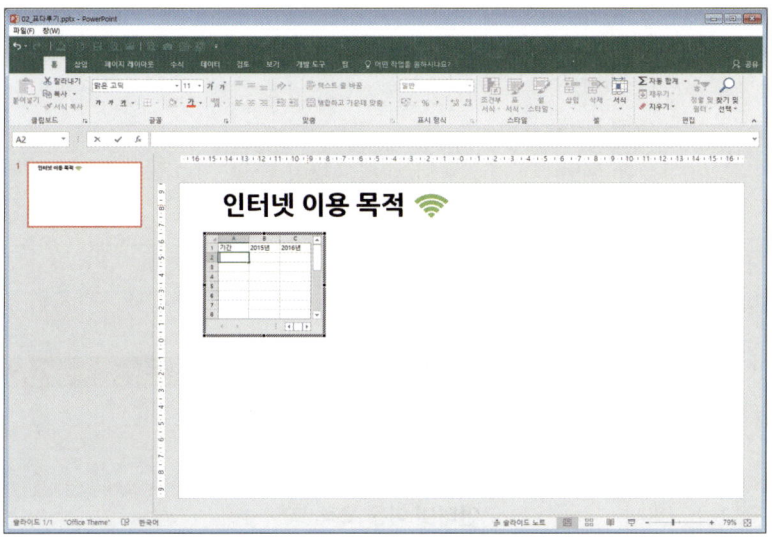

방법 ⑤ 개체 틀을 이용한 표 작성하기

슬라이드의 본문 내용에 있는 개체 종류 중 '표' 아이콘()을 클릭해서 만들어도 됩니다.

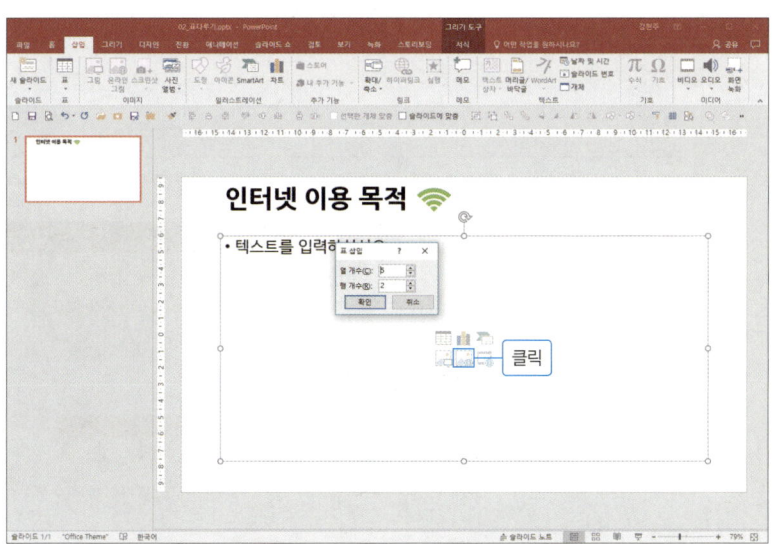

방법 ⑥ 다른 프로그램 문서에 작성된 자료 복사해서 사용하기

엑셀이나 한글에서 작성된 기초 자료를 복사해서 붙여넣을 수 있습니다.

2 표 만들고 서식 설정하기

01 3열 8행 표를 만들고, 표의 내용을 입력합니다.

기간	2015년	2016년
커뮤니케이션	95	94.8
자료 및 정보 획득	93.9	94.3
여가활동	87.9	89.1
홈페이지 등 운영	49.3	43.9
교육 · 학습	35.1	51.5
직업 · 직장	19.3	24.9
기타	63.9	61.5

02 표 전체의 크기는 표 개체의 테두리 위에 마우스 포인터를 이동하고 포인터가 양방향 화살표로 표시될 때 드래그하면 조정할 수 있습니다. 크기를 슬라이드에 맞도록 적당히 조정합니다.

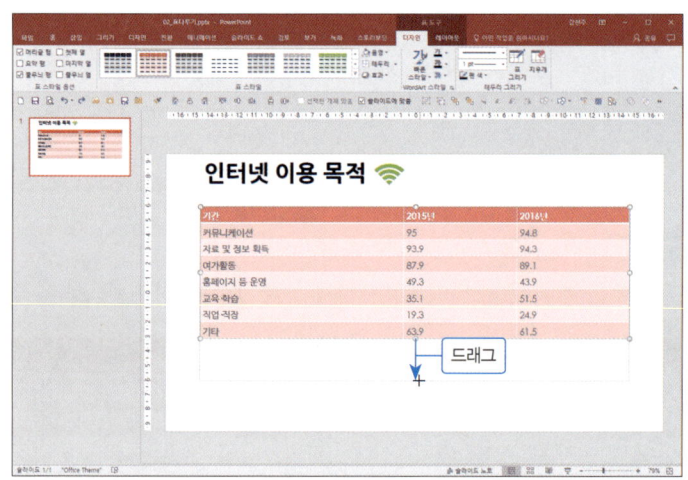

03 표의 테두리에 있는 크기 조절점로 표의 크기를 조절하면, 전체적인 표의 크기가 조정되고 줄 간격이나 열 너비도 자동으로 조절됩니다.

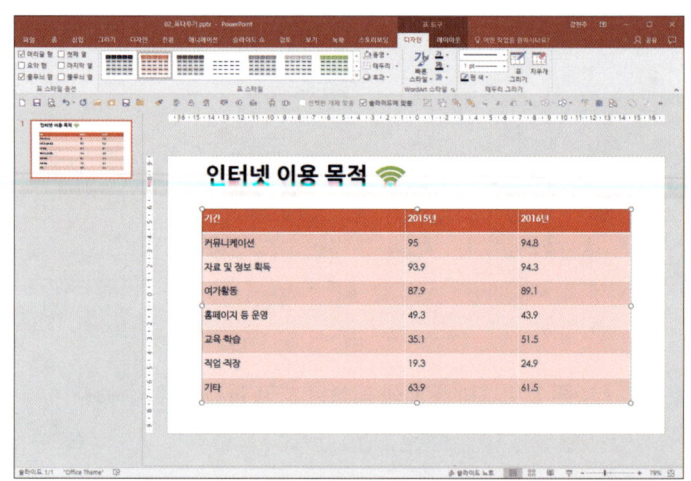

04 전체적인 표의 스타일을 바꾸기 위해, **[표 도구 디자인] 탭 → [표 스타일] 그룹**에 있는 빠른 스타일 중 원하는 종류를 선택합니다.

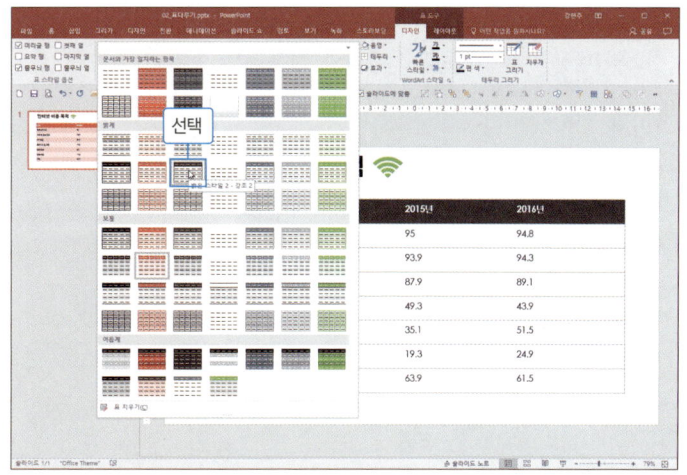

05 [표 도구 디자인] 탭을 살펴보면, 앞쪽으로는 빠르게 스타일을 설정할 수 있고 뒤쪽에는 하나하나 세밀하게 서식을 설정할 수 있는 명령들이 있습니다.

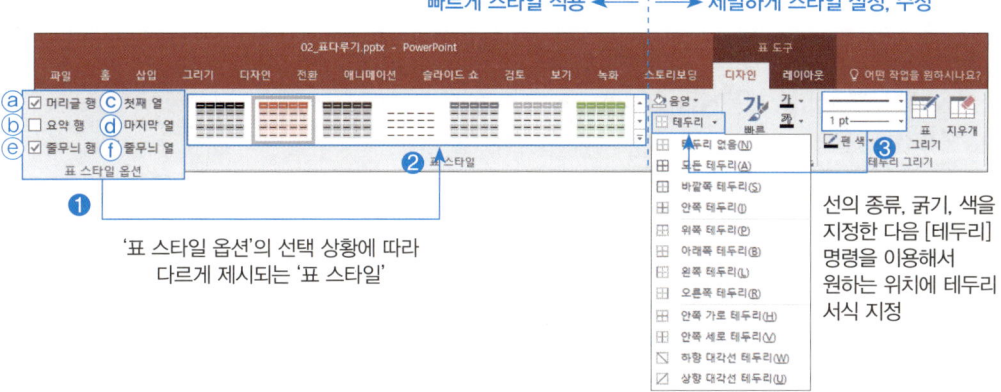

표의 빠른 스타일을 적용하면 표 서식 작업이 편리합니다. **[표 도구 디자인] 탭 → [표 스타일 옵션] 그룹**의 선택 내용에 따라 제공되는 빠른 스타일 형태도 달라집니다.

① [표 도구 디자인] 탭 → [표 스타일 옵션] 그룹
  ⓐ **머리글 행** : 표의 가장 윗줄을 다른 행과는 다르게 서식을 적용합니다.
  ⓑ **요약 행** : 표의 가장 아랫줄을 다른 행과는 다르게 서식을 적용합니다.
  ⓒ **첫째 열** : 표의 가장 왼쪽 열을 다른 열과는 다르게 서식을 적용합니다.
  ⓓ **마지막 열** : 표의 가장 오른쪽 열을 다른 열과는 다르게 서식 적용합니다.
  ⓔ **줄무늬 행** : 내용을 구별하기 좋게 한 행씩 번갈아 가며 음영색을 다르게 설정합니다.
  ⓕ **줄무늬 열** : 내용을 구별하기 좋게 한 열씩 번갈아 가며 음영색을 다르게 설정합니다.

② [표 도구 디자인] 탭 → [표 스타일] 그룹 빠른 스타일

표의 내용은 남겨 두고 스타일만 지우려면 가장 아래쪽에 있는 표 지우기 명령을 실행합니다.

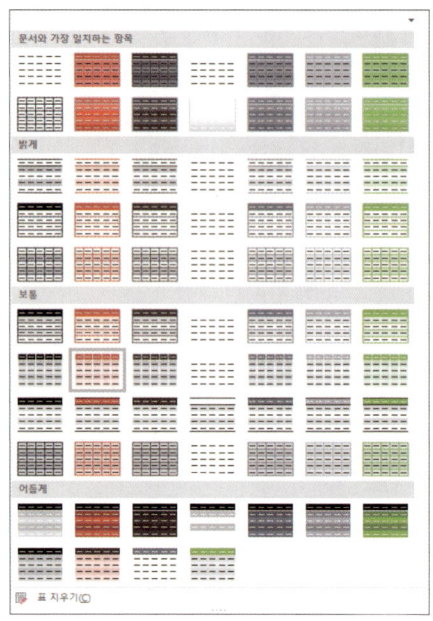

③ 펜 설정한 다음 테두리 그리기

테두리를 그릴 때 [표 그리기] 명령으로 직접 그리는 것보다, 선의 종류, 굵기, 색을 먼저 설정하고 테두리를 그리려는 셀을 블록 설정하거나, 표 전체를 선택하고 [테두리] 명령에서 그리려는 위치를 설정하는 것이 편리합니다.

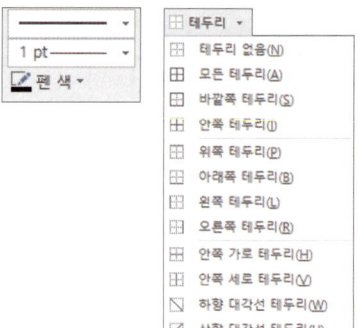

06 표 개체를 선택하고, [표 도구 디자인] 탭 → [테두리 그리기] 그룹에 있는 [펜 스타일], [펜 두께], [펜 색]을 원하는 형태로 설정합니다.

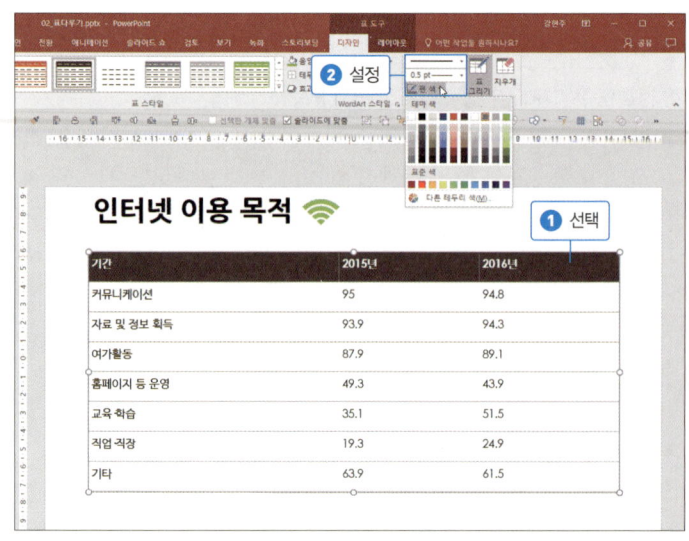

SECTION 07 표를 이용해서 많은 자료 정리하기

07 테두리를 그릴 펜이 준비되었으면, [표 도구 디자인] 탭 → [표 스타일] 그룹 → [테두리▼]를 클릭하고 **모든 테두리**를 실행합니다.

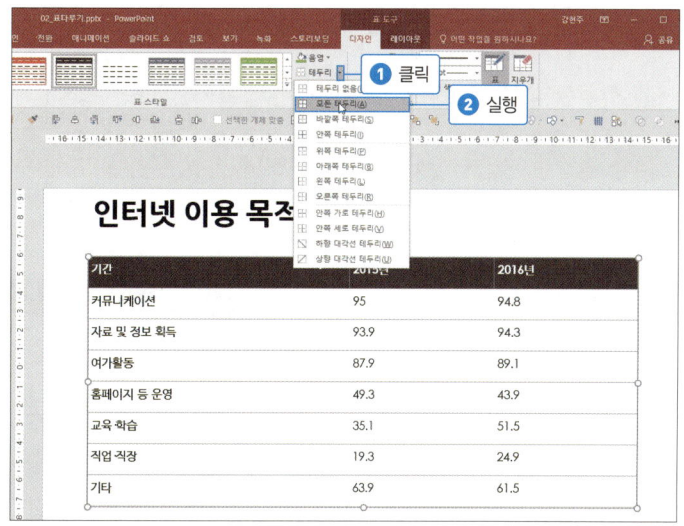

08 여전히 전체 표 개체가 선택된 상태에서 [홈] 탭 → [글꼴] 그룹에서 '글꼴 크기 크게' 아이콘(가)을 두 번 클릭합니다.

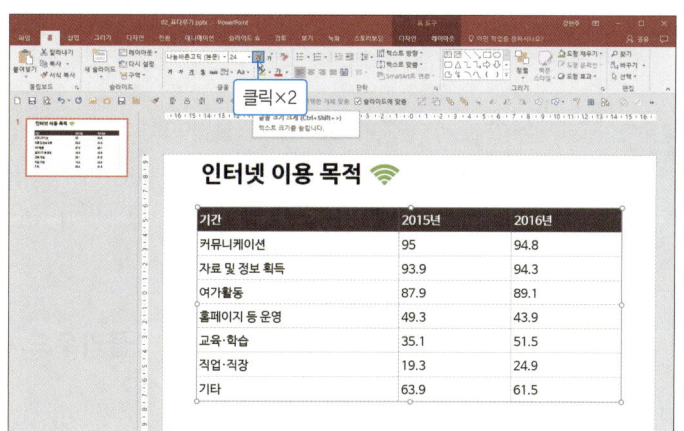

> tip 실제로 슬라이드를 제작할 때는 글꼴 크기를 조정하기 위해 [홈] 탭을 클릭하는 것은 불편합니다. 글꼴 크기 조절은 도형이나 차트, 표 등 어느 개체에서나 자주 사용되니 단축키를 사용하는 것이 좋습니다.
> 글꼴 크기 크게 단축키는 Ctrl+]이고, 글꼴 크기 작게 단축키는 Ctrl+[입니다.

09 [표 도구 레이아웃] 탭 → [맞춤] 그룹에 있는 [가운데 맞춤], [세로 가운데 맞춤] 명령을 이용해서 표 안의 자료를 정렬합니다.

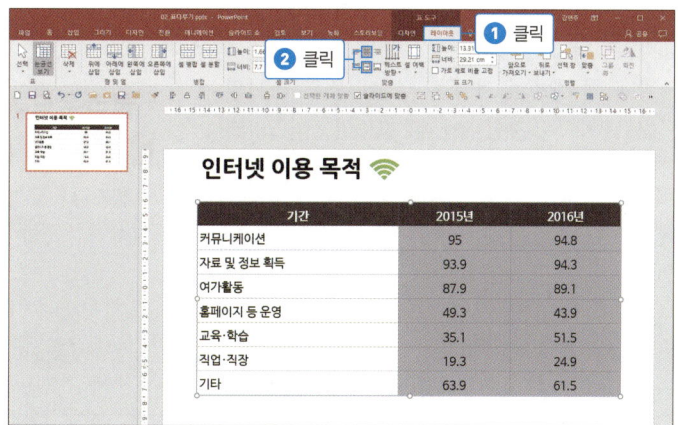

2 다른 프로그램 데이터 가져와서 표 만들기

엑셀이나 한글 프로그램에서 이미 작성된 표가 있다면 프레젠테이션 문서에 사용할 수 있습니다. 특히 수치 자료는 엑셀에서 계산 작업한 것을 가져오는 것이 오타도 줄일 수 있고, 정확도를 높일 수 있습니다.

{실습 파일} 02\07_2.pptx, 07_2(e).xlsx   {완성 파일} 02\07_2결과.pptx

01 엑셀 프로그램에서 프레젠테이션 문서로 가져갈 부분을 블록 설정하고, Ctrl+C 키를 눌러 복사합니다.

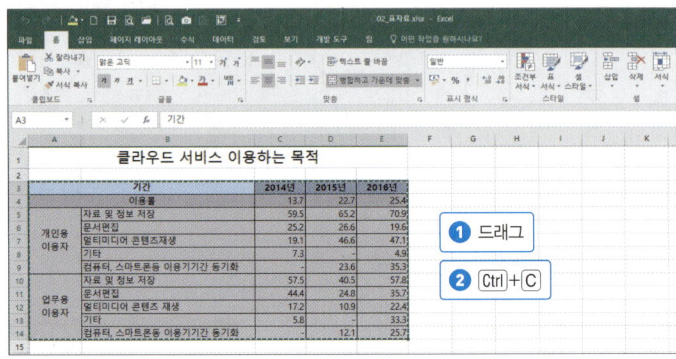

02 프레젠테이션 문서에서, [홈] 탭 → [클립아트] 그룹 → [붙여넣기▼]를 클릭합니다. 표시되는 [붙여넣기 옵션]의 종류 위에 마우스 포인터를 위치시키면 붙여넣기 전에 삽입된 상태를 미리 확인할 수 있습니다.

ⓐ 대상 스타일 사용
복사할 개체의 서식을 복사될 대상 문서의 서식으로 변경합니다. 파워포인트의 표 개체로 삽입되어 [표 도구] 탭을 사용할 수 있습니다.

ⓑ 원본 서식 유지
복사할 개체의 서식을 작성된 원본 문서의 서식으로 유지합니다. 파워포인트의 표 개체로 삽입되어 [표 도구] 탭을 사용할 수 있습니다.

ⓒ 포함

엑셀 스프레드시트가 포함된 상태로 삽입됩니다. 파워포인트의 [표 도구] 탭은 사용할 수 없습니다. 포함으로 삽입된 개체를 수정하려면, 더블클릭해서 스프레드시트 상태에서 편집합니다.

ⓓ 그림

복사할 개체의 서식을 유지하지만, 수정 불가능한 그림으로 붙여넣습니다. 파워포인트의 그림 개체로 삽입되어 [그림 도구] 탭을 사용할 수 있습니다.

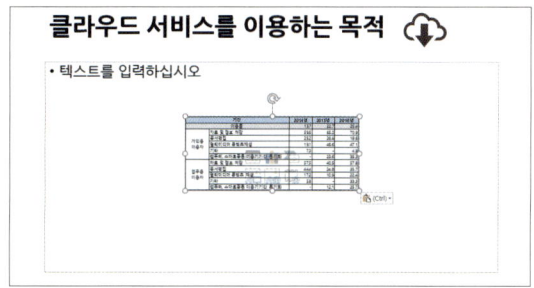

ⓔ 텍스트만 유지

텍스트만 붙여넣습니다.

ⓕ 선택하여 붙여넣기

파워포인트 문서에 삽입된 개체가 원본 엑셀 파일과 연동되게 하려면 붙여넣기 메뉴에서 '선택하여 붙여넣기'를 클릭하고, '선택하여 붙여넣기' 대화상자가 표시되면 '연결하여 붙여넣기'를 선택한 다음 〈확인〉 버튼을 클릭합니다. 파워포인트의 [표 도구] 탭은 사용할 수 없지만, 더블클릭해서 엑셀 상태에서 자료를 편집할 수 있습니다.

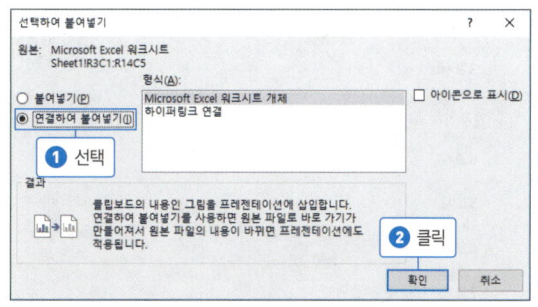

03 [대상 스타일 사용] 옵션을 선택해서 엑셀 데이터를 표로 삽입합니다.

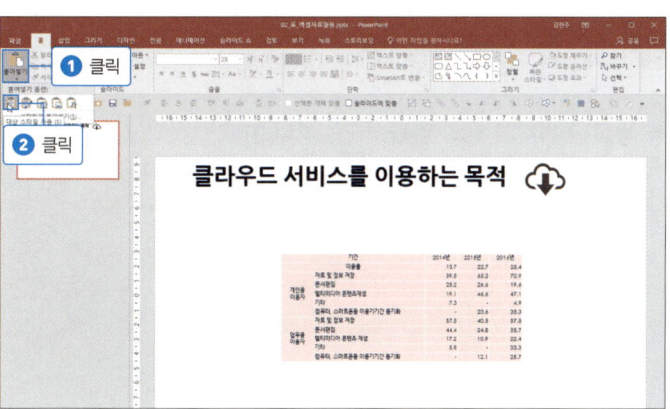

04 표의 크기, 스타일, 글꼴 등을 설정해서 원하는 형태로 수정합니다.

3 표의 레이아웃 변경하기

처음에 삽입한 표보다 더 많은 행과 열이 필요하면 추가하고, 불필요한 경우는 삭제해야 합니다. 원하는 만큼 행과 열을 조정하는 방법과 병합하는 등 다양한 레이아웃 관련 명령을 알아보겠습니다.

{실습 파일} 02\07_3.pptx   {완성 파일} 02\07_3결과.pptx

예를 들어 다음과 같은 시간표를 작성해 보겠습니다.

	월	화	수	목	금
1교시	교육안내	도형 드로잉 스킬 및 도해	표	테마활용	실전예제
2교시	개인정보 보안		멀티미디어 자료다루기		
3교시					
점심시간					
4교시	프레젠테이션 개요	스마트아트 및 차트	슬라이드쇼 및 애니메이션, 인쇄	실전예제	실전예제
5교시	파워포인트 기본 사용법				
6교시					
7교시					설문 및 수료

1 표에 행과 열 추가 삽입하고, 불필요할 때 삭제하기

■ **필요한 위치에 행과 열을 추가, 삭제하기**

예제 표에 '요일'과 '점심시간'을 위한 내용을 추가하려고 합니다.

01 '요일' 행을 위해 표에서 가장 첫 행을 클릭하고, **[표 도구 레이아웃] 탭 → [행 및 열] 그룹 → [위에 삽입]**을 클릭해서 새로운 행을 삽입합니다.

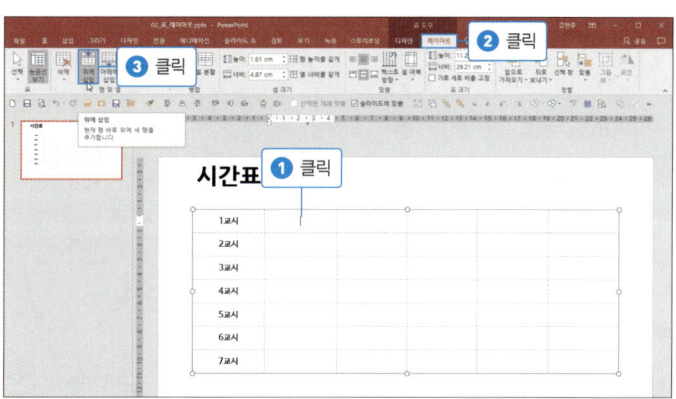

02 '점심시간' 행을 위해 '3교시' 행을 클릭하고, **[표 도구 레이아웃] 탭 → [행 및 열] 그룹 → [아래에 삽입]**을 클릭해서 새로운 행을 삽입합니다.

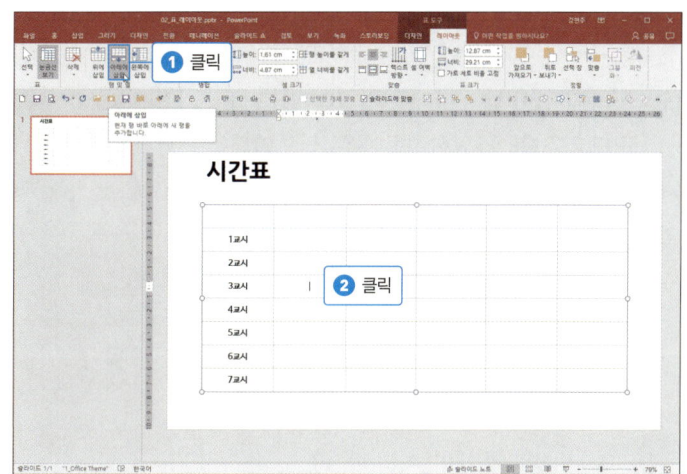

■ 마지막 행 다음에 행 삽입하기

마지막 칸에서 Tab 키를 누르면 다음으로 새로운 행이 삽입됩니다.

■ 한 번에 여러 행이나 열을 삽입하기

전체 행의 개수를 늘리고 싶은 경우는 표 중에서 삽입하려는 위치의 행을 모두 선택하고, **[표 도구 레이아웃] 탭 → [병합] 그룹 → [셀 분할]**을 클릭합니다. 열의 개수를 '1'로 입력하고, 행의 개수를 삽입하려는 개수로 설정합니다.

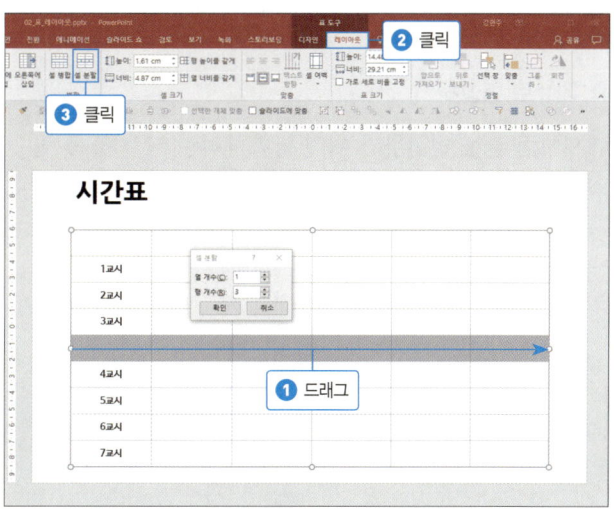

■ 표의 열이나 행 전체를 쉽게 선택하기

표 밖에서 선택하려는 행이나 열 근처로 마우스 포인터를 위치시키면, 포인터가 검은색 화살표(➡)로 변경됩니다. 이때 클릭하면 포인터가 있던 부분의 행이나 열이 블록 선택됩니다.

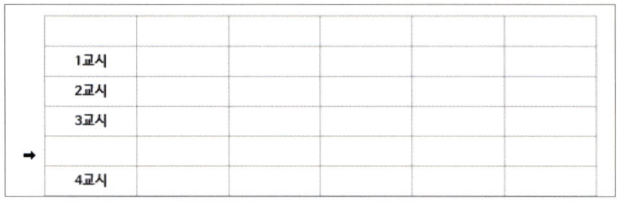

■ 행이나 열을 [삭제]하는 방법

삭제하려는 열이나 행에 커서를 위치시키고, [표 도구 레이아웃] 탭 → [행 및 열] 그룹 → [삭제]를 클릭한 다음 **행 삭제**나 **열 삭제**를 실행합니다.

■ [표 그리기]를 사용한 행, 열 추가하기

[표 도구 디자인] 탭 → [테두리 그리기] 그룹 → [표 그리기]를 클릭하고, 마우스 포인터가 연필 모양(✏)이 되면 표 내부의 행이나 열을 추가할 부분을 드래그합니다.

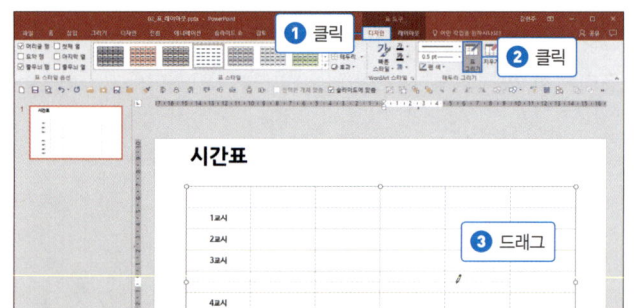

[표 그리기] 명령의 기능
① 표가 없는 곳에서 드래그하면 새로운 표를 만듭니다.
② 표 내부에서 드래그하면 행 또는 열을 추가(분할)합니다.
③ 기존 표의 경계선을 따라 드래그해서 설정된 펜 종류와 색, 두께 등으로 변경합니다.

2 셀 병합하기

■ 메뉴로 병합하기

예제처럼 칸을 병합하기 위해 병합하려는 칸을 블록 설정한 다음, [표 도구 레이아웃] 탭 → [병합] 그룹 → [셀 병합]을 클릭합니다.

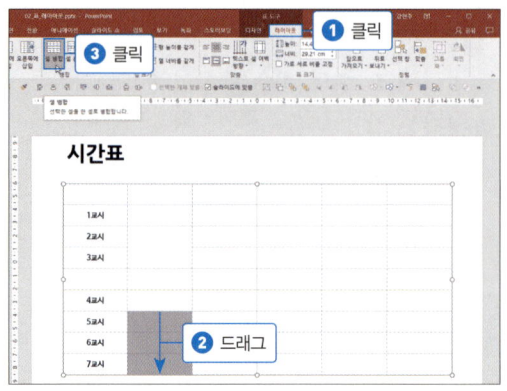

■ 지우개로 셀 병합하기

[표 도구 디자인] 탭 → [테두리 그리기] 그룹 → [지우개]를 클릭하고, 마우스 포인터가 지우개 모양( )이 되면 셀 경계선을 클릭합니다. 클릭한 경계선이 삭제되면서 셀이 합쳐집니다.

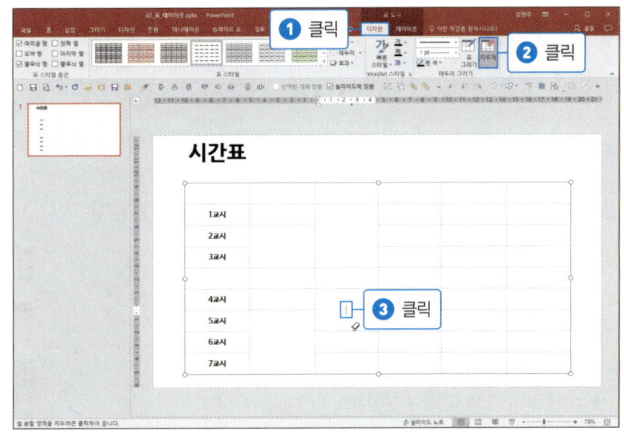

3 표에서 셀 크기와 표 크기 조정, 텍스트 맞춤

■ [표 도구 레이아웃] 탭 → [표 크기] 그룹

표 전체의 크기를 직접 수치를 입력해서 조절합니다.
표의 크기를 조정할 때 높이나 너비 중 한 곳의 값에 따라 나머지 하나도 비례적으로 조정하려면 '가로, 세로 비율 고정' 확인란에 체크 표시합니다.

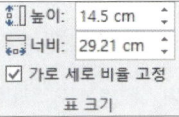

■ [표 도구 레이아웃] 탭 → [셀 크기] 그룹

표의 특정 셀의 행 높이와 열 너비를 직접 수치를 입력해서 조절합니다. 셀에 커서만 만들고 이 명령을 실행하면 표 전체 행 높이 및 열 너비가 동일해집니다.

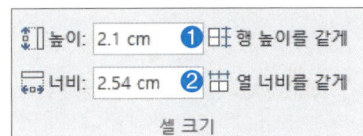

① 행 높이를 같게 : 선택된 행의 높이를 같게 만듭니다.

② 열 너비를 같게 : 선택된 열의 너비를 같게 만듭니다.

■ [표 도구 레이아웃] 탭 → [맞춤] 그룹

셀에서 텍스트의 가로와 세로 맞춤을 설정하고, 셀 안의 여백을 조절할 수 있습니다.

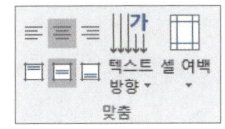

미리 설정된 셀 여백을 직접 설정하고 싶다면, [표 도구 레이아웃] 탭 → [맞춤] 그룹 → [셀 여백] → [사용자 설정 여백]을 선택합니다. '셀 텍스트 레이아웃' 대화상자가 표시되면 여백과 맞춤을 직접 설정할 수 있습니다.

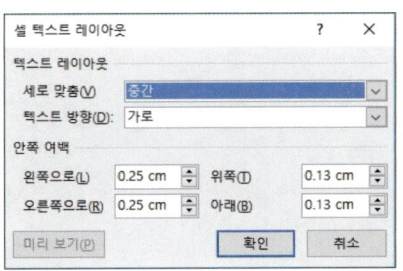

4 표 관련 지우기

■ **표 내용 지우기**

내용을 지울 곳을 선택하고 Delete 키를 누릅니다.

■ **표 서식 지우기**

표에 있는 서식을 모두 지우려면, **[표 도구 디자인] 탭 → [표 스타일] 그룹**에서 **표 지우기**를 실행합니다.

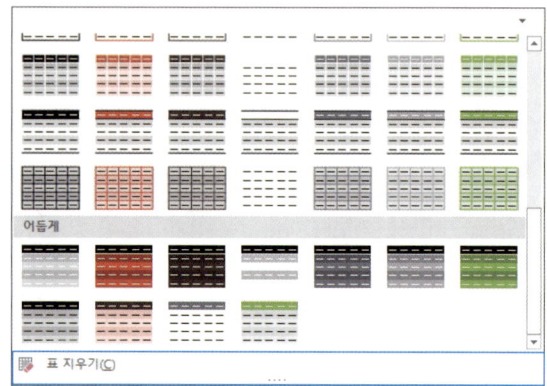

■ **전체 표 삭제하기**

전체 표를 삭제하려면, **[표 도구 레이아웃] 탭 → [행 및 열] 그룹 → [삭제]**를 클릭한 다음 **[표 삭제]**를 선 택합니다. 또는 삭제하려는 [표]를 선택하고 Delete 키를 누릅니다.

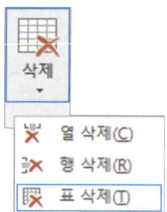

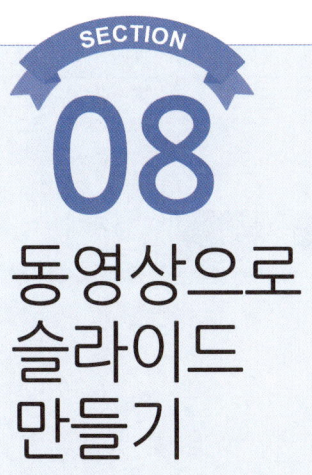

SECTION 08 동영상으로 슬라이드 만들기

파워포인트에서는 단순하게 슬라이드에 동영상을 삽입하고 재생하는 것뿐만 아니라, 필요한 부분을 편집하고 동영상에 특수 효과도 설정할 수 있습니다. 전문적인 동영상 편집 프로그램은 아니지만 파워포인트 안에서 어느 정도 동영상을 편집할 수 있다는 점은 파워포인트의 강력한 기능 중 하나입니다.

1 동영상 삽입하고 재생하기

파일을 준비했거나 웹 사이트에 있는 비디오 및 애니메이션 GIF 파일을 슬라이드에 추가할 수 있습니다. 슬라이드에 비디오를 삽입해서 재생하는 방법과 비디오 옵션을 알아보겠습니다.

{실습 파일} 02\08_1.pptx, 자작나무숲.wmv

1 준비된 동영상 삽입하기

01 [삽입] 탭 → [미디어] 그룹 → [비디오]를 클릭해 **내 PC의 비디오**를 실행합니다.

02 '비디오 삽입' 대화상자에서 삽입할 동영상을 선택한 다음, 〈삽입〉 버튼을 클릭합니다.

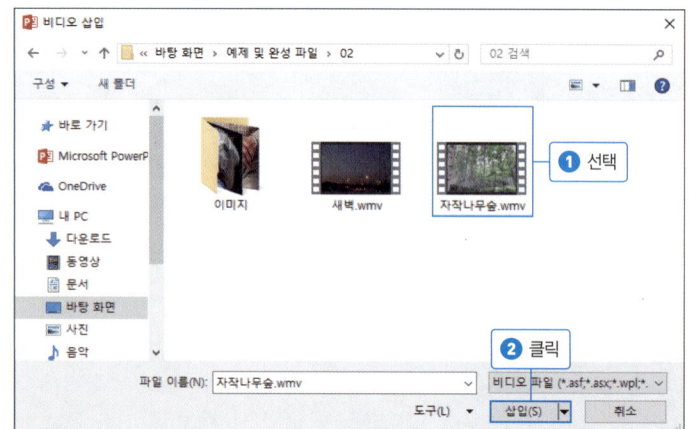

03 예전 버전의 파워포인트에서는 동영상 파일이 연결 파일로만 삽입되었습니다. 그래서 파워포인트 문서와 동영상 파일을 함께 관리하지 않으면 연결이 끊어지는 문제가 많이 있었습니다. 하지만 요즘은 기본적으로 저장 매체의 용량이 커져서 파일 저장에 부담이 적고, 관리의 편리함을 위해 동영상과 같은 멀티미디어 자료들이 모두 문서에 포함되어 삽입되는 것이 기본 설정으로 되어 있어 편리합니다.

만일 동영상을 삽입할 때 문서에 연결해서 사용하려면, '비디오 삽입' 대화상자에서 준비된 동영상을 선택한 다음, 〈삽입〉 버튼의 ▼ 부분을 클릭하고 **파일에 연결**을 실행하면 파워포인트 문서와 별도로 동영상 파일을 연결해서 삽입할 수 있습니다.

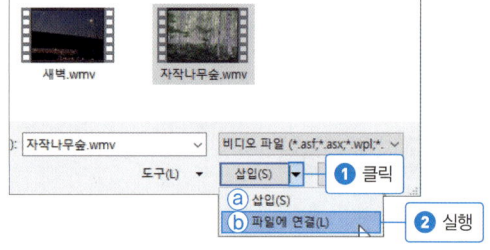

ⓐ **삽입** : 동영상을 삽입하는 경우 모든 파일이 프레젠테이션 문서에 포함되어 있으므로 프레젠테이션 문서를 이동할 때 파일이 손실될 염려가 없습니다. 동영상이 포함되기 때문에 프레젠테이션 문서의 크기가 커지게 됩니다.

ⓑ **파일에 연결** : 프레젠테이션 문서와 비디오 파일을 연결합니다. 비디오를 연결하면 프레젠테이션 파일 크기를 줄일 수 있습니다. 연결 끊김 관련 문제가 발생하지 않도록 하려면 비디오를 프레젠테이션 문서와 동일한 폴더에 복사한 후에 해당 폴더에서 비디오에 연결하는 것이 좋습니다.

04 슬라이드에 비디오가 삽입되었습니다. 내용 확인을 위해 편집 상태에서 재생하려면 삽입된 비디오 아래쪽에 있는 미디어 컨트롤 도구에서 〈재생〉 버튼을 클릭합니다.

> tip 메뉴를 사용해 재생하려면 [비디오 도구 서식] 탭이나 [비디오 도구 재생] 탭에 있는 [미리 보기] 그룹에서 [재생]을 클릭합니다.

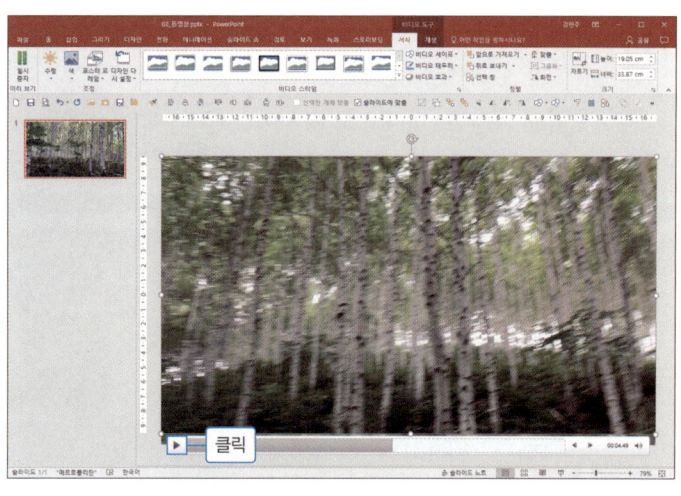

05 비디오를 삽입된 원하는 크기로 조정할 수 있습니다. 비디오 개채의 크기 조절점(○)을 원하는 크기만큼 드래그합니다.

06 파워포인트에서는 사용자가 동영상을 크기 조절하기 위해 모서리에서 드래그할 때 가로 세로 비율을 일정하게 유지합니다.

슬라이드에 삽입된 비디오의 가로세로 비율과 비디오 파일 원래의 가로세로 비율이 다르면 비디오가 재생될 때 왜곡되어 표시됩니다. 만일 왜곡되어 다시 처음 삽입된 원본 상태로 돌리려면 **[비디오 도구 서식] 탭 → [조정] 그룹 → [디자인 다시 설정▼]**을 클릭하고 **디자인 및 크기 다시 설정**을 실행합니다.

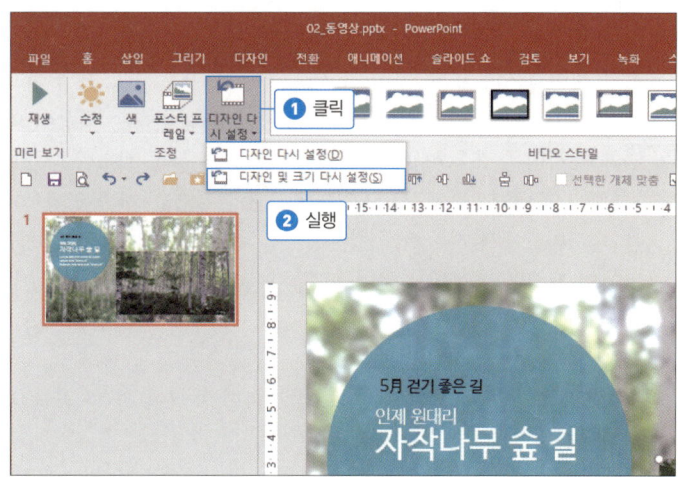

07 비디오 파일에 디자인 서식이 설정된 상태에서 크기만 처음으로 되돌리고 싶다면 [비디오 도구 서식] 탭 → [크기] 그룹에서 '작업 창 표시' 아이콘(□)을 클릭한 다음 표시된 작업 창에서 [비디오 형식 지정] → [크기] 항목의 [원래대로]를 클릭합니다.

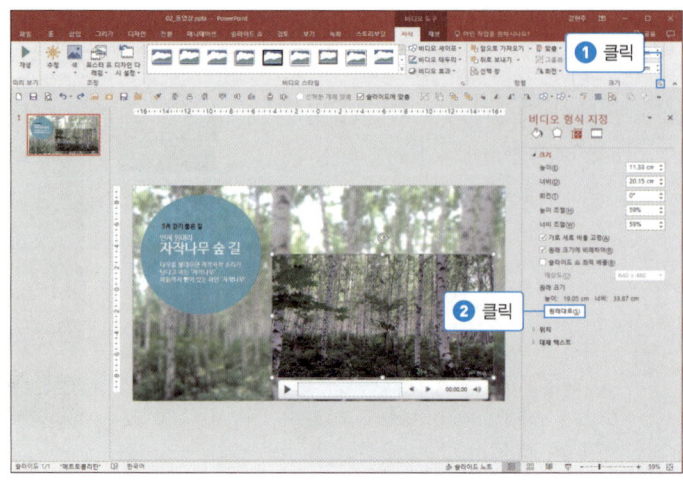

2 동영상 재생 방법 설정하기

01 슬라이드 쇼를 진행할 때 동영상의 재생에 관련된 내용을 설정하기 위해 [비디오 도구 재생] 탭 → [비디오 옵션] 그룹의 내용을 살펴보겠습니다.

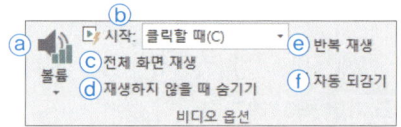

ⓐ **볼륨** : 슬라이드 쇼를 진행할 때 볼륨(낮음, 중간, 높음, 음소거)을 조정할 수 있습니다. 슬라이드 쇼를 진행할 때 재생 컨트롤 막대의 볼륨 슬라이더를 사용하여 볼륨을 설정할 수도 있습니다.

ⓑ **시작** : 프레젠테이션 중에 동영상을 시작하는 방법을 설정합니다.

- 자동 실행 : 동영상이 삽입된 슬라이드가 표시될 때 동영상을 재생합니다.
- 클릭할 때 : 마우스를 클릭하여 동영상 시작 시간을 제어합니다. 슬라이드 쇼 보기에서 동영상을 재생할 준비가 되면 동영상을 클릭합니다.

> tip 애니메이션을 추가하거나 동영상을 시작하기 전에 이 옵션을 설정합니다. 이 옵션을 변경하면 동영상과 연결된 모든 애니메이션이 제거됩니다.

ⓒ **전체 화면 재생** : 프레젠테이션을 진행할 때 동영상이 전체 슬라이드 화면에 가득 차도록 재생합니다. 원본 동영상 파일의 해상도에 따라서는 동영상을 확대하면 영상이 왜곡될 수 있습니다. 동영상이 왜곡되거나 흐리게 표시되는 경우 [전체 화면 재생] 옵션을 실행 취소할 수 있도록 항상 동영상을 미리 확인해야 합니다.

ⓓ **재생하지 않을 때 숨기기** : 프레젠테이션을 진행할 때 동영상이 표시되지 않도록 숨기고, 프레젠테이션한 다음 슬라이드에서 사라지게 할 수 있습니다. 그러나 이렇게 하려면 [자동 실행] 또는 트리거 애니메이션을 만들어 재생을 제어해야 하며, 그렇지 않으면 슬라이드 쇼 중에 동영상을 재생할 방법이 없습니다.

ⓔ **반복 재생** : 프레젠테이션을 진행하는 동안 계속 동영상을 재생하거나 재생을 중지할 때까지 동영상을 재생합니다.

ⓕ **자동 되감기** : 동영상을 되감도록 설정하면 재생이 한 번 끝난 후 자동으로 첫 번째 프레임으로 돌아가서 중지됩니다.

02 동영상이 삽입되면 재생 옵션이 '클릭할 때 재생'으로 설정되어 있습니다.
프레젠테이션을 진행할 때 슬라이드가 표시되면 자동으로 동영상이 실행되도록 수정하려면 **[비디오 도구 재생] 탭 → [비디오 옵션] 그룹 → [시작]**에서 **자동 실행**을 선택합니다.

tip 동영상 위에서 마우스 오른쪽 버튼을 클릭하면 표시되는 미니 도구 모음의 [시작] 명령에서 설정할 수도 있습니다.

03 쇼 진행 상태에서 동영상이 제대로 재생되는지 확인하기 위해, 상태 표시줄에서 '읽기용 보기' 아이콘(📖)을 클릭합니다.
슬라이드가 표시되면 클릭하지 않아도 자동으로 동영상이 재생되는 것을 확인할 수 있습니다.

04 실행중인 동영상 화면 위에 마우스 포인터를 가져가면, 화면 아래쪽으로 재생 버튼과 현재 비디오 위치 등 미디어 컨트롤이 표시됩니다. 이 도구를 이용해서 동영상을 일시 정지하거나, 다시 재생, 볼륨을 조절할 수 있습니다.

만일 미디어 컨트롤이 표시되지 않는다면 [슬라이드 쇼] 탭 → [설정] 그룹 → [미디어 컨트롤 표시]에 체크 표시합니다.

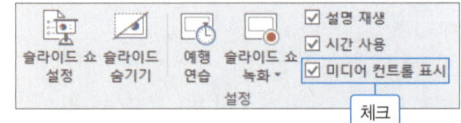

05 기본 보기로 돌아오려면, 화면 아래 상태 표시줄에서 '기본 보기' 아이콘(▭)을 클릭합니다.

3 인터넷 사이트의 비디오를 내 슬라이드에 연결하기

준비된 동영상이 없다면 인터넷 사이트에 있는 동영상을 파일에 연결할 수 있습니다. 하지만 인터넷에 연결되어 있지 않거나 인터넷에서 동영상이 삭제되면 재생할 수 없으니 안전하게 PC에 다운로드한 다음 삽입해서 사용하는 것이 좋습니다.

■ OenDrive에 있는 동영상 삽입

01 [삽입] 탭 → [미디어] 그룹 → [비디오]를 클릭하고 **온라인 비디오**를 실행합니다.

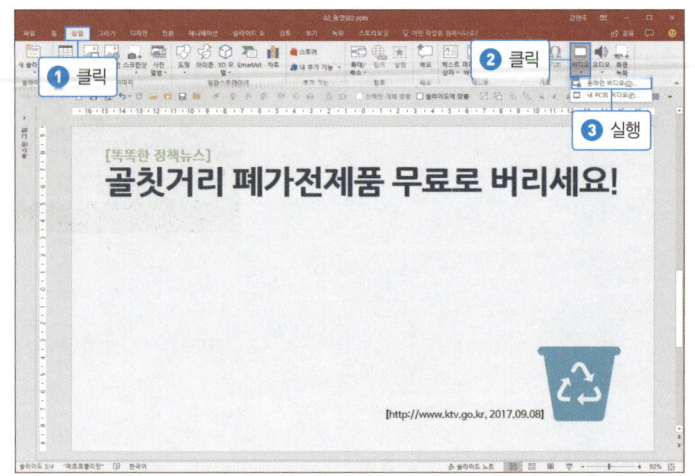

02 '비디오 삽입' 대화상자가 표시되면 'OneDrive – 개인' 항목의 [찾아보기]를 클릭합니다.

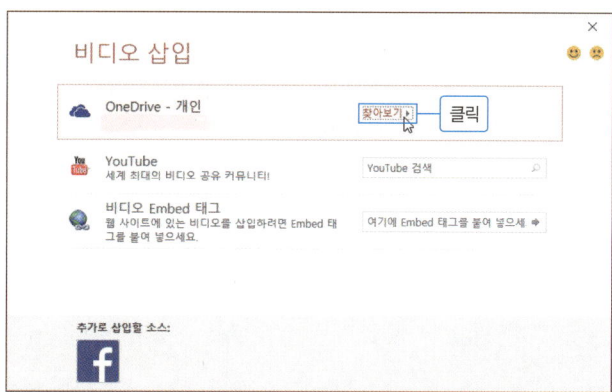

03 개인 OneDrive에 접속되었다면, 동영상을 찾아 〈삽입〉 버튼을 클릭합니다.

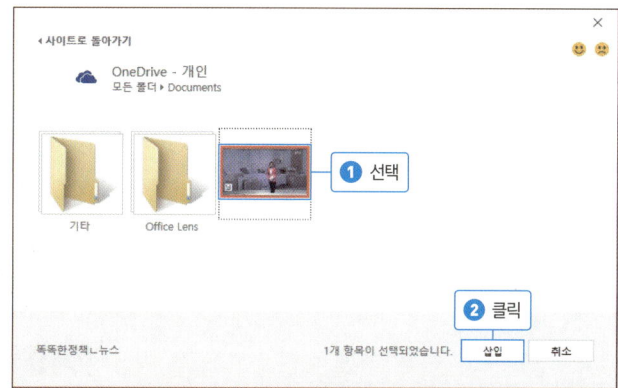

04 슬라이드에 동영상이 삽입된 것을 확인할 수 있습니다.

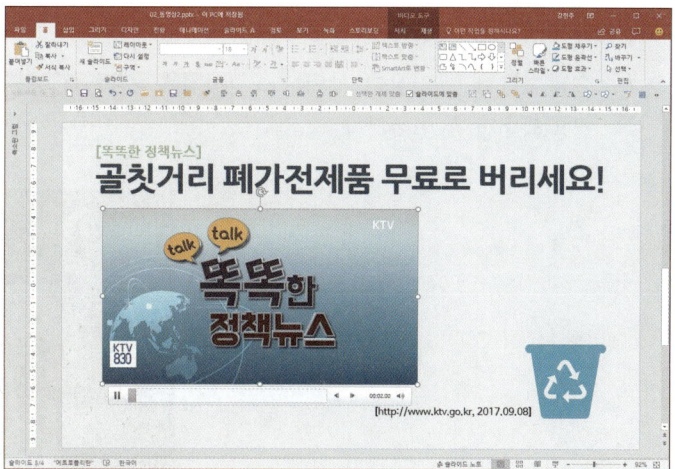

■ YouTube 사이트에 있는 동영상을 검색해서 삽입하기

01 [삽입] 탭 → [미디어] 그룹 → [비디오]를 클릭해 **온라인 비디오**를 실행하고, '비디오 삽입' 대화상자가 표시되면 'YouTube' 항목의 검색 창에 검색어를 입력하고 Enter 키를 누릅니다.

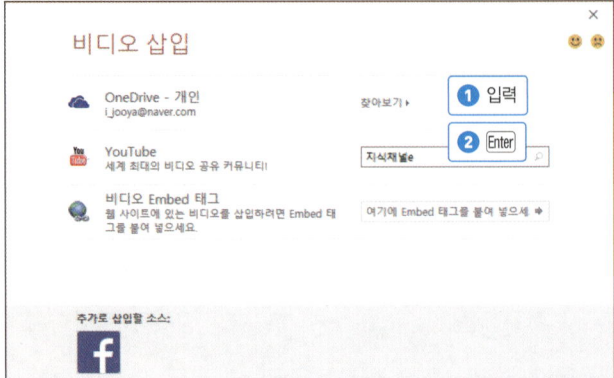

02 검색된 동영상 중 마음에 드는 것을 선택하고 〈삽입〉 버튼을 클릭합니다.

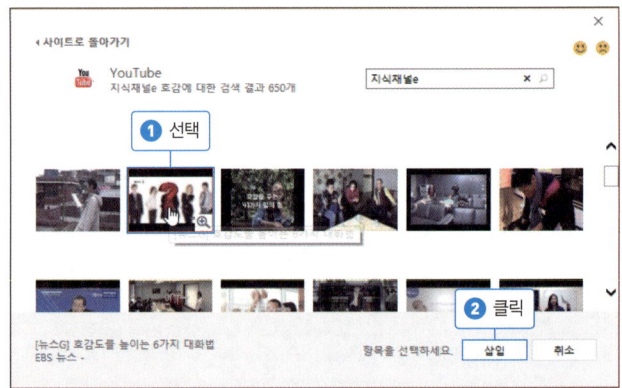

03 슬라이드에 동영상이 삽입된 것을 확인할 수 있습니다.

SECTION 08 동영상으로 슬라이드 만들기

■ **링크를 활용한 비디오 삽입하기**

파워포인트 안에서 검색하는 것이 아닌, 동영상의 소스 코드를 사용해 비디오를 삽입하는 방법을 알아보겠습니다.

01 YouTube 사이트에서 동영상을 공유하려면, 동영상 아래의 [공유]를 클릭합니다.
다양한 SNS에 공유하는 아이콘과 동영상 URL이 표시되면, '퍼가기'를 클릭합니다.

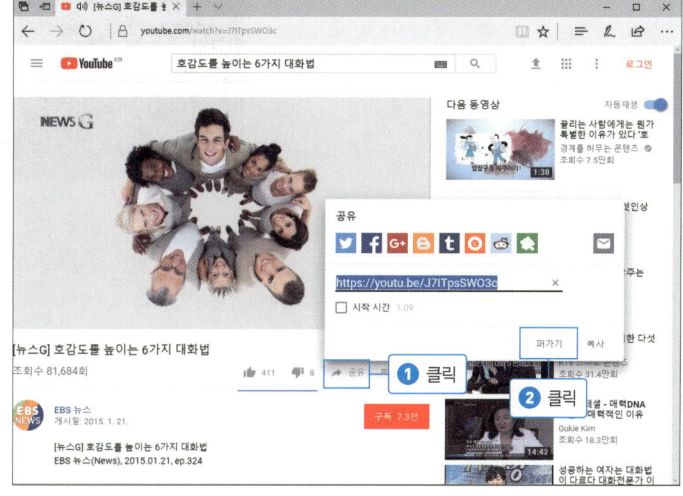

02 동영상의 소스 코드가 표시되면 클릭하고 Ctrl+C 키를 눌러 복사하거나 화면 아래의 '복사'를 눌러 복사합니다. 만일 동영상의 시작 부분을 지정하거나, 퍼가기 옵션을 선택하려면 먼저 설정하고 '복사'합니다.

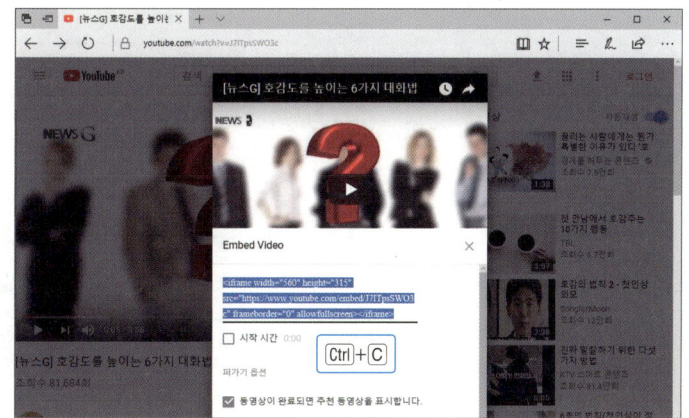

03 파워포인트의 슬라이드로 돌아와서, [삽입] 탭 → [미디어] 그룹 → [비디오] → [온라인 비디오] 명령을 클릭하고, '비디오 삽입' 대화상자가 표시되면 [비디오 Embed 태그] 항목의 입력 창에서 Ctrl+V 키를 눌러 코드를 입력하고 Enter 키를 누릅니다.

291

04 동영상이 삽입된 것을 확인할 수 있습니다.

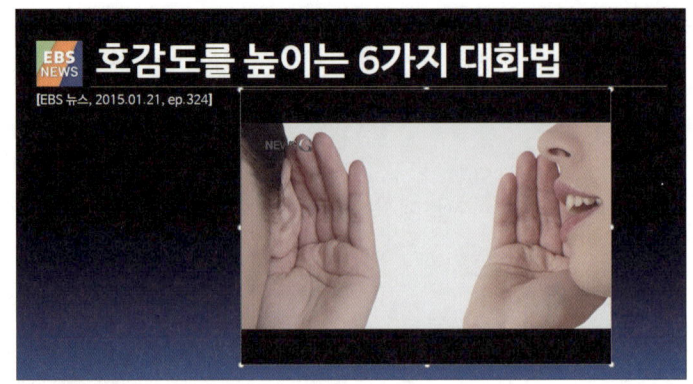

2 트리밍으로 동영상 편집하기

준비한 동영상의 전체가 아니라 불필요한 부분을 제거하고 사용하려는 경우, 별도로 동영상 편집 프로그램을 사용하지 않고도 파워포인트 기능으로 해결할 수 있습니다. 동영상을 트리밍하는 방법과 특정 위치를 빠르게 찾아가는 책갈피 기능을 알아보겠습니다.

{실습 파일} 02\08_2.pptx

01 슬라이드의 비디오를 선택하고, [비디오 도구 재생] 탭 → [편집] 그룹 → [비디오 트리밍]을 클릭합니다.

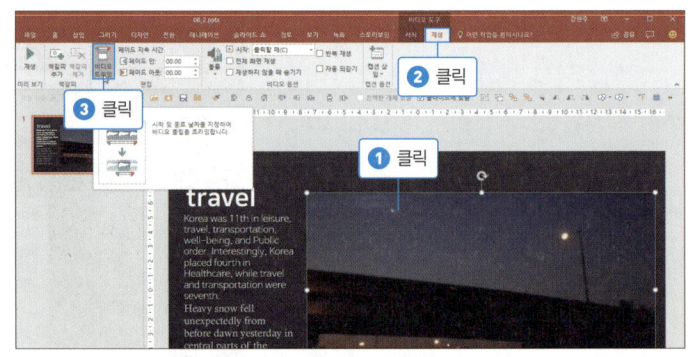

02 '비디오 맞추기' 대화상자가 표시되면, 미리 보기 창으로 확인하면서 영상의 시작과 끝 위치를 설정합니다. 시작 지점을 영상의 시작 위치로 드래그하고, 종료 지점을 영상을 끝낼 위치로 드래그합니다.

미세하게 위치를 설정하려면 〈이전 프레임〉, 〈다음 프레임〉 버튼을 이용해서 움직입니다. 설정이 끝나면 〈확인〉 버튼을 클릭합니다.

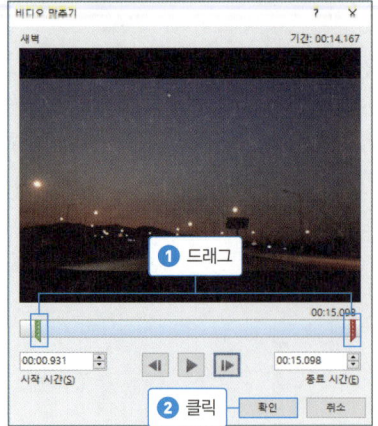

03 만일 영상을 처음 부분과 끝 부분이 몇 초간 서서히 나타났다, 서서히 사라지는 페이드 효과와 함께 재생하고 싶다면 [비디오 도구 재생] 탭 → [편집] 그룹 → [페이드 지속 시간]을 설정합니다.

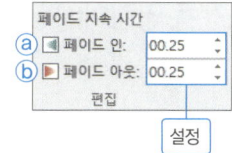

ⓐ 비디오 시작 부분에 페이드 효과 : [페이드 인] 시간을 설정합니다.
ⓑ 비디오 종료 부분에 페이드 효과 : [페이드 아웃] 시간을 설정합니다.

04 상태 표시줄에서 '읽기용 보기' 아이콘()을 클릭해서 영상이 원하는 분량만큼 트리밍된 것과 페이드 기능이 적용된 것을 확인합니다.

05 책갈피는 애니메이션을 시작하거나 동영상의 특정 위치로 이동하는 데 사용할 수 있습니다.
동영상을 클릭하면 표시되는 비디오 컨트롤에서 재생 버튼을 이용해서 책갈피를 설정하려는 지점을 찾습니다. 찾았다면 [비디오 도구 재생] 탭 → [책갈피] 그룹 → [책갈피 추가]를 클릭합니다.

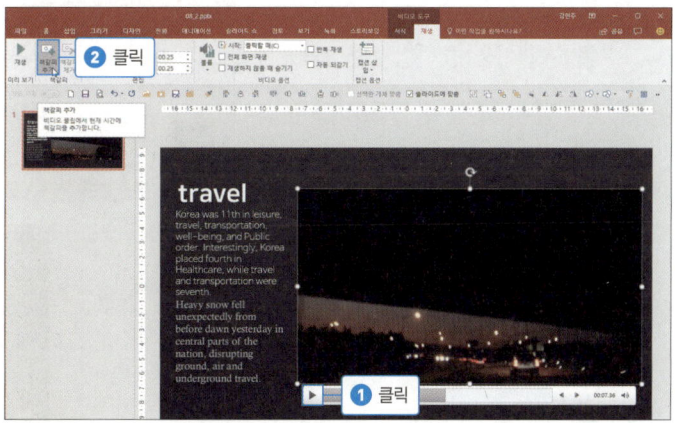

06 책갈피가 설정되면 노란 점으로 표시됩니다. 같은 방법으로 여러 개의 책갈피를 설정할 수 있습니다. 책갈피를 제거하려면 비디오 컨트롤에서 제거할 책갈피를 찾아 클릭하고, [비디오 도구 재생] 탭 → [책갈피] 그룹 → [책갈피 제거]를 클릭합니다.

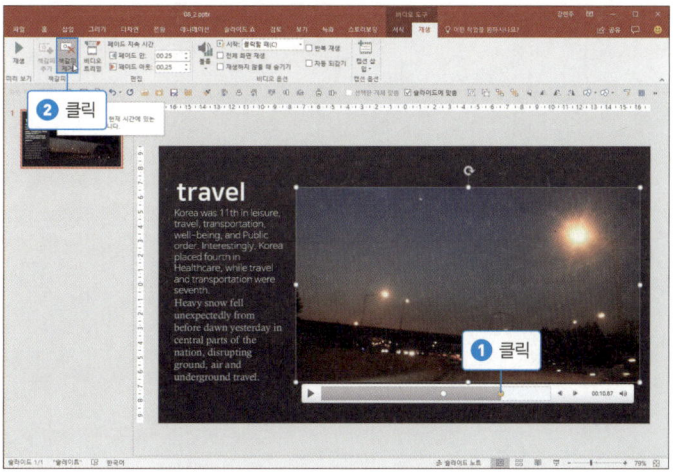

tip 책갈피 이동 단축키는 Alt + Home 과 Alt + End 입니다.

3 동영상에 서식 작업하기

다양한 도형 효과나 색 조정 등 동영상에 적용할 수 있는 서식에 관해 알아보겠습니다.

01 만일 사용하려는 영상 자료가 너무 어두운 곳에서 촬영되었거나, 너무 밝은 곳에서 촬영되었다면 밝기와 대비를 조정할 수 있습니다. **[비디오 도구 식] 탭 → [수정] 그룹 → [수정]**을 클릭합니다. 현재 비디오의 상태에 맞도록 **[밝기/대비]**를 선택합니다.

02 **[비디오 도구 식] 탭 → [수정] 그룹 → [색]**을 클릭합니다. 동영상에 회색 톤이나 세피아 톤을 적용할 수 있습니다.

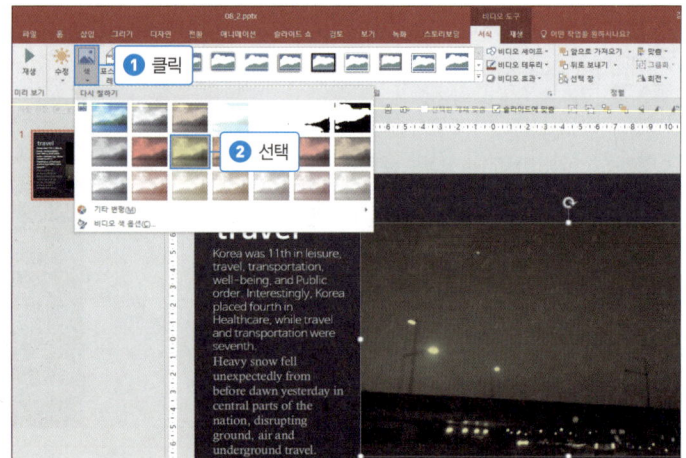

03 동영상의 스타일을 변경하고 싶다면, [비디오 도구 서식] 탭 → [비디오 스타일] 그룹에서 빠른 스타일 중 원하는 스타일을 선택합니다. 동영상 위에서 마우스 오른쪽 버튼을 클릭하고 미니 도구 모음의 [스타일]에서 적용해도 됩니다.

04 서식은 모두 유지하고 동영상의 모양을 변경하고 싶다면, [비디오 도구 서식] 탭 → [비디오 스타일] 그룹 → [비디오 셰이프]를 클릭하고 원하는 모양을 선택합니다.

05 동영상의 일부 영역을 잘라 내고 싶다면, [비디오 도구 서식] 탭 → [크기] 그룹 → [자르기]를 클릭하고, 자르기 조절점을 원하는 너비와 높이로 드래그합니다.
동영상 자르기에서는 비례로 자르거나, 채우기 맞춤 등의 옵션은 사용할 수 없습니다.

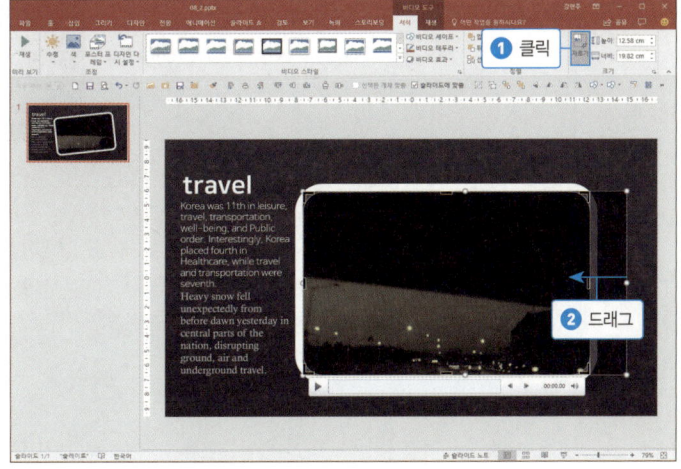

06 비디오에 설정된 서식만 삭제하고 싶다면 [비디오 도구 서식] 탭 → [조정] 그룹 → [디자인 다시 설정]을 클릭한 다음 **디자인 다시 설정**을 실행합니다.

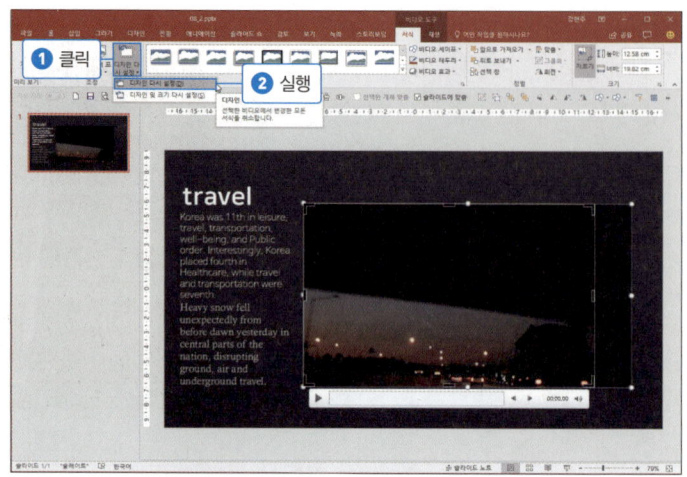

> **tip** 동영상 서식이나 크기 되돌리기
> ① 서식 되돌리기
>   [비디오 도구 서식] 탭 → [조정] 그룹 → [디자인 다시 설정] → [디자인 다시 설정]
> ② 서식, 원래의 동영상 크기, 자르기 작업까지 되돌리기
>   [비디오 도구 서식] 탭 → [조정] 그룹 → [디자인 다시 설정] → [디자인 및 크기 다시 설정]
> ③ 크기만 처음으로 되돌리기
>   [비디오 도구 서식] 탭 → [크기] 그룹의 '작업 창 표시' 아이콘(□)을 클릭한 후 표시되는 작업 창에서 [크기 및 속성] 범주를 클릭한 다음 [크기] 항목의 〈원래대로〉 버튼 클릭

07 [비디오 도구 서식] 탭 → [정렬] 그룹 → [회전]을 클릭하고 **좌우 대칭**을 실행하면 좌우로 반전된 영상을 사용할 수 있습니다.

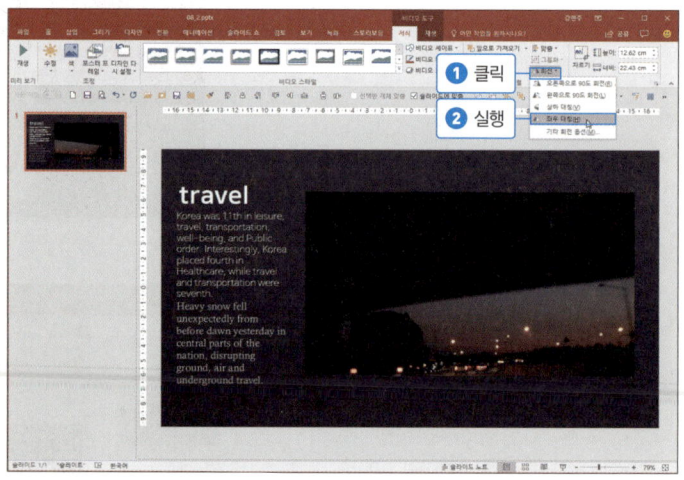

08 슬라이드에 동영상을 삽입하면 재생 전에 보이는 미리 보기 화면은 동영상의 첫 화면으로 설정됩니다. 미리 보기 화면을 원하는 장면으로 설정하려면 영상을 재생해 미리 보기로 사용하고 싶은 장면을 찾습니다.

09 [비디오 도구 서식] 탭 → [조정] 그룹 → [포스터 프레임]을 클릭하고 **현재 프레임**을 실행합니다. 만일 미리 보기 화면으로 사용할 파일을 따로 준비해 두었다면 [비디오 도구 서식] 탭 → [조정] 그룹 → [포스터 프레임]을 클릭하고 **파일의 이미지**를 실행합니다.

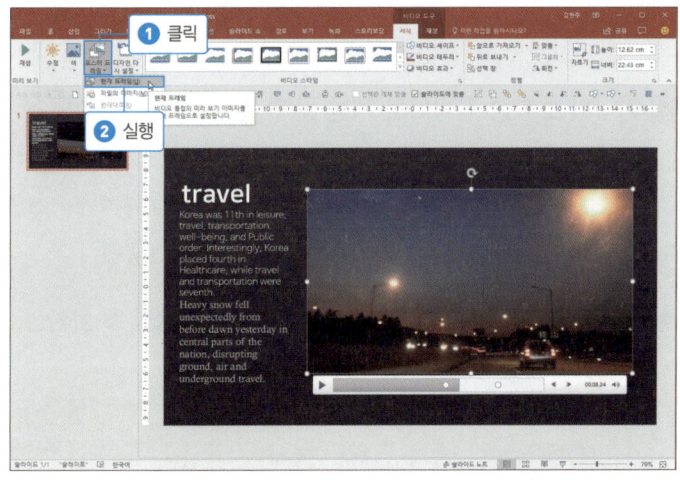

10 포스터 틀이 설정되면 비디오 아래쪽에 있는 비디오 컨트롤에서 미리 보기 화면이 설정한 화면으로 변경된 것을 확인할 수 있습니다.

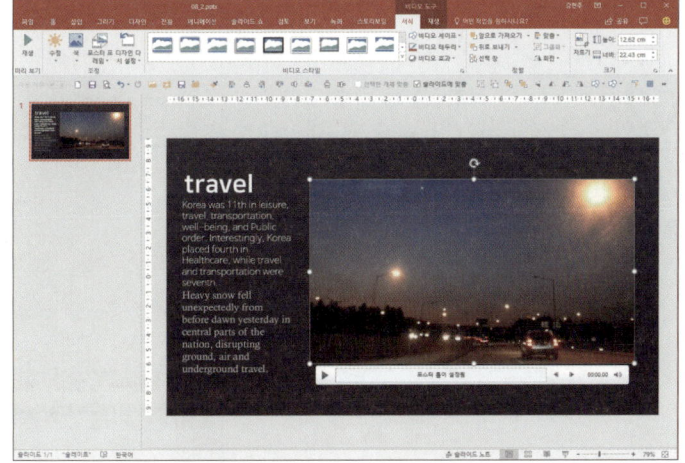

4 미디어 파일이 삽입된 프레젠테이션 문서 문제 없이 다루기

1 지원 파일 형식

파워포인트에서 지원되는 비디오 파일 형식은 '.asf', '.avi', '.mp4', '.m4v', '.mov', '.mpg(.mpeg)', '.wmv', '.swf' 등 다양합니다. 그러나 일부 파일에는 추가 코덱이 필요하여 정상적으로 재생이 되지 않는 경우가 있습니다. 그런 경우 파일 형식을 '.wmv'로 변환해서 삽입하면 문제 없이 재생됩니다. '.wmv' 형식은 파워포인트에서 가장 안정적인 파일 형식입니다.

동영상을 슬라이드에 삽입하는 방법은 간단하지만 슬라이드 쇼에서 동영상을 재생하는 부분은 문제가 자주 발생합니다. 대부분의 재생 문제는 코덱이나 플레이어의 문제이며 그 부분에 이상이 없다면 동영상 파일 자체에 이상이 있을 가능성이 높습니다.

프레젠테이션 전에는 반드시 예행 연습을 하고 특히 동영상이나 글꼴 등을 확실하게 체크하도록 합니다.

2 미디어 호환성 최적화로 재생 문제 해결

프레젠테이션에 비디오나 오디오 파일과 같은 미디어가 포함되어 있는 경우 재생 문제를 방지하기 위해 미디어 파일의 호환성을 최적화할 수 있습니다. 프레젠테이션을 다른 사람과 공유하거나 다른 위치로 가져가는 것이 쉬워지며 슬라이드 쇼가 문제 없이 재생됩니다.

■ 프레젠테이션에 있는 미디어를 다른 장치에 재생할 때 호환성 문제가 있을 수 있는 형식으로 삽입된 경우

01 [파일] 탭 → [정보]에 [호환성 최적화] 옵션이 표시됩니다. 표시되지 않는 경우 호환성 문제가 없고 공유할 준비가 된 것입니다.

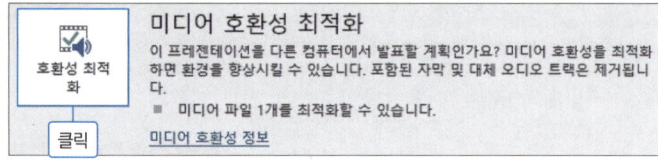

02 [호환성 최적화]를 클릭합니다. '미디어 호환성 최적화' 대화상자가 표시되며 최적화해야 하는 미디어가 최적화됩니다.

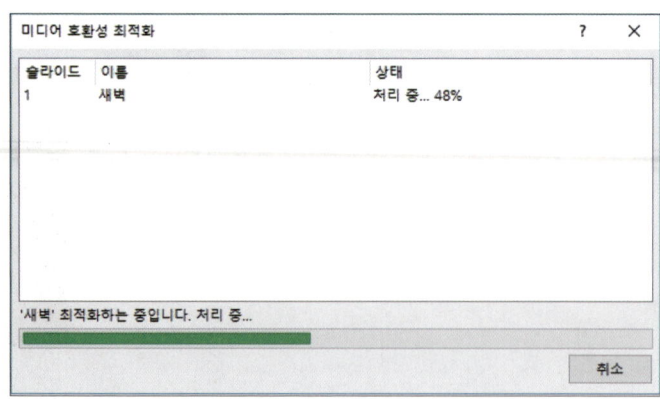

SECTION 08 동영상으로 슬라이드 만들기

■ **연결한 비디오가 있는 프레젠테이션 문서의 경우**

01 [파일] 탭 → [정보]의 [미디어 호환성 최적화] 옵션 요약에서 비디오를 포함해야 한다고 알려줍니다. '연결 보기'를 클릭합니다.

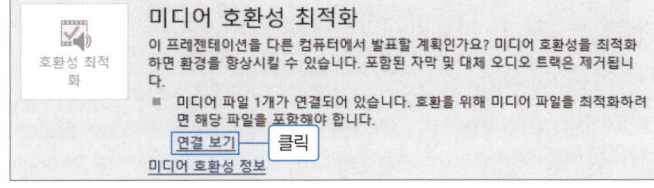

02 '연결' 대화상자에서 포함할 각 미디어 항목에 대해 〈연결 끊기〉 버튼을 클릭하면 간단하게 비디오를 포함할 수 있습니다.
연결된 미디어 목록에 내용이 사라지면, 〈닫기〉 버튼을 클릭합니다.

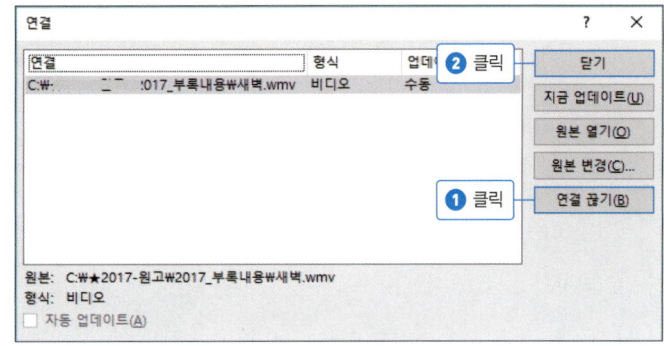

3 미디어 파일 압축하기

미디어가 포함된 프레젠테이션 문서는 압축하여 재생 성능을 향상시키고 디스크 공간을 절약할 수 있습니다.

01 오디오 또는 비디오 파일이 포함된 프레젠테이션을 열고, [파일] 탭 → [정보]의 '미디어 크기 및 성능' 항목에서 [미디어 압축]을 클릭합니다.

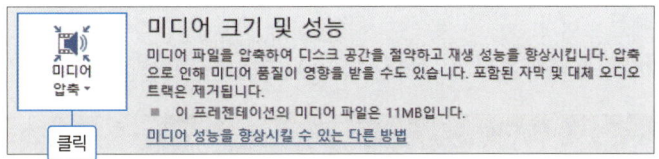

02 비디오 품질을 설정하여 비디오 크기를 결정하고 제시되는 품질 중 하나를 선택합니다.

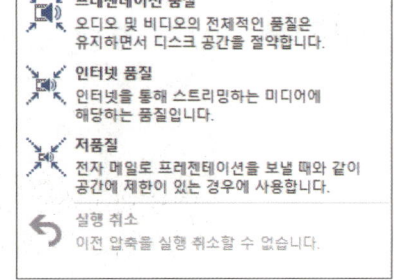

> tip 슬라이드 쇼를 해보고 품질이 너무 떨어진 것 같다면, 압축을 실행 취소할 수 있습니다.

03 '미디어 압축' 대화상자가 표시되면 압축이 완료되기를 잠시 기다리고, 완료되면 〈닫기〉 버튼을 클릭합니다.

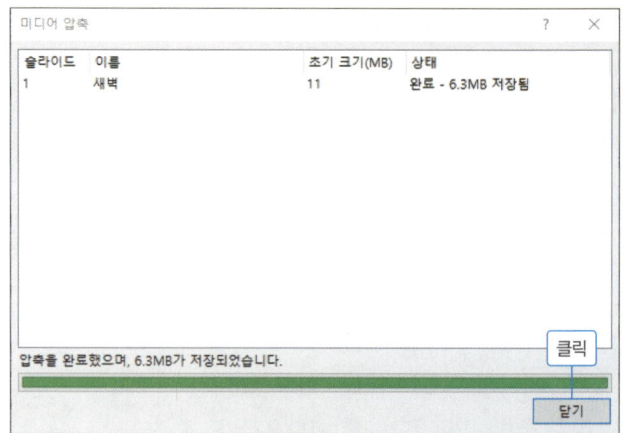

04 처음의 미디어 파일 크기보다 압축된 미디어 파일 크기를 확인할 수 있습니다.

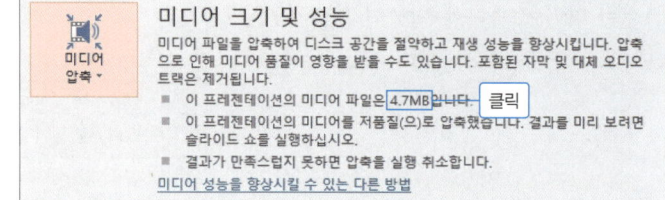

5 비디오에 텍스트 오버레이하기

동영상 위에 도형이나 텍스트를 오버레이할 수 있습니다. 개체 간의 순서가 비디오 파일에도 적용되기 때문입니다.

이 기능을 활용하면 동영상 파일을 프레젠테이션 문서의 배경으로 사용하도록 설정할 수 있습니다.

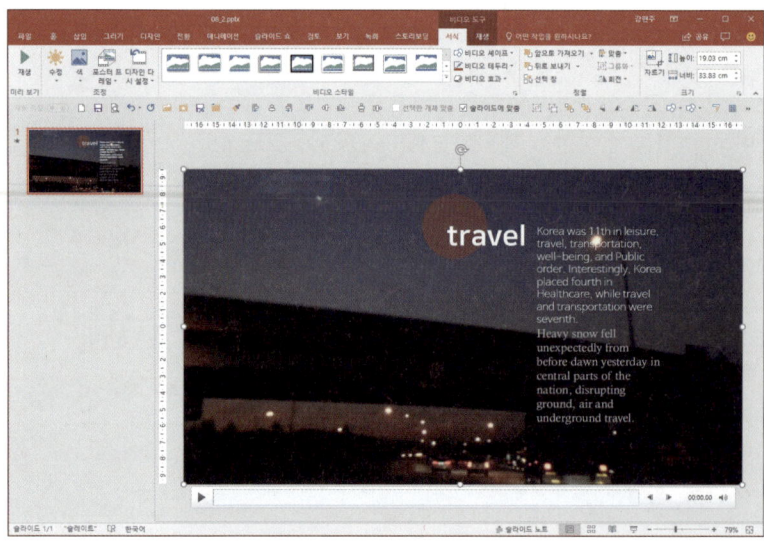

1 배경으로 동영상을 사용할 때 주의할 점

① 배경 동영상이 자동으로 시작되도록 설정하고, 슬라이드 쇼 진행 중 동영상이 멈추지 않도록 '반복 재생 항목'에 체크 표시합니다.

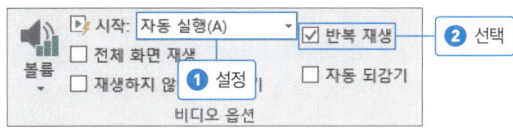

② 슬라이드 이동

파워포인트에 삽입된 동영상은 자동으로 트리거 기능이 있어 재생 중 동영상을 클릭하면 정지되고, 다시 클릭하면 재생됩니다. 동영상을 배경으로 설정한 상태라면 다음 슬라이드로 넘어가기 위해서 배경 부분을 클릭하면 동영상만 멈추고 다음 슬라이드로 이동하지 않습니다. 실행 아이콘이 없는 상태에서 다음 슬라이드로 넘어가려면 화면 아래 〈다음 슬라이드〉 버튼을 이용합니다.

키보드를 이용해서 슬라이드를 이동한다면, Page up, Page Down, 또는 방향키를 이용합니다.

③ 미디어 컨트롤 표시

슬라이드 쇼 상태에서 삽입된 비디오가 재생될 때, 비디오 위로 마우스를 위치시키면 비디오를 제어할 수 있는 미디어 컨트롤 도구가 표시됩니다.

배경으로 비디오가 사용되고 있다면, 미디어 컨트롤 표시를 하지 않는 것이 좋습니다.
[슬라이드 쇼] 탭 → [설정] 그룹 → [미디어 컨트롤 표시]에 체크 표시를 해제합니다.

SECTION 09 배경 음악과 효과음 삽입하기

실제 프레젠테이션을 배경 음악이 있는 상태로 진행하지는 않지만 발표자 없이 자동 실행되는 프레젠테이션인 경우 특별히 음악을 삽입하면 효과적인 경우가 있습니다. 이번에는 배경 음악이나 효과음을 넣어서 보다 멋진 프레젠테이션 문서를 만들 수 있도록 준비된 음악 파일을 이용하거나 사용자가 직접 소리를 녹음해서 추가하는 방법을 알아보겠습니다.

1 슬라이드에 오디오를 삽입하고 재생하기

슬라이드에 오디오를 삽입하는 방법과 재생 옵션을 설정하는 방법을 알아보겠습니다.

01 [파일] 탭 → [새로 만들기]를 클릭하고, 주요 서식 파일 중 'PowerPoint 시작'을 선택합니다.

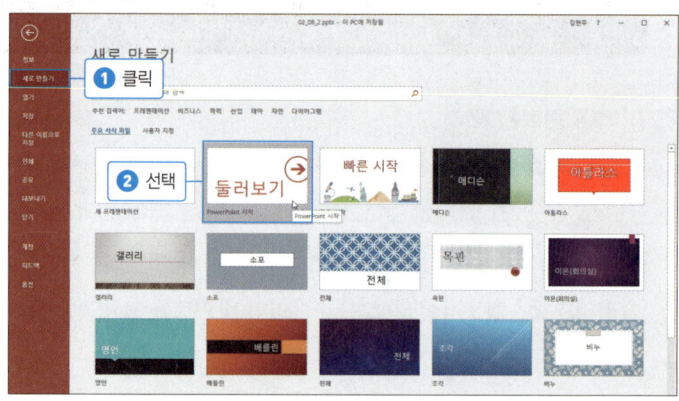

02 'PowerPoint 시작' 슬라이드 형태를 확인하고 사용하기 위해 〈만들기〉 버튼을 클릭합니다.

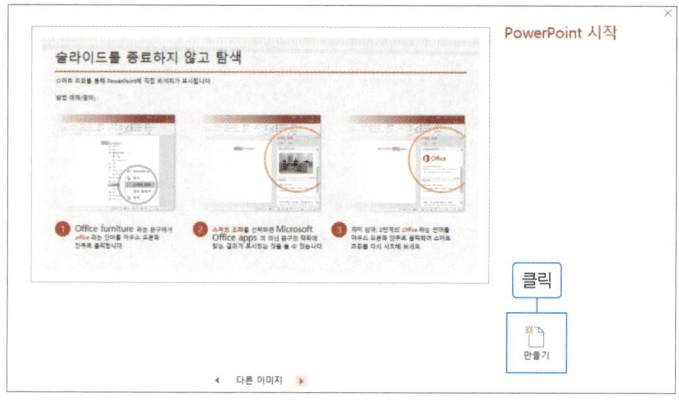

SECTION 09 배경 음악과 효과음 삽입하기

03 [삽입] 탭 → [미디어] 그룹 → [오디오]를 클릭하고 **내 PC의 오디오**를 실행합니다. 파일 탐색기에서 사용할 음악 파일을 찾은 다음 〈삽입〉 버튼을 클릭합니다.

> tip 파워포인트에서 지원되는 오디오파일 형식은 '.aiff', '.au', '.mid(.midi)', '.mp3', '.wav', '.wma', '.m4a', '.mp4' 등 입니다.

04 오디오 개체 아이콘 및 컨트롤이 슬라이드에 나타납니다.
기본 보기 상태에서 미리 재생하려면 [오디오 도구 재생] 탭 → [미리 보기] 그룹 → [재생]을 클릭합니다. 또는 삽입된 오디오 개체 아래쪽에 있는 재생 버튼을 클릭해도 됩니다.
만일 삽입된 오디오를 삭제하려면 삽입된 '오디오 개체'의 아이콘을 선택한 다음 Delete 키를 누릅니다.

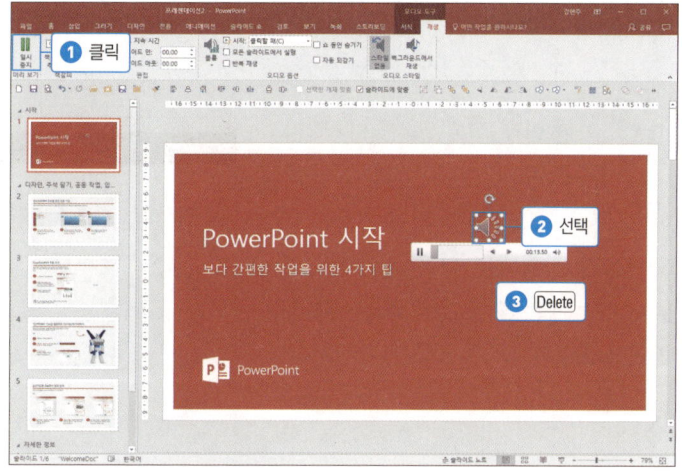

2 전체 슬라이드에 오디오 재생하기

01 쇼 진행 상태에서 오디오가 제대로 재생되는지 확인하기 위해, 화면 아래의 상태 표시줄에서 '읽기용 보기' 아이콘(📖)을 클릭합니다.
'오디오 개체' 아이콘을 클릭하면 소리 파일이 재생되는 것을 확인할 수 있습니다. 그러나 다른 슬라이드로 넘어가면 음악이 끊깁니다. Esc 키를 눌러 기본 보기 상태로 전환합니다.

02 삽입된 오디오 개체 아이콘을 선택한 다음 [오디오 도구 재생] 탭 → [오디오 스타일] 탭 → [백그라운드에서 재생]을 클릭합니다.

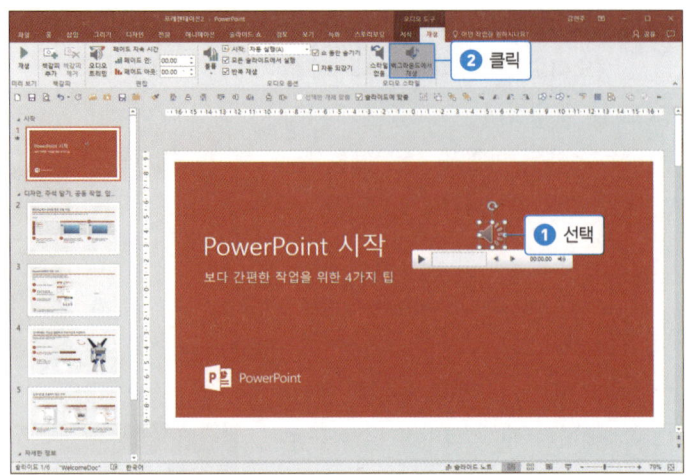

03 화면 아래 상태 표시줄에서 '읽기용 보기' 아이콘(📖)을 클릭하고, 슬라이드가 표시되면 자동으로 오디오가 실행되고 다음 슬라이드로 넘어가도 계속 오디오가 나오는 것을 확인합니다.

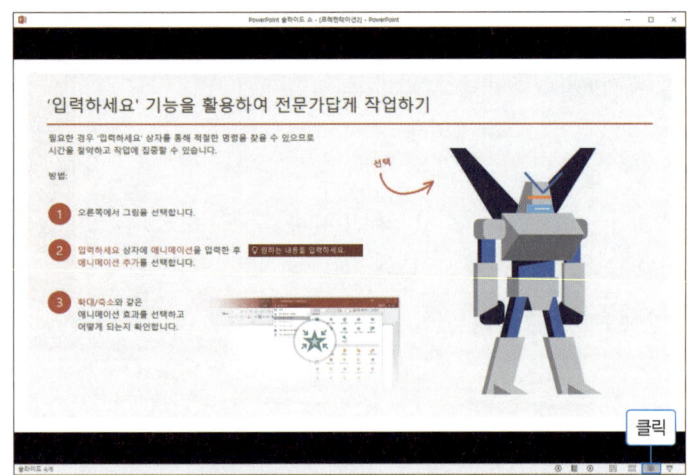

3 재생에 관련된 옵션 살펴보기

오디오를 재생에 관한 설정은 [오디오 도구 재생] 탭 → [오디오 스타일] 그룹에서 설정합니다.

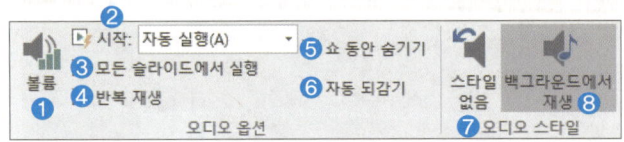

① **볼륨** : 슬라이드 쇼 진행시 볼륨(낮음, 중간, 높음, 음소거)을 조정할 수 있습니다.
　슬라이드 쇼 진행시 재생 컨트롤 막대의 볼륨 슬라이더를 사용하여 볼륨을 설정할 수도 있습니다.

② **시작**
　• 자동 실행 : 슬라이드가 표시될 때 소리가 자동으로 시작됩니다.
　• 클릭할 때 : 슬라이드의 오디오 개체 아이콘을 클릭할 때 소리가 시작됩니다.

> **tip 여러 개의 소리가 겹쳐서 추가된 경우**
> 자동 실행으로 시작이 설정되어 있다면 각 소리가 추가된 순서대로 재생됩니다.
> 각 소리를 클릭할 때 시작하려면 소리를 삽입한 후 각 소리 아이콘을 끌어 옮겨 서로 겹치지 않게 합니다. 겹쳐져 있으면 원하는 개체를 클릭하기 어렵습니다.

③ **쇼 동안 숨기기** : 슬라이드 쇼 보기 상태에서 '오디오 개체' 아이콘을 숨깁니다. 오디오 클립이 자동으로 재생되도록 설정한 경우나 재생하려고 할 때 클릭할 다른 종류의 컨트롤을 만든 경우에만 이 옵션을 사용합니다.

기본 보기 상태에서는 개체를 선택할 수 있어야 하기 때문에 '소리 개체' 아이콘을 슬라이드 밖으로 배치하지 않는 한 항상 표시됩니다.

④ **모든 슬라이드에서 실행** : 모든 슬라이드에서 오디오를 재생합니다.

⑤ **반복 재생** : 마우스를 클릭하여 중지할 때까지 소리를 반복 재생합니다.

⑥ **자동 되감기** : 오디오를 되감도록 설정하면 재생이 한 번 끝난 후 자동으로 첫 번째 프레임으로 돌아가서 중지합니다.

⑦ **스타일 없음** : 오디오 개체의 재생 옵션을 다시 설정합니다.

⑧ **백그라운드에서 재생** : 오디오가 슬라이드 전체에 걸쳐 반복 재생되도록 옵션을 설정합니다.
- 시작 : 자동 실행
- 쇼 동안 숨기기
- 모든 슬라이드에서 실행
- 반복 재생 항목 설정

4 오디오 트리밍으로 원하는 부분만 사용하고, 책갈피로 빨리 찾기

준비된 오디오 전체를 사용하는 것이 아니고, 일부만 사용하려면 오디오 트리밍 기능을 사용할 수 있습니다. 오디오 트리밍 기능과 원하는 위치를 빨리 찾을 수 있는 책갈피 기능을 알아보겠습니다.

01 슬라이드의 오디오 개체 아이콘을 선택하고, [오디오 도구 재생] 탭 → [편집] 그룹 → [오디오 트리밍]을 클릭합니다.

02 '오디오 맞추기' 대화상자가 표시되면, 시작 지점을 오디오를 시작할 위치로 드래그하고, 종료 지점을 오디오를 끝낼 위치로 드래그합니다. 세밀하게 위치를 설정하려면 〈이전 프레임〉, 〈다음 프레임〉 버튼을 이용해서 움직입니다. 설정이 끝나면 〈확인〉 버튼을 클릭합니다.

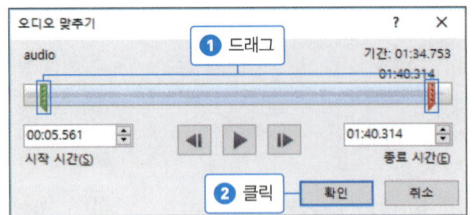

03 만일 오디오의 처음 부분과 끝 부분이 몇 초간 서서히 커졌다가 서서히 작아지는 페이드 효과와 함께 재생하고 싶다면 **[오디오 도구 재생]** 탭 → **[편집]** 그룹 → **[페이드 지속 시간]**을 설정합니다.

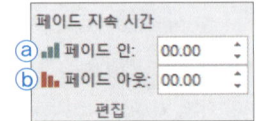

ⓐ 페이드 인 : 오디오 시작 부분에 페이드 효과를 만듭니다.
ⓑ 페이드 아웃 : 오디오 종료 부분에 페이드 효과를 만듭니다.

04 책갈피를 사용하면 오디오 클립의 특정 지점을 빠르게 검색할 수 있습니다. 오디오를 클릭하면 표시되는 오디오 컨트롤에서 재생 버튼을 이용해서 책갈피를 설정하려는 지점을 찾습니다. 찾았다면 **[오디오 도구 재생]** 탭 → **[책갈피]** 그룹 → **[책갈피 추가]**를 클릭합니다. 책갈피가 설정되면 노란 점으로 표시됩니다.
같은 방법으로 여러 개의 책갈피를 설정할 수 있습니다.

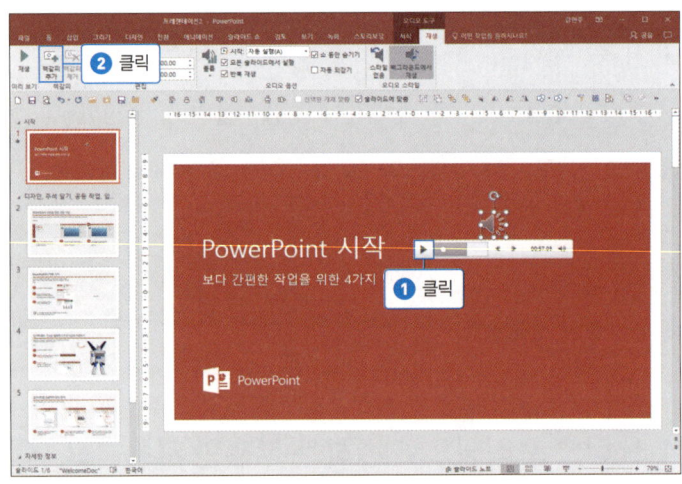

05 책갈피를 제거하려면 제거할 책갈피를 찾아 클릭하고 **[오디오 도구 재생]** 탭 → **[책갈피]** 그룹 → **[책갈피 제거]**를 클릭합니다.

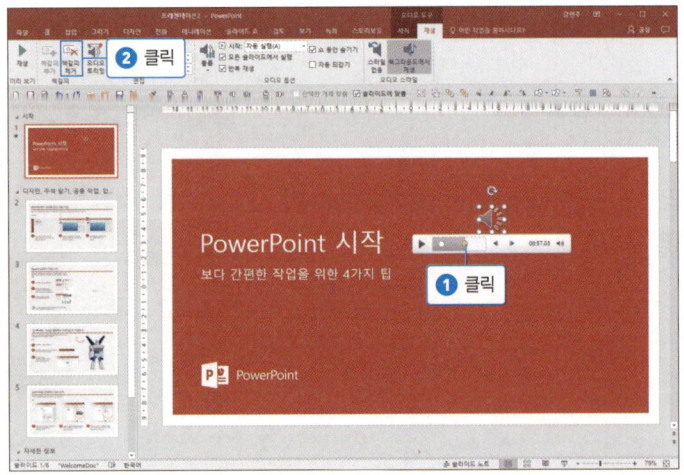

5 슬라이드에 오디오 녹음해서 삽입하기

[오디오 녹음] 명령은 소리를 슬라이드에 직접 녹음해서 삽입하는 기능입니다. 슬라이드에 필요한 설명이나 내용을 녹음해서 사용할 수 있습니다. [오디오 녹음] 명령을 사용하려면 컴퓨터에 사운드 카드, 마이크 및 스피커가 장착되어 있어야 합니다. 먼저 [오디오 녹음] 기능을 사용할 수 있는지 컴퓨터를 확인한 다음 작업을 진행합니다.

01 [삽입] 탭 → [미디어] 그룹 → [오디오]를 클릭하고 **오디오 녹음**을 실행합니다.

02 '소리 녹음' 대화상자가 표시됩니다. 녹음을 시작하려면 〈녹음〉 버튼을 클릭합니다.

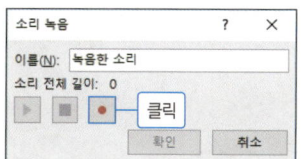

03 녹음을 모두 마치면 〈정지〉 버튼을 클릭합니다.

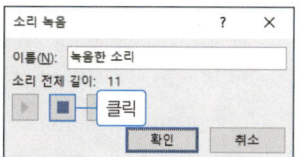

04 〈재생〉 버튼을 클릭해서 녹음된 소리를 확인하고, 사용하려면 이름을 지정한 다음 〈확인〉 버튼을 클릭합니다.

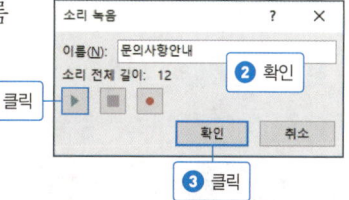

05 녹음된 개체가 삽입된 것을 확인할 수 있습니다.
[오디오 도구 재생] 탭에서 재생에 관한 설정을 할 수 있습니다.

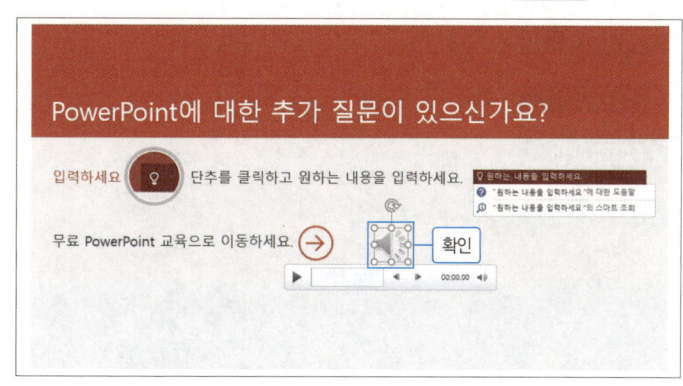

PART 03

SECTION 01 텍스트 자료 활용 방법
SECTION 02 도형 자료 활용 방법
SECTION 03 그림을 관리하고 잘 다루기
SECTION 04 아이콘 활용하기
SECTION 05 SmartArt 그래픽 변형하기
SECTION 06 차트를 쉽고 효과적으로 사용하기
SECTION 07 표를 이용한 슬라이드 꾸미기
SECTION 08 동영상 문제 없이 다루기
SECTION 09 내레이션을 만들어서 사용하기

파워포인트 핵심 스킬, 개체 활용하기

파워포인트의 슬라이드를 구성하는 기본 개체를 충분히 이해했다면 원하는 형태로 슬라이드를 쉽게 만들 수 있도록 기본 개체를 활용하는 방법과 실무에 필요한 팁을 살펴보겠습니다. 이번 기회에 시간을 투자해 익숙하게 다룰 수 있게 되면 앞으로 자유롭게 슬라이드를 구성할 수 있을 것입니다.

SECTION 01
텍스트 자료 활용 방법

인터넷이나 다른 파일에 작성된 많은 양의 텍스트를 파워포인트로 가져와서 SmartArt 그래픽으로 변형해서 사용하거나 글머리 기호로 구분해서 사용하는 경우가 있습니다. 텍스트 자료를 다른 형식으로 변형하기 전에 일단 슬라이드에 적당히 분배하고, 글머리 기호로 구분해서 정리하는 빠른 서식 적용 방법을 알아보겠습니다.

1 자동 맞춤 옵션을 이용해서 슬라이드 분리하기

많은 양의 텍스트 자료를 한꺼번에 파워포인트로 가져올 때, 개체 틀에 지정된 글꼴 크기로 표현할 수 있는 것보다 텍스트 분량이 많거나 줄 간격이 넓게 조정되면, 개체의 글꼴 크기가 자동으로 조절됩니다. 이것은 [자동 맞춤 기능]이 설정되어서 입니다. 많은 양의 텍스트가 개체 틀 안에 모두 포함되도록, 글꼴 크기가 작게 자동으로 조정되는 것입니다. 이 기능을 적용하는 방법과 내용을 다른 슬라이드로 내용을 나누는 방법을 살펴보겠습니다.

{실습 파일} 03\01_1.pptx

01 글머리 기호를 번호로 바꾸기 위해, 본문 개체 틀의 테두리를 클릭해서 전체 텍스트를 선택합니다. [홈] 탭 → [단락] 그룹 → [번호 매기기▼]를 클릭해서 원하는 번호 형태를 선택합니다.

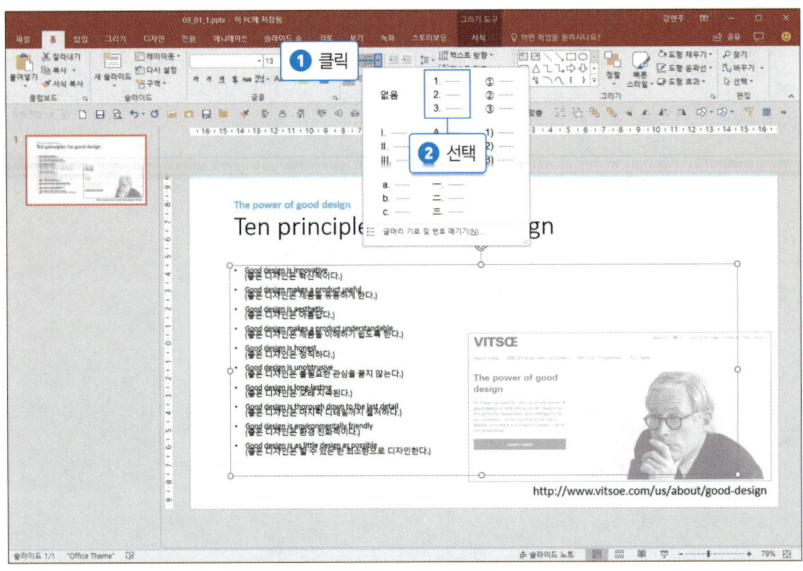

02 텍스트가 입력된 안쪽을 클릭합니다. 개체 틀의 기본 설정 값으로 텍스트를 모두 표시할 수 없는 상태라면 개체 틀에 '자동 맞춤 옵션' 아이콘(⯮)이 표시됩니다.

03 '자동 맞춤 옵션' 아이콘(⯮)을 클릭하면 명령이 펼쳐집니다. '개체 틀에 텍스트 자동 맞춤' 항목이 설정되어 있어 크기가 조정된 것입니다. 만일 글자의 크기를 원래대로 유지하려면 **이 개체 틀에 텍스트 맞춤 중지**를 실행하면 됩니다.

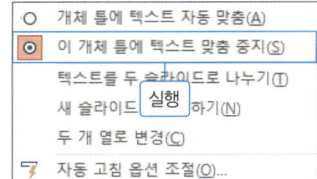

04 슬라이드 한 장으로 처리하기엔 글꼴 크기가 너무 작아 불편하니 개체 틀 크기로 내용을 나누어 새로운 슬라이드를 만들기 위해 '자동 맞춤 옵션' 아이콘(⯮)을 클릭하고 **텍스트를 두 슬라이드로 나누기**를 실행합니다.

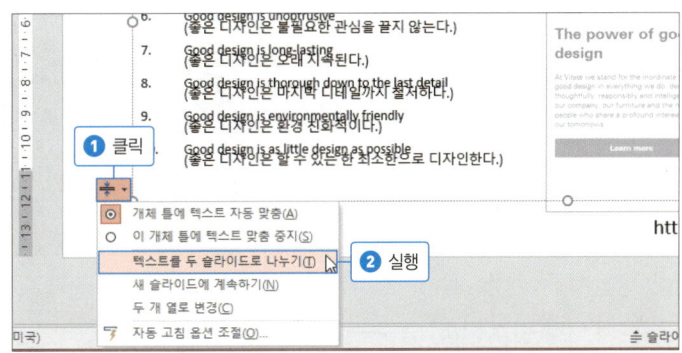

05 새로 나누어진 슬라이드에는 제목이 동일하게 적용되고 텍스트가 나누어져 있습니다. 글머리 번호가 1번부터 다시 매겨져 있으니 시작 번호를 변경하겠습니다.
본문 개체 틀을 선택하고 [**홈**] 탭 → [**단락**] 그룹 → [**번호 매기기▼**]를 클릭한 다음 **글머리 기호 및 번호 매기기**를 실행합니다.

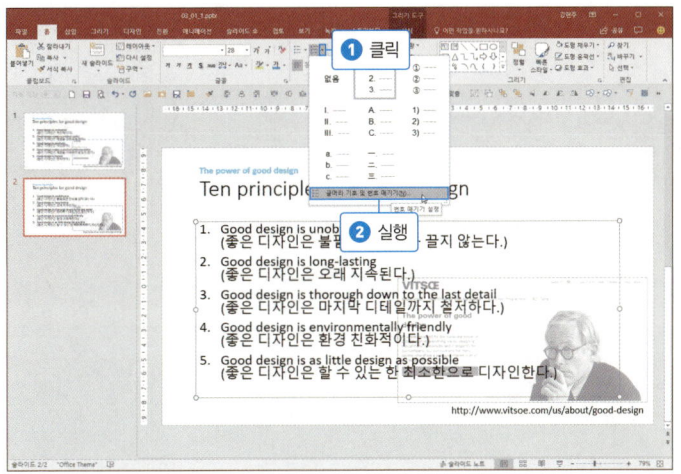

06 '글머리 기호 및 번호 매기기' 대화상자가 표시되면 시작 번호를 '6'으로 설정하고 〈확인〉 버튼을 클릭합니다.

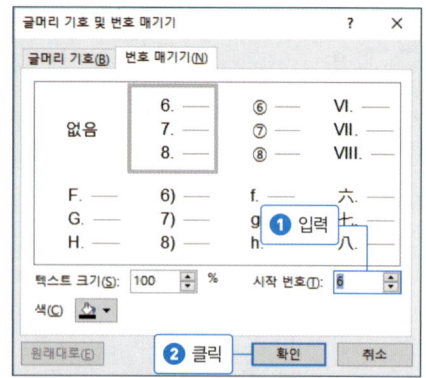

07 슬라이드가 나누어진 후에도 텍스트가 슬라이드 개체 틀의 글꼴 크기와 줄 간격으로 설정되지 않았다면 '자동 맞춤 옵션'이 설정되어 있는 경우입니다. 이 상태에서 다시 슬라이드를 나누거나 글꼴 크기를 조정해서 사용하면 됩니다.

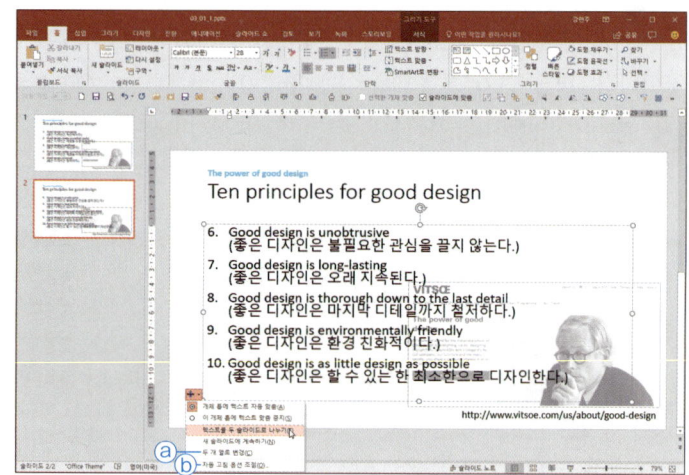

ⓐ 두 개 열로 변경 : [홈] 탭 → [단락] 그룹 → [열 추가 또는 제거]를 클릭하고 2단으로 실행한 것과 동일합니다.

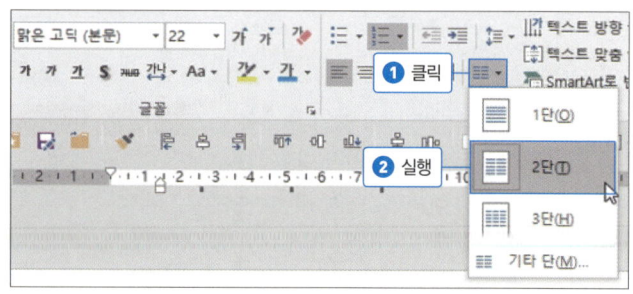

ⓑ **자동 고침 옵션 조절** : '자동 고침' 대화상자가 표시되어 [입력할 때 자동서식] 탭의 '입력할 때 자동으로 서식 설정' 부분을 설정할 수 있습니다.

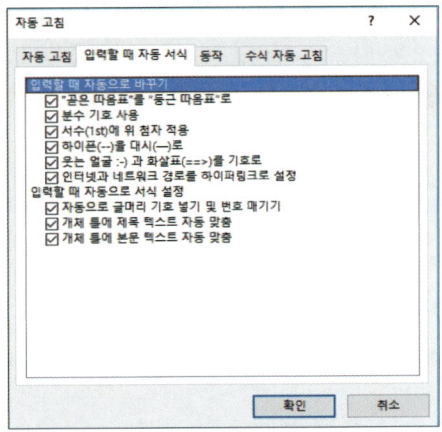

> **tip 자동 맞춤 옵션이 안 보이는 경우**
> [파일] 탭 → [옵션]을 클릭해 'PowerPoint 옵션' 대화상자를 표시하고 [언어 교정] 범주에서 〈자동 교정 옵션〉 버튼을 클릭합니다. '자동 고침' 대화상자에서 [자동 고침] 탭에 있는 '자동 고침 옵션 단추 표시'에 체크 표시합니다.

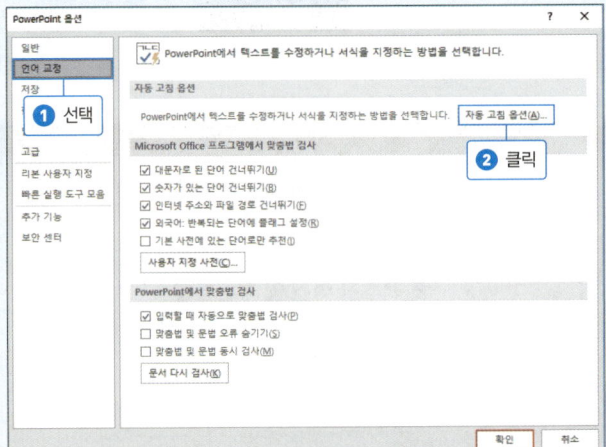
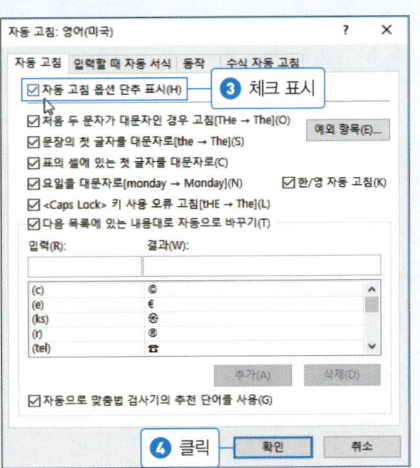

2 다른 파일에 입력된 자료 활용하기

텍스트 자료를 가져와서 슬라이드를 만들 때는 글머리 기호를 사용해 수준별로 구분할 것인지 SmartArt 그래픽을 사용할 것인지 결정해야 합니다. 이 두 방식은 슬라이드를 작성하는 방법에 차이가 있습니다. 만일 글머리 기호를 사용해 슬라이드를 구성하려면 여러 슬라이드에 내용을 나누어서 하나의 슬라이드에 보이는 분량을 조절해야 하고, SmartArt 그래픽을 사용해 슬라이드를 구성하려면 한 슬라이드에 내용을 삽입해 하나의 개체 틀에서 수준별 구분을 해야 합니다. 어떤 방법을 사용하든 슬라이드를 구성하는 데는 문제가 없으니 필요에 따라 알맞은 방법을 선택해 사용하면 됩니다.

{실습 파일} 03\01_2.pptx, 01_2(h).hwp   {완성 파일} 03\01_2결과.pptx

1 다른 프로그램에서 가져온 자료 목록 수준 설정하기

01 다른 프로그램에서 사용할 텍스트 자료를 선택하고 Ctrl+C 를 눌러 내용을 복사합니다.

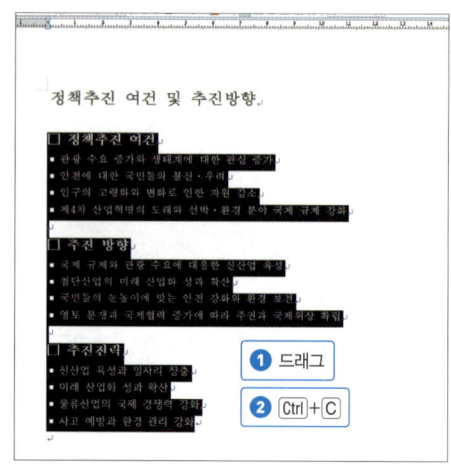

02 파워포인트에서 Ctrl+V 키를 눌러 텍스트를 개체 틀에 붙여 넣습니다. 이 자료도 분량을 개체 틀 기본 설정 값으로 표현하지 못하기 때문에 '자동 맞춤 옵션' 아이콘( )이 표시되고 있습니다.

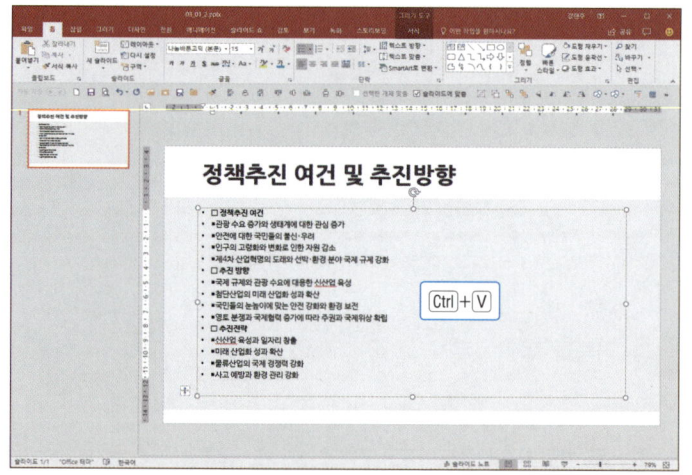

03 다른 프로그램에서 가져온 텍스트는 자료의 목록 수준이 설정된 형식이 파워포인트에서 사용하는 방식과는 달리 직접 기호를 입력하고 글꼴 크기를 조절한 경우가 많습니다. 이 내용을 파워포인트에서 사용하는 방식으로 다시 설정하려면 하위 수준으로 설정할 부분을 드래그해 블록 설정하고 Tab 키를 누릅니다.

SECTION 01 텍스트 자료 활용 방법

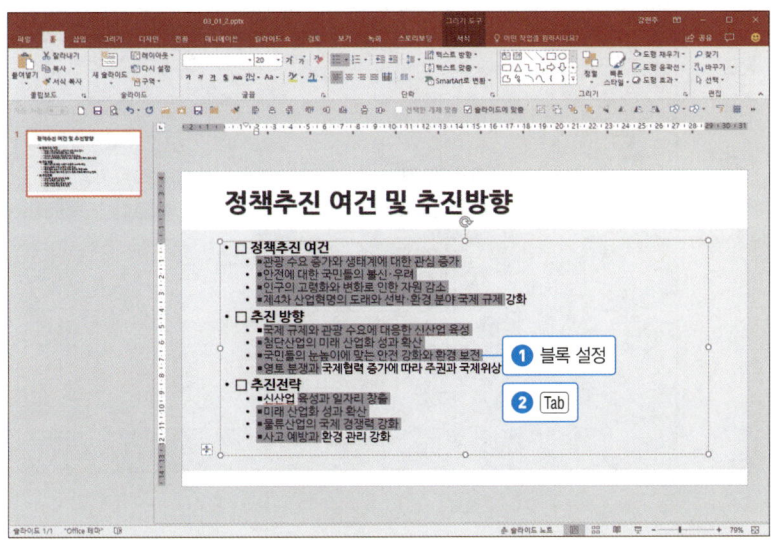

2 불필요한 문자 한 번에 지우기

텍스트를 구분하는 기호를 편리하게 관리하고 일관적으로 변경할 수 있으려면 특수문자가 아닌 글머리 기호를 사용해야 합니다.

그러나 대부분 외부에서 가져온 텍스트는 글머리 기호가 아닌 특수문자로 입력되어 있는 형태가 많습니다. 이 특수문자를 글머리 기호로 바꾸기 위해서는 불필요한 특수문자를 삭제하는 과정이 필요합니다.

불필요한 문자를 한 번에 삭제하는 방법을 알아보겠습니다.

01 [홈] 탭 → [편집] 그룹 → [바꾸기]를 클릭하고 **바꾸기**를 실행합니다.

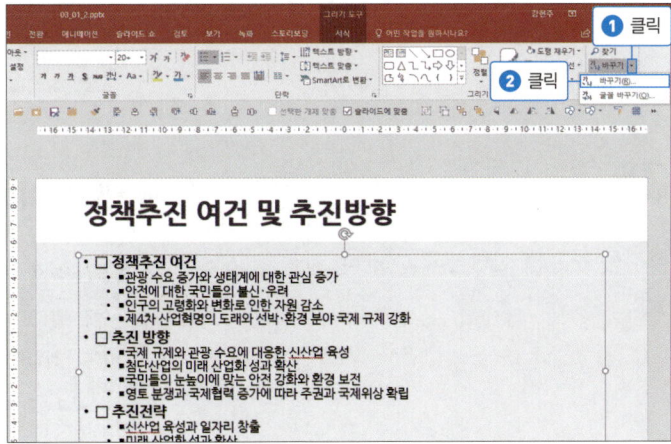

02 '바꾸기' 대화상자가 표시되면 삭제하려는 문자를 선택하고 Ctrl+C 키를 눌러 복사합니다. 이때 기호와 텍스트 사이에 빈칸이 있다면 빈칸까지 전부 선택합니다.

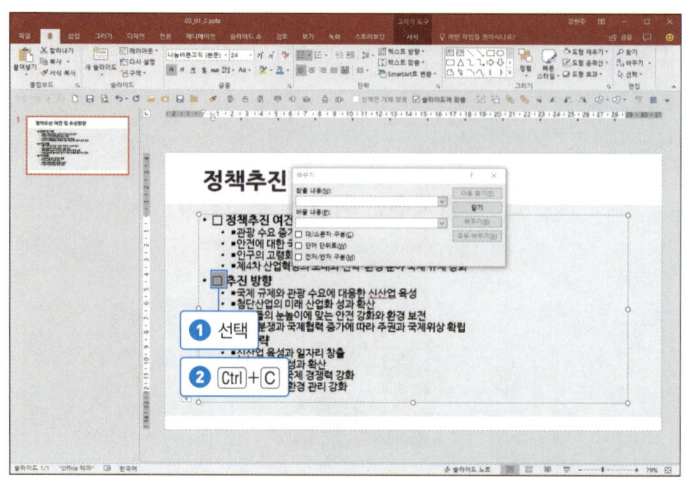

03 '바꾸기' 대화상자에서 Ctrl+V 키를 눌러 찾을 내용에 복사한 내용을 붙여넣습니다. 바꿀 내용을 비워둔 채 〈모두 바꾸기〉 버튼을 클릭합니다.

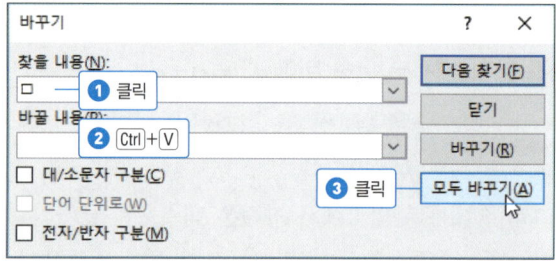

04 글자가 바뀌었다는 대화상자가 나타나면 〈확인〉 버튼을 클릭합니다.

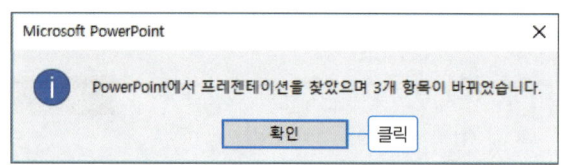

05 '바꾸기' 대화상자를 그대로 열어둔 상태로, 두 번째로 삭제하려는 문자를 선택하고 Ctrl+C 키를 눌러 복사합니다.

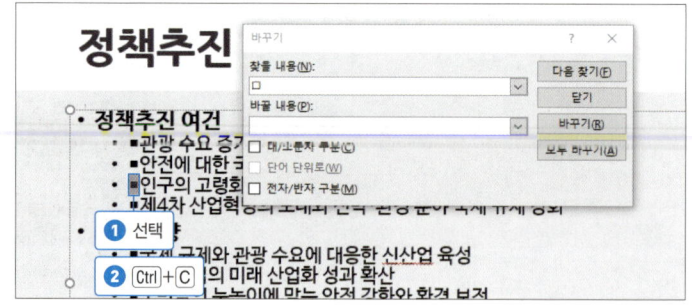

06 '바꾸기' 대화상자에서 다시 Ctrl+V 키를 눌러 찾을 내용에 복사한 내용을 붙여넣습니다. 바꿀 내용을 비워둔 채 〈모두 바꾸기〉 버튼을 클릭하고 글자가 모두 바뀌었다는 대화상자가 표시되면 〈확인〉 버튼을 클릭합니다.
이제 불필요한 특수문자가 전부 삭제되었습니다.
'바꾸기' 대화상자도 〈닫기〉 버튼을 클릭하여 닫습니다.

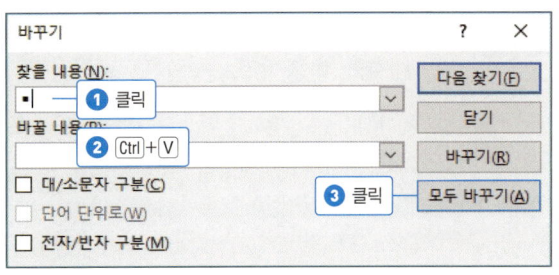

3 붙여넣은 텍스트를 원하는 분량만큼 여러 슬라이드에 나누기

'자동 맞춤 옵션' 아이콘을 클릭해 텍스트를 두 슬라이드로 나누기를 실행하면 내용을 동등하게 두 장의 슬라이드에 나누기 때문에 한 슬라이드에 입력할 분량을 조절할 수 없습니다. 가져온 자료의 분량을 조절하며 여러 슬라이드에 나누는 방법에 대해 알아보겠습니다.

01 '자동 맞춤 옵션' 아이콘을 클릭해 **새 슬라이드에 계속하기**를 실행해 새 슬라이드를 추가합니다. 새 슬라이드의 제목은 이전 슬라이드의 제목이 적용됩니다.

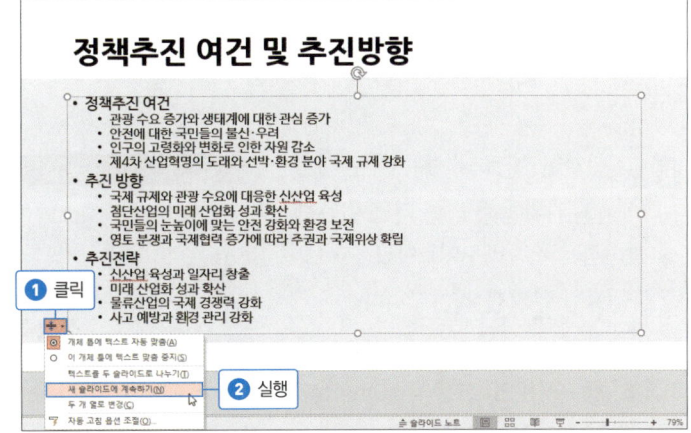

02 이전 슬라이드에서 다음 슬라이드로 이동하려는 부분을 선택하고, Ctrl+X 키를 눌러 잘라냅니다.

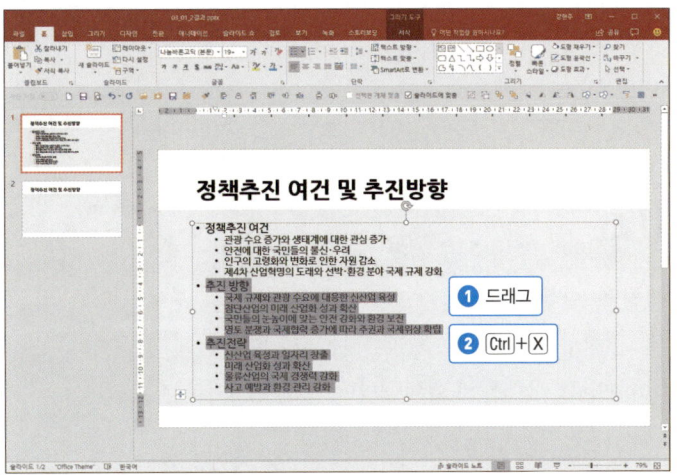

03 Ctrl+V 키를 눌러 복사한 내용을 새롭게 만들어진 슬라이드에 붙여넣습니다.
만일 슬라이드를 더 나누어야 한다면 같은 방법으로 분리합니다.

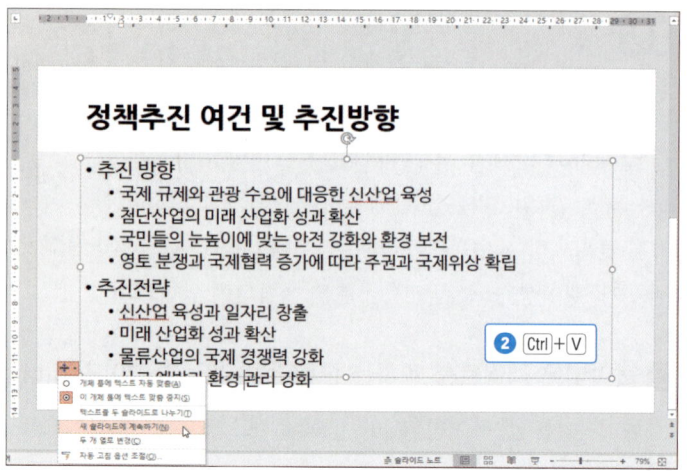

4 복사해온 텍스트를 SmartArt 그래픽을 이용해서 표현하기

SmartArt 그래픽을 이용하면 텍스트 자료를 쉽게 이미지 형태로 표현할 수 있습니다. 하지만 자료가 여러 슬라이드에 나누어 입력되어 있거나 여러 개체 틀에 나누어져 있는 경우 하나의 SmartArt 그래픽으로 변형할 수 없습니다.

01 복사한 자료의 수준별 단계를 Tab 키와 Shift+Tab 키를 이용해서 정리한 다음 [바꾸기] 명령을 이용해 불필요한 문자를 제거합니다.
텍스트 개체 틀을 클릭해 커서를 만들고 [홈] 탭 → [문단] 그룹 → [SmartArt로 변환]을 클릭해 원하는 레이아웃을 선택합니다.

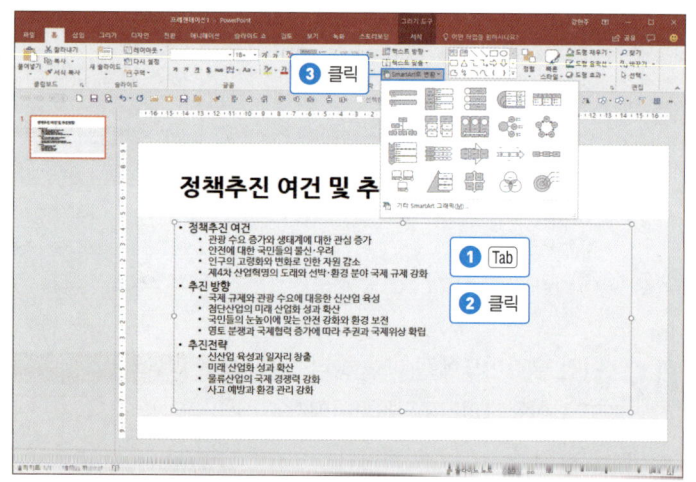

02 제시되는 형태 이외의 것을 사용하고 싶다면 **기타 SmartArt 그래픽**을 실행해 'SmartArt 그래픽 선택' 대화상자가 표시하고 원하는 종류의 SmartArt 그래픽을 선택합니다.

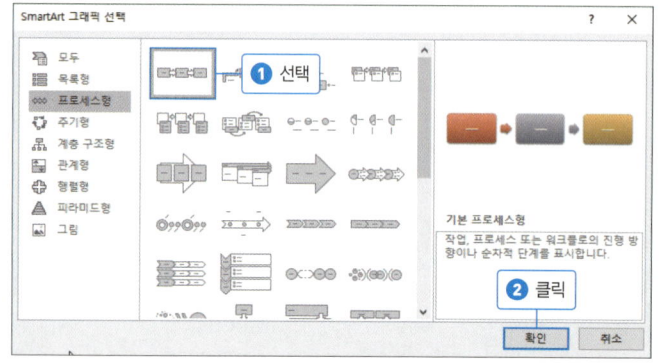

SECTION 01 텍스트 자료 활용 방법

03 내용이 SmartArt 그래픽으로 변형되면 [SmartArt 도구 디자인] 탭 → [SmartArt 스타일] 그룹 → [색 변경]으로 색을 변경하거나, 빠른 스타일을 설정합니다.

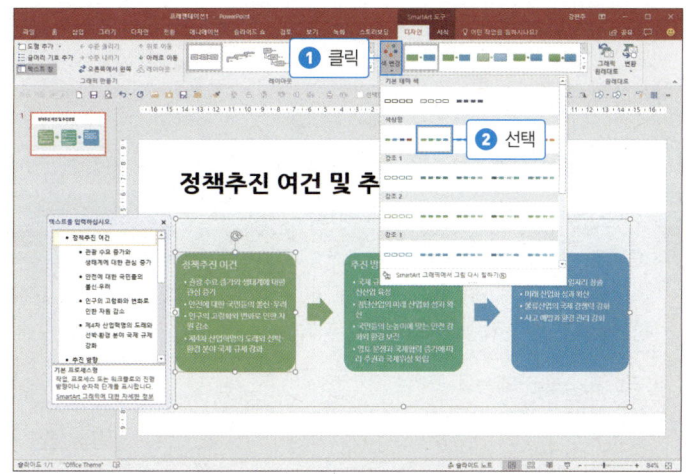

04 만일 처음에 선택한 레이아웃이 마음에 들지 않는다면 [SmartArt 도구 디자인] 탭 → [레이아웃]에서 다른 형태로 변경할 수 있습니다.

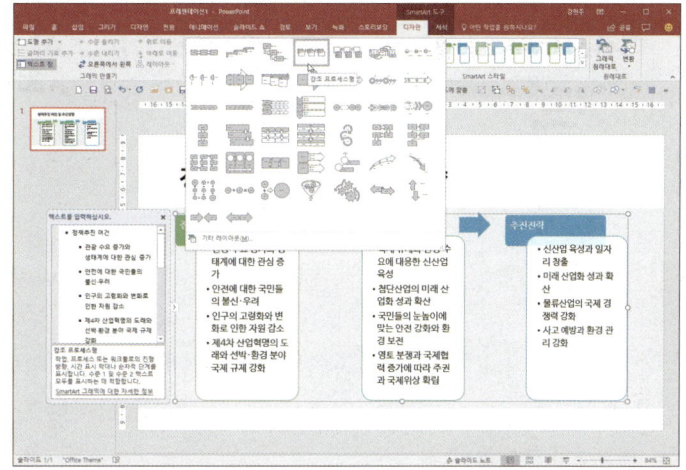

3 슬라이드에서 자주 사용하는 텍스트 형태를 기본 텍스트 상자로 설정하기

{실습 파일} 03\01_3.pptx

슬라이드에서 사용되는 텍스트 개체는 크게 두 가지 종류가 있습니다.

슬라이드의 정해진 위치에 입력하는 형태	슬라이드의 임의의 위치에 입력하는 형태
제목, 부제목, 내용, 슬라이드 번호 등의 슬라이드 마스터에서 설정된 개체 틀에 입력된 텍스트	슬라이드에서 직접 삽입한 텍스트 상자나 도형에 삽입된 텍스트
슬라이드 마스터에서 관리	개별적인 작업
일괄적인 서식이나 위치 변경 가능	일괄적인 서식이나 위치 변경 불가능 (단 프레젠테이션 문서에서 사용된 전체 글꼴은 일괄 변경 가능)

 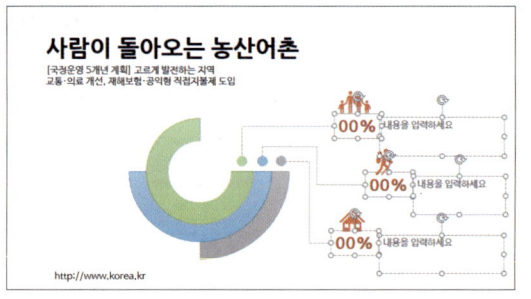

일괄적인 수정이나 서식 작업을 위해서는 슬라이드 마스터에서 개체 틀을 만들고 슬라이드에서 그것을 활용해 입력하는 것이 편리합니다. 하지만 실제로 슬라이드 작성을 하다 보면 틀에 얽매여 작업할 수 없는 경우가 대부분입니다.

이 문제를 해결할 가장 간단한 방법은 공통된 부분을 슬라이드 마스터에서 설정한 다음 자주 사용하는 서식을 미리 설정해 두고 그 서식을 이용해 나머지 개체를 입력하는 방식입니다.

01 자주 사용하는 텍스트 글꼴이나 크기가 있다면 원하는 형태로 텍스트를 입력합니다.

만들어진 텍스트 위에서 마우스 오른쪽 버튼을 클릭하고 **기본 텍스트 상자로 설정**을 실행합니다.

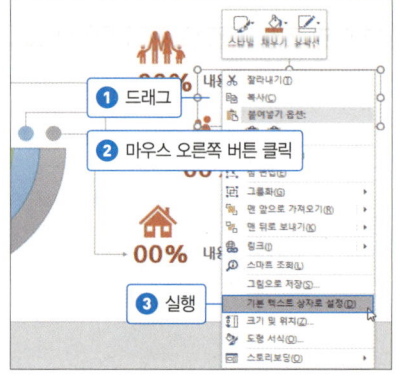

SECTION 01 텍스트 자료 활용 방법

02 선택한 텍스트를 기본 텍스트 상자로 설정하면 그 이후로 삽입되는 텍스트 개체 틀은 기본 서식이 설정되어 있어 따로 서식을 설정하지 않아도 됩니다.

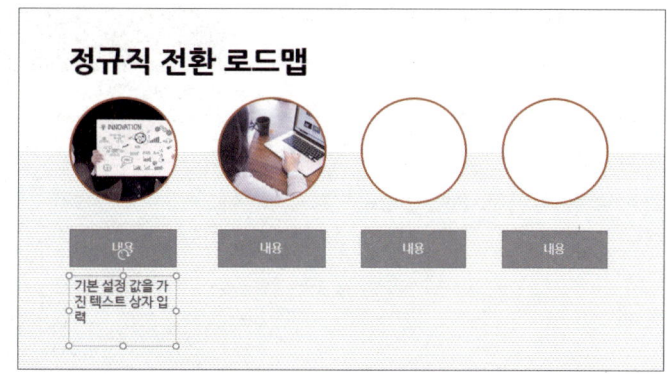

4 개요 보기를 활용하는 방법

프레젠테이션 보기 상태 중 슬라이드에 작성된 텍스트만 표시되는 개요 보기 상태를 선택하면 슬라이드 마스터에서 설정한 제목과 내용 개체 틀에 입력된 텍스트를 한눈에 확인할 수 있습니다. 이 보기 방식을 활용하면 텍스트 입력을 빠르게 할 수 있고 제목이나 내용을 한 번에 복사할 수 있습니다.

{ 실습 파일 } 03\01_4.pptx, 01_4(t).txt, 01_5.pptx

1 입력에 활용하기

01 Ctrl+C 키를 눌러 다른 프로그램이나 파일에 있는 텍스트를 복사합니다.

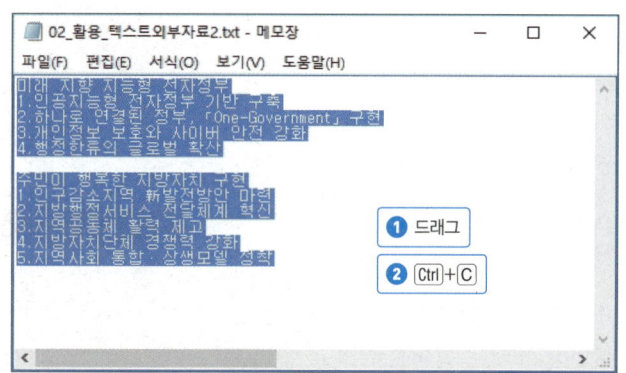

02 [보기] 탭 → [프레젠테이션 보기] 그룹 → [개요 보기]를 클릭합니다.

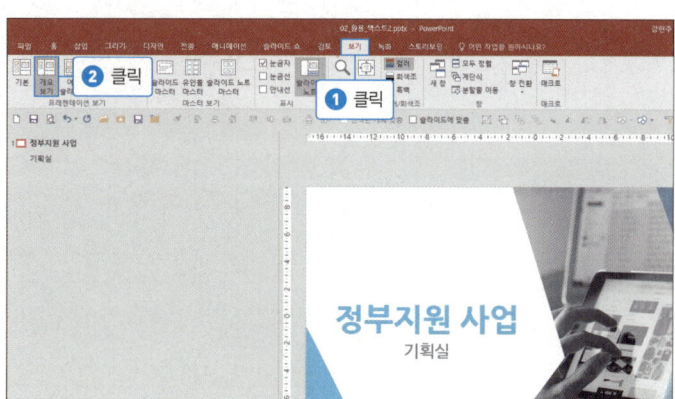

03 개요 창에 입력된 마지막 텍스트 뒤에 커서를 만들고 Enter 키를 누릅니다. Enter 키를 누르는 곳의 수준과 동일한 수준으로 커서가 만들어지는 것을 확인할 수 있습니다.

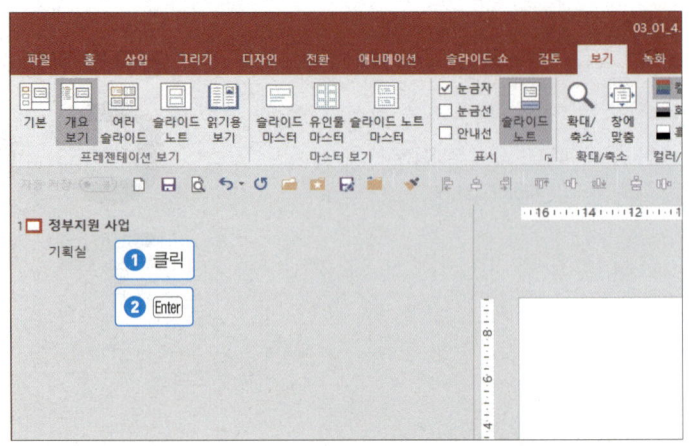

04 Ctrl+V 키를 눌러 복사해둔 내용을 붙여넣습니다.
다음 페이지인지, 현재 페이지와 동일한 수준인지 Tab 키와 Shift+Tab 키를 이용해서 설정합니다. 예제의 경우 다음 페이지로 나누기 위해 '미래 지향 지능형 전자정부'와 '주민이 행복한 지방자치 구현'에 커서를 두고 Shift+Tab 키를 한 번씩 누릅니다.

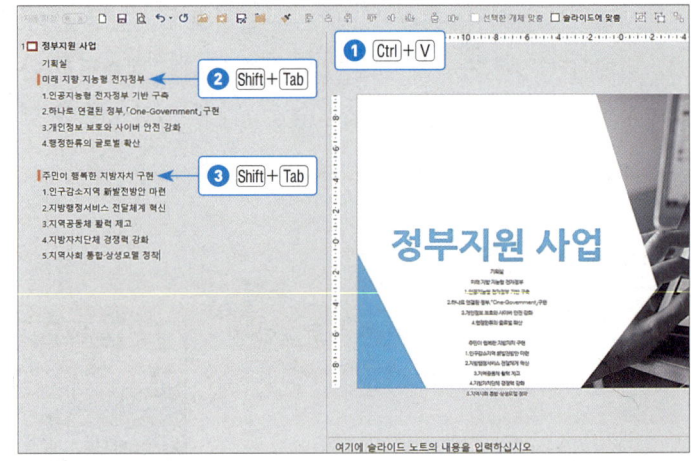

05 내용이 빠르게 입력된 것을 확인할 수 있습니다. 이렇게 개요 보기 상태를 이용하면, 개요를 붙여넣어 전체 슬라이드를 빠르게 만들 수 있습니다.

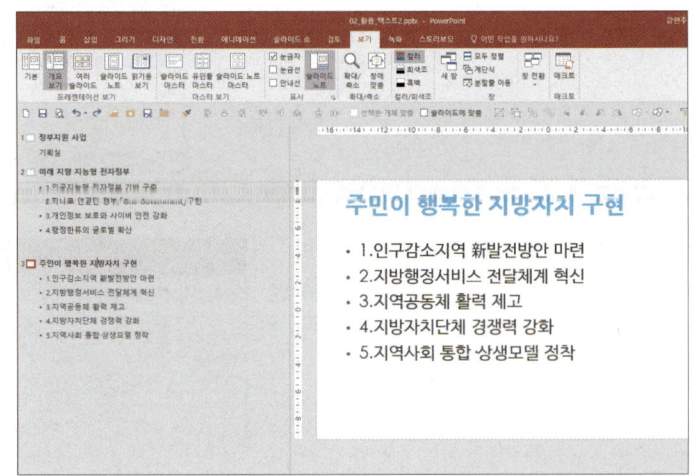

SECTION 01 텍스트 자료 활용 방법

2 목차 만들기

개요 보기 상태를 입력에 활용할 수도 있지만, 만들어진 슬라이드에서 제목만 뽑아낼 수도 있습니다.
파워포인트 2016에서는 [확대/축소] 명령을 활용해서 목차를 만들고 이전 버전 사용자나 텍스트로 목차를 만들고 싶다면 이 방법을 사용하면 됩니다.

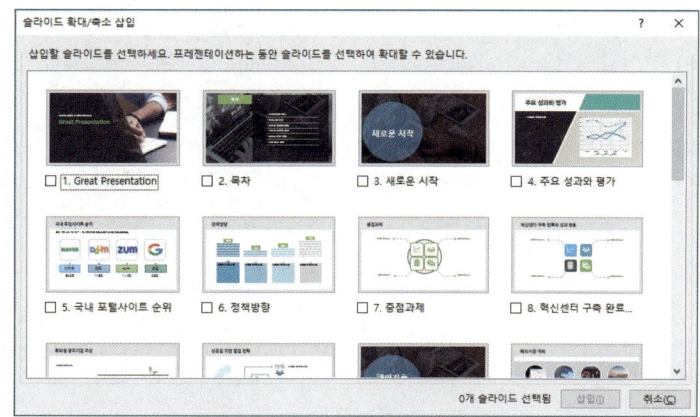

> tip 개요 보기 상태에서 보이는 텍스트는 슬라이드 마스터에서 설정한 제목과 내용 개체 틀에 입력된 텍스트만 표시됩니다.

01 [보기] 탭 → [프레젠테이션 보기] 그룹 → [개요 보기]를 클릭합니다.

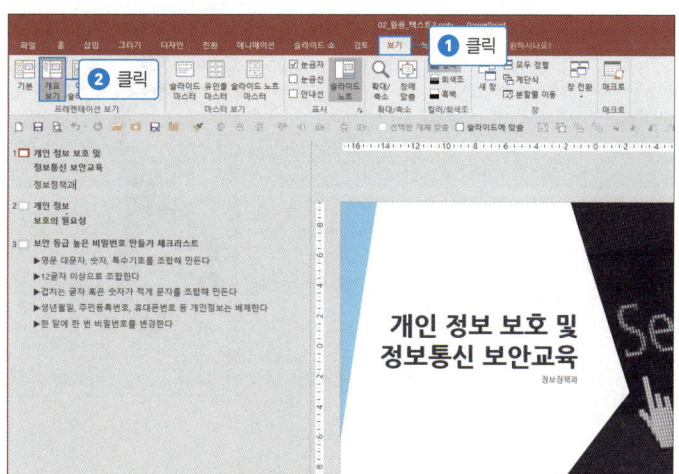

02 개요창의 내용 중 제목만 표시하려면 마우스 오른쪽 버튼을 클릭하고 **축소 → 모두 축소**를 실행합니다.

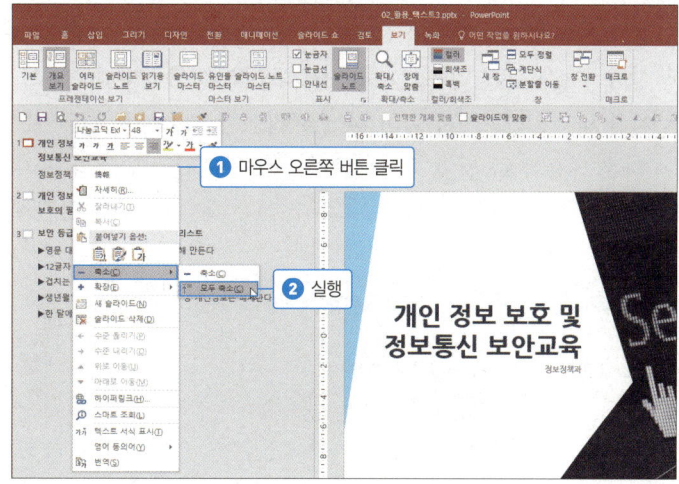

03 제목만 표시되면 드래그하여 선택한 다음 Ctrl+C 키를 눌러 복사합니다.

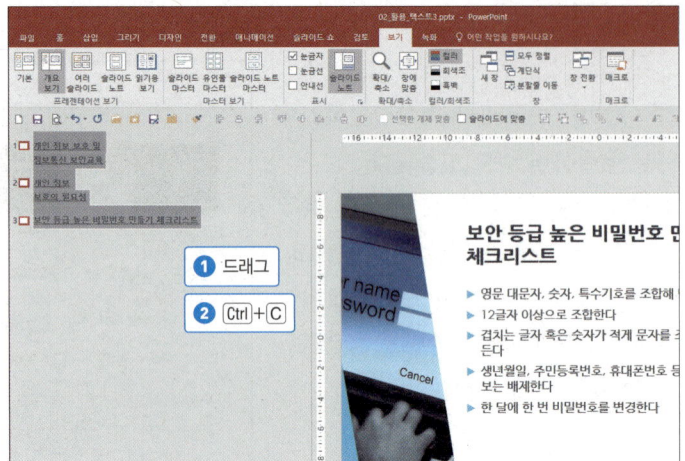

04 새로운 슬라이드를 추가하고, Ctrl+V 키를 눌러 붙여넣습니다. 입력된 내용을 SmartArt 그래픽으로 변형하거나 텍스트로 서식 작업을 해서 목차로 사용하면 됩니다.

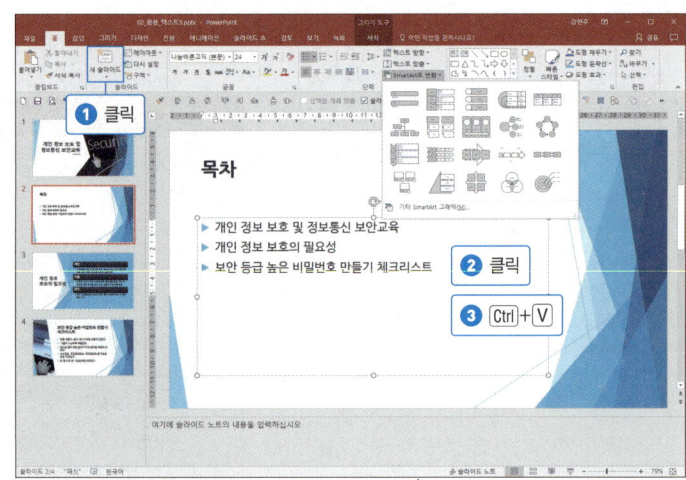

5 WordArt로 작성한 텍스트를 한글 파일에서 활용하기

한글 프로그램에도 '글맵시' 기능이 있어서 텍스트를 꾸미고 제목으로 활용할 수 있지만 파워포인트에서 작성하는 것이 좀 더 다양한 효과를 적용할 수 있습니다.

하지만 파워포인트에서 WordArt로 작성한 텍스트를 한글 프로그램에 복사하면 여백이 많이 남기 때문에 다른 내용과 줄 간격이 어색하지 않으려면 한글에서 다시 자르기 기능으로 여백을 정리해야 합니다.

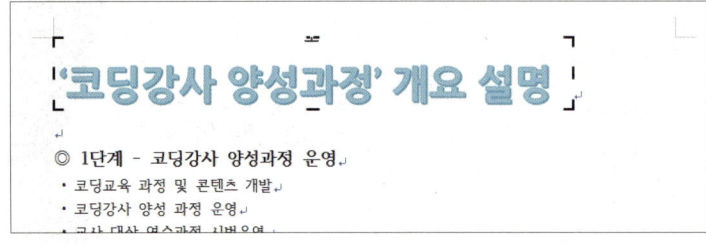

파워포인트에서 작성한 WordArt를 한글 프로그램에서 사용하기 위해 여백이 남지 않도록 텍스트를 작성하는 방법을 알아보겠습니다.

01 빈 문서에 텍스트를 입력합니다. 여백을 없애려면 WordArt로 작성한 텍스트를 선택하고 **[그리기 도구 서식] 탭 → [WordArt 스타일] 그룹 → [텍스트 효과] → [변환]**에서 **사각형**을 선택합니다.

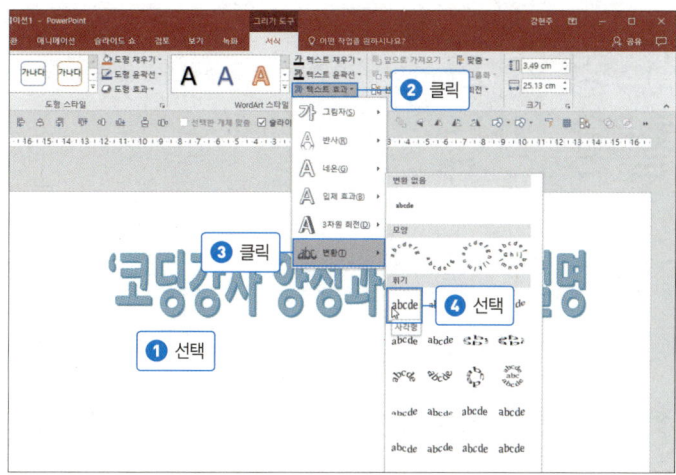

02 파워포인트에서 WordArt에 변환이 적용되면 글꼴 크기나 장평이 크기 조절점으로 조절됩니다. 그리고 개체 틀의 빈 여백도 없습니다. 변환이 완료되면 Ctrl+C 키를 눌러 복사합니다.

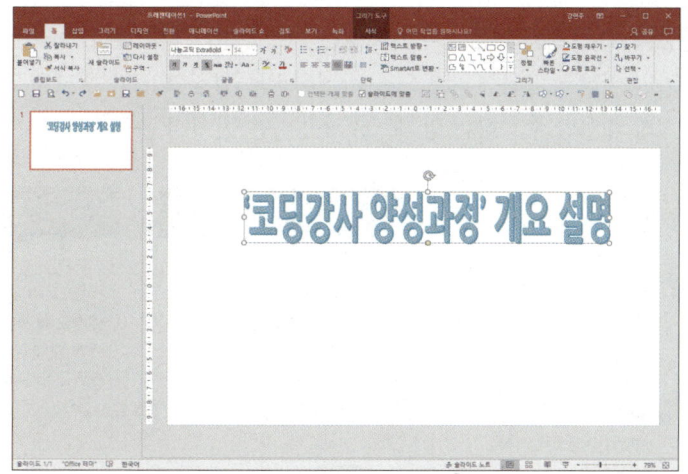

03 Ctrl+V 키를 눌러 한글 파일에 복사한 내용을 붙여넣습니다. 여백이 없기 때문에 추가적인 작업이 필요하지 않습니다.

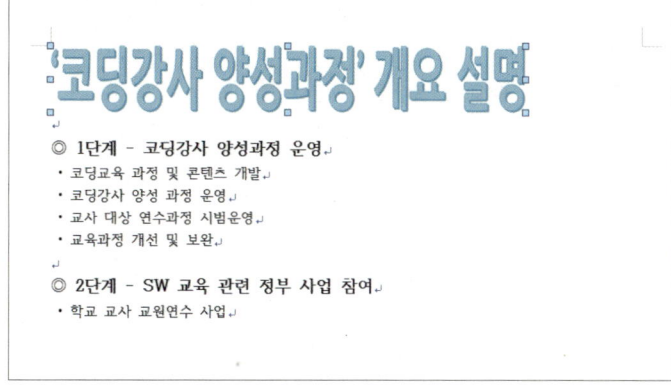

SECTION 02
도형 자료 활용 방법

도형을 다루는 것은 슬라이드를 작성할 때 가장 많이 하는 작업이지만 이런 작업은 정해진 틀이 있는 것이 아니기 때문에 도형을 다루는 원리를 파악해야 합니다. 도형 작업에 활용할 수 있는 기능을 살펴보겠습니다.

1 [도형 바꾸기] 명령으로 크기가 동일한 다른 모양의 도형 빠르게 만들기

{실습 파일} 03\02_1.pptx   {완성 파일} 03\02_1결과.pptx

슬라이드 작업 중 삽입되는 도형은 대부분 대칭되거나 반복되는 경우가 많습니다.
만일 아래와 같은 슬라이드를 작성하려고 결정했다면, 하나의 도형을 만들어 복사하고 나머지 도형은 서식과 내용만 수정하는 방식으로 작업하는 편이 효율적입니다.

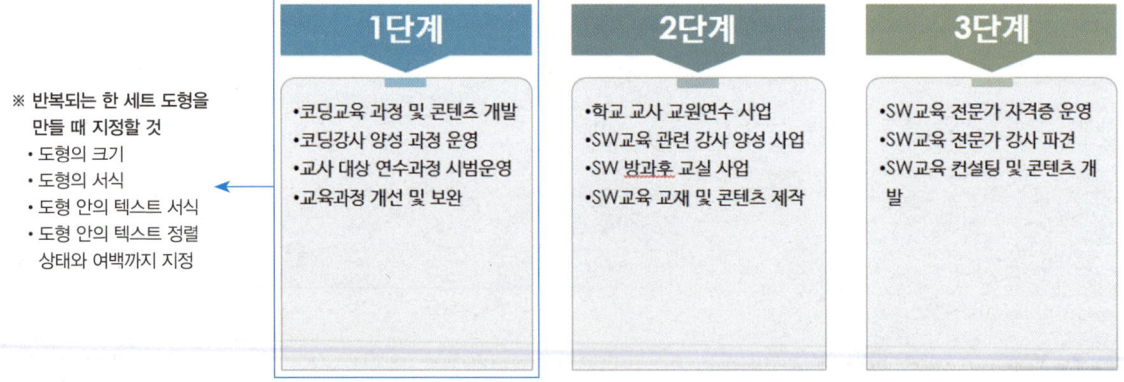

1 반복되는 도형을 만들 때 주의할 점

반복되는 도형을 만들 때는 항상 가장 내용이 많은 것을 기준으로 텍스트를 입력하고 정렬 상태를 모두 설정한 다음 복사합니다. 그렇게 하면 텍스트 내용 외의 별도의 수정을 거칠 필요가 없습니다.

SECTION 02 도형 자료 활용 방법

이제 빠르게 도형을 만드는 법을 살펴보겠습니다.
예제처럼 슬라이드를 만들기 위해서는 세 개의 도형을 사용해야 합니다. 가로의 넓이가 같은 ①번과 ③번 도형의 경우 각기 다른 도형을 두 번 삽입하고 [크기] 명령으로 조절하는 것보다 [도형 바꾸기] 명령을 사용하는 것이 편리합니다.

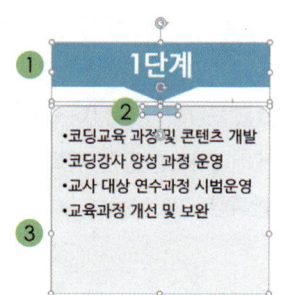

01 [삽입] 탭 → [일러스트레이션] 그룹 → [도형]을 클릭하고 [설명선:아래쪽 화살표] 종류를 선택해서 도형을 삽입합니다.

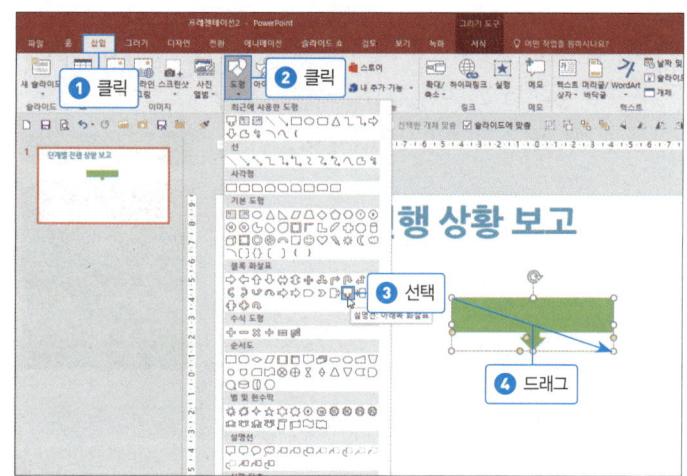

02 노란색의 모양 조절점(●)을 이용해서 원하는 모양으로 조절합니다.

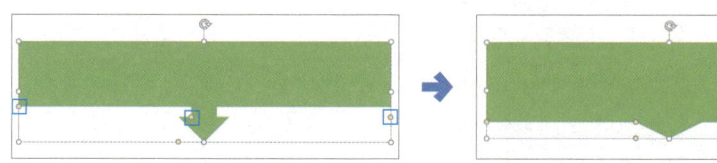

03 Ctrl 키를 누른 상태에서 도형을 아래로 드래그해서 복사합니다.

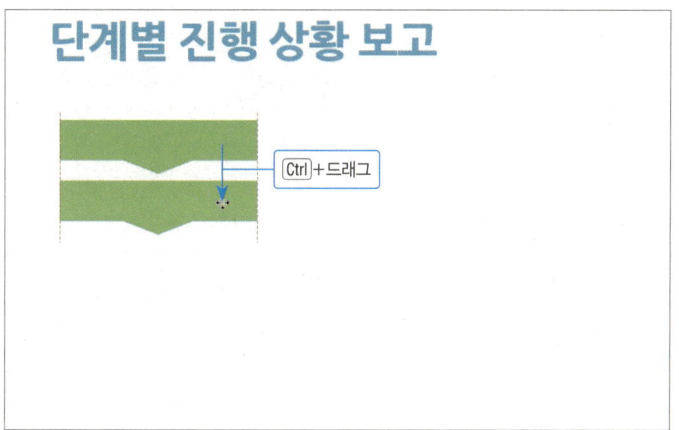

04 복사된 도형을 선택하고, [그리기 도구 서식] 탭 → [도형 삽입] 그룹 → [도형 편집] → [도형 모양 변경]에서 [사각형:둥근 위쪽 모서리]를 선택합니다.

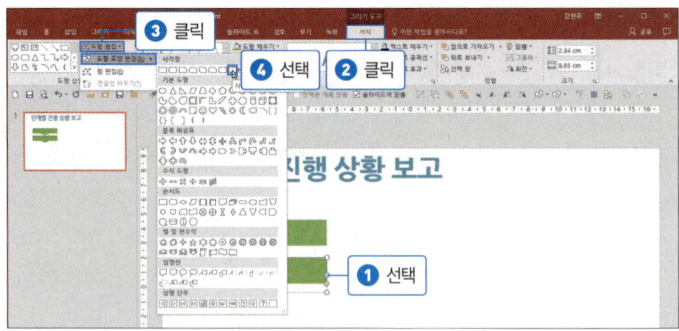

05 가로의 너비가 동일한 다른 도형으로 변경되면 높이와 모서리 둥근 정도를 조절해서 사용합니다.

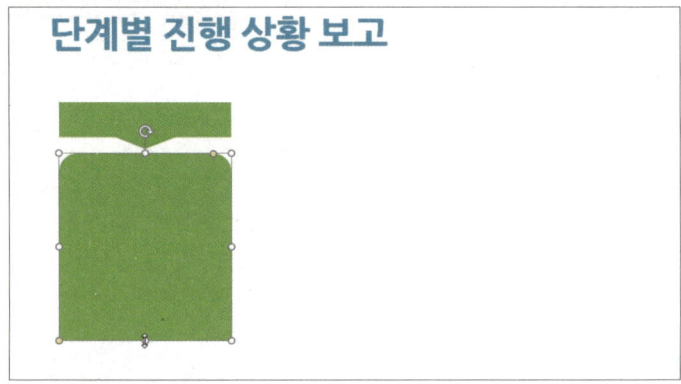

06 서식을 설정하고 텍스트를 입력합니다.

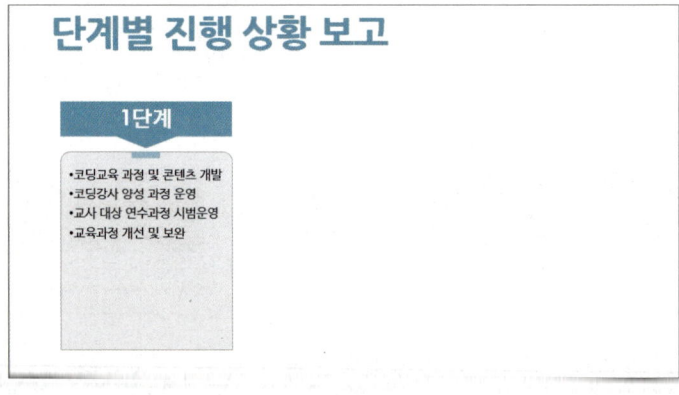

> **tip** 개체 편집을 빠르게 하는 방향키(파워포인트 2010 이상에서 지원)
> ① Shift + ↑ : 선택한 개체의 높이가 커집니다.
> ② Shift + ↓ : 선택한 개체의 높이가 작아집니다.
> ③ Shift + → : 선택한 개체의 너비가 넓어집니다.
> ④ Shift + ← : 선택한 개체의 너비가 좁아집니다.
> ⑤ Ctrl + Shift + ↑ : 선택한 개체의 높이가 미세하게 커집니다.
> ⑥ Ctrl + Shift + ↓ : 선택한 개체의 높이가 미세하게 작아집니다.
> ⑦ Ctrl + Shift + → : 선택한 개체의 너비가 미세하게 넓어집니다.
> ⑧ Ctrl + Shift + ← : 선택한 개체의 너비가 미세하게 좁아집니다.
> ⑨ Alt + ← : 선택한 개체가 왼쪽으로 15°씩 회전합니다.
> ⑩ Alt + → : 선택한 개체가 오른쪽으로 15°씩 회전합니다.

SECTION 02 도형 자료 활용 방법

2 기본 도형 설정으로 도형 작업을 빠르게 하기

도형을 사용할 때 몇 가지 설정을 미리 하면 작업 속도가 훨씬 빨라지고 서식 작업이 편리해집니다. 지정해 두면 편리한 몇 가지 설정 사항과 그것을 기본적인 값으로 사용하는 방법을 살펴보겠습니다.

{실습 파일} 03\02_2.pptx

1 도형에 글머리 기호가 있는 텍스트를 사용하려면 글머리 기호와 본문의 간격 조정은 필수

슬라이드의 개체 틀에서 글머리 기호가 있는 텍스트를 사용할 때, 글머리 기호와 본문 사이의 간격 조정이 필수 사항은 아닙니다. 하지만, 도형에 텍스트를 입력하고 글머리 기호를 적용하면, 글머리 기호와 텍스트 사이의 간격이 많이 벌어져 조절해야 합니다. 그래서, 기본 도형으로 지정하기 전에 먼저 설정하면 편리합니다.

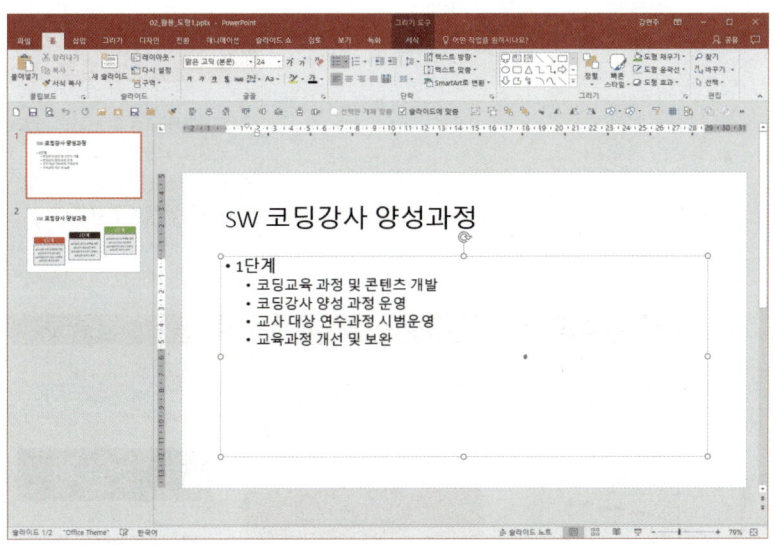

01 도형 안에 작성된 텍스트 내용에 글머리 기호를 적용하기 위해 도형을 선택하고 [홈] 탭 → [단락] 그룹 → [글머리 기호]를 클릭합니다.

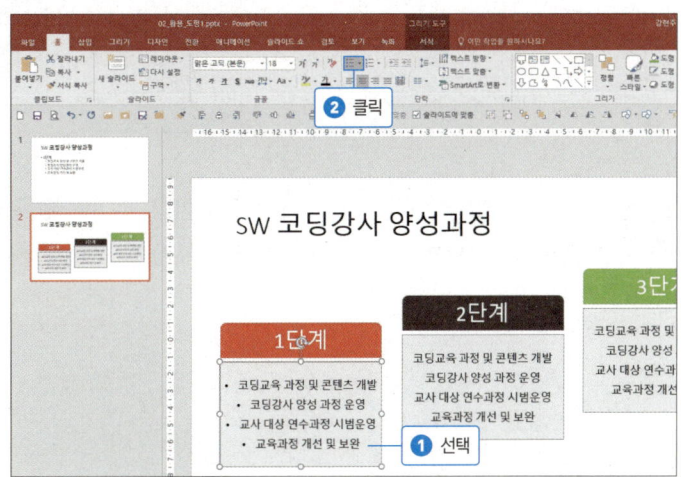

02 [홈] 탭 → [단락] 그룹 → [왼쪽 맞춤]을 클릭해서, 텍스트를 왼쪽으로 정렬합니다.

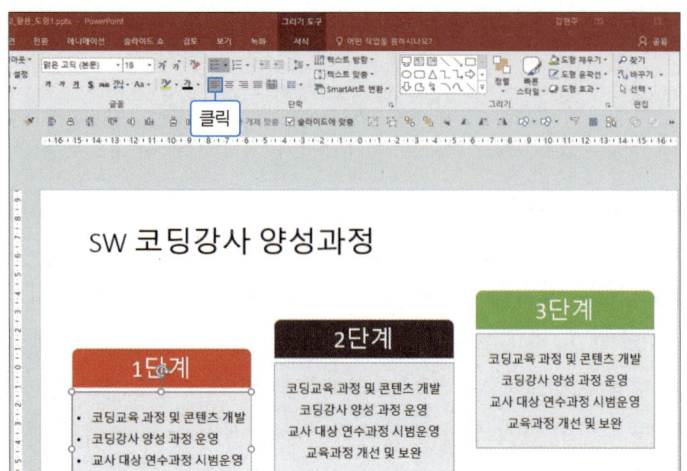

03 글머리 기호와 텍스트 사이의 간격이 많이 벌어진 것을 확인할 수 있습니다.

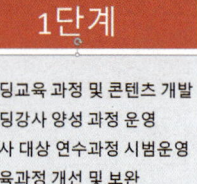

04 글머리 기호와 본문과의 간격을 조정하려면 간격을 조정하려는 문단을 드래그해 블록을 설정해야 합니다.

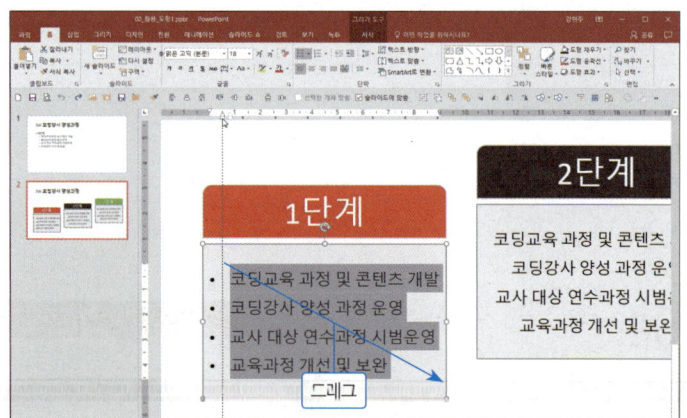

05 문단이 선택되면 리본 메뉴 아래에 글머리 기호의 위치를 조절할 수 있는 도구가 표시됩니다.

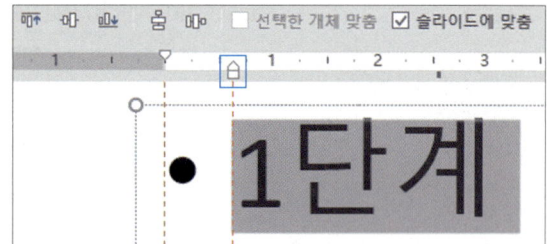

> **tip** 이 도구는 화면에 눈금자가 표시되어 있어야 사용할 수 있습니다. 만일 눈금자가 표시되어 있지 않다면, [보기] → [표시] 그룹에서 [눈금자]에 체크 표시합니다. 슬라이드 빈 영역에 마우스 오른쪽 버튼을 클릭하고 눈금자를 실행해도 됩니다.

SECTION 02 도형 자료 활용 방법

06 글머리 기호를 조절하는 도구의 기능은 다음과 같습니다.

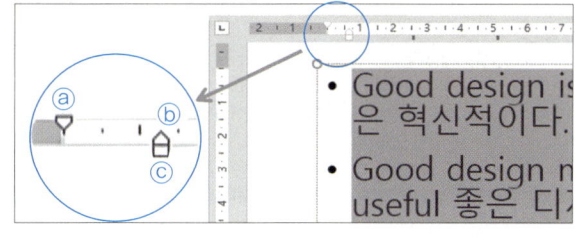

ⓐ 글머리 기호 또는 번호의 들여쓰기 위치를 보여주는 첫째 줄 들여쓰기 표식입니다.
ⓑ 텍스트의 들여쓰기 위치를 보여주는 왼쪽 들여쓰기 표식입니다.
ⓒ 들여쓰기를 동시에 이동하여 글머리 기호 또는 번호와 왼쪽 텍스트 들여쓰기 사이 관계를 그대로 유지하려면 왼쪽 들여쓰기 표식의 아래쪽 사각형 부분을 드래그합니다.

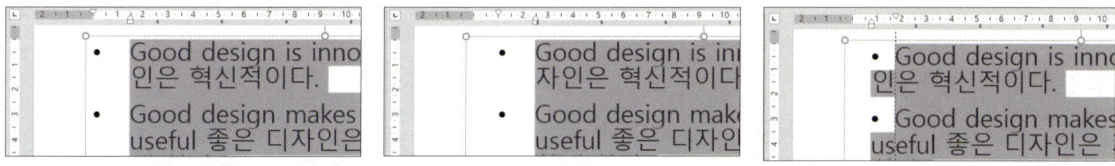

> **tip** 개체 틀의 위치와 크기, 텍스트의 기본 서식(글꼴, 크기, 색상, 줄 간격, 글머리 기호 등)을 슬라이드 마스터에서 설정할 수 있습니다. 마스터에서 기본 개체 틀의 서식을 변경하게 되면 프레젠테이션에 있는 모든 슬라이드에 한꺼번에 적용되기 때문에 일관성이 있는 디자인이 가능해집니다.

07 글머리 기호와 본문 간의 간격을 조정하려는 문단을 클릭하거나 여러 문단이라면 블록 설정합니다. 들여쓰기 도구를 이용해서 적당한 간격을 설정합니다.

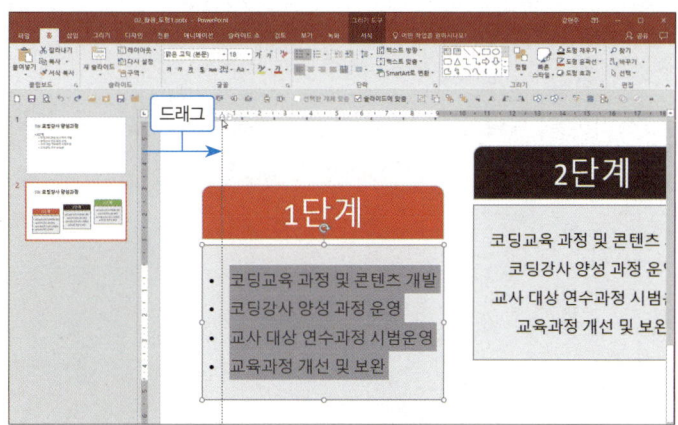

08 글머리 기호 간격이 조정된 도형을 선택하고, **[홈] 탭 → [클립보드] 그룹 → [서식 복사]**를 더블클릭합니다.

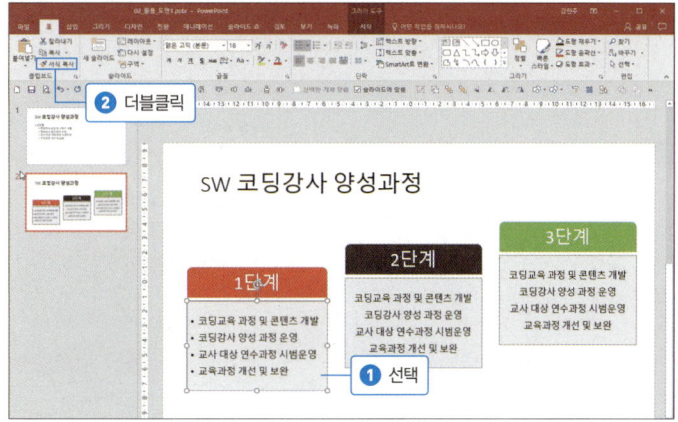

331

09 마우스 포인터가 서식 복사 상태(🖌)로 변경되면, 글머리 기호가 설정되지 않은 나머지 두 개의 도형을 한 번씩 클릭합니다.
서식 복사가 끝나면 Esc 키를 누릅니다.

2 도형 안쪽 여백 설정

01 다른 사람이 작성한 도형이나 텍스트 상자를 복사해서 사용하게 되면 가끔 [맞춤] 명령이 적용되지 않는 경우가 발생합니다. 이런 경우 대부분 따로 안쪽 여백이 설정되어 있어 맞춤에 대한 기준이 다르기 때문에 원하는 형태가 나오지 않을 가능성이 많습니다.

02 [맞춤] 명령이 적용되지 않는 도형을 마우스 오른쪽 버튼으로 클릭하고 도형 서식을 실행합니다.

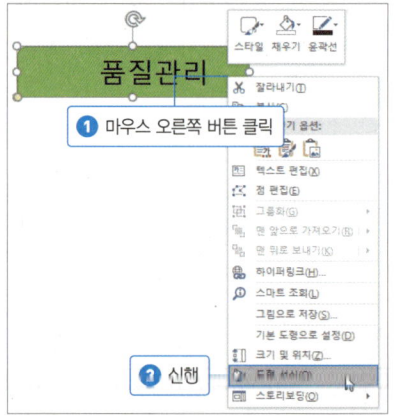

SECTION 02 도형 자료 활용 방법

03 [도형 서식] 작업 창의 [텍스트 옵션] 범주 중 '텍스트 상자' 항목에서 여백을 조정하면 됩니다.

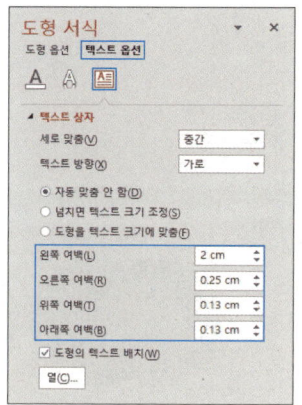

3 기본 도형 설정하기

가장 많이 사용하는 형태로 도형의 채우기, 윤곽선, 텍스트의 글꼴, 크기 등 서식을 설정하고 도형 위에서 마우스 오른쪽 버튼을 클릭한 다음 **기본 도형으로 설정**을 실행합니다. 이렇게 기본 도형으로 설정한 다음 새로운 도형을 삽입하면 기본 서식이 설정된 상태로 추가됩니다.

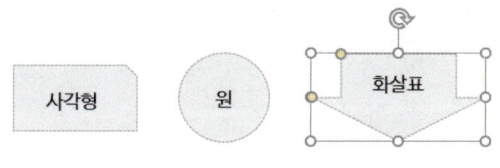

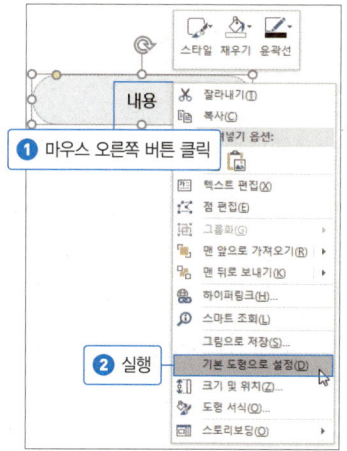

3 도형 병합 기능 사용하기

기본으로 제공되는 도형에 없는 형태의 도형을 사용하려면 [도형 병합] 명령을 사용해서 필요한 도형을 만들 수 있습니다. 이 기능은 파워포인트 2013부터는 메뉴에 등록되어 있고, 도형과 도형, 도형과 그림, 도형과 텍스트 사이의 병합이 가능합니다.

{실습 파일} 03\02_3.pptx

1 도형 병합의 종류

병합할 도형을 선택한 다음 [그리기 도구 서식] 탭 → [도형 삽입] 그룹 → [도형 병합]을 클릭하면 다양한 병합 기능을 사용할 수 있습니다.

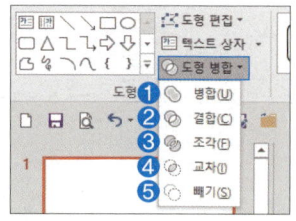

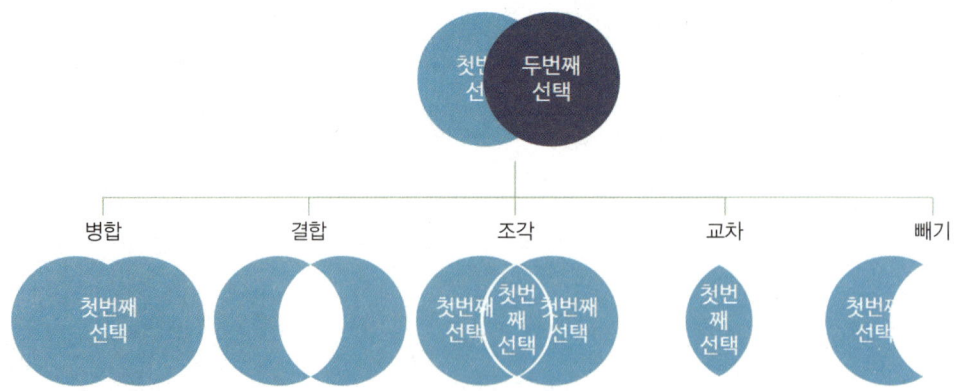

① **병합** : 먼저 선택한 도형의 서식이 적용되고, 합집합 부분이 하나의 도형으로 됩니다.

② **결합** : 먼저 선택한 도형의 서식이 적용되고, 교집합 부분은 삭제됩니다.

③ **조각** : 먼저 선택한 도형의 서식이 적용되고, 교차되지 않은 부분과 교집합 부분이 모두 다른 도형으로 됩니다.

④ **교차** : 먼저 선택한 도형의 서식이 적용되고, 교집합 부분만 남습니다.

⑤ **빼기** : 먼저 선택한 도형의 서식이 적용되고, 나중에 선택한 도형 부분을 제거합니다.

2 도형 병합을 사용할 때 주의할 점

[도형 병합] 명령은 먼저 선택한 도형을 기준으로 결과가 만들어지기 때문에 변형할 도형을 먼저 선택한 다음 기능을 사용합니다. 텍스트는 처음 선택한 도형의 내용만 남기 때문에 도형을 전부 병합한 다음 입력하거나 텍스트 개체 틀을 사용해 입력하는 것이 좋습니다. 또한 도형이나 그림과 텍스트를 병합하는 기능은 파워포인트 2013 이상에서만 사용 가능합니다.

파워포인트 2010에서 [도형 병합] 명령을 사용하려면 빠른 실행 도구 모음에 등록해서 사용할 수 있으나 [조각] 명령은 사용할 수 없고 도형에 텍스트가 입력되어 있다면 병합할 수 없습니다.

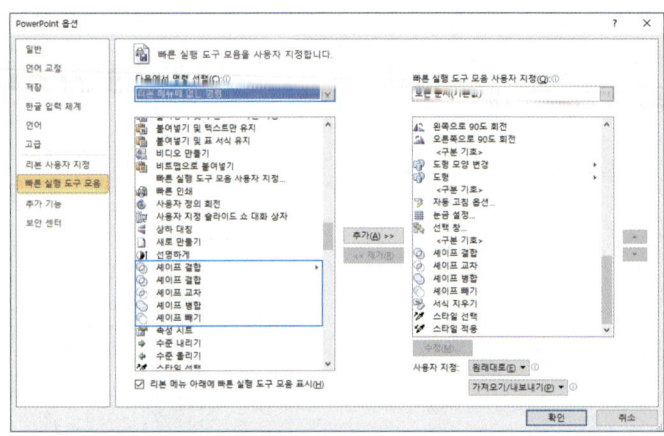

❸ 도형 그룹과 도형 병합의 차이점

도형을 합친다는 점에서 [도형 병합] 명령과 [도형 그룹] 명령을 동일하게 생각할 수도 있지만 두 기능에는 차이점이 있습니다.

[도형 그룹] 기능은 여러 도형을 한 덩어리로 묶어 다루는 기능이며 각각의 도형은 별도의 스타일을 가지게 됩니다. 만일 여러 도형을 하나의 도형처럼 다루고 싶다면 [도형 병합] 명령을 사용합니다. [도형 병합] 명령을 사용한 도형은 다시 병합을 해제할 수 없으니 적절한 기능을 고려해 두 기능을 상황에 맞게 사용합니다.

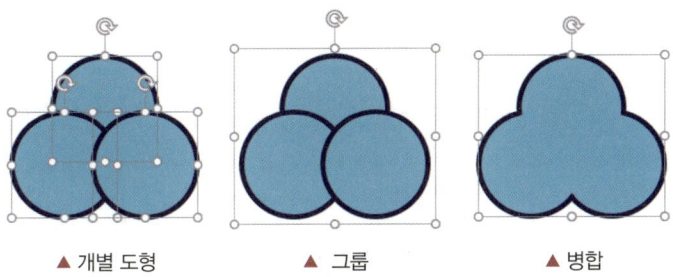

▲ 개별 도형　　　▲ 그룹　　　▲ 병합

도형의 윤곽선을 사용한 [도형 그룹] 명령과 [도형 병합] 명령의 비교입니다.

[도형 그룹] 명령을 사용한 도형은 개별 도형과 마찬가지로 도형 하나하나에 윤곽선이 표시되고 [도형 병합] 명령을 사용한 도형은 도형 전체에 윤곽선이 표시됩니다.

▲ 그룹　　　▲ 병합

마찬가지로 위와 같은 도형을 만든 다음 안쪽의 흰색 도형을 선택하고 안쪽 그림자 효과를 설정해 보겠습니다. [도형 그룹] 명령을 사용한 도형에는 안쪽 그림자 효과를 사용할 수 없고 **[그리기 도구 서식] 탭 → [도형 삽입] 그룹 → [도형 병합]**을 클릭한 다음 **도형 결합**을 실행한 도형은 도형 안쪽에 그림자가 표시됩니다.

4 도형 병합을 활용한 작업

[도형 병합] 명령은 그림을 원하는 모양으로 자르거나 합쳐진 도형의 윤곽선을 깔끔하게 설정하는 등 다양하게 활용할 수 있습니다. 그림, 텍스트, 도형 등 여러 종류의 개체끼리 병합할 수 있기 때문에 그 활용법은 더 무궁무진합니다.

■ 도형 병합 기능을 활용해서 그림을 가위로 자른 효과 만들기

그림 개체를 [도형에 맞춰 자르기] 기능을 사용해서 자를 때 '자유형' 도형은 명령에 없습니다. 그래서 그림을 원하는 형태로 자르고 싶다면, 자르고 싶은 도형을 자유형으로 만든 다음 도형 병합 기능을 활용해서 같은 효과를 만들 수 있습니다.

01 03\이미지 폴더에서 자르려는 이미지를 삽입하고 [삽입] 탭 → [일러스트레이션] 그룹 → [도형]에서 [자유형:도형]을 선택합니다.

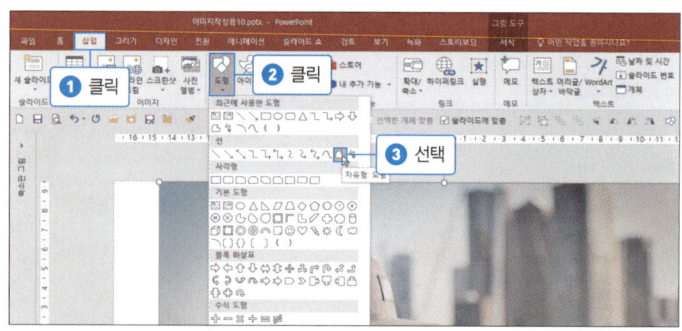

02 이미지 중 제거하려는 부분의 외곽을 따라서 다각형을 그립니다.

> tip 이미지의 제거할 부분이 아닌 사용할 부분을 그려도 됩니다. 사진의 상태에 따라 편한 방법을 선택하세요.

03 그림을 먼저 선택하고 Shift 키를 누른 상태에서 다각형 도형을 클릭합니다. [그리기 도구 서식] 탭 → [도형 삽입] 그룹 → [도형 병합]에서 **빼기**를 실행합니다.

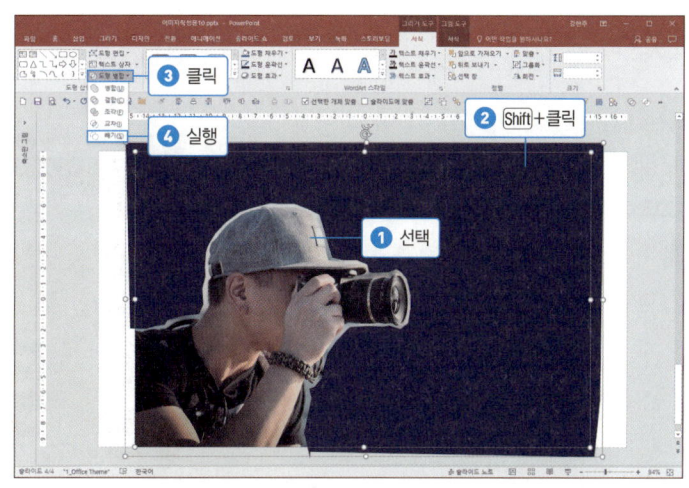

tip 만일 사용할 부분을 선택했다면 [그리기 도구 서식] 탭 → [도형 삽입] 그룹 → [도형 병합]에서 **교차**를 실행합니다.

04 가위로 자른 느낌의 이미지를 이용해서 슬라이드를 작성합니다.

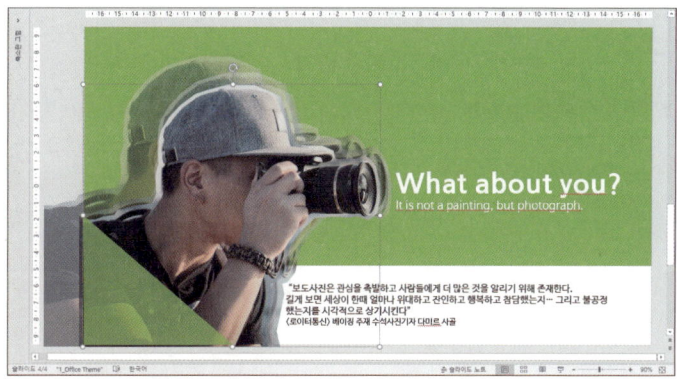

■ 텍스트 모양으로 배경이 보이는 도형 만들기

텍스트와 함께 도형이나 그림 개체와 [도형 병합] 명령을 사용하면 텍스트 형태대로 펀칭된 이미지 효과를 만들 수 있습니다.

01 배경으로 사용할 이미지를 03\이미지 폴더에서 가져와 삽입하고 도형을 삽입한 다음 텍스트 상자를 이용해 원하는 문구를 입력합니다.

02 병합할 도형을 선택할 때, 텍스트 부분을 삭제하기 위해 도형을 먼저 선택하고 텍스트를 선택합니다.
[그리기 도구 서식] 탭 → [도형 삽입] 그룹 → [도형 병합]을 클릭하고 **빼기**를 실행합니다.

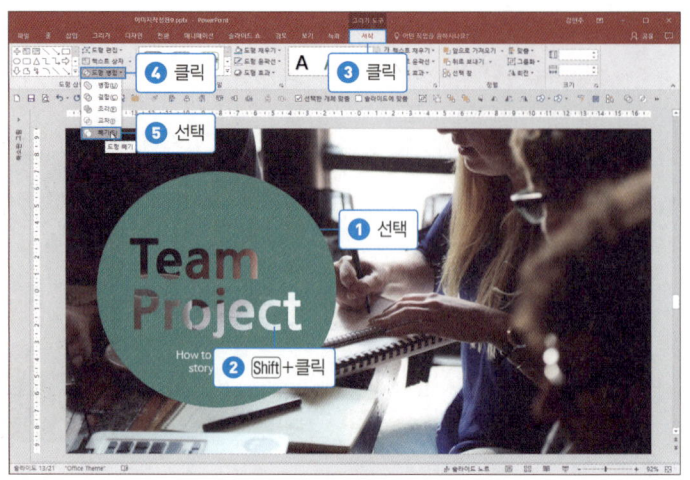

03 [도형 병합] 명령으로 완성한 도형을 다른 곳에서도 사용하려면 도형 위에서 마우스 오른쪽 버튼을 클릭하고 **그림으로 저장**을 실행합니다.

04 저장한 도형을 다른 파일이나 다른 프로그램에 삽입해서 사용할 수 있습니다.

SECTION 02 도형 자료 활용 방법

4 점 편집으로 도형을 100% 활용하기

[점 편집] 명령은 도형들이 가지고 있는 점과 선을 편집해서 전혀 다른 형태의 도형으로 만드는, 다양하게 활용할 수 있는 유용한 기능입니다.

점을 편집할 도형을 선택한 다음 [그리기 도구 서식] 탭 → [도형 삽입] 그룹 → [도형 편집]에서 점 편집을 실행하거나 도형 위에서 마우스 오른쪽 버튼을 클릭하고 점 편집을 실행합니다.

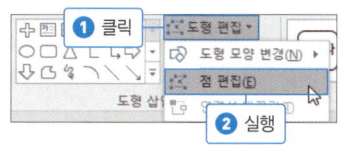
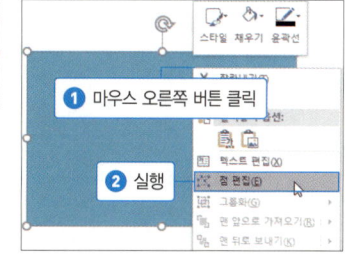

1 점 편집 상태의 편집 점

점 편집 상태에 사용하게 되는 두 가지 형태의 편집 점의 작업 내용을 알아보겠습니다.

검은색 편집 점(■)	흰색 편집 점(□)
점의 위치를 이동시켜 도형을 변경합니다.	검은색 편집 점을 클릭하면 나타나고, 검은색 편집 점 두 개 사이에 있는 선의 곡률을 변경합니다. 흰색 점을 이어주는 선의 길이와 기울기에 따라 곡선의 완만한 정도가 결정됩니다.

2 점 편집 상태의 마우스 포인터의 모양

점 편집 상태에 사용하게 되는 두 가지 형태의 마우스 포인터를 정확히 파악하면 작업 중의 어려움이 해결됩니다.

마우스 포인터가 정확히 점 위에 있을 때 마우스 포인터 모양(⬧)	마우스 포인터가 선 위에 있을 때 마우스 포인터 모양(⬧)
• 드래그하면 점이 이동됩니다. • 점을 추가 또는 삭제하거나, 열린 경로를 열거나 닫을 수 있습니다. • 점의 종류를 변경할 수 있습니다.	• 드래그하면 점이 추가됩니다. • 점을 추가하거나, 열린 경로를 열거나 닫을 수 있습니다. • 선의 종류를 변경할 수 있습니다.

339

3 점 편집 상태에서 사용하는 단축키

① 점 추가 : Ctrl + 도형 윤곽선을 클릭합니다.

② 점 삭제 : Ctrl + 해당 점을 클릭합니다.

③ 점을 직선 점으로 변경 : Ctrl + 해당 점에 연결된 핸들 중 하나를 드래그합니다. 드래그를 중지하면 점이 직선 점으로 변경됩니다. 직선 점은 길이가 다른 두 개의 선 세그먼트를 연결합니다.

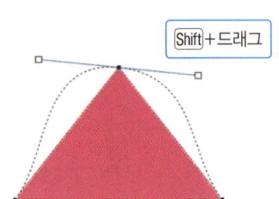

④ 점을 부드러운 점으로 변경 : Shift + 해당 점에 연결된 핸들 중 하나를 드래그합니다. 드래그를 중지하면 점이 부드러운 점으로 변경됩니다. 부드러운 점은 길이가 같은 두 개의 선 세그먼트를 연결합니다.

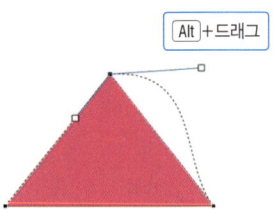

⑤ 점을 꼭지점으로 변경 : Alt + 해당 점에 연결된 핸들 중 하나를 드래그합니다. 드래그를 중지하면 점이 꼭지점으로 변경됩니다. 꼭지점은 한 세그먼트가 다른 방향을 향하는 두 개의 선 세그먼트를 연결합니다.

⑥ 점 및 선 세그먼트에 대한 변경 내용을 취소하려면 마우스 버튼에서 손을 떼기 전에 Esc 키를 누릅니다.

4 점 편집 작업을 할 때는 화면 확대 배율 높이기

세밀한 부분을 더 쉽게 작업하려면 화면 확대 배율을 늘립니다. 화면 아래 상태 표시줄에서 확대/축소 슬라이더를 오른쪽으로 드래그해 200% 이상으로 설정하는 것이 바람직합니다.

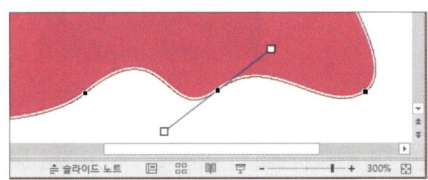

5 드로잉과 점 편집으로 도형 만들기

도형을 조합해도 표현하지 못하는 부분은 직접 도형을 그려서 사용하는 경우도 있습니다. 직접 드로잉하는 방법과 점을 편집하는 방법을 살펴보겠습니다.

{완성 파일} 03\02_4결과.pptx

01 핸드폰을 들고 있는 손 이미지를 사용하기 위해, 인터넷에서 '핸드폰 손'으로 검색한 사진을 캡처하거나 저장해서 슬라이드에 삽입합니다.

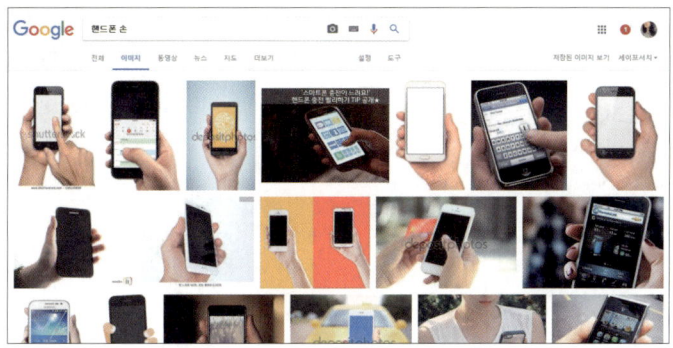

02 그 외형을 따라 [삽입] 탭 → [일러스트레이션] 그룹 → [도형] → [자유형]을 선택해서 그립니다. 이때 드래그해서 그리면 수정할 점이 너무 많이 생기니, 클릭하면서 작업을 진행합니다.
Backspace 키를 누르면 클릭한 곳이 하나씩 취소됩니다. 클릭과 Backspace 키를 필요에 따라 누르며 도형으로 만들 부분을 설정합니다.

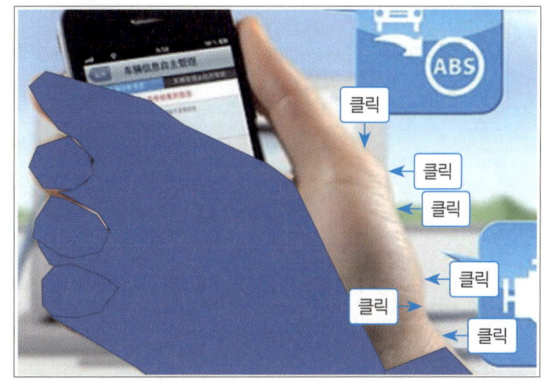

03 클릭을 해서 자유형 도형을 그리게 되면 곡선인 경우 선이 부드럽게 표현되지 않습니다. 이때는 [점 편집] 명령을 사용해서 부드러운 곡선으로 만들고 선의 기울기나 점의 위치를 조정합니다. 점 편집 작업은 화면 배율을 확대해서 작업하는 것이 편리합니다.
도형 위에서 마우스 오른쪽 버튼을 클릭하고 **점 편집**을 실행합니다.

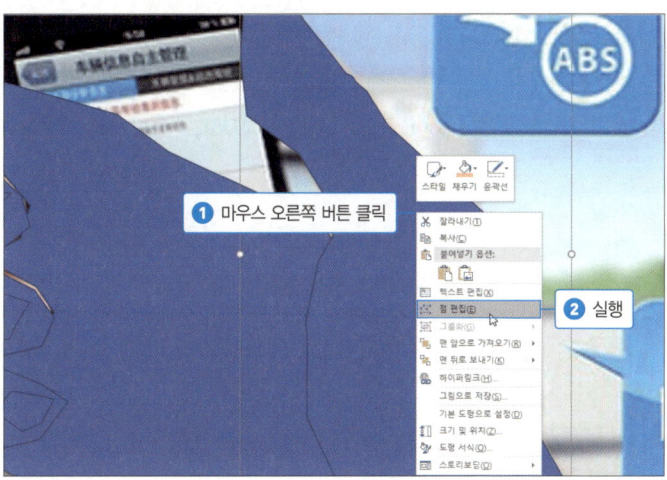

04 점이 표시되면, 수정할 점을 클릭합니다. Shift 키를 누른 상태에서 해당 점에 연결된 하얀 조절점 중 하나를 드래그합니다.
같은 방식으로 다른 점들을 클릭하면서 부드러운 점으로 변경합니다. 이때 점을 추가(Ctrl+도형 윤곽선을 클릭), 삭제(Ctrl+해당 점을 클릭), 이동(해당 점 드래그)하면서 작업합니다.
수정할 점 위에서 마우스 오른쪽 버튼을 클릭하고 **부드러운 점**을 실행하는 방법도 있습니다.

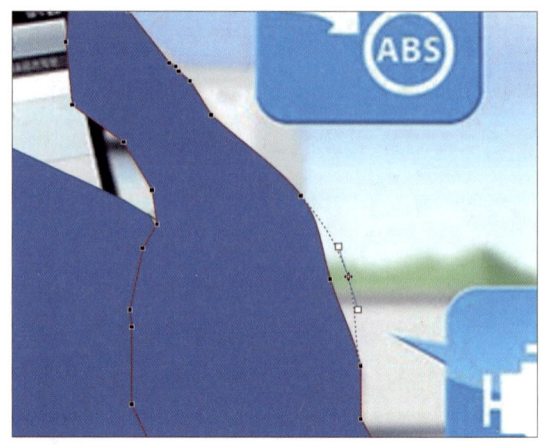

05 나머지 도형도 같은 방법으로 작업합니다.

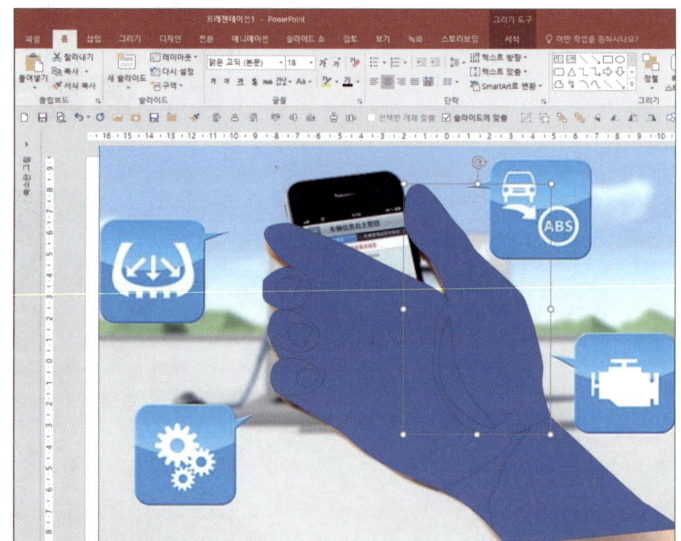

06 도형을 하나씩 선택해서 서식을 설정합니다. 서식에 정답은 없습니다.
그러나 대부분 겹쳐서 사용하는 도형들은 윤곽선을 '없음'으로 설정하는 것이 깔끔합니다.
도형을 완성하고 밑그림으로 사용한 사진을 삭제합니다.

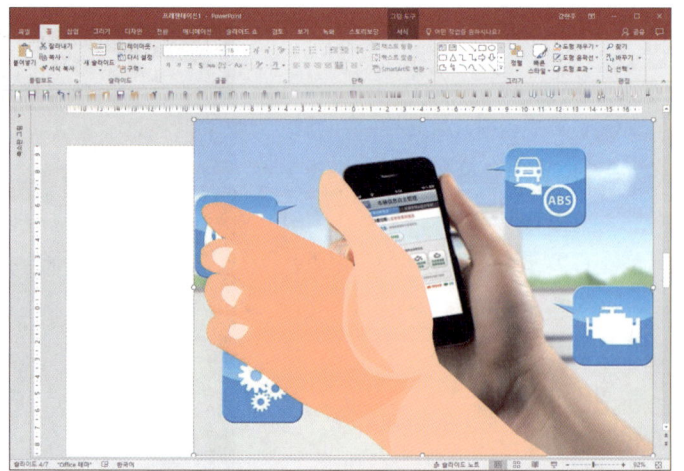

SECTION 02 도형 자료 활용 방법

07 모서리가 둥근 직사각형, 원형 등을 이용해 휴대폰을 그립니다. 이것 역시 밑그림을 이용해도 됩니다.

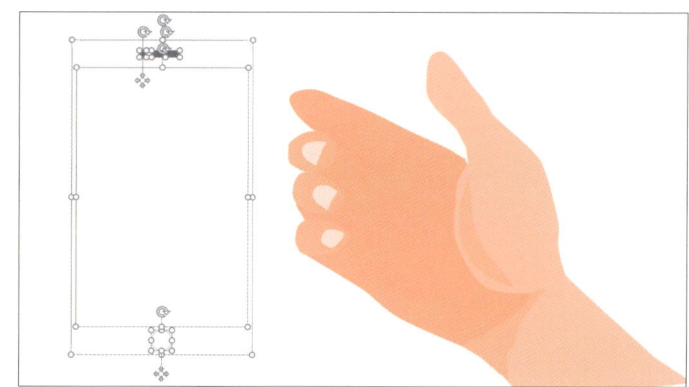

08 휴대폰 도형을 그룹으로 설정하고, 그림자 효과를 설정합니다.

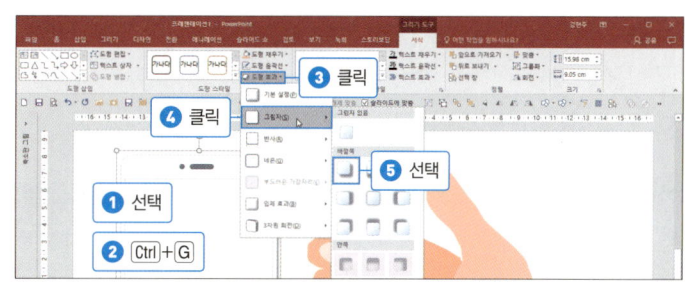

09 휴대폰을 회전하거나 크기를 조정해서 손에 적당히 위치시키고, 손 도형의 순서를 조정해서 원하는 모양이 되도록 설정합니다.

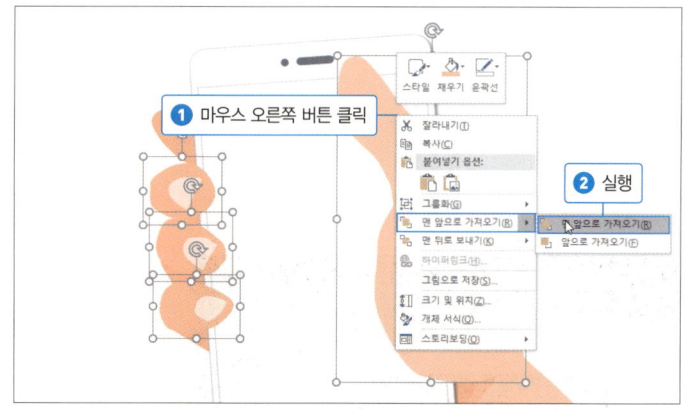

10 만들어진 도형을 이용해서 슬라이드를 작성합니다.

SECTION 03 그림을 관리하고 잘 다루기

그림 파일을 사용하려면 직접 촬영하거나 인터넷에서 구매, 혹은 수집하는 방법이 있습니다. 만약 직접 촬영하거나 구매할 여건이 되지 않는다면 무료로 이미지를 제공하는 사이트를 사용하는 것도 한 방법입니다. 인터넷에서 수집하는 이미지나 자료를 사용할 때는 항상 저작권을 확인하고 사용 가능한 범위를 지켜서 사용해야 합니다.

1 필요한 이미지와 글꼴 준비하기

이미지와 글꼴을 수집하기 위한 사이트는 '무료 이미지', '무료 글꼴' 와 같은 검색어를 입력하면 쉽게 찾을 수 있습니다. 새롭게 좋은 품질의 이미지를 제공하는 사이트가 많이 생겼을 수 있으니 검색을 통해 찾아보세요. 그리고 무료 정책도 언제든 변경될 수 있으니 사용 전에 반드시 확인해야 합니다.

1 무료 이미지 사이트

pixabay
(이미지를 검색하면 Shutterstock 스폰서 이미지도 같이 검색 화면에 표시되는데 이것은 무료 이미지가 아닙니다.)

unsplash

▲ https://pixabay.com

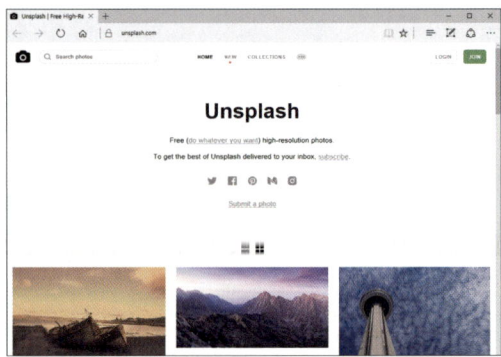

▲ https://unsplash.com

SECTION 03 그림을 관리하고 잘 다루기

picjumbo

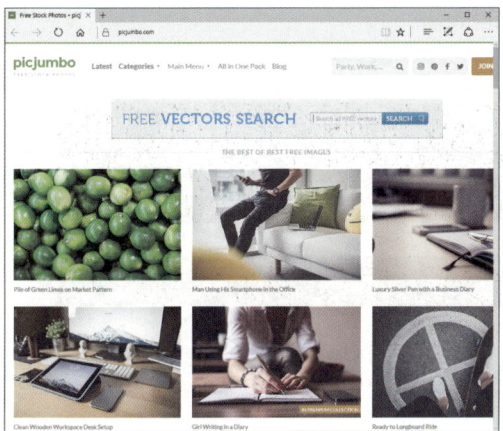

▲ https://picjumbo.com

pexels

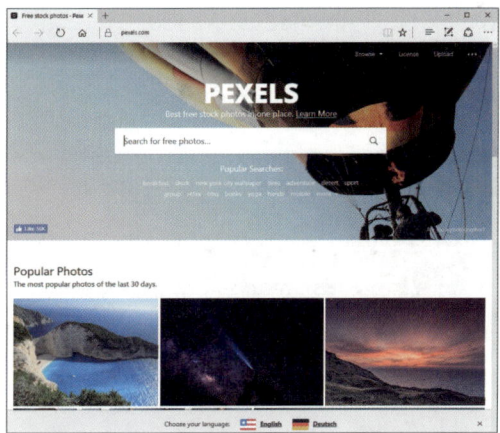

▲ https://www.pexels.com

All-free-download

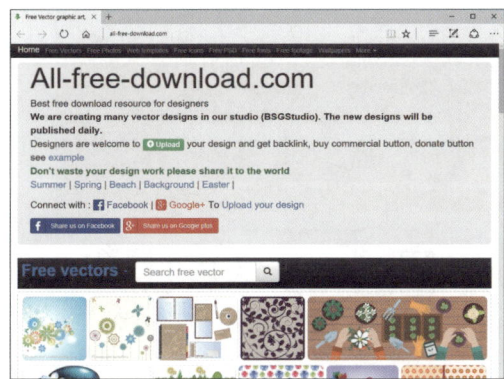

▲ http://all-free-download.com

Foodiesfeed

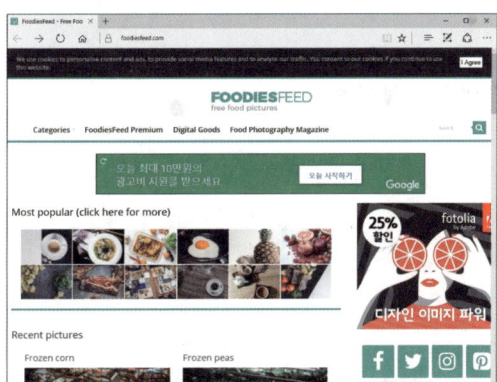

▲ https://foodiesfeed.com

gratisography

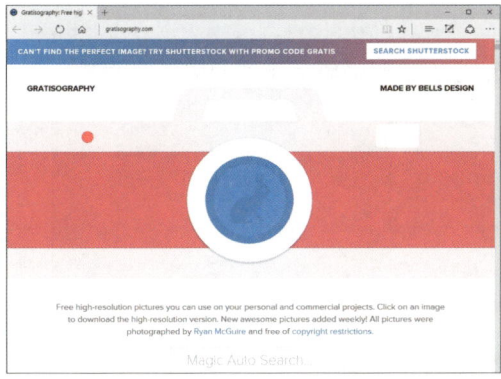

▲ http://www.gratisography.com

345

2 이미지 구매 사이트

Fotolia

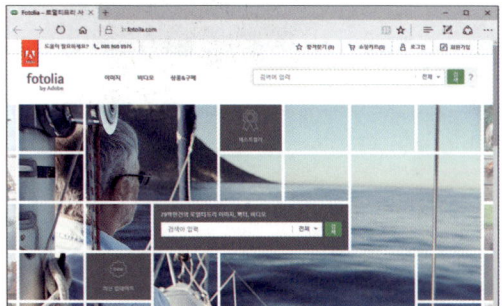
▲ http://kr.fotolia.com

shutterstock

▲ http://www.shutterstock.com

3 기타

픽토그램

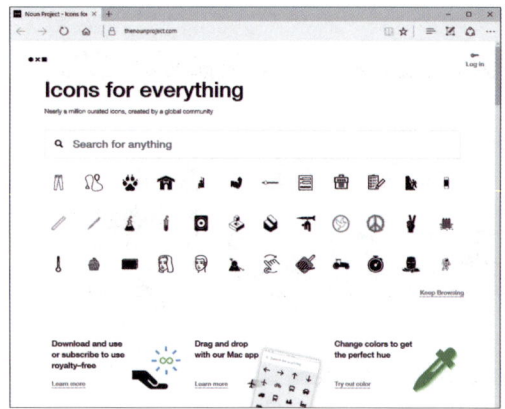
▲ http://thenounproject.com

벡터 파일

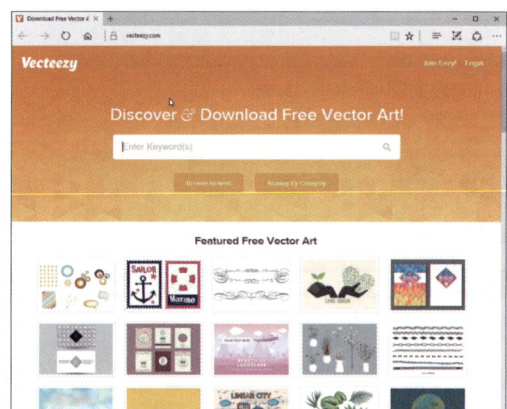
▲ http://www.vecteezy.com

아이콘

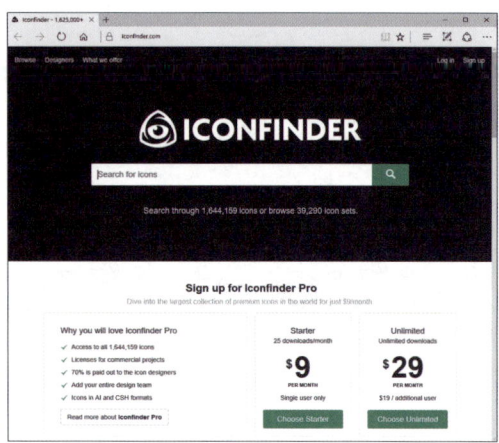
▲ http://www.iconfinder.com

오픈 클립아트

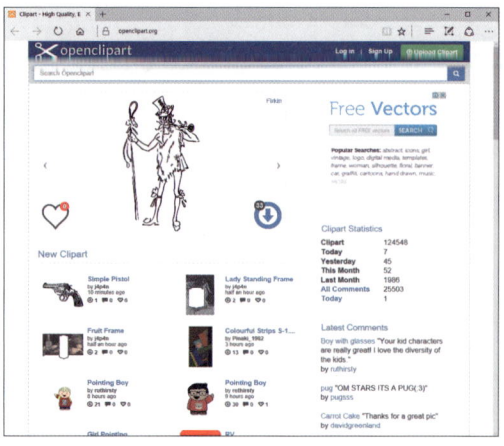
▲ http://openclipart.org

SECTION 03 그림을 관리하고 잘 다루기

클립아트

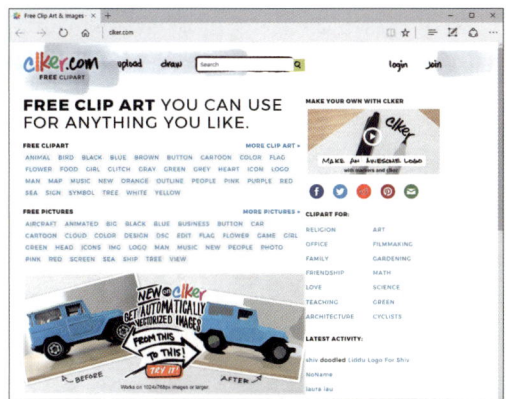

▲ http://www.clker.com

지도자료

▲ http://commons.wikimedia.org

■ 지도 자료 찾기

01 지도 자료를 검색할 때는 확장자를 svg로 입력하면 검색이 쉽습니다.

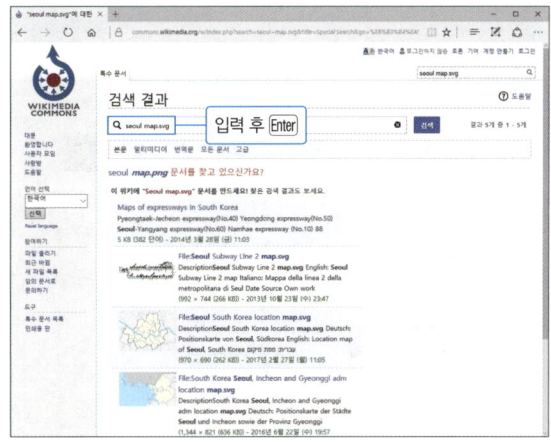

02 검색된 지도 위에서 마우스 오른쪽 버튼을 클릭해 복사하거나 저장해서 사용합니다.

347

4 글꼴

무료 글꼴이라도 여러 가지 제한 사항이 있는 경우가 있으니 사용 범위를 꼭 확인하고 이용해야 합니다. 이미지 자료나 글꼴은 정확히 구매를 해서 사용하는 것이 안전합니다.

> **tip** 글꼴 파일에 관한 저작권 참고 사이트
> ① "저작권 문제 없나?" 무료 한글 글꼴 37종 총정리
> :BLOTER.NET 2014.01.08. 안상욱
>
> ② 문화체육관광부 – 폰트 파일에 대한 저작권 바로 알기

▲ http://www.bloter.net/archives/176482

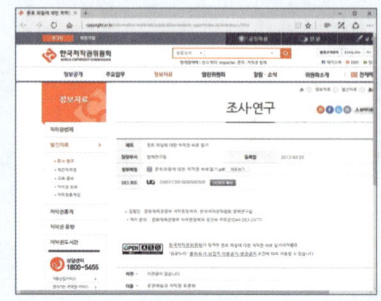
▲ http://goo.gl/Huk54A

나눔체 : 네이버

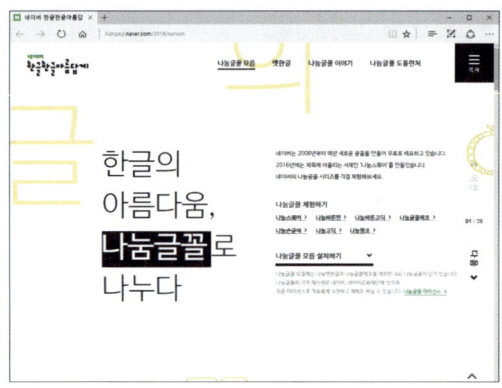
▲ http://hangeul.naver.com/2014/nanum

kopub 서체 : 한국출판인회의

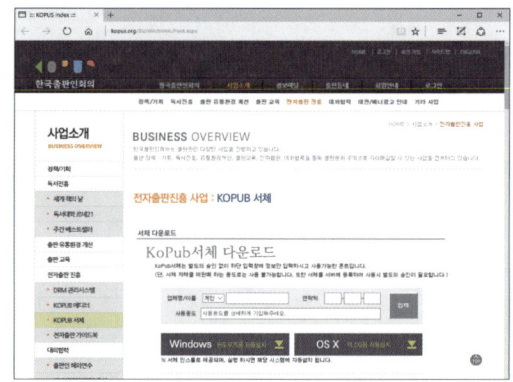
▲ http://goo.gl/ZuhEfZ

서울 남산체, 서울 한강체 : 서울특별시

▲ http://goo.gl/Vl1Nb

아리따체 : 아모레퍼시픽

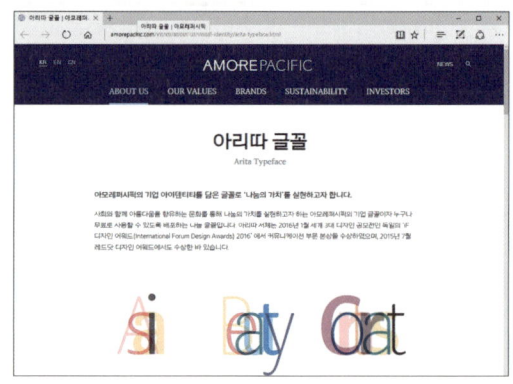
▲ http://goo.gl/hMn6Nu

SECTION 03 그림을 관리하고 잘 다루기

바른체 : 대한 인쇄문화협회

경기도 서체 : 경기도

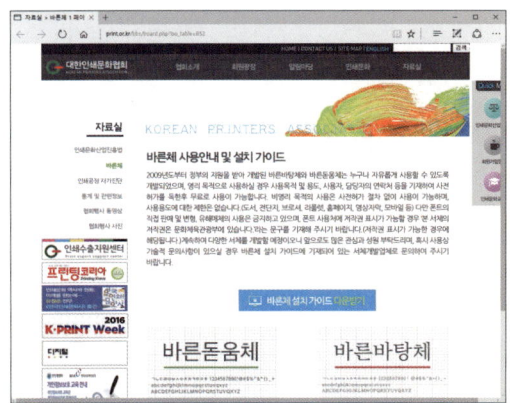
▲ http://goo.gl/bT0yvY

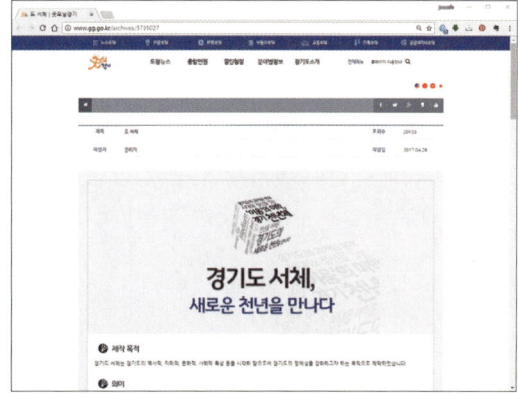
▲ http://www.gg.go.kr/archives/3735027

■ 네이버 자료실에서 글꼴 다운받기

01 네이버 자료실(http://software.naver.com)에 접속해 왼쪽 메뉴에서 [카테고리] → [폰트]를 클릭합니다.

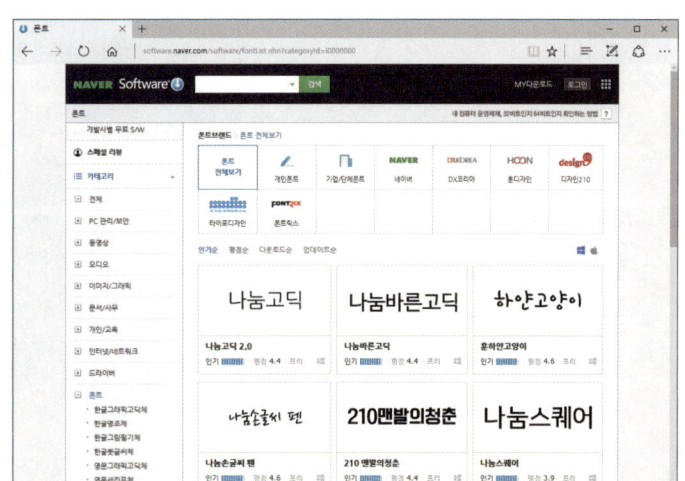

02 다운받을 글꼴을 선택한 다음, 반드시 화면 오른쪽에서 사용 범위를 확인하고 범위에 맞게 사용합니다.

349

2 스크린샷 기능을 이용한 이미지 수집 방법

스크린샷은 계속 변동되는 데이터의 정보를 보여주거나 서식을 파일로 저장할 수 없는 웹 페이지나 기타 프로그램을 저장할 때 유용한 기능입니다.

모니터 화면을 직접 캡처하려면 [Print Screen] 키를 사용하거나 화면 캡처 프로그램을 주로 사용하게 되는데, 보고서 작업을 하거나 업무에 관련된 작업 등 파워포인트를 사용하는 중에 화면을 캡처할 일이 있다면 파워포인트에 포함된 [스크린샷] 명령을 사용하는 것이 편리합니다.

> **tip** ① 윈도우에서 사용하는 화면 캡처 기능
> - 전체 창 캡처 : [Print Screen] 키
> - 활성 창 캡처 : [Alt]+[Print Screen] 키
> ② 무료 캡처 프로그램 : 알캡처, 칼무리, 안카메라 등

01 인터넷 페이지 또는 다른 프로그램의 캡처하려는 화면을 준비합니다.
[삽입] 탭 → [이미지] 그룹 → [스크린샷]을 클릭합니다.

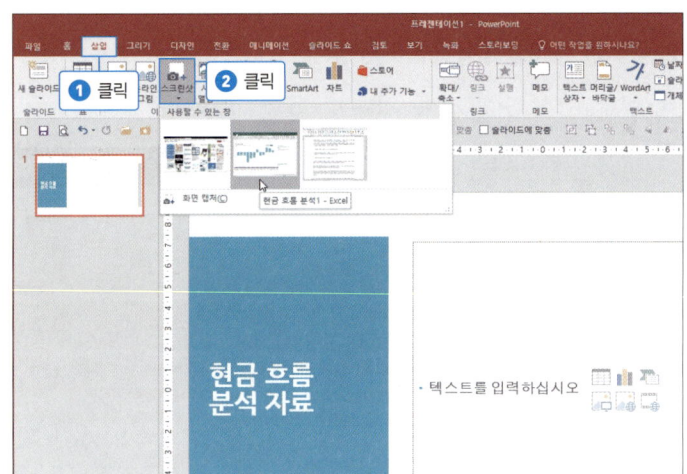

02 실행할 수 있는 두 가지 명령 중 하나를 선택합니다.

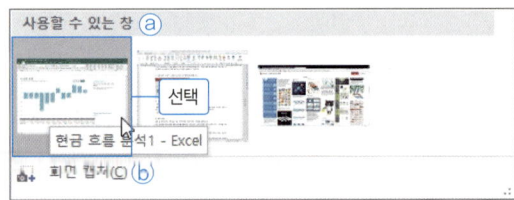

SECTION 03 그림을 관리하고 잘 다루기

ⓐ 사용할 수 있는 창

- 실행중인 창별로 캡처합니다.
- 열려 있는 프로그램 창은 '사용할 수 있는 창' 갤러리에서 축소판 그림으로 표시되며, 축소판 그림 위에서 포인터를 멈추면 프로그램 이름과 문서 제목이 포함된 설명이 나타납니다.
- 선택하면 설정한 화면이 슬라이드에 바로 삽입됩니다.

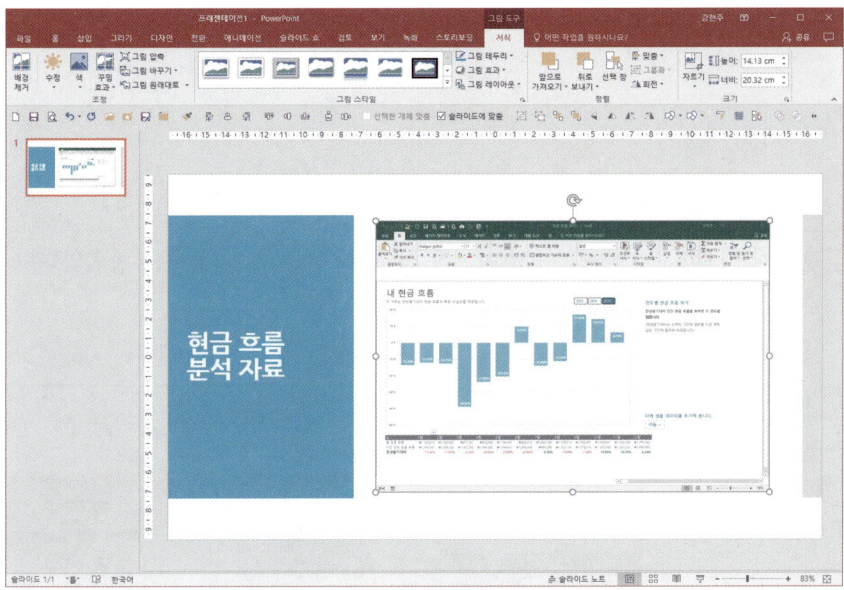

ⓑ 화면 캡처

- 화면 중 캡처할 부분을 직접 설정합니다.
- 화면 캡처를 실행하면 전체 창이 일시적으로 불투명하게 바뀝니다.
- 마우스 포인터가 십자 모양으로 변경되면 마우스 왼쪽 버튼을 누른 채 캡처할 영역을 드래그합니다.
- 여러 개의 창이 열려 있으면 캡처할 창을 클릭한 다음, 파워포인트에서 화면 캡처를 실행합니다. 작업 중인 파워포인트 프로그램이 최소화되고 선택한 화면을 캡처할 수 있습니다.

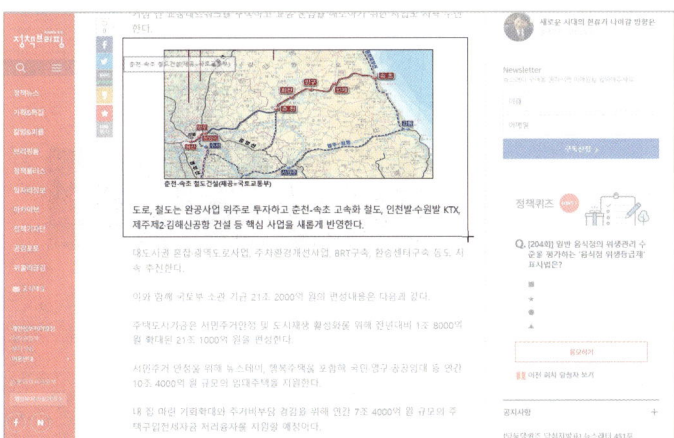

3 웹용 이미지 개체 만들기

파워포인트를 이용하면 웹용 이미지를 만들기에 충분한 해상도나 품질을 유지할 수 있습니다. 그러나 파워포인트의 크기 단위는 'cm'를 사용하기 때문에 픽셀 단위의 이미지를 만들 때 크기를 환산해야 하고, 일반적 웹용 이미지의 해상도는 '72ppi(Pexel per Inch)'인데, 파워포인트에서 작업한 이미지는 '96ppi'로 저장된다는 점을 주의해야 합니다.

파워포인트에서 정확히 원하는 픽셀 크기의 웹용 이미지를 만드는 방법 두 가지를 살펴보겠습니다.

{ 실습 파일 } 03\03_1.pptx

■ 슬라이드를 원하는 픽셀 크기의 그림으로 저장하는 방법

원하는 이미지 크기만큼 슬라이드 크기를 정하고, 슬라이드를 하나의 이미지로 저장하는 방법입니다. 카드 뉴스를 만들거나 특정 크기로 이미지를 여러 개 만들 때 사용하면 편리합니다.

01 사용자 지정 슬라이드 크기에서 원하는 이미지의 크기를 px 단위까지 포함해서 입력합니다. 입력을 마치면 cm로 환산된 크기가 표시됩니다. 너비와 높이를 '700px'로 설정합니다.

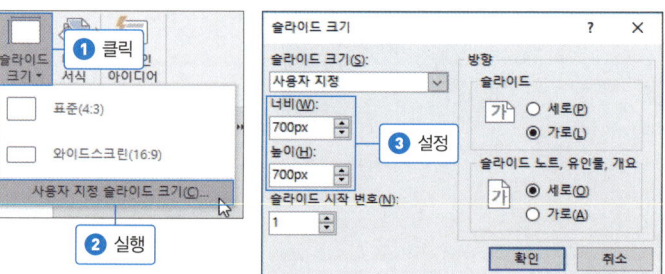

tip 파워포인트 2010 이하 버전에서는 자동으로 환산되지 않습니다. 환산된 cm 값을 직접 입력합니다.
(픽셀 크기 환산 사이트 'http://www.blitzresults.com/en/pixel' 이용)

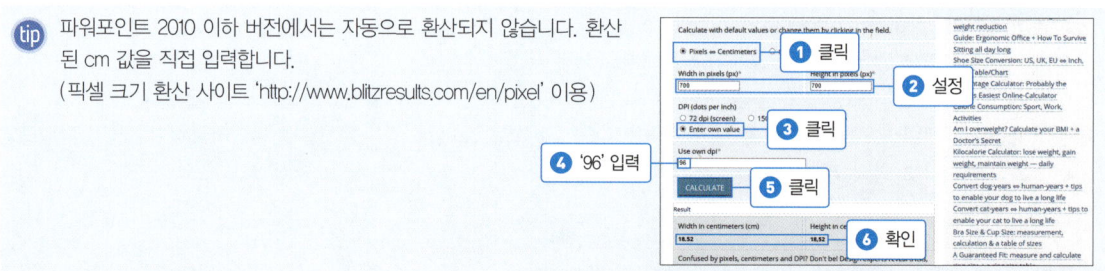

02 슬라이드에 원하는 내용을 작성합니다.

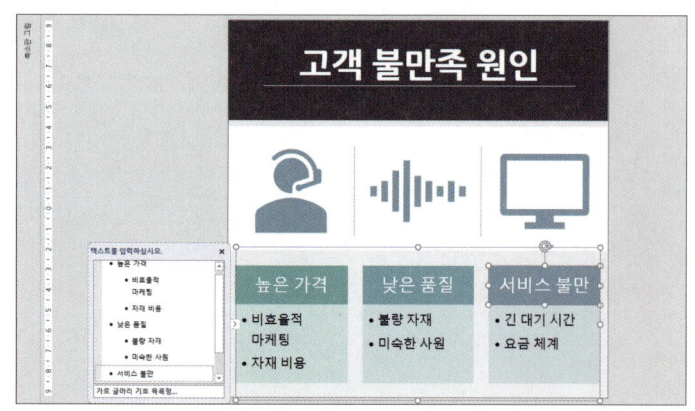

03 [파일] 탭 → [내보내기] → [파일 형식 변경]에서 PNG나 JPG 형태의 그림으로 저장합니다.

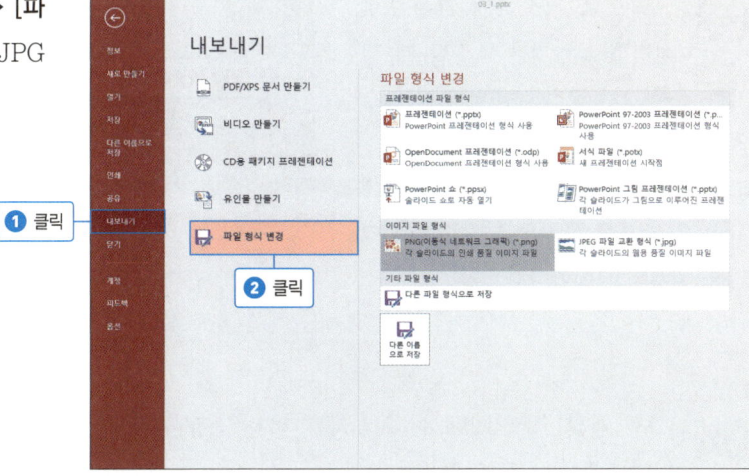

■ 슬라이드의 일부 내용을 원하는 픽셀 크기의 그림으로 저장하는 방법

도형이나 차트 등 슬라이드의 일부분만 웹용 이미지로 저장하고 싶다면, 필요한 이미지의 픽셀 크기를 1.56으로 나눈 값을 사용하면 됩니다. 전체 슬라이드를 원하는 픽셀 크기로 지정하면 정확히 반영되는데, 슬라이드 내의 개체를 그림으로 저장하면 실제 입력한 이미지의 크기와 대략 1.56배 정도 차이가 나기 때문입니다.

예) 가로 550px 사이즈 이미지를 사용하려면 : 파워포인트에서 크기 = 550/1.565 → 352px로 제작

01 이미지로 만들 내용을 모두 선택하고 Ctrl+C 키를 눌러 복사합니다.

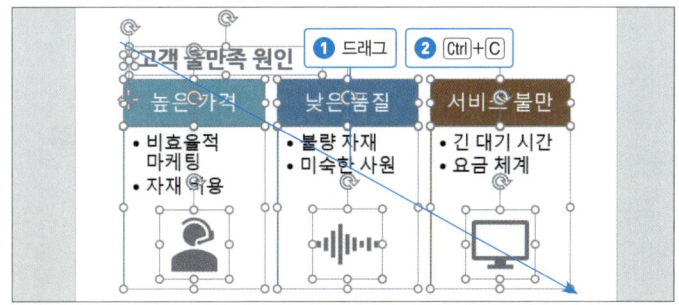

02 빈 영역이나 슬라이드에서 Ctrl+V 키를 눌러 붙여넣고, 붙여넣기 옵션에서 '그림'을 선택합니다.

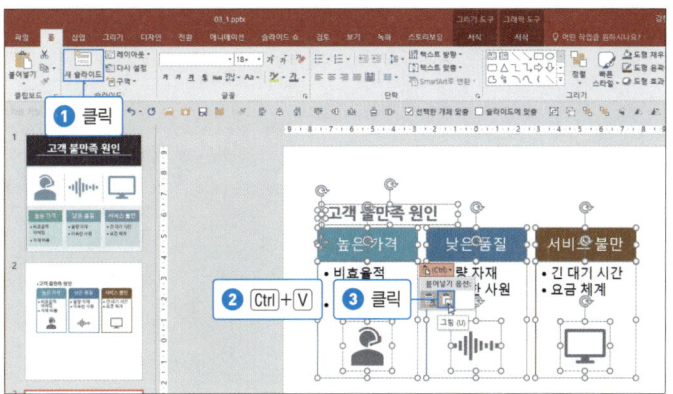

03 그림으로 저장하면 그룹으로 설정해서 크기를 조정할 때 생기는 글꼴 크기 조정 같은 작업이 필요 없습니다.
그림 크기를 조정하기 위해 그림 위에서 마우스 오른쪽 버튼을 클릭하고 **크기 및 위치**를 실행합니다.

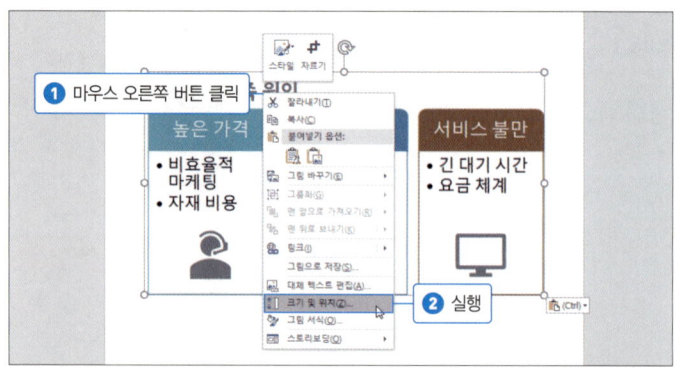

04 [그림 서식] 작업 창에서 '가로 세로 비율 고정'에 체크 표시하고 너비를 '352px'로 입력합니다.

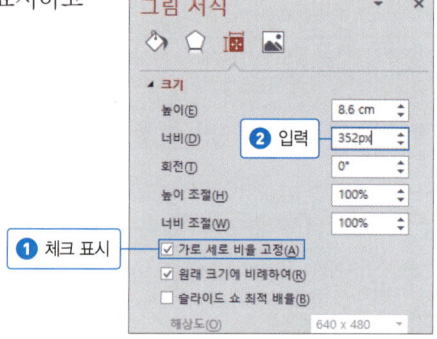

05 입력하고 나면 크기가 조정되고 작업 창에는 다시 'cm' 단위로 표시됩니다. 그림 위에서 마우스 오른쪽 버튼을 클릭하고 **그림으로 저장**을 실행해 저장합니다.

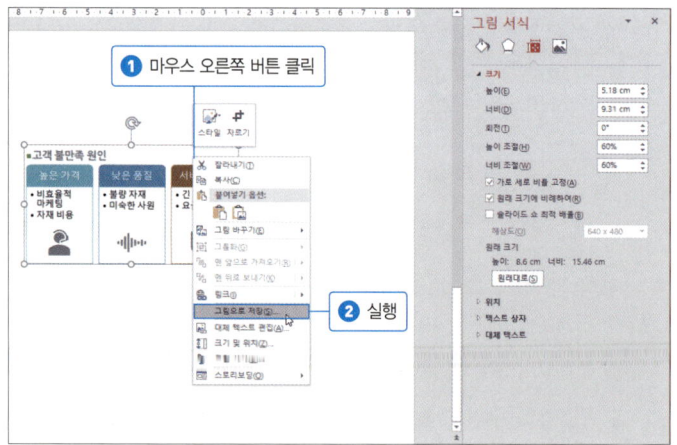

4 이미지 제작에 유용한 사이트 활용하기

이미지 작업을 할 때 유용한 사이트를 활용하는 것도 편리한 방법 중 하나입니다. 그러나 인터넷 사이트는 항상 변화하고 더 좋은 사이트가 생기기도 하니 필요할 때 검색해서 최신 정보를 확인해 보세요.

1 배경 제거

배경을 제거하는 기능은 파워포인트에도 제공되지만, 좀 더 깔끔하게 작업기 위해서는 포토샵 같은 전문 이미지 편집 프로그램을 사용해야 합니다.

하지만 전문 프로그램을 사용할 수 없는 경우 배경을 제거하는 유료 사이트를 활용하는 것도 좋은 방법입니다. 무료로 배경 제거를 해 보고 마음에 들면 결과물을 다운로드하면 됩니다.

■ 이넘컷(http://www.enumcut.com)

단순한 배경 사진부터 복잡한 배경 및 머리카락 사진까지 배경 제거를 지원합니다.
- Auto Tool : 클릭 한 번이면 작업 완료! 심플한 배경 사진에 적합합니다.
- Normal Tool : 남겨질 영역은 파란색 브러시, 제거할 배경 부분은 빨간색 브러시로 마킹합니다.
- Expert Tool : 머리카락과 같은 복잡한 영역이 포함된 이미지에 적합합니다.

2 파일 변환 사이트

■ Cloudconvert(https://cloudconvert.com)

최신 버전 파워포인트에서는 '*.svg' 파일을 삽입할 수 있지만 이전 버전에서는 사용할 수 없습니다. 이런 경우 파일을 변환해서 사용해야 하는데 사이트를 이용하면 간단하게 변환할 수 있습니다.

오디오, 비디오, 문서, ebook, 이미지, 스프레드시트, 프레젠테이션 등 200여개 이상의 포맷 사이에 변환을 지원합니다.

01 Cloudconvert(https://cloudconvert.com) 사이트에 접속한 후 변환하려는 파일을 선택합니다.

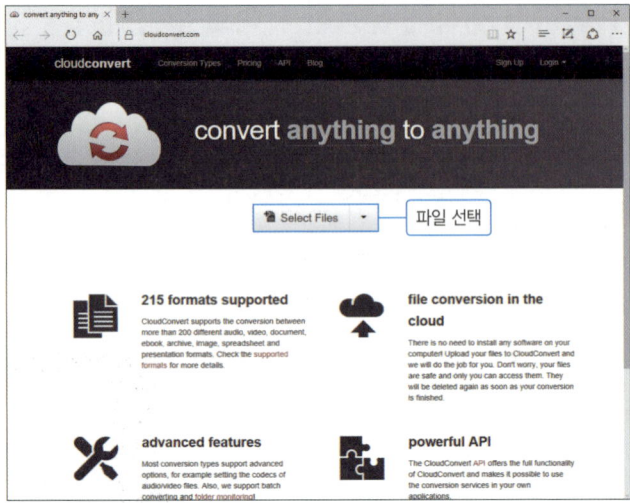

02 변환할 파일 형식을 선택합니다.

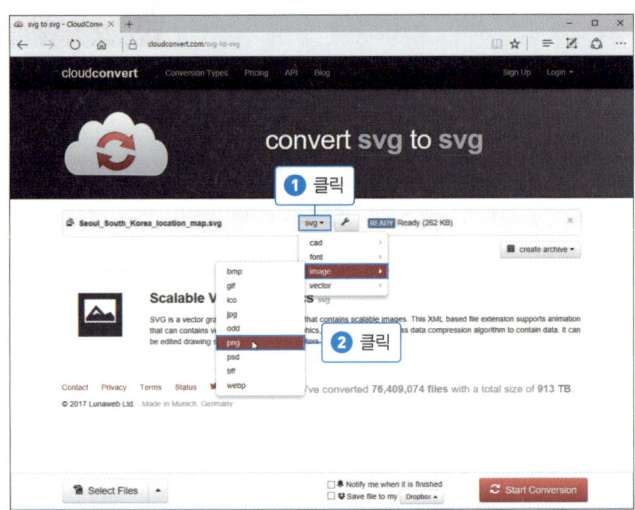

03 화면 아래쪽의 〈Start Conversion〉 버튼을 클릭합니다.

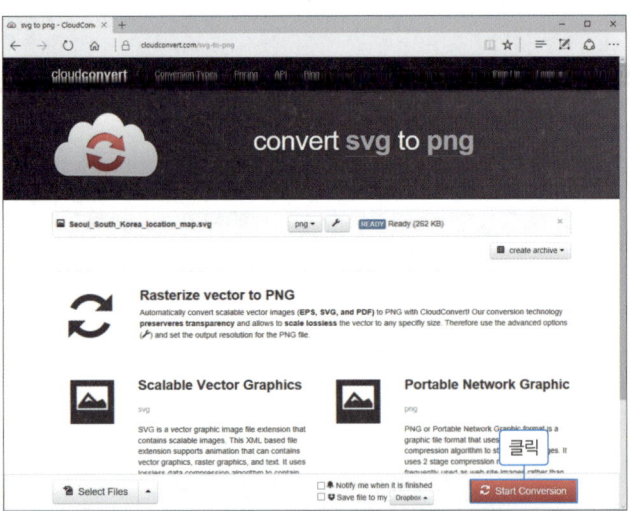

04 변환이 끝나면 〈Download〉 버튼을 눌러 저장하고 사용합니다.

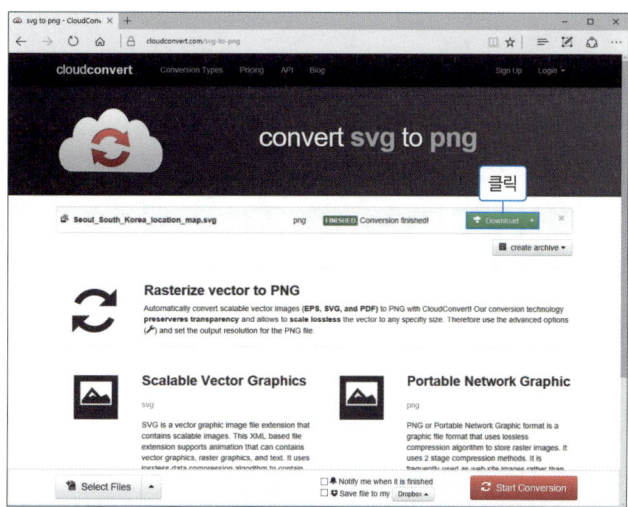

■ pdf element(http://www.anypdftools.com)

PDF 파일을 다양한 형식으로 저장할 수 있습니다. 단, 이미지 형식으로 저장된 PDF 파일은 PPT 파일로 변환해도 수정할 수 없습니다.

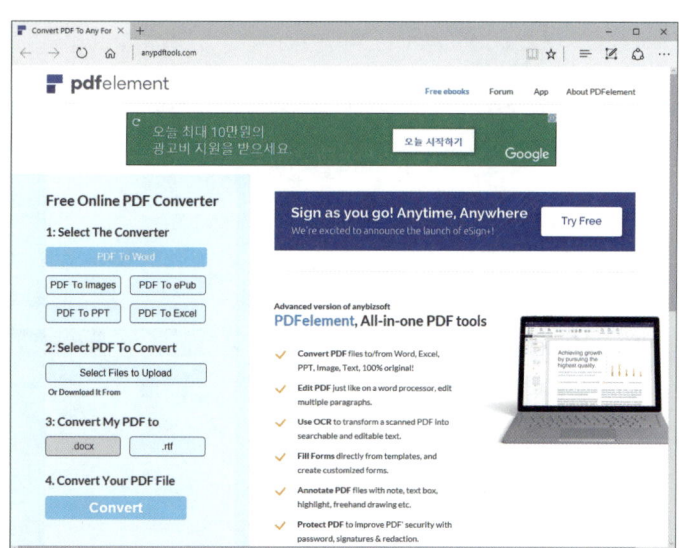

■ Smallpdf(https://smallpdf.com/kr)

PDF 파일을 다양한 형식으로 변환하거나 합치기, 암호 설정 등 PDF와 관련된 다양한 기능을 사용할 수 있습니다. 다만 한 시간에 2회 무료로 이용 가능하고, 만일 더 많이 사용하려면 한 시간 후에 하거나 유료 서비스를 활용해야 합니다.

SECTION 04 아이콘 활용하기

그림으로 표현된 기호를 활용하면 슬라이드의 내용을 훨씬 간결하고 쉽게 작성할 수 있습니다. 아이콘은 인터넷에서 준비하거나 파워포인트 2016 사용자(최신 버전의 Office 365 구독자)에게 제공되는 [아이콘] 명령으로 사용할 수 있습니다. 그 이외의 다른 방법을 살펴보고 슬라이드 제작에 활용하는 방법을 알아보겠습니다.

1 파워포인트 기능 확장해서 사용하기

{실습 파일} 03\04_1.pptx

스마트폰이나 윈도우 등에 앱을 추가해서 기능을 확장하듯이 파워포인트 프로그램(2013 버전 이상)도 추가적으로 기능을 확장할 수 있습니다. 크롬 사용자가 스토어에서 필요한 기능을 찾아 확장 앱을 추가하는 것을 생각하시면 이해하기 쉽습니다. 아직은 국내 앱이 적은 편이지만 계속 추가되고 있으니 틈틈이 살펴보세요.

01 [삽입] 탭 → [추가 기능] 그룹 → [스토어]를 클릭합니다.

02 'Office 추가 기능' 대화상자가 표시되고 추가 기능 프로그램의 목록이 표시됩니다. 'Pickit Free Images'를 설치하겠습니다. 검색창에 'pickit' 이라고 입력합니다.
검색된 'Pickit Free Images'를 선택합니다.

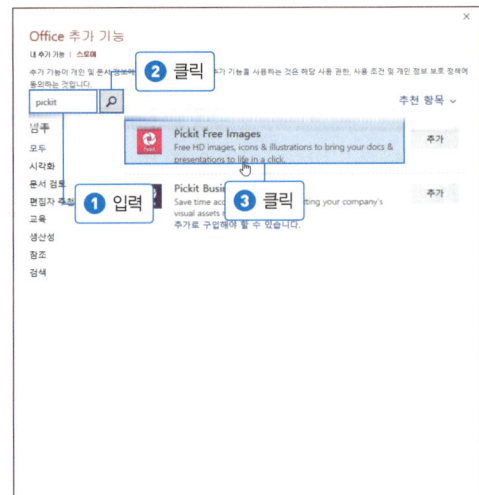

03 내용을 확인하고 〈추가〉 버튼을 클릭합니다.

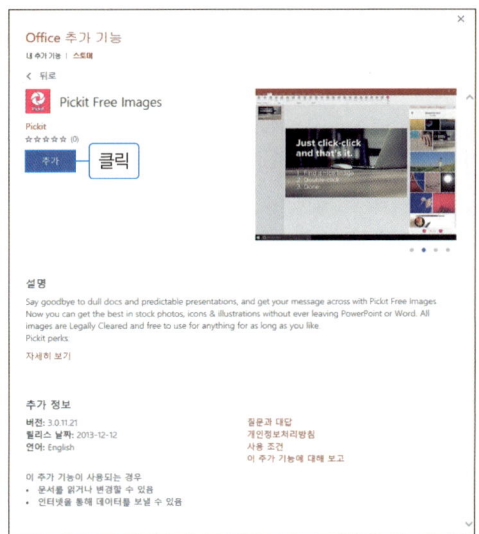

04 설치가 끝나면 앱이 추가된 것을 확인할 수 있습니다. 리본 메뉴에 등록된 [Free Image Pickit]을 클릭해, 작업 창이 표시되면 사용할 이미지를 검색합니다.

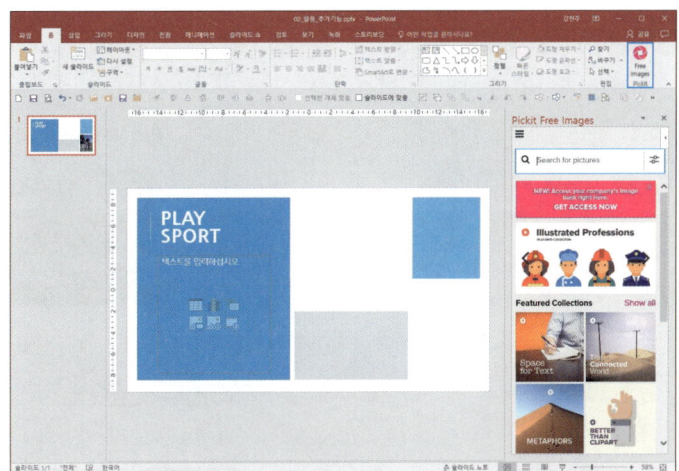

05 검색된 이미지 중 사용하려는 것을 선택하고 Insert 키를 눌러 슬라이드에 삽입합니다.

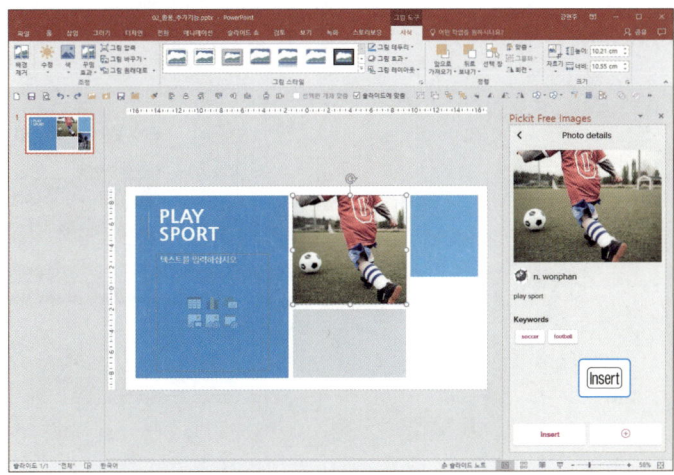

06 이미지가 아닌 아이콘을 검색할 수도 있습니다.

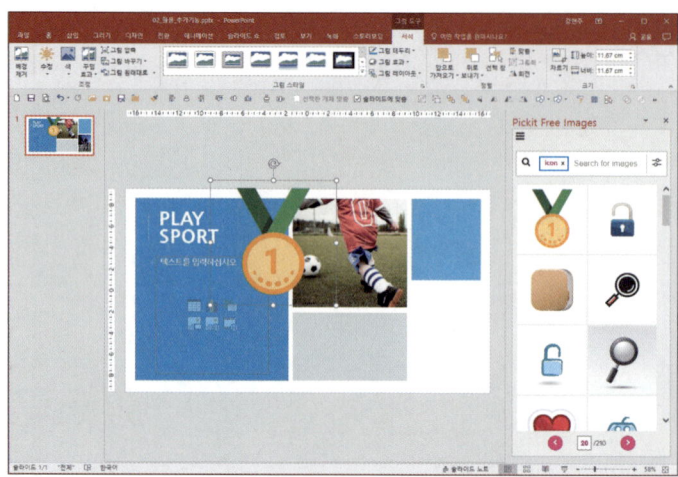

07 또 다른 'pro word cloud'라는 앱은 단어를 이용해서 이미지를 만들어줍니다. 글꼴, 색상, 크기 등을 설정하면 간단하게 만들 수 있습니다.

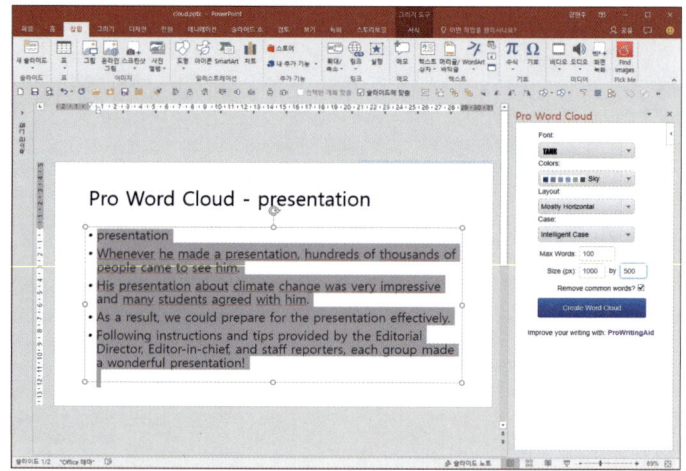

08 만들어진 미리 보기 이미지를 확인하고 다시 만들거나, 저장할 수 있습니다.

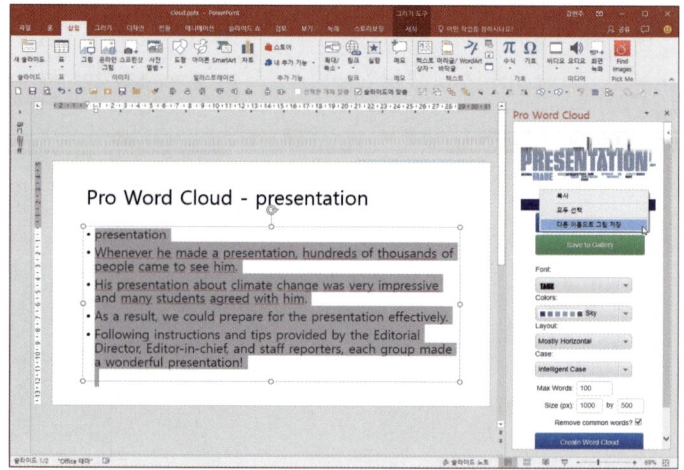

09 이미지를 삽입해서 슬라이드에 활용합니다.

10 이처럼 다양한 기능을 파워포인트에서 사용할 수 있으니, 필요한 앱을 찾아 같은 방법으로 추가해서 사용합니다.
설치된 확장 기능을 관리하려면 **[삽입] 탭 → [추가 기능] 그룹 → [내 추가 기능]** 을 클릭합니다.
'Office 추가 기능' 대화상자가 표시되면 '내 추가 기능 관리'를 클릭합니다.

11 앱을 숨기거나 표시할 수 있습니다.

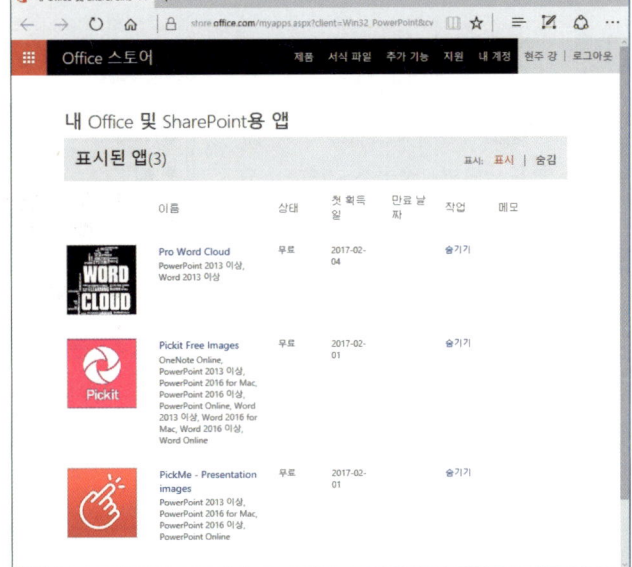

> tip　PowerPoint용 추가 기능에 관한 정보를 한눈에 확인하려면 Office 스토어에서 검색하고 추가 작업을 하면 편리합니다.
> • Office 스토어 PowerPoint용 추가 기능 : https://goo.gl/Ybtr2T

2 기호 글꼴을 이용한 아이콘 만들기

기호 글꼴을 이용하면 만들거나 인터넷에서 검색하는 것보다 빠르고, 쉽게 아이콘을 사용할 수 있습니다. 기호 글꼴은 기본으로 설치된 것 이외에 추가로 무료 글꼴을 설치해서 여러 형태를 사용할 수 있습니다.

{완성 파일} 03\04_2.pptx

1 기호 글꼴 입력 방법

기호 글꼴을 사용해서 입력한 내용은 텍스트 상자 개체를 다루는 것과 동일한 방법으로 사용합니다. 기호 글꼴로 만들어진 개체는 텍스트입니다.

01 [홈] 탭 → [글꼴] 그룹에서 **글꼴**을 'webdings'와 같은 기호 글꼴로 변경하고 입력합니다. 글꼴을 기호 글꼴로 변경해서 입력할 때는 영문 입력 상태에 가능합니다.

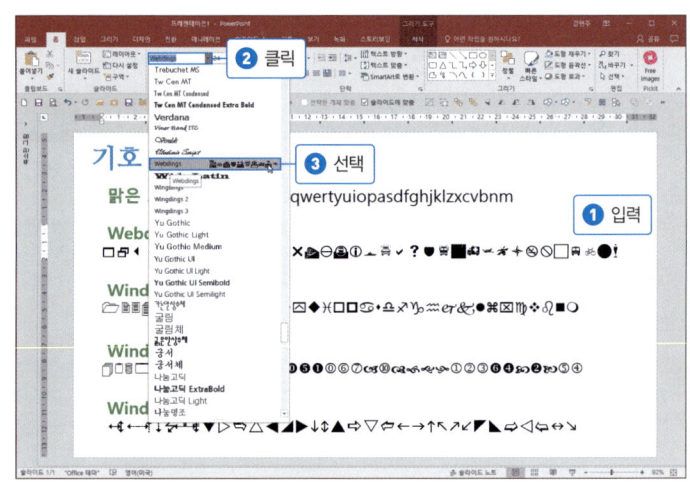

tip 키보드에 기호 글꼴이 표시되어 있지 않기 때문에 어느 자판에 어떤 기호가 배정되었는지 알아보려면 직접 모든 키를 눌러 봐야 합니다.

02 기호 모양을 확인하면서 입력하고 싶다면 [삽입] 탭 → [기호] 그룹 → [기호]를 클릭합니다. '기호' 대화상자가 표시되면, 글꼴을 기호 글꼴로 변경합니다.

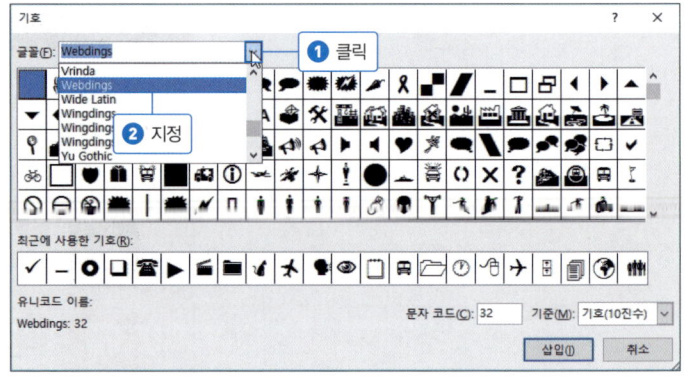

tip 이때 [기호] 명령이 비활성화되어 있다면 기호를 입력할 위치가 정해지지 않은 것입니다. 먼저 텍스트 상자를 삽입하고 [기호] 명령을 사용합니다.

SECTION 04 아이콘 활용하기

03 입력된 기호의 색상이나 크기를 변경하는 방법은 텍스트 개체와 같습니다.
[홈] 탭 → [글꼴] 그룹이나 [그리기 도구 서식] 탭 → [WordArt 스타일] 그룹에서 설정합니다.

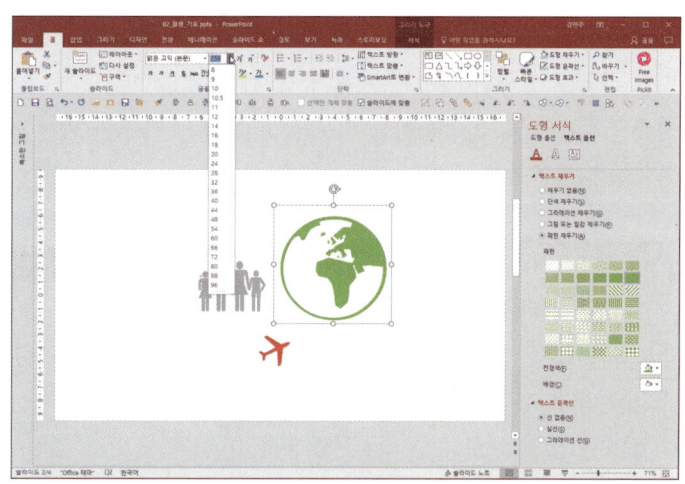

04 기호 글꼴을 이용해 입력한 아이콘을 서식을 설정하고 크기를 조정해 원하는 내용을 작성합니다.

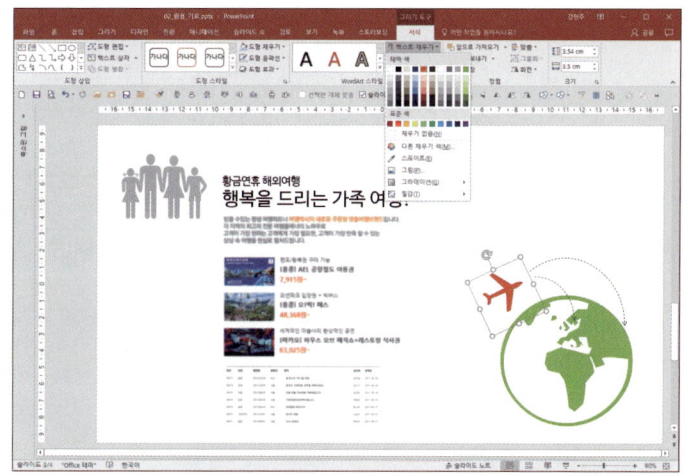

05 기본으로 제공되는 글꼴 이외에 다양한 기호 글꼴을 추가적으로 설치해서 사용할 수 있습니다. 사용할 때는 항상 사용 범위를 확인한 다음 이용합니다.

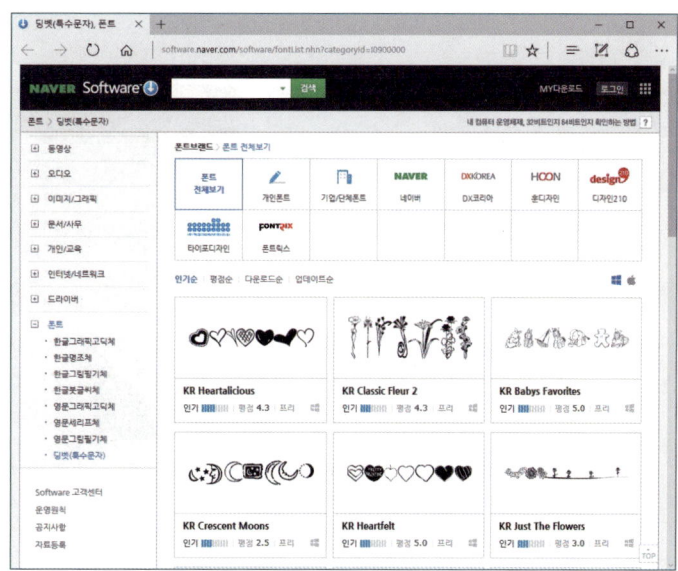

tip 네이버 딩벳 글꼴 : http://goo.gl/igLO5P

363

2 기호 글꼴로 입력한 텍스트를 편리하게 변형하기

기호 글꼴로 입력한 아이콘은 개체 크기를 조정할 때 크기 조절점을 드래그해서 조절할 수 없고 원하는 형태로 색상을 바꾸지 못하는 경우도 있습니다. 이런 문제를 해결하고 기호 글꼴을 조금 더 편리하게 활용하는 방법을 알아보겠습니다.

01 [그리기 도구 서식] 탭 → [Word Art 스타일] 그룹 → [텍스트 효과] → [변환]을 클릭하고, [휘기] 종류 중 '사각형'을 선택합니다.

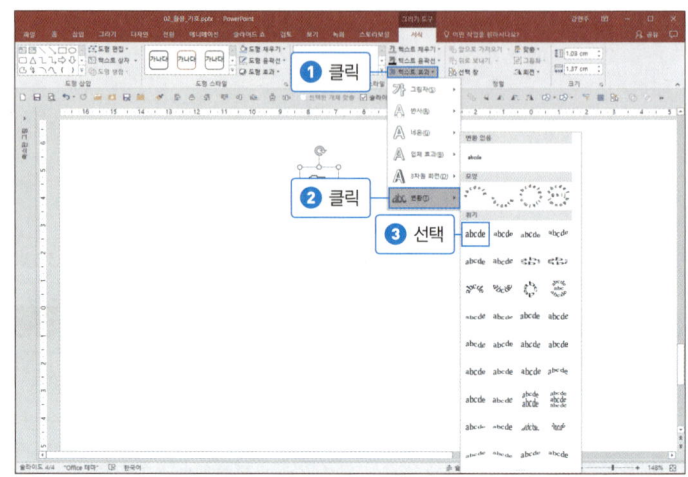

02 변환 효과가 적용되면 크기 조절점을 이용해서 텍스트의 크기를 조절할 수 있습니다.

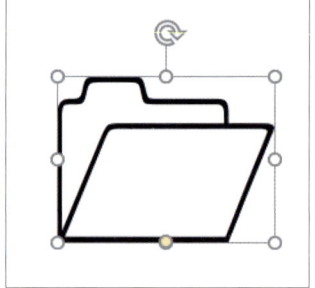

03 기호 글꼴의 또 다른 문제점은 글꼴이 색을 변경하면 기호 전체의 색이 변경되는 것이 아니라 외곽선의 색상만 변경된다는 것입니다.

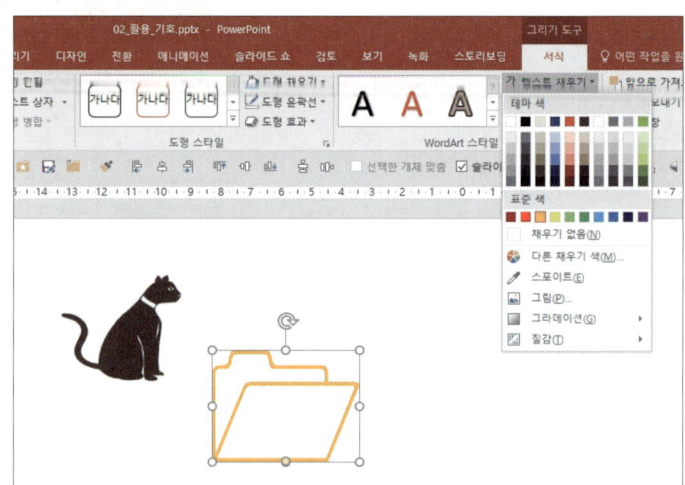

04 기호 글꼴에 색을 채우려면 도형 개체를 사용합니다. 자유형 도형, 혹은 기본 도형을 이용해 기호 글꼴과 같은 모양의 도형을 만듭니다.

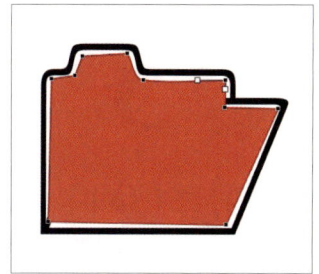

05 도형이 완성되면 도형을 선택한 다음 마우스 오른쪽 버튼을 클릭하고 **맨 뒤로 보내기**를 실행합니다.

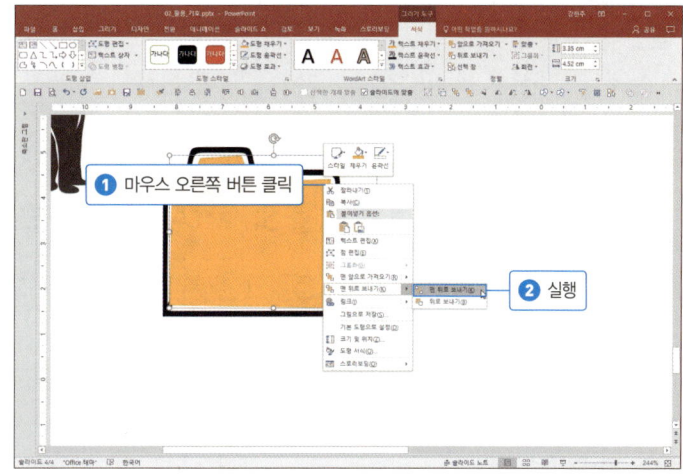

06 같은 방법으로 다양한 기호 글꼴을 채색된 아이콘처럼 사용할 수 있습니다.

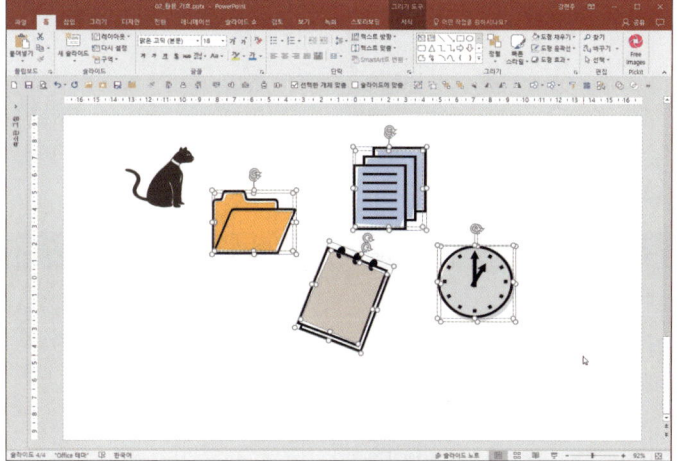

SECTION 05
SmartArt 그래픽 변형하기

SmartArt 그래픽은 텍스트를 쉽고 빠르게 도해화할 수 있는 기능입니다. 그러나 막상 사용하려고 하면 원하는 형태가 없는 경우가 많습니다. SmartArt 그래픽을 목적에 맞게 수정하고 활용하는 방법을 알아보겠습니다.

1 미리 입력된 텍스트 자료를 SmartArt 그래픽으로 만들기

슬라이드를 제작할 텍스트가 이미 준비된 경우라면 파워포인트에서 직접 입력하는 것보다 자료를 복사해서 사용하는 것이 편리합니다. 다른 프로그램의 자료를 파워포인트에서 이용하는 방법을 살펴보겠습니다. 텍스트 자료는 대부분 워드나 한글 프로그램 형태로 되어 있고, 인터넷에서 수집한 텍스트인 경우도 있습니다. 슬라이드에서 이 자료를 삽입할 때 글머리 기호만 변경해서 사용하는 것보다는 도해화하여 요약하는 것이 좋습니다.

텍스트 개체는 몇 번의 클릭으로 전달하고자 하는 메시지를 시각적으로 표현할 수 있는 SmartArt 그래픽으로 변환이 가능합니다.

{실습 파일} 03\05_1.pptx, 05_1(w).docx   {완성 파일} 03\05_1결과.pptx

01 03\05_1.docx 파일의 텍스트 내용을 복사합니다.

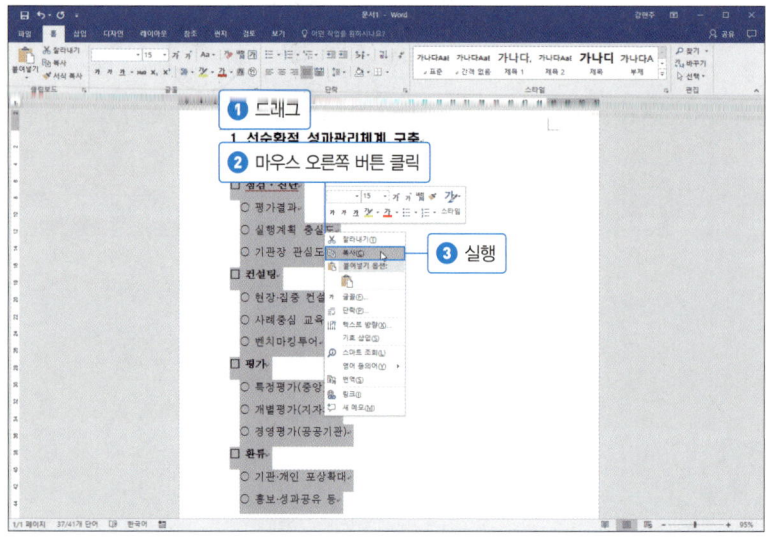

SECTION 05 SmartArt 그래픽 변형하기

02 슬라이드의 텍스트 개체 틀을 클릭한 다음 붙여넣습니다. 만일 슬라이드 레이아웃이 텍스트 개체 틀이 없는 형태라면 텍스트 상자를 삽입한 다음 붙여넣습니다.

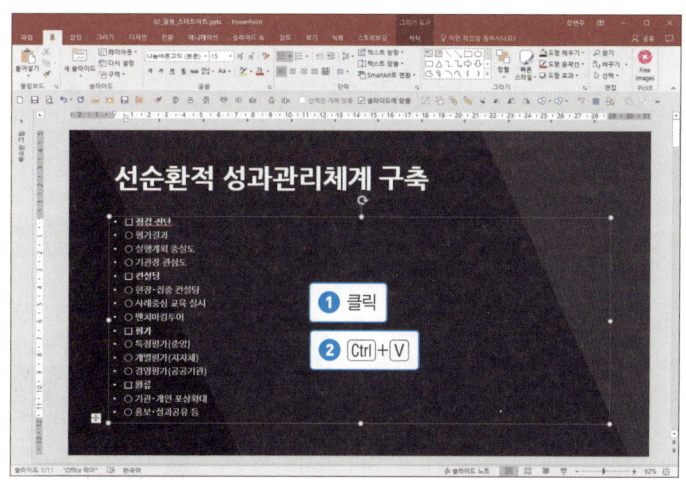

03 불필요하게 입력된 특수기호나 단어를 삭제해서 텍스트 자료를 정리합니다. 만일 자료의 양이 많다면 [바꾸기] 명령을 활용합니다. 지우려는 문자를 블록 설정하고 마우스 오른쪽 버튼을 클릭해 **복사**를 실행합니다. 이때 기호 뒤의 불필요한 공백을 함께 복사하면 공백까지 한 번에 정리할 수 있습니다.

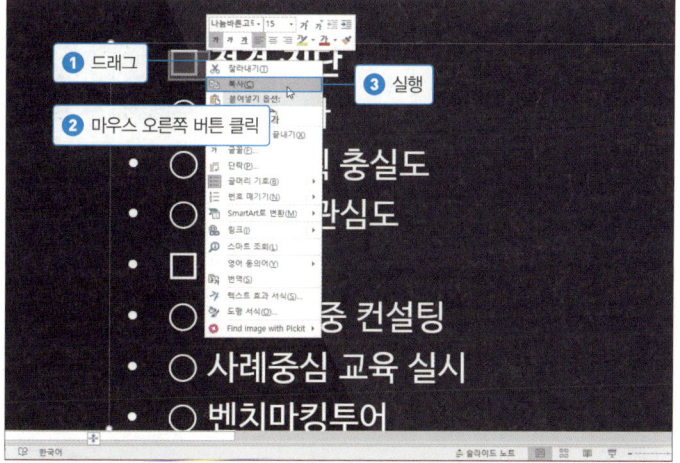

04 [홈] 탭 → [편집] 그룹 → [바꾸기] → [바꾸기]를 클릭합니다. '바꾸기' 대화상자가 표시되면, 찾을 내용에 복사한 내용을 붙여넣습니다. 바꿀 내용을 비워둔 채 〈모두 바꾸기〉 버튼을 클릭합니다.

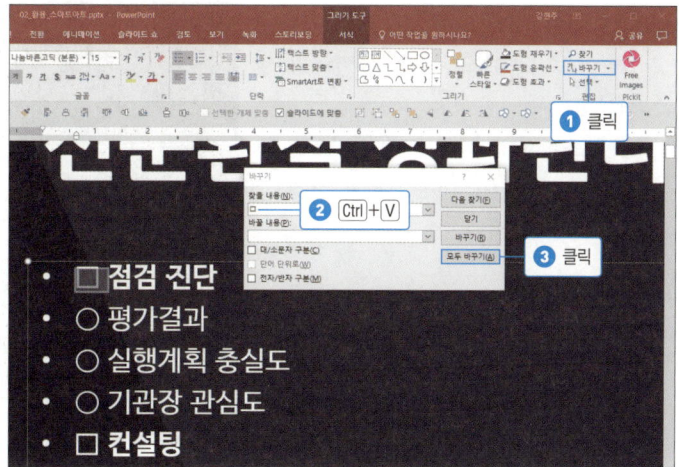

05 작업 완료를 알리는 대화상자가 표시되면 〈확인〉 버튼을 클릭합니다.

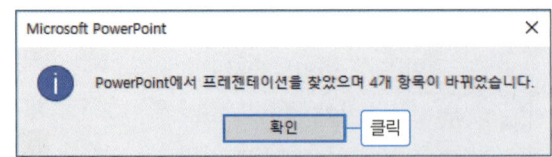

06 '바꾸기' 대화상자가 계속 실행된 상태에서, 삭제할 다른 문자를 선택하고 복사합니다.

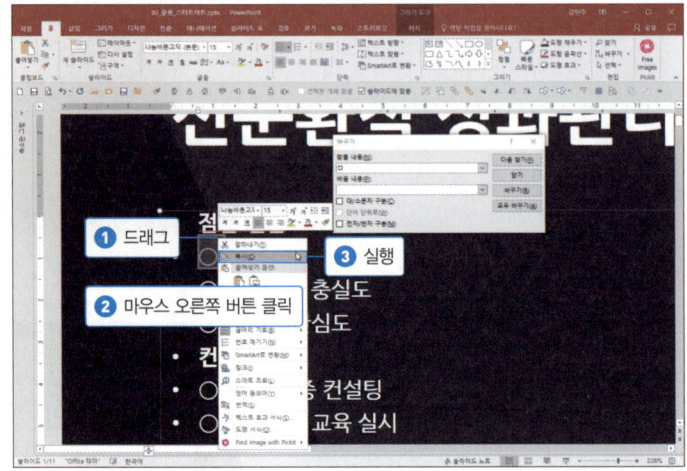

07 '바꾸기' 대화상자에 찾을 내용에 복사해 둔 내용을 붙여넣습니다. 바꿀 내용을 비워 둔 채 〈모두 바꾸기〉 버튼을 클릭합니다.

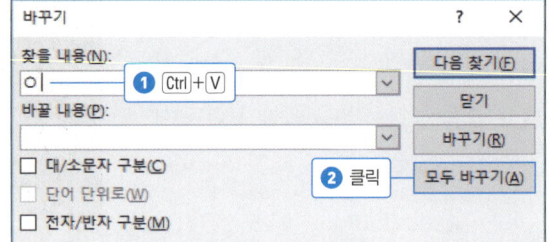

08 작업 완료를 알리는 대화상자가 표시되면, 〈확인〉 버튼을 클릭합니다.
더 이상 삭제할 내용이 없다면 〈닫기〉 버튼을 눌러 '바꾸기' 대화상자를 종료합니다.

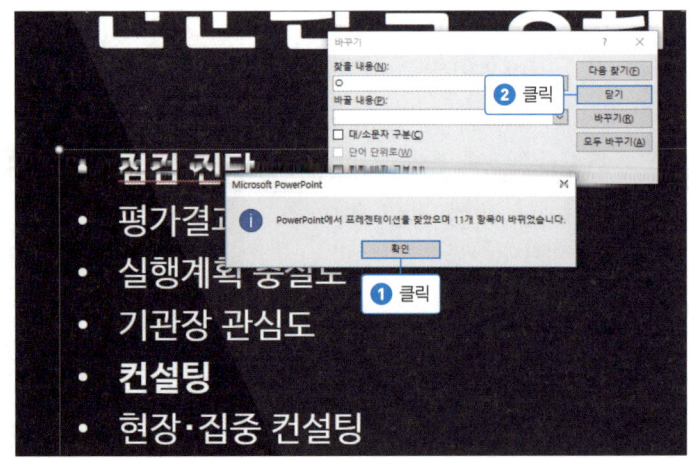

SECTION 05 SmartArt 그래픽 변형하기

09 텍스트의 목록 수준을 정리합니다. 목록 수준을 늘릴 단락을 블록 설정하고 Tab 키를 누르거나 [홈] 탭 → [단락] 그룹 → [목록 수준 늘림]을 클릭합니다.

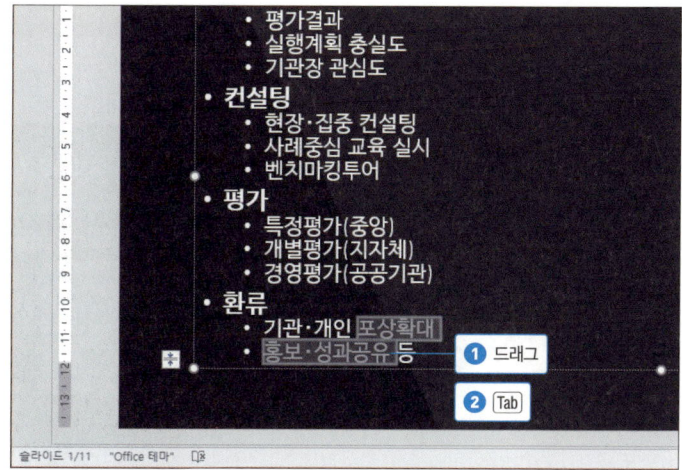

tip 이 단계에서 글머리 기호의 유·무나 형태는 중요하지 않습니다. 수준별로 정리되어 있으면 원하는 형태의 SmartArt 그래픽으로 변형할 수 있습니다.

10 텍스트가 포함된 개체 틀을 클릭하고 [홈] 탭 → [단락] 그룹 → [SmartArt 그래픽으로 변환]을 클릭해 **기타 SmartArt 그래픽**을 실행합니다.

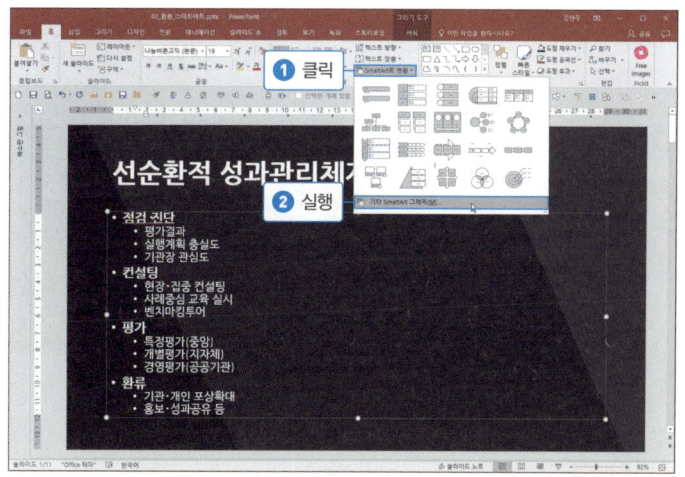

11 텍스트의 양과 항목 수에 따라 적절한 유형을 결정합니다. 예제에서는 텍스트 내용에 흐름이 있고, 텍스트 분량이 많기 때문에 프로세스형 중에서 '강조 프로세스형'을 사용하겠습니다. 유형을 선택하고 〈확인〉 버튼을 클릭합니다.

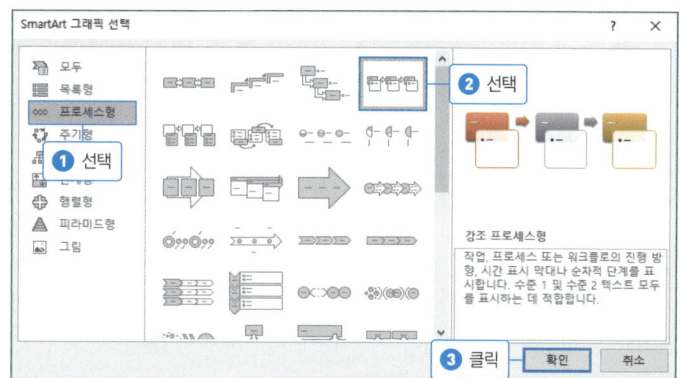

369

12 [SmartArt 도구 디자인] 탭 → [SmartArt 스타일] 그룹 → [색 변경]을 이용해서 제공되는 색 조합을 선택하거나 각 도형을 하나씩 선택하면서 서식을 설정합니다.

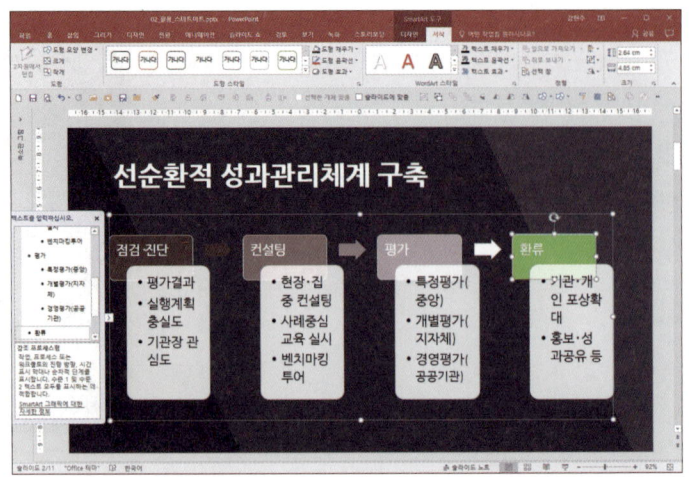

13 텍스트 중 줄 바꿈을 하고 싶은 부분이 있다면 Shift + Enter 키를 눌러 줄을 바꿉니다.

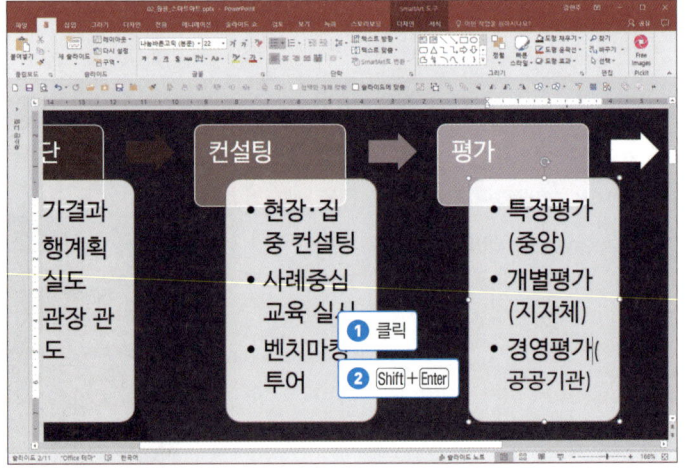

2 그림을 SmartArt 그래픽으로 만들기

그림을 슬라이드에 삽입하고 크기를 조정하고 적당한 위치에 배치하는 일은 생각보다 손이 많이 갑니다. 이런 경우 SmartArt 그래픽을 사용하면 쉽게 그림을 배치하고 크기를 조절할 수 있습니다.

{실습 파일} 03\05_2.pptx　　{완성 파일} 03\05_2결과.pptx

01 슬라이드에 사용할 이미지를 03\이미지 폴더에서 가져와 삽입합니다. 삽입된 이미지를 모두 선택한 상태에서 **[그림 도구 서식] 탭** → **[그림 스타일] 그룹** → **[그림 레이아웃]**을 클릭하고 내용을 표현하기 적절한 형태를 선택합니다.

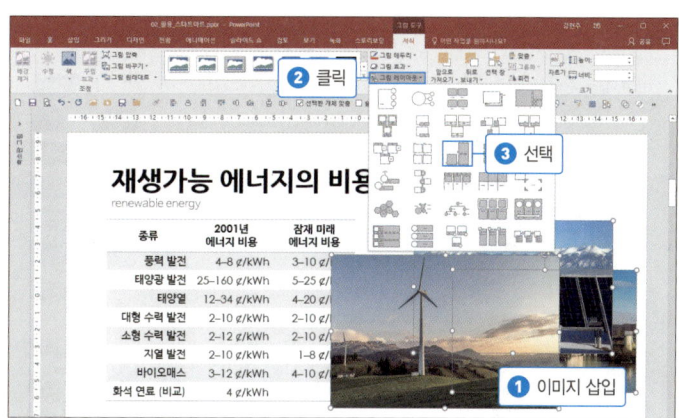

02 텍스트 창에서 그림에 관련된 설명을 입력합니다.

03 그림 개체를 적당한 크기로 조절합니다.
SmartArt 그래픽은 크기를 조절하면 그 안에 포함된 도형이나 텍스트의 크기를 자동으로 조절합니다.

3 SmartArt 그래픽을 변경해서 사용하기

파워포인트에서 제공하는 SmartArt 그래픽의 레이아웃만으로는 원하는 형태를 표현하지 못하는 경우도 있습니다. 도형 기능을 응용해 SmartArt 그래픽의 기본 형태에 얽매이지 않고 다양한 형태로 변형할 수 있습니다.

{실습 파일} 03\05_3.pptx {완성 파일} 03\05_3결과.pptx

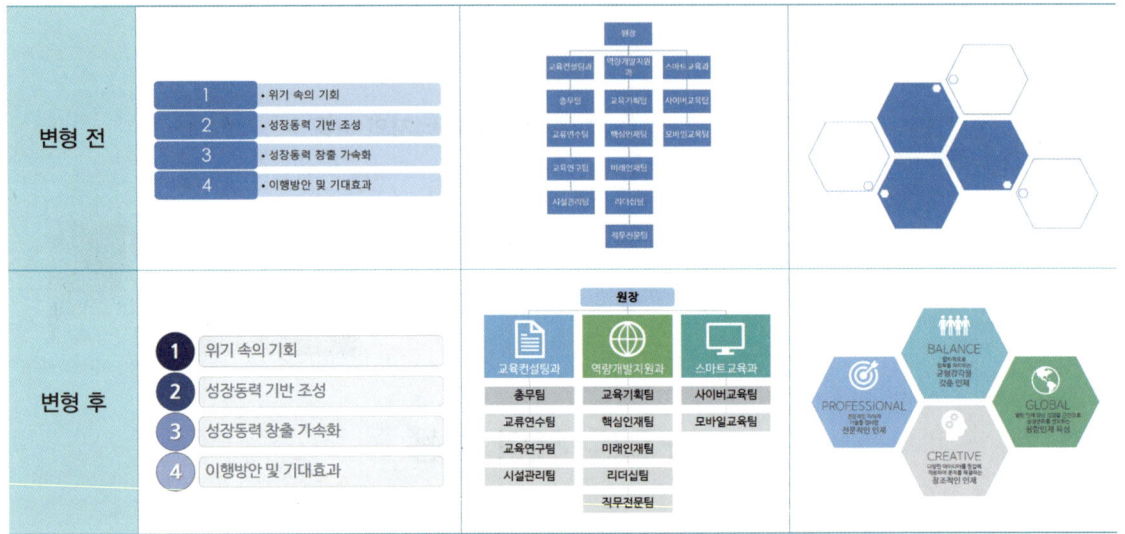

1 목차 형태의 도형 만들기

파워포인트에서 [확대/축소] 명령으로 목차를 대신할 수 있지만, 직접 목차 페이지를 만드는 경우도 많습니다. 목차를 구성하기에 가장 알맞은 형태를 SmartArt 그래픽을 이용해 만들겠습니다.

01 텍스트가 포함된 개체 틀을 선택하고 [홈] 탭 → [단락] 그룹 → [SmartArt 그래픽으로 변환]을 클릭한 다음 **기타 SmartArt 그래픽**을 실행합니다.

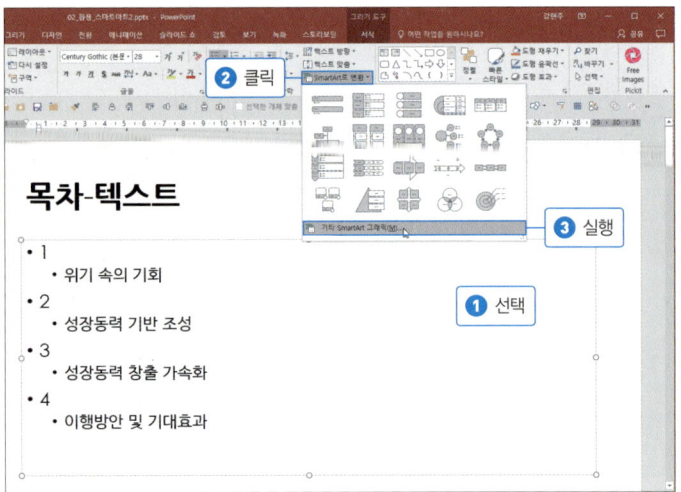

SECTION 05 SmartArt 그래픽 변형하기

02 SmartArt 그래픽을 원하는 형태로 변형하려면 최종 결과물과 가장 유사한 형태의 레이아웃을 선택하는 것이 좋습니다. 예제의 경우 번호와 내용, 두 개체가 한 세트인 형태이므로 [목록형] 범주에서 '세로 블록 목록형'을 선택하겠습니다.

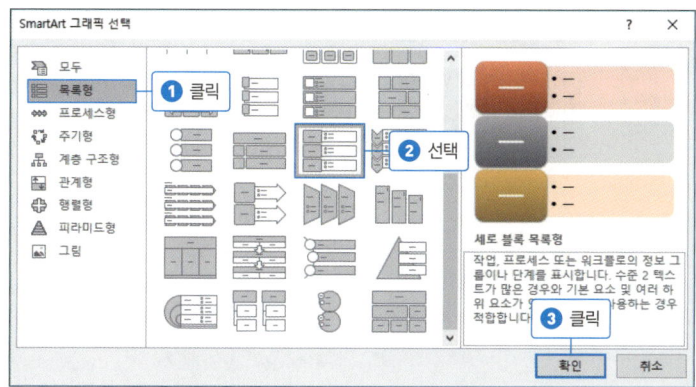

03 텍스트를 추가로 입력하지 않기 때문에 텍스트 창의 〈닫기〉 버튼을 클릭합니다.

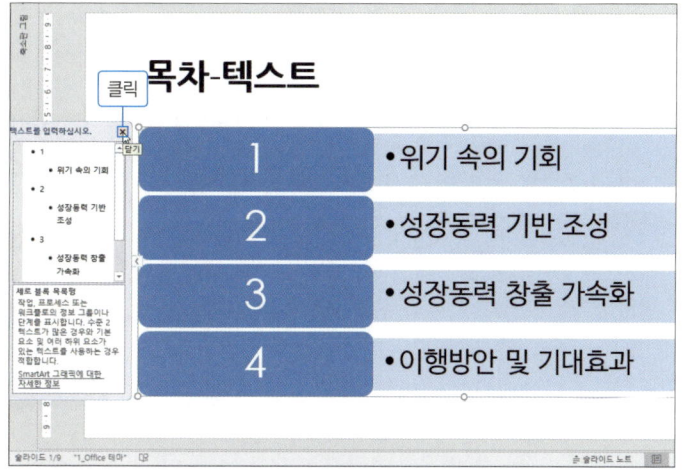

04 [SmartArt 도구 디자인] 탭 → [SmartArt 스타일] 그룹 → [색 변경]과 [SmartArt 도구 서식] 탭 → [도형 스타일] 그룹을 활용해서 서식을 설정합니다.

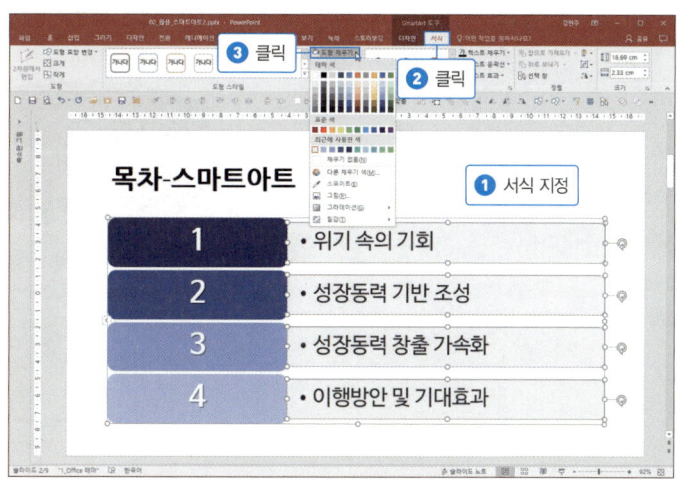

373

05 번호 부분의 도형을 모두 선택합니다.

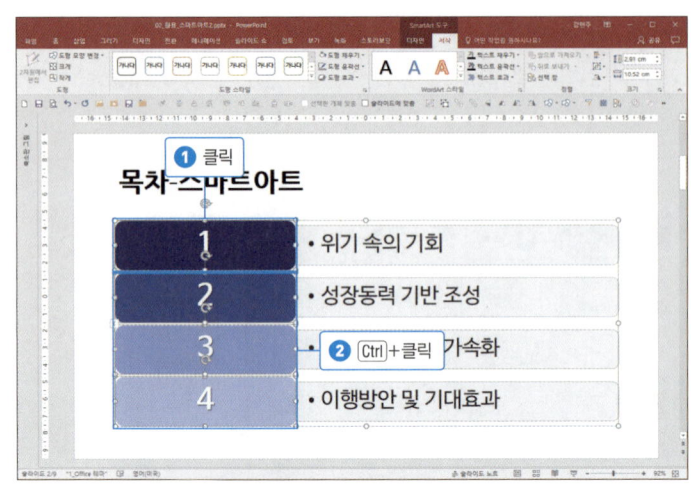

tip 여러 도형을 선택하려면 첫 번째 도형을 클릭하고, 두 번째 도형부터는 Ctrl 또는 Shift 키를 누른 상태에서 도형을 하나씩 클릭합니다.

06 [SmartArt 도구 서식] 탭 → [도형] 그룹 → [도형 모양 변경]을 클릭하고 기본 도형에서 타원을 선택합니다.

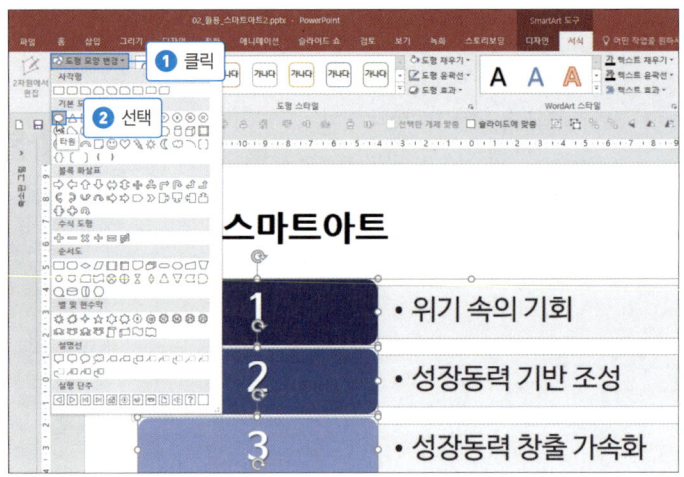

07 사각형 도형이 모두 타원으로 변경되었습니다.
계속해서 도형을 모두 선택한 채로 정원이 되도록 오른쪽 크기 조절점에 마우스를 위치시키고, 마우스 포인터가 양방향 화살표 상태가 되면 왼쪽으로 드래그합니다.

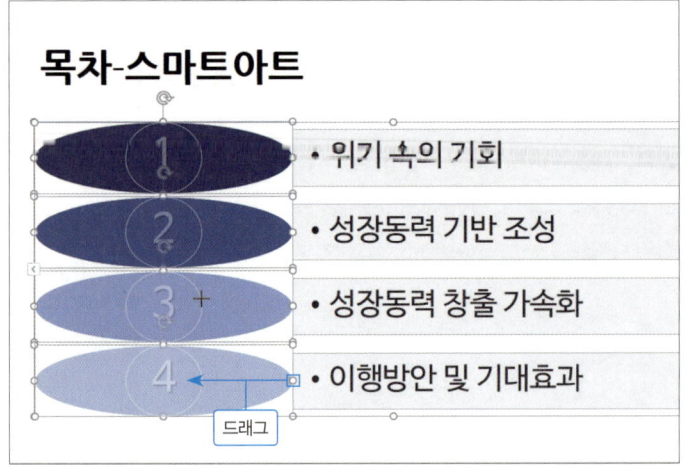

tip SmartArt 그래픽의 형태를 변경하면서 개체의 크기나 위치가 일정하지 않을 수 있습니다. 그런 경우 SmartArt 그래픽을 기본 레이아웃으로 되돌린 다음 다시 작업합니다. SmartArt 그래픽 개체를 선택하고 [SmartArt 도구 디자인] 탭 → [원래대로] 그룹 → [그래픽 원래대로]를 클릭합니다.

08 원형 도형이 모두 선택된 상태에서 키보드의 왼쪽 방향키를 눌러 왼쪽으로 도형을 이동합니다.

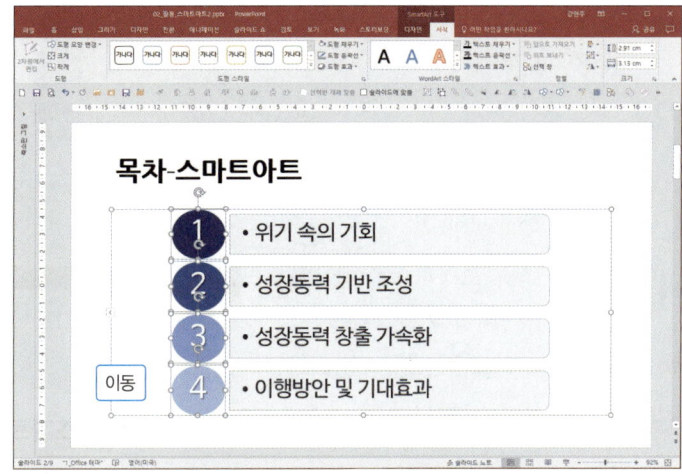

09 이번에는 오른쪽 도형 네 개를 모두 선택하고 [SmartArt 도구 서식] 탭 → [도형] 그룹 → [도형 모양 변경]을 클릭한 다음 사각형의 '모서리가 둥근 직사각형'을 선택합니다.

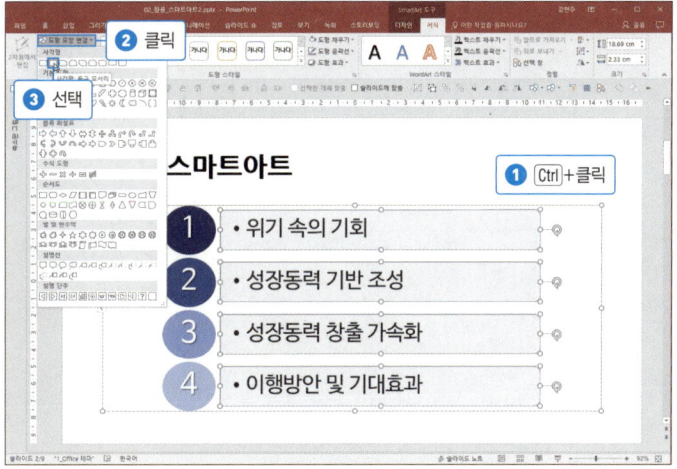

10 도형의 크기를 조절하고 정렬하는 번거로운 과정 없이 SmartArt 그래픽을 변형하여 기본 레이아웃에 없는 형태를 구성했습니다.

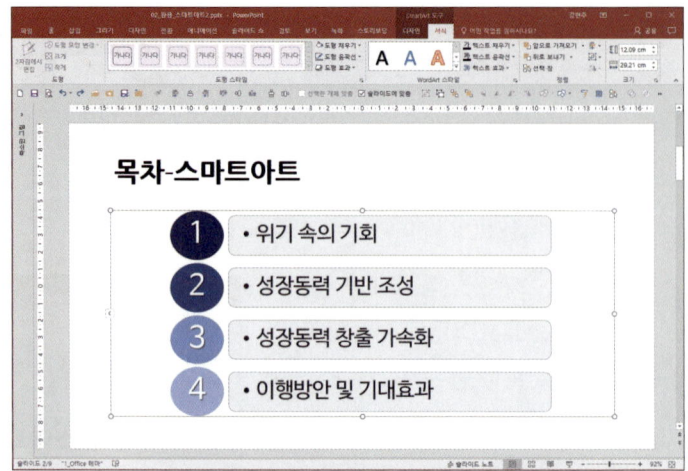

11 SmartArt 그래픽으로 제작한 도형의 글머리 기호를 삭제하려면 [홈] 탭 → [단락] 그룹 → [글머리 기호] → [없음]을 선택합니다.

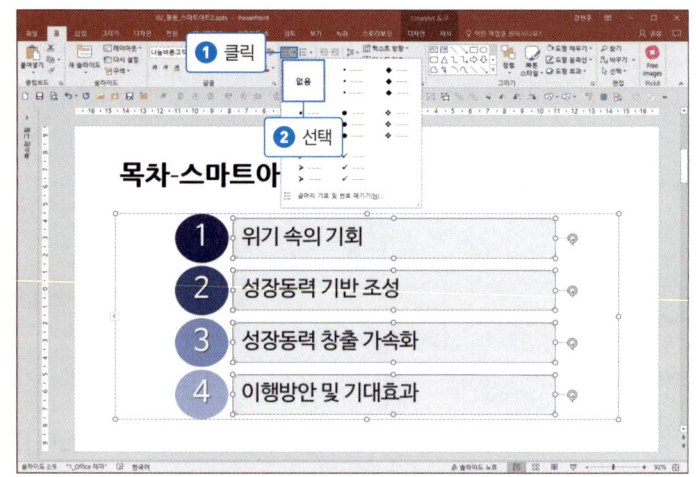

> tip 파워포인트 2010 이하에서 글머리 기호 모양을 삭제하려면 SmartArt 그래픽을 도형으로 변환한 다음 삭제할 수 있습니다.

2 조직도 형태 만들기

도형을 사용하면 복잡한 작업을 거쳐야 하는 조직도를 SmartArt 그래픽을 이용해 간단하게 만들겠습니다. 완성된 조직도는 복사하거나 그림으로 저장해서 다양하게 활용할 수 있습니다.

01 참고 사이트인 경기도 인재개발원(htttps://goo.gl/xkrmzo)의 조직도를 만들어 보겠습니다.

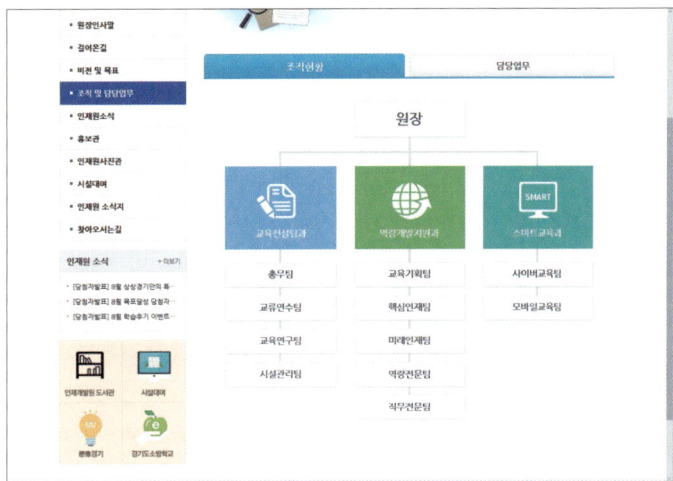

02 [삽입] 탭 → [일러스트레이션] 그룹 → [SmartArt]를 클릭한 다음, 'SmartArt 그래픽 선택' 대화 상자의 [계층 구조형] 범주에서 '조직도형'을 선택하고 〈확인〉 버튼을 클릭합니다.

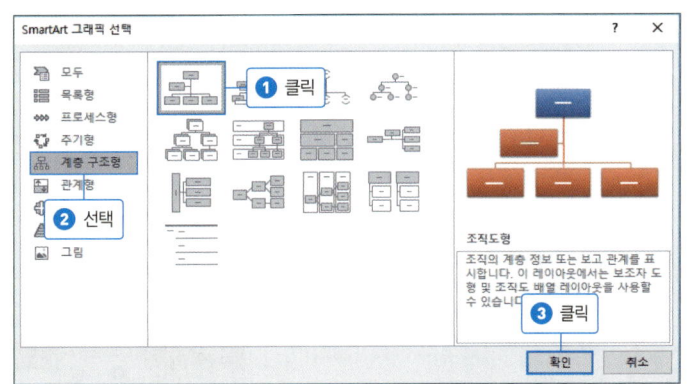

03 Enter 키와 Tab 키, Shift + Tab 키를 누르며 내용을 입력해서 필요한 만큼 도형을 삽입합니다.

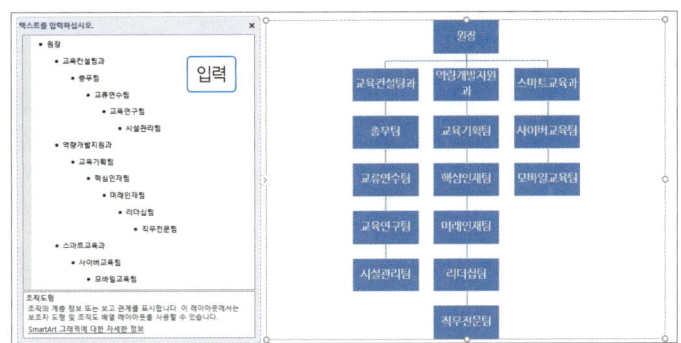

04 도형의 크기를 조정하기 위해 사각형 도형을 모두 선택합니다. Shift 키를 누른 상태에서 도형을 하나씩 클릭하면서 선택하거나, 텍스트 창에서 Ctrl+A 키를 누르면 전체 도형을 선택할 수 있습니다.

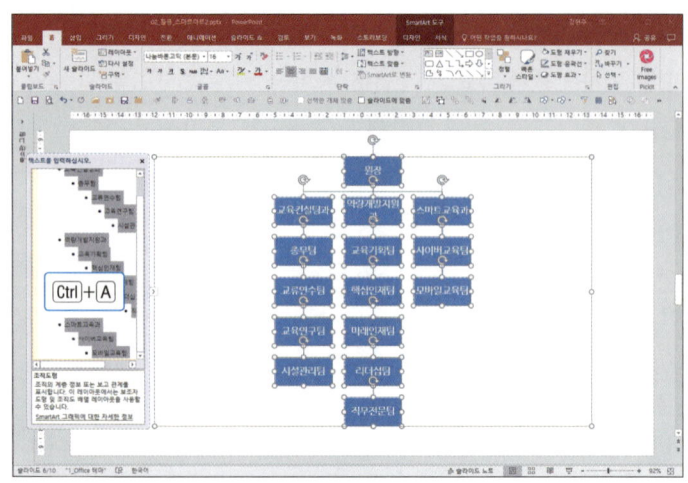

05 선택된 도형 중 하나의 가로 크기 조절점을 좌우로 드래그해서 도형의 가로 크기를 조절합니다.

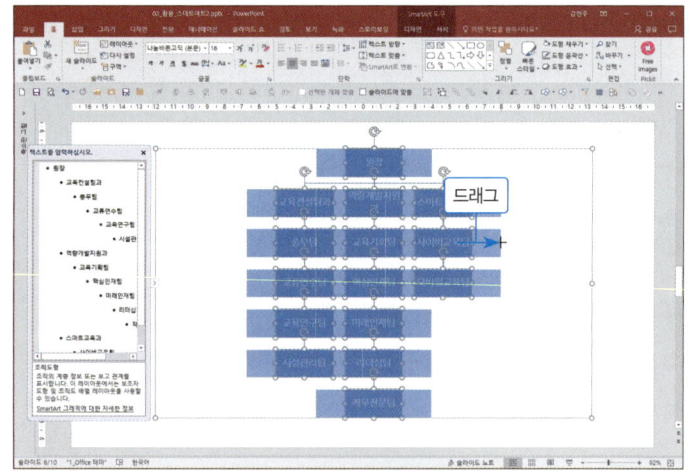

06 '원장' 도형을 선택하고 [SmartArt 도구 서식] 탭 → [도형] 그룹 → [도형 모양 변경]을 클릭한 다음 사각형에서 '둥근 모서리'를 선택합니다.

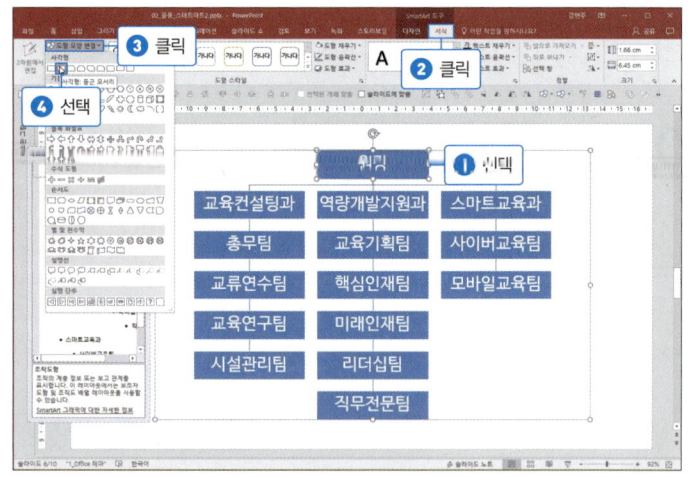

SECTION 05 SmartArt 그래픽 변형하기

07 '교육컨설팅과', '역량개발지원과', '스마트교육과' 도형을 선택하고 도형의 높이를 조정합니다.

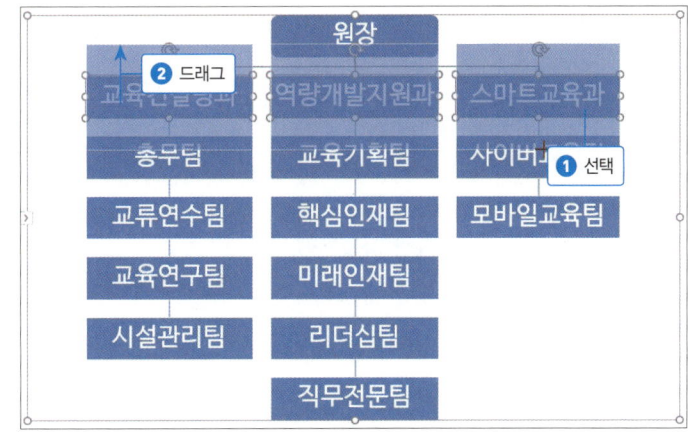

08 도형에 글꼴이나 채우기 등 서식을 설정하고 추가로 필요한 아이콘이나 준비한 이미지를 삽입합니다.

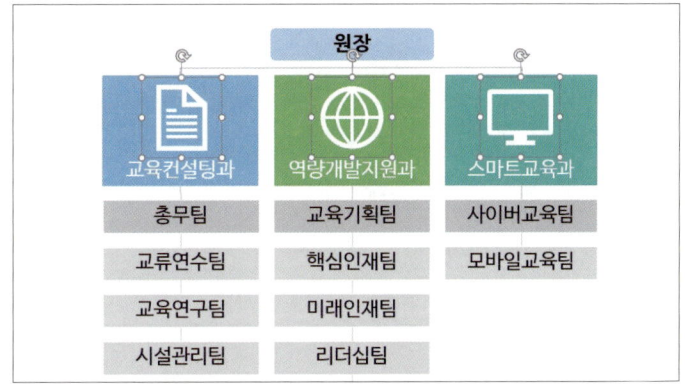

tip SmartArt 그래픽 도형의 텍스트를 아래로 맞추려면, [홈] 탭 → [단락] 그룹 → [텍스트 맞춤] → [아래쪽] 명령을 사용하면 편리합니다.

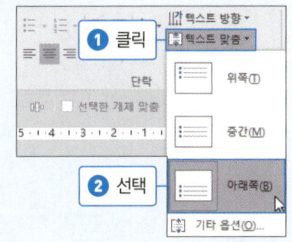

09 완성된 SmartArt 그래픽의 테두리에서 마우스 오른쪽 버튼을 클릭하고 **그림으로 저장**을 실행해 저장하고 필요한 곳에 삽입해 활용합니다.
만일 예제처럼 추가로 아이콘을 삽입했다면 아이콘까지 모두 선택하고 **그림으로 저장**을 실행합니다.

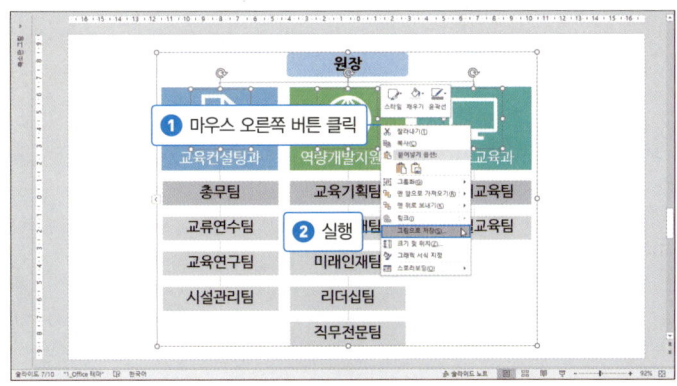

379

3 다양한 용도로 SmartArt 그래픽 활용하기

도해화 작업에서 가장 손이 많이 가는 부분은 도형 사이의 크기를 조절하거나 정렬에 관련된 설정입니다. 이런 경우에도 SmartArt 그래픽을 사용한 다음 도형으로 변환해 작업하면 작업 시간을 단축할 수 있습니다. 기본 사용 방법에 얽매이지 않고 다양한 형태로 활용해 보세요.

01 참고 사이트인 경기도 인재개발원(https://goo.gl/5iHMTF)의 이미지를 만들어 보겠습니다.

02 [삽입] 탭 → [일러스트레이션] 그룹 → [SmartArt]를 클릭한 다음, 'SmartArt 그래픽 선택' 대화상자의 [그림] 범주에서 '육각형 클러스터형'을 선택하고 〈확인〉 버튼을 클릭합니다.

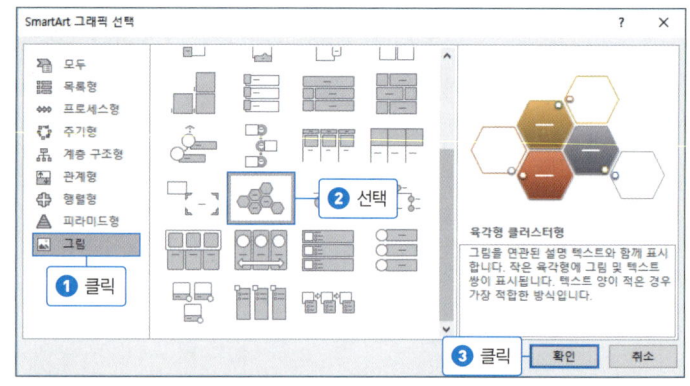

03 [SmartArt 도구 디자인] 탭 → [원래대로] 그룹 → [변환]을 클릭하고 **도형으로 변환**을 실행합니다.

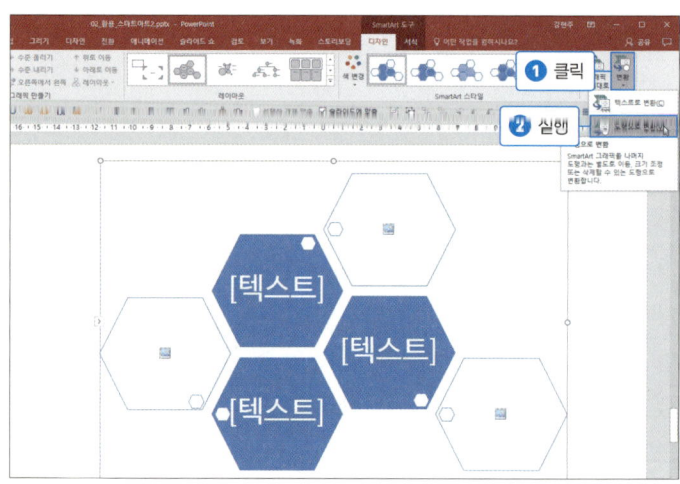

> **tip** 도형으로 변환된 SmartArt 그래픽은 다시 SmartArt 그래픽 기능을 사용하거나 SmartArt 그래픽으로 되돌릴 수 없습니다. 사전에 미리 텍스트 창의 내용을 복사해 두면 만일 다시 사용할 일이 생겼을 때 언제든지 다시 SmartArt 그래픽을 작성할 수 있습니다.

SECTION 05 SmartArt 그래픽 변형하기

04 도형으로 변환된 개체 위에서 마우스 오른쪽 버튼을 클릭하고 **그룹화 → 그룹 해제**를 실행합니다.

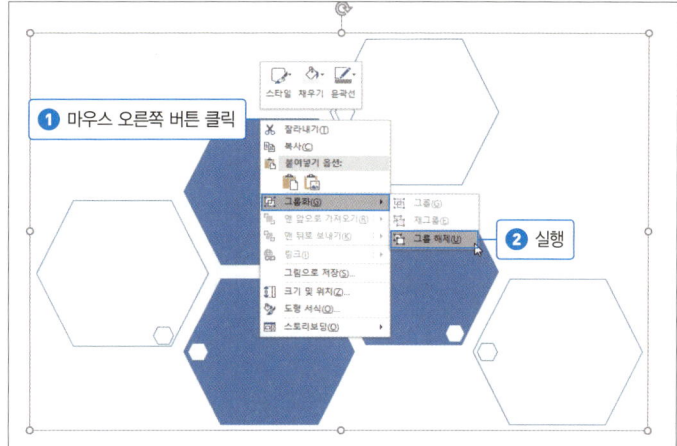

tip 그룹화의 단축키는 Ctrl+G이고, 그룹 해제 단축키는 Ctrl+Shift+G입니다.

05 그룹화가 해제된 도형 중 사용할 도형만 남겨 두고 나머지 도형을 삭제합니다.
도형을 모두 선택하고 마우스 오른쪽 버튼을 클릭한 다음 **그룹화 → 그룹**을 실행합니다.

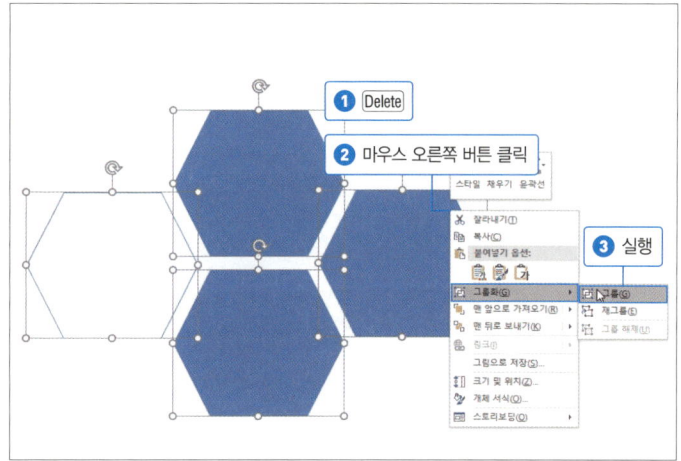

06 그룹화한 도형을 적당한 크기로 조정합니다. 도형을 하나씩 선택하고 [**SmartArt 도구 서식**] **탭 →** [**도형 스타일**] **그룹**을 이용하거나 미니 도구 모음을 이용해서 서식을 설정합니다.

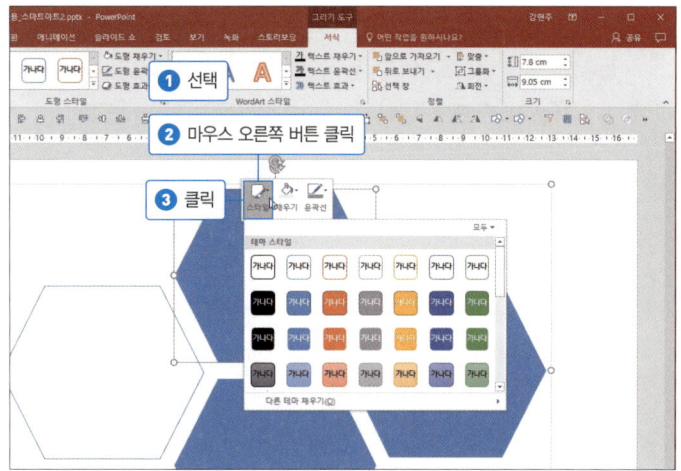

381

07 아이콘이나 그림을 추가하고 텍스트 상자를 이용하거나 마우스 오른쪽 버튼을 클릭한 다음 **텍스트 편집**을 실행해 도형에 직접 필요한 내용을 입력합니다.

08 완성된 SmartArt 그래픽과 삽입된 개체들을 모두 선택하고 마우스 오른쪽 버튼을 클릭한 다음 **그림으로 저장**을 선택해서 저장하고 필요한 곳에 사용합니다.

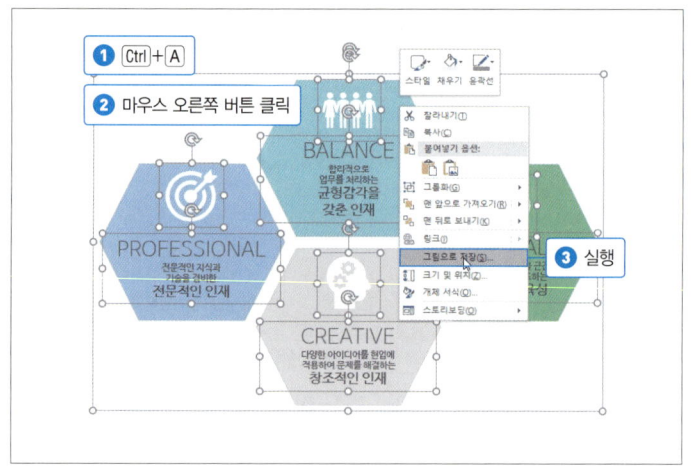

09 파워포인트뿐만 아니라 인터넷 홈페이지, 한글, 워드 등 어느 곳에서나 사용할 수 있습니다.

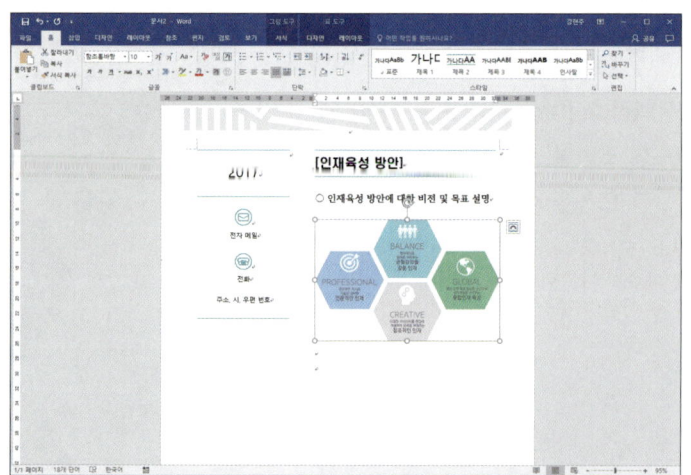

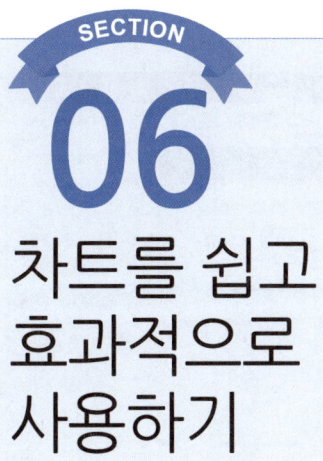

SECTION 06
차트를 쉽고 효과적으로 사용하기

차트는 수치 자료나 통계 자료를 한눈에 파악하기 쉽도록 표현할 수 있는 대표적인 방법입니다. 차트를 활용해 사용하는 방법에 대해 알아보겠습니다.

1 차트 서식을 저장해서 편리하고 빠르게 만들기

하나의 프레젠테이션 문서에 사용되는 차트는 대부분 일관된 스타일로 통일하게 됩니다. 자주 사용하는 몇 가지 차트 스타일을 미리 저장해 놓고 필요할 때마다 불러와 사용하면 차트 작성 속도가 훨씬 빨라집니다.

{실습 파일} 03\06_1.pptx

01 [삽입] 탭 → [일러스트레이션] 그룹 → [차트]를 클릭해 '차트 삽입' 대화상자를 표시하고 [세로 막대형] 범주에서 '묶은 세로 막대형'을 선택한 다음 〈확인〉 버튼을 클릭합니다.

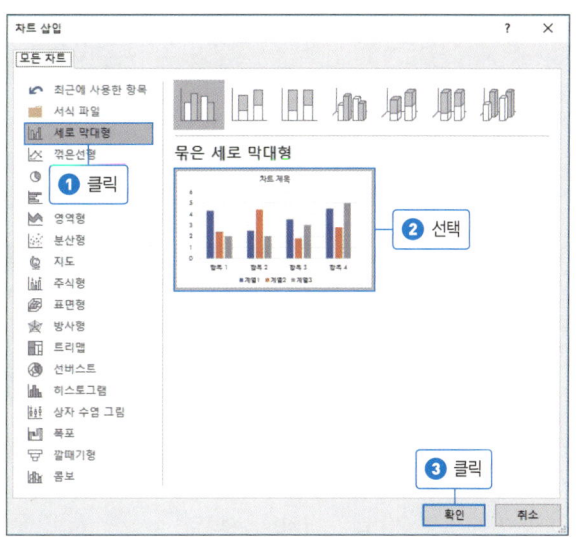

02 데이터 편집 창에 데이터를 입력합니다. 입력이 끝나면 실제 차트에 활용할 데이터 부분만 표시되도록 설정합니다.
차트에 포함된 행/열의 수를 변경하려면 데이터 오른쪽 아래 모서리의 조절점을 드래그하면 됩니다.

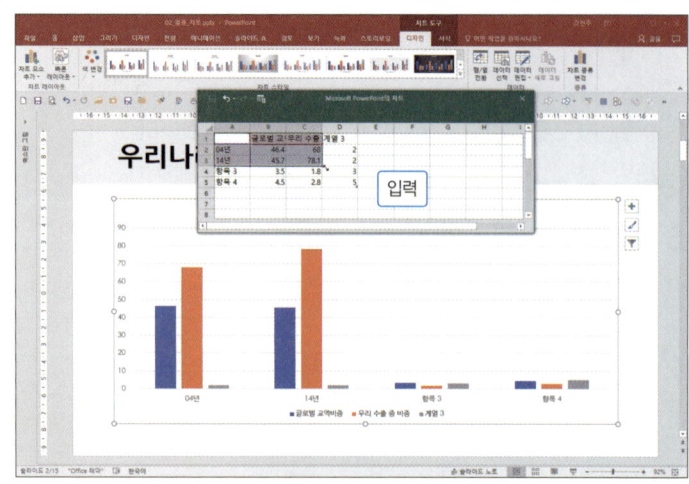

03 차트를 만든 다음 입력한 데이터를 연도 별로 강조하고 싶다면 행과 열의 위치를 바꿉니다.
[차트 도구 디자인] 탭 → [데이터] 그룹 → [행/열 전환]을 클릭합니다. **[행/열 전환]**은 데이터 편집창이 실행된 상태에서만 사용할 수 있습니다. 더 이상 수정할 데이터가 없다면 데이터 편집창을 닫습니다.

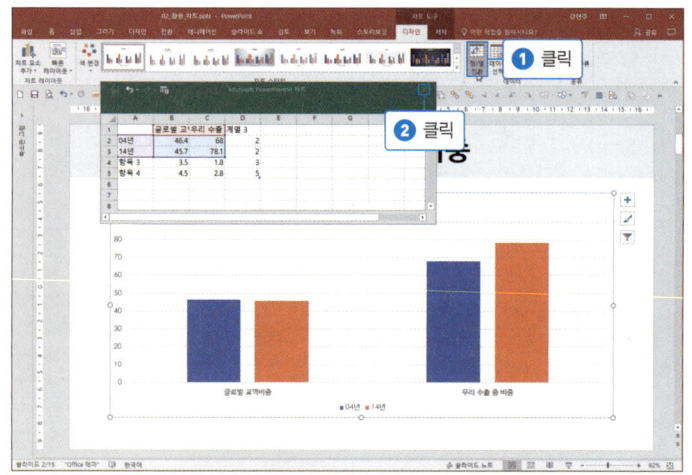

04 빠르게 차트의 서식을 설정하기 위해 **[차트 도구 디자인] 탭 → [차트 스타일] 그룹 → [색 변경]**을 클릭하고 원하는 색상을 설정합니다. 이때 제시되는 색은 테마 색을 기반으로 설정되어 있습니다.
[차트 도구 디자인] 탭 → [차트 스타일] 그룹 → [빠른 스타일] 중 하나를 설정합니다.

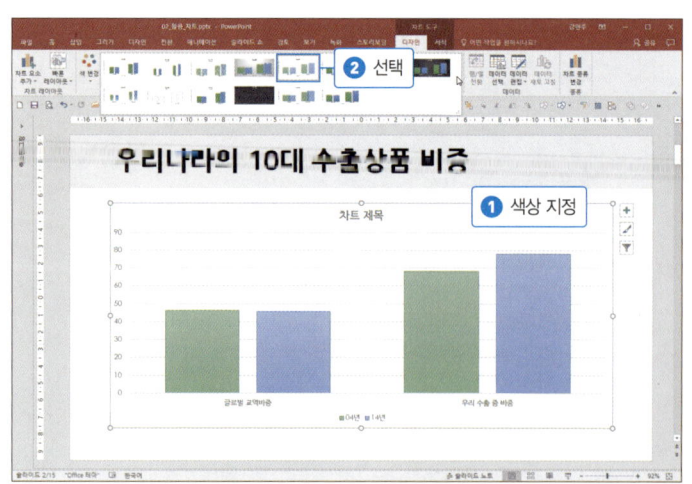

05 차트 오른쪽에 있는 [차트 요소] 도구를 이용해서 사용할 요소에 체크 표시합니다. 예제에서는 '가로 눈금선'의 체크 표시를 해제하고 '세로 눈금 선'에 체크 표시하겠습니다.

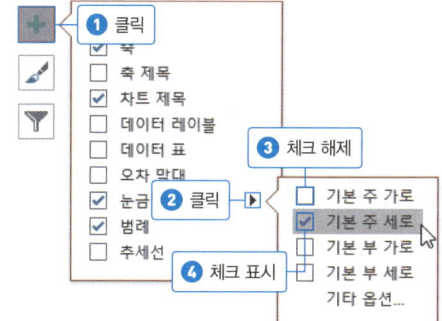

tip 이전 버전 사용자는 **[차트 도구 레이아웃] 탭**을 이용해서 작업하면 됩니다.

06 차트 요소를 다룰 때 요소를 추가하려면 해당 명령을 사용해야 하지만 제거할 때는 제거할 요소를 선택하고 Delete 키를 눌러 바로 삭제할 수 있습니다.
차트 제목과 세로 축을 선택하고 Delete 키를 눌러 삭제합니다.

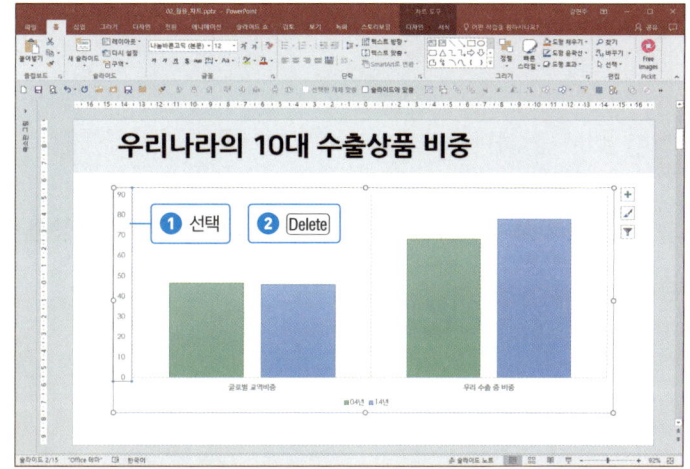

07 실제 데이터 값을 막대 위에 표현하기 위해, 차트 오른쪽에 있는 [차트 요소] 도구를 클릭한 다음 '데이터 레이블'을 클릭하고 위치를 설정합니다.

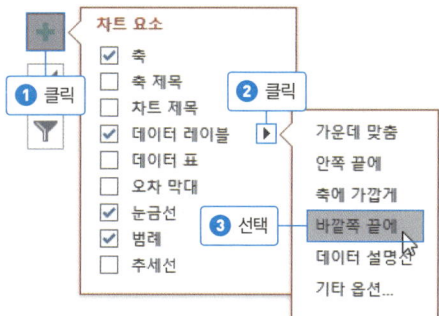

08 차트의 요소들을 좀 더 자세히 설정하기 위해 범례를 더블클릭해서 [범례 서식] 작업 창을 표시한 다음 위치를 '위쪽'으로 설정합니다.

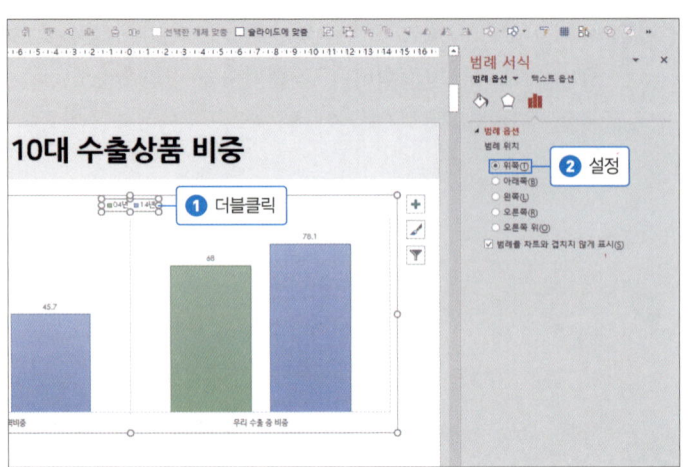

09 막대 중 하나를 클릭해서 작업 창을 [데이터 계열 서식] 작업 창으로 변경하고, 계열 겹치기와 간격 너비 등을 설정합니다.

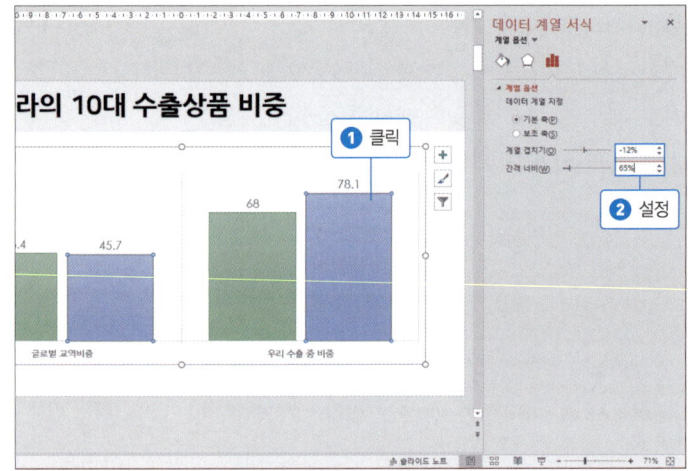

10 차트의 모양이 원하는 형태로 설정되었다면 차트 영역 위에서 마우스 오른쪽 버튼을 클릭하고 **서식 파일로 지장**을 실행합니다.
'차트 서식 파일 저장' 대화상자에 파일의 이름을 입력하고 〈저장〉 버튼을 클릭합니다.

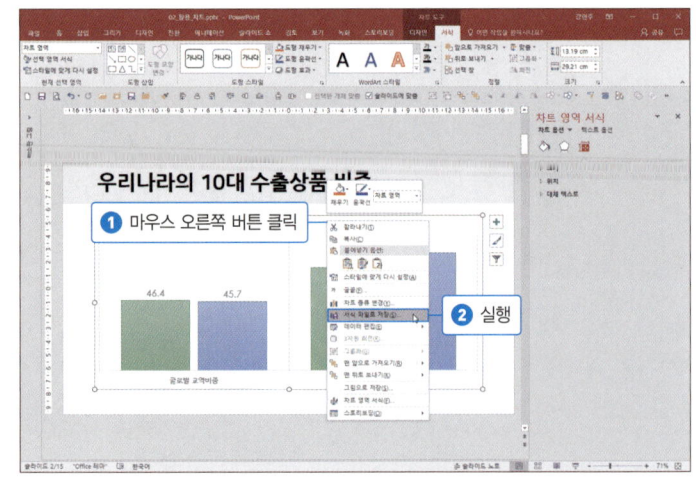

11 이제부터 같은 형식의 차트가 필요한 경우 '차트 삽입' 대화상자에서 [서식 파일] 범주에 있는 차트 종류를 선택하면 서식이 바로 적용됩니다.

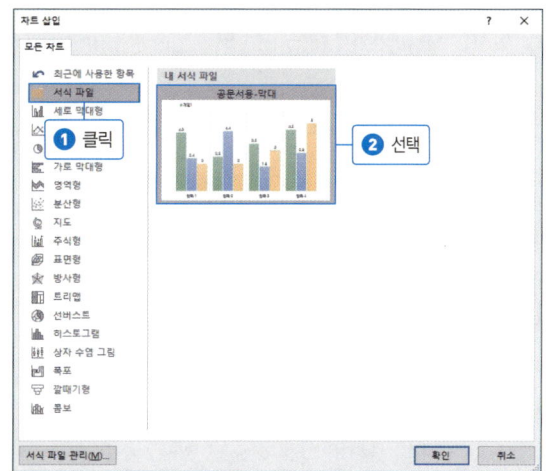

12 같은 방법으로 원형이나 막대, 꺾은선 등 차트 종류별로 원하는 서식을 등록하면 차트 요소를 직접 삽입하거나 삭제하는 번거로운 일을 반복하지 않고 편리하게 사용할 수 있습니다. 서식으로 등록된 차트를 삭제하려면 〈서식 파일 관리〉 버튼을 눌러 폴더를 열어 삭제합니다.

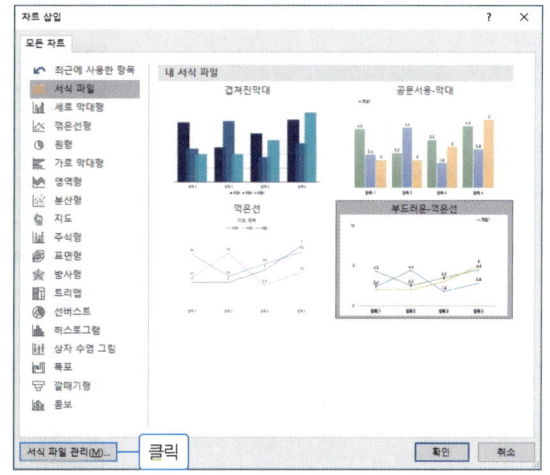

13 프레젠테이션 작업 중 언제라도 마음에 드는 차트 자료가 있으면 서식을 저장해 다시 사용할 수 있습니다.

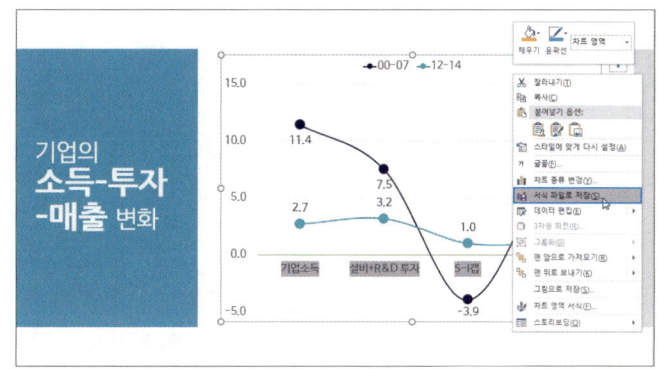

2 차트를 꾸며 주는 도형

최근에는 차트에 3차원 입체 효과, 회전 효과 같은 서식을 적용하는 것보다 깔끔하고 간략한 서식을 적용하는 추세입니다. 그리고 단순화한 차트에 아이콘이나 도형을 추가하면 내용을 조금 더 강조할 수 있습니다. 차트에 도형이나 텍스트 개체를 추가할 때 주의할 점과 도형으로 차트를 작성하는 방법 등을 살펴보겠습니다.

1 차트에 개체를 추가하는 방법

{실습 파일} 03\06_2.pptx

차트를 꾸미다 보면 기본적으로 만들어진 차트 요소 이외에 도형이나 텍스트를 추가하게 됩니다. 이런 경우 차트와 함께 묶어서 사용되도록 만들면 관리하기 편리합니다.

01 차트의 단위를 표시하기 위해 텍스트 상자를 삽입해서 '(단위:명)'을 입력하고 적당한 위치에 배치합니다.

• 통계 자료 출처 : 서울 통계(http://stat.seoul.go.kr)

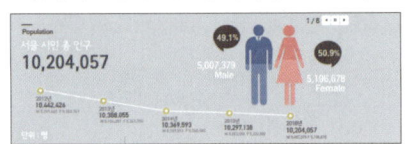

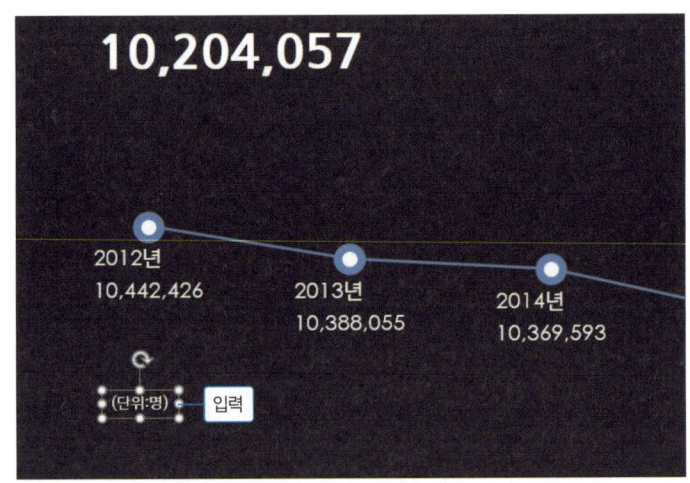

02 2016년 데이터를 강조하기 위해 '타원' 도형을 삽입하겠습니다. 차트의 2016년 지점에 마우스 포인터를 놓고 Ctrl + Shift 키를 누른 채 드래그해 중심부터 그려지는 정원을 만듭니다.

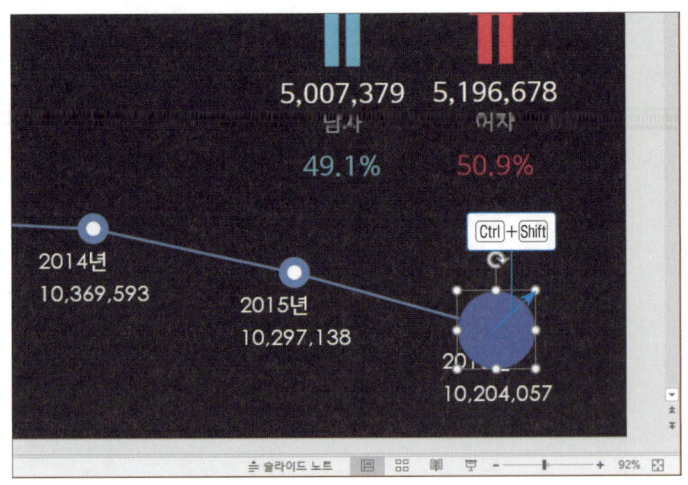

03 [그리기 도구 서식] 탭 → [도형 스타일] 그룹 → [빠른 스타일] 중에서 미리 투명하게 설정된 스타일을 선택합니다.

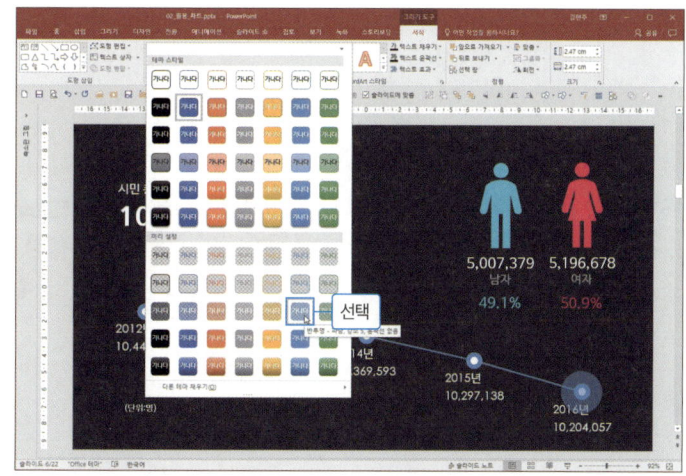

04 이렇게 차트를 위한 개체들을 삽입한 다음, 차트 위치를 이동해 보면 개체들이 함께 움직이지 않는 것을 확인할 수 있습니다.

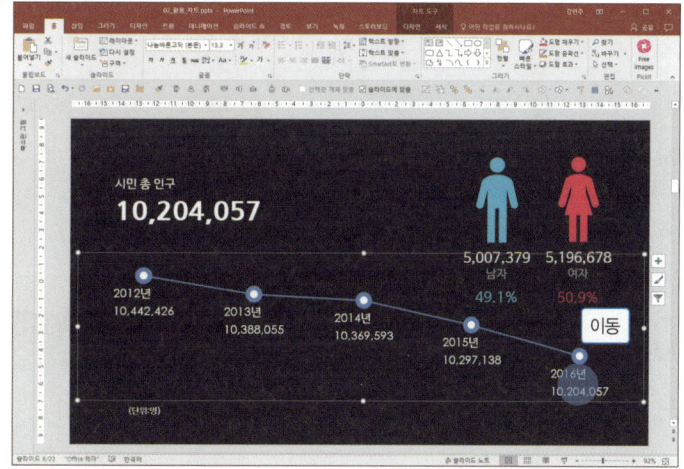

05 만일 차트와 함께 움직이는 개체를 추가하고 싶다면, 먼저 차트를 선택한 다음 개체를 삽입합니다. 차트를 선택한 다음 삽입한 도형이나 텍스트는 차트와 함께 이동합니다.

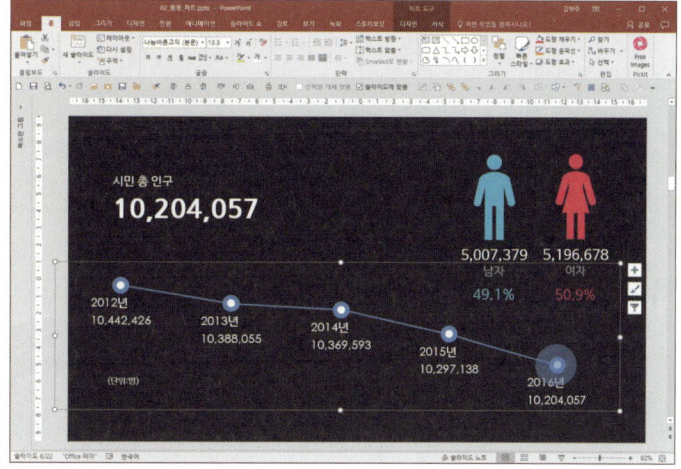

2 도형으로 그리는 차트

{실습 파일} 03\06_3.pptx

다음 형태처럼 도형으로 차트를 표현할 수 있습니다. 차트 기능보다 다양하게 수치 자료를 표현할 수 있다는 장점이 있지만, 수치가 왜곡되지 않도록 조심해야 합니다.

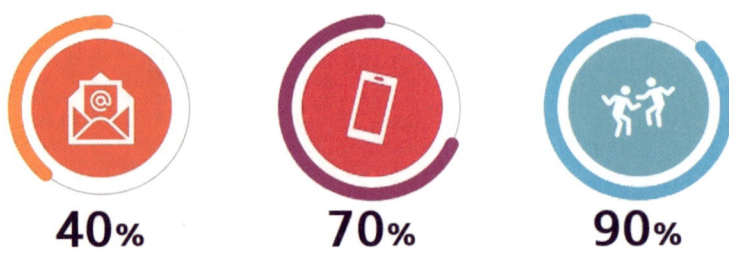

01 앞에서 살펴본 형태는 몇 개의 도형이 겹쳐진 경우입니다. 세 가지 도형으로 차트를 표현해 보겠습니다.

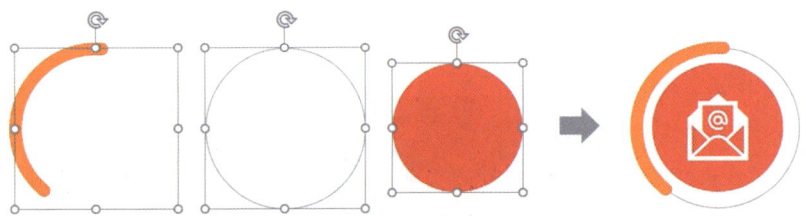

02 먼저 [삽입] 탭 → [일러스트레이션] 그룹 → [도형]을 클릭해 '막힌 원호' 도형을 삽입합니다.

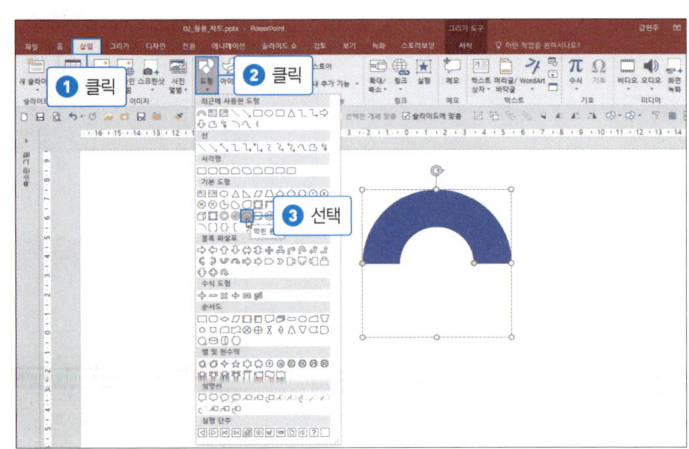

03 같은 크기의 도형을 그리기 위해 '막힌 원호' 도형을 선택하고 Ctrl 키를 누른 상태에서 옆으로 드래그해서 복사합니다.

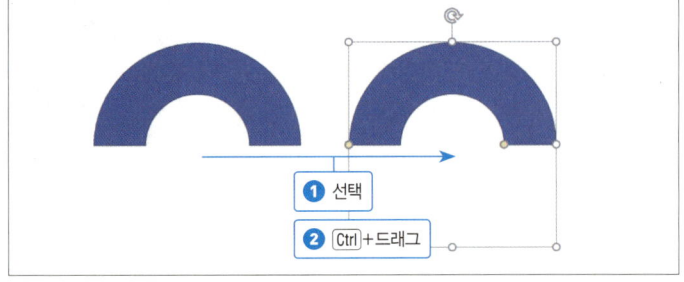

SECTION 06 차트를 쉽고 효과적으로 사용하기

04 처음에 삽입한 도형을 선택하고 상태에서 [그리기 도구 서식] 탭 → [도형 삽입] 그룹 → [도형 편집] → [도형 모양 변경]을 클릭한 다음 '타원'을 선택합니다.

> tip 파워포인트의 도형은 삽입되는 순서대로 순서가 정해지기 때문에 먼저 삽입한 도형을 선택하면 나중에 도형의 순서를 변경하지 않아도 됩니다.

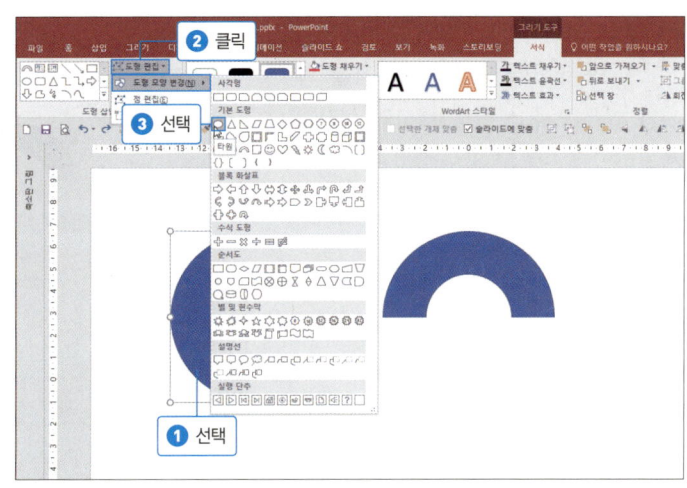

05 '원형' 도형을 선택하고 Ctrl 키를 누른 상태에서 옆으로 드래그해서 도형을 복사합니다.

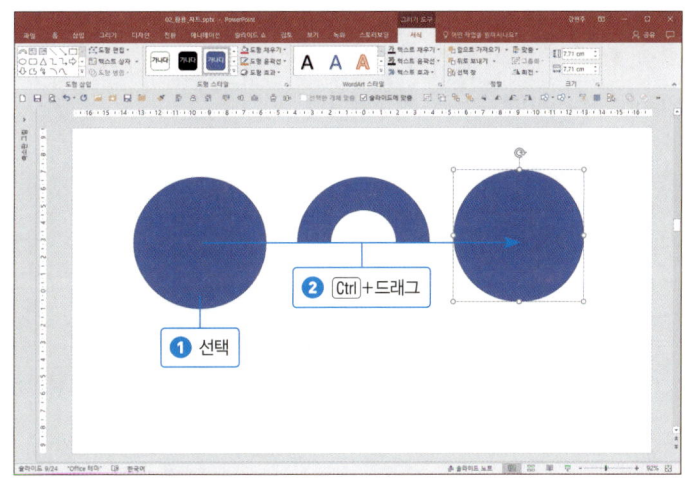

06 이제 필요한 도형이 전부 준비되었으니 서식을 설정하겠습니다. 첫 번째 도형을 선택하고 마우스 오른쪽 버튼을 클릭한 다음 **도형 서식**을 실행합니다.

391

07 [도형 서식] 작업 창이 표시되면 첫번째 도형의 채우기를 '채우기 없음'으로 설정하고 선의 색상을 설정합니다.

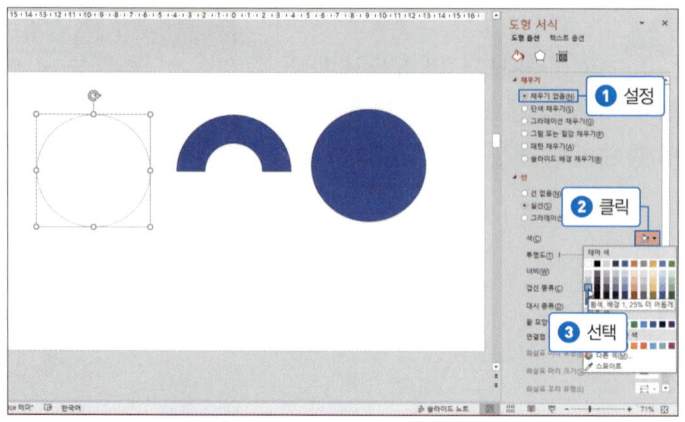

08 두 번째 '막힌 원호' 도형을 선택하고, 오른쪽에 있는 모양 조절점(◯)을 오른쪽 끝까지 이동해 면이 사라지고 선만 남도록 설정합니다.

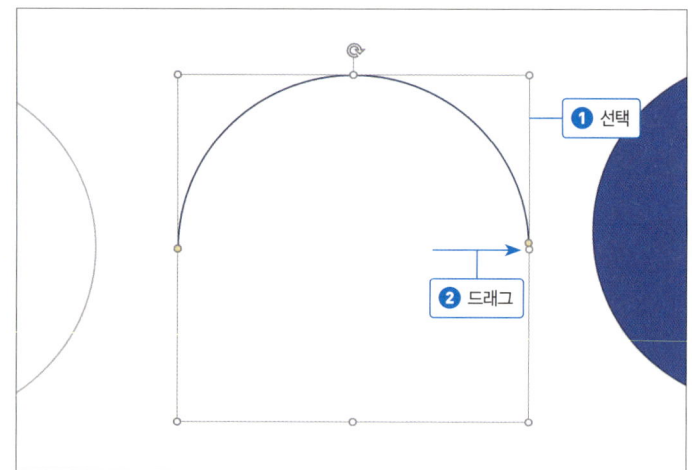

09 [도형 서식] 작업창에서 선 색을 변경하고 너비를 '13pt', 연결점 종류를 '원형'으로 설정합니다.

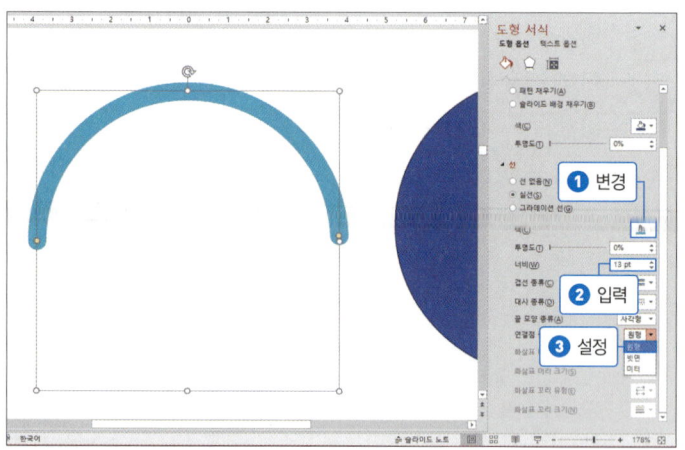

SECTION 06 차트를 쉽고 효과적으로 사용하기

10 마지막으로 원형 도형을 선택하고 채우기 서식을 설정한 다음 크기를 작게 조정합니다.

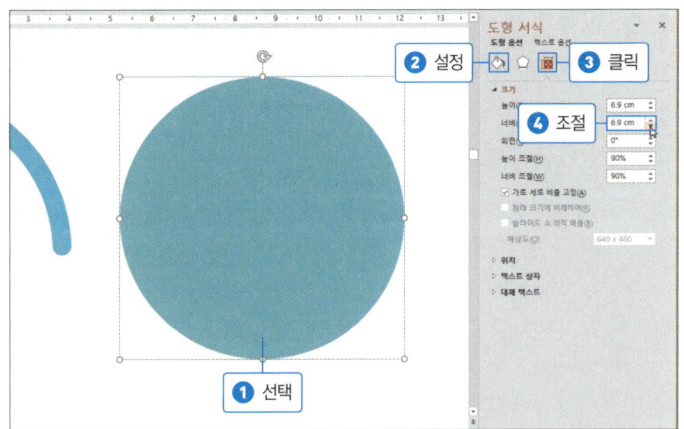

11 도형을 모두 선택한 다음 빠른 실행 도구 모음의 '가운데 맞춤', '중간 맞춤'을 한 번씩 클릭하거나 **[그리기 도구 서식] 탭 → [정렬] 그룹 → [맞춤]** 명령을 이용해 정렬합니다.

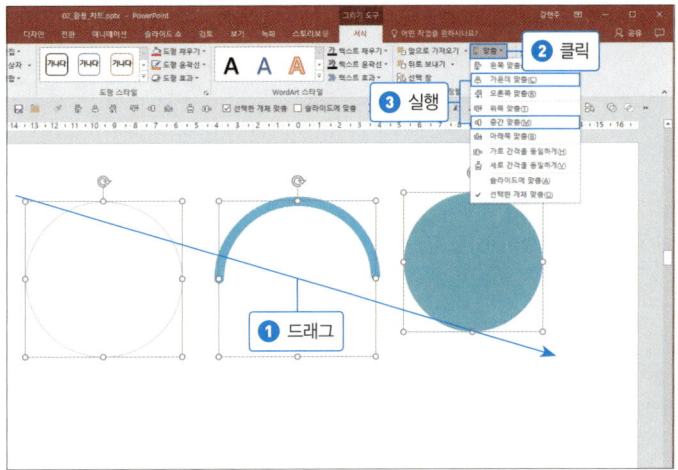

12 막힌 원호의 모양 조절점(◉)을 이용해서 차트를 만듭니다.

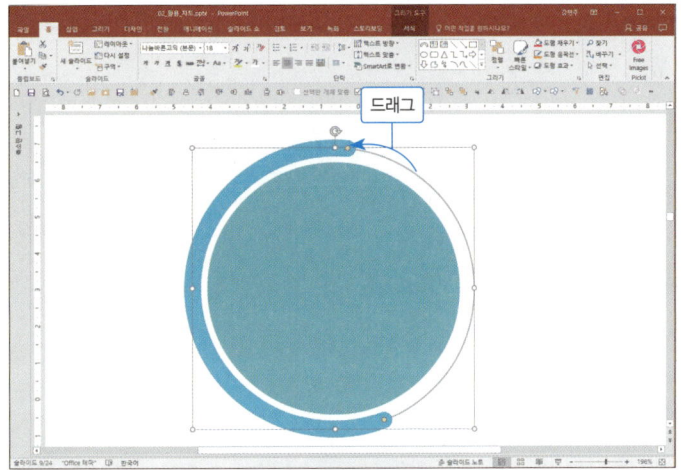

13 이렇게 도형을 이용해서 차트를 만드는 경우 값을 왜곡하기 쉽습니다. 정확한 수치를 표현하려면 막대 차트는 [크기] 명령을 이용하고, 파이 차트와 같은 형태는 각도를 위한 각도 기준 이미지를 만들어 조절합니다.

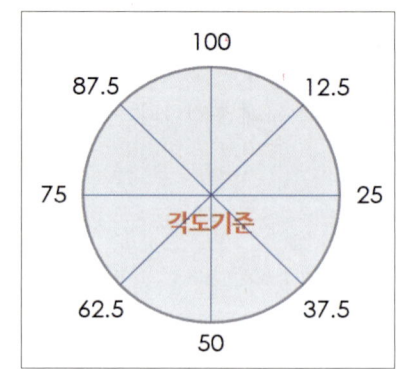

14 준비한 기준 이미지 위에 도형을 배치하고 각도를 정확하게 맞춰 값을 표현합니다. 이처럼 차트 기능이 아닌 도형을 사용해 값을 표현할 때는 표현할 값이 달라지지 않도록 주의합니다.

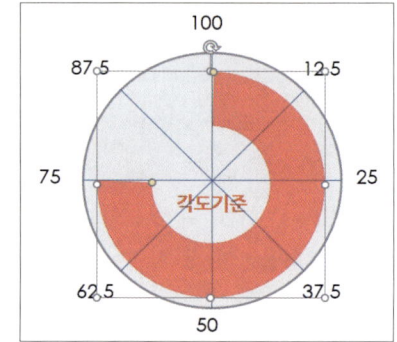

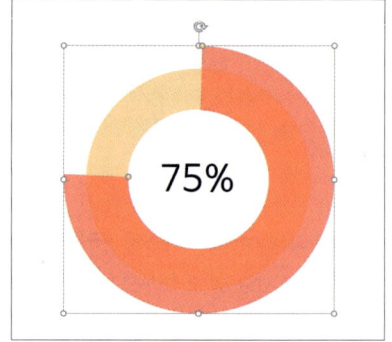

15 같은 방식으로 '부분 원형' 도형이나 '원형:비어있음' 도형 등을 이용하면 다양한 형태의 도형 차트를 만들 수 있습니다.

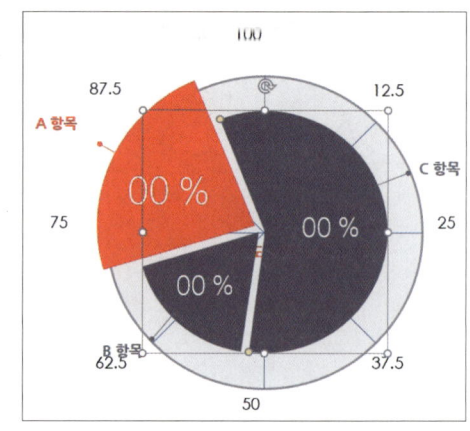

3 차트를 변형해서 사용하기

{실습 파일} 03\06_4.pptx

일반적인 차트의 사용법과 다르게 차트를 도형처럼 활용할 수도 있습니다. '원형:비어있음' 도형과 선을 이용해서 다음 예제와 같은 형태를 만들어도 좋지만 차트를 활용하면 더 쉽고 빠르게 만들 수 있습니다.

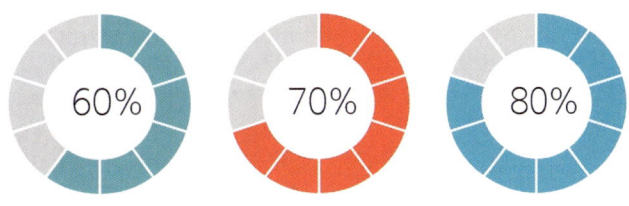

01 이런 형태의 차트는 몇 조각으로 나눌 것인지 결정한 다음 작업에 들어가야 합니다. 10개 혹은 20개의 도형 조각을 각각 색상을 다르게 설정해 데이터의 분포처럼 사용합니다. 주로 10의 단위 숫자를 표현하려면 10개, 5단위의 숫자를 표현하려면 20개 조각으로 표현합니다.

02 [삽입] 탭 → [일러스트레이션] 그룹 → [차트]를 클릭해 '차트 삽입' 대화상자를 표시하고 [원형] 범주에서 '도넛형'을 선택한 다음 〈확인〉 버튼을 클릭합니다.

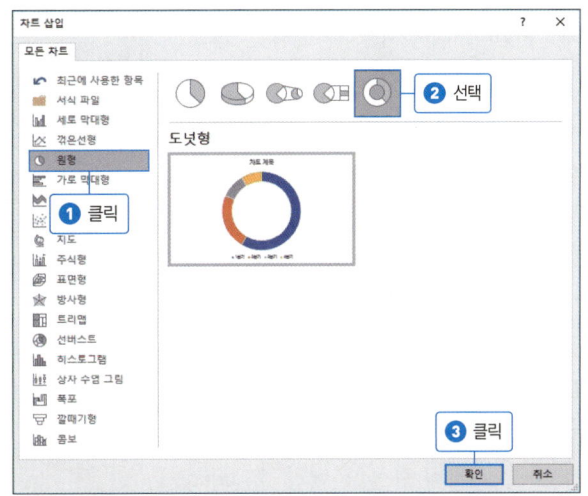

03 차트가 삽입되고 차트의 데이터를 관리하는 데이터 편집 창이 표시됩니다.
데이터 편집 창에서 원활하게 작업하기 어렵기 때문에 〈닫기〉 버튼을 눌러 데이터 편집 창을 닫습니다.

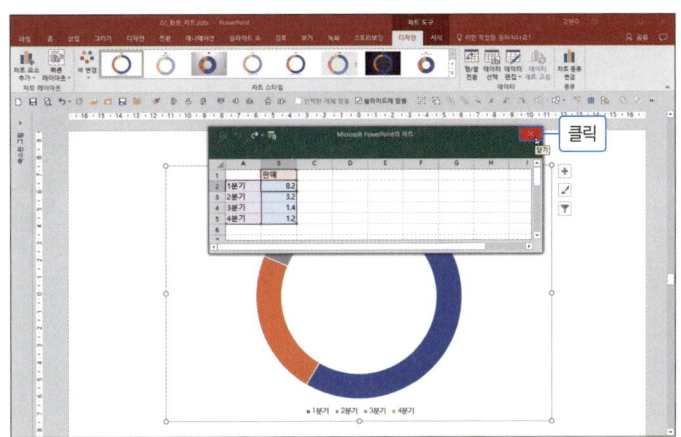

04 데이터를 엑셀 창에서 입력하기 위해, [**차트 도구 디자인**] 탭 → [**데이터**] 그룹 → [**데이터 편집▼**]을 클릭해서 Excel에서 데이터 편집을 실행합니다.

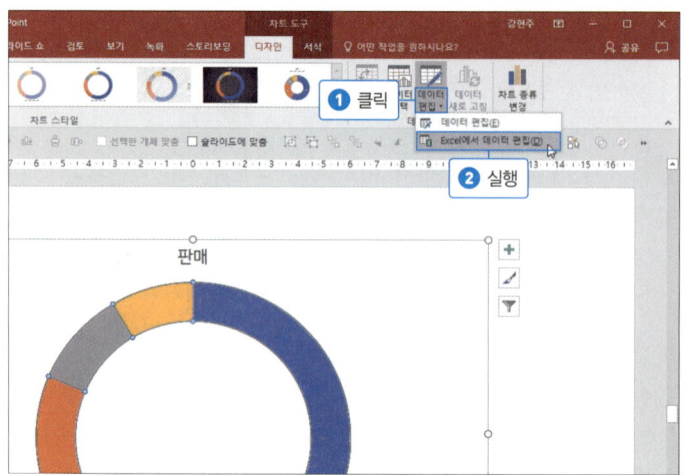

05 차트를 열 조각으로 나누기 위해 어떤 숫자든 같은 값을 열 개 입력합니다. 1을 열 번 입력하기 위해 첫 번째 셀에 '1'을 입력하고 채우기 핸들을 드래그해서 열 개를 채웁니다. 입력이 끝나면 엑셀 데이터 창을 닫습니다.

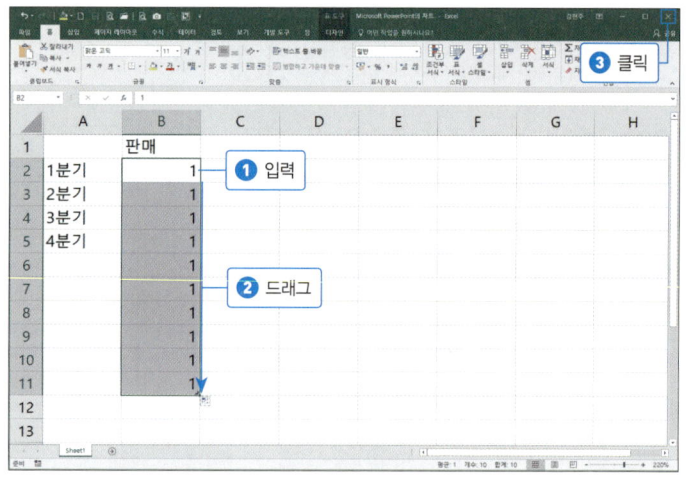

06 차트에서 불필요한 제목과 범례 개체 틀을 선택한 후 Delete 키를 눌러 삭제합니다.
차트 소스 위에서 마우스 오른쪽 버튼을 클릭하고 **데이터 계열 서식**을 실행합니다.

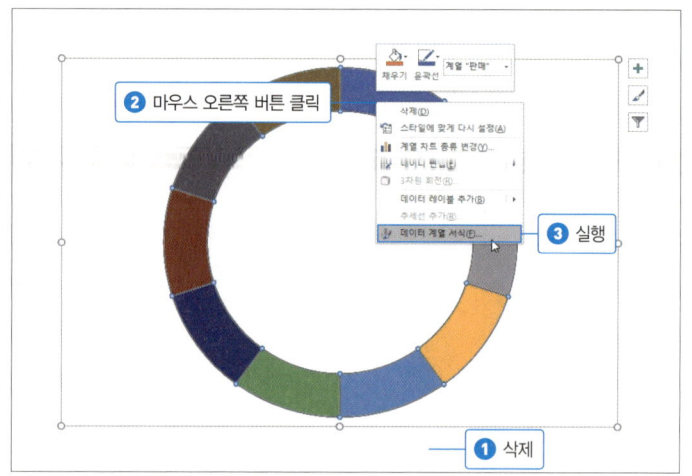

07 [데이터 계열 서식] 작업 창이 표시되면 계열 옵션 중 '쪼개진 도넛'의 크기와 '도넛 구멍 크기'의 설정 값을 적당히 조정합니다.

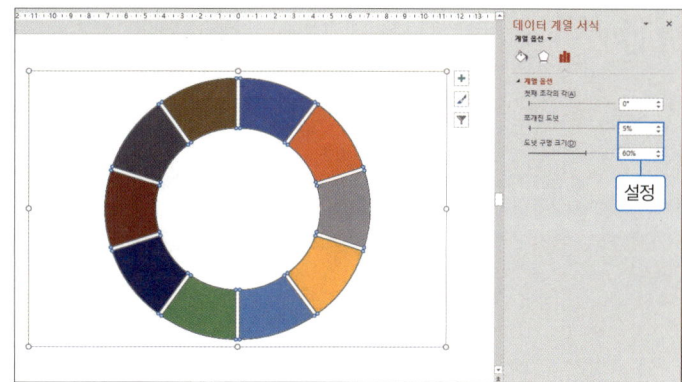

08 조각이 모두 선택된 상태 그대로 [데이터 계열 서식] 작업 창의 [채우기 및 선] 범주를 클릭합니다. 단색 채우기에서 원하는 색을 선택하고, 테두리를 '선 없음'으로 설정합니다.

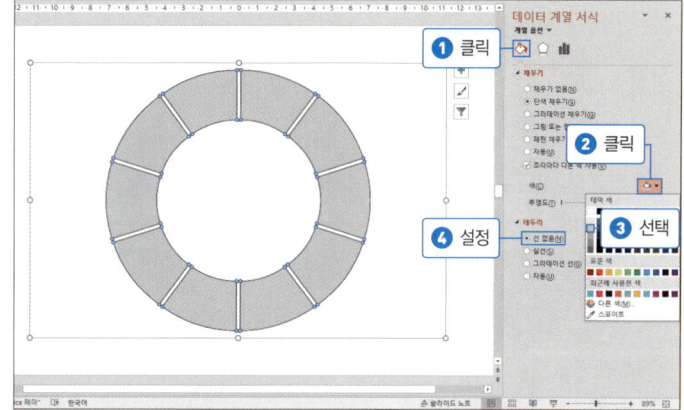

09 조각이 모두 선택된 상태에서 색상을 변경할 조각을 다시 한 번 클릭합니다.
[데이터 요소 서식] 작업 창으로 변경된 것을 확인할 수 있습니다. 이렇게 한 조각씩 선택하면서 원하는 양만큼 채우기 색을 변경합니다.

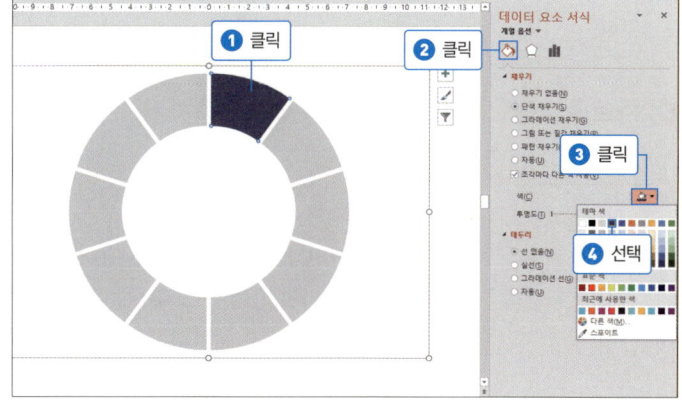

10 이런 방법으로 [엑셀 데이터] 창에서 칸의 개수를 늘려 자세한 값을 표현할 수도 있습니다.

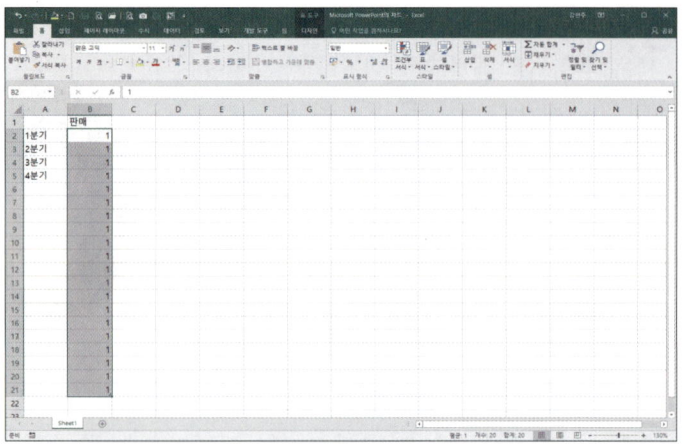

11 서서히 색이 변하게 표현하면 로딩되는 이미지를 표현할 수 있습니다.

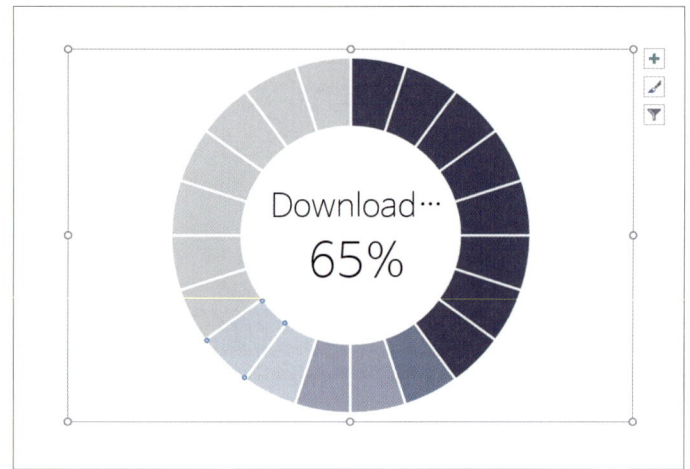

4 차트를 그림으로 저장해서 도형처럼 활용하기

{실습 파일} 03\06_5.pptx

차트를 숫자 표현을 위한 개체가 아닌 그림 개체로도 활용할 수 있습니다. 표나 차트 등의 개체를 그림으로 저장한 다음 각 개체를 별도로 사용하려면 그룹 해제가 가능한 그림 파일 형식(.wmf, .emf)을 사용해야 합니다.

> **그룹 해제가 가능한 그림 파일 형식**
>
> ① WMF(Windows 메타 파일) 형식 : Windows 3.x 이상에서 사용할 수 있는 16비트 그래픽으로, 그림을 저장할 수 있습니다.
> ② EMF(확장 Windows 메타 파일) 형식 : 고급 그래픽 기능을 지원하는 32비트 그래픽으로, 그림을 저장할 수 있습니다.

SECTION 06 차트를 쉽고 효과적으로 사용하기

01 차트 위에서 마우스 오른쪽 버튼을 클릭하고 **그림으로 저장**을 실행합니다.
'그림으로 저장' 대화상자가 표시되면 파일 이름을 입력하고, 파일 형식을 '확장 Windows 메타 파일 형식(.emf)'으로 선택한 다음 〈저장〉 버튼을 클릭합니다.

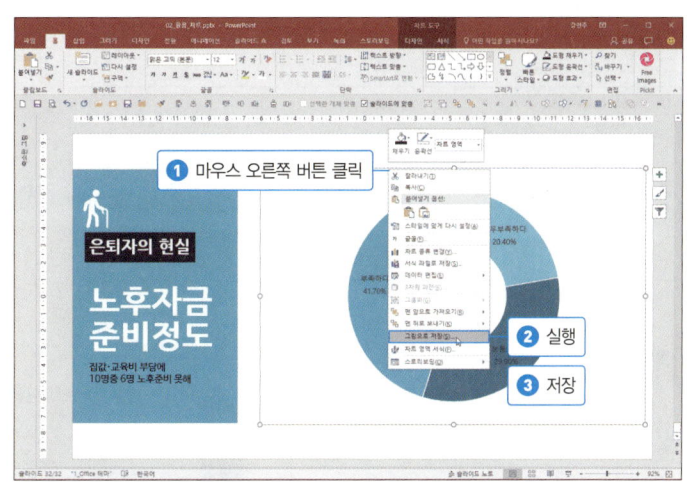

02 [삽입] 탭 → [이미지] 그룹 → [그림] 명령을 선택하고, 저장한 이미지를 삽입합니다.

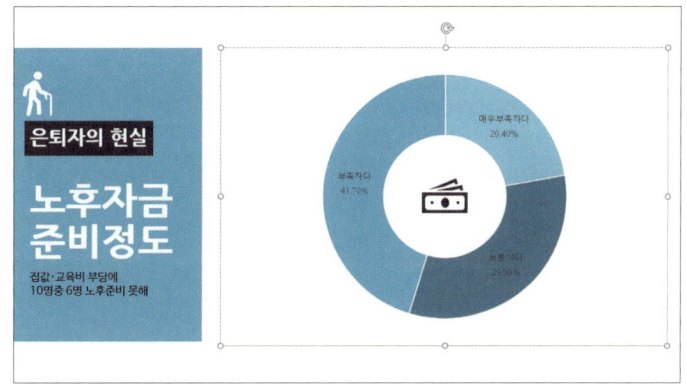

03 그림 위에서 마우스 오른쪽 버튼을 클릭하고 **그룹 → 그룹 해제**를 실행합니다.

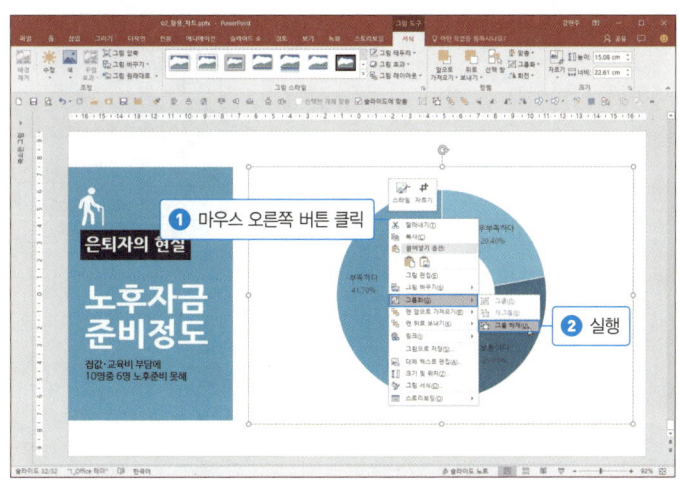

tip 그룹 해제 단축키는 Ctrl + Shift + G 입니다.

04 그리기 개체로 변환된다는 대화상자가 표시되면 〈예〉 버튼을 클릭합니다.

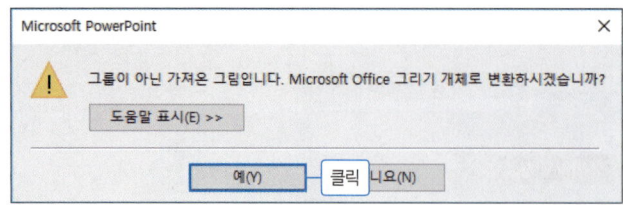

05 도형을 하나씩 편집하기 위해 다시 한 번 속성이 변경된 그림을 마우스 오른쪽 버튼으로 클릭하고 **그룹화 → 그룹 해제**를 실행합니다.

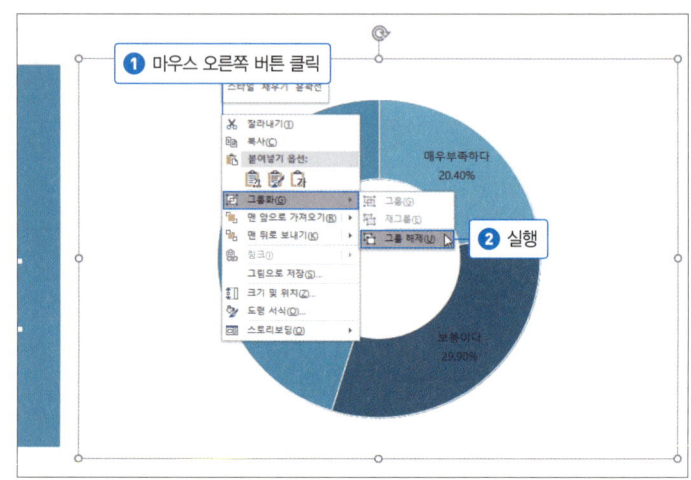

06 그룹이 해제되어 각 조각을 따로 사용할 수 있습니다. 필요 없는 배경 부분은 삭제하고 테두리를 '선 없음'으로 설정한 다음 도형을 복사하거나 크기를 조정해 서식을 설정해서 원하는 형태로 설정합니다.
개체를 복사, 삽입하고 순서를 변경하면 다양하게 활용할 수 있습니다. 이렇게 차트로 기본 작업을 하고 도형으로 변형한 경우 데이터의 왜곡이 없습니다.

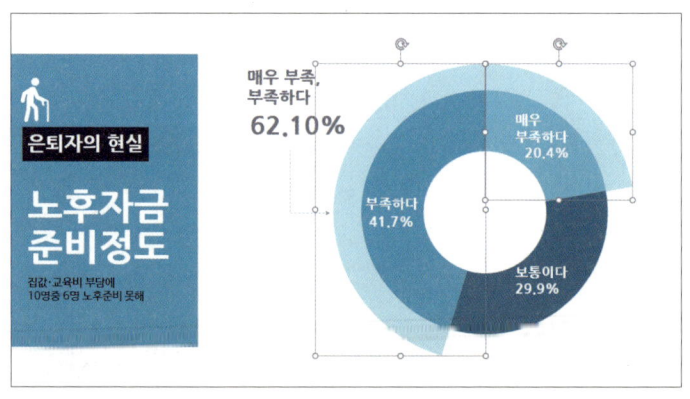

SECTION 07 표를 이용한 슬라이드 꾸미기

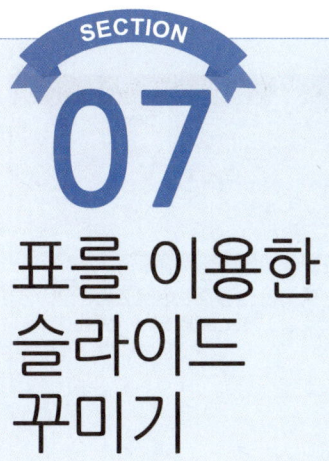

표를 이용한 슬라이드 꾸미기

많은 자료를 간결하게 정리하는 데 가장 좋은 방식은 표를 활용하는 것입니다. 그러나 기본 형태의 표만 사용하게 될 경우 너무 단조로워 질 수 있습니다. 표를 사용해 보기 좋게 자료를 표현하는 방법을 살펴 보겠습니다.

1 도형과 함께 사용하는 표

단조로운 형태의 표는 도형과 함께 사용하면 새로운 형태로 디자인할 수 있습니다.

{완성 파일} 03\07_1결과.pptx

01 [삽입] 탭 → [표] 그룹 → [표]를 클릭하고 3행 3열의 표를 삽입합니다.

02 표에 내용을 입력합니다.

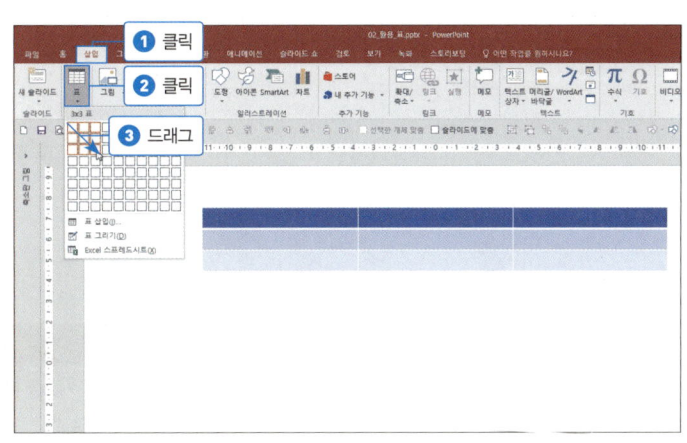

401

03 표의 서식을 직접 설정하기 위해 [표 도구 디자인] 탭 → [표 스타일] 그룹 → [빠른 스타일]을 클릭하고 **표 지우기**를 실행합니다.

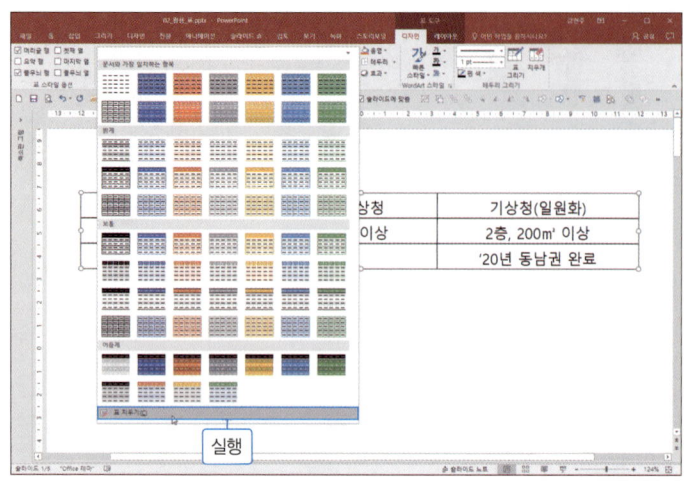

04 [표 도구 디자인] 탭 → [테두리 그리기] 그룹에서 펜 두께를 '0.25pt'로 설정하고, [표 도구 디자인] 탭 → [표 스타일] 그룹 → [테두리]를 클릭해 모든 테두리를 변경합니다.

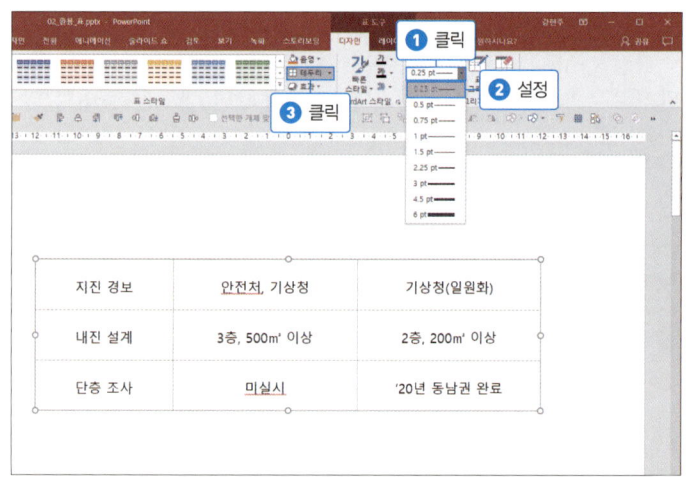

05 [표 도구 디자인] 탭 → [표 스타일] 그룹 → [음영]을 클릭해서 서식을 설정합니다.

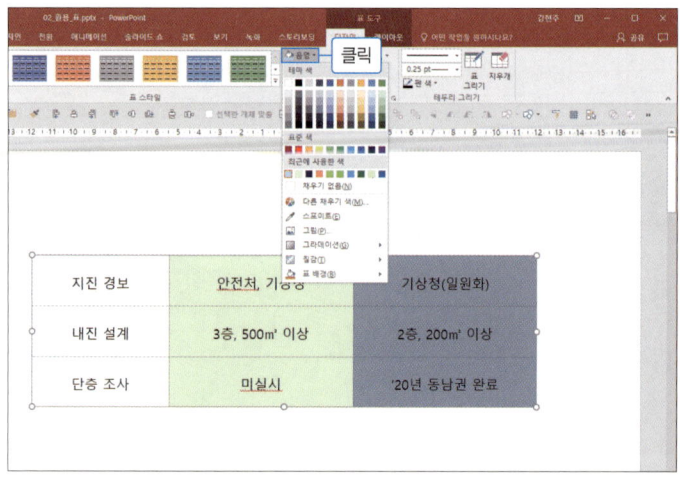

06 [홈] 탭에서 크기와 글꼴을 적당히 설정합니다.
[삽입] 탭 → [일러스트레이션] 그룹 → [도형]을 클릭하고 [사각형:둥근 위쪽 모서리] 도형을 표의 제목줄로 사용하기 위해 삽입합니다.

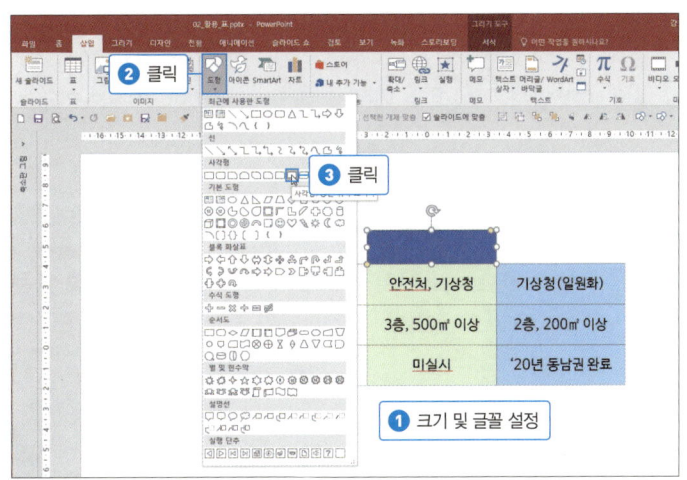

07 내용을 입력하고 서식을 변경합니다.

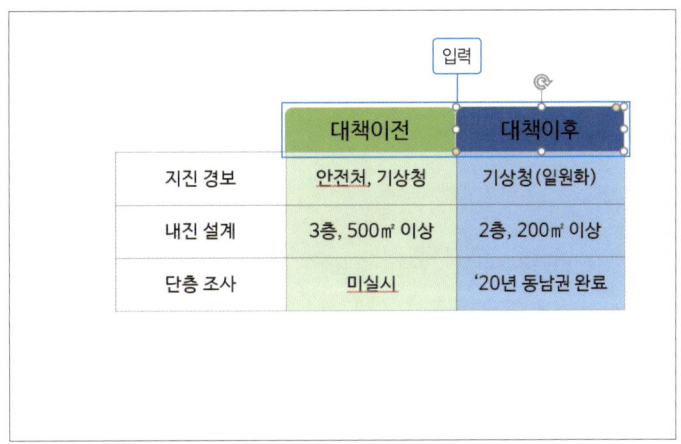

08 작성한 표를 활용해서 슬라이드를 마무리합니다.

2 표를 도형처럼 활용하기

도형으로 작업하기 어려운 내용을 표를 사용하면 간단하고 쉽게 표현할 수 있습니다.

{완성 파일} 03\07_2결과.pptx

안성신문 사이트의 지역별 상대적 빈곤율 정보를 표를 이용해서 표현하겠습니다.

▲ 자료 출처 : 안성신문(https://goo.gl/CJ4C5G)

01 [삽입] 탭 → [표] 그룹 → [표]를 클릭해 **표 삽입**을 실행하고 '표 삽입' 대화상자에서 열 개수를 '9', 행 개수를 '9'로 입력한 다음 〈확인〉 버튼을 클릭합니다.

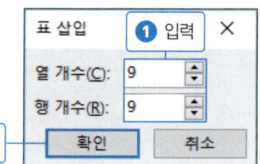

02 [표 도구 디자인] 탭 → [표 스타일] 그룹 → [빠른 스타일]에서 **표 지우기**를 실행해 표의 서식을 지웁니다.

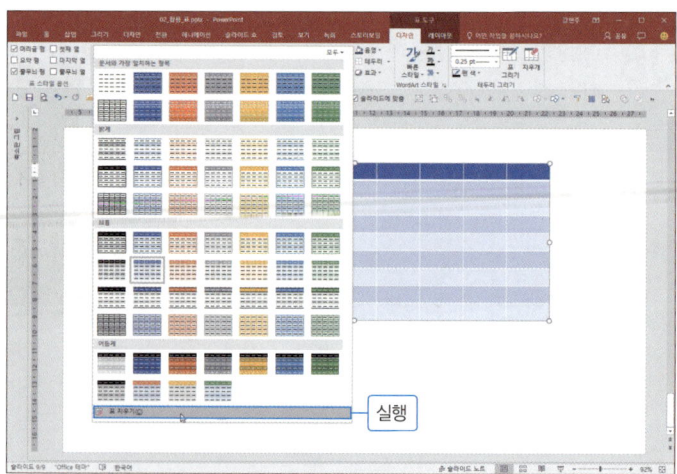

SECTION 07 표를 이용한 슬라이드 꾸미기

03 표를 선택하고 [표 도구 레이아웃] 탭 → [셀 크기] 그룹에서 높이와 너비를 모두 '1.7cm'로 설정합니다.

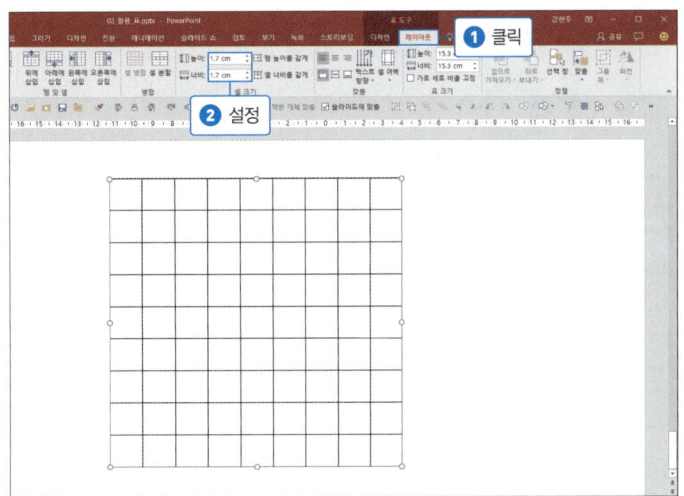

> **tip 표의 행과 열을 줄일 때 더 이상 줄어들지 않는 경우**
> 표의 크기를 아주 작게 조정했을 때 행과 열의 크기가 더 이상 줄어들지 않는다면 표의 글꼴 크기를 줄입니다. 표는 설정된 글꼴 크기 이하로는 크기를 줄일 수 없습니다.
> 표 전체를 선택하고 Ctrl+[키를 여러 번 눌러 글꼴의 크기를 작게 조절한 다음 셀의 너비와 높이를 다시 조절합니다.

04 실제 지도와 비슷한 위치에 지역 이름을 입력하고 필요한 만큼 셀을 병합합니다.

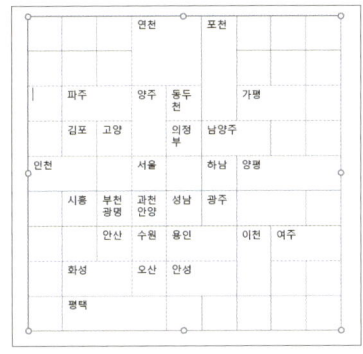

05 사이트에 표시된 지역별 상대적 빈곤율 표시를 보고 해당 지역을 나타내는 칸에 음영을 줍니다. 표의 테두리를 흰색으로 변경하고 필요한 내용을 추가해서 슬라이드를 작성합니다.

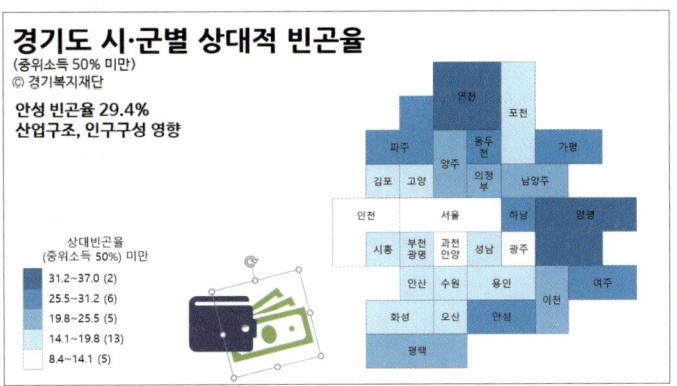

> **tip** 표도 차트와 같은 방법으로 그룹 해제가 가능한 그림 파일 형식(.wmf, .emf)을 사용해서 저장하면 그룹화된 도형 개체인 것처럼 활용할 수 있습니다. 원리는 같은 방법이니 다양하게 응용해 보세요.

SECTION 08

동영상 문제 없이 다루기

파워포인트에는 온라인 비디오를 삽입하는 기능 또한 준비되어 있으나 인터넷에 있는 자료를 직접 연결하는 것은 프레젠테이션 도중 문제가 생길 확률이 높습니다. 발표 현장의 인터넷 접속 가능 여부와 링크한 동영상이 삭제된 경우뿐만 아니라 만일 동영상을 보기 전에 광고가 나오게 되면 청중들이 함께 광고를 보며 기다려야하기 때문입니다. 이런 문제를 해결하기 위해 동영상을 수집하는 방법을 알아보겠습니다.

1 화면 녹화 기능을 사용해 동영상 수집하기

브라우저의 툴바나 확장 기능, 유틸리티, 사이트 등 다양한 방법으로 인터넷에 있는 동영상을 저장하거나 동영상을 구입할 수도 있지만 파워포인트를 사용하고 있다면 파워포인트의 [화면 녹화] 명령을 사용해 간단하게 동영상을 녹화할 수 있습니다.

{실습 파일} 03\08_1.pptx

01 사용하려는 동영상 자료가 있는 사이트에 접속합니다.

- 동영상 참고 사이트 : KTV 국민방송
  (https://goo.gl/i8h53q)

SECTION 08 동영상 문제 없이 다루기

02 녹화한 동영상을 추가할 슬라이드를 준비하고 [삽입] 탭 → [미디어] 그룹 → [화면 녹화]를 클릭합니다.

03 녹화 제어 도구가 화면 위쪽에 표시됩니다.

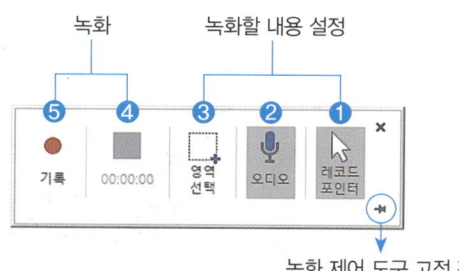

이 제어 도구가 계속 화면에 표시되게 하려면 도구 상자 오른쪽 아래에 있는 '핀' 아이콘(📌)을 클릭합니다. 하지만 전체 화면을 녹화하거나 녹화 영역에 걸쳐있는 경우 동영상에 포함되어 녹화될 수 있으므로 단축키를 사용해 녹화하는 것이 좋습니다.

고정되지 않은 제어 도구를 다시 표시하려면 화면 맨 위쪽에 마우스 포인터를 가져갑니다.

> **tip** 녹화 작업과 녹화 관련 단축키

작업	세부 내용	단축키
녹화할 내용 설정	마우스 포인터의 움직임 포함 여부	① 레코드 포인터 : ⊞+Shift+O
	오디오 포함 여부	② 오디오 선택, 취소 : ⊞+Shift+U
	녹화할 화면 영역	③ 영역 선택 : ⊞+Shift+A (최소 영역 크기 64×64픽셀) 전체 화면 설정 : ⊞+Shift+F
녹화	시작	④ ⊞+Shift+R
	녹음/녹화를 일시적으로 중지, 재시작	⑤ ⊞+Shift+R
	종료	⊞+Shift+Q

04 옵션을 오디오를 포함하고 마우스 포인터를 기록하도록 설정한 다음 영역 선택을 클릭하면 마우스 포인터가 십자(+) 모양으로 변경됩니다. 마우스 포인터를 드래그해 화면을 녹화할 영역을 지정합니다.

파워포인트에서 기록 화면을 이미 추가한 경우 이전 영역 선택 옵션이 표시됩니다. 해당 선택 영역을 사용해 녹화를 진행할 수도 있습니다.

05 ⊞+Shift+R 키를 누르거나 〈기록〉 버튼을 눌러 녹화를 시작합니다.

녹화가 시작되면 동영상을 재생합니다. 동영상을 먼저 재생하고 녹화를 시작하게 되면 동영상의 앞부분이 녹화되지 못할 수 있습니다. 항상 녹화를 먼저 시작하고 동영상을 재생한 다음 필요 없는 부분을 [비디오 트리밍] 명령을 사용해 잘라냅니다.

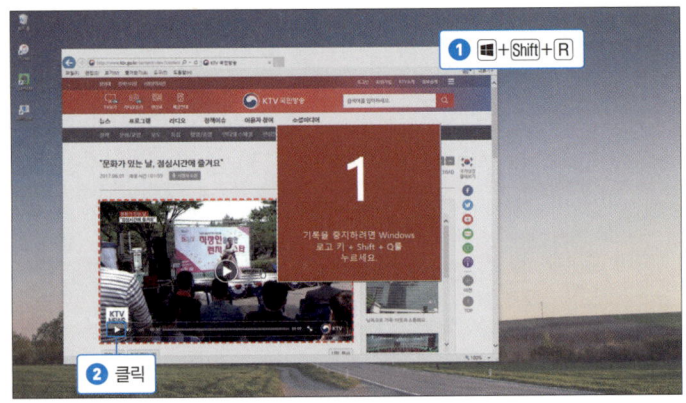

06 재생이 완료되면 ⊞+Shift+Q 키를 누르거나 〈중지〉 버튼을 클릭합니다.

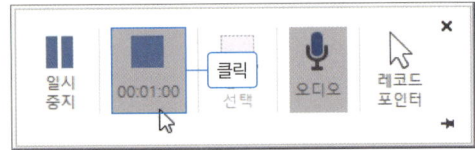

07 슬라이드에 동영상이 포함됩니다. 영상 앞부분에 불필요하게 지연된 부분이 있다면 [비디오 도구 재생] 탭 → [편집] 그룹 → [비디오 트리밍]을 클릭해 잘라냅니다.

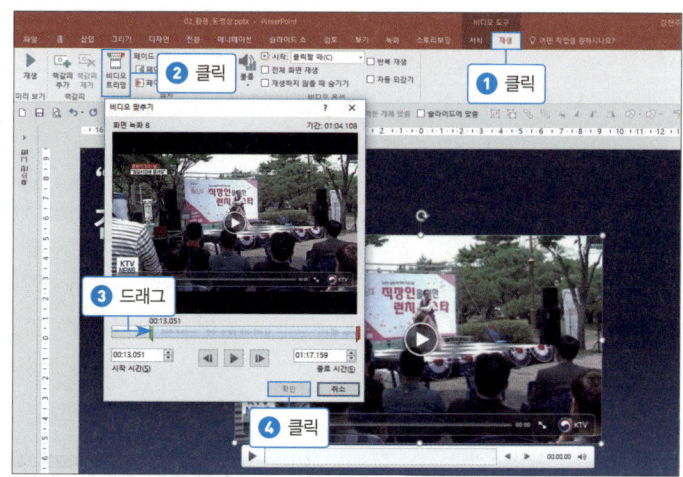

08 이렇게 녹화된 동영상을 별도의 파일로 저장하려면 동영상을 마우스 오른쪽 버튼으로 클릭하고 **다른 이름으로 미디어 저장**을 실행합니다.

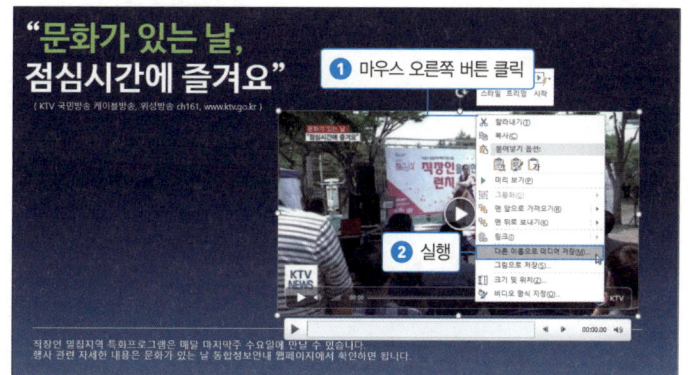

tip 녹화 기능을 이용하면 동영상 녹화뿐만 아니라 컴퓨터 화면의 움직임을 녹화해서 온라인 강의 자료를 만들 수도 있습니다.

tip 이전 버전 사용자는 '오캠', '반디캠' 등 무료 캡처 프로그램을 이용해서 작업하면 됩니다.

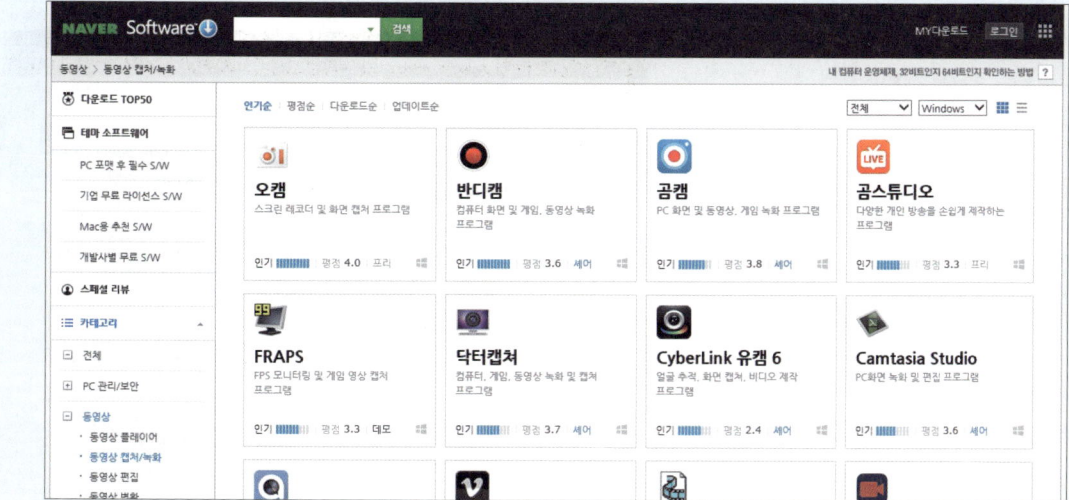

2 동영상 파일 변환하기

파워포인트에서 사용할 수 있는 동영상 포맷은 다양하지만 가장 안정적으로 사용할 수 있는 포맷은 '.wmv' 형식입니다.
만일 준비된 동영상이 파워포인트에서 사용할 수 없는 '.flv' 형식이거나 삽입한 후 문제가 발생하는 동영상은 파일 형식을 '.wmv' 형식으로 변경해야 합니다.
무료 유틸리티를 활용해서 준비한 동영상을 파워포인트에 적합한 동영상 파일 형식으로 변환할 수 있는 방법을 살펴보겠습니다.

01 프로그램을 다운로드할 때는 공식 프로그램 제작회사 사이트나 각 포털의 자료실에서 다운로드하는 것이 좋습니다.
네이버 자료실(http://software.naver.com)에 접속하겠습니다.
[카테고리] → [동영상] → [동영상 변환]을 선택합니다.

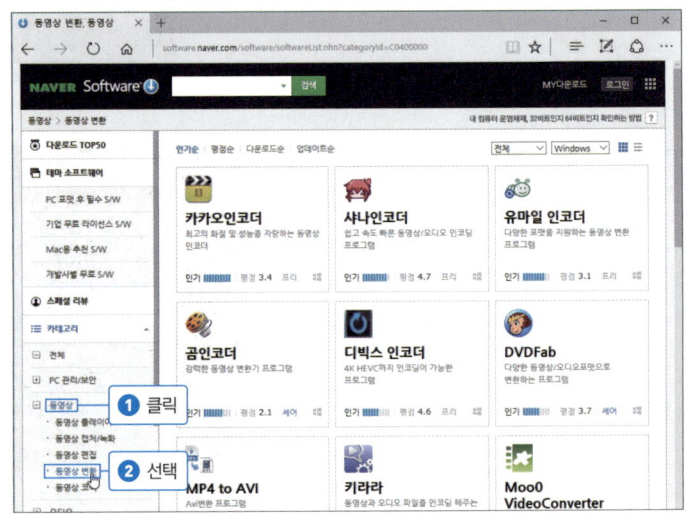

02 프로그램이 검색되면 기능과 후기, 사용 범위 등을 살펴보고 적당한 것을 선택합니다.
예제에서는 '샤나인코더'를 선택해 보겠습니다. 사용 범위가 사무실에서도 사용할 수 있는 '개인/기업'인지도 확인해야 합니다.
사용해도 괜찮을 것 같다면 〈무료 다운로드〉 버튼을 눌러 다운로드하고 프로그램을 설치합니다.

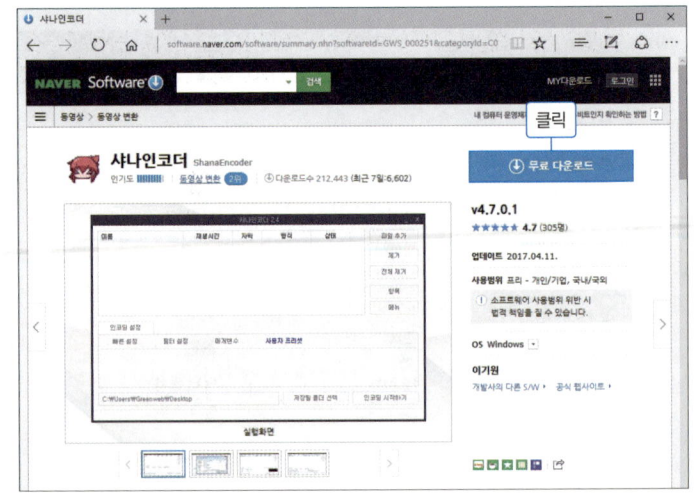

SECTION 08 동영상 문제 없이 다루기

03 프로그램이 설치되고 나면 〈파일 추가〉 버튼을 클릭해서 변환할 동영상을 추가합니다.
파일이 추가되고 나면 〈빠른 설정〉 버튼을 클릭합니다.

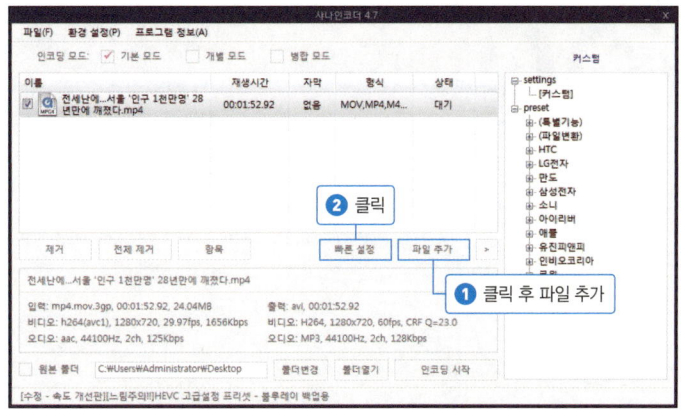

04 '빠른 설정' 대화상자가 표시되면 [인코딩] 탭에서 파일 형식을 'wmv'로 설정하고 기타 설정사항을 원하는 형태로 설정합니다. [영상/자막] 탭, [오디오] 탭, [기타] 탭의 설정을 모두 마치면 〈설정 적용〉 버튼을 클릭합니다.

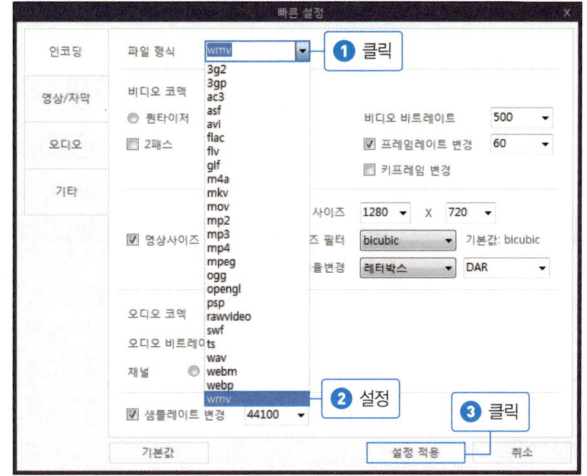

05 화면 아래의 〈폴더 변경〉 버튼을 클릭해 결과 파일이 저장될 폴더를 설정합니다.
〈인코딩 시작〉 버튼을 클릭해서 동영상을 변환합니다.

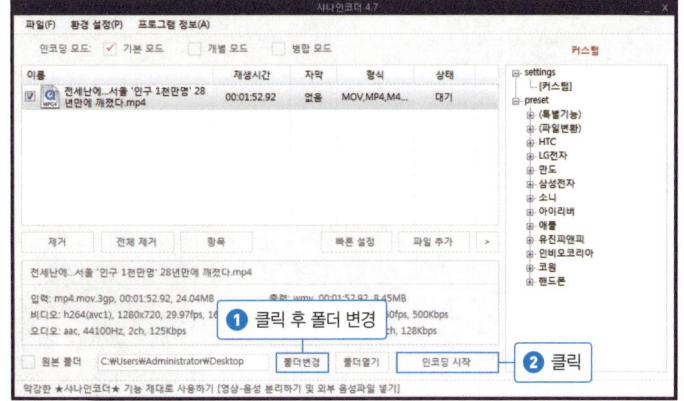

411

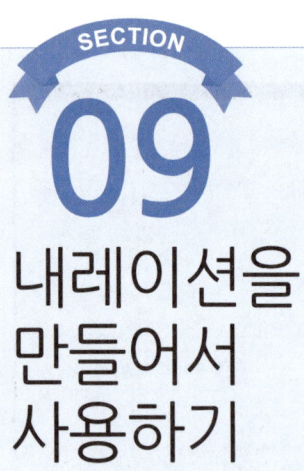

SECTION 09 내레이션을 만들어서 사용하기

프레젠테이션을 진행할 때 슬라이드를 설명하는 오디오가 필요한 경우가 있습니다. 직접 목소리를 녹음해서 사용해도 좋지만, 아나운서 목소리를 사용하는 방법도 있습니다. 전문 아나운서에게 녹음을 할 수 없다면 텍스트를 읽어 주는 사이트를 활용하는 방법도 있습니다.

1 TTS(Text To Speech) 사이트 활용하기

해당 언어로 입력된 텍스트를 읽어 주는 사이트입니다.

1 구글(http://translate.google.com/#enlenlThis)

구글 번역의 장점은 5,000자까지 한 번에 가능하고, 번역된 내용도 음성으로 사용할 수 있다는 점입니다. 〈언어 감지〉 버튼을 누르면 다양한 언어를 사용할 수 있습니다.

읽을 텍스트를 입력하고, 아래쪽의 스피커 모양 아이콘을 클릭하면 텍스트를 읽어 줍니다.

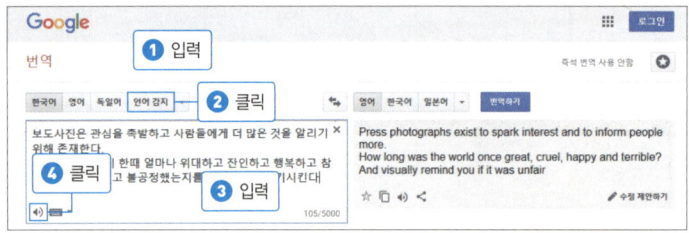

2 oddcast(http://www.oddcast.com/home/demos/tts/tts_example.php)

oddcast의 장점은 목소리의 성별을 선택하거나 효과를 설정할 수 있다는 점입니다. 단점은 한 번에 읽을 수 있는 분량이 다른 사이트에 비해 비교적 짧습니다.

❸ imtranslator(http://text-to-speech.imtranslator.net)

imtranslator의 장점은 긴 문장도 한 번에 읽을 수 있다는 점이고, 영어를 사용할 때는 남자 목소리도 선택할 수 있습니다.

2 내레이션 녹음하기

해당 언어로 텍스트를 읽도록 설정하고 그 음성을 녹음해서 슬라이드에 삽입하는 방법을 알아보겠습니다.

{실습 파일} 03\09_1.pptx

01 imtranslator 사이트(http://text-to-speech.imtranslator.net)에 접속하고 텍스트를 입력합니다.

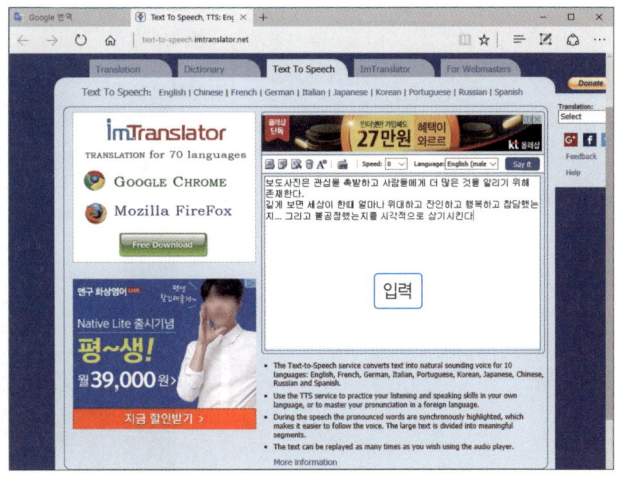

▲ http://text-to-speech.imtranslator.net

02 스피드와 언어를 설정합니다. 인터넷 창의 '최소화' 아이콘을 누르고 잠시 대기합니다.

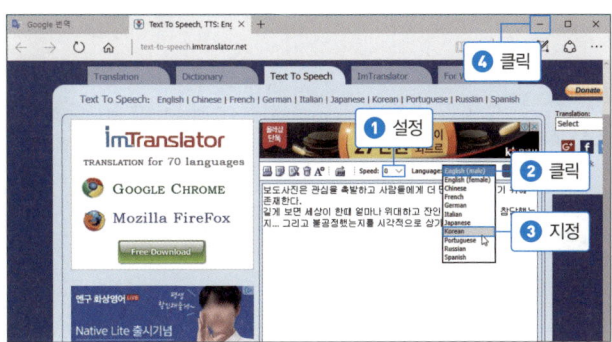

03 파워포인트를 실행해서 녹음한 오디오를 추가할 슬라이드를 준비하고 [삽입] 탭 → [미디어] 그룹 → [오디오]를 클릭해 **오디오 녹음**을 실행합니다.

04 '소리 녹음' 대화상자에서 〈녹음〉 버튼을 클릭합니다.

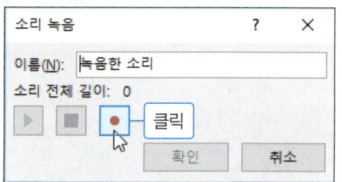

05 imtranslator 사이트 화면의 〈Say It〉 버튼을 눌러 텍스트를 읽습니다.

06 읽기가 끝나면 파워포인트 화면의 '소리 녹음' 대화상자에서 〈중지〉 버튼을 클릭합니다.

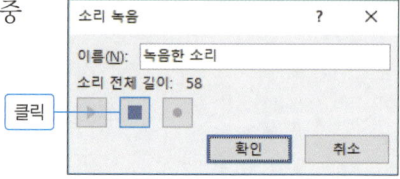

07 〈재생〉 버튼을 눌러 녹음된 소리를 확인한 다음, 이름을 설정하고 〈확인〉 버튼을 클릭합니다.

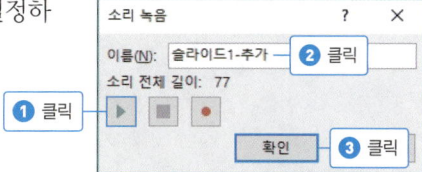

08 슬라이드에 오디오가 포함됩니다. 오디오 앞부분의 불필요하게 지연된 부분이 있다면 **[오디오 도구 재생] 탭 → [편집] 그룹 → [오디오 트리밍]**을 이용해서 잘라냅니다.

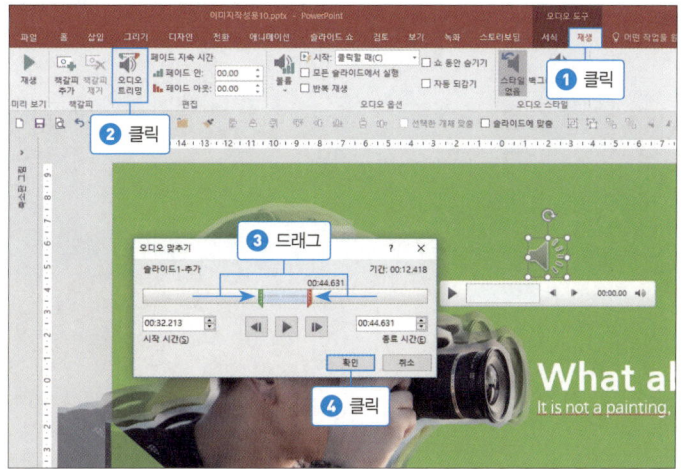

tip 동영상이나 오디오를 녹화, 녹음할 때는 항상 파워포인트에서 녹화, 녹음 명령을 실행한 다음 동영상이나 오디오를 재생합니다. 녹화가 끝난 후에 불필요한 부분은 [트리밍] 명령을 활용하면 동영상이나 오디오의 앞부분 내용을 놓치지 않을 수 있습니다.

09 이렇게 녹음된 오디오를 별도의 파일로 저장하려면 오디오 아이콘 위에서 마우스 오른쪽 버튼을 클릭하고 **다른 이름으로 미디어 저장**을 실행합니다.

PART 04

SECTION 01 슬라이드 마스터 활용하기
SECTION 02 텍스트 입력 빠르게 하기
SECTION 03 스토리보딩 활용하기
SECTION 04 테마색을 위한 색상 정보
SECTION 05 작업을 빠르게 하는 팁

빠른 작업을 위한 실무 활용 익히기

프레젠테이션 파일을 제작할 때, 같은 결과물이라도 만드는 방법은 가지각색입니다. 도형을 하나하나 삽입하고 수정해서 모든 슬라이드를 개별적으로 작업할 수도 있고 서식을 이용해 공통된 부분을 한번에 작업해서 빠르게 끝낼 수도 있습니다. 슬라이드를 좀 더 빠르고 쉽게 제작하는 자신만의 비법을 찾는다면 파워포인트로 제작하는 단계에서 사용하는 시간과 노력을 줄일 수 있습니다.

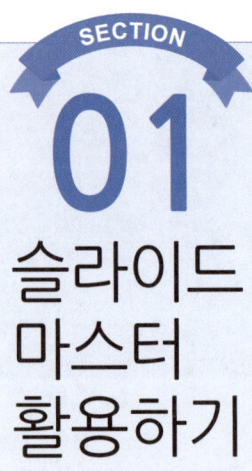

슬라이드 마스터 활용하기

'기획은 충분히, 제작은 빠르게.' 이 기준은 모든 문서를 만드는 기본적인 방법입니다. 파워포인트 문서를 빠른 시간 안에 만들려면 작업의 속도에 초점을 맞추어 기능을 익혀야 합니다.
그리고 그 대표적인 기능이 바로 슬라이드 마스터입니다. 슬라이드 마스터를 이용하면 빠르게 슬라이드를 입력할 수 있고 수정 작업에 걸리는 시간도 단축됩니다.

1 슬라이드 마스터란?

슬라이드 마스터는 다양한 형태의 슬라이드 레이아웃을 관리하는 집합입니다. 슬라이드 레이아웃을 관리할 수 있다는 것은 작업에 여러 가지 편리한 점을 제공한다는 것을 의미합니다. 슬라이드를 제작할 때 꼭 어떤 규칙에 얽매일 필요는 없지만 편리하게 사용할 수 있는 방법이 있다면 활용하는 것이 좋습니다.

1 슬라이드 마스터를 꼭 사용해야 하나요?

슬라이드 마스터에 대해 궁금해 하는 분들이 많습니다. 그런 분들의 질문을 들어보면 슬라이드 마스터에 대해 만능이라고 생각하고 있는 것 같습니다. 물론 슬라이드 마스터는 편리한 기능이지만 만능은 아닙니다. 슬라이드 마스터는 많은 분량의 슬라이드로 구성된, 반복되는 형태의 프레젠테이션을 제작할 때 통일감 있는 디자인과 편리한 수정을 위해 사용하는 기능입니다. 각각 고유한 형태를 가지고 있거나 분량이 적은 슬라이드를 만들기 위해 슬라이드 마스터를 사용해야 하는지 고민할 필요는 없습니다.

슬라이드 마스터를 사용해야 하는 반복되는 형태는 다음과 같습니다.

① 슬라이드 모양이 반복되는 경우
예를 들어 견학 보고서를 제작하거나 제품 소개서를 제작할 때 사진과 설명을 입력하는 슬라이드를 계속 만들게 된다면 그 형태를 반복이라고 할 수 있습니다.

② 개체의 위치 및 크기를 일관되게 해야 할 경우
슬라이드마다 삽입되는 표, 차트, SmartArt 그래픽 등의 위치나 크기를 일정하게 유지해야 하는 경우도 반복된 형태입니다.

③ 텍스트 서식이나 개체의 색상 및 효과 등 전체적인 스타일을 공통으로 사용해야 할 경우
④ 배경이나 글꼴, 색상 등을 일관되게 반복적으로 사용해야 할 경우

여러 종류의 개체를 포함할 수 있는 개체 틀을 사용해서 위치와 크기를 설정해 두고 사용되는 텍스트에 관련된 서식을 미리 설정해 놓은 레이아웃을 사용하면 효율적으로 보고서를 작성하고 수정할 수 있습니다.

2 용어 정리

슬라이드와 슬라이드 레이아웃, 슬라이드 마스터, 테마 등을 정확히 구분할 수 있어야 슬라이드 마스터 기능을 효과적으로 사용할 수 있습니다.

- 슬라이드 → 실제 만들어진 내용
- 슬라이드 레이아웃 → 틀
- 슬라이드 마스터 → 틀의 집합 (관리)

즉, 세 종류의 빵을 파는 빵집(슬라이드 마스터)에서 세 개의 빵 틀(슬라이드 레이아웃)로, 세 종류의 빵(슬라이드)을 열 개든 백 개든 만들 수 있다는 뜻입니다.

■ 슬라이드

파워포인트에서 만들어지는 실제 페이지입니다.

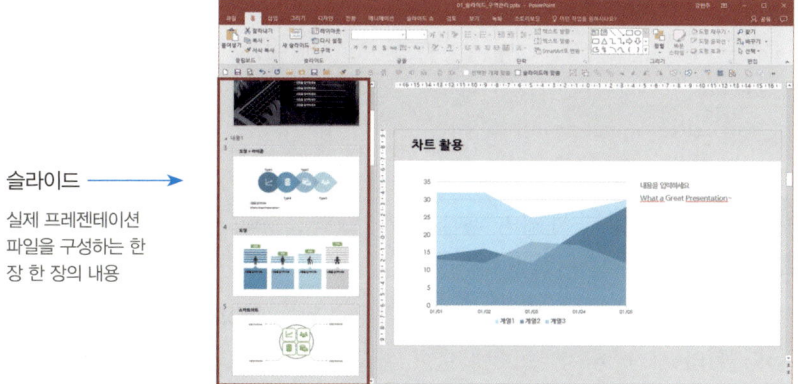

슬라이드 — 실제 프레젠테이션 파일을 구성하는 한 장 한 장의 내용

■ 슬라이드 레이아웃

슬라이드 마스터에 속한 하나하나의 슬라이드 형태입니다. 슬라이드에서 사용하는 제목 및 부제목, 텍스트, 그림, 표, 차트, 도형, 동영상과 같은 개체들의 배열 형태를 설정합니다.

슬라이드를 작성할 때 처음부터 하나하나 개체를 삽입해서 위치와 크기를 설정하며 만드는 것보다, 개체의 위치와 크기가 설정된 레이아웃의 슬라이드로 작업을 시작하는 것이 빠르고 쉽게 진행할 수 있습니다.

슬라이드 레이아웃의 종류
① 표준 레이아웃 : 기본적으로 제공되는 레이아웃
② 사용자 설정 레이아웃 : 사용자가 필요에 따라 직접 만드는 레이아웃

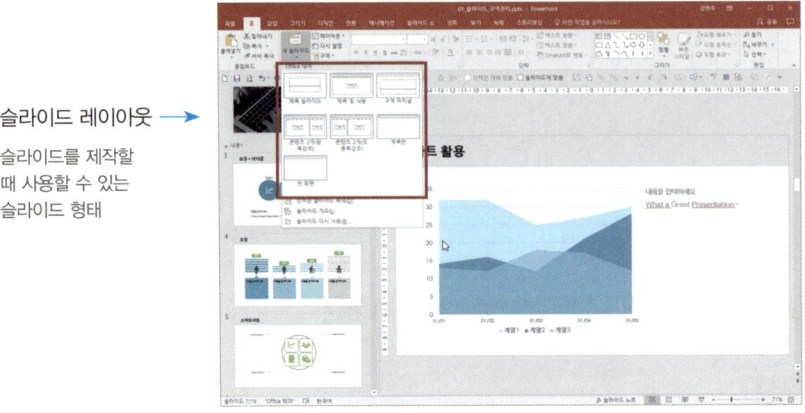

슬라이드 레이아웃 → 슬라이드를 제작할 때 사용할 수 있는 슬라이드 형태

■ 슬라이드 마스터

슬라이드 레이아웃에서 내용을 구성하는 텍스트 및 개체의 위치, 크기, 스타일 등과 배경, 색 테마, 효과, 애니메이션 등의 정보가 저장되는 최상위 슬라이드입니다.

슬라이드 마스터는 자신에게 영향을 받는 하위 레이아웃에 공통으로 적용되는 다섯 가지 개체 틀(제목, 텍스트, 날짜, 슬라이드 번호, 바닥글)의 서식, 위치, 크기에 관한 설정과 배경, 프레젠테이션의 테마에 관한 설정을 합니다.

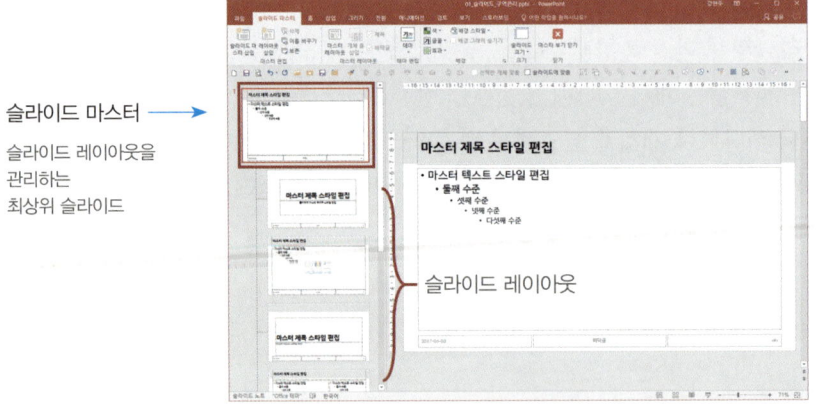

슬라이드 마스터 → 슬라이드 레이아웃을 관리하는 최상위 슬라이드

■ 테마

테마는 프레젠테이션 문서의 색 구성, 글꼴, 효과 스타일 등의 통합 디자인 세트입니다. 테마를 사용하면 프레젠테이션 문서를 만들면서 어려움을 느끼던 색상이나 디자인적인 요소의 문제를 쉽게 해결할 수 있습니다. 테마에서 제공하는 설정된 조합 이외의 값을 사용자가 직접 설정할 수도 있습니다. 단, 효과

는 사용자가 직접 설정할 수 없고 제공되는 것 중 하나를 선택할 수 있습니다. 이러한 테마는 계속해서 Office.com을 통해서 제공되고 있습니다.

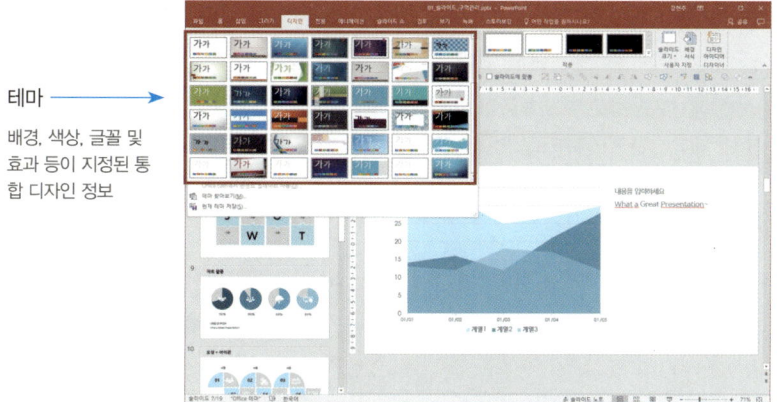

테마
배경, 색상, 글꼴 및 효과 등이 지정된 통합 디자인 정보

■ 서식 파일

서식 파일은 슬라이드 레이아웃과 테마를 조합해서 사용자가 설정한 내용을 캡처한 파일로, 하나 이상의 슬라이드 마스터가 하나의 서식 파일로 저장됩니다.

> **서식 파일의 종류**
> ① 디자인 서식 파일
> 　슬라이드의 레이아웃을 설정하는 부분과 테마로 구성된 슬라이드 마스터에 의해서 프레젠테이션 문서의 디자인에 관련된 설정 사항을 가지고 있습니다.
> ② 내용 서식 파일
> 　프레젠테이션 문서의 디자인적인 요소와 함께 실제로 제작된 슬라이드까지 형태를 유지해서 저장되어 있기 때문에 유사한 업무의 프레젠테이션을 반복해서 만들 때 문서의 기초로 사용하면 편리하고 빠르게 작업할 수 있습니다.

3 슬라이드와 슬라이드 마스터 보기의 빠른 전환

슬라이드를 제작할 때 슬라이드 마스터 보기 상태로 자주 변경하게 됩니다. 그럴 때마다 [보기] 탭에서 **[프레젠테이션 보기] 그룹 → [기본]**과 **[마스터 보기] 그룹 → [슬라이드 마스터]**를 선택하는 것은 효율적이지 않습니다.

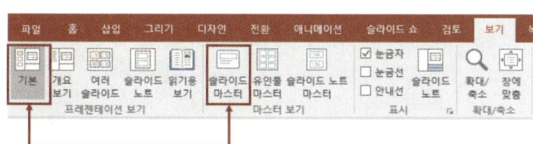

빠르게 두 가지 보기 상태를 전환하는 방법은 화면 아래쪽 상태 표시줄의 보기 종류 아이콘을 활용하는 것입니다.

① 슬라이드 편집 상태 → 슬라이드 마스터 상태로 전환할 때 : Shift + '기본 보기' 아이콘(□)을 클릭합니다.

② 슬라이드 마스터 상태 → 슬라이드 편집 상태로 전환할 때 : '기본 보기' 아이콘(□)을 클릭합니다.

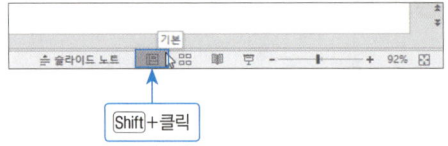

4 슬라이드 마스터로 설정하면 편리한 항목

모든 슬라이드의 공통된 내용은 마스터에서 설정하는 것이 편리합니다. 되도록 필요한 레이아웃을 전부 설정하고 작업하는 것이 좋지만, 어렵다면 아래의 항목 정도만이라도 마스터에서 설정하고 작업을 진행합니다.

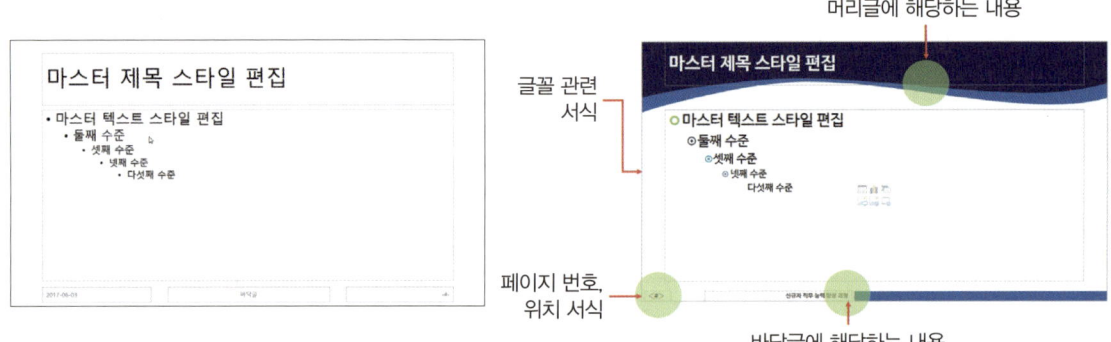

① 개체 틀 글꼴 관련 서식

제목이나 본문 개체 틀의 글꼴, 글꼴 크기, 글머리 기호, 줄 간격, 단락 간격 등 글꼴에 관한 기본적 서식을 슬라이드 마스터로 설정합니다.

② 머리글에 해당하는 내용

주로 슬라이드 위쪽에 간단한 도형이나 로고 이미지를 삽입해 사용하게 되는데, 마스터에서 설정하면 배경처럼 모든 슬라이드에서 사용하게 됩니다.

③ 페이지 번호

페이지 번호에 관한 위치, 크기 등의 서식을 마스터에서 설정하면 모든 슬라이드에서 같은 설정 값으로 일관되게 사용할 수 있습니다.

④ 바닥글에 해당하는 내용

머리글처럼 로고나 회사명 등 공통으로 사용하는 내용을 마스터에서 입력합니다.

이렇게 슬라이드 마스터에서 제목이나 페이지 번호의 서식을 전부 설정한 상태라면 제목의 글꼴이나 페이지 번호의 위치를 변경하기 위해 작성된 슬라이드를 일일이 수정하지 않아도 됩니다.

> tip 만일 다른 사람이 작성한 프레젠테이션 문서를 활용하려고 할 때 회사 로고나 모든 슬라이드에 삽입된 이미지를 지워야 하는 경우가 있습니다. 그렇다면 먼저 [슬라이드 마스터] 보기 상태에서 확인해 봅니다. 배경 이미지에 포함되어 만들어진 것이 아니라면 슬라이드 마스터에서 삭제할 수 있습니다.

2 슬라이드 마스터를 이용한 슬라이드 작성 작업 단계

슬라이드 마스터를 이용해서 슬라이드를 만들려면 슬라이드 제작 중에도 슬라이드 마스터를 조정하는 일은 자주 있지만 다음 순서로 작업하는 것이 가장 효율적입니다.

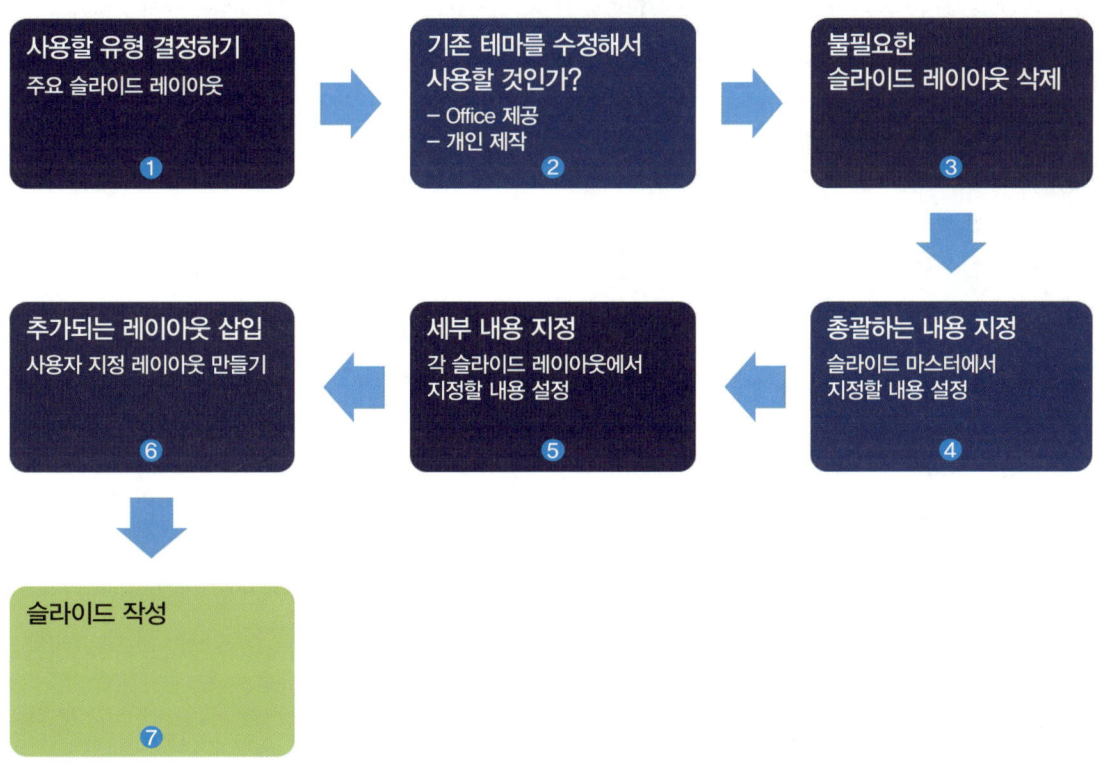

왜냐하면 각 단계의 설정 사항이 모두 슬라이드에 영향을 미치는데, 슬라이드에 어떤 경우의 설정 값이 표시되는지에 관련된 우선 순위가 있기 때문입니다.

실제 슬라이드에 서식이 적용되는 우선 순위

슬라이드에 삽입되는 개체에 서식을 적용할 수 있는 경우는 세 가지입니다.
슬라이드 마스터, 슬라이드 레이아웃, 직접 슬라이드에서 설정하는 방법입니다. 이렇게 같은 개체에 서식이 중복 설정되었을 때 실제 슬라이드에는 어떤 우선 순위로 적용되는지 알아두면, 모든 슬라이드에 동일한 내용을 설정하고 특수한 슬라이드에만 특별한 서식을 설정할 수 있습니다.

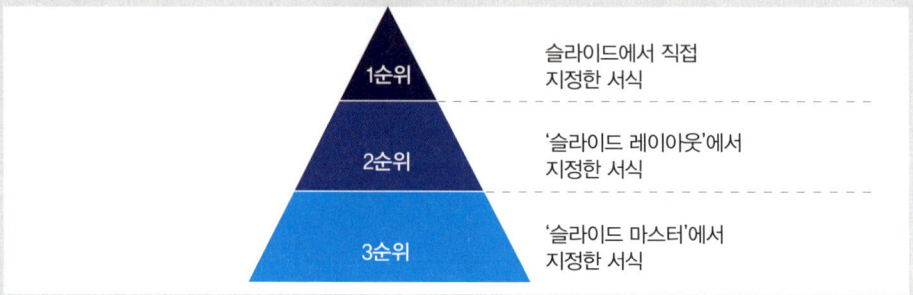

예를 들어 슬라이드 마스터에서 슬라이드 번호의 위치와 서식을 설정하면 모든 슬라이드 레이아웃에 반영됩니다. 하지만 특정 슬라이드 레이아웃에서 슬라이드 번호의 위치와 서식을 설정한다면 그 다음부터 수정한 슬라이드 레이아웃은 슬라이드 마스터에서 수정하는 슬라이드 번호의 위치와 서식이 연동되지 않습니다.

1 사용할 유형 결정하기 - 주요 슬라이드 레이아웃

프레젠테이션 파일을 작성할 때는 기획 단계에서 생각해 둔 대략의 스케치를 참고로 슬라이드 마스터 작업을 하는 것이 좋지만 너무 세밀하게 설정할 필요는 없습니다. 작업하는 도중 내용을 그 틀에 맞추느라 불편함을 느낄 수 있기 때문입니다. 너무 많은 종류를 분류하는 것도 편리한 것만은 아니기 때문에, 전체 슬라이드에서 최대한의 공통사항을 뽑고 적당한 범위 안에서 레이아웃을 활용하는 것이 좋습니다.

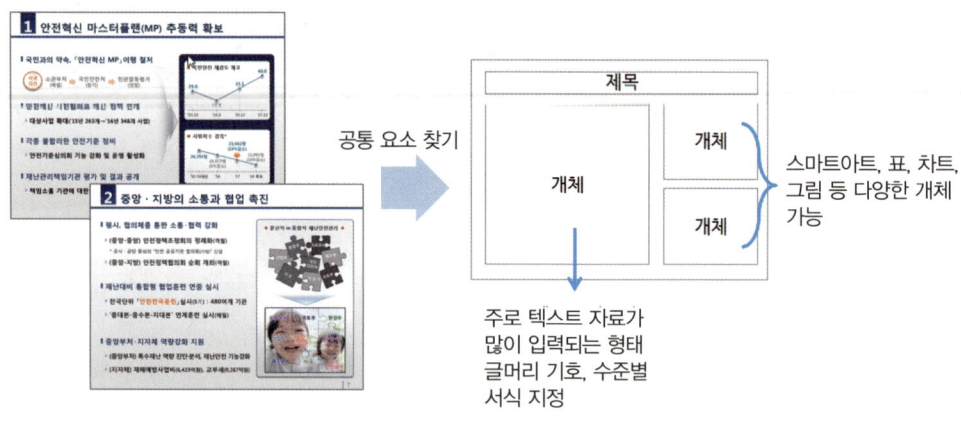

SECTION 01 슬라이드 마스터 활용하기

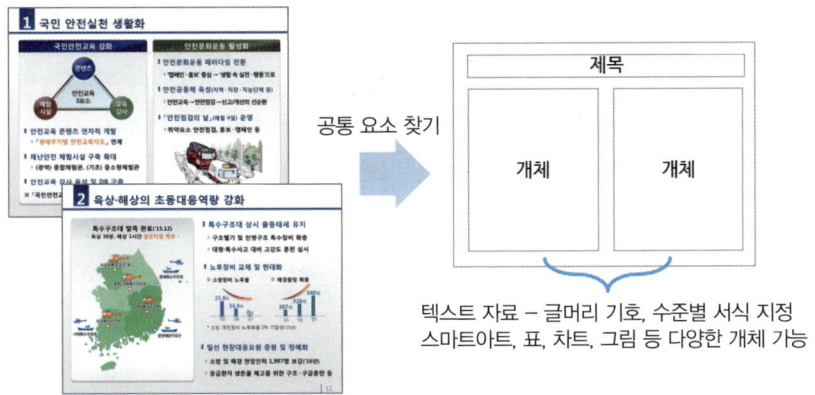

슬라이드 이미지 출처 : https://goo.gl/0zB6X6
정책 브리핑 사이트(http://www.korea.kr)에서 '2016년 국민안전처 주요업무계획' 검색

그리고 슬라이드를 작성하는 단계에서 레이아웃에서 설정되지 않은 나머지 개체를 상황에 따라 추가하면서 작업합니다. 슬라이드를 만들 때 가장 많이 사용하는 형태를 몇 가지 설정하고 나머지 예외적인 형태는 제목 개체 틀만 삽입하거나 비어있는 슬라이드를 사용해 작업하면 됩니다.

필요한 슬라이드 결정	
제목 슬라이드	표지
간지 슬라이드	챕터 구분
본문 슬라이드	제목
	제목, 개체 1단
	제목, 위쪽 1단 텍스트, 아래쪽 1단 개체
	제목, 그림3, 설명 텍스트
	빈 문서 – (목차나 Q&A 슬라이드 등)

2 제공되는 디자인 테마를 사용할 것인지 결정 후 세부 수정

만일 제공되는 디자인 서식을 활용해 파일을 만들 예정이라면 이 단계에서 먼저 슬라이드 용지와 테마를 적용합니다. 단계별 설정 사항을 먼저 확인해 설정하고 나중에 테마를 적용하면 설정 사항이 전부 테마의 설정으로 변경됩니다. 그렇기 때문에 먼저 테마를 적용하고 그 상태에서 세부적인 설정 사항을 수정해야 사용자가 원하는 형태대로 설정을 유지할 수 있습니다.

01 테마를 사용해서 문서를 만들려면, [디자인] 탭 → [테마] 그룹에서 사용할 테마를 선택합니다.

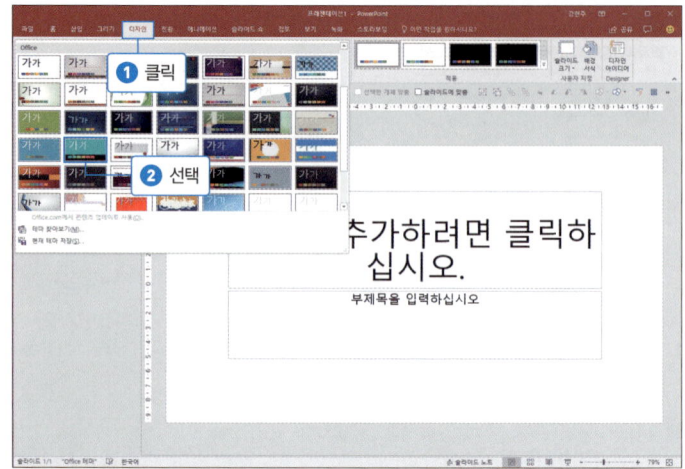

02 [디자인] 탭 → [적용] 그룹에서 색상 조합을 선택합니다.

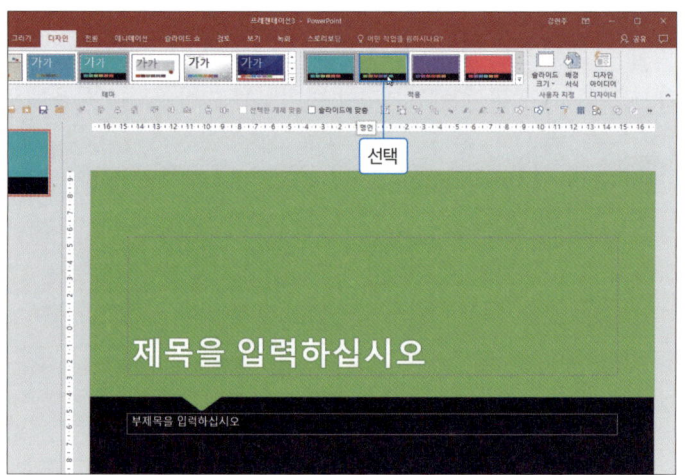

03 예제에서는 제공되는 테마를 사용하지 않고 직접 만들어 사용하겠습니다.
테마가 적용된 문서를 다시 처음 프레젠테이션 문서 상태로 되돌리려면, [디자인] 탭 → [테마] 그룹에서 'Office 테마'를 선택합니다.

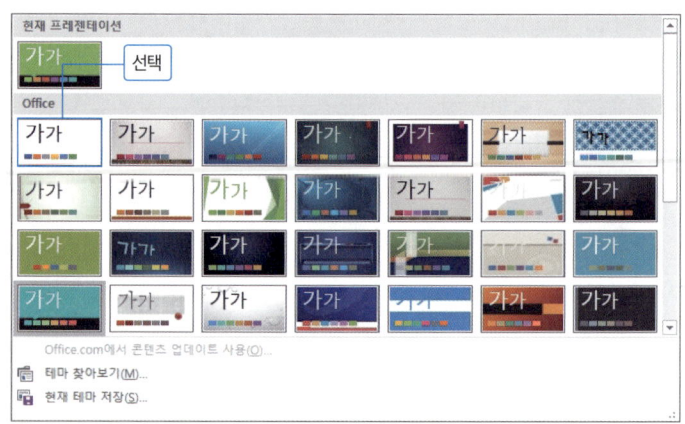

3 불필요한 슬라이드 레이아웃 삭제

파워포인트에는 기본적으로 'Office 테마'가 적용되어 있고, 열한 개의 기본 슬라이드 레이아웃이 제공됩니다.

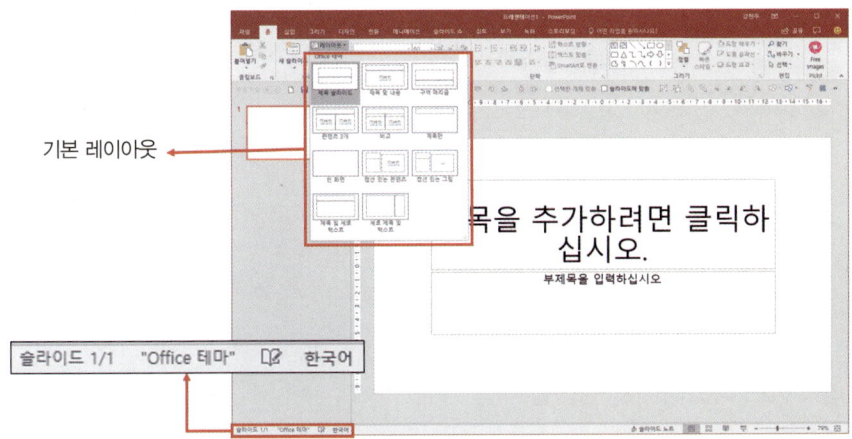

하지만 이 열한 개의 슬라이드 레이아웃은 작성할 슬라이드에 맞지 않아 사용하지 않는 경우가 대부분입니다. 불필요한 레이아웃을 전부 삭제하고 작업하는 것이 슬라이드 마스터를 관리하기 편리합니다.

01 [보기] 탭 → [마스터 보기] 그룹 → [슬라이드 마스터]를 클릭하거나 Shift 키를 누른 채 '기본 보기' 아이콘(▭)을 클릭합니다.

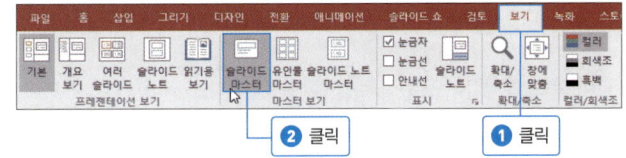

02 기본 레이아웃 중 이미지에 체크 표시된 다섯 개의 레이아웃만 남기고 나머지 레이아웃을 전부 삭제합니다.

삭제할 때는 슬라이드 레이아웃을 선택하고 Delete 키를 누르면 됩니다. 이때 만일 삭제되지 않는다면 이미 슬라이드에서 사용 중인 경우입니다. 사용 중인 슬라이드 레이아웃은 삭제할 수 없습니다.

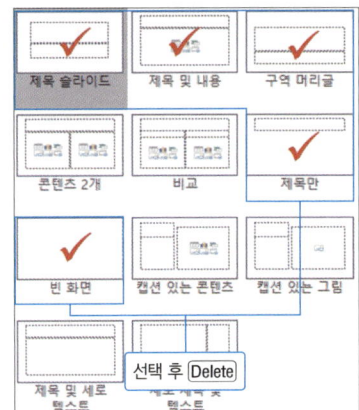

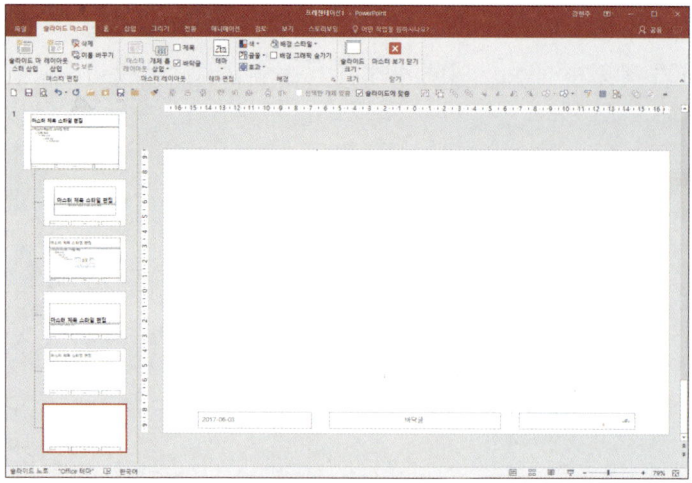

4 총괄하는 내용 설정 - 슬라이드 마스터에서 설정할 내용 설정

글꼴이나 슬라이드 번호처럼 모든 슬라이드 레이아웃에서 공통으로 사용할 내용을 설정합니다. 슬라이드 마스터에서 설정한 내용은 모든 레이아웃에 반영됩니다. 가장 기본이 되는 내용을 설정하면 됩니다.

■ 프레젠테이션 문서의 용도에 따라 슬라이드 크기 설정

[슬라이드 마스터] 탭 → [크기] 그룹 → [슬라이드 크기] → [사용자 설정 슬라이드 크기]를 클릭하고 슬라이드 크기를 다음과 같이 지정합니다.

- 일반적인 4:3 프로젝트를 이용한 발표 → 표준(4:3)
- 와이드 스크린을 이용한 발표 → 와이드 스크린(16:9)
- 인쇄용 보고서 작성 → 사용자 설정 슬라이드 크기 → A4 사이즈 등

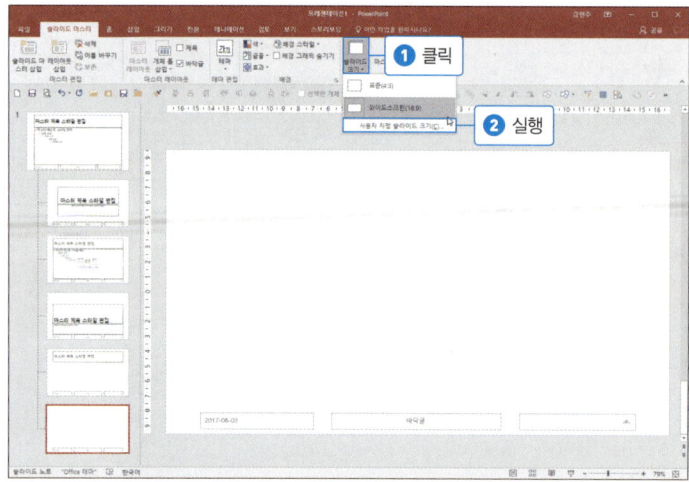

SECTION 01 슬라이드 마스터 활용하기

■ **안내선 설정하기**

전체적인 문서가 깔끔한 인상을 주려면 개체와 개체 사이의 여백을 일정하게 주는 것도 중요하지만 각각의 슬라이드 전체의 상하, 좌우 여백이 일정한 것이 중요합니다.

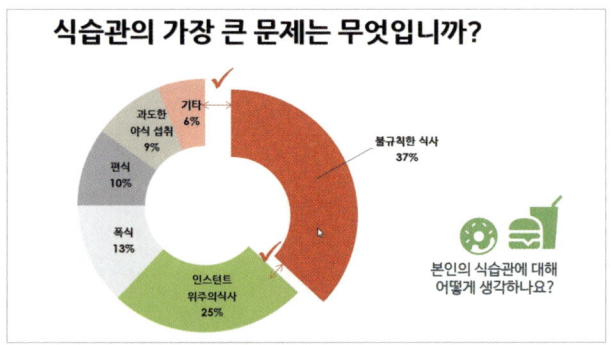

슬라이드 레이아웃을 여러 개 사용할 경우 각 슬라이드 레이아웃들의 여백을 일정하게 유지하려면 안내선을 이용합니다. 슬라이드 마스터에서 안내선을 설정하면 슬라이드 레이아웃뿐만 아니라 실제 슬라이드 제작 단계에서도 사용할 수 있습니다.

01 슬라이드 마스터를 선택한 다음 Alt + F9 키를 눌러 안내선을 표시합니다. 슬라이드 마스터에서 안내선을 설정하면 슬라이드에서 이동하거나 삭제할 수 없는 안내선을 설정할 수 있습니다.

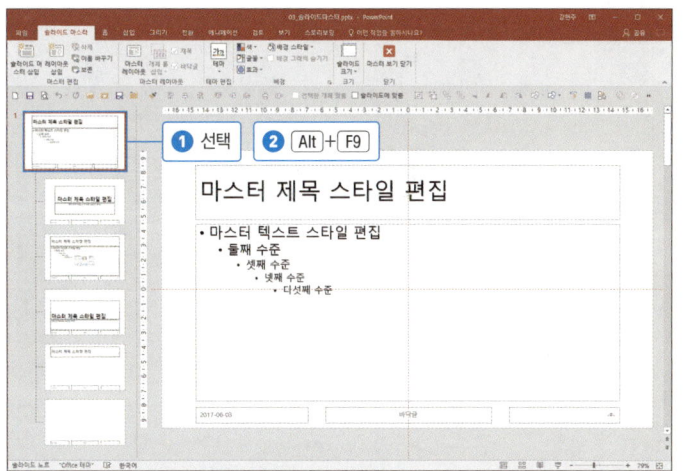

02 Ctrl 키를 누른 채 드래그하여 안내선을 필요한 만큼 추가합니다. 가로 세로 보고서 내용의 외곽 영역을 표시합니다.

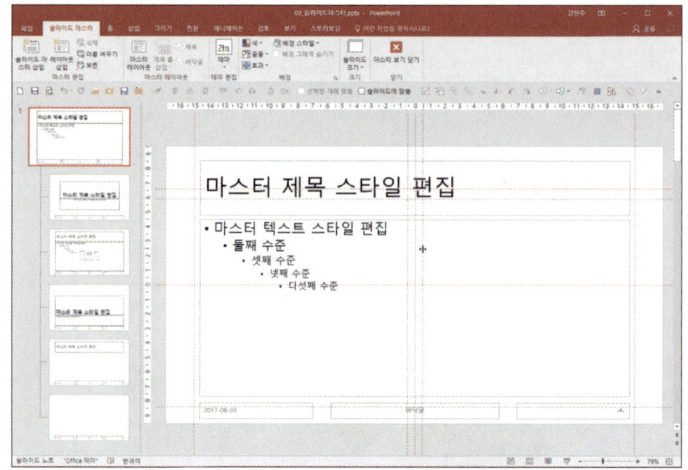

■ **테마 색 설정**

파워포인트에서 테마 색은 개체의 윤곽선이나 채우기에 사용되는 색상, 도형, SmartArt, 표, 차트 등 개체의 빠른 스타일에 제공됩니다. 테마 색을 이용하면 문서 전체에 일관된 색상 톤을 유지할 수 있고 전문가 수준의 느낌을 줄 수 있습니다.

테마 색   테마 색 만들기

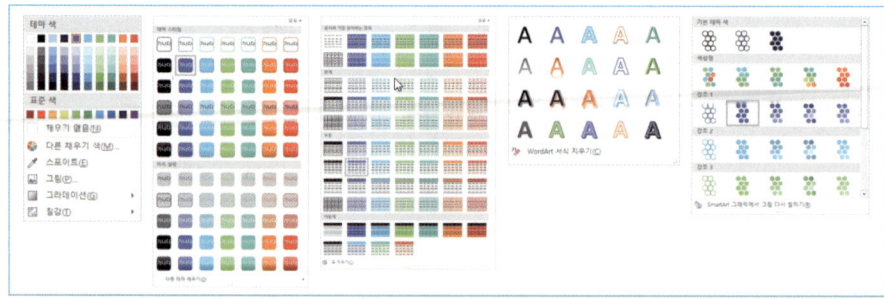

01 [슬라이드 마스터] 탭 → [배경] 그룹 → [색]을 클릭하고 **색 사용자 설정**을 실행합니다. 만들어져있는 색상 세트를 선택해서 사용해도 됩니다.

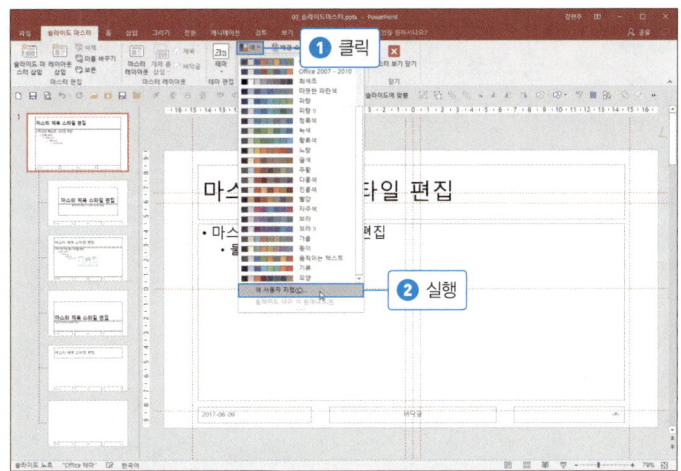

02 '새 테마 색 만들기' 대화상자가 표시되면 열두 개의 색상을 설정할 수 있습니다. 오른쪽에 있는 보기 창으로 확인하면서 원하는 색으로 설정한 다음, 이름에 색 이름을 '보고서용'이라고 입력하고 〈저장〉 버튼을 클릭합니다.

ⓐ **첫 번째 네 개의 색** : 텍스트와 배경에 사용됩니다. 밝은 색 텍스트는 어두운 색 위에서, 어두운 색 텍스트는 밝은 색 위에서 항상 잘 보이도록 설정하고, 배경의 밝고 어두움에 따라 자동으로 잘 보이는 글꼴 색을 설정하게 됩니다.

ⓑ **다음 여섯 개 색** : 강조색으로, 네 가지 배경색 위에서 모두 잘 보입니다. 이 색으로 문서에 사용되는 도형 등 모든 콘텐츠를 표시합니다. 특히 '강조 1'색은 도형을 그렸을 때 기본적으로 적용되는 채우기 색입니다.

ⓒ **마지막 두 개의 색** : 하이퍼링크 및 열어 본 하이퍼링크에 사용됩니다.

03 테마 색이 변경되면 색 갤러리가 변경되고 테마 색을 사용하는 문서의 모든 콘텐츠도 변경됩니다. 이러한 테마 색은 하이퍼링크에 관련된 색을 제외하고 '80% 더 밝게', '50% 더 어둡게' 등으로 색조를 조정되어 도형이나 글꼴 등에 제공되는 색 갤러리에 표시됩니다.

tip 도형이나 다른 개체에 테마 색을 적용하지 않고 사용자가 직접 설정한 색상을 사용했다면, 테마가 변경되어도 그 개체의 색상이 유지됩니다.

04 프레젠테이션 문서의 색이 설정한 색 구성으로 변경된 것을 확인할 수 있습니다. [슬라이드 마스터] 탭 → [배경] 그룹 → [색]을 클릭해서 목록을 보면, 설정한 새 색상이 '사용자 설정' 항목으로 등록되어 있습니다. '사용자 설정' 항목으로 등록된 색상에서 마우스 오른쪽 버튼을 클릭하면 편집과 삭제가 가능합니다. 하지만 기본 제공된 색상은 편집하거나 삭제할 수 없습니다.

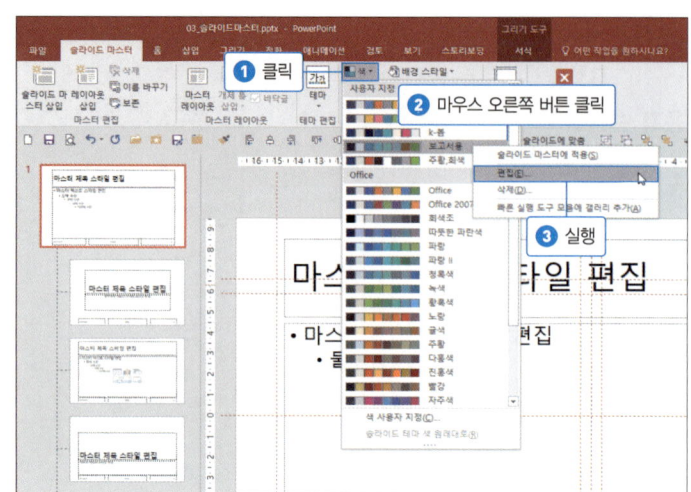

■ 테마 글꼴 설정

파워포인트 전체 문서에 너무 많은 글꼴을 사용하면 깔끔한 느낌의 일관된 디자인을 만들 수 없습니다. 파워포인트 테마에는 각각 영문과 한글에 따라 제목과 본문에 사용할 두 개의 글꼴을 설정해서 사용하도록 되어 있습니다. 주로 사용하는 글꼴을 제목용과 본문용으로 미리 설정해 두면 편리하게 사용할 수 있습니다. 그리고 필요한 부분만 다른 글꼴로 강조하는 것이 훨씬 효과적입니다.

01 [슬라이드 마스터] 탭 → [배경] 그룹 → [글꼴]을 클릭하고 **글꼴 사용자 설정**을 실행합니다. 만들어져 있는 글꼴 세트를 선택해서 사용해도 됩니다.

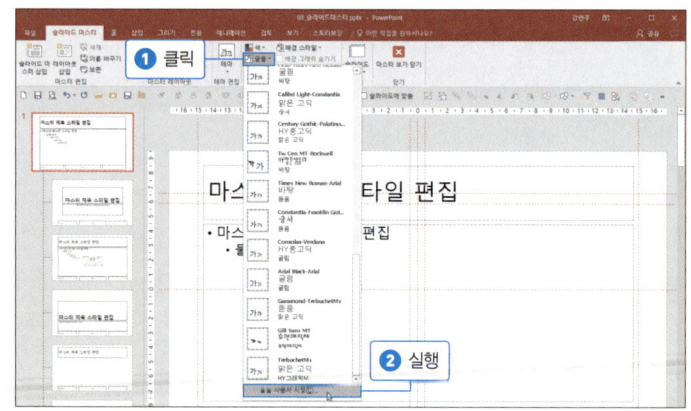

02 '새 테마 글꼴 만들기' 대화상자에는 프레젠테이션에서 사용하는 모든 한글 텍스트의 글꼴과 영문 텍스트의 글꼴을 각각 제목용과 본문용으로 두 가지씩 설정할 수 있습니다.

오른쪽에 있는 보기 창으로 확인하면서 원하는 글꼴로 설정한 다음, 이름에 지금 설정한 테마 글꼴의 이름을 '보고서용'이라고 입력하고 〈저장〉 버튼을 클릭합니다.

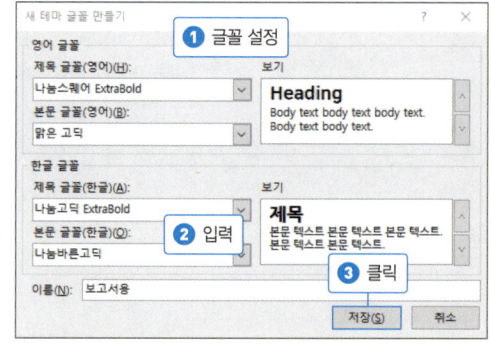

03 프레젠테이션 문서의 글꼴이 설정한 글꼴로 변경된 것을 확인할 수 있습니다.

[슬라이드 마스터] 탭 → [배경] 그룹 → [글꼴]을 클릭해서 목록을 보면, 설정한 새 글꼴이 '사용자 설정' 항목으로 등록되어 있습니다.

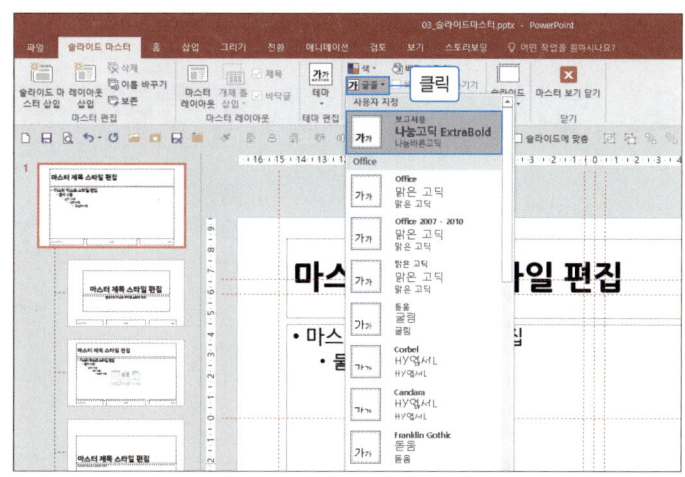

04 '사용자 설정' 항목으로 등록된 글꼴에서 마우스 오른쪽 버튼을 클릭하면 편집과 삭제가 가능합니다. 하지만 기본 제공된 글꼴은 편집하거나 삭제할 수 없습니다.

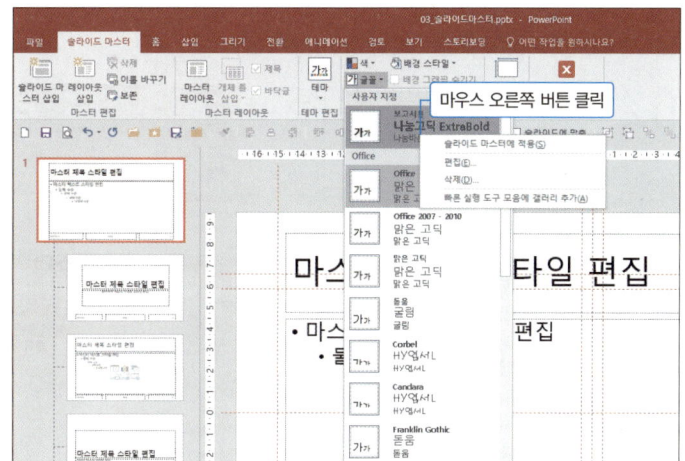

■ 효과 설정

테마 효과에는 그림자, 반사, 선, 채우기 등이 포함됩니다. 사용자가 테마 효과 모음을 만들 수는 없지만 프레젠테이션에 적합한 효과 모음을 선택할 수 있습니다. 필요한 경우에 설정하면 됩니다.

[슬라이드 마스터] 탭 → [배경] 그룹 → [효과]를 클릭한 다음 목록에서 선택합니다.

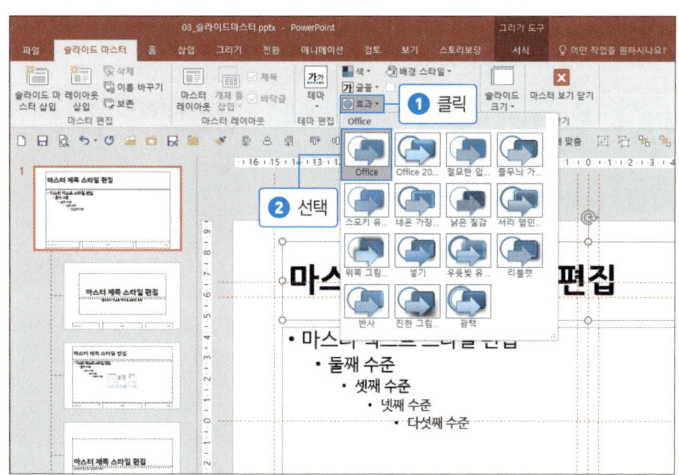

■ 제목과 본문 개체 틀의 텍스트 위치와 서식 설정

01 안내선에 맞춰 제목 개체 틀의 위치와 글꼴 크기를 조정합니다.

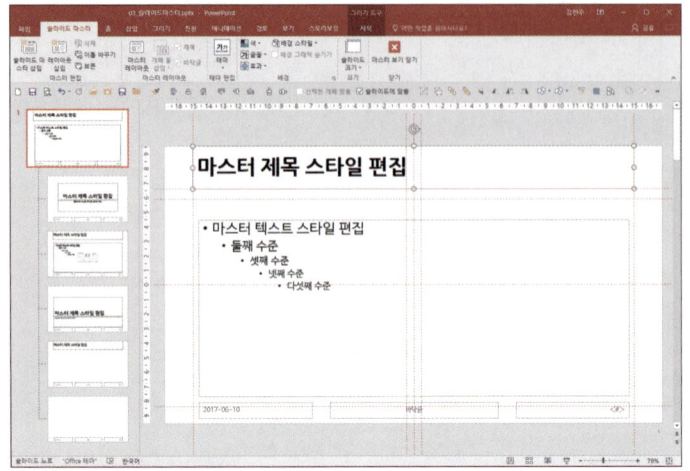

02 본문 개체 틀처럼 여러가지 크기로 구성된 개체의 글꼴 크기를 조절할 때는 하나씩 설정하는 것보다는 작게/크게 조정하는 명령을 이용하면 전체적인 비율을 유지한 채 수정할 수 있습니다.
개체 틀의 테두리 부분을 클릭해서 전체 선택하고, **[홈] 탭 → [글꼴] 그룹 → [글꼴 크기 크게/작게]** 를 이용해서 조절합니다.

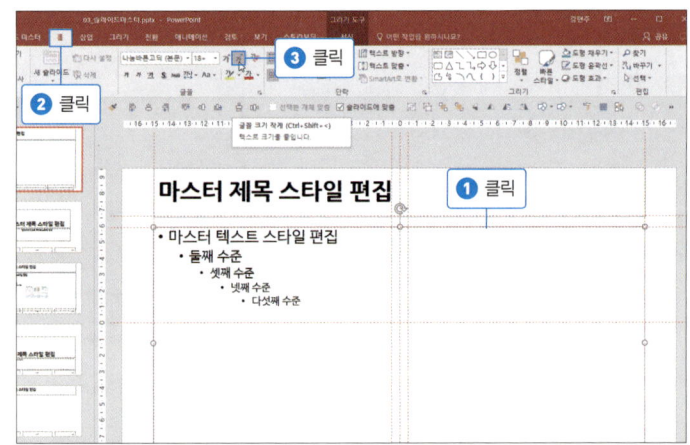

> tip 글꼴 크기를 크게 조절하는 단축키는 Ctrl+] 이고, 글꼴 크기를 작게 조절하는 단축키는 Ctrl+[입니다.

03 **[홈] 탭 → [단락] 그룹**에서 '대화상자 표시' 아이콘( )을 클릭해 '단락' 대화상자를 표시합니다. 본문 개체 틀에서 사용할 텍스트의 글머리 기호 사용 여부, 들여 쓰기, 단락 간격, 줄 간격 등을 수준별로 하나씩 설정합니다.

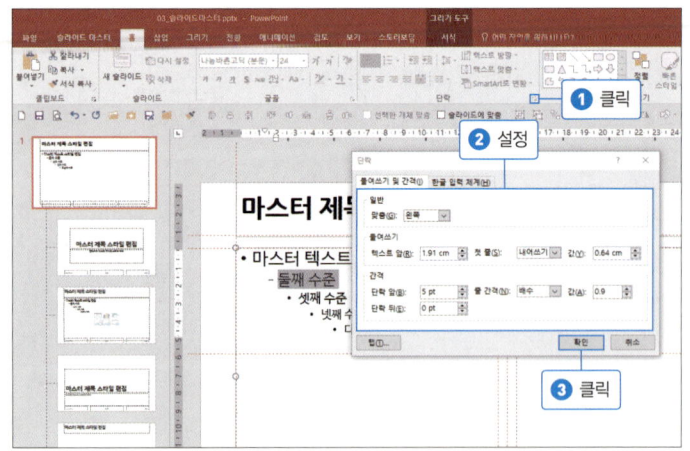

SECTION 01 슬라이드 마스터 활용하기

■ 선이나 도형 등을 이용해서 배경 꾸미기

간단하게 제목과 본문에 구분선이나 도형을 삽입해서 설정합니다. 로고를 삽입해도 바닥글처럼 사용할 수 있습니다.

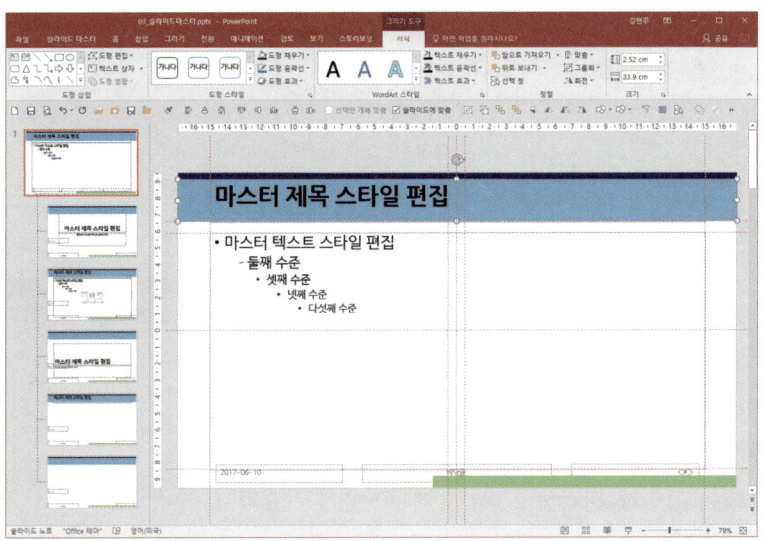

■ 슬라이드 번호

슬라이드 번호는 '사용하겠다는 설정'과 '서식과 위치를 설정'하는 두 가지 작업을 해야 슬라이드의 원하는 위치에 표시됩니다.

01 슬라이드 번호 사용 설정

슬라이드 번호를 사용하려면 사용 여부를 설정해야 합니다. [삽입] 탭 → [텍스트] 그룹 → [머리글/바닥글]을 클릭합니다. '머리글/바닥글' 대화상자가 표시되면 '슬라이드 번호', '바닥글', '제목 슬라이드에는 표시 안함'에 체크 표시하고 바닥글을 입력한 다음 〈모두 적용〉 버튼을 클릭합니다.

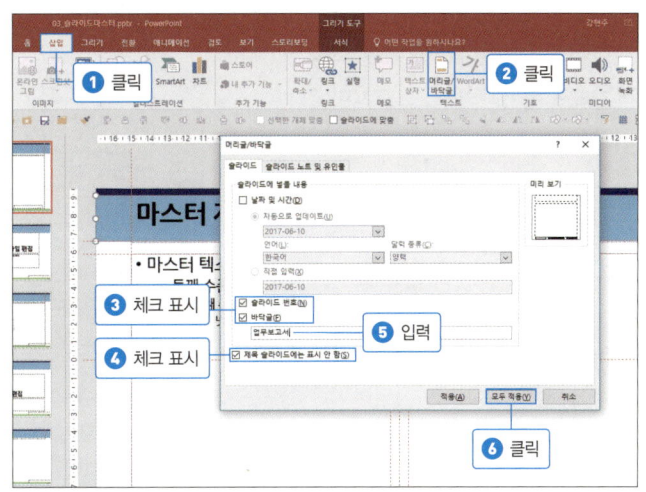

tip 〈적용〉 버튼을 클릭하면 현재 슬라이드에만 적용됩니다.

435

02 슬라이드 번호 위치와 서식 지정 사용하려는 슬라이드 번호와 바닥글 개체의 위치와 서식을 설정합니다.

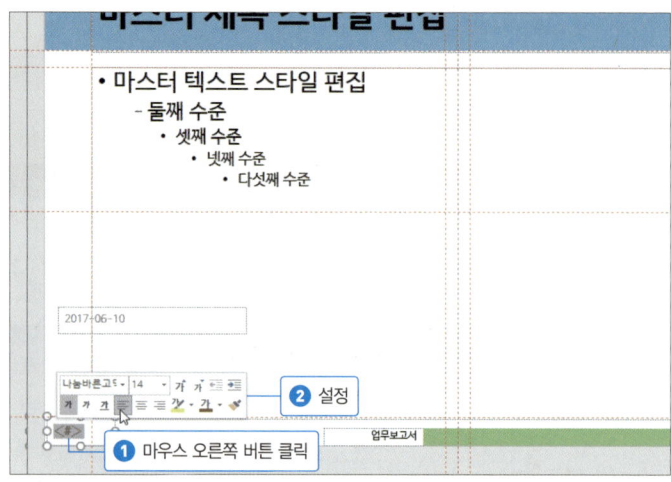

5 특정 슬라이드 레이아웃 수정하기 – 제목, 구역 슬라이드 레이아웃 만들기

슬라이드 마스터에서 설정한 내용은 모든 슬라이드 레이아웃에 반영됩니다.
이렇게 공통사항은 슬라이드 마스터에서 함께 관리하고, 특정 레이아웃에서 슬라이드 마스터와 다르게 설정하고 싶은 경우 슬라이드 레이아웃에서 별도로 설정하면 됩니다.

{실습 파일} 04\01_1.pptx　　{완성 파일} 04\01_1결과.pptx

01 슬라이드 마스터 보기 상태에서, '제목' 슬라이드 레이아웃을 선택합니다. 슬라이드 마스터의 배경 설정 사항을 사용하지 않기 위해 **[슬라이드 마스터] 탭 → [배경] 그룹 → [배경 그래픽 숨기기]**에 체크 표시합니다.

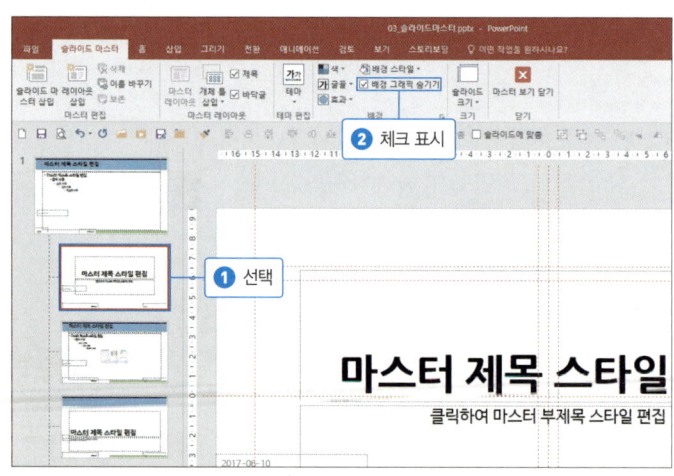

tip 슬라이드 마스터에서 삽입한 그림이나 텍스트 등의 개체는 하위 슬라이드 레이아웃에서 선택하거나 삭제할 수 없고 숨기기만 가능합니다.

SECTION 01 슬라이드 마스터 활용하기

02 그림이나 도형을 삽입해서 제목 슬라이드 레이아웃을 슬라이드 마스터와는 별도로 작성합니다.

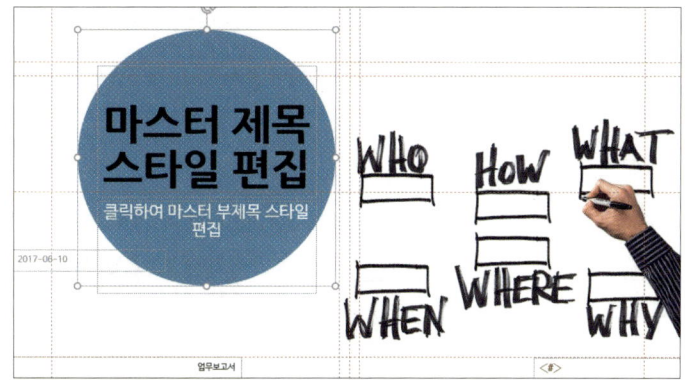

03 '구역 머리글' 슬라이드 레이아웃을 선택합니다. 슬라이드 마스터의 배경 설정 사항을 사용하지 않기 위해 **[슬라이드 마스터] 탭 → [배경] 그룹 → [배경 그래픽 숨기기]**에 체크 표시합니다.

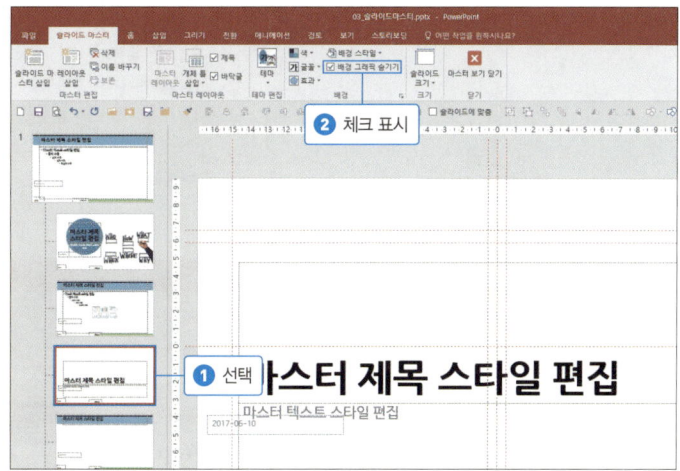

04 그림이나 도형을 삽입해서 구역 머리글 슬라이드 레이아웃을 슬라이드 마스터와는 별도로 작성합니다.

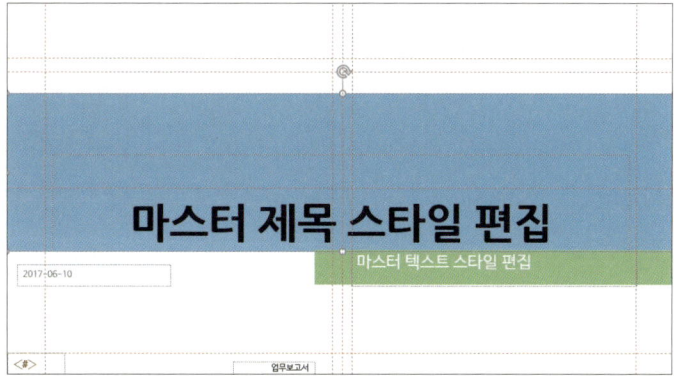

❻ 사용자 설정 레이아웃 만들기 - 그림 설명이 계속되는 슬라이드 쉽게 만들기

슬라이드의 레이아웃을 내가 원하는 형태로 설정해서 관리하면 입력이나 수정이 훨씬 쉽습니다. 그림 설명이 계속되는 보고서의 레이아웃을 만들어 활용해 보겠습니다.

{실습 파일} 04\01_2.pptx   {완성 파일} 04\01_2결과.pptx

01 새로운 슬라이드 레이아웃을 만들기 위해 [슬라이드 마스터] 탭 → [마스터 편집] 그룹 → [레이아웃 삽입]을 클릭합니다.

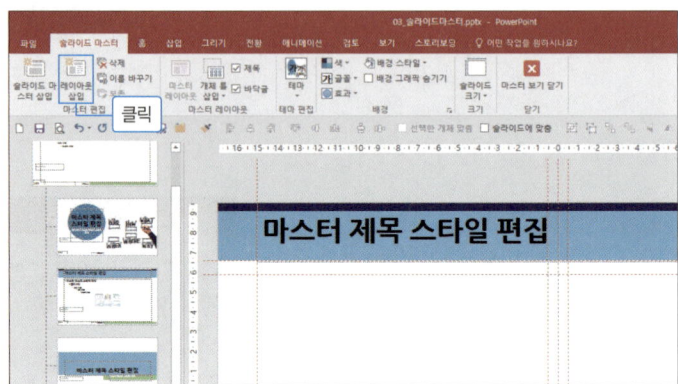

02 그림과 설명을 입력하는 형태로 작성하겠습니다. [삽입] 탭 → [일러스트레이션] 그룹 → [도형]의 선을 이용해 그리거나 [삽입] 탭 → [표] 그룹 → [표]를 이용해 작성합니다. 삽입 메뉴로 슬라이드 마스터에 삽입된 개체는 슬라이드 작업에서 배경처럼 사용됩니다.

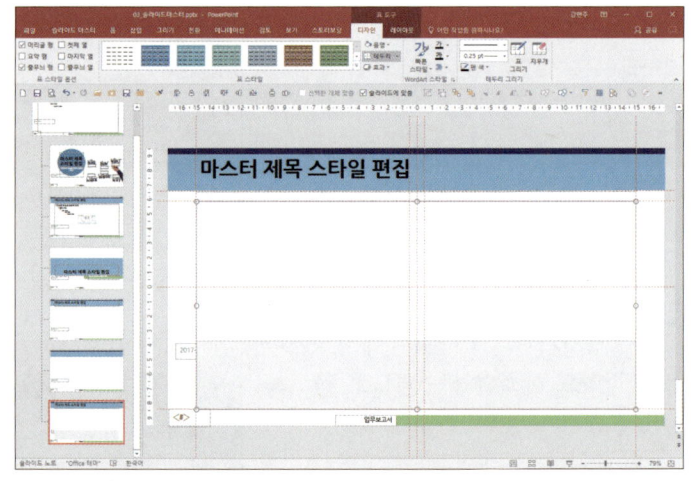

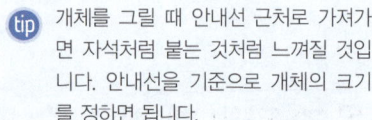 개체를 그릴 때 안내선 근처로 가져가면 자석처럼 붙는 것처럼 느껴질 것입니다. 안내선을 기준으로 개체의 크기를 정하면 됩니다.

03 [슬라이드 마스터] 탭 → [마스터 레이아웃] 그룹 → [개체 틀 삽입]을 클릭한 다음 **그림**을 선택합니다. 그림을 삽입할 위치에 그림 개체 틀을 드래그해서 삽입합니다.
오른쪽에 개체 틀을 것을 복사해서 왼쪽에 같은 크기로 삽입합니다.

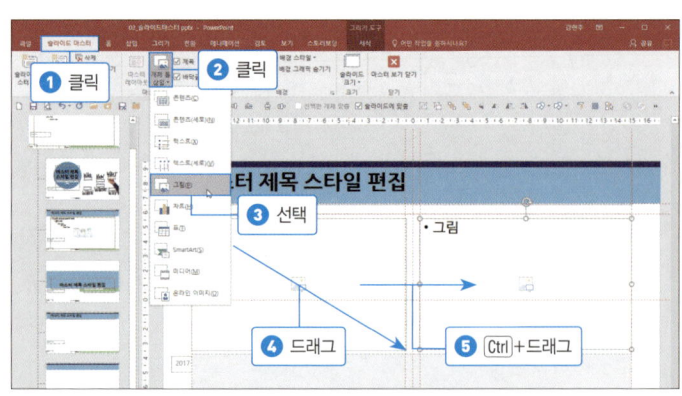

04 [슬라이드 마스터] 탭 → [마스터 레이아웃] 그룹 → [개체 틀 삽입]을 클릭한 다음, **텍스트**를 선택합니다. 그림 설명을 입력할 위치에 텍스트 개체 틀을 드래그해서 삽입합니다.

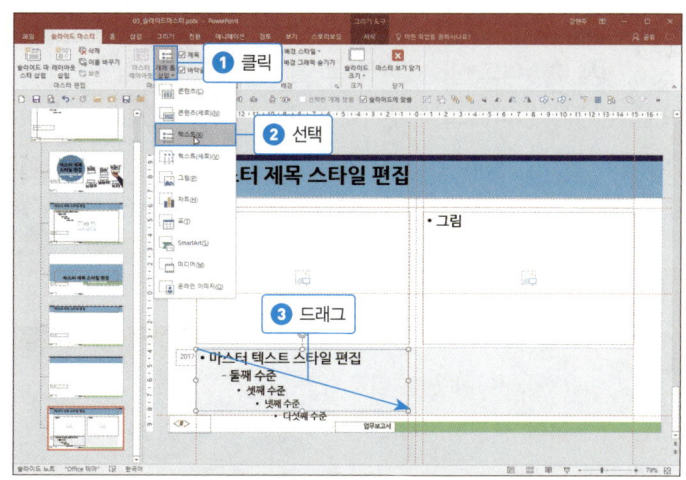

05 텍스트의 글머리 기호 사용 여부, 글꼴 크기, 줄 간격 등 서식을 설정합니다. 텍스트 개체 틀을 선택하고 복사해서 오른쪽에 붙여넣습니다.

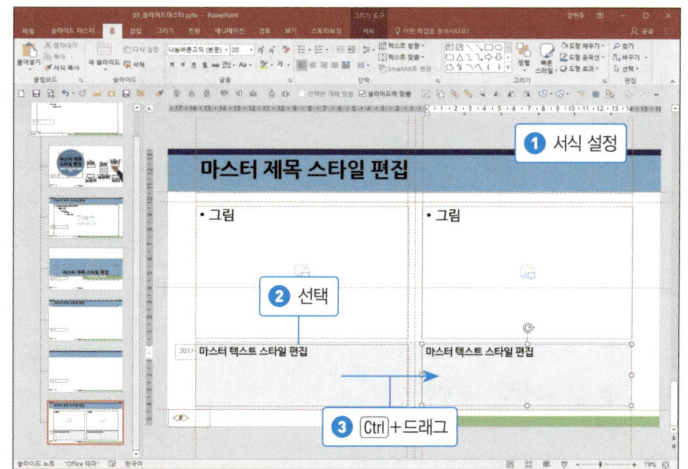

06 [슬라이드 마스터] 탭 → [마스터 편집] 그룹 → [이름 바꾸기]를 클릭합니다.
'레이아웃 이름 바꾸기' 대화상자가 표시되면 이름을 입력하고 〈이름 바꾸기〉 버튼을 클릭합니다. 이제 [슬라이드] 탭 → [닫기] 그룹 → [마스터 보기 닫기]를 눌러 기본 보기 상태로 전환합니다.

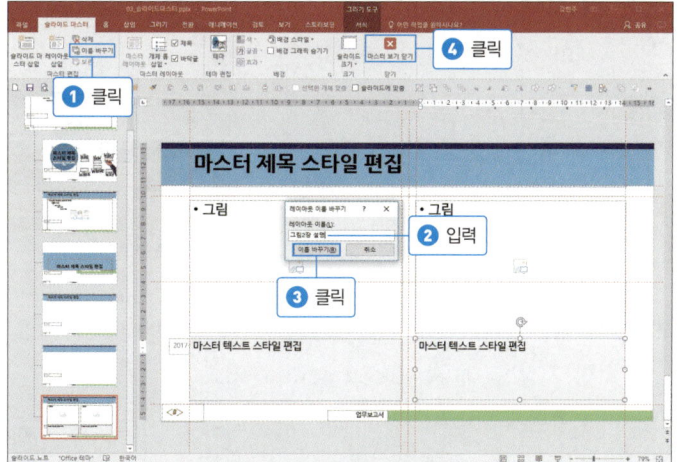

07 [홈] 탭 → [슬라이드] 그룹 → [새 슬라이드▼]를 클릭하고 필요한 형태의 슬라이드를 추가하면서 작업합니다.

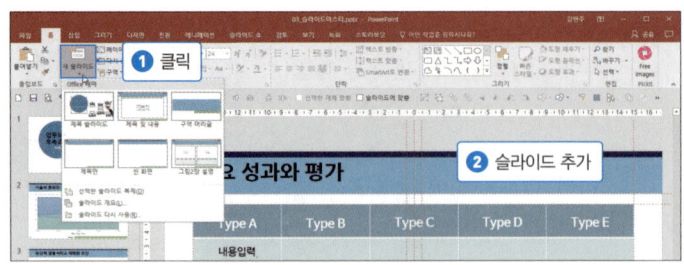

08 필요할 때마다 그림 개체 틀을 이용한 레이아웃을 이용하면, 그림 개체 틀을 클릭하면서 그림을 쉽게 삽입할 수 있습니다.
미리 슬라이드에 그림의 위치와 크기가 설정되어 있기 때문에 내용만 입력하면서 빠르게 슬라이드 작업을 할 수 있습니다.

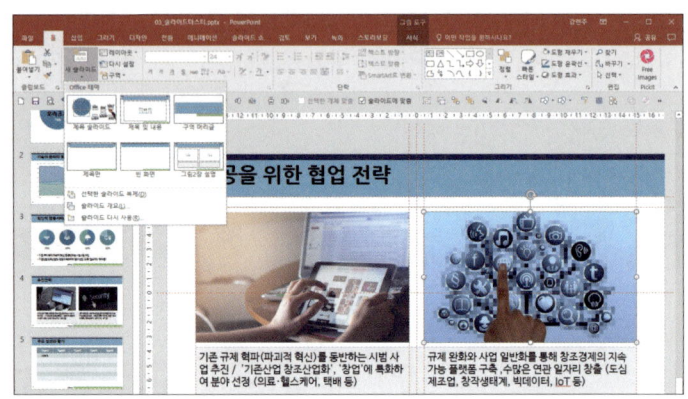

3 사용자 설정 테마 저장해서 사용하기

슬라이드 작업을 빠르고 일관되게 하기 위해 만든 색, 글꼴, 효과의 변경 사항을 테마 파일(.thmx)로 저장할 수 있습니다. 저장된 테마를 다른 프레젠테이션에 언제든 적용할 수 있습니다.

{실습 파일} 04\01_2결과.pptx

01 [디자인] 탭 → [테마] 그룹의 '자세히' 아이콘(▼)을 클릭하고, **현재 테마 저장**을 실행합니다. '현재 테마 저장' 대화상자가 표시되면 파일 이름에 적당한 이름을 입력하고 〈저장〉 버튼을 클릭합니다.

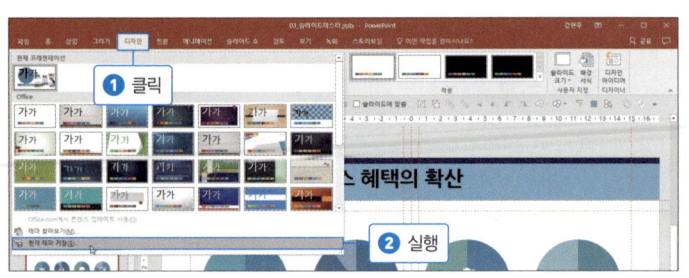

02 저장 위치를 변경하지 않았다면 저장한 테마는 Document Themes 폴더에 '.thmx' 형식으로 저장되며 [디자인] 탭 → [테마] 그룹 → [사용자 설정] 목록에 자동으로 추가됩니다.

4 슬라이드 마스터를 활용하는 팁

슬라이드 마스터는 문서의 공통적인 틀을 만들 뿐 슬라이드의 실제 내용을 입력하는 것은 아닙니다. 이 점만 잘 기억한다면 슬라이드 마스터와 슬라이드를 정확하게 구분할 수 있을 것입니다.
슬라이드 마스터를 잘 다루기 위한 내용을 살펴보겠습니다.

1 입력할 수 있는 개체 틀과 배경처럼 사용하는 개체

슬라이드 레이아웃의 내용 중 실제 슬라이드 작성 단계에서 내용을 입력할 수 있는 것은 개체 틀 밖에 없습니다. 만약 슬라이드 레이아웃에 SmartArt 그래픽 개체 틀과 SmartArt 그래픽 개체를 삽입한 경우, SmartArt 그래픽 개체 틀은 SmartArt 그래픽을 선택해서 내용을 삽입하고 수정할 수 있지만, SmartArt 그래픽 개체가 삽입된 경우는 슬라이드에서 선택이나 수정할 수 없습니다. 배경처럼 삽입된 그림이나 텍스트 등은 슬라이드 마스터 보기 상태에서 삭제하거나 수정해야 합니다.

{실습 파일} 04\01_3.pptx

■ 개체 틀

슬라이드 마스터 보기 상태에서 [**슬라이드 마스터**] **탭** → [**개체 틀 삽입**]에 있는 명령으로 삽입합니다. 이렇게 삽입된 개체 틀은 슬라이드 보기 상태에서 실제 개체를 삽입하고, 내용을 입력하는 틀로 사용합니다. 언제든 슬라이드 상태에서 수정, 삭제가 가능합니다. 여러 장의 슬라이드를 제작할 때 빠르게 입력하고 한 번에 서식이나 위치를 수정하는 작업에 편리합니다.

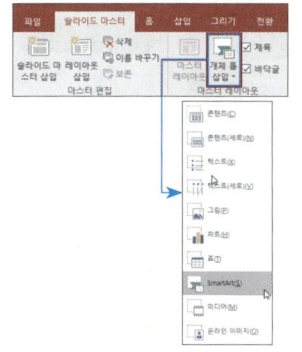
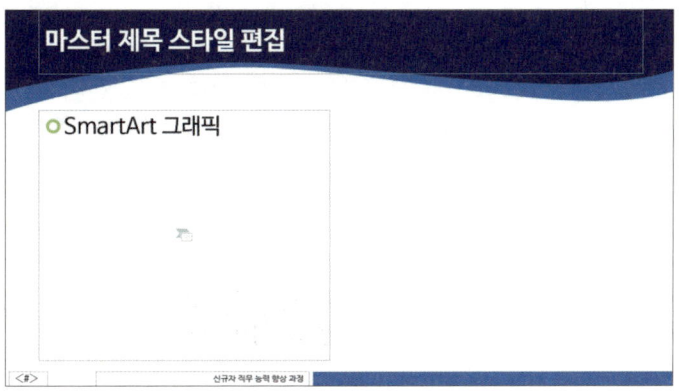

[슬라이드 마스터 탭]-[개체 틀 삽입]에 있는 명령으로 삽입한 '개체 틀'
→ 슬라이드를 작성할 때 내용 입력 가능

■ 개체

슬라이드 마스터 보기 상태에서 [**삽입**] **탭**에 있는 명령으로 삽입합니다. 이렇게 삽입된 개체는 슬라이드 보기 상태에서 배경처럼 취급되어 수정하거나 삭제할 수 없습니다. 여러 장의 슬라이드에 사용할 로고나 바닥글 등 배경으로 사용하는 내용을 작성할 때 편리합니다.

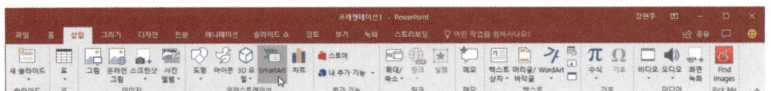

[삽입] 탭에 있는 명령으로 삽입한 '개체'
→ 슬라이드를 작성할 때 배경처럼 사용

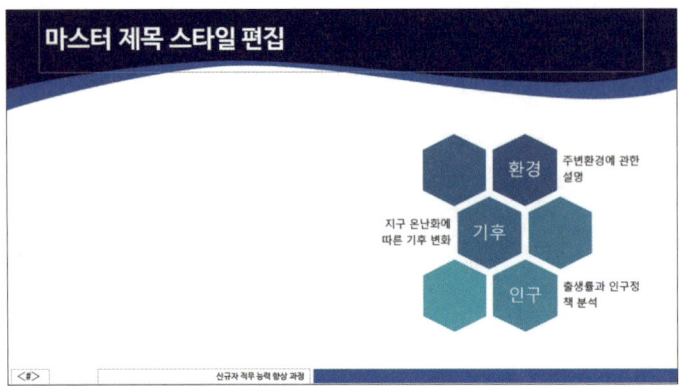

2 하나의 파일에 여러 테마 적용하기

하나의 보고서 파일에는 하나의 디자인만 적용되어야 디자인이 일관되고 보기 좋습니다. 하지만, 특별히 강조하고 싶은 슬라이드에는 다른 테마를 적용할 수 있습니다.

01 테마를 변경하고 싶은 슬라이드를 선택한 다음, **[디자인] 탭 → [테마] 그룹**에서 '자세히' 아이콘(▼)을 클릭을 클릭합니다.
원하는 테마에서 마우스 오른쪽 버튼을 클릭하고 **선택한 슬라이드에 적용**을 실행합니다.

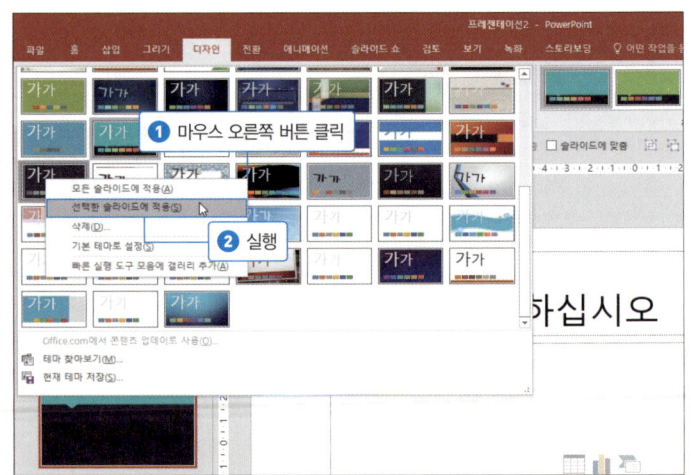

02 여러가지 테마가 적용된 파일의 테마를 확인해 보면 [현재 프레젠테이션] 목록에 적용된 테마가 모두 등록되어 있는 것을 확인할 수 있습니다. 이렇게 하나의 프레젠테이션 파일에 두 개 이상의 테마가 적용되면, 적용된 테마와 같은 형태의 슬라이드를 한꺼번에 변경할 수 있는 기능이 추가됩니다. 선택된 슬라이드의 테마와 동일한 테마를 사용하는 슬라이드의 테마를 변경하려면 테마 위에서 마우스 오른쪽 버튼을 클릭하고 **일치하는 슬라이드에 적용**을 실행합니다.

■ 두 개 이상의 테마가 적용된 프레젠테이션 문서의 테마 적용 명령

① **일치하는 슬라이드에 적용** : 선택된 슬라이드의 테마와 동일한 테마를 사용하는 슬라이드의 테마를 변경합니다.

② **모든 슬라이드에 적용** : 프레젠테이션 안의 모든 슬라이드에 같은 테마를 변경합니다.

③ **선택한 슬라이드에 적용** : 현재 선택된 슬라이드만 테마를 변경합니다.

④ **기본 테마로 설정** : 기본 테마는 새 프레젠테이션 문서에 적용되는 테마입니다. 파워포인트 2016을 실행하면 처음 열리는 문서에는 기본 제공 테마 중 'Office 테마'가 적용되어 있습니다. 이 'Office 테마'는 모든 서식을 지우는 테마로 사용되기도 하고, 기본 테마로 사용되기도 하는 상태입니다. 업무에 많이 사용하는 테마를 기본 테마로 설정하면 새로 문서를 만들 때마다 설정한 테마가 적용된 상태로 문서가 만들어집니다.

3 슬라이드 번호가 보이지 않는 문제 해결하기

[삽입] 탭 → [머리글/바닥글]을 설정하고 〈모두 적용〉 버튼을 클릭해서 삽입해도, 슬라이드에서 슬라이드 번호가 표시되지 않는다면 다음 두 가지 원인을 확인합니다.

■ '제목 슬라이드 레이아웃'을 사용한 것인지 확인

① [홈] 탭 → [슬라이드] 그룹 → [레이아웃]을 클릭해 보면 현재 슬라이드에 적용된 레이아웃을 확인할 수 있습니다.
② 만일 제목 슬라이드 레이아웃이 설정된 상태에서 [삽입] 탭 → [텍스트] 그룹 → [머리글/바닥글] 명령의 '제목 슬라이드에는 표시 안 함' 항목이 선택되어 있다면 바닥글이 '표시 안 함'에 영향 받게 됩니다.

■ 슬라이드 레이아웃에서 [바닥글] 개체 틀이 삭제되었는지 확인

[슬라이드 마스터] 탭 → [마스터 레이아웃] 그룹 → [바닥글]에 체크 표시해서 개체 틀을 사용하도록 선택합니다.

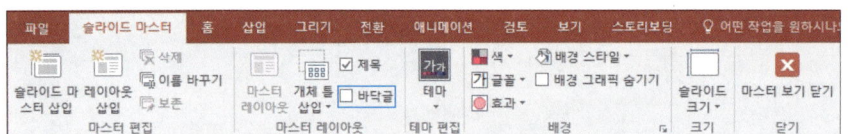

4 슬라이드 마스터에서 슬라이드 번호 개체 틀 삭제 및 표시하기

슬라이드 마스터를 편집할 때 제목이나 슬라이드 번호 개체 틀을 삭제하거나 표시할 수 있습니다.
[슬라이드 마스터] 탭 → [마스터 레이아웃] 그룹 → [마스터 레이아웃]을 클릭합니다. [마스터 레이아웃] 대화상자가 표시되면 복원할 개체 틀의 확인란에 체크 표시한 다음 〈확인〉 버튼을 클릭합니다. 체크를 해제하면 해당 개체 틀이 삭제됩니다.

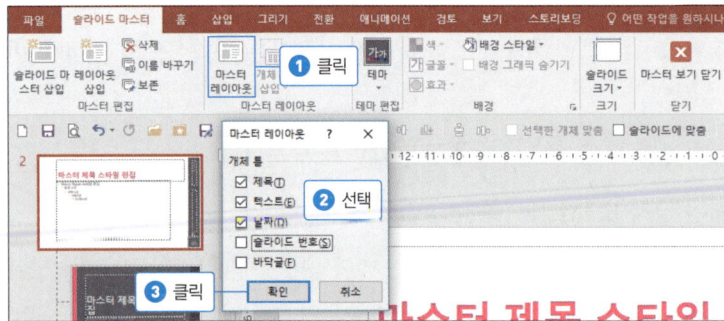

5 '슬라이드 마스터'에서 지정한 개체 틀 모양이 '슬라이드 레이아웃'에 다르게 표시되는 문제 해결하기

원칙적으로는 슬라이드 마스터의 설정은 모든 슬라이드 레이아웃에 동일하게 반영됩니다. 하지만 슬라이드 레이아웃에서 별도로 이동했거나 수정했다면 그 개체 틀은 슬라이드 마스터와 연동되지 않습니다. 다시 [제목]과 [바닥글]의 위치와 서식을 슬라이드 마스터의 지정 값으로 돌리려면, [슬라이드 마스터] 탭 → [마스터 레이아웃] 그룹에서 [제목], [바닥글]의 확인란에 체크 표시를 지웠다가 다시 체크합니다.

SECTION 01 슬라이드 마스터 활용하기

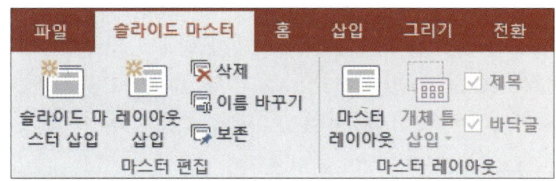
▲ 슬라이드 마스터가 선택된 상태

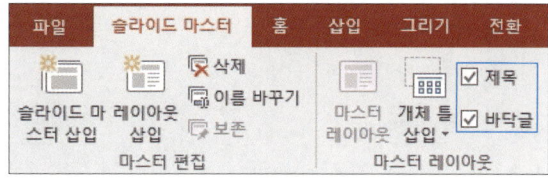
▲ 슬라이드 레이아웃이 선택된 상태

6 '슬라이드 레이아웃'의 설정 내용이 '슬라이드'에 다르게 표시되는 문제 해결하기

슬라이드에서 사용하게 되는 개체 틀은 슬라이드 레이아웃의 설정 값을 따르게 됩니다. 그러나 슬라이드에 입력된 개체 위치나 서식 등은 직접 슬라이드에서 지정할 수 있습니다. 두 가지 경우가 모두 지정된 슬라이드라면 우선권은 슬라이드에서 직접 지정한 값입니다.

이렇게 직접 지정한 사항이 있었던 슬라이드를 다시 슬라이드 레이아웃의 설정 값으로 되돌리려면, 해당 슬라이드를 선택하고 [홈] 탭 → [슬라이드] 그룹 → [다시 설정]을 클릭하면 됩니다. 여러 장의 슬라이드를 한꺼번에 선택하고 지정할 수도 있습니다.

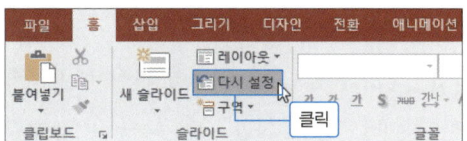

SECTION 02
텍스트 입력 빠르게 하기

파워포인트에서 슬라이드를 제작할 경우 다양한 형태의 자료를 다루게 됩니다. 그 중 텍스트 자료는 한글이나 워드 등 이미 입력된 형태의 자료를 이용할 수도 있고, 인쇄물 형태의 자료를 직접 입력하면서 사용할 수도 있습니다. 다양한 방법으로 텍스트를 빠르게 입력하는 방법을 살펴보겠습니다.

1 많은 분량의 인쇄된 텍스트 및 필기 텍스트 사용하기

1 Office Lens 앱 활용하기

Office Lens 앱을 사용하면 스캐너 기능을 사용할 수 있습니다. 특히 인쇄된 텍스트 및 필기 텍스트가 OCR(Optical Character Reader)을 통해 인식되므로 이미지에서 단어를 검색한 다음 복사 및 편집할 수 있습니다. Office 계정을 가지고 있고 OneDrive를 사용한다면 편리하게 편집, 공유할 수 있습니다.

참고 사이트 : Android	참고 사이트 : ios
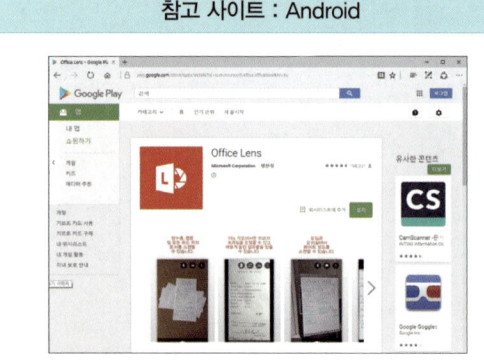	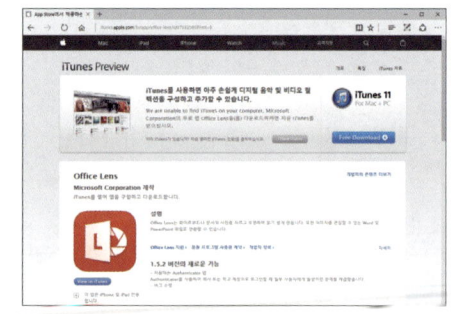
▲ https://goo.gl/NlGmPM	▲ https://goo.gl/ys86ta

Office Lens 앱 주요 기능
- 화이트보드 모드 상태에서 Office Lens는 반사광과 그림자를 자르고 정리합니다.
- 문서 모드 상태에서 Office Lens는 이미지를 완벽하게 자르고 색상을 입힙니다.
- 스캔한 사진을 OneNote, OneDrive에 저장하거나 장치에 로컬로 저장할 수 있습니다.
- 이미지를 Word(*.docx), PowerPoint(*.pptx) 또는 PDF(*.pdf) 파일로 변환하도록 선택할 수 있으며, OneDrive에 자동으로 저장합니다.

SECTION 02 텍스트 입력 빠르게 하기

01 Play 스토어나 App Store에서 스마트 폰에 앱을 설치합니다.

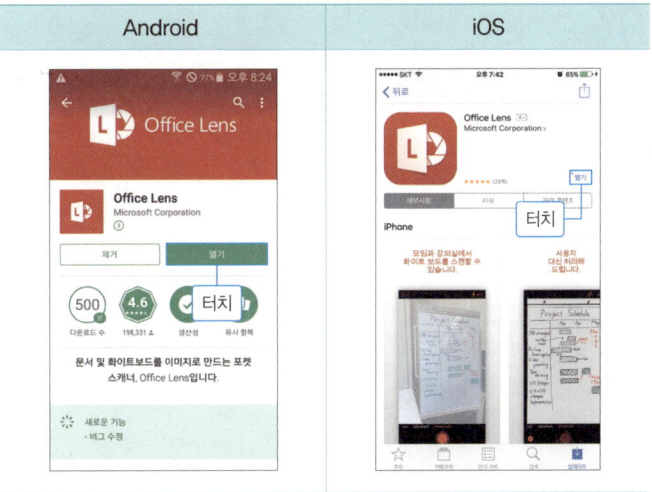

02 앱을 실행하고 입력하려는 문서를 [문서] 모드에서 촬영합니다.

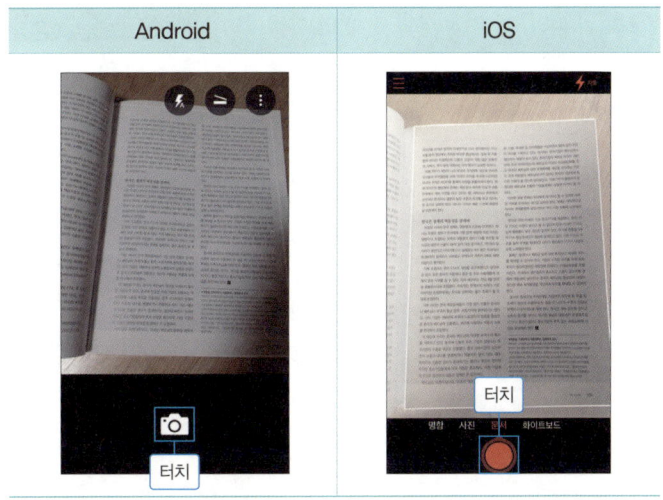

03 촬영 후 문서의 모양을 확인하고 〈저장〉 또는 〈완료〉 버튼을 터치합니다.

04 내보낼 위치를 선택하는 단계에서 텍스트를 활용하기 편하도록 'Word'에 체크 표시합니다.

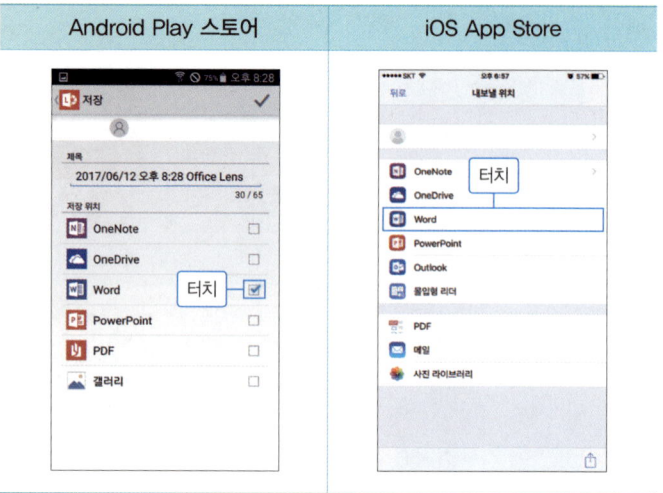

05 OneDrive에 저장된 Word 파일을 열어보면 인쇄물이 텍스트 편집이 가능한 상태로 저장된 것을 확인할 수 있습니다.

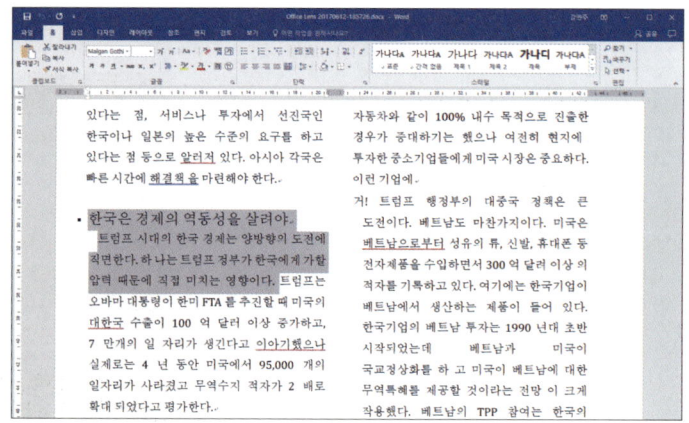

2 회의, 강의, 인터뷰 녹음 등 오디오 자료 텍스트로 입력하기

회의 중 내용을 정리하거나 강의를 들으며 그 내용을 바로 입력하는 경우, 인터뷰 자료를 슬라이드에 첨부해야 하는 경우에는 오디오를 텍스트 자료로 바꾸는 기능을 사용합니다.

1 Google 문서 도구를 활용하는 방법

구글에서 제공하는 무료 오피스 프로그램인 'Google 문서' 또는 'Google 프레젠테이션의 발표자 노트'에서 음성으로 입력하고 수정할 수 있습니다. 구글 문서 도구나 구글 드라이브를 이용하려면 구글 계정이 있어야 합니다. 먼저 구글 계정을 만들고 로그인합니다. 이 기능은 Chrome 브라우저에서만 사용할 수 있습니다.

https://www.google.com/intl/ko_kr/docs/about

2 문서에 음성 입력

01 음성 입력 혹은 음성 명령을 사용하려면 컴퓨터 마이크가 켜져 있어야 하고 작동해야 합니다. Chrome 브라우저에서 [구글 문서 도구] 앱의 [문서]에 접속하고 '새 문서 만들기' 버튼(●)을 클릭합니다.

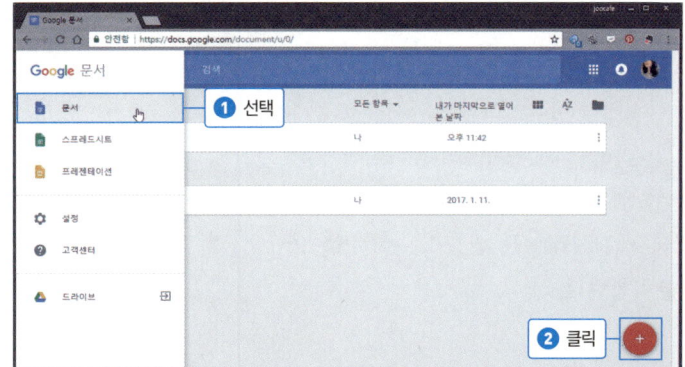

02 [도구] → **음성 입력**을 실행합니다.

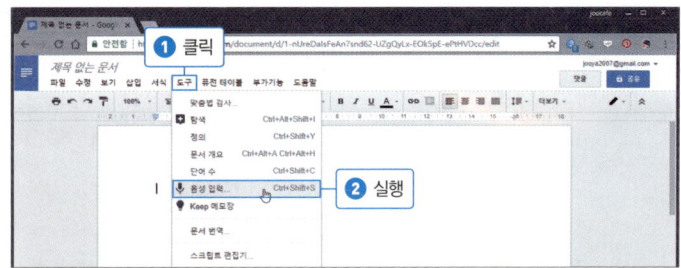

03 준비가 되면 마이크 모양의 버튼을 클릭합니다.

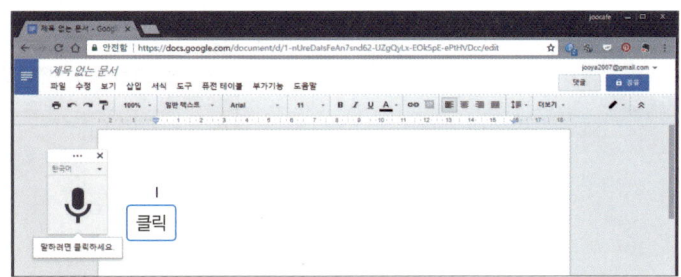

04 직접 원고를 읽거나 실행시켜 둔 음성 파일의 내용이 텍스트로 입력됩니다.
아래 화면은 뉴스 동영상을 실행하고 앵커의 소리가 바로 입력되는 모습입니다.

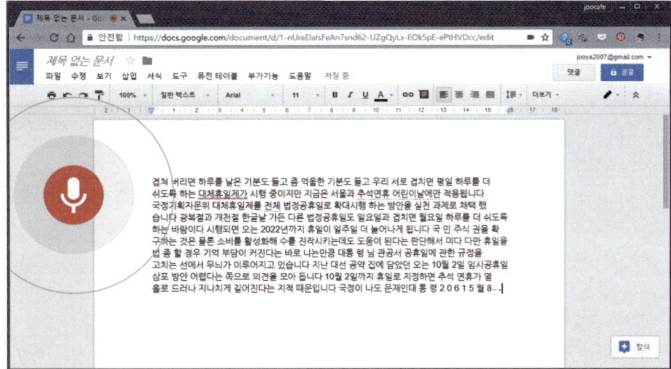

3 프레젠테이션 발표자 노트에 음성 입력

01 음성 입력 혹은 음성 명령을 사용하려면 컴퓨터 마이크가 켜져 있어야 하고 작동해야 합니다. Chrome 브라우저에서 [구글 문서 도구] 앱의 [프레젠테이션]에 접속하고 '새 프레젠테이션 만들기' 버튼(●)을 클릭합니다.

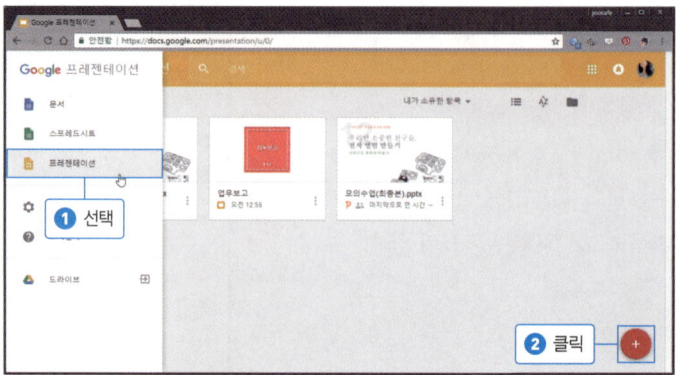

02 [도구] → [발표자 노트 음성 입력]을 실행합니다.

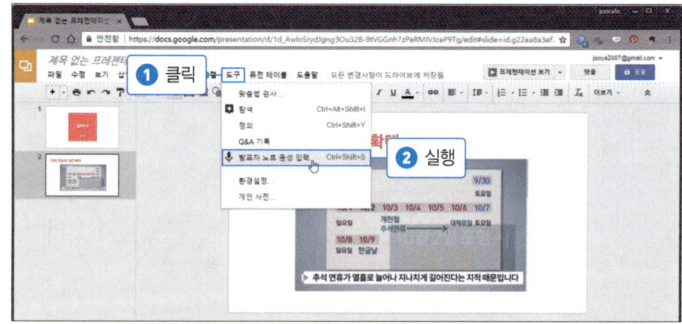

03 준비가 되면 마이크 모양의 버튼을 클릭합니다.

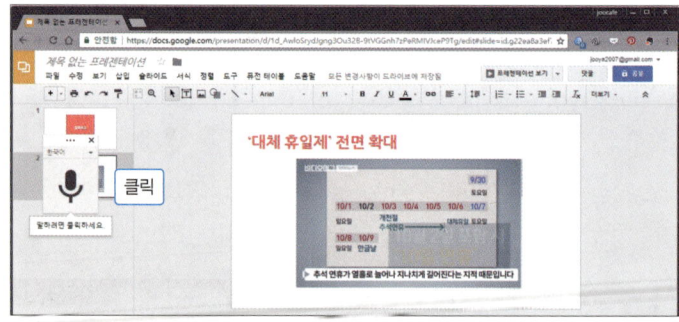

04 직접 원고를 읽거나 실행시켜 둔 음성 파일의 내용이 텍스트로 입력됩니다.

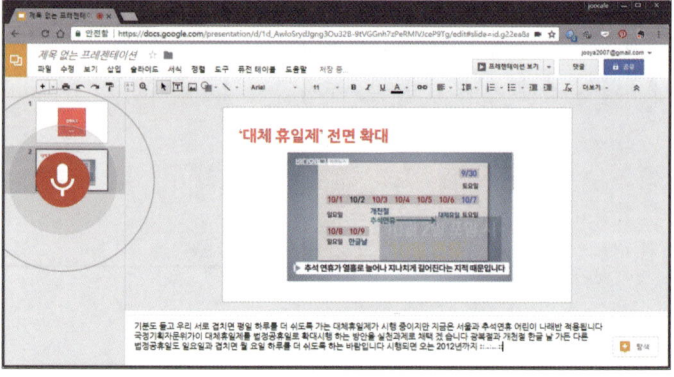

■ 오타를 줄일 수 있는 방법

혼자서 직접 원고를 읽을 때는 거의 완벽하게 입력되지만, 음성 파일을 재생하거나 인터뷰 음성을 입력할 때는 완전하지는 않습니다. 그러나 많은 분량을 입력할 때는 이 방법으로 입력한 다음 부분 수정하는 것이 직접 들으면서 입력하는 것보다 편리하고 빠릅니다.

음성 입력에서 오타를 줄이려면 다음과 같은 방법을 이용해보세요.

① 발음을 천천히, 명확하게 말합니다.

② 입력이 끝나면 한국어 맞춤법 사이트를 참고해서 수정합니다. 맞춤법 검사를 원하는 문장을 직접 입력하거나 복사해서 붙여넣고 〈검사하기〉 버튼을 클릭만 하면 확인할 수 있습니다.

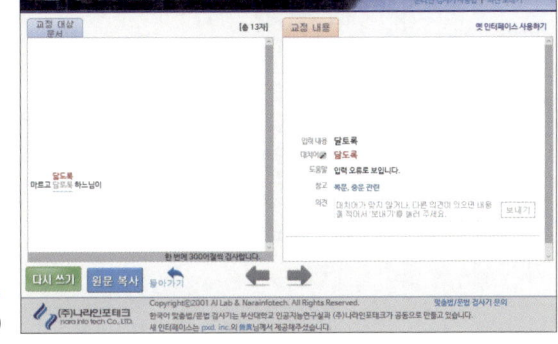

부산대학교 한국어 맞춤법, 문법 검사기 ▶
(http://speller.cs.pusan.ac.kr/PnuWebSpeller)

▲ 네이버 맞춤법 검사기 : 네이버 검색창에 '한글 맞춤법 검사기' 입력

▲ 국립국어원 : 정확한 맞춤법 규칙 확인
(https://goo.gl/tU0JRr)

4 모바일(스마트폰)의 음성 입력 키보드 기능 활용

이메일, 노트 및 텍스트 입력을 허용하는 기타 앱에 음성 입력 기능을 활용할 수 있습니다. Google 음성 입력은 키보드에 마이크가 표시된 경우 사용할 수 있습니다.

01 텍스트 입력 앱을 실행합니다. 메모장이나 메시지, 메일, 카카오톡 등 입력 키보드가 표시되는 어플을 사용하면 됩니다.

새 노트를 만들고 텍스트 입력하는 상태로 되면 키보드가 나타납니다. 설정(톱니바퀴)를 길게 눌러 숨겨져 있던 다양한 항목들이 나오면 그 중에 '마이크'를 선택합니다. 만일 마이크가 보이지 않는다면 환경 설정에서 키보드 종류에 [Google 보이스 입력] 키보드를 추가합니다.

02 마이크 버튼을 누르면 음성 입력이 실행됩니다.

03 아이폰에서도 마찬가지로 텍스트 입력 어플을 실행하고 키보드에서 마이크를 터치합니다.

04 음성 입력이 실행됩니다.

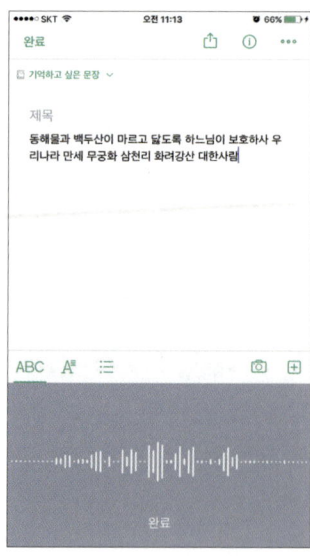

SECTION 03
스토리보딩 활용하기

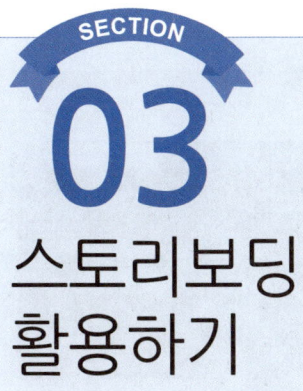

파워포인트 스토리보딩에서 제공하는 스토리보드 셰이프, 텍스트를 사용해서 스토리보드를 시각적 요소로 쉽게 표현합니다. 웹 사이트나 앱 기획 담당자들은 아이디어를 이해하기 쉽도록 빠르게 표현할 수 있습니다.

영화나 애니메이션 같은 영상물을 만들 때, 그 흐름을 설명하고 제작에 필요한 정보들을 담은 스토리보드를 만들게 됩니다. 그리고 이런 스토리보드는 전체 작업의 상세 지시서 역할을 하면서 좀 더 효율적으로 작업을 할 수 있게 도와줍니다. 같은 이유로 웹 사이트나 앱을 기획할 때 한 장면 한 장면 세밀하게 표현하게 되는데, 이런 스토리보드 작업을 파워포인트로 작업하는 방법을 살펴보겠습니다.

어떤 작업을 주로 하는지 미리 확인해 보고 싶다면, 구글 이미지 검색으로 웹 사이트 개발 화면을 스케치한 내용을 확인해 보세요.

만일 다음과 같은 화면을 하나씩 준비해서 화면에 관한 기능 설명을 입력하는 일을 한다면 파워포인트에 [스토리보딩] 탭을 추가해서 사용하는 것이 편리합니다.

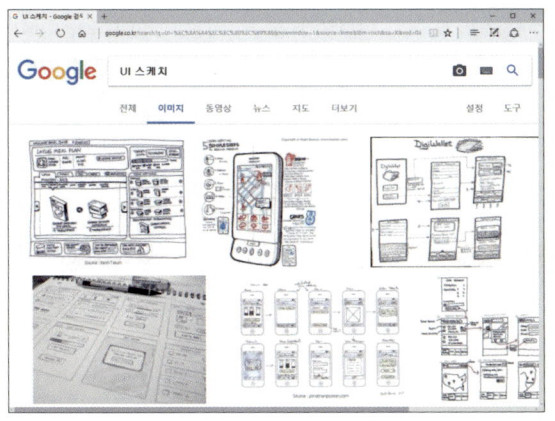
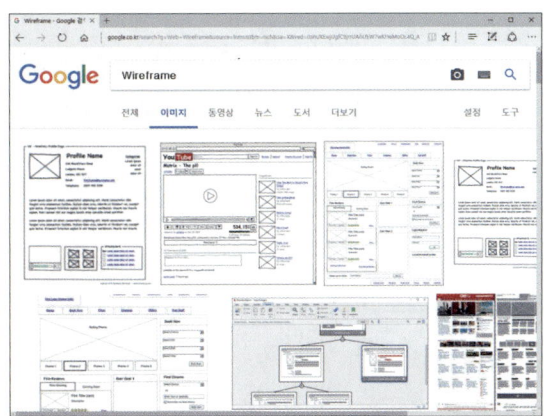

1 파워포인트에 스토리보드 셰이프 기능 설치하기

이 기능은 파워포인트 2007 이상이 설치되어 있어야 합니다.

01 마이크로소프트에서 무료로 제공하고 있는 Visual Studio Community를 설치합니다.

다운로드 링크: https://www.visualstudio.com/ko/vs/community

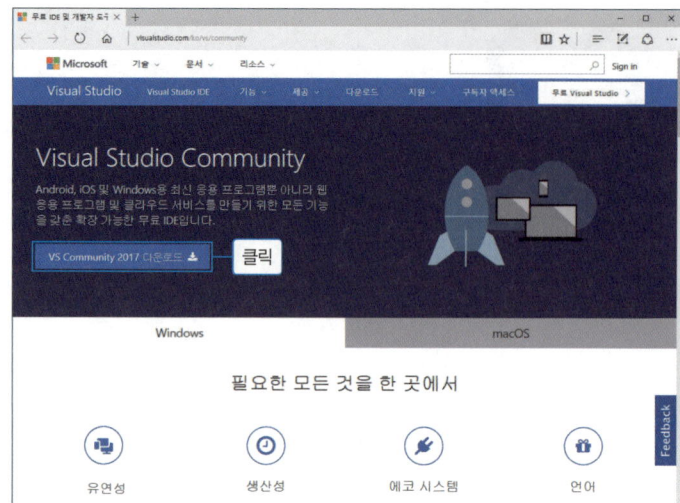

02 Visual Studio Community를 설치하면 자동으로 파워포인트에 추가 기능 메뉴가 활성화됩니다. 파워포인트를 실행하면 [스토리보딩] 탭이 추가되어 있는 것을 확인할 수 있습니다.

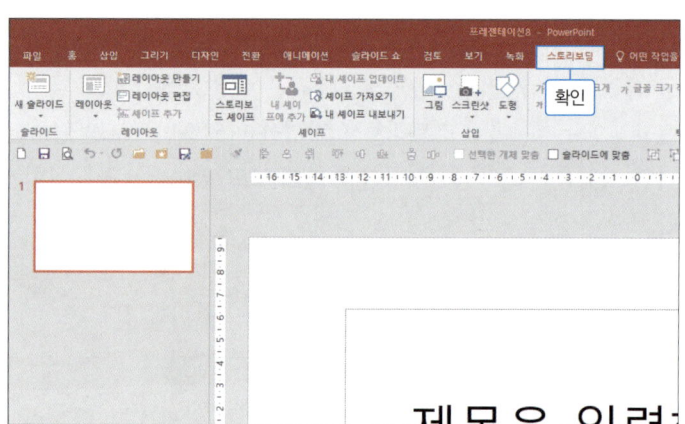

2 스토리보드 셰이프 및 파워포인트 기능 사용하기

01 [스토리보딩] 탭 → [셰이프] 그룹 → [스토리보드 셰이프]를 클릭하면, [스토리보드 셰이프] 작업 창이 표시됩니다.
작업 창에 있는 셰이프를 슬라이드에 드래그해서 사용하면 됩니다. 셰이프는 다른 모양을 추가할 수 있습니다. [스토리보드 셰이프] 작업 창 아래에 '온라인으로 더 많은 스토리보드 셰이프 찾기' 링크를 클릭합니다.

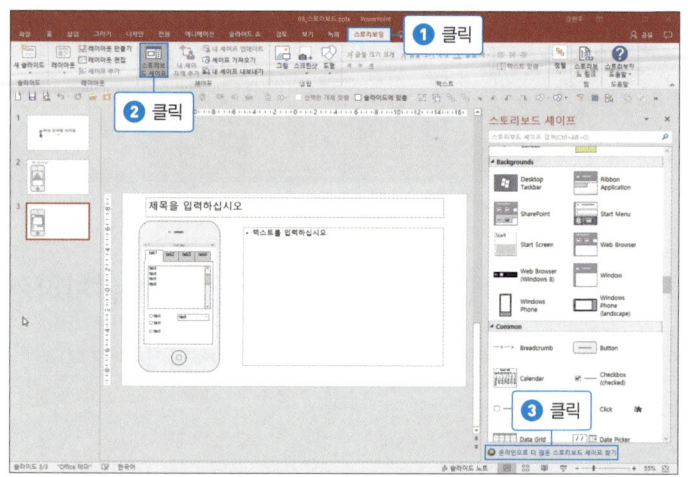

SECTION 03 스토리보딩 활용하기

02 사이트에 셰이프를 확장할 수 있는 종류별 링크가 있으니 다운로드하여 사용하면 됩니다.

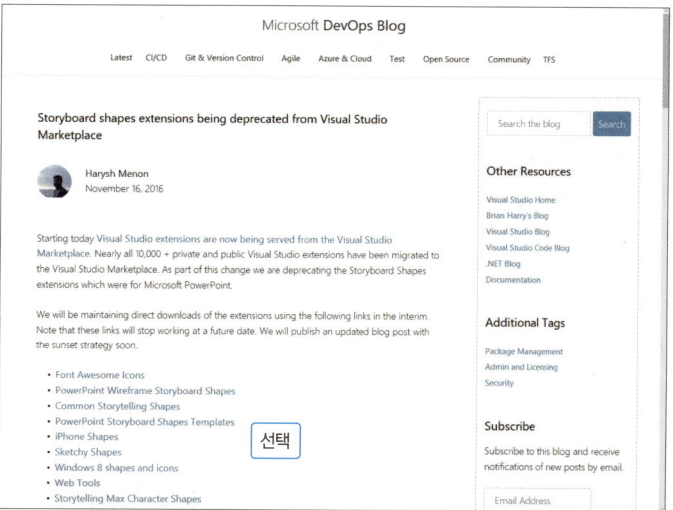

03 셰이프 폴더에 파일을 저장합니다.

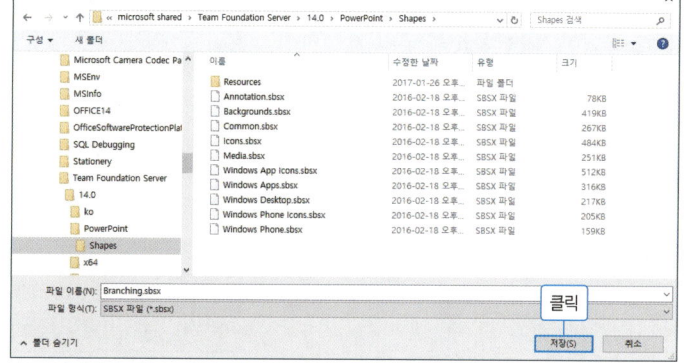

> tip C:\Program Files\Common Files\microsoft shared\Team Foundation Server\14.0\PowerPoint\Shapes

04 셰이프 폴더에 저장되면 자동으로 작업 창 목록에 표시됩니다.

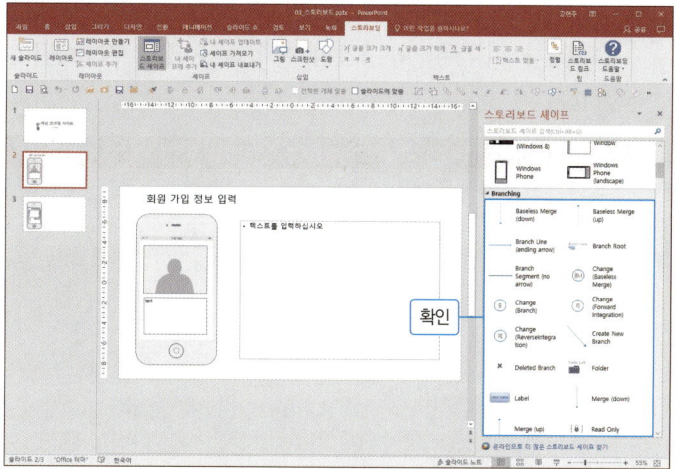

455

05 셰이프 폴더 이외의 위치에 다운로드 파일을 저장한 경우 [셰이프 가져오기] 명령으로 가져올 수 있습니다.
[**스토리보딩**] **탭 → [셰이프] 그룹 → [셰이프 가져오기**]를 클릭하고 파일을 선택합니다.

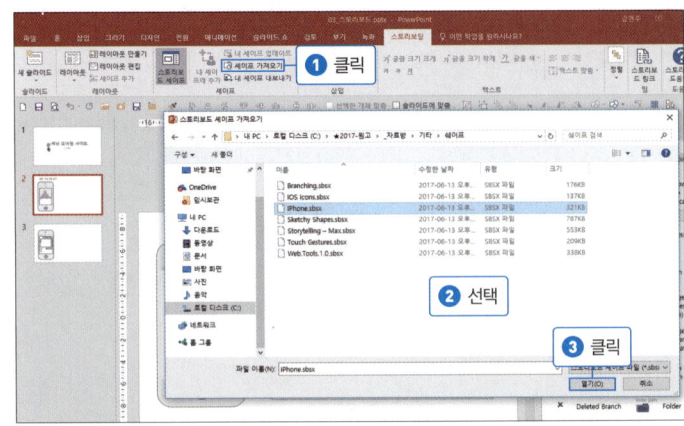

06 도형, 이미지, 스크린샷, 스토리보드 셰이프의 조합을 사용하여 새로운 나만의 스토리보드 셰이프를 만들고 팀과 공유할 수 있습니다. 원하는 셰이프를 만든 다음 [**스토리보딩**] **탭 → [셰이프] 그룹 → [내 셰이프에 추가**]를 클릭합니다.
[내 셰이프] 범주에 스토리보드 셰이프가 추가되면 이름을 설정합니다.

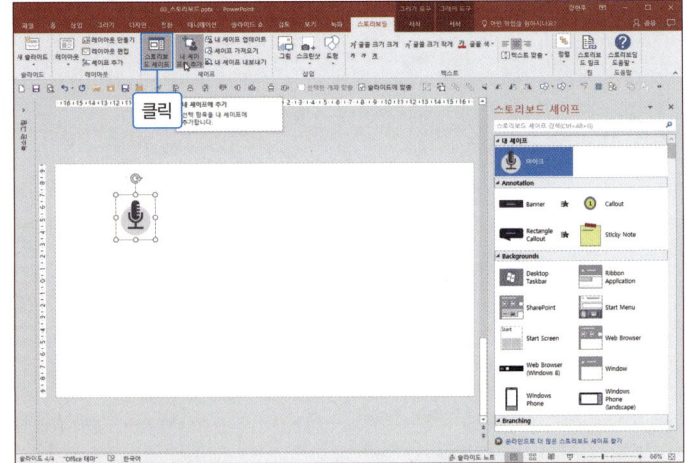

07 이렇게 만든 셰이프를 스토리보드 셰이프 파일(.sbsx)로 내보내면 파워포인트 스토리보딩을 사용하는 다른 팀 멤버와 공유할 수 있습니다. [**스토리보딩**] **탭 → [셰이프] 그룹 → [내 셰이프 내보내기**]를 클릭합니다.

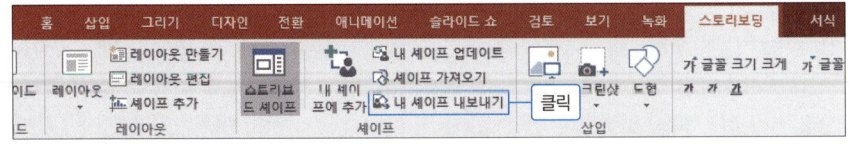

SECTION 04 테마색을 위한 색상 정보

04 테마색을 위한 색상 정보

파워포인트 문서에 사용되는 색상이 너무 많으면 일관된 느낌이나 정돈된 느낌을 만들기 어렵습니다. 색상의 개수는 기본 색 세네 가지 정도와 필요할 때마다 포인트로 사용할 보조색을 한두 개 정도 정해서 사용하면 적당합니다.

빠르게 색상을 선택하면서 작업하려면 테마 색으로 만들어 사용하면 편리합니다. 이렇게 테마 색을 만들 때 조화로운 색상 세트를 알려주는 사이트를 활용하면 세련된 색을 설정할 수 있습니다.

1 Colourlovers

01 Colourlovers는 요즘 유행하는 색상의 트렌드나 어울리는 색상 구성을 알려줍니다.

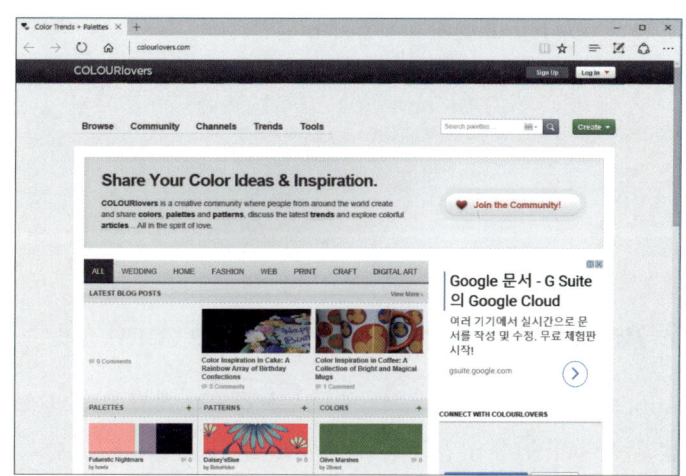

02 직접 팔레트를 고르거나, [Trends] 메뉴에서 원하는 트렌드를 볼 수 있습니다. 목록으로 보이는 색 팔레트 중에서 마음에 드는 것을 클릭하면, 각 색의 16진수 값과 RGB 값이 표시되어 있습니다.

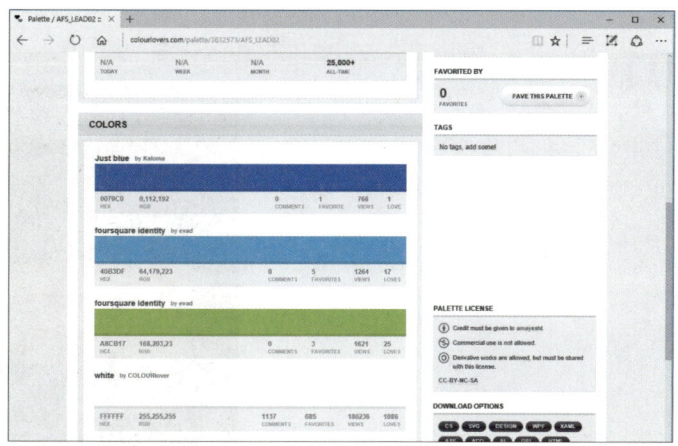

03 파워포인트에서 테마 색을 설정할 때는 스포이트 도구를 사용할 수 없습니다. 색을 선택하는 목록 아이콘을 클릭하고 **다른 색**을 실행합니다.

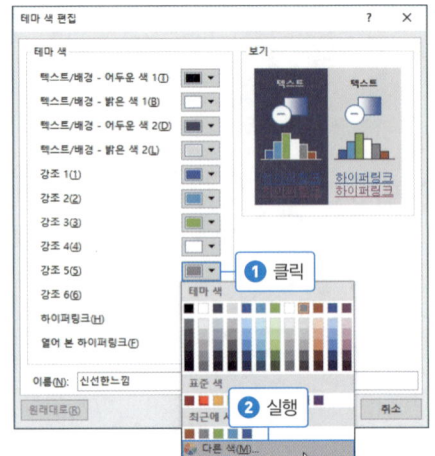

04 '색' 대화상자가 표시되면 [사용자 설정] 탭의 빨강(R), 녹색(G), 파랑(B)의 값을 사이트에서 찾아둔 값으로 입력해서 사용하면 됩니다.

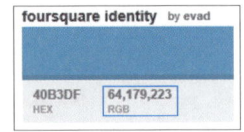
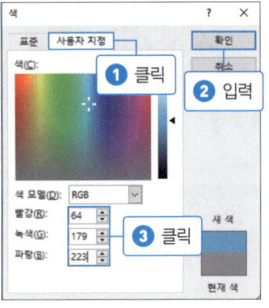

2 Adobe Kuler(http://kuler.adobe.com)

Adobe Kuler 사이트는 색상 팔레트를 참고할 수도 있지만, 또 다른 기능은 이미지에서 색상을 추출하는 기능이 있습니다. 만일 꼭 사용해야 하는 이미지가 있고 그 이미지 위주로 프리젠테이션 문서를 작성해야 한다면, 메인 색상을 이미지에서 추출하는 방법으로 이 기능을 사용하는 것이 좋습니다.

01 Adobe Kuler (http://kuler.adobe.com) 사이트에 접속합니다. 오른쪽 위에 있는 카메라 모양의 〈이미지에서 만들기〉 버튼을 클릭합니다.

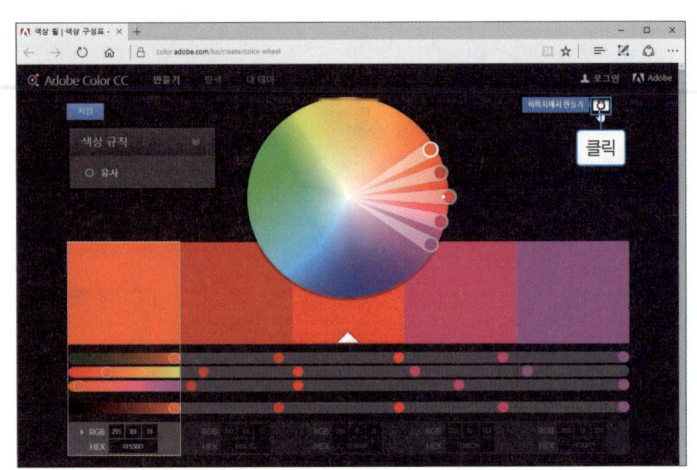

SECTION 04 테마색을 위한 색상 정보

02 업로드할 파일을 선택할 '열기' 대화상자가 나타나면 기준으로 사용할 이미지를 선택하고 〈열기〉 버튼을 클릭합니다.

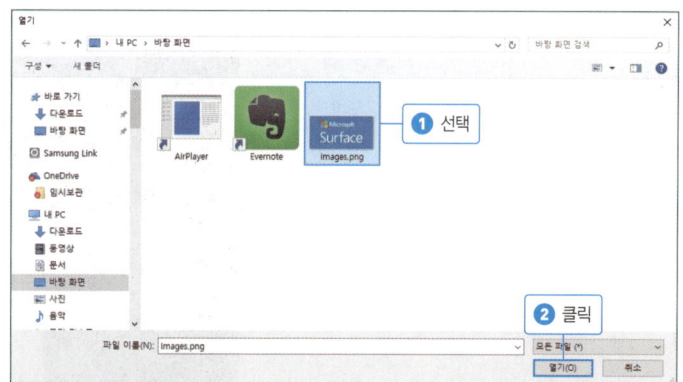

03 이미지의 색을 기반으로 팔레트가 만들어집니다.
화면 왼쪽에 있는 색상 무드를 변경하거나 사용자가 직접 샘플링할 위치를 설정해서 원하는 색상 조합을 만들 수 있습니다. 오른쪽 위에 무지개 색의 원형 〈색상 휠에서 만들기〉 버튼을 클릭합니다.

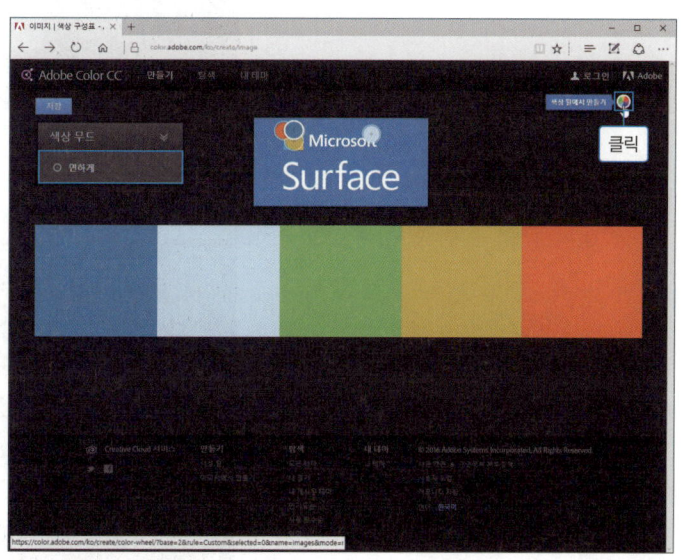

04 색상 휠을 이용하면 각각의 색을 좀 더 미세하게 수정할 수 있고, 빨강(R), 녹색(G), 파랑(B)의 값을 알 수 있습니다.

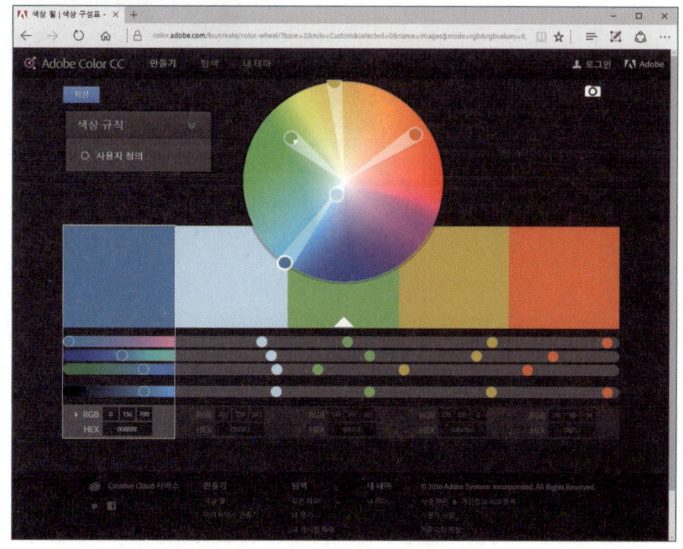

459

05 어도비 계정이 있다면 〈저장〉 버튼을 눌러 라이브러리에 저장해 두고 필요할 때 다시 사용할 수 있습니다.

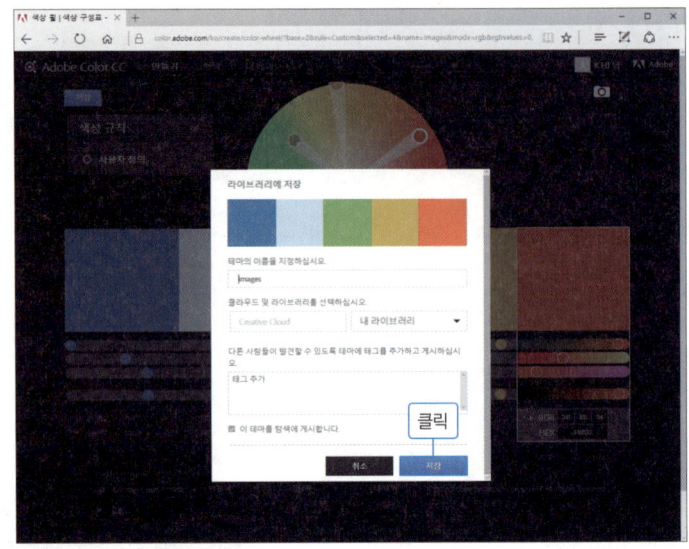

06 만들어져 있는 색을 사용하고 싶다면 화면 위의 [탐색] 메뉴를 클릭하고 마음에 드는 색상 세트에 마우스를 가져가 편집하거나 저장할 수 있습니다.

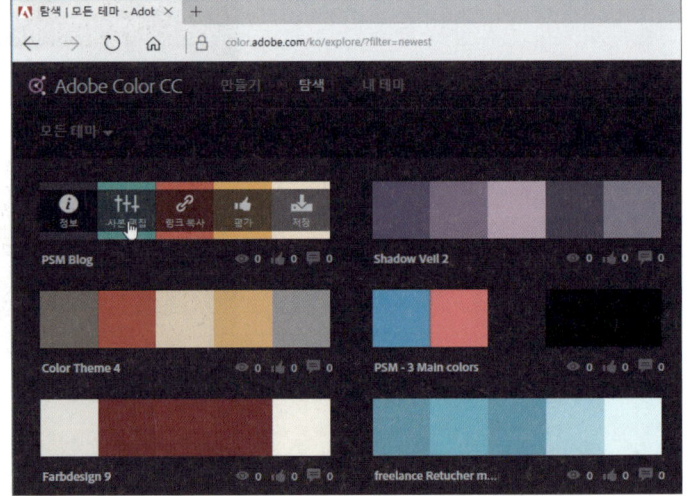

3 기업의 색 가이드라인 참고

요즘은 관공서나 기업 홈페이지에 자신들이 사용하는 색상 팔레트를 제공하는 곳이 많습니다. 이렇게 특정 색들을 연상되는 기업 이미지가 있는 프레젠테이션 작업에 활용하는 것도 좋습니다.

▲ 경기도 색(http://www.gg.go.kr/ggsymbol-brand)

▲ 세종시 색(http://www.sejong.go.kr/kor/sub01_03_01.do)

4 인쇄를 고려하여 색 선택하기

색을 사용할 때 주의할 점은 슬라이드 쇼 상태에서는 문제 없어 보이는 색상 값들이 인쇄를 하면 원하지 않는 결과를 만들 수 있다는 점입니다. 만일 프레젠테이션 문서를 인쇄하거나 흑백 인쇄물 자료로 활용할 계획이 있다면 반드시 인쇄 전 미리 보기로 확인해 보도록 합니다.

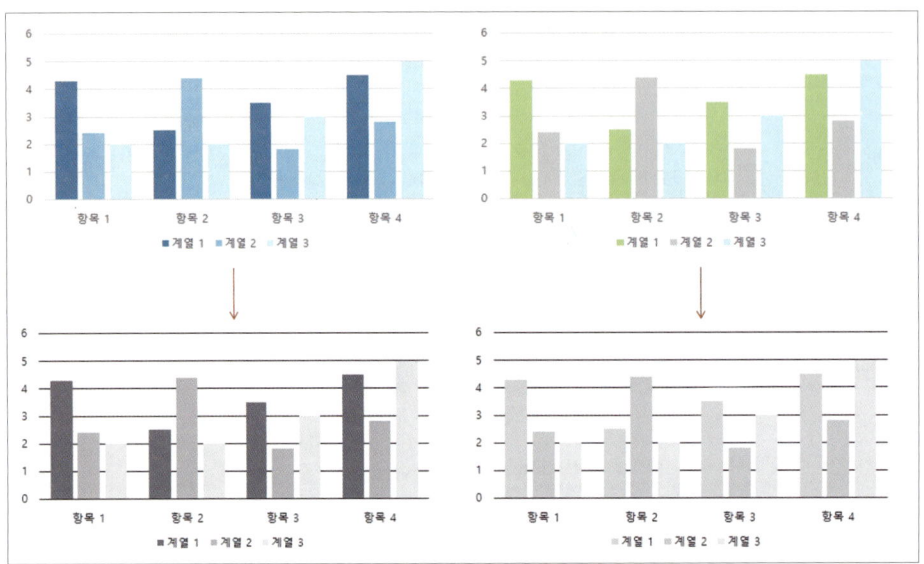

컬러로 볼 때는 분명하게 구분되는 색이 회색 조 상태로 인쇄한다면 어느 항목인지 구별하기 어려운 경우가 생길 수 있기 때문입니다. 가장 빠르고 안전한 색 선택은 테마 색의 음영을 이용한 색 설정입니다.

① 같은 색을 기준으로 음영을 바꾸며 설정하는 것이 흑백 인쇄에서 잘 보일 확률이 높습니다.

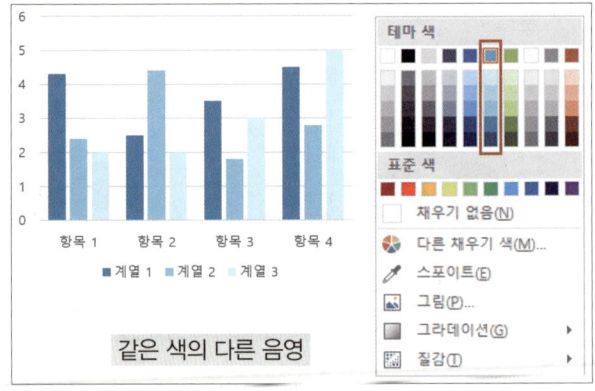

② 색을 설정할 때 음영 톤을 같게 하면서 색을 바꾸는 경우도 많은데, 색에 따라서는 흑백에서 구분이 잘 안 되는 경우도 있으니 확인하고 사용합니다.

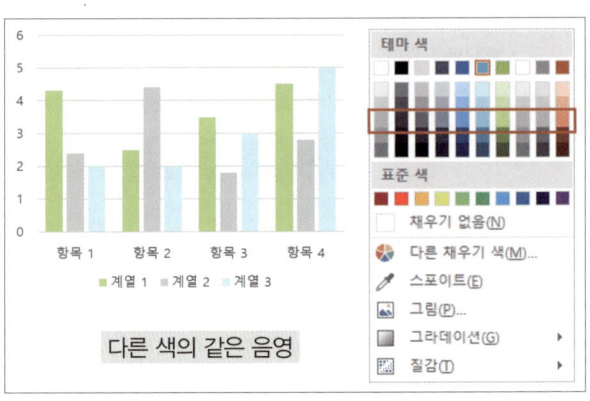

5 톤을 유지하며 색을 수정하는 방법

다른 문서에서 만들어진 도형이거나 같은 문서 안에서도 한 세트를 만들어 복사하고 내용과 색상만 변경해서 개체를 활용하는 경우, 처음 색상이 가진 느낌을 유지하면서 색을 바꾸면 문서의 품질을 높일 수 있습니다.

{실습 파일} 04\04_1.pptx

1 어디까지 수정할 수 있는 개체인지 확인하기

개체를 선택하면 나타나는 상황별 탭의 종류에 따라 수정할 수 있는 범위가 달라집니다.

■ [그림 도구 서식] 탭

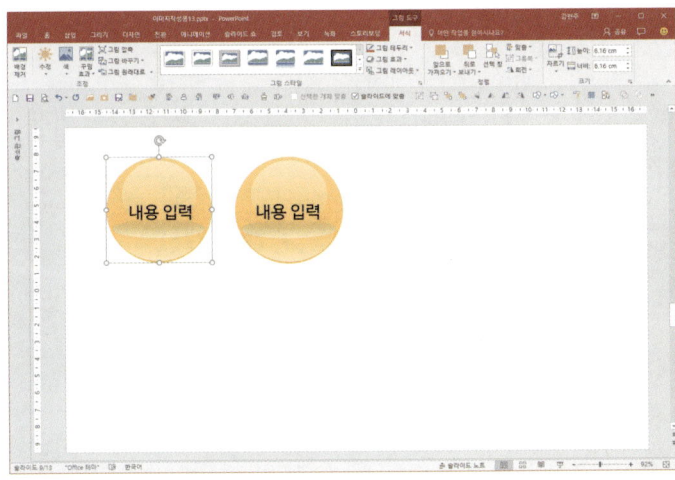

한 덩어리의 이미지로 만들어져 있어서 수정할 수 있는 부분이 적습니다. **[그림 도구 서식] 탭 → [조정] 그룹**의 명령으로 사용할 수 있는 부분만 수정이 가능합니다.

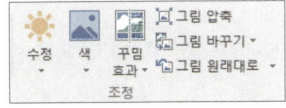

▲ 수정

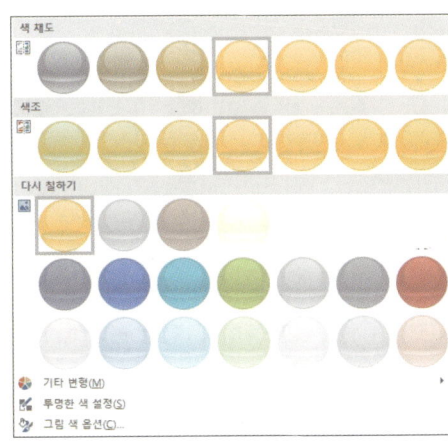
▲ 색

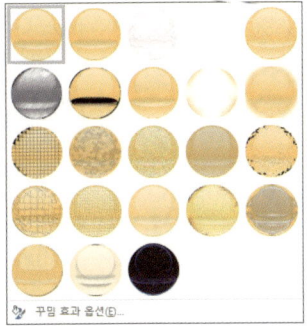
▲ 꾸밈 효과

463

■ [그리기 도구 서식] 탭

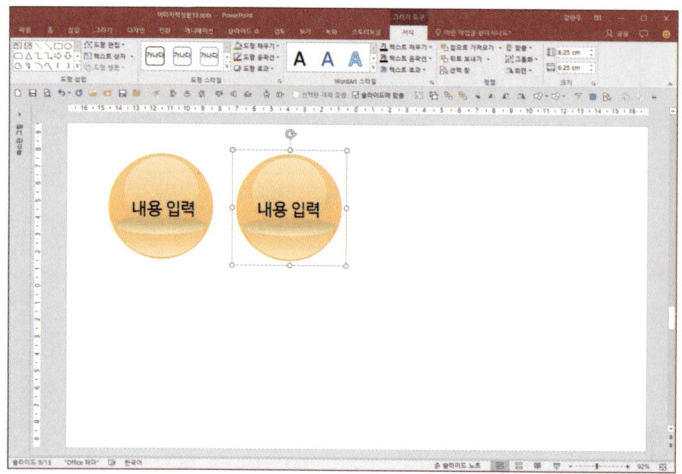

도형으로 만들어진 상태이기 때문에 다양하게 서식 수정이 가능합니다. [그리기 도구 서식] 탭의 기능을 사용할 수 있어서 서식이나 도형의 모양 변경도 가능합니다.

2 도형이 그룹화되어 있는지 확인하기

대부분 도형들은 여러 개의 도형이 겹쳐져 사용된 경우가 많기 때문에 서식을 변경하기 전에 확인해 보는 것이 필요합니다.

■ 그룹을 선택하고 색을 변경한 경우

그룹에 있는 모든 도형이 같은 색으로 설정됩니다.

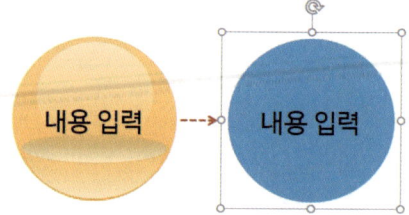

■ 그룹 중 변경하려는 도형을 선택하고 색을 변경한 경우

그룹 중 변경하고 싶은 도형만 한 번 더 선택하면 특정 도형만 선택이 됩니다. 이 상태에서 서식 작업을 하면 특정 도형만 원하는 형태로 변경할 수 있습니다.

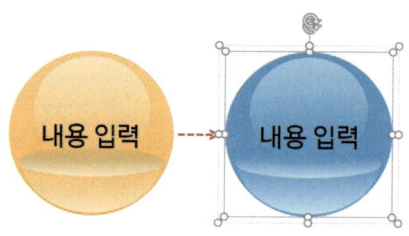

3 그라데이션 색을 사용했는지 확인하기

색을 변경할 때 그라데이션이라면 좀 더 신중하게 변경해야 합니다. 그라데이션으로 채워진 도형을 단색으로 변경해 버리면 전혀 다른 느낌을 갖게 됩니다. 색상 톤을 유지하면서 변경하는 방법을 살펴보겠습니다.

그라데이션 채우기   단색 채우기

4 채우기 명령 활용하기

01 그라데이션 종류가 빠른 스타일에서 설정한 것인지 확인합니다. 해당 도형을 선택하고 [그라데이션] 명령을 선택하면 적용된 그라데이션 스타일을 확인할 수 있습니다.

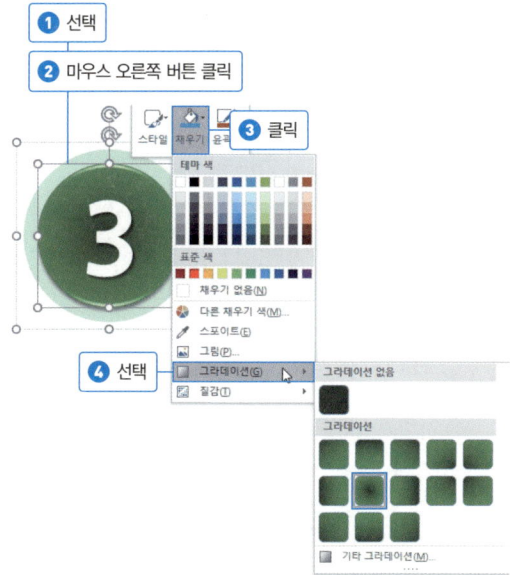

02 그라데이션의 스타일을 확인한 다음 개체에 변경하려는 단색을 적용합니다.

03 개체가 계속 선택된 상태에서 다시 채우기의 [그라데이션] 명령을 클릭하면, 이번엔 선택한 단색을 기반으로 그라데이션 스타일이 만들어진 것을 확인할 수 있습니다.

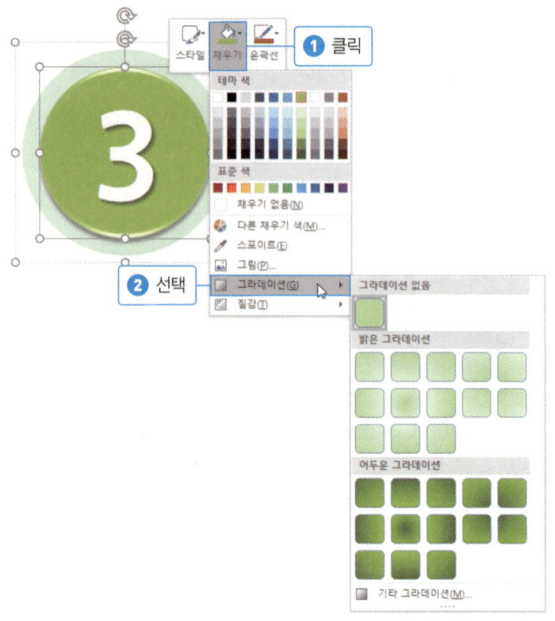

04 이 중에서 변경 전 확인한 그라데이션 스타일을 선택하면, 색만 변경된 그라데이션이 설정됩니다.

5 서식 작업 창을 활용하기

만일 그라데이션이 설정된 빠른 스타일을 사용하지 않고 사용자가 설정한 경우라면 [서식] 작업 창을 활용합니다.

01 복사해서 사용하려는 도형을 Ctrl 키를 누른 상태에서 드래그해서 복사합니다.

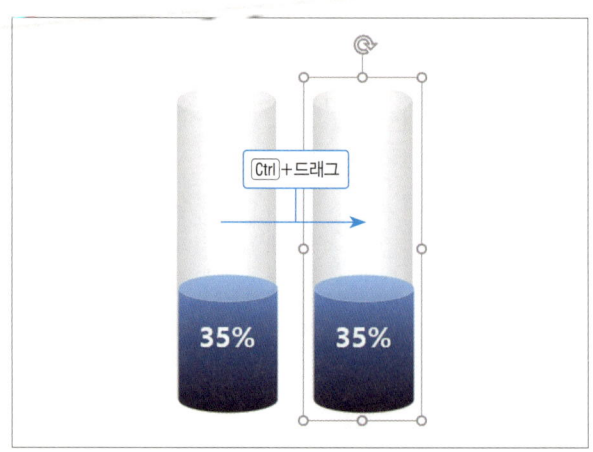

SECTION 04 테마색을 위한 색상 정보

02 개체를 원하는 상태로 변경합니다. 그룹으로 되어 있는 개체는 다시 한 번 클릭해서 정확히 그룹 중 어느 도형인지를 설정하고 크기 조정해야 합니다.

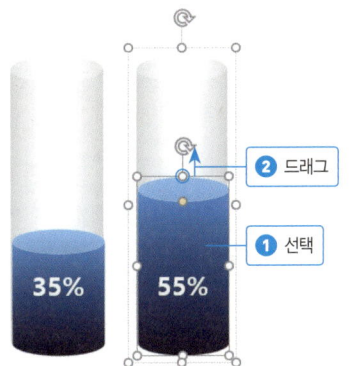

03 서식을 변경하려는 개체를 선택하고 마우스 오른쪽 버튼을 클릭한 다음 **도형 서식**을 실행합니다.

04 도형 서식 작업 창이 표시되고, 선택된 도형의 채우기 설정값을 확인할 수 있습니다.

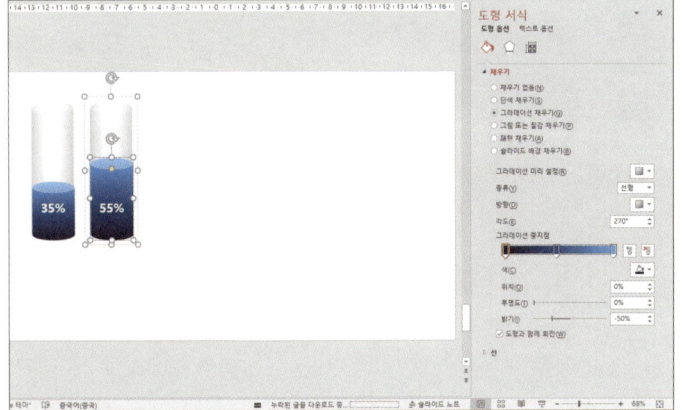

467

05 도형의 첫 번째 중지점을 선택하고, 색 선택 창에서 같은 톤의 다른 색을 설정합니다. 나머지 중지점도 같은 방법으로 색을 설정합니다.

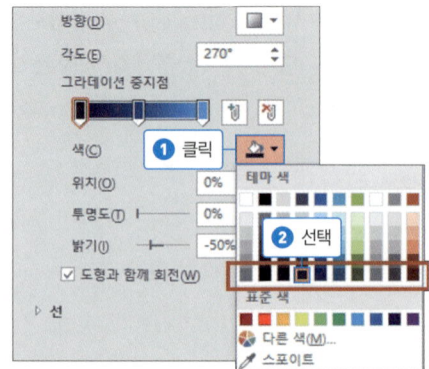

06 [도형 서식] 작업 창이 표시되고 선택된 도형의 채우기 설정 값을 바로 확인할 수 있습니다.

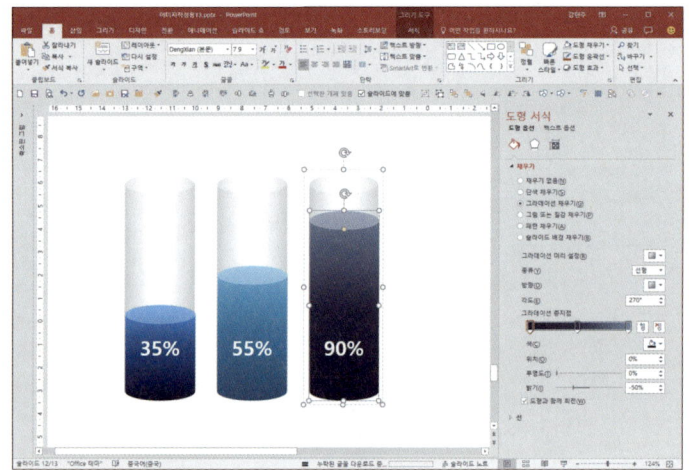

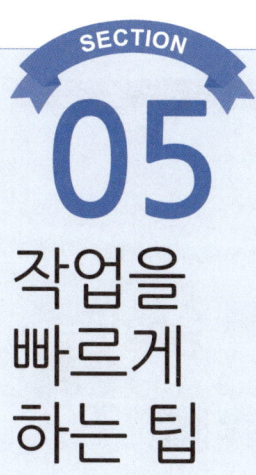

SECTION 05 작업을 빠르게 하는 팁

어떤 내용을 어떻게 표현할지 스토리가 결정되었다면 프레젠테이션 문서 제작을 빠르게 진행할 수 있도록 파워포인트 도구가 익숙해지는 것이 중요합니다. 몇 가지 작업을 빠르게 하는 팁을 살펴보겠습니다.

1 새 슬라이드 크기를 새 프레젠테이션의 기본값으로 만들기

파워포인트 2016을 실행했을 때 만들어지는 기본 문서 크기는 '와이드스크린(16:9)'입니다. 그런데 아직은 '표준(4:3)' 크기의 화면에서 발표하는 경우가 많습니다. 발표장의 환경에 따라 매번 슬라이드의 크기를 변경하는 것보다는 기본 문서 크기를 '표준(4:3)'으로 설정하면 빠르게 작업할 수 있습니다. 만일 파워포인트를 발표용이 아니라 보고서용 문서 작업을 많이 하고 A4 용지로 인쇄를 하는 담당자라면 기본 문서를 A4 용지 크기로 설정하는 것이 편리합니다. 이렇게 사용자가 많이 사용하는 새 슬라이드 크기를 기본값으로 설정하는 방법을 살펴보겠습니다.

01 [디자인] 탭 → [슬라이드 크기]를 클릭해 **사용자 설정 슬라이드 크기**를 실행합니다.

02 '슬라이드 크기' 대화상자가 표시되면, 원하는 슬라이드 크기를 선택하고 〈확인〉 버튼을 클릭합니다.

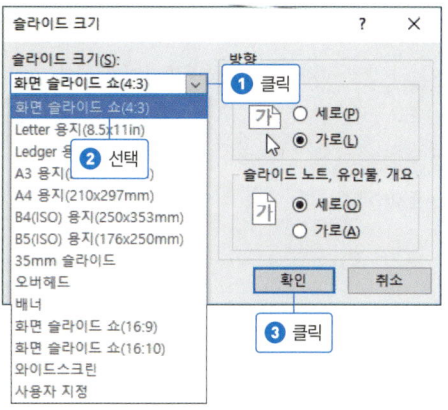

03 [디자인] 탭 → [테마] 그룹에서 '자세히' 아이콘( )을 클릭하고 **현재 테마 저장**을 실행합니다.

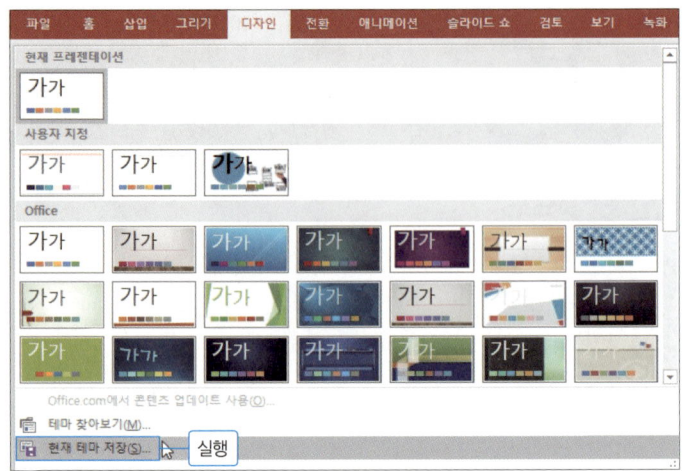

04 테마 이름을 입력한 다음 〈저장〉 버튼을 클릭합니다.

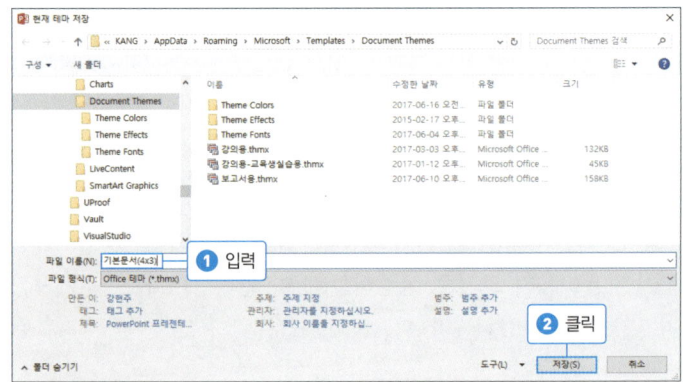

05 [디자인] 탭 → [테마] 그룹의 오른쪽 '자세히' 아이콘( )을 다시 클릭합니다. [사용자 설정] 테마 중 새로 만든 테마 위에서 마우스 오른쪽 버튼을 클릭하고 **기본 테마로 설정**을 실행합니다.

기본 테마로 설정하면 새로 설정한 문서 크기로 파일이 만들어집니다.

06 기본 테마가 설정된 다음 **[파일]** 탭 → **[새로 만들기]**를 클릭하면 테마 종류 중 처음 위치에 'Default Theme'가 추가되어 있습니다. 이 테마를 선택하면 사용자가 선택한 사용자 설정 크기가 적용됩니다.

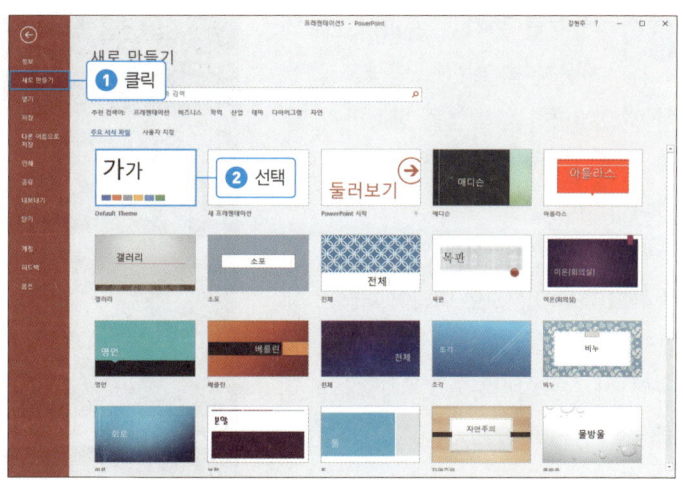

2 트리밍한 동영상을 여러 번 사용하거나 별도의 파일로 저장하기

파워포인트에는 동영상을 트리밍하는 기능이 포함되어 있어 별도의 동영상 편집 프로그램 없이 원하는 부분만 잘라서 사용할 수 있습니다. 이번에는 일부분을 잘라낸 동영상을 다른 문서에서 여러 번 사용하거나 별도의 파일로 저장하는 방법을 살펴보겠습니다.

01 인터넷에서 필요한 동영상을 준비하고 **[삽입]** 탭 → **[미디어]** 그룹 → **[비디오]**로 동영상을 삽입합니다.

02 **[비디오 도구 재생]** 탭 → **[편집]** 그룹 → **[비디오 트리밍]**을 클릭하고, 동영상 중 사용하려는 부분만 잘라냅니다.

03 이 부분을 다른 슬라이드에서 사용할 때 매번 동영상을 삽입하고 트리밍하는 작업을 반복하지 않기 위해 트리밍한 동영상을 저장하겠습니다.
동영상을 마우스 오른쪽 버튼으로 클릭하고 **다른 이름으로 미디어 저장**을 실행합니다.
파일 이름을 입력하고 〈저장〉 버튼을 클릭합니다.

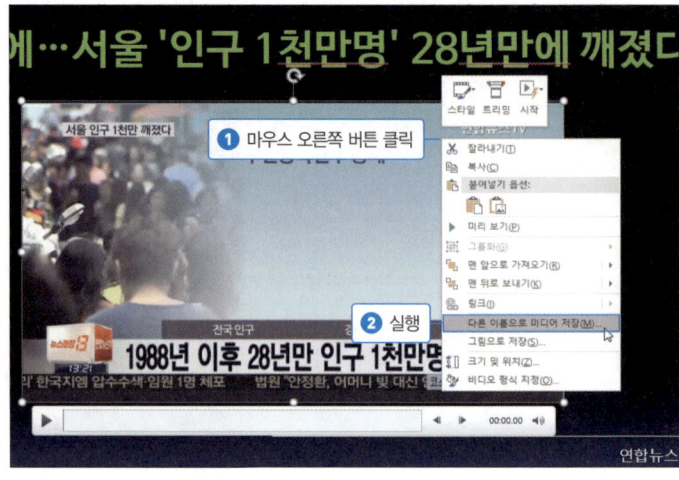

04 저장한 동영상을 윈도우 탐색기에서 확인해 보면, 트리밍되기 전의 상태로 저장된 것을 확인할 수 있습니다.

05 다시 파워포인트 화면으로 돌아갑니다. 트리밍한 다음 그 상태로 동영상을 저장하기 위해 **[파일] 탭 → [정보]**에서 〈미디어 압축〉 버튼을 클릭하고 **프레젠테이션 품질**을 실행합니다.

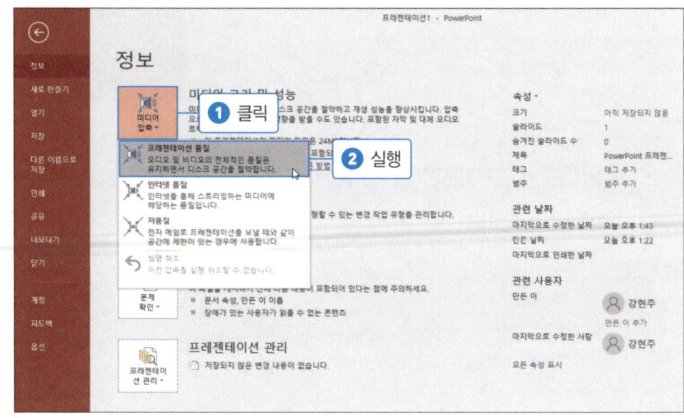

06 미디어 압축이 끝나면 '미디어 압축' 대화상자의 〈닫기〉 버튼을 클릭합니다.

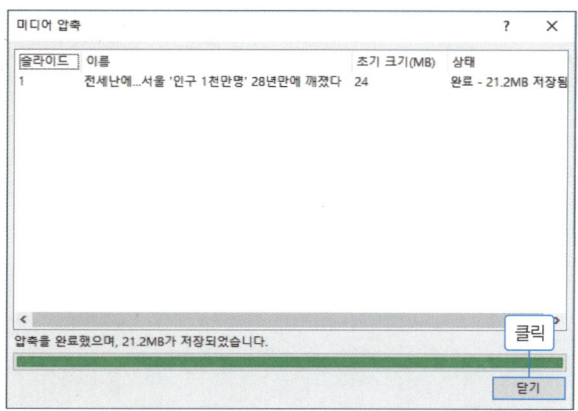

07 다시 동영상 개체를 선택하고 마우스 오른쪽 버튼을 클릭한 다음 **다른 이름으로 미디어 저장**을 실행해서 저장합니다.

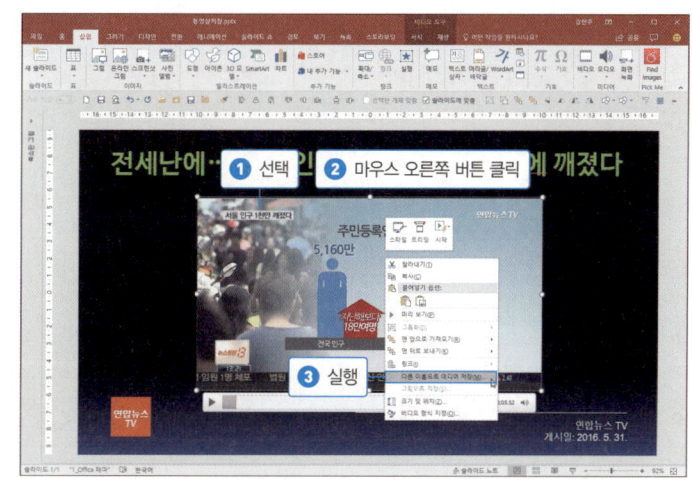

08 저장한 동영상을 윈도우 탐색기에서 확인해 보면 트리밍된 상태로 저장된 것을 확인할 수 있습니다.

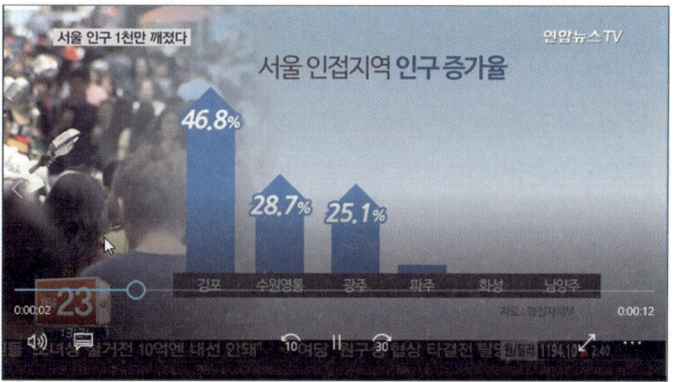

PART 05

- **SECTION 01** 슬라이드 쇼 진행하기
- **SECTION 02** 쇼에 활력을 주는 전환 효과 사용하기
- **SECTION 03** 하이퍼링크 이용하기
- **SECTION 04** 확대/축소 기능 활용하기
- **SECTION 05** 시선을 사로잡는 애니메이션 활용하기
- **SECTION 06** 목적에 맞는 인쇄물 준비하기
- **SECTION 07** 프레젠테이션 발표 준비하기
- **SECTION 08** Microsoft 계정 활용하기
- **SECTION 09** 배포 전 문서 점검하기
- **SECTION 10** 목적에 맞게 저장하고 배포하기

성공적인 프레젠테이션을 위한 작업

파워포인트 문서를 작성하는 최종적인 목적은 성공적인 프레젠테이션입니다. 슬라이드 쇼에서 사용하는 기능과, 프레젠테이션에 생동감과 활력을 줄 수 있는 화면 전환 효과와 애니메이션 설정 등의 내용을 살펴보겠습니다.

SECTION 01
슬라이드 쇼 진행하기

청중 앞에서 프레젠테이션을 실수 없이 진행하려면 내용에 관한 정확한 이해는 가장 중요하고 기본적인 사항입니다. 내용에 대한 파악이 완벽하게 준비되었다면 사용하는 프레젠테이션의 슬라이드 쇼 기능을 잘 숙지하고 있어야 합니다. 프레젠테이션 도구 사용법에 익숙한 발표자가 훨씬 안정적이고 매끄러운 진행을 할 수 있습니다. 슬라이드 쇼를 진행하는 방법과 쇼 진행에 사용하는 기능들을 살펴보겠습니다.

1 슬라이드 쇼 진행하기

프레젠테이션에서 청중이 보게 되는 화면은 슬라이드를 제작하는 화면과는 다르게 슬라이드 내용만 전체 화면으로 보게 됩니다. 이것을 [슬라이드 쇼] 보기 상태라고 합니다.

{실습 파일} 05\01_1.pptx

01 [슬라이드 쇼] 탭 → [슬라이드 쇼 시작] 그룹 → [처음부터]를 클릭합니다.

> **tip** 슬라이드 쇼 단축키
> - 처음부터 슬라이드 쇼 시작 : F5
> - 현재 선택된 슬라이드부터 슬라이드 쇼 시작 : Shift + F5
> - 슬라이드 쇼 중지 : Esc

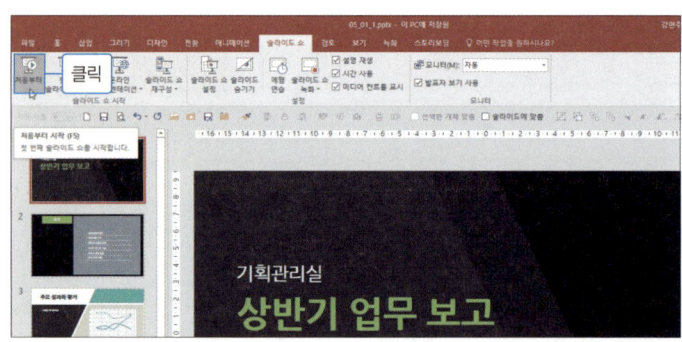

02 첫 번째 슬라이드부터 슬라이드 쇼가 진행되는 것을 확인할 수 있습니다. 마우스 왼쪽 버튼을 클릭하거나 Enter 키, Page Down 키 등을 눌러 다음 슬라이드로 이동합니다.

> **tip** 슬라이드 이동 관련 단축키
> - 이전 슬라이드 : Page up 키, 왼쪽 또는 위쪽 방향키, P 키, Backspace 키
> - 다음 슬라이드 : 마우스 왼쪽 버튼, Enter 키, Spacebar 키, N 키, Page Down 키, 오른쪽 또는 아래쪽 방향키
> - 특정 슬라이드로 직접 이동 : 슬라이드 번호 입력 후 Enter 키

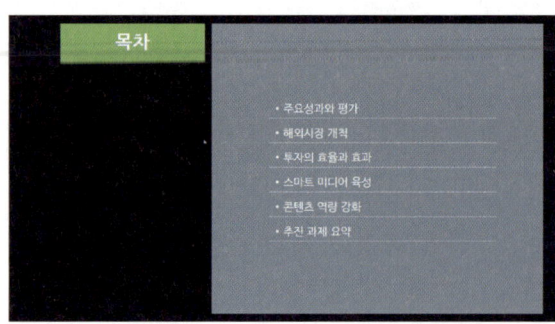

03 슬라이드 쇼 상태에서 마우스 오른쪽 버튼을 클릭한 다음 **포인터 옵션**을 클릭하고, 마우스 포인터의 종류와 잉크 색상 등을 선택한 다음 강조할 부분을 표시합니다.

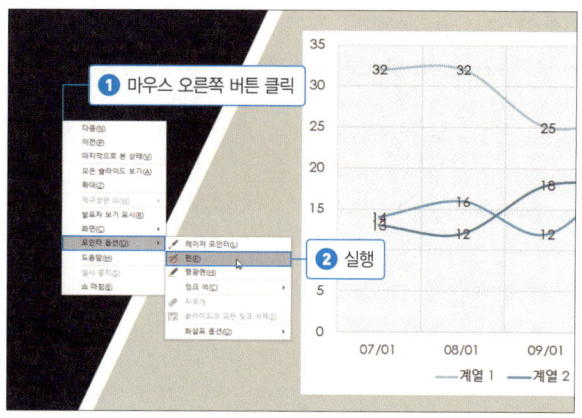

> tip **슬라이드 쇼 포인터 옵션 관련 단축키**
> - 펜 : +P
> - 슬라이드의 모든 잉크 삭제 : E
>
> 단축키는 입력 영문 상태에서 키를 눌러야 합니다. 만일 한글 입력 상태라면 한/영 키를 눌러 영문 입력 상태로 전환합니다.

04 슬라이드 쇼에서 펜으로 추가적인 설명을 했었다면, 쇼를 마칠 때 사용한 주석을 유지할 것인지 묻는 대화상자가 표시됩니다. 〈아니오〉 버튼을 클릭하면 펜으로 추가한 내용은 모두 삭제됩니다.

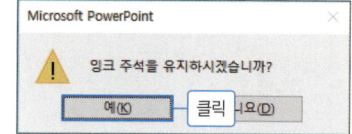

05 만일 〈예〉 버튼을 클릭하면 주석은 슬라이드 안에 도형처럼 포함되어 사용할 수 있습니다.

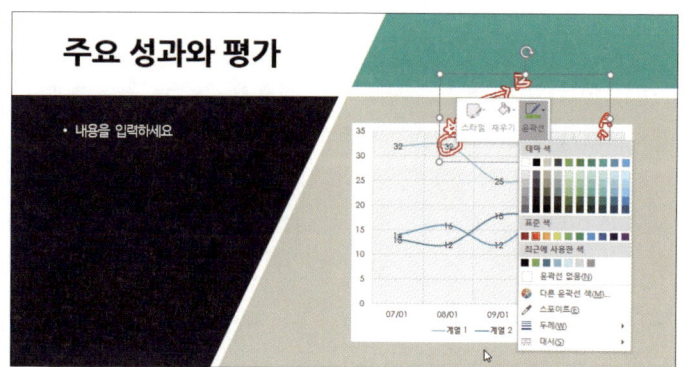

06 슬라이드 쇼 상태에서 마우스 오른쪽 버튼을 클릭하고 **도움말**을 실행하면 슬라이드 쇼에서 사용하는 단축키가 정리되어 있습니다. 슬라이드 쇼 상태에서는 주로 단축키를 사용하는 것이 좋습니다. 마우스 오른쪽 버튼을 클릭해 메뉴를 사용하면 청중들이 내용에 집중하는 데 방해가 됩니다.

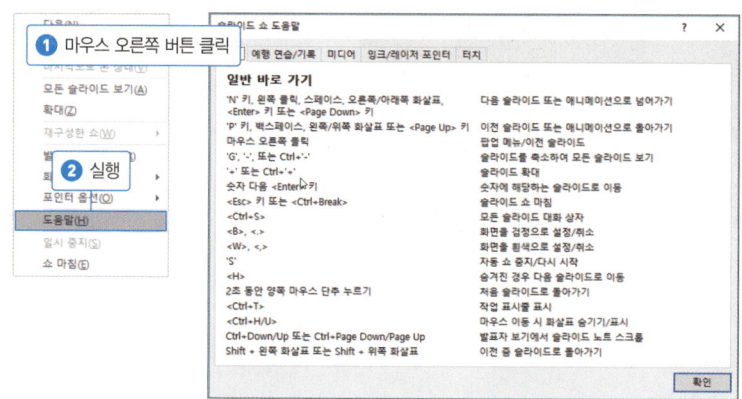

07 쇼 상태의 화면 왼쪽 아래를 자세히 보면 반투명한 도구들이 있습니다. 마우스 포인터를 도구 위에 올리면 사용할 수 있도록 선명하게 표시됩니다. 이 도구는 슬라이드 쇼 상태의 화면에서 마우스 오른쪽 버튼을 클릭하면 표시되는 메뉴에 있는 명령들입니다.

ⓐ 이전 슬라이드
ⓑ 다음 슬라이드
ⓒ 포인터 옵션
ⓓ 모든 슬라이드 보기
ⓔ 슬라이드 확대
ⓕ 슬라이드 쇼 옵션 더 보기

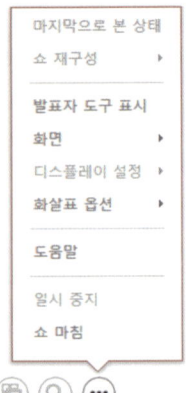

2 발표자 도구 활용하기

발표자가 PC를 직접 제어하면서 발표하게 된다면 발표자 도구를 활용하는 것이 좋습니다. 발표자 도구를 사용하면 발표자는 자신만 볼 수 있는 다른 화면에서 슬라이드 쇼를 제어하고 청중은 주 화면에서 발표자의 슬라이드를 봅니다.

파워포인트 2013 또는 파워포인트 2016을 사용 중인 경우 컴퓨터를 프로젝터에 연결하여 슬라이드 쇼를 시작하면 발표자 보기가 컴퓨터 화면에 표시되고, 프로젝터 화면에는 슬라이드만 표시됩니다. 발표자 보기를 사용하면 발표자는 발표할 때 노트를 볼 수 있지만 청중은 슬라이드만 보게 됩니다.

단일 모니터에서 파워포인트를 사용하는 중인데 발표자 보기를 표시하려면, 슬라이드 쇼 상태에서 왼쪽 아래에 있는 컨트롤 도구에서 '슬라이드 쇼 옵션 더 보기' 아이콘을 클릭한 다음 **발표자 도구 표시**를 실행합니다.

tip 단일 모니터에서 발표자 보기를 표시 단축키 : Alt + F5

발표자 보기 화면

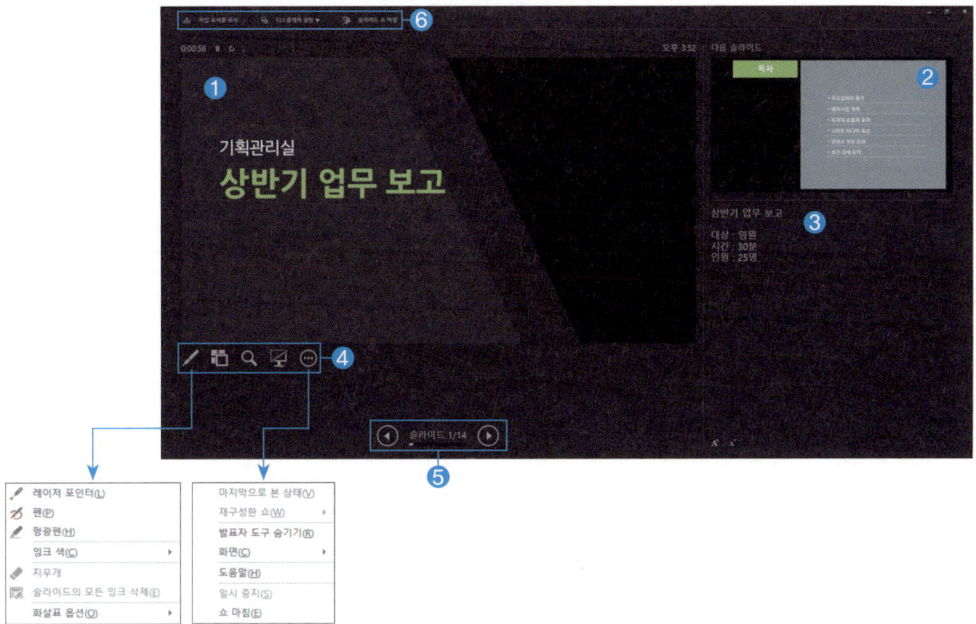

① 슬라이드 : 현재 슬라이드 모습을 확인합니다.

② 다음 슬라이드 : 다음 슬라이드의 내용을 미리 확인할 수 있습니다.

③ 현재 화면의 슬라이드 노트 : 발표자 보기에만 보이는 노트 내용입니다. 노트 창 왼쪽 아래 모서리에 있는 두 개의 아이콘을 사용하여 노트 창의 텍스트 크기를 변경할 수 있습니다.

④ 발표자 도구
  ⓐ 펜 및 레이저 포인터 도구 : 슬라이드 특정 부분 가리키기 또는 슬라이드에 쓰기가 가능합니다. 펜, 레이저 포인터 또는 형광펜을 해제하려면 Esc 키를 누릅니다.
  ⓑ 모든 슬라이드 보기 : 프레젠테이션의 모든 슬라이드의 축소판 그림이 표시되어 슬라이드 쇼 중에 특정 슬라이드로 쉽게 건너뛸 수 있습니다.
  ⓒ 슬라이드 확대 : 보려는 부분을 가리키면 슬라이드 내용이 확대되어 표시됩니다.
  ⓓ 슬라이드 쇼를 검정으로 설정/취소합니다 : 슬라이드 쇼 진행 중 청중이 발표자에게 집중하도록 프레젠테이션의 현재 슬라이드를 숨기거나 숨김 해제합니다.

⑤ 슬라이드 이동 : 이전 또는 다음 슬라이드로 넘어가려면 이전 또는 다음을 선택합니다. 이동할 슬라이드의 번호를 알고 있다면 슬라이드 번호를 입력하고 Enter 키를 누르면 바로 이동합니다.

⑥ 발표자 보기와 슬라이드 보기 모니터 바꾸기 : 발표자 보기에 노트를 표시할 화면과 슬라이드만 표시할 화면을 직접 결정하려면 발표자 보기 위쪽에 있는 [디스플레이 설정]을 클릭한 다음 **발표자 도구 및 슬라이드 쇼 바꾸기**를 실행합니다.

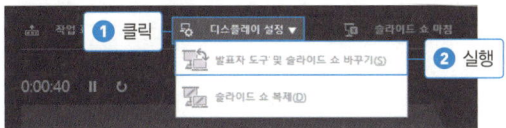

SECTION 02 쇼에 활력을 주는 전환 효과 사용하기

프레젠테이션에서 슬라이드가 바뀔 때마다 움직임을 주고, 속도를 제어하거나 소리도 추가하면서 다양하게 활용할 수 있도록 전환 효과에 대해 알아보겠습니다.

1 화면 전환 효과 적용하기

화면 전환은 슬라이드 쇼 보기 상태에서 슬라이드에서 다음 슬라이드로 이동할 때 발생하는 동작 효과입니다. 즉 슬라이드 단위로 적용되는 명령입니다.

{실습 파일} 05\01_1.pptx

01 [전환] 탭 → [전환] 그룹에서 화면 전환 효과를 클릭합니다. 더 많은 전환 효과를 보려면 빠른 스타일 목록에서 '자세히' 아이콘(▼)을 클릭합니다.

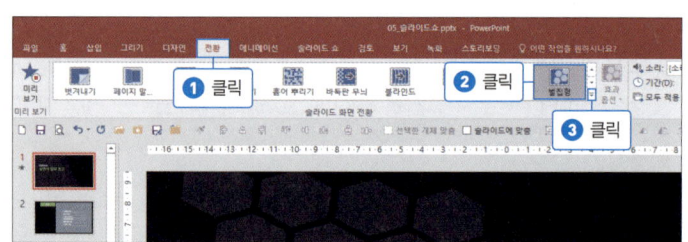

02 슬라이드 화면 전환 효과에는 [전환 효과 없음], [은은한 효과], [화려한 효과], [동적 콘텐츠] 범주로 나누어져 다양한 전환 효과가 제공됩니다. 효과에 따라 세부적인 설정 사항을 변경하는 효과 옵션이 다르게 표시됩니다.

▲ 전환 효과

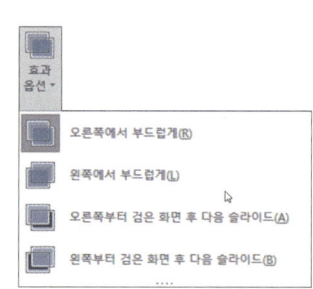

▲ 전환 효과에 따른 효과 옵션

SECTION 02 쇼에 활력을 주는 전환 효과 사용하기

03 화면 전환에 소리를 추가하려면 [전환] 탭 → [타이밍] 그룹 → [소리] 목록에서 원하는 소리를 선택합니다.

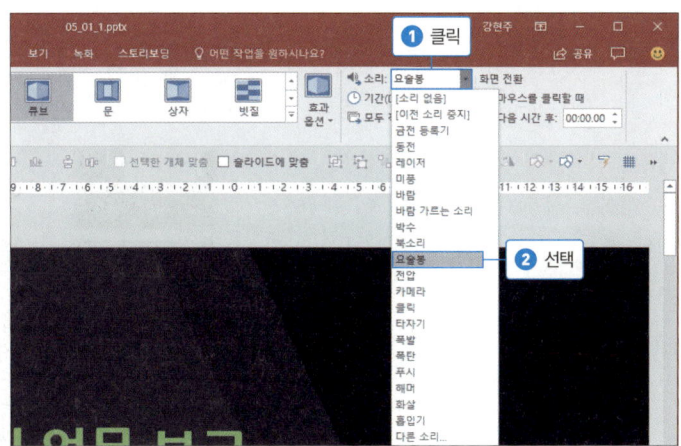

04 목록에 없는 소리를 추가하려면 목록에서 **다른 소리**를 실행하고 추가하려는 소리 파일을 찾은 후에 〈확인〉 버튼을 클릭합니다.

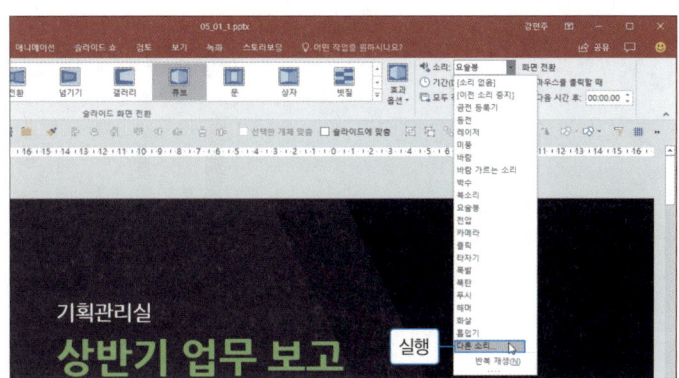

tip 쇼 진행 상태에서 계속 효과음을 재생하려면 목록에서 '반복 재생'을 선택한 다음 다시 목록에서 원하는 소리 파일을 설정합니다.

05 화면 전환 속도를 조정하고 싶다면, [전환] 탭 → [타이밍] 그룹 → [기간]에서 원하는 속도를 입력하거나 선택합니다. 기간을 길게 설정하면 전환되는 속도가 느려집니다.

06 현재 슬라이드가 다음 슬라이드로 넘어가는 화면 전환 방법에는 두 가지가 있습니다.

ⓐ 마우스를 클릭할 때 슬라이드가 넘어가도록 하려면 **[전환] 탭 → [타이밍] 그룹 → [마우스를 클릭할 때]**에 체크 표시합니다.
ⓑ 설정된 시간이 지난 후에 슬라이드가 자동으로 넘어가도록 하려면 **[전환] 탭 → [타이밍] 그룹 → [다음 시간 후]**에 체크 표시를 한 다음 원하는 시간(초)을 입력합니다.

07 나머지 슬라이드에도 같은 방법으로 화면 전환 효과를 설정합니다.

만일 모든 슬라이드에 동일한 화면 전환 효과를 설정하려면 **[전환] 탭 → [타이밍] 그룹 → [모두 적용]**을 클릭합니다. 화면 전환 효과가 설정된 슬라이드 앞에는 애니메이션을 실행할 수 있는 '별모양' 아이콘이 표시됩니다. 클릭하면 설정된 효과를 확인할 수 있습니다.

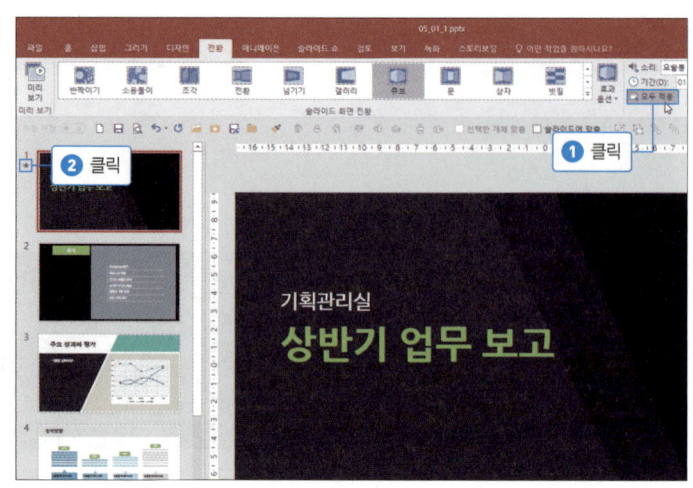

08 여러 슬라이드 보기 상태에서 화면 전환 효과를 설정하면 슬라이드를 선택하기 쉽습니다.

2 화면 전환 효과를 변경 또는 삭제하기

프레젠테이션에 설정한 화면 전환 효과를 변경하거나 삭제하는 방법을 알아보고, 전환에 대한 다양한 옵션을 설정하는 방법도 함께 살펴보겠습니다.

01 화면 전환 효과를 변경하려면 해당 슬라이드를 선택한 다음 **[전환] 탭 → [슬라이드 화면 전환] 그룹**에서 다른 화면 전환 효과를 클릭합니다. 소리와 속도를 다시 설정할 수 있습니다. 여러 슬라이드를 선택하고 적용해도 됩니다.

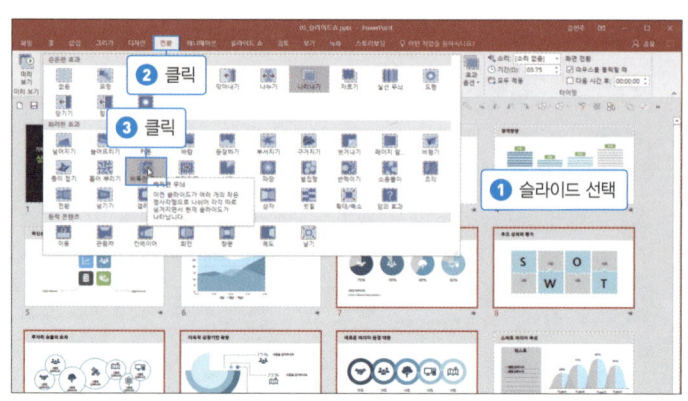

02 화면 전환 효과를 삭제하려면 해당 슬라이드를 선택한 다음 [전환] 탭 → [슬라이드 화면 전환] 그룹 → [화면 전환 효과] → [없음]을 클릭합니다.

한 번에 모두 적용된 효과를 삭제하려면 [없음]을 선택한 다음 [전환] 탭 → [타이밍] 그룹 → [모두 적용]을 클릭합니다.

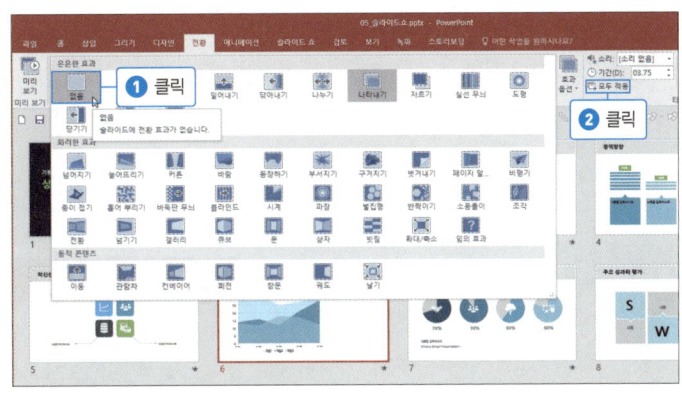

03 [전환] 탭 → [슬라이드 화면 전환] 그룹에서 화면 전환 효과를 선택하면, [효과 옵션]이 활성화됩니다. [효과 옵션]을 클릭하면, 효과의 종류에 따라 옵션을 선택할 수 있습니다.

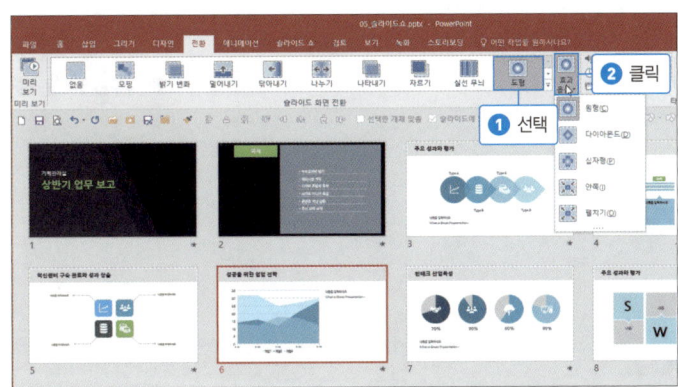

3 프레지 효과를 만들 수 있는 모핑 전환 활용하기

파워포인트 2016에는 프레젠테이션의 슬라이드에 원활한 애니메이션, 전환, 개체 이동을 손쉽게 만들 수 있는 새로운 전환 유형인 모핑이 제공됩니다.

1 모핑 전환 적용하기

모핑의 원리는 앞의 슬라이드에 있던 개체가 뒤 슬라이드에서 변화를 가졌다면 그 변화의 중간은 모핑이 알아서 한다는 것입니다.
예를 들어 슬라이드 A(앞:시작) 와 슬라이드 B(뒤:종료)에서 개체가 변화된 내용을 살펴보면,
- 개체 1 : 크기 축소, 위치 이동, 회전, 서식 변화
- 개체 2 : 사라지기
- 개체 3 : 나타나기

이런 변화를 애니메이션 효과로 하나씩 만드는 것이 아니라 슬라이드에서 개체를 변경하고 모핑 효과를 설정하면 자연스럽게 자동으로 만들어집니다.
이 효과를 활용하면 프레지처럼 줌 인, 줌 아웃을 하면서 역동적인 슬라이드 쇼를 진행할 수 있습니다.

{실습 파일} 05\02_1.pptx   {완성 파일} 05\02_1결과.pptx

01 이동 또는 강조하려는 개체를 복사하여 다음 슬라이드에 붙여넣거나 첫 번째 슬라이드를 복제합니다.
축소판 그림 창의 슬라이드 위에서 마우스 오른쪽 버튼을 클릭하고 **슬라이드 복제**를 실행합니다.

슬라이드 복제 단축키 : Ctrl + D

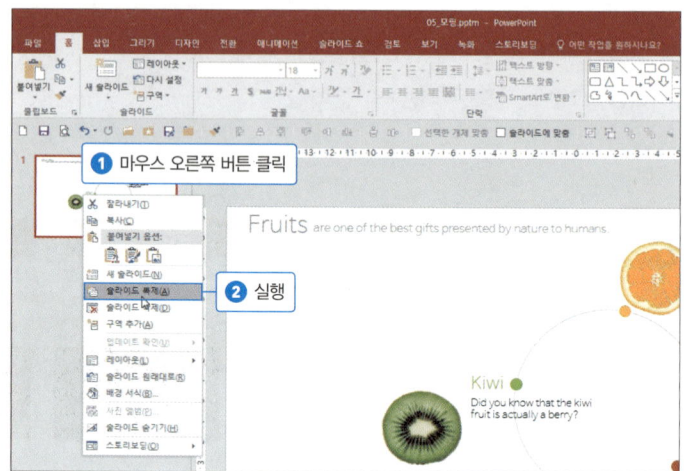

02 개체 위치를 그림처럼 이동하고 오렌지 개체의 크기를 확대합니다.

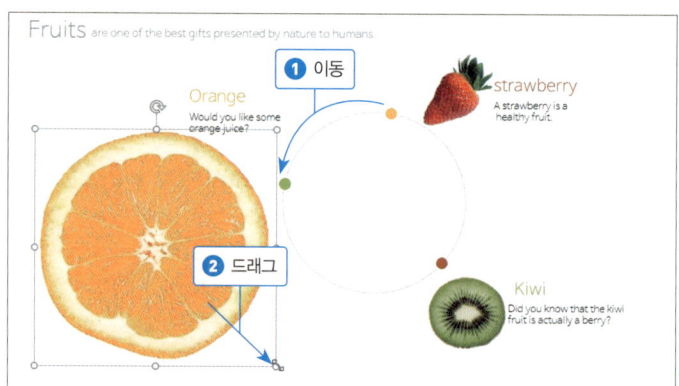

03 오렌지 텍스트 개체의 글꼴 크기, 글꼴을 설정합니다.

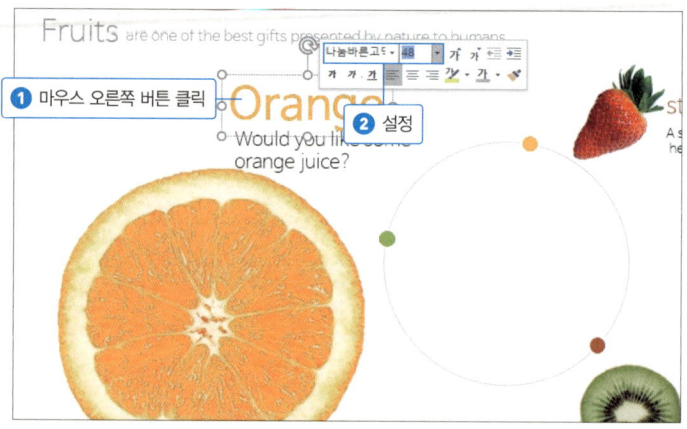

SECTION 02 쇼에 활력을 주는 전환 효과 사용하기

04 안쪽의 원형 개체를 선택하고 회전점( )을 왼쪽으로 드래그해서 노란색 원형이 오렌지 개체에 위치하도록 조정합니다.
축소판 그림 창에서 두 번째 슬라이드를 선택하고 **[전환] 탭 → [슬라이드 화면 전환] 그룹 → [모핑]**을 선택합니다.

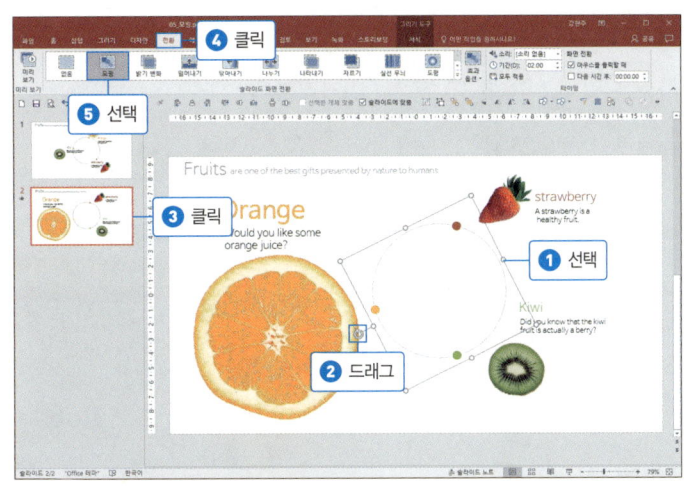

05 **[전환] 탭 → [미리 보기] 그룹 → [미리 보기]**를 클릭해 효과를 확인합니다.

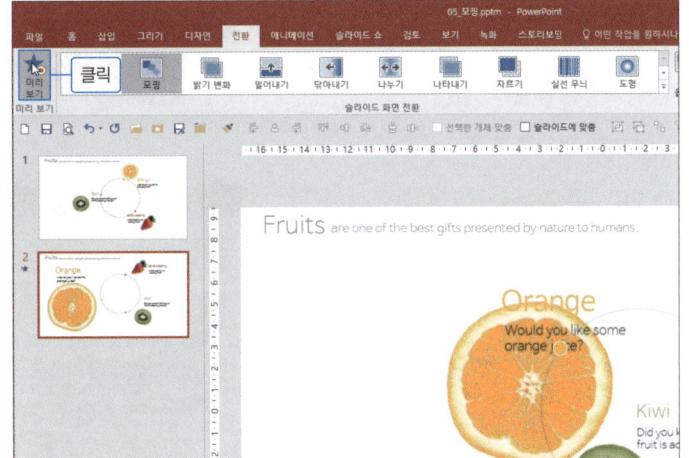

06 같은 방법으로 슬라이드를 복제하면서 개체의 위치, 크기, 글꼴, 회전 등 효과를 설정하고, 모핑 전환을 설정합니다.

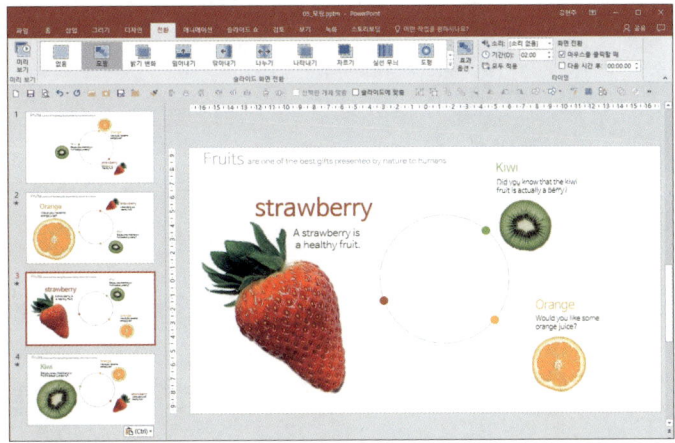

2 모핑 전환 팁

모핑 전환을 사용할 때 몇 가지 요령을 살펴보겠습니다.

{실습 파일} 05\02_2.pptx   {완성 파일} 05\02_2결과.pptx

■ 슬라이드의 일부 영역이 줌 인/줌 아웃되는 효과 표현하기

01 크기를 조절해서 모핑 기능을 적용하면 됩니다. 슬라이드에 그림을 삽입합니다.

> tip 윈도우에서 제공하는 샘플 이미지를 활용해서 실습해 보세요.

02 슬라이드를 복제합니다. 상태 표시줄의 확대/축소 명령을 이용해서 화면 배율을 축소합니다.

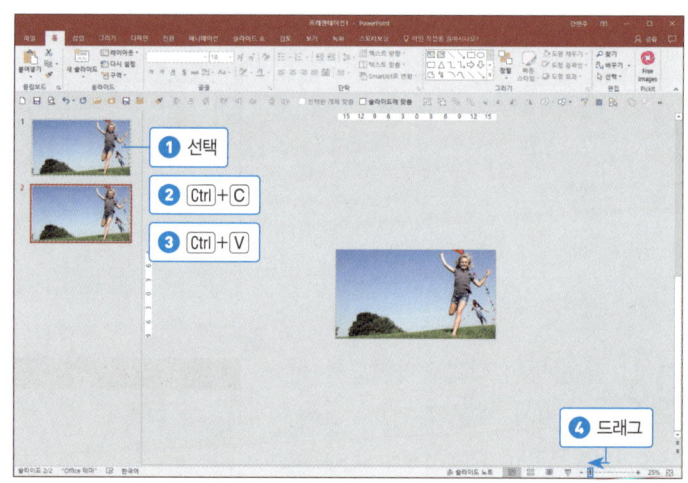

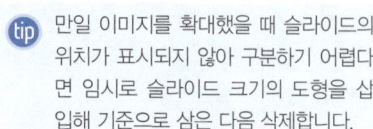

> tip **화면 확대, 축소**
> • 화면 축소 : Ctrl+마우스 휠 아래로
> • 화면 확대 : Ctrl+마우스 휠 위로

03 두 번째 슬라이드의 이미지를 확대하고 줌 인할 위치를 슬라이드에 맞춰 배치합니다.

> tip 만일 이미지를 확대했을 때 슬라이드의 위치가 표시되지 않아 구분하기 어렵다면 임시로 슬라이드 크기의 도형을 삽입해 기준으로 삼은 다음 삭제합니다.

04 [전환] 탭 → [슬라이드 화면 전환] 그룹 → [모핑]을 선택합니다.

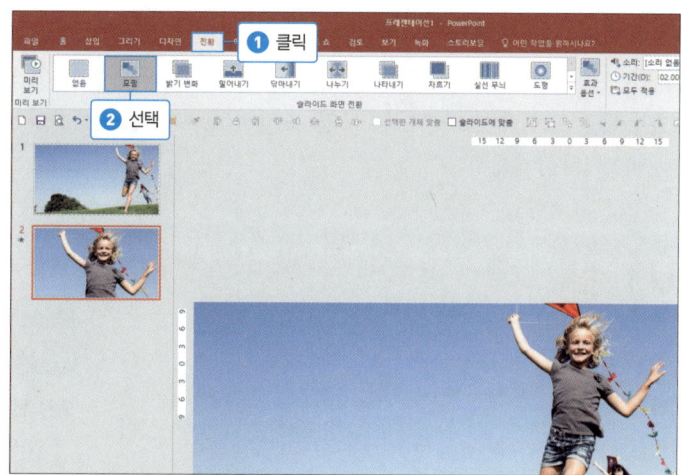

05 [전환] 탭 → [미리 보기] 그룹 → [미리 보기]를 클릭해서 효과를 확인합니다.

06 같은 방법으로 슬라이드를 여러 장 만들고 모핑 효과를 적용하면 이동하는 것처럼 느껴집니다. 화면에 보이는 이미지 모습을 화면 왼쪽 축소판 그림 창에서 확인하면서 작업합니다.

■ 도형을 다른 모형으로 모핑

모핑은 기본적으로 애니메이션 효과를 적용하여 도형을 다른 도형으로 자동으로 변경하지 않습니다. 하지만 특정 도형에서 나타나는 모양 조절점(◉)이 있는 도형의 모양을 변경하는 기능을 사용해서 이 효과를 만들 수 있습니다.

01 슬라이드에 모양 조절점이 있는 도형을 삽입합니다.

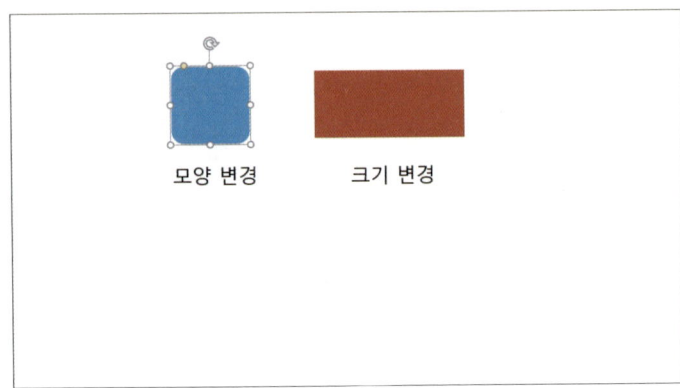

02 슬라이드를 복제하거나, 변경할 도형을 복사하여 다음 슬라이드에 붙여넣습니다.

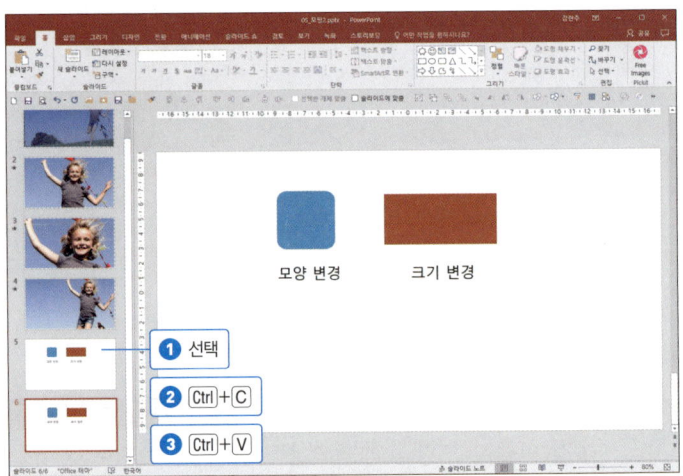

03 두 번째 슬라이드에서 모양 조절점(◉)이 있는 도형의 모양을 변경합니다.

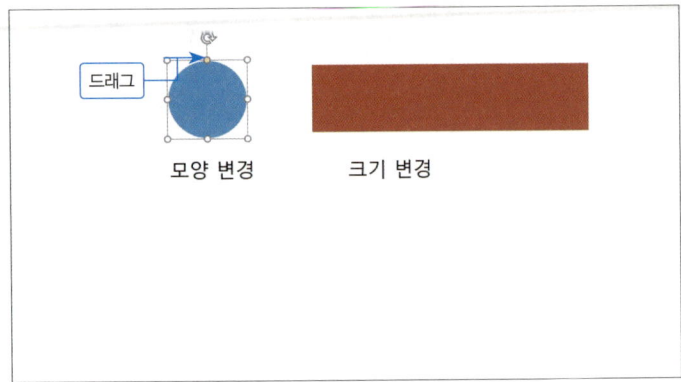

SECTION 02 쇼에 활력을 주는 전환 효과 사용하기

04 [전환] 탭 → [슬라이드 화면 전환] 그룹 → [모핑]을 선택합니다.

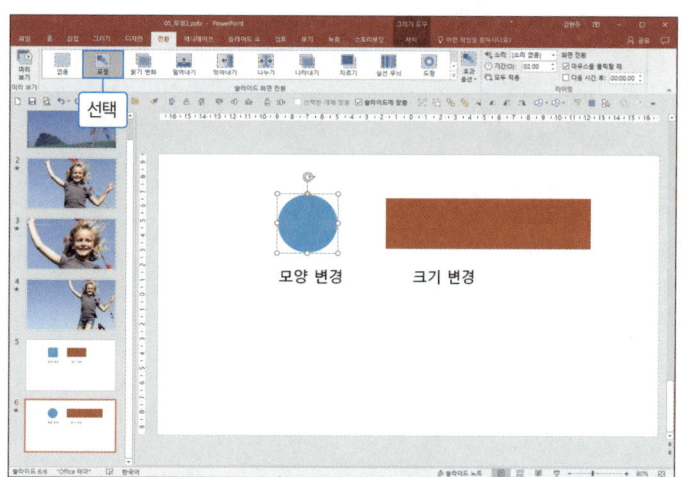

05 [전환] 탭 → [미리 보기] 그룹 → [미리 보기]를 클릭해서 효과를 확인합니다.

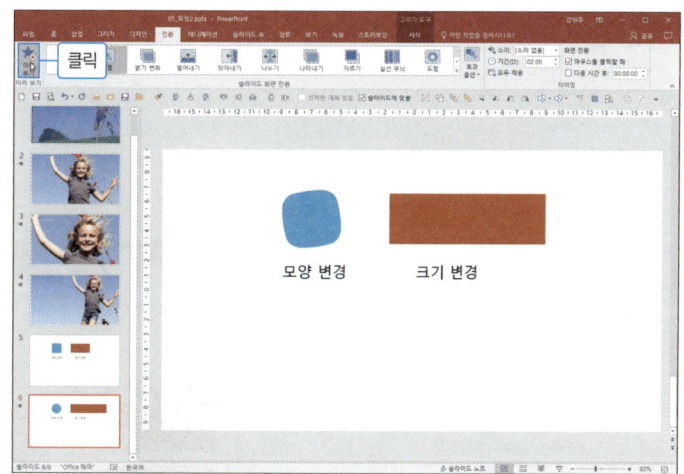

06 도형을 보다 자유자재로 변형하고 싶다면 도형의 점을 편집하여 다른 도형의 형태로 변형한 다음 모핑합니다.
자유형으로 그린 도형도 [점 편집] 명령을 이용해 모양을 변형하는 모핑을 사용할 수 있습니다.

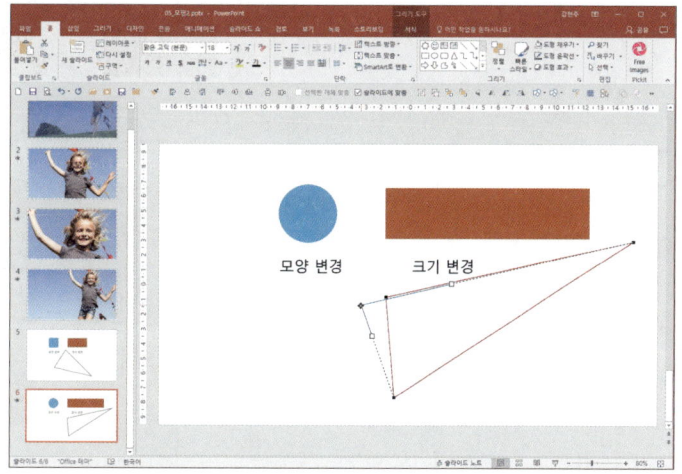

489

SECTION 03
하이퍼링크 이용하기

프레젠테이션을 진행하다 보면 작성된 슬라이드 순서와 다르게 다른 슬라이드나 파일, 인터넷 사이트 등 다른 위치의 자료를 참조해야 하는 경우가 있습니다. 하이퍼링크는 같은 프레젠테이션의 다른 슬라이드에 연결하거나 다른 프레젠테이션의 슬라이드, 전자 메일 주소, 웹 페이지 또는 다른 종류의 파일에 연결하는 것입니다. 하이퍼링크를 설정하고 다양하게 활용하는 방법을 알아보겠습니다.

1 같은 프레젠테이션의 슬라이드에 연결

현재 프레젠테이션 중인 문서의 슬라이드에 하이퍼링크를 연결하는 방법을 살펴보겠습니다.

{실습 파일} 05\03_1.pptx

01 하이퍼링크로 사용할 텍스트, 도형 또는 그림을 선택합니다. [삽입] 탭 → [링크] 그룹 → [링크]를 클릭합니다.

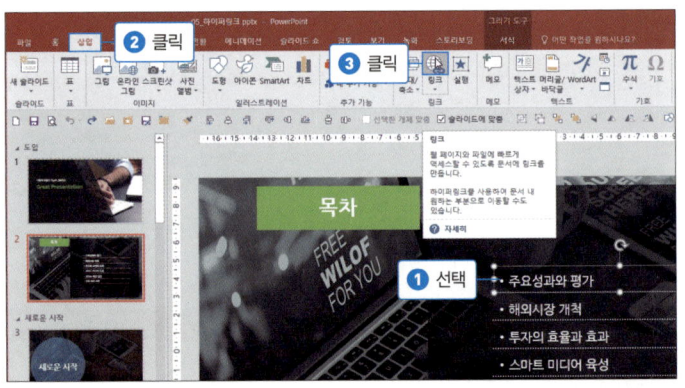

02 '하이퍼링크 삽입' 대화상자의 연결 대상에서 '현재 문서'를 클릭합니다. 슬라이드를 작성할 때 제목 개체를 사용했다면 슬라이드의 제목이 슬라이드 번호 옆에 표시됩니다. 연결하려는 슬라이드를 선택하고 〈확인〉 버튼을 클릭합니다.

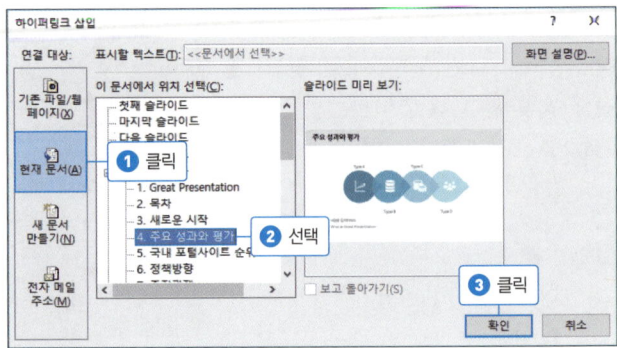

03 만일 현재 프레젠테이션의 재구성한 쇼(특정 슬라이드 그룹)에 연결하려면 위치 선택 아래의 '재구성한 쇼'에서 하이퍼링크할 쇼를 클릭합니다. 그런 다음 재구성한 쇼를 보고 다시 원래의 쇼 상태로 돌아가려면 '보고 돌아가기'에 체크 표시합니다.

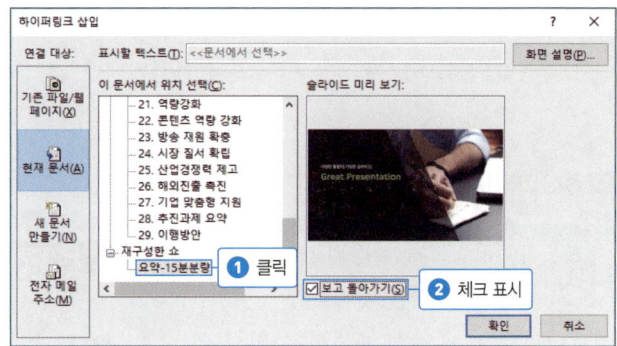

2 텍스트 개체에 하이퍼링크를 설정할 때 주의할 점과 텍스트 색상 변경하기

하이퍼링크는 텍스트, 도형, 그림 등 다양한 개체에 설정할 수 있습니다. 사용법은 동일하지만 만일 텍스트 개체에 사용하려면 하이퍼링크를 설정할 때 주의할 점이 있습니다.

1 텍스트가 입력된 개체의 하이퍼링크 설정 네 가지 형태

① • <u>주요성과와 평가</u>
② • 해외시장 개척
③ • 투자의 <u>효율과</u> 효과
④ • 스마트 미디어 육성 <u>스마트 미디어 육성</u>

■ **개체의 텍스트 부분을 블록 설정한 상태에서 하이퍼링크 설정**

블록 설정한 텍스트에 하이퍼링크가 설정됩니다.

■ **개체 전체를 선택한 상태에서 하이퍼링크 설정**

개체 전체에 하이퍼링크가 설정됩니다. 일반 텍스트와 하이퍼링크가 설정된 텍스트의 모양이 차이나지 않게 하려면 전체 개체를 선택하면 됩니다. 도형의 경우 도형 안의 텍스트에 설정하느냐 도형 자체에 설정하느냐의 차이입니다.

■ **단어를 클릭한 상태에서 하이퍼링크 설정**

클릭한 단어에만 하이퍼링크가 설정됩니다.

■ **텍스트 개체의 빈 공간을 클릭한 상태에서 하이퍼링크 설정**

링크 값을 연결하려는 문자로 만들면서 설정됩니다.

2 하이퍼링크 색상 변경하기

01 하이퍼링크가 설정되면 텍스트의 색이 바뀌는 것을 확인할 수 있습니다. 이 색은 테마에서 설정된 하이퍼링크 색상입니다. 이 색상을 변경하려면 **[디자인] 탭 → [적용] 그룹 → [색]**을 선택한 다음, **색 사용자 지정**을 실행합니다.

만일 사용자 설정 색이 적용되어 있다면 색 위에서 마우스 오른쪽 버튼을 클릭하고 **편집**을 실행해 사용자 설정 색을 수정해도 됩니다.

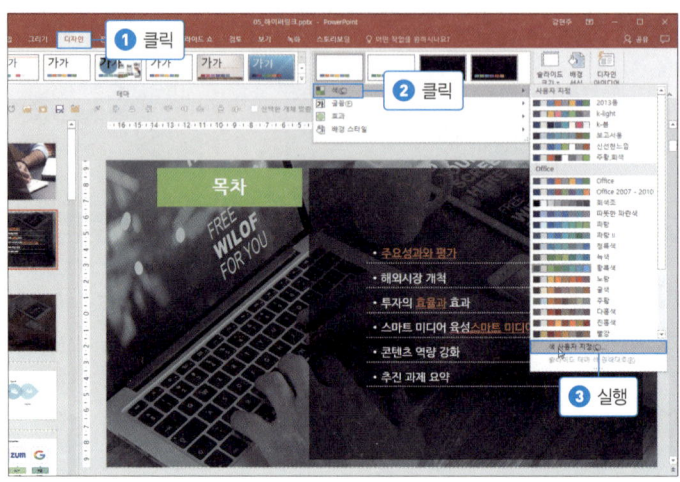

02 '새 테마 색 만들기' 대화상자에서 아래쪽에 있는 '하이퍼링크'와 '열어 본 하이퍼링크'를 원하는 색으로 설정합니다.

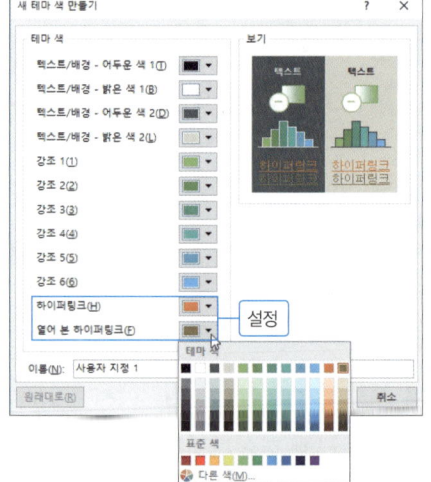

03 하이퍼링크가 설정된 텍스트의 색이 변경된 것을 확인할 수 있습니다.

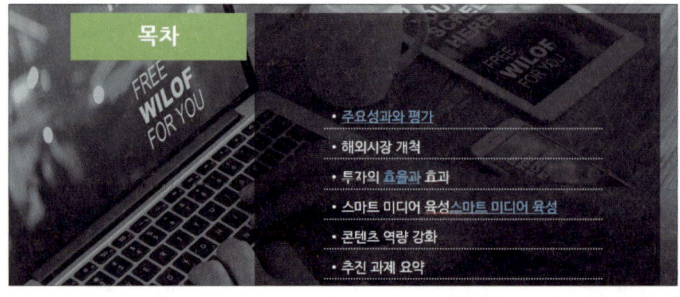

3 다른 프레젠테이션의 슬라이드에 연결

현재 프레젠테이션 중인 문서와 다른 프레젠테이션 문서의 슬라이드에 하이퍼링크를 설정합니다.

01 하이퍼링크로 사용할 텍스트, 도형 또는 그림을 선택합니다. **[삽입] 탭 → [링크] 그룹 → [링크]**를 클릭합니다.

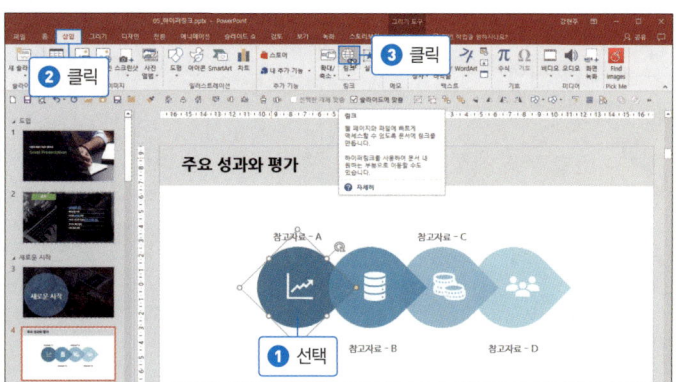

02 연결 대상에서 '기존 파일/웹 페이지'를 클릭합니다. 연결할 슬라이드가 포함된 프레젠테이션 파일을 찾아서 선택합니다.

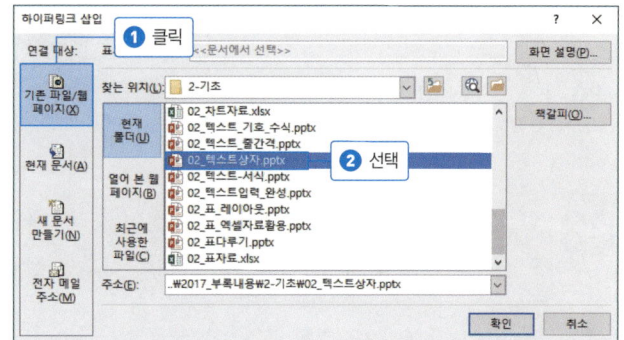

> tip 사용자의 프레젠테이션에서 다른 프레젠테이션으로 연결되는 링크를 추가한 다음, 사용자의 프레젠테이션을 다른 PC에 복사하는 경우 연결된 프레젠테이션도 같은 폴더에 복사해야 합니다. 연결한 프레젠테이션을 복사하지 않거나 이동 또는 삭제한 경우, 해당 프레젠테이션의 이름을 바꾼 경우에는 링크가 실행되지 않습니다.

03 〈책갈피〉 버튼을 클릭한 다음 파일 중 연결할 슬라이드의 제목을 클릭합니다.

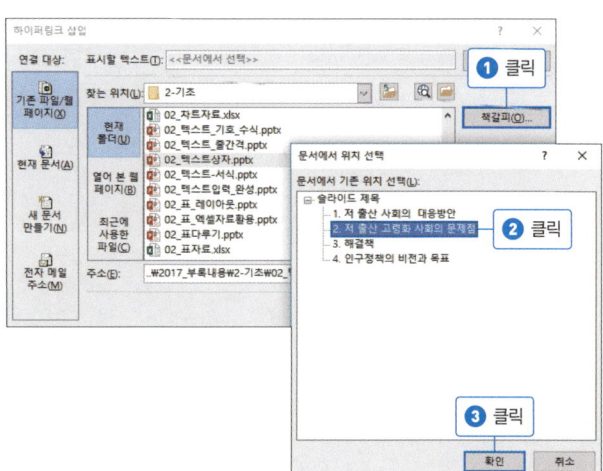

4 전자 메일 주소에 연결

전자 메일 주소에 대한 하이퍼링크 만들 때 사용합니다.

01 하이퍼링크로 사용할 텍스트, 도형 또는 그림을 선택합니다. **[삽입]** 탭 → **[링크]** 그룹 → **[링크]**를 클릭합니다.

02 연결 대상에서 '전자 메일 주소'를 클릭합니다. 전자 메일 주소 상자에 연결할 전자 메일 주소를 입력하거나 최근에 사용한 전자 메일 주소에서 전자 메일 주소를 클릭합니다.
제목에 전자 메일의 제목을 입력합니다.

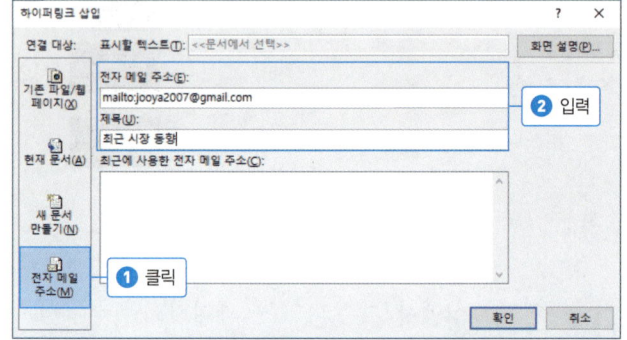

tip 메일 주소를 입력하면 자동으로 삽입되는 'mailto:'는 삭제하면 안 됩니다. 이 기능은 Outlook이 설정되어 있어야 사용할 수 있습니다.

03 〈화면 설명〉 버튼은 슬라이드 쇼를 진행할 때, 하이퍼링크 부분에 마우스 포인터를 가져가면 설명이 표시되도록 합니다. 연결된 정보에서 참조할 간단한 설명을 작성할 수 있습니다.

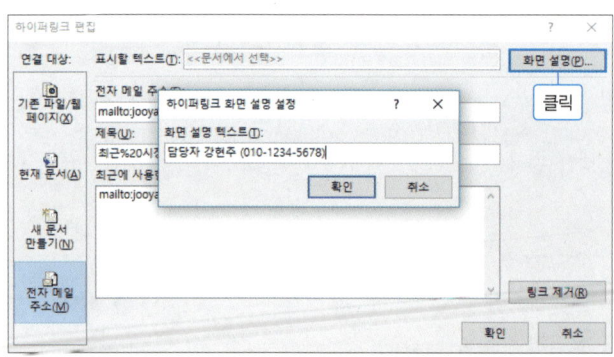

5 웹 사이트 또는 웹에 있는 파일에 연결

프레젠테이션 진행 중 웹 사이트를 참조할 때 하이퍼링크를 설정할 수 있습니다. 단, 웹 사이트를 직접 링크해서 자료를 보여줄 때는 발표장의 인터넷 환경과 인터넷 사이트의 접속 상태를 반드시 확인해야 합니다.

01 하이퍼링크로 사용할 텍스트, 도형 또는 그림을 선택합니다. **[삽입] 탭 → [링크] 그룹 → [링크]**를 클릭합니다.

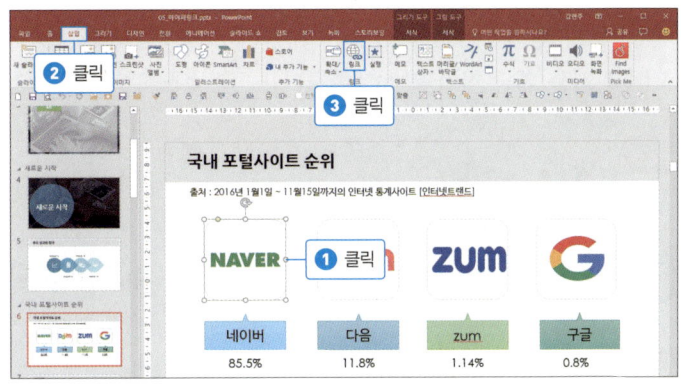

02 연결 대상에서 '기존 파일/웹 페이지'를 클릭한 다음 주소에 삽입할 주소를 입력합니다.
만일 주소를 준비하지 못해서 새로 검색해야 한다면 '웹 찾아보기' 아이콘(🔍)을 클릭해 연결할 페이지, 사이트 또는 파일을 찾아 선택한 다음 〈확인〉 버튼을 클릭합니다.

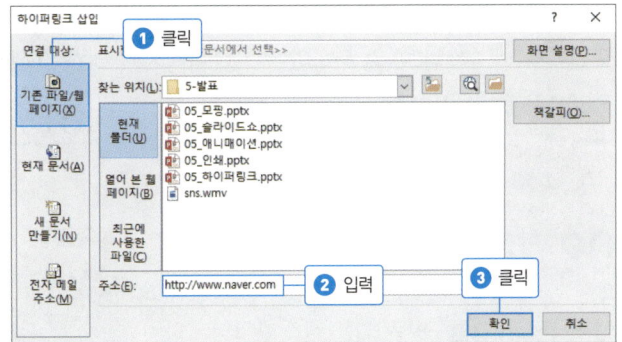

6 새 파일에 연결

새 파일에 대한 하이퍼링크 만들 때 사용합니다.

01 연결 대상에서 '새 문서 만들기'를 클릭합니다.

새 문서 이름에 새롭게 만들 파일의 이름을 입력합니다. 다른 위치에 문서를 만들려면 전체 경로에서 변경을 클릭하고 파일을 만들 위치를 찾은 다음 〈확인〉 버튼을 클릭합니다. 문서 편집에서 '문서를 나중에 편집' 또는 '문서를 지금 편집'을 선택합니다.

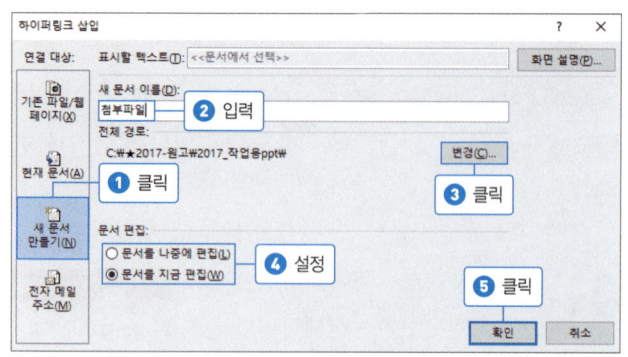

7 하이퍼링크 편집과 제거하기

01 하이퍼링크가 연결되어도 기본 보기 상태에서는 차이를 느낄 수 없습니다. 하이퍼링크가 설정된 것을 확인하려면 F5 키를 눌러 슬라이드 쇼 상태로 전환합니다. 하이퍼링크를 설정한 개체 위로 마우스 포인터를 가져가면 마우스 포인터가 손바닥 모양으로 변경됩니다. 클릭해서 설정한 하이퍼링크로 잘 연결되는지 확인합니다.

02 하이퍼링크를 제거하려면 하이퍼링크가 설정된 개체를 선택하고 [삽입] 탭 → [링크] 그룹 → [링크]를 클릭합니다. '하이퍼링크 삽입' 대화상자가 표시되면 〈링크 제거〉 버튼을 클릭합니다.

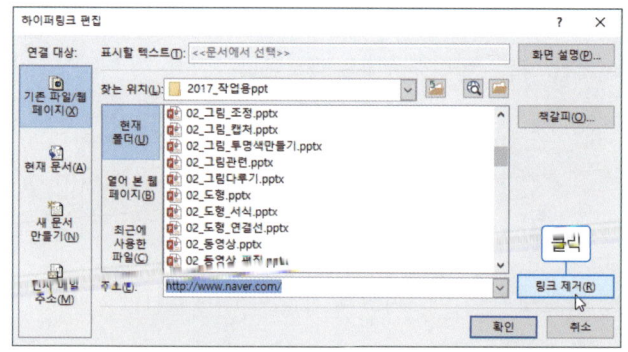

tip 하이퍼링크를 설정할 텍스트나 개체를 선택한 다음 마우스 오른쪽 버튼을 클릭해 하이퍼링크를 설정하거나 편집, 삭제할 수도 있습니다.

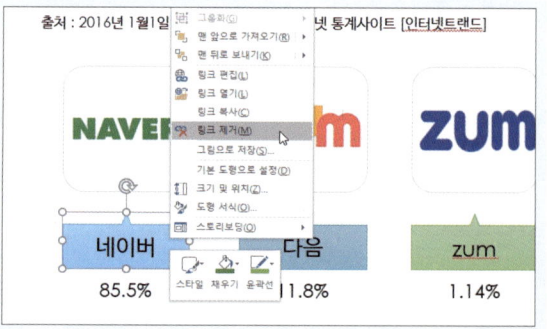

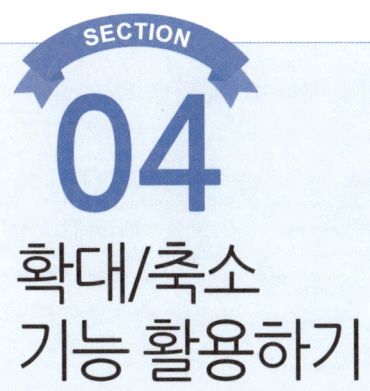

SECTION 04 확대/축소 기능 활용하기

확대/축소 기능을 활용하면 프레젠테이션 중에 프레젠테이션의 특정 슬라이드, 구역 및 부분을 원하는 순서대로 생동감 있게 보여줄 수 있습니다.

{실습 파일} 05\04_1.pptx

1 요약 확대/축소

[요약 확대/축소] 명령은 프레젠테이션의 각 부분을 한번에 모두 볼 수 있는 방문 페이지와 비슷합니다. 프레젠테이션 중에 사용하면 슬라이드 한 곳에서 다른 곳으로, 원하는 순서로 이동할 수도 있습니다. 프레젠테이션의 흐름을 방해하지 않으면서 슬라이드 쇼의 일부를 창의적으로 표현하거나 건너뛸 수 있습니다.

01 [삽입] 탭 → [링크] 그룹 → [확대/축소]를 클릭하고 **요약 확대/축소**를 실행합니다.

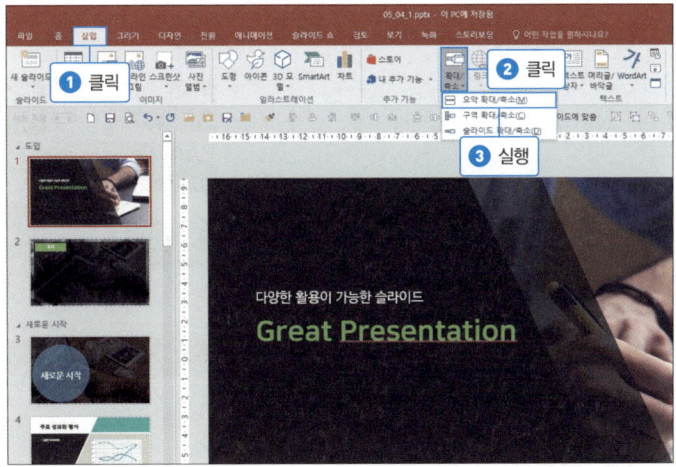

02 '요약 확대/축소' 대화상자가 표시됩니다. '요약 확대/축소'에 포함할 슬라이드에 체크 표시합니다. 이 슬라이드는 요약 확대/축소 구역의 첫째 슬라이드가 됩니다.

프레젠테이션에 이미 구역이 있는 경우 각 구역의 첫째 슬라이드는 기본적으로 미리 체크 표시됩니다. 확대/축소에 특정 구역을 포함하지 않으려면 해당 구역에 체크 표시를 해제합니다. 그런 다음 파워포인트에서 요약 확대/축소에 포함하지 않은 모든 구역을 제거하도록 하려면 '사용하지 않는 섹션을 프레젠테이션에 유지'에 체크 표시를 해제합니다.

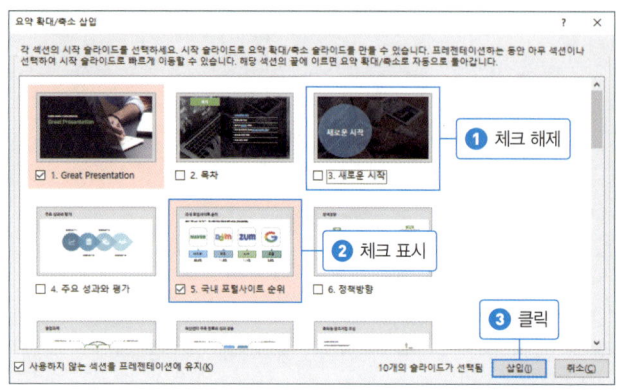

03 요약 확대/축소에 사용할 모든 슬라이드를 선택한 후 〈삽입〉 버튼을 클릭합니다.

요약 확대/축소가 만들어지고 요약 확대/축소에 포함한 첫째 슬라이드 바로 앞에 새 슬라이드로 나타납니다.

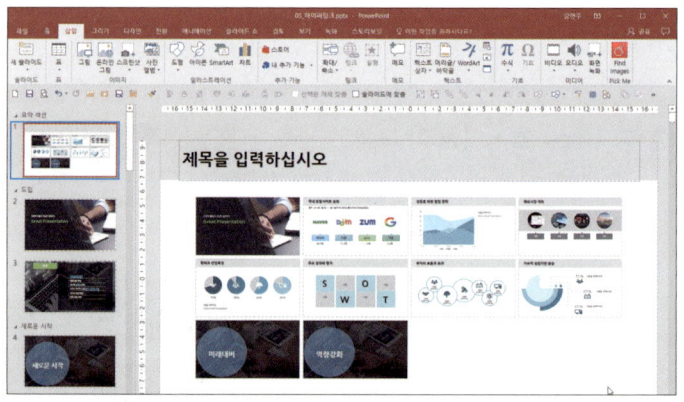

04 요약 확대/축소를 만든 후 프레젠테이션의 구역을 더 추가하거나 제거할 수 있습니다.

요약 확대/축소를 만든 다음 변경 내용이 있는 경우 처음부터 시작할 필요 없이 요약 확대/축소를 업데이트하면 됩니다.

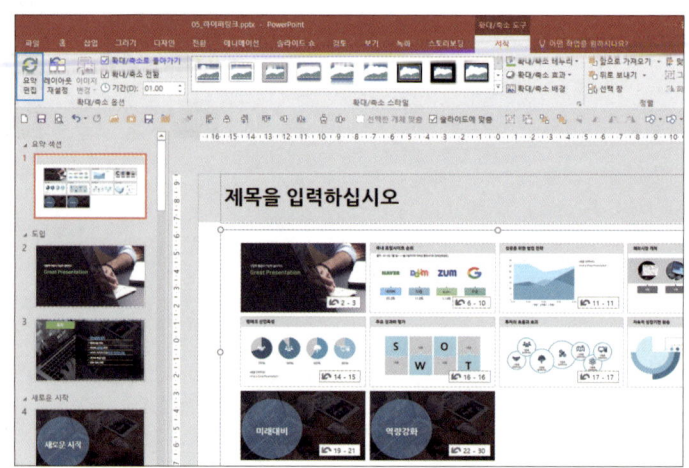

05 [확대/축소 도구 서식] 탭 → [확대/축소 옵션] 그룹 → [요약 편집]을 선택하고 '요약 확대/축소'에 포함할 구역을 선택한 다음 〈업데이트〉 버튼을 클릭합니다.

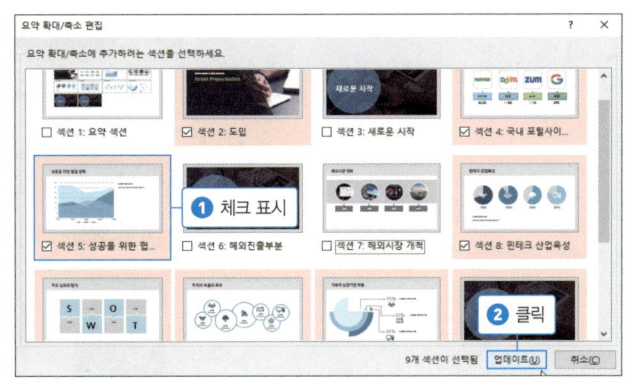

2 구역 확대/축소

[구역 확대/축소] 명령은 프레젠테이션에 이미 있는 구역에 대한 링크입니다. 구역 확대/축소를 사용하여 정말로 강조할 구역으로 돌아가거나 프레젠테이션의 특정 부분이 연결되는 방식을 강조할 수 있습니다

01 결과가 삽입될 슬라이드에서 [삽입] 탭 → [링크] 그룹 → [확대/축소]를 클릭해 **구역 확대/축소**를 실행합니다.

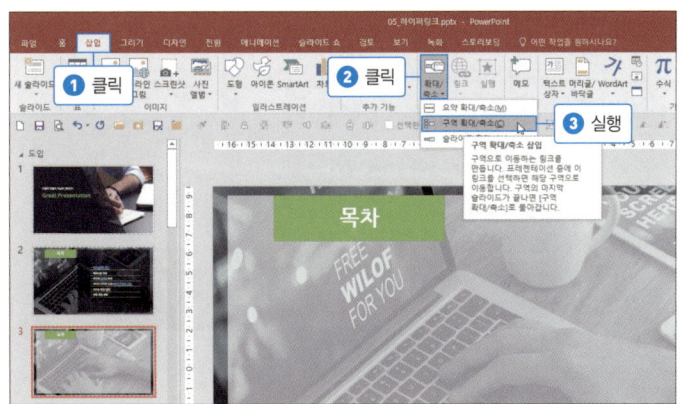

02 구역 확대/축소로 사용할 구역에 체크 표시하고 〈삽입〉 버튼을 클릭합니다.

03 슬라이드에 구역 확대/축소가 만들어지면 원하는 위치에 배치합니다.

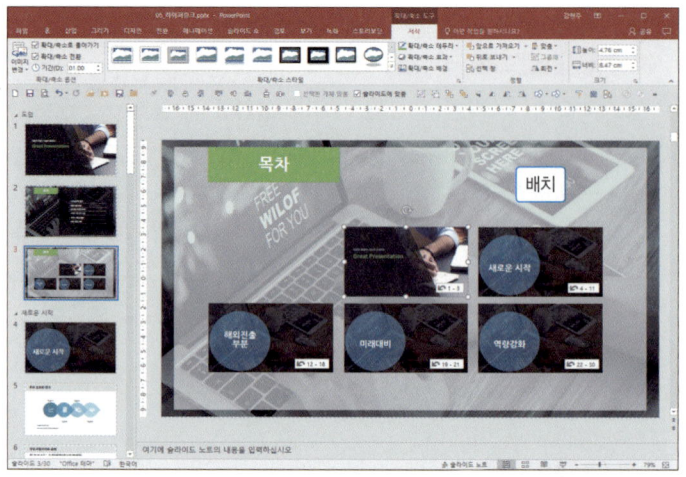

04 기본적으로 구역 확대/축소는 슬라이드의 미리 보기 축소판 그림 이미지가 되지만, PC나 웹에서 새 이미지를 선택하여 이동할 구역이나 슬라이드를 나타낼 수 있습니다. 확대/축소를 선택한 다음 **[확대/축소 도구 서식] 탭 → [확대/축소 옵션] 그룹 → [이미지 변경]**을 클릭하고 준비한 이미지를 선택해서 교체합니다.

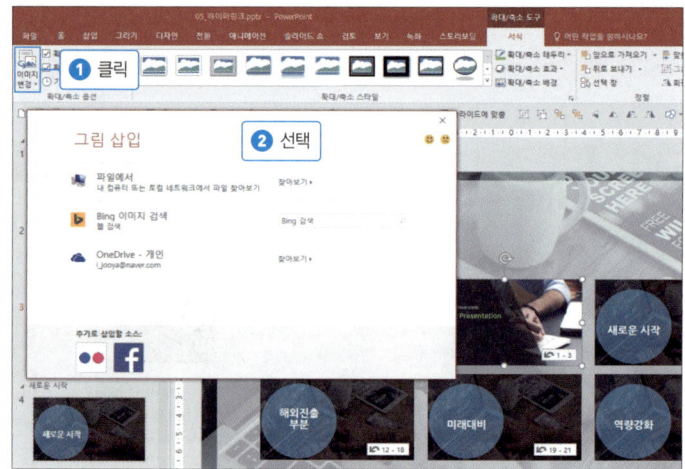

05 확대/축소에서 구역이나 슬라이드를 본 후 확대/축소 슬라이드로 돌아가려면 '확대/축소로 돌아가기'에 체크 표시가 되어 있는지 확인합니다. 확대/축소의 일부를 본 후 다음 슬라이드로 넘어가려면 '확대/축소로 돌아가기'에 체크 표시를 해제합니다.

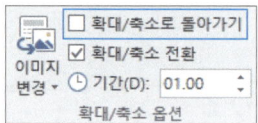

3 슬라이드 확대/축소

슬라이드 확대/축소를 사용하면 프레젠테이션의 흐름을 방해하지 않으면서 선택한 순서로 슬라이드 사이에 자유롭게 이동할 수 있습니다. 슬라이드가 많지 않은 프레젠테이션에 좋은 옵션이고, 다양한 프레젠테이션 시나리오에 슬라이드 확대/축소를 사용할 수 있습니다.

SECTION 04 확대/축소 기능 활용하기

01 결과가 삽입될 슬라이드에서 [삽입] 탭 → [링크] 그룹 → [확대/축소]를 클릭하고 **슬라이드 확대/축소**를 실행합니다.

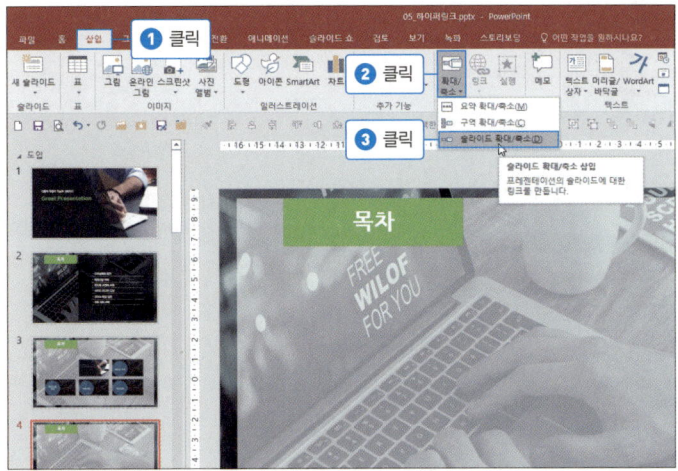

02 '슬라이드 확대/축소'로 사용할 슬라이드를 선택하고 〈삽입〉 버튼을 선택합니다.

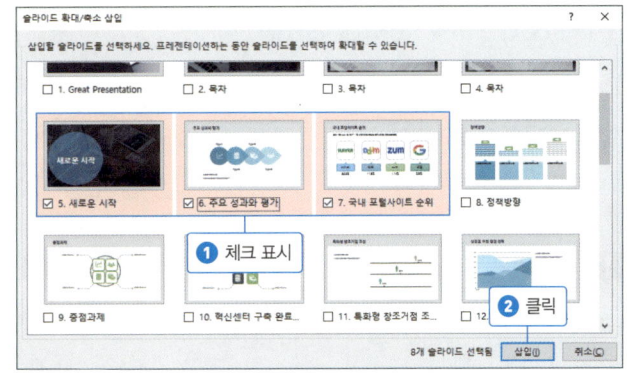

03 슬라이드에 '슬라이드 확대/축소'가 만들어지면 원하는 위치에 배치합니다.

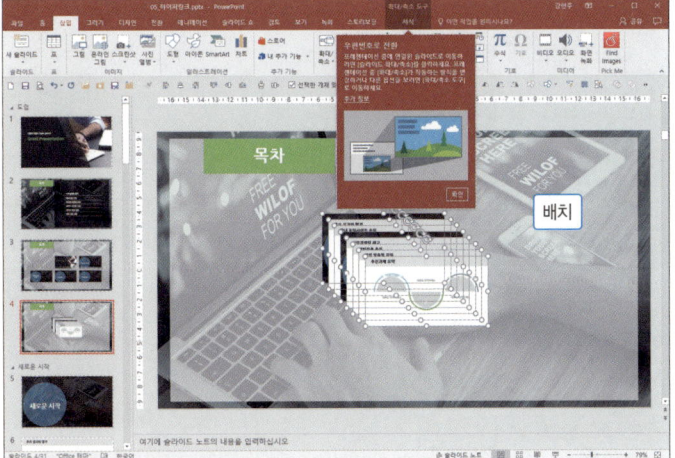

501

SECTION 05
애니메이션 활용하기

애니메이션은 프레젠테이션을 진행할 때 중요한 사항을 강조하거나 정보의 흐름을 제어하여 청중의 관심을 집중시키는 좋은 방법입니다. 하지만 너무 화려하고 많은 애니메이션은 주제를 산만하게 만들 수도 있습니다. 효과적으로 내용을 전달하기 위해 적절한 애니메이션을 적용하는 것이 좋습니다.

1 다양한 애니메이션 종류

애니메이션 효과에는 크게 네 가지의 범주가 있고, 그 중 [나타내기], [강조], [끝내기] 범주에는 기본 효과, 은은한 효과, 온화한 효과, 화려한 효과의 네 가지 종류로 다양한 효과가 제공됩니다. 하나의 개체에 한 개의 애니메이션을 사용하거나 여러 애니메이션을 중복해서 조합할 수 있습니다.

1 나타내기 효과(★)

프레젠테이션에서 화면에 개체를 나타낼 때 사용하는 효과입니다.

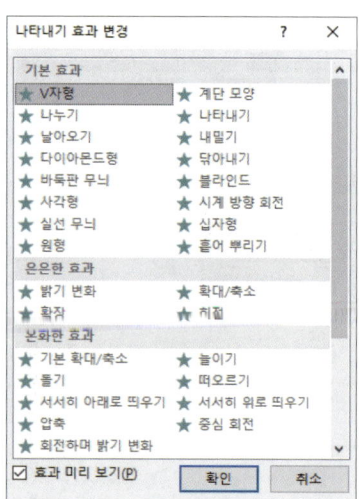

2 강조하기 효과(★)

프레젠테이션에서 개체를 강조할 때 사용하는 효과입니다.

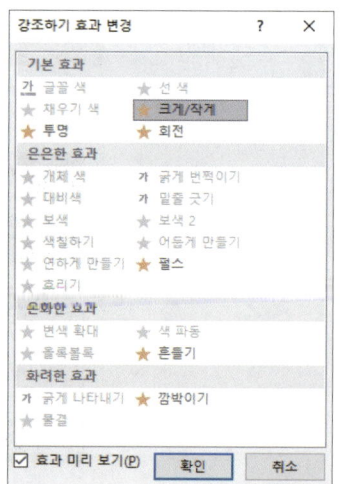

SECTION 05 애니메이션 활용하기

3 끝내기 효과(★)

프레젠테이션에서 화면에 있는 개체를 사라지게 할 때 사용하는 효과입니다.

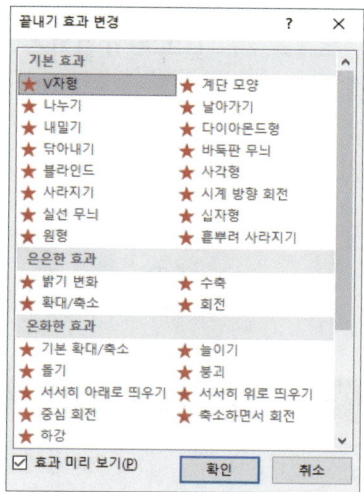

4 이동 경로 변경(∞)

프레젠테이션에서 개체가 움직이는 경로를 설정할 때 사용하는 효과입니다.

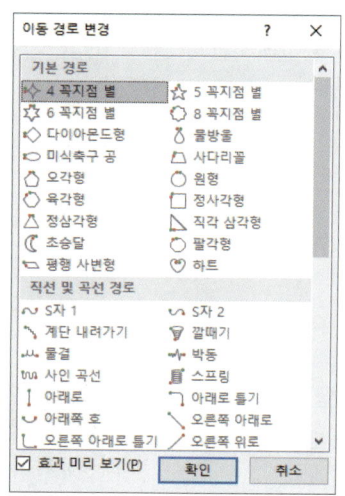

2 애니메이션을 추가하고 시작 방법 설정하기

발표자가 생각한 순서와 방향으로 개체를 움직이는 애니메이션 효과를 설정하는 기본 방법과 다양한 애니메이션 효과의 종류를 알아보겠습니다.

{실습 파일} 05\05_1.pptx

1 애니메이션을 추가하는 기본 방법

01 애니메이션을 설정할 개체를 선택하고 [애니메이션] 탭을 클릭합니다.

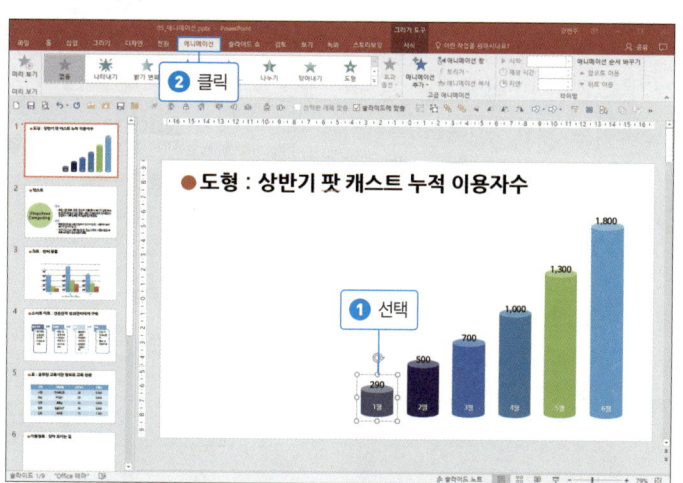

> tip 슬라이드 안에서 어떤 개체에 애니메이션을 적용할 것인지 선택해야만 [애니메이션] 그룹에 있는 효과가 활성화됩니다. 그리고 같은 이유로 슬라이드에 삽입된 개체를 클릭할 수 없는 여러 슬라이드 보기 상태에서는 사용할 수 없습니다.

02 [애니메이션] 탭 → [애니메이션] 그룹 → [나타내기] → [나누기]를 선택합니다.
[나타내기] 범주의 더 많은 애니메이션을 보고 싶다면 목록 아래쪽의 추가 나타내기 효과를 실행합니다.

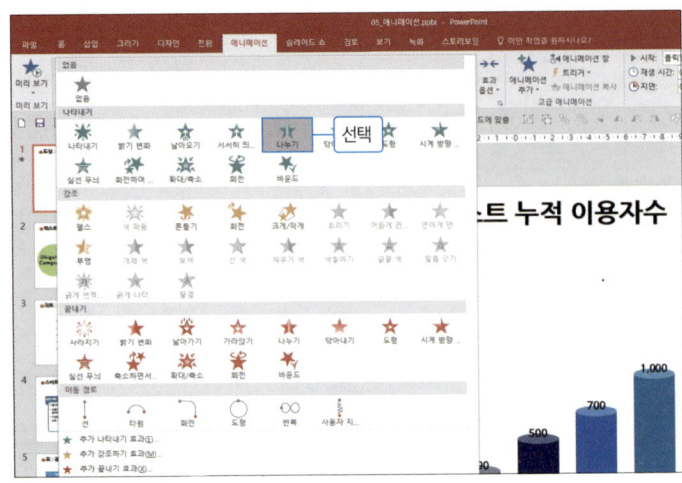

03 [애니메이션] 탭 → [애니메이션] 그룹 → [효과 옵션]을 클릭하고 **가로 바깥쪽으로**를 선택합니다.
애니메이션 효과가 설정되면 개체에는 번호가 표시됩니다. 표시되는 번호는 애니메이션이 진행될 때의 순서이지만 좀 더 정확히 말하면 클릭하는 횟수입니다.

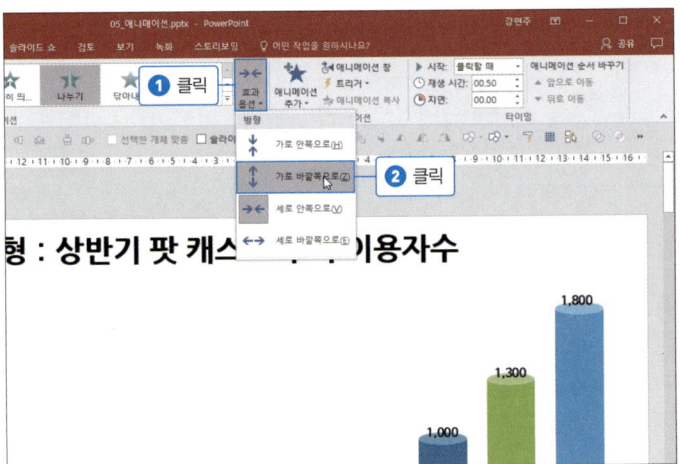

04 애니메이션 효과를 미리 확인하려면 [애니메이션] 탭 → [미리 보기] 그룹 → [미리 보기]를 클릭하거나 [슬라이드 개요 창]에서 슬라이드 앞부분에 표시된 [애니메이션 실행하기] 버튼을 클릭하면 확인할 수 있습니다.

> **tip** 미리 보기로 확인할 때는, 자동으로 실행되고 애니메이션의 효과만 확인할 수 있습니다. 애니메이션 시작에 대한 제어는 확인할 수 없습니다.

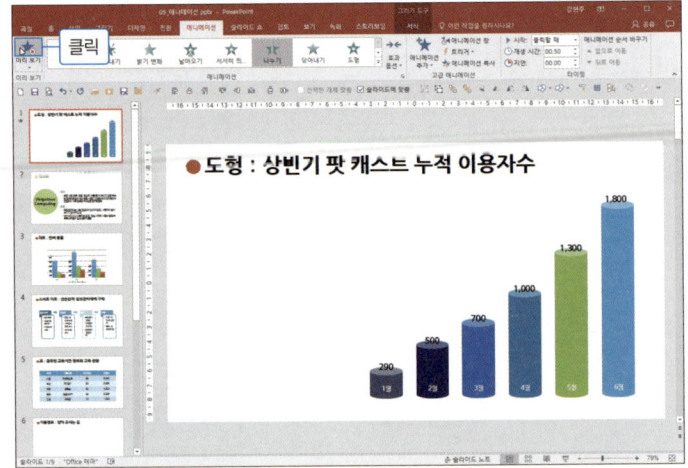

05 다음 도형 그룹을 선택하고 [애니메이션] 탭 → [애니메이션] 그룹 → [나타내기]에서 원하는 애니메이션을 선택합니다.

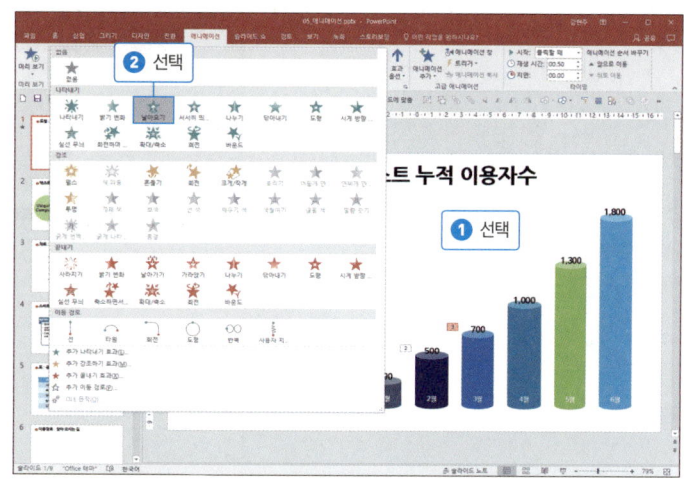

06 애니메이션이 진행되는 순서를 나타내는 순번이 표시되어 있습니다. 실제 슬라이드 쇼 상태에서 어떻게 진행하는지 확인하기 위해 F5 키를 눌러 슬라이드 쇼를 진행하고 Enter 키를 누르거나 마우스를 클릭해 정확하게 재생되는지 확인합니다.

① **처음** : 애니메이션이 설정되지 않은 개체들만 슬라이드에 보입니다.

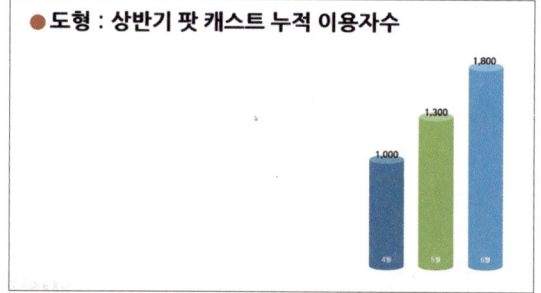

② **첫 번째 클릭 또는 Enter 키 누르기** : 1번 그룹 도형의 나타나는 효과가 시작됩니다.

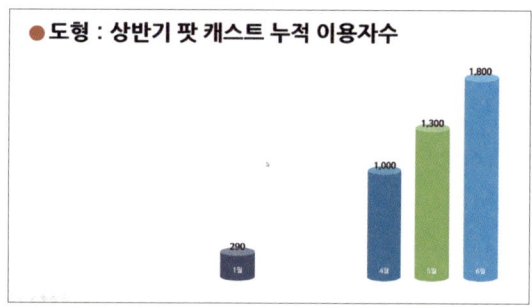

③ **두 번째 클릭 또는 Enter 키 누르기** : 2번 그룹 도형이 나타나는 효과가 시작됩니다.

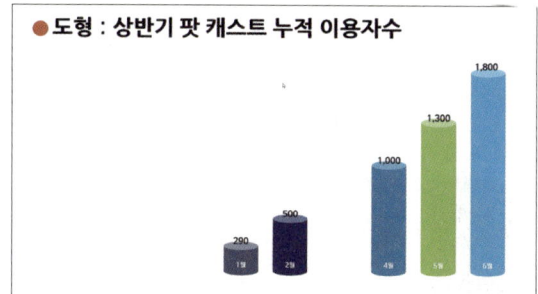

④ **세 번째 클릭 또는 Enter 키 누르기** : 3번 그룹 도형이 나타나는 효과가 시작됩니다.

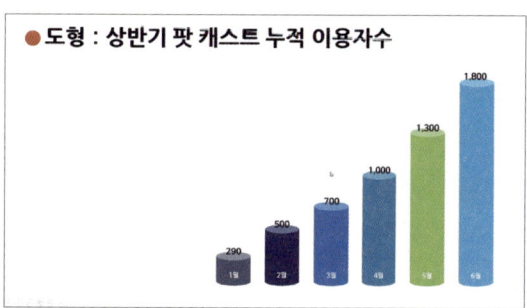

07 추가한 애니메이션을 다른 개체에도 똑같이 설정하려면 애니메이션이 설정된 개체를 선택하고 [애니메이션] 탭 → [고급 애니메이션] 그룹 → [애니메이션 복사]를 클릭합니다.

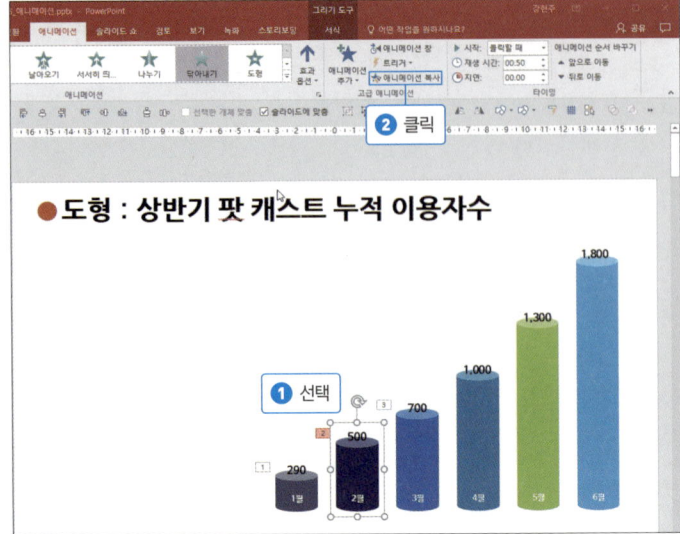

tip 여러 개체에 동일한 애니메이션을 복사하려면 더블클릭합니다.

08 애니메이션을 설정하려는 개체를 클릭합니다. 동일한 애니메이션이 바로 적용됩니다.

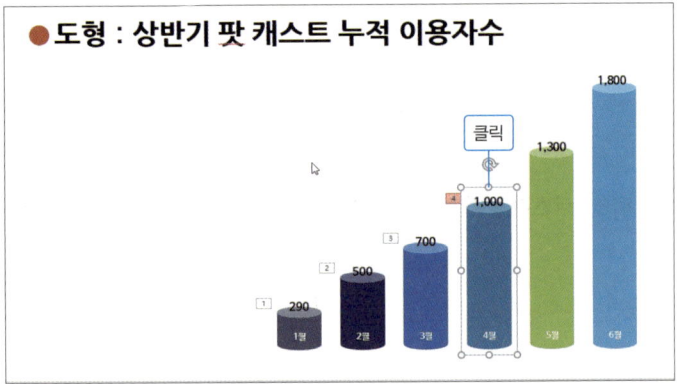

09 애니메이션의 순서는 애니메이션을 추가하는 순서대로 설정됩니다.
이 순서를 변경하려면 [애니메이션] 탭 → [타이밍] 그룹 → [애니메이션 순서 바꾸기]에서 [앞으로 이동], [뒤로 이동] 명령을 이용해 원하는 순서로 설정합니다.

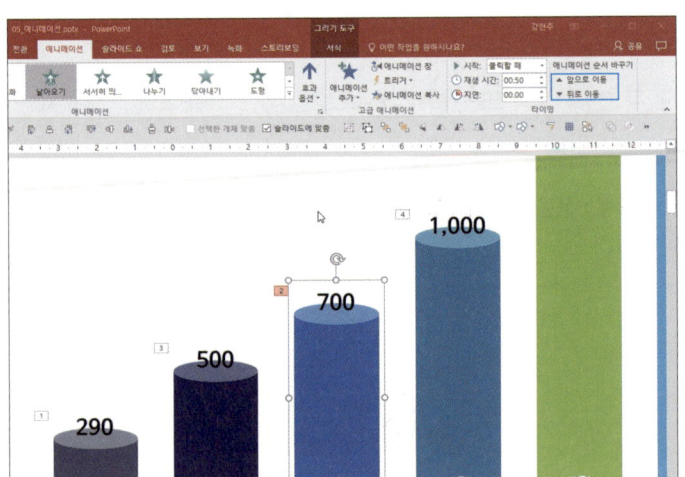

SECTION 05 애니메이션 활용하기

2 애니메이션 스토리를 한눈에 파악하는 애니메이션 창 활용하기

애니메이션을 다룰 때 전체적인 스토리를 파악하려면 애니메이션 창을 활용하면 편리합니다. **[애니메이션] 탭 → [고급 애니메이션] 그룹 → [애니메이션 창]**을 선택합니다.

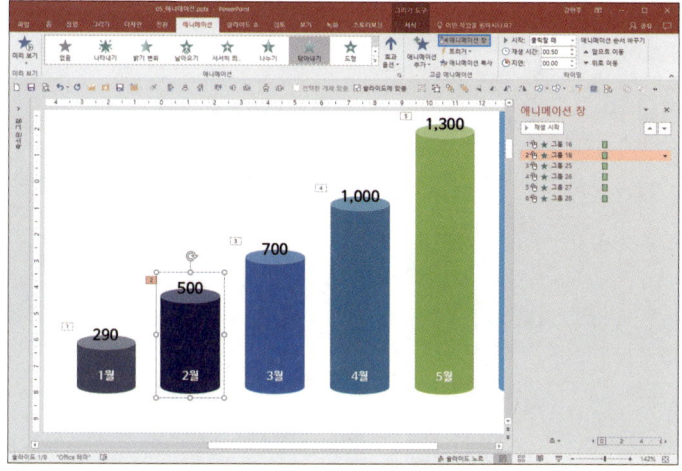

■ **애니매이션 창**

애니메이션 창의 숫자, 아이콘 모양, 별의 색깔, 막대의 길이 등으로 슬라이드에 적용된 전체적인 애니메이션 스토리를 한눈에 볼 수 있습니다. 아이콘이 모두 보이도록 경계선에 창의 크기를 조절합니다.

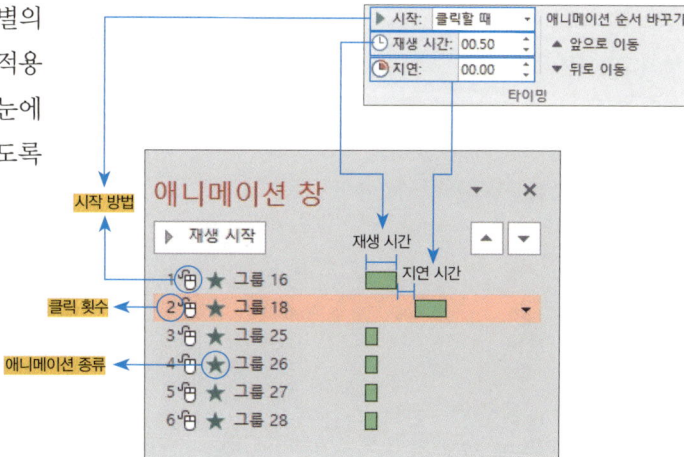

① **시작 방법**

- 🖱 : 클릭할 때
- 없음 : 이전 효과와 함께
- 🕐 : 이전 효과 다음에

② **애니메이션 종류**

- ★ : 나타내기
- ★ : 강조
- ★ : 끝내기
- ∞ : 이동 경로

③ **재생 시간 : 막대의 길이**

애니메이션이 재생되는 시간, 즉 길이를 설정합니다. 재생 시간이 길면 애니메이션 속도가 느리게 진행됩니다.

④ **지연 : 막대와 막대 사이의 간격**

한 애니메이션 효과의 끝과 새로운 애니메이션 효과가 시작되기까지 시간으로, 몇 초 후에 애니메이션을 실행할 것인지 입력합니다.

③ 슬라이드 쇼 진행할 때 애니메이션 시작 방법 제어하기

01 슬라이드 쇼를 진행할 때 애니메이션의 시작을 클릭할 때뿐만이 아니라 다양하게 설정할 수 있습니다. **[애니메이션] 탭 → [타이밍] 그룹**에서 시작에서 중 원하는 것을 선택합니다.

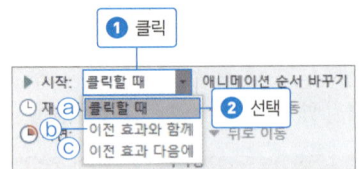

ⓐ 클릭할 때 시작

- 슬라이드를 클릭할 때 해당 번호 애니메이션 효과 시작
- 애니메이션 목록 앞에 클릭 횟수를 나타내는 '번호' 표시
- 클릭할 때 시작을 나타내는 '마우스 아이콘'이 표시

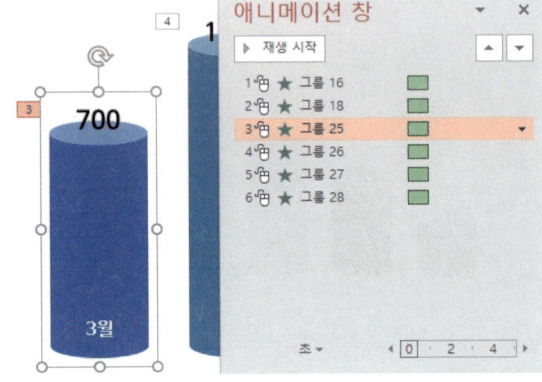

ⓑ 이전 효과와 함께 시작

- 목록에 있는 이전 효과와 동시에 애니메이션 효과 시작
- 애니메이션 목록 앞에 클릭 횟수를 나타내는 '번호' 사라짐
- 시작은 이전 애니메이션 효과 목록을 따름

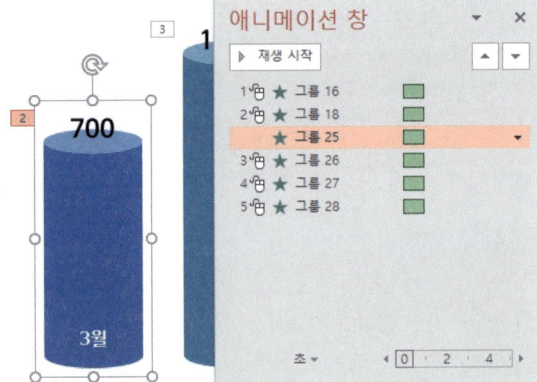

ⓒ 이전 효과 다음에 시작

- 목록에 있는 이전 효과가 재생이 끝나는 즉시 애니메이션 효과 시작
- 애니메이션 목록 앞에 클릭 횟수를 나타내는 '번호' 사라짐
- 시작은 '시계 아이콘'이 표시됨
- 애니메이션의 재생 위치가 이전 애니메이션 효과가 끝난 뒤쪽에 이어서 표시

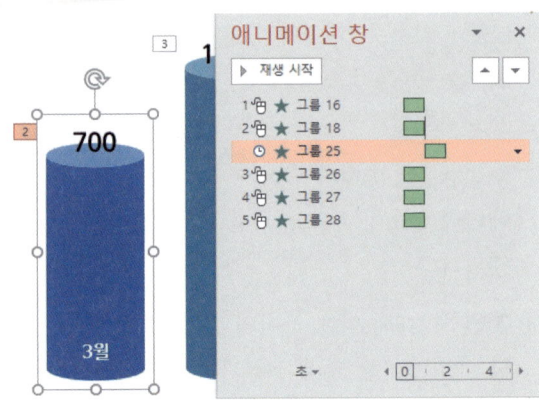

SECTION 05 애니메이션 활용하기

02 [애니메이션] 탭 → [타이밍] 그룹에서 재생 시간과 지연 시간을 설정합니다.

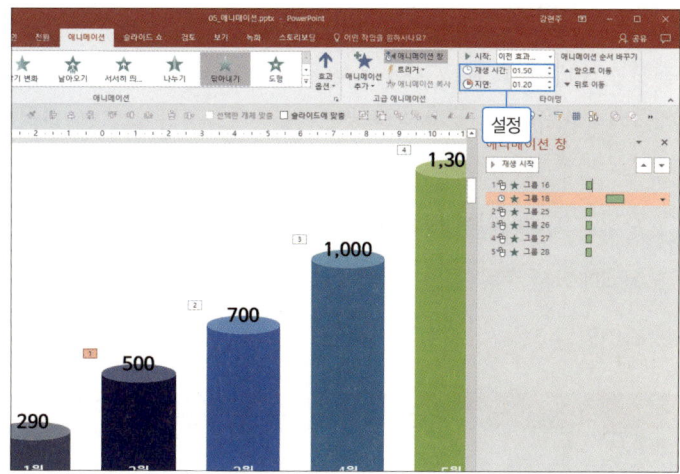

4 애니메이션 삭제하기

01 설정된 애니메이션 효과를 삭제하려면 삭제할 애니메이션 효과가 포함된 개체를 클릭한 다음, [애니메이션] 탭 → [애니메이션 그룹]에서 **없음**을 선택합니다.

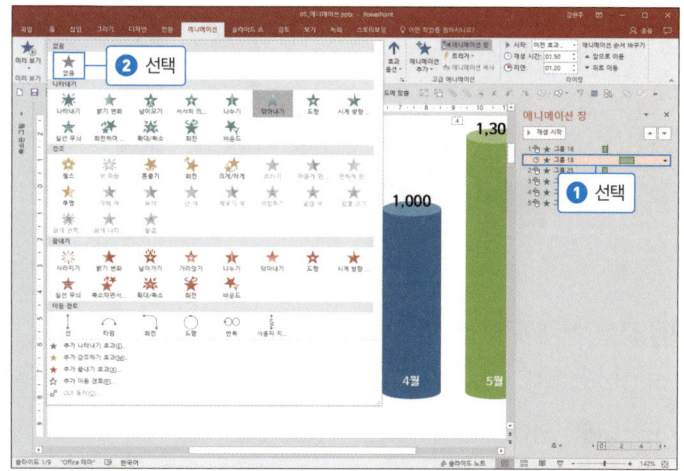

02 또는 애니메이션 창의 효과 목록 중 삭제하려는 효과를 선택하고 Delete 키를 누릅니다.

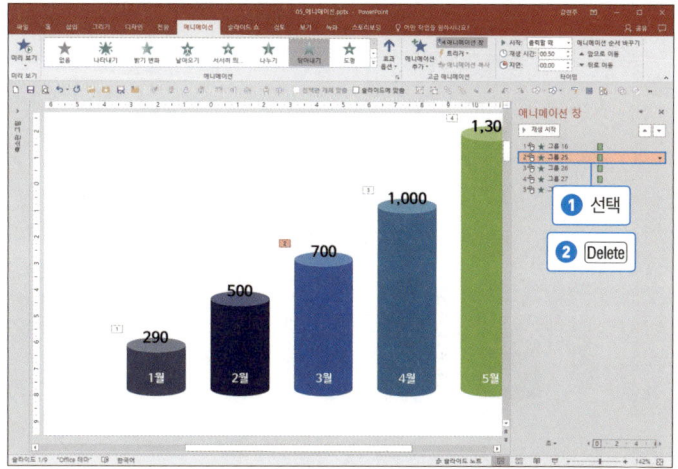

509

5 적용된 애니메이션 수정하기

수정할 애니메이션을 선택한 다음 [애니메이션] 탭 → [애니메이션] 그룹에서 다른 종류를 선택하면 선택된 애니메이션의 종류가 바로 변경됩니다. 시작이나 시간에 관련된 설정은 [애니메이션] 탭 → [타이밍] 그룹에서 수정할 수 있습니다.

① 수정할 애니메이션 목록 선택

② 애니메이션 종류와 옵션 수정

③ 타이밍 수정

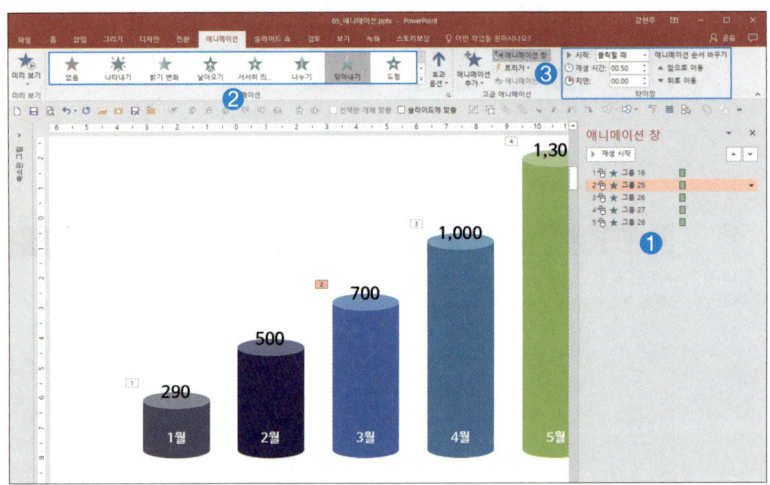

6 같은 개체에 여러 애니메이션 적용하기

하나의 개체에 여러 애니메이션을 중복할 수 있습니다. 개체를 선택하고 [애니메이션] 탭 → [고급 애니메이션] 그룹 → [애니메이션 추가]를 클릭하면 같은 개체에 여러 개의 애니메이션을 설정할 수 있습니다.

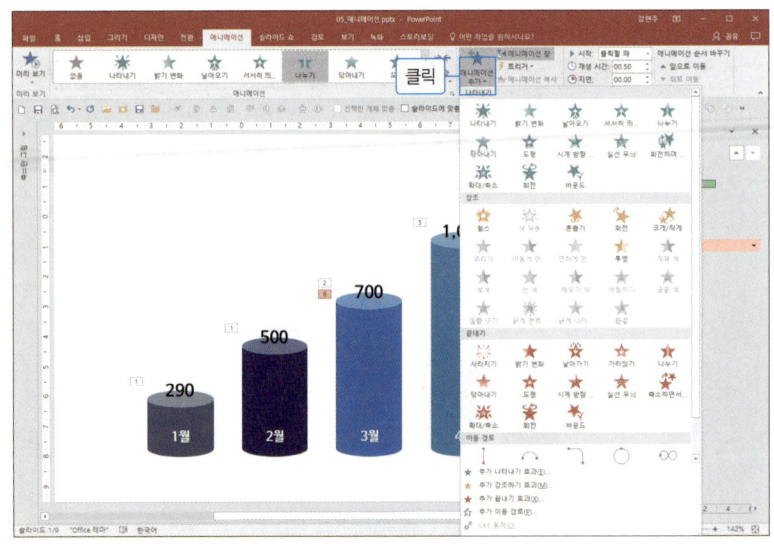

3 개체에 따라 달라지는 애니메이션 효과 옵션

애니메이션 효과는 대상이 되는 개체에 따라 설정할 수 있는 효과 옵션이 조금씩 다릅니다. 텍스트, SmartArt, 차트, 동영상 등 개체에 따라 애니메이션 효과를 설정하는 방법을 알아보겠습니다.

1 텍스트 개체에 [애니메이션 효과] 설정하기

{실습 파일} 05\05_2.pptx

01 텍스트 개체를 선택하고 [애니메이션] 탭 → [애니메이션] 그룹 → [나타내기]에서 **닦아내기**를 선택합니다. 클릭하면 어떤 애니메이션 효과인지 바로 미리 보기로 확인할 수 있습니다.

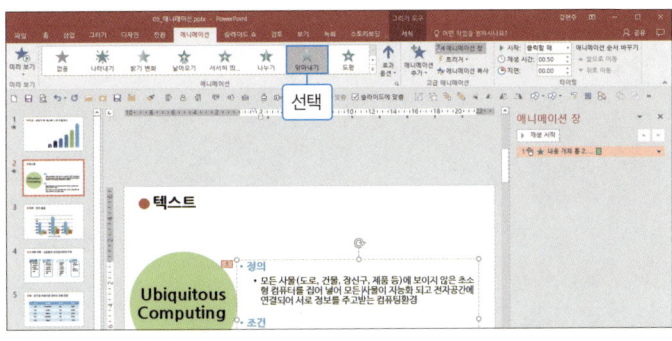

02 단락 구분이 있는 텍스트 개체인 경우 [애니메이션] 탭 → [애니메이션] 그룹 → [효과 옵션]에서 단락이 표시되는 방법을 설정할 수 있습니다.

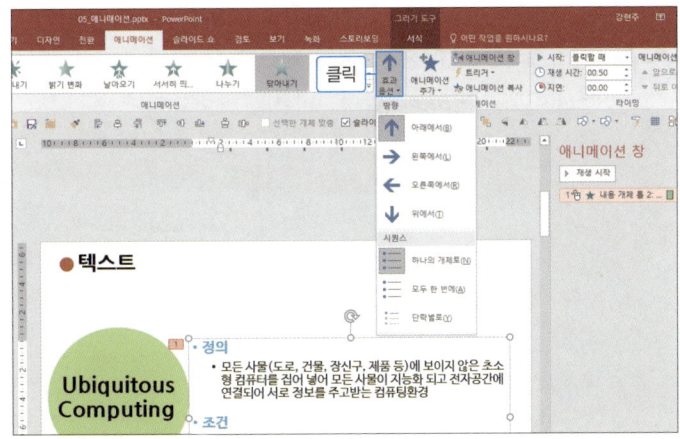

03 애니메이션 창에 등록된 애니메이션 목록에서 [내용 확장▼]을 클릭하거나 마우스 오른쪽 버튼을 클릭한 다음 **효과 옵션**을 실행합니다.

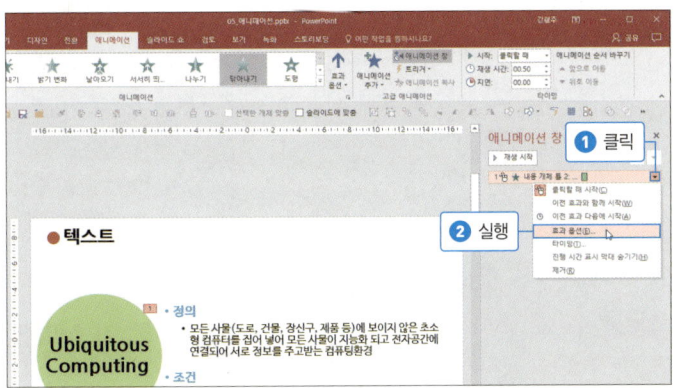

04 '닦아내기' 효과 옵션의 대화상자는 효과, 타이밍, 텍스트 애니메이션의 세 가지 탭으로 구성되어 있습니다. 몇 가지 옵션을 설정하겠습니다.
[효과] 탭에서 방향을 '왼쪽에서', 소리를 '타자기', 텍스트 애니메이션을 '문자 단위로' 지정합니다.

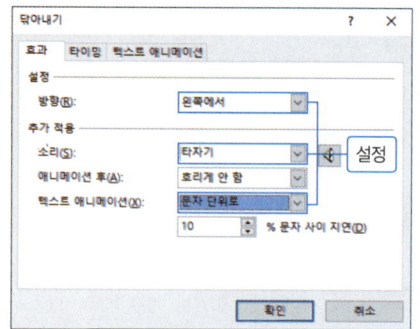

05 [타이밍] 탭에서 재생 시간을 '1초(빠르게)'로 지정합니다.

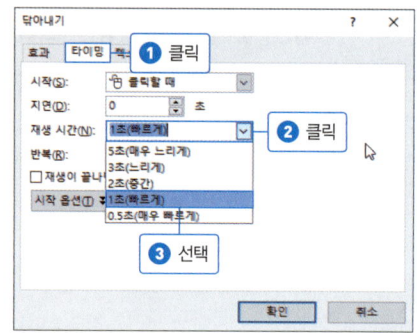

06 [텍스트 애니메이션] 탭에서 텍스트 묶는 단위를 '둘째 수준까지'로 지정하고 〈확인〉 버튼을 클릭합니다.

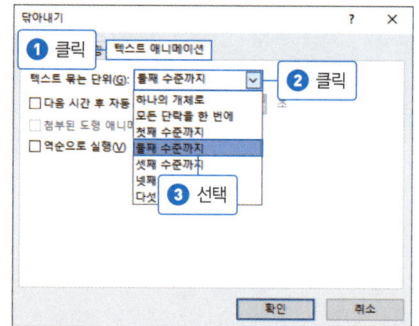

07 애니메이션 창 애니메이션 목록에서 [내용 확장▼]을 클릭해서 내용을 모두 펼칩니다.
각각의 텍스트 앞에 둘째 수준까지 따로 효과를 실행한다는 뜻으로 구분지어 번호가 매겨진 것을 확인할 수 있습니다. 슬라이드 쇼를 진행할 때 5번의 클릭을 해야 내용을 모두 볼 수 있습니다.

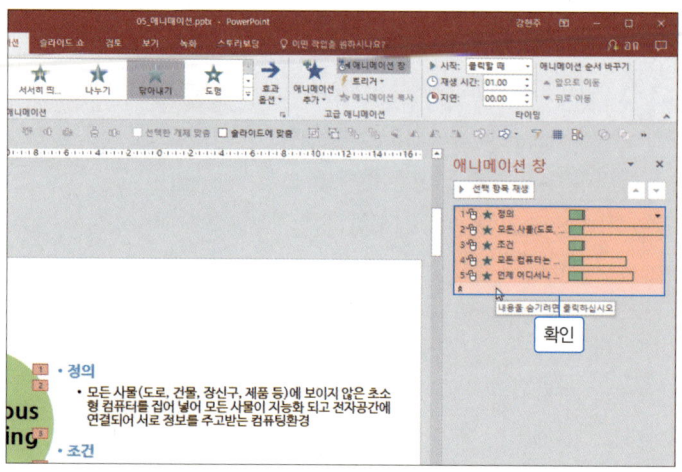

08 애니메이션 창에 등록된 애니메이션 목록에서 2번 애니메이션을 선택하고 [애니메이션] 탭 → [타이밍] 그룹 → [시작]을 '이전 효과 다음에'로 선택합니다.

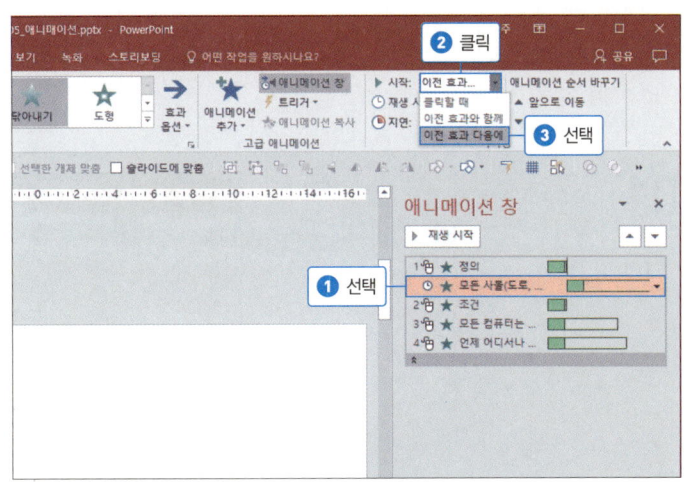

09 같은 방법으로 애니메이션 창에 등록된 애니메이션 목록에서, 3번과 4번 애니메이션을 선택하고 [애니메이션] 탭 → [타이밍] 그룹 → [시작]을 '이전 효과 다음에'로 선택합니다.

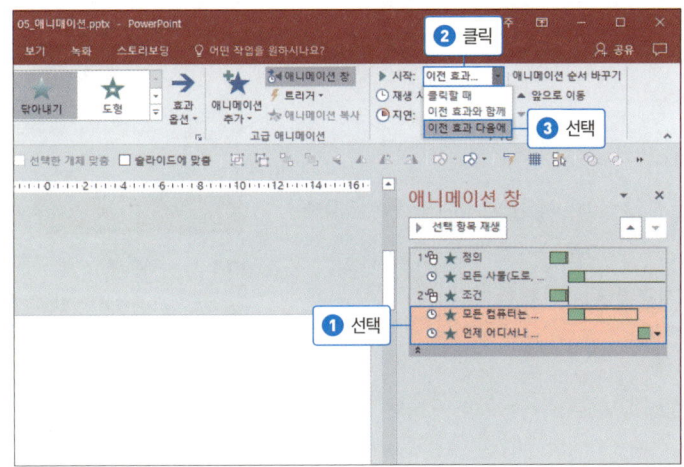

10 선택된 애니메이션의 숫자 표시가 사라지고 전체적인 번호가 조정된 것을 확인할 수 있습니다. 이제 슬라이드 쇼를 진행할 때 2번의 클릭을 하면 내용을 모두 볼 수 있습니다.

이런 방식으로 슬라이드에 있는 모든 애니메이션 중 개별적인 애니메이션을 선택하고 자세하게 옵션을 수정하려면 애니메이션 창을 이용하면 됩니다.

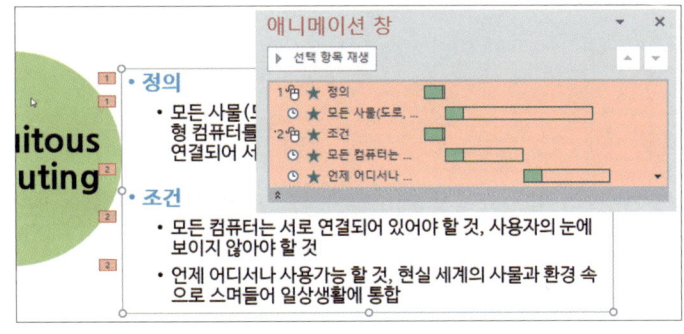

2 차트 개체에 애니메이션 효과 설정하기

{ 실습 파일 } 05\05_3.pptx

01 차트 개체를 클릭한 다음 [애니메이션] 탭 → [애니메이션] 그룹 → [나타내기]를 선택합니다.

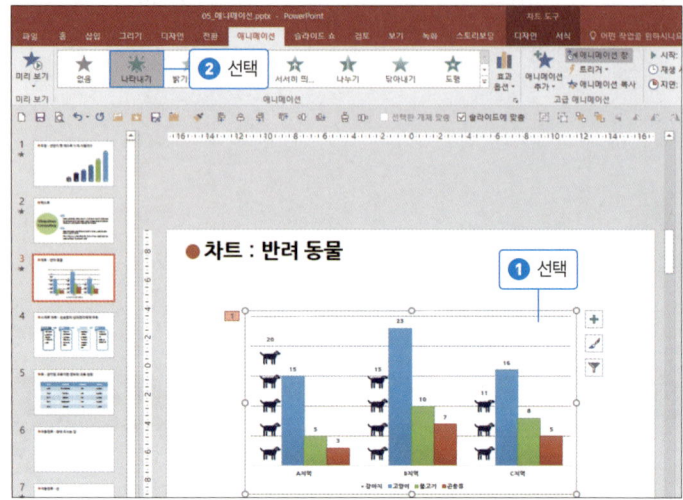

02 [애니메이션] 탭 → [애니메이션] 그룹 → [효과 옵션]을 클릭하고 계열별로를 선택합니다.

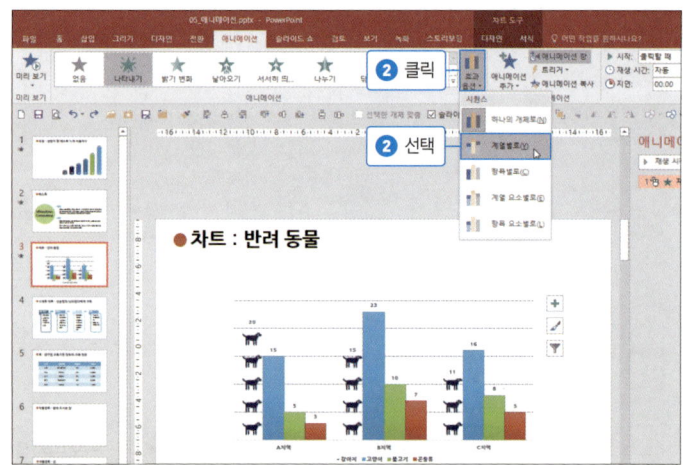

03 슬라이드 쇼에서 계열들이 하나씩 모두 표시된 다음, '강아지' 계열을 한 번 더 강조하려고 합니다. [애니메이션] 탭 → [고급 애니메이션] 그룹 → [애니메이션 추가]를 클릭하고 [강조] 범주의 '펄스'를 선택합니다.

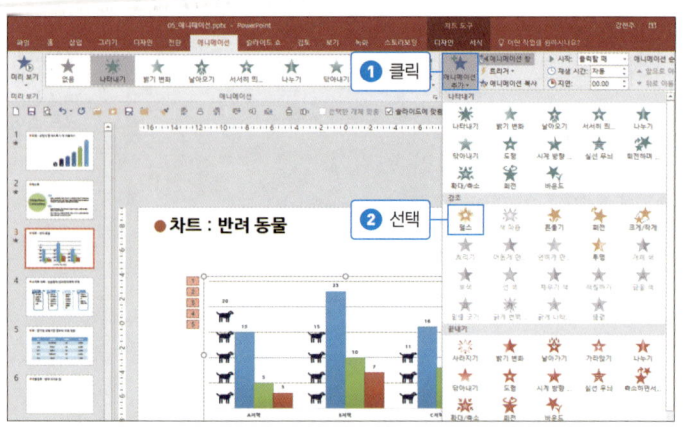

SECTION 05 애니메이션 활용하기

04 애니메이션 창의 애니메이션 목록을 보면, '나타나는 효과(★)' 다음으로 '강조되는 효과(★)'가 추가된 것을 확인할 수 있습니다.

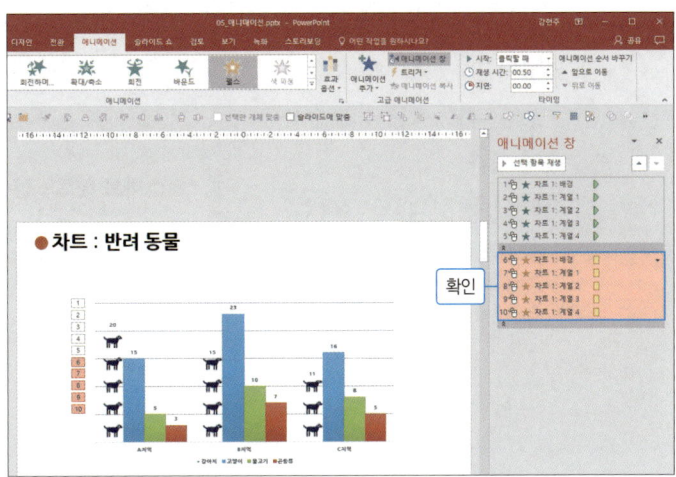

05 차트의 모든 내용을 강조하는 것이 아니라, 계열1만 강조하기 위해 필요 없는 강조 효과는 Delete 키를 눌러 삭제합니다.

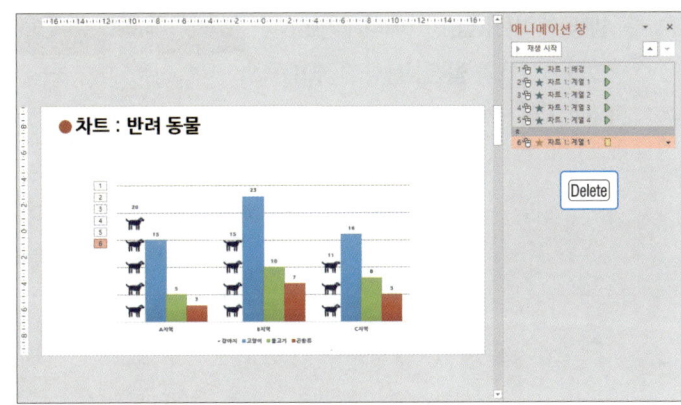

3 SmartArt 그래픽 개체에 애니메이션 효과 설정하기

{실습 파일} 05\05_4.pptx

01 SmartArt 그래픽 개체를 선택하고 [애니메이션] 탭 → [애니메이션] 그룹 → [애니메이션 목록]에서 **추가 나타내기 효과**를 실행합니다.

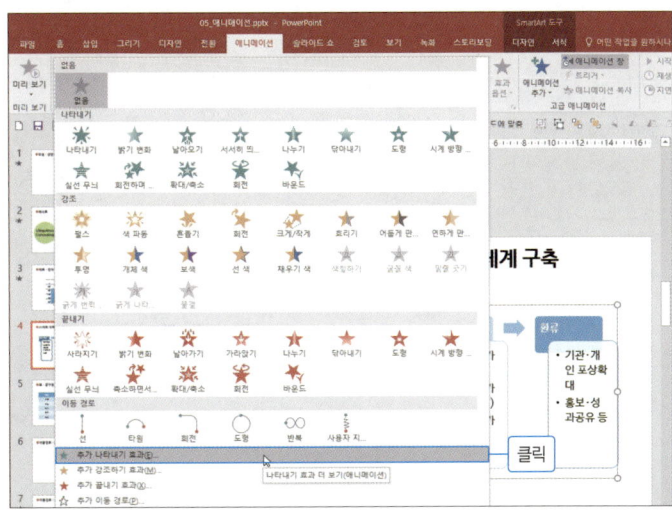

515

02 '나타내기 효과 변경' 대화상자가 표시됩니다. 효과의 종류를 클릭하면 화면에 바로 적용된 모습을 미리 볼 수 있습니다.
적용할 애니메이션을 선택하고 〈확인〉 버튼을 클릭합니다.

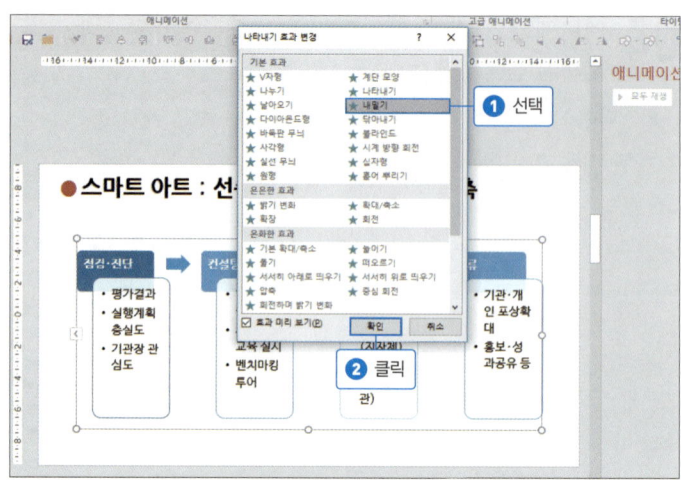

03 [애니메이션] 탭 → [애니메이션] 그룹 → [효과 옵션]을 클릭하고 **수준(한 번에)**를 선택합니다.

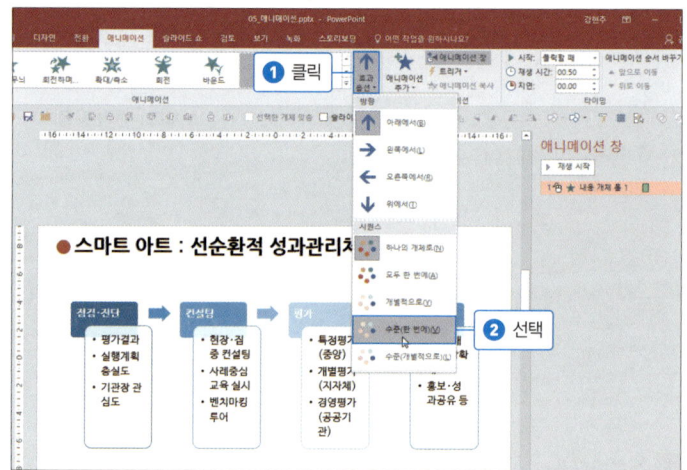

04 수준 별로 번호가 나누어진 것은 애니메이션을 수준별로 진행한다는 뜻이고, 슬라이드 쇼를 진행할 때 두 번의 클릭으로 나누어 내용을 나타낸다는 뜻입니다.

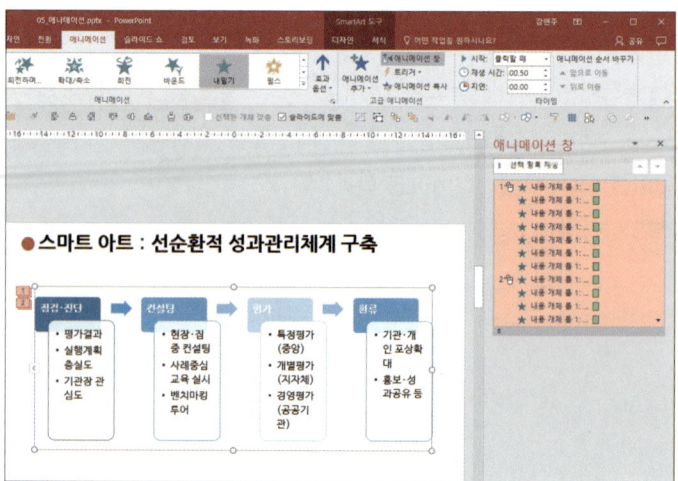

05 애니메이션 창에 등록된 애니메이션 목록에서 [내용 확장▼]을 클릭하거나 마우스 오른쪽 버튼을 클릭한 다음 **효과 옵션**을 실행합니다.

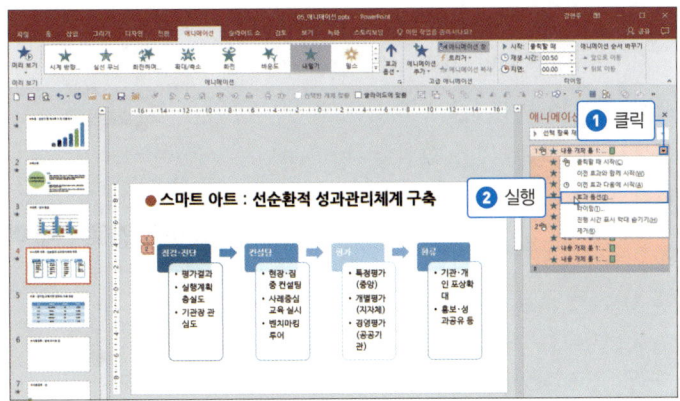

06 애니메이션의 효과 옵션 대화상자가 표시되면 더 세밀하게 옵션을 설정할 수 있습니다.

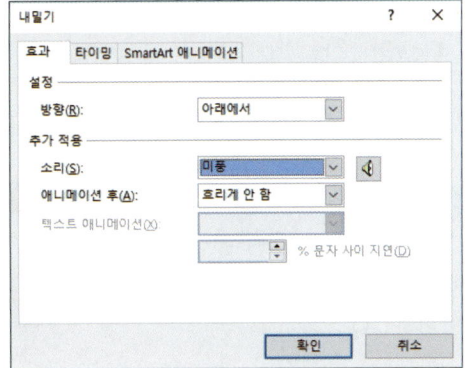

4 이동 경로 애니메이션 효과 설정하기

{실습 파일} 05\05_5.pptx

애니메이션 효과를 설정할 때 사용자가 직접 개체가 움직이는 경로를 설정할 수 있습니다.

01 슬라이드에 삽입된 자동차 개체를 선택하고 [애니메이션] 탭 → [애니메이션] 그룹 → [애니메이션 목록]의 [이동 경로] 범주에서 '사용자 지정 경로'를 선택합니다.

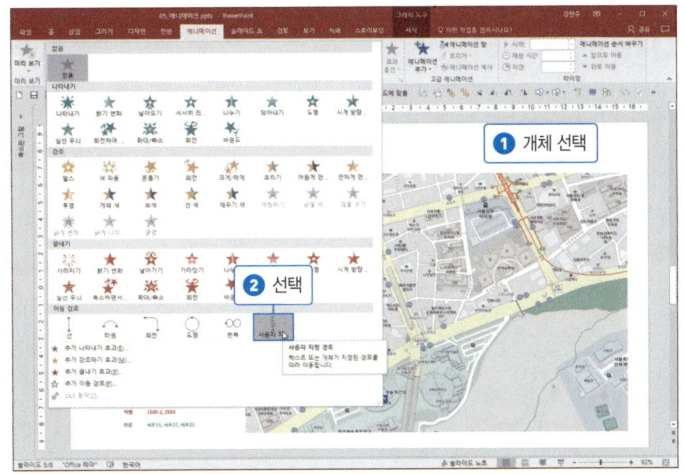

02 마우스 포인터가 십자 모양으로 표시되면 경로를 그립니다. 시작 지점은 녹색, 종료 지점은 빨간색으로 표시되는 것을 확인할 수 있습니다.

ⓐ 이동 경로 그리는 방법
- 직선으로 그리려면 클릭합니다.
- 곡선으로 그리려면 드래그합니다.
- 끝내려면 더블클릭(또는 Esc 키)합니다.

ⓑ 이동 경로 표식
- 초록색 삼각형 : 시작 위치
- 회색 선 : 이동 경로
- 빨간색 삼각형 : 종료 위치

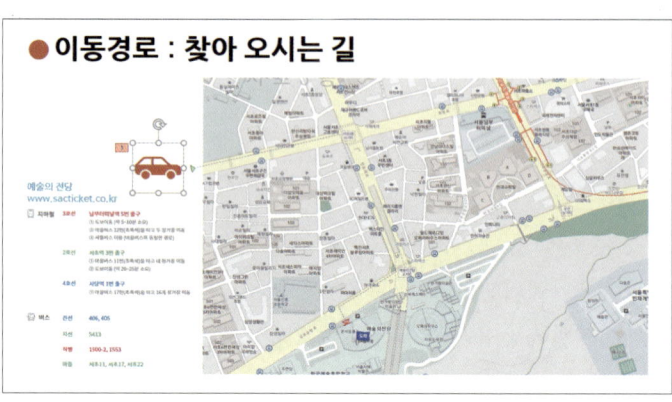

03 [애니메이션] 탭 → [미리 보기] 그룹 → [미리 보기]를 클릭해 경로를 따라 이동하는 애니메이션을 확인합니다.

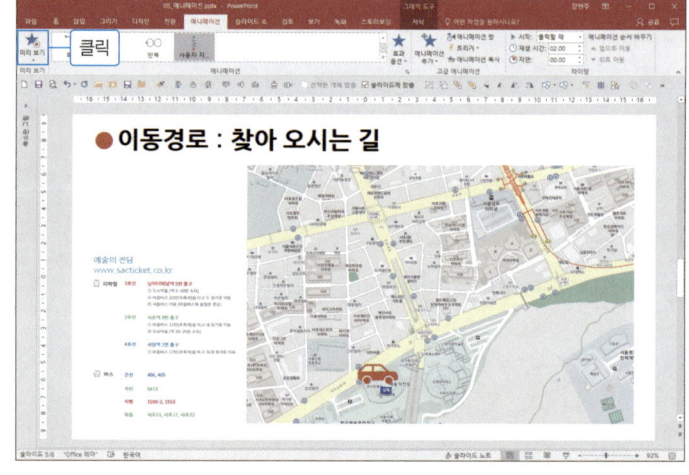

04 이동 경로 방향 변경, 이동 경로의 개별 지점 편집, 애니메이션 잠금(다른 사용자가 애니메이션을 변경할 수 없도록 만들기) 또는 잠금 해제 등과 같은 작업을 수행하려면 [애니메이션] 탭 → [애니메이션] 그룹 → [효과 옵션]을 클릭합니다.

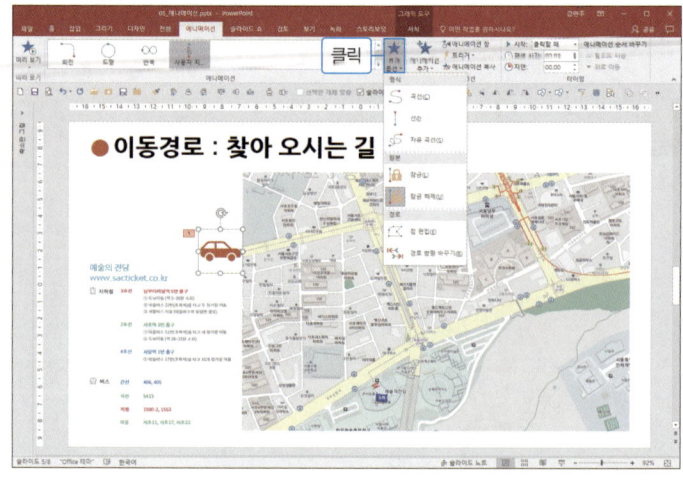

ⓐ 원본

- 잠금 해제 : 이동 경로가 개체를 움직이면 따라 움직여서 원래 경로가 변경됩니다.

- 잠금 : 이동 경로가 개체를 움직여도 변경되지 않습니다.

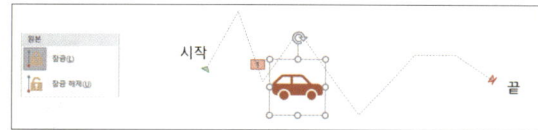

ⓑ 경로

- 점 편집 : 경로를 수정합니다.

- 경로 방향 바꾸기 : 시작과 종료 지점을 바꿉니다.

5 동영상 개체에 트리거 이용해서 애니메이션 효과 설정하기

오디오 또는 동영상을 시작할 때나 재생하는 동안 애니메이션 효과를 트리거하여 재생할 수 있습니다. 트리거 기능으로 애니메이션을 위한 특수 시작 조건을 설정할 수 있습니다. 동영상을 재생하다 특정 위치에서 애니메이션이 시작되도록 하겠습니다.

{실습 파일} 05\05_6.pptx

01 [삽입] 탭 → [미디어] 그룹 → [비디오]를 이용해서, 05\sns.wmv 동영상을 슬라이드에 삽입합니다.

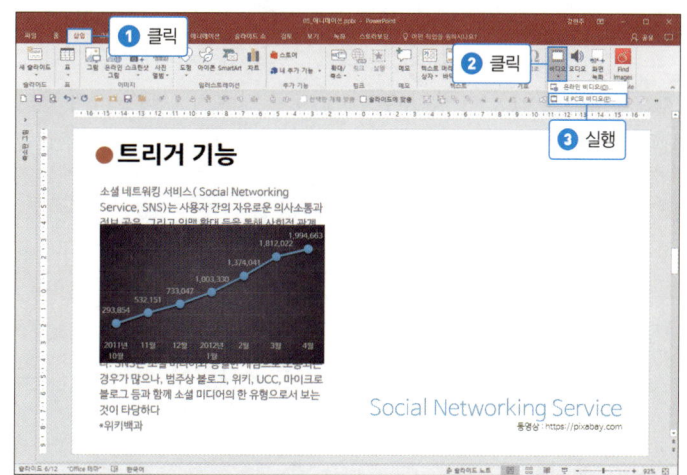

02 [애니메이션] 탭 → [고급 애니메이션] 그룹 → [애니메이션 창]을 클릭합니다.

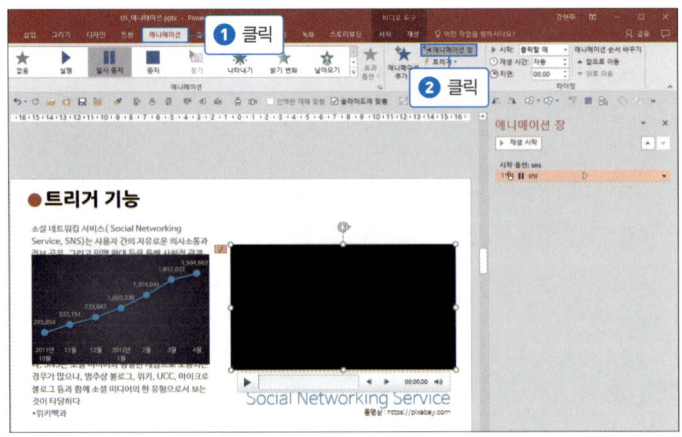

03 동영상을 삽입만 했을 뿐인데 애니메이션 창을 보면 이미 애니메이션이 설정되어 있는 것을 확인할 수 있습니다.
파워포인트에서 동영상이나 오디오 자료가 삽입되면 재생에 관련된 애니메이션이 자동으로 설정됩니다. 미디어 자료가 선택되면 애니메이션 종류도 미디어에 관련된 것이 추가되어 표시됩니다.

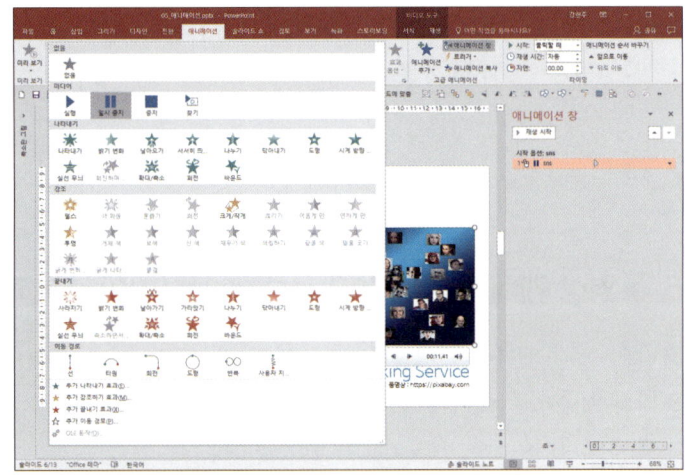

■ 1단계 : 책갈피 만들기

01 동영상을 재생하다 특정 위치에서 애니메이션이 시작되도록 하려면, 동영상의 어느 위치에서 애니메이션을 시작할 것인지 '책갈피'로 먼저 알려야 합니다.
예제에서는 동영상의 '책갈피1'에서 차트 자료가 나타났다가 '책갈피2'에서 사라지고, '책갈피3'에서 원고 자료가 나타났다가 '책갈피4'에서 사라지는 효과를 만들겠습니다.

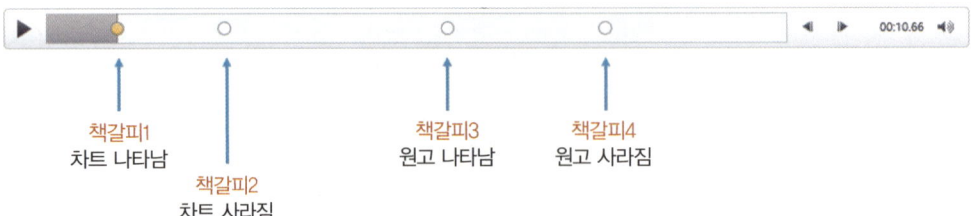

SECTION 05 애니메이션 활용하기

02 영상의 원하는 지점을 찾은 다음 [비디오 도구 재생] 탭 → [책갈피] 그룹 → [책갈피 추가]를 클릭해서 적당한 위치 네 곳에 책갈피를 삽입합니다.

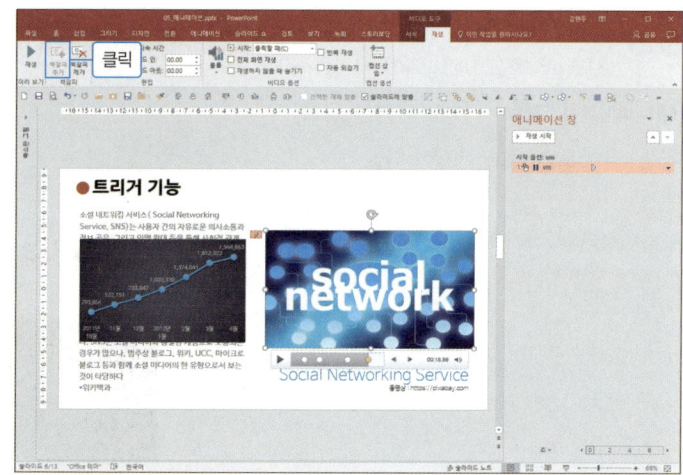

■ 2단계 : 애니메이션 만들기

01 차트 개체를 선택한 다음 [애니메이션] 탭 → [애니메이션] 그룹 → [애니메이션 목록]에서 [나타내기] 범주의 '서서히 띄우기'를 선택합니다.

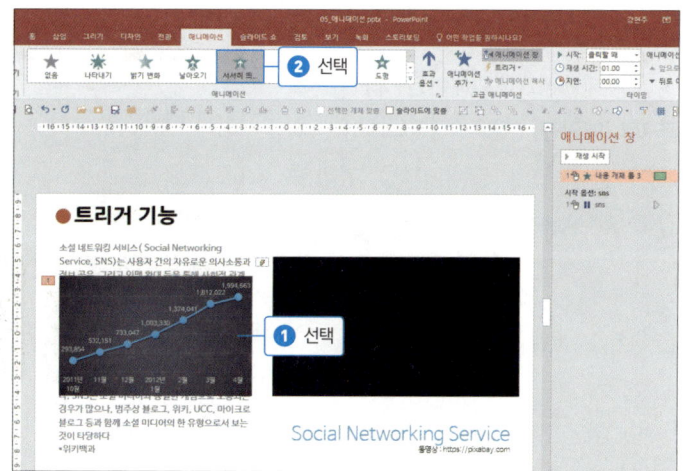

02 차트 개체가 계속 선택된 상태에서 [애니메이션] 탭 → [고급 애니메이션] 그룹 → [애니메이션 추가]를 클릭하고, 애니메이션 목록 중 [끝내기] 범주의 '확대/축소'를 선택합니다.

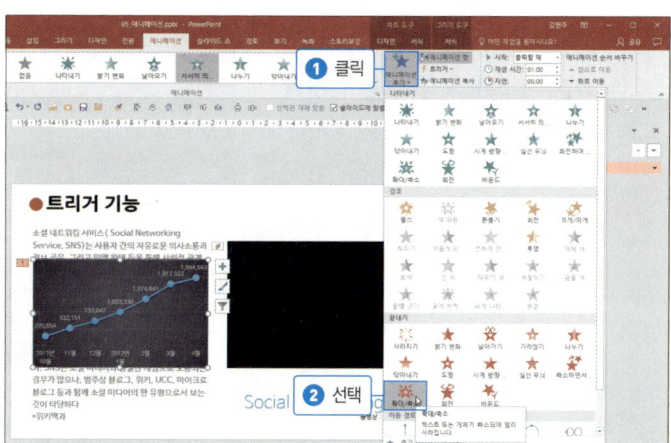

03 차트 아래쪽의 텍스트 개체를 선택한 다음 [애니메이션] 탭 → [애니메이션] 그룹 → [애니메이션 목록] 에서 '날아오기'를 선택합니다.

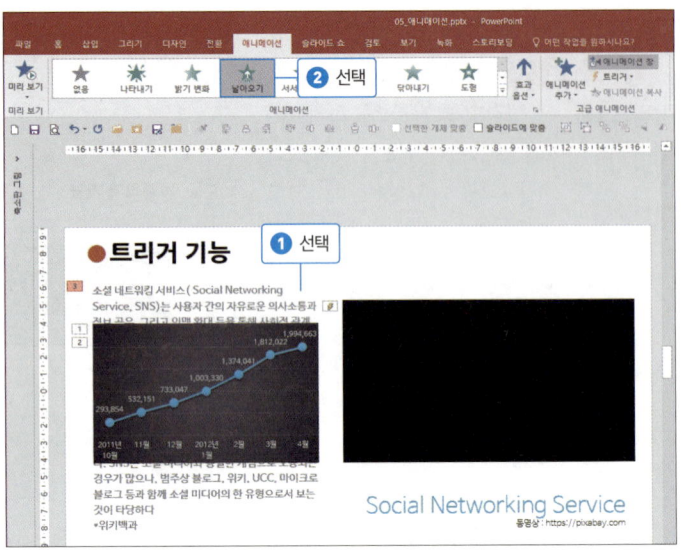

04 텍스트 개체가 계속 선택된 상태에서 [애니메이션] 탭 → [고급 애니메이션] 그룹 → [애니메이션 추가]를 클릭하고, [끝내기] 중 '가라앉기'를 선택합니다.

■ 3단계 : 트리거 설정하기

01 애니메이션 창의 목록 중 트리거를 설정할 차트 개체의 '서서히 띄우기' 애니메이션을 선택합니다.

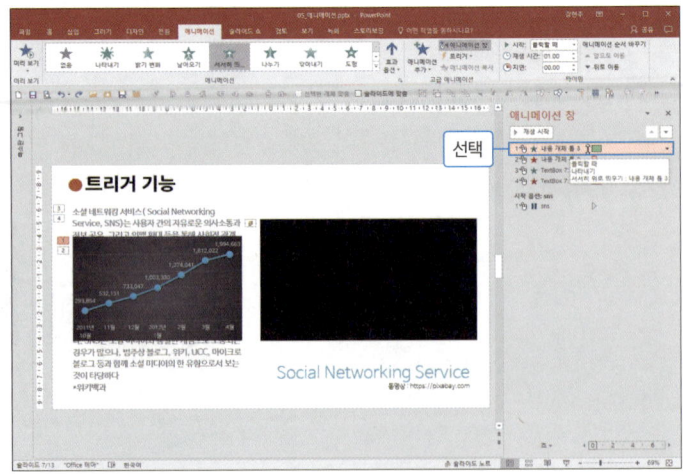

02 [애니메이션] 탭 → [고급 애니메이션] 그룹 → [트리거]를 클릭하고 목록에서 책갈피에서를 실행합니다. 표시된 책갈피 중 '책갈피 1'을 선택합니다.

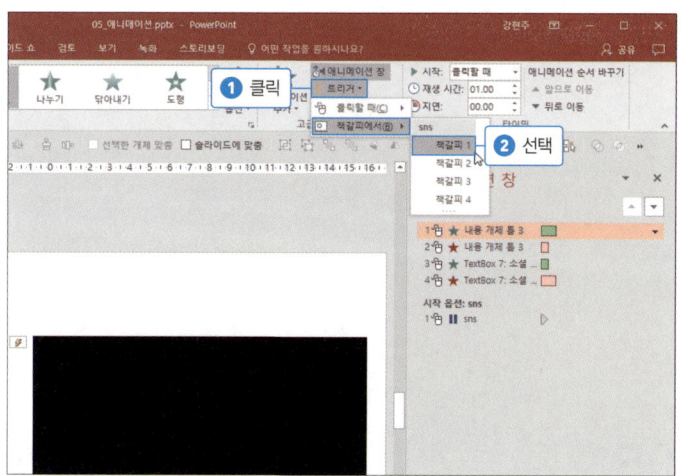

03 같은 방법으로 애니메이션 목록 중 트리거를 설정할 애니메이션을 선택하고 책갈피와 연결합니다.

① 차트 끝내기 애니메이션 → 책갈피 2

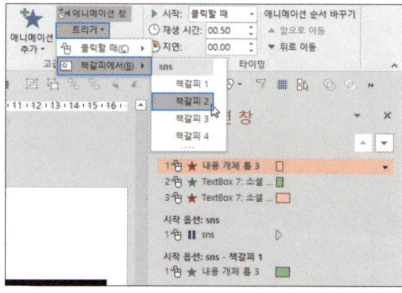

② 텍스트 나타내기 애니메이션 → 책갈피 3

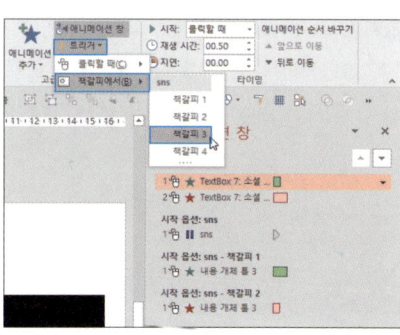

③ 텍스트 끝내기 애니메이션 → 책갈피 4

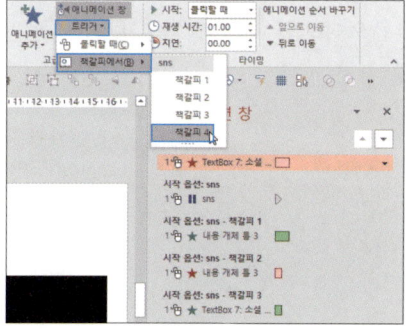

04 모두 연결이 끝나면 애니메이션 작업 창이 그림과 같은 모습이 됩니다.

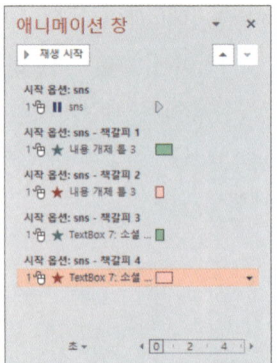

05 F5 키를 눌러 슬라이드 쇼 상태에서 동영상을 재생하고, 동영상의 책갈피 위치에서 애니메이션이 실행되는지 확인합니다.

■ 트리거를 설정할 수 있는 대상

① 클릭할 때
슬라이드에 있는 개체가 모두 제시됩니다. 그 중 하나를 선택하면, 그 개체를 클릭할 때 애니메이션을 설정할 수 있습니다. 만일 도형들이 있다면 도형까지 모두 제시됩니다.

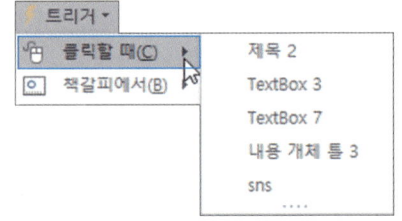

② 책갈피에서
비디오나 오디오 파일에 설정해 둔 책갈피를 제시합니다. 비디오나 오디오의 재생이 특정 위치(책갈피)에 도착했을 때 애니메이션을 설정할 수 있습니다.

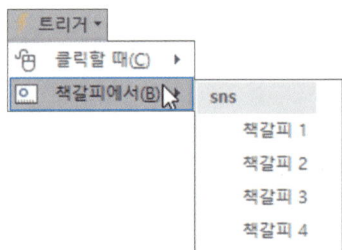

SECTION 06 목적에 맞는 인쇄물 준비하기

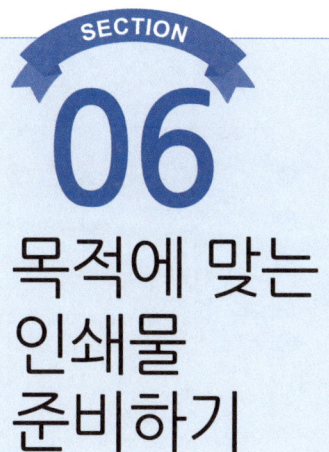

목적에 맞는 인쇄물 준비하기

파워포인트에서 하나의 문서를 보는 방식이 여러 가지인 것과 마찬가지로 인쇄도 여러 형태를 설정할 수 있습니다. 편리하게 한 화면에서 끝나는 인쇄 방법을 살펴보고 목적에 알맞은 인쇄 형태를 설정하는 방법을 살펴보겠습니다.

1 인쇄 명령 살펴보기

{실습 파일} 05\06_1.pptx

[파일] 탭 → [인쇄]를 클릭하거나 Ctrl+P 키를 누르면 인쇄 화면이 표시됩니다.

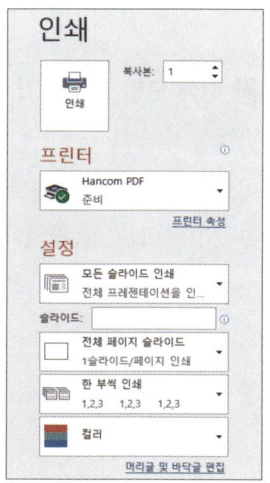

1 복사본 부수와 프린터 설정

복사본 상자에 인쇄할 부수를 입력하고, 사용하는 프린터가 여러 대인 경우 '프린터' 항목에서 사용할 프린터를 설정합니다. 컬러로 인쇄하려면 반드시 컬러 프린터를 선택해야 합니다.

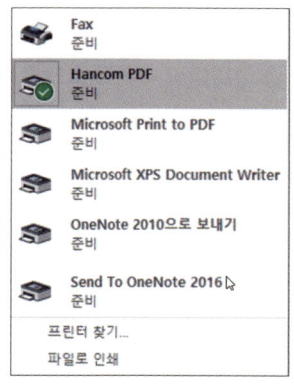

tip 자주 사용하는 프린터를 기본 프린터로 설정하고 사용하면 편리합니다.

2 인쇄하는 슬라이드 설정하기

① **모든 슬라이드 인쇄** : 전체 프레젠테이션의 슬라이드를 인쇄합니다.

② **선택 영역 인쇄** : 인쇄 명령 전에 슬라이드를 선택했다면 선택한 슬라이드만 인쇄합니다.

③ **현재 슬라이드 인쇄** : 프레젠테이션 문서를 기본 보기로 볼 때 보이는 현재 슬라이드만 인쇄합니다.

④ **범위 설정** : 인쇄할 특정 슬라이드를 직접 입력
예) 1,2 – 5,12

⑤ **구역** : 만일 프레젠테이션이 구역으로 나누어져 있다면 특정 구역에 포함된 슬라이드만 인쇄합니다.

⑥ **재구성한 쇼** : 만일 프레젠테이션의 슬라이드를 재구성해 두었다면 해당하는 재구성에 포함된 슬라이드만 인쇄합니다.

⑦ **숨겨진 슬라이드 인쇄** : 만일 프레젠테이션 문서에 숨겨진 슬라이드가 있다면 숨겨진 슬라이드까지 인쇄합니다.

3 인쇄 모양 선택하기

인쇄할 형태를 설정합니다. 기본으로 한 페이지에 한 장의 슬라이드를 인쇄하는 형태로 되어 있습니다. 종류를 선택할 때 오른쪽의 미리 보기를 확인하면서 결정합니다.

① **전체 페이지 슬라이드** : 용지 한 장에 하나의 슬라이드를 인쇄합니다.

② **슬라이드 노트** : 슬라이드 노트를 인쇄합니다.

③ **개요** : 프레젠테이션 문서의 개요 창에 보이는 내용을 인쇄합니다.

④ **유인물** : 유인물에 들어가는 슬라이드의 개수를 설정해서 인쇄합니다. 유인물 한 페이지에 들어가는 슬라이드의 수가 네 개 이상이 되면 가로와 세로로 설정 가능합니다.

⑤ **슬라이드 테두리** : 슬라이드에 테두리를 설정 가능합니다.

⑥ **용지에 맞게 크기 조정** : 인쇄 용지의 빈 여백을 최소화합니다.

⑦ **고품질** : 텍스트나 개체에 적용된 그림자 효과까지 인쇄합니다.

⑧ 메모 및 잉크 표시 인쇄 : 메모가 삽입되어 있거나 잉크가 저장되어 있는 경우 사용할 수 있고, 메모와 잉크까지 인쇄합니다.

4 한 부씩 인쇄 선택하기

프레젠테이션 문서를 여러 부를 인쇄할 때 한부씩 인쇄하려면 설정합니다.

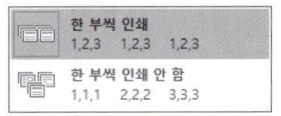

5 컬러, 회색조 인쇄 선택하기

이 부분은 컬러로 설정되어 있어도 연결된 프린터가 흑백 프린터이면 컬러로 인쇄할 수 없습니다. 컬러 프린터기와 연결되어 있는데 회색조로 인쇄하고 싶은 경우에만 선택하면 됩니다. 인쇄 전에 미리 보기로 확인하는 것이 좋습니다.

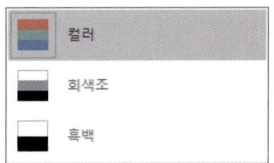

① 흑백은 회색 채우기 없이 검은색과 흰색으로만 인쇄합니다.

② 회색조는 검은색과 흰색, 여러 단계의 회색으로 인쇄하는 것을 말합니다.

텍스트를 쉽게 읽을 수 있도록 배경색은 흰색으로 인쇄됩니다.

회색조나 흑백 형식으로 인쇄했을 때 배경에 그림이 인쇄되는 경우, 슬라이드에 그림을 삽입한 다음 배경처럼 뒤쪽에 배치했기 때문입니다. 이런 경우는 배경이 아니라 그림이 삽입된 것이기 때문에 함께 인쇄됩니다. 배경 스타일이나 배경 서식에서 삽입한 배경은 회색조와 흑백 인쇄에서 인쇄되지 않습니다.

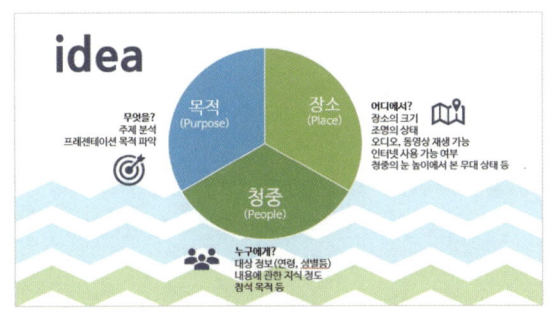
컬러

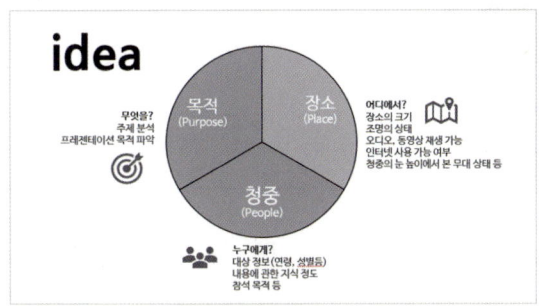
회색조

만일 흑백이나 회색조로 인쇄할 때 배경을 인쇄하고 싶다면 **[보기] → [컬러/회색조] 그룹 → [회색조]**를 클릭합니다. 인쇄에서 빠진 부분(위의 그림은 배경 부분)을 클릭하고 [흑백] 탭이나 [회색조] 탭의 [선택한 개체 변경 그룹]에서 원하는 색조를 선택합니다.

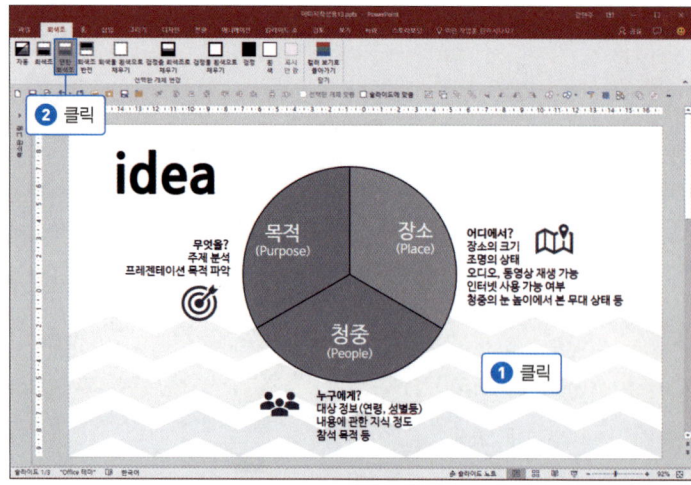

이렇게 회색조의 보기 부분을 수정하면 다음부터 인쇄할 때 그 설정 값을 따르게 됩니다.

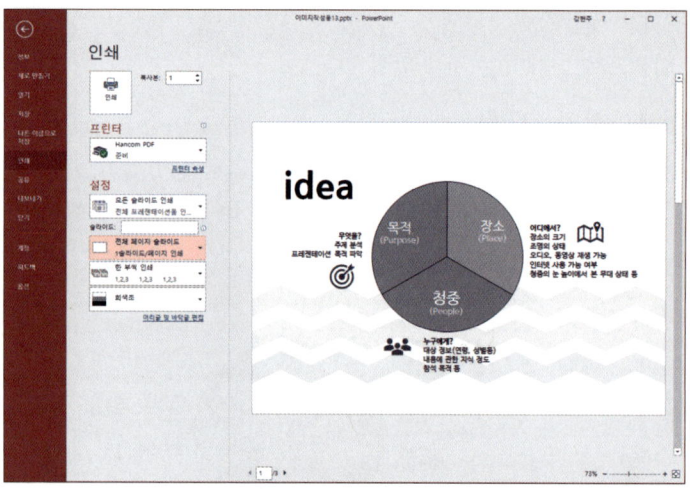

2 결재를 위한 인쇄물 A4 용지에 맞추기

한글 프로그램처럼 전문 워드 프로그램이라면 문서의 기본 설정 값이 'A4' 크기로 지정되어 있습니다. 그러나 파워포인트는 기본적으로 4:3이나 16:9 화면을 고려한 프레젠테이션 프로그램이기 때문에 종이에 인쇄할 때는 설정을 변경해야 합니다. 사무실에서는 A4가 주된 문서 크기입니다. 작성한 프레젠테이션 문서가 이 용지에 맞춰 잘 인쇄되도록 인쇄 전에 꼼꼼하게 몇 가지 항목을 설정합니다.

{실습 파일} 05\06_2.pptx

SECTION 06 목적에 맞는 인쇄물 준비하기

01 [파일] 탭 → [인쇄]에서 '전체 페이지 슬라이드'를 선택하고, '슬라이드 테두리'에 체크 표시한 다음 인쇄하면 슬라이드의 전체 내용이 인쇄되지 않고 잘려지는 것을 확인할 수 있습니다.

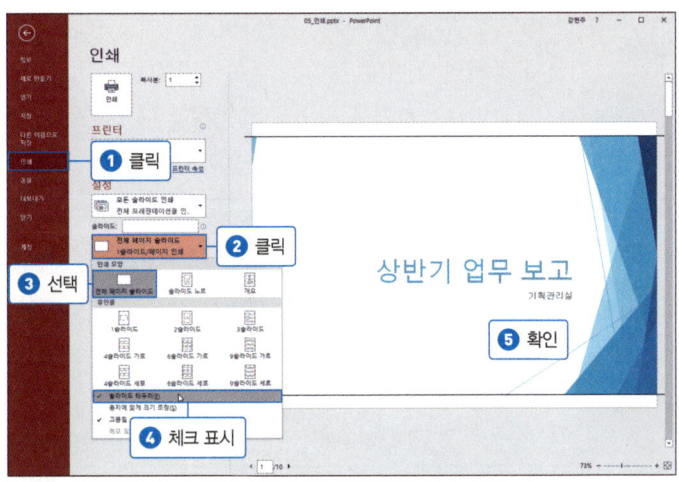

02 '용지에 맞게 크기 조정'에 체크 표시를 하고 인쇄를 하면, 슬라이드의 전체 내용이 인쇄되지만 용지의 빈 여백이 많이 생깁니다.

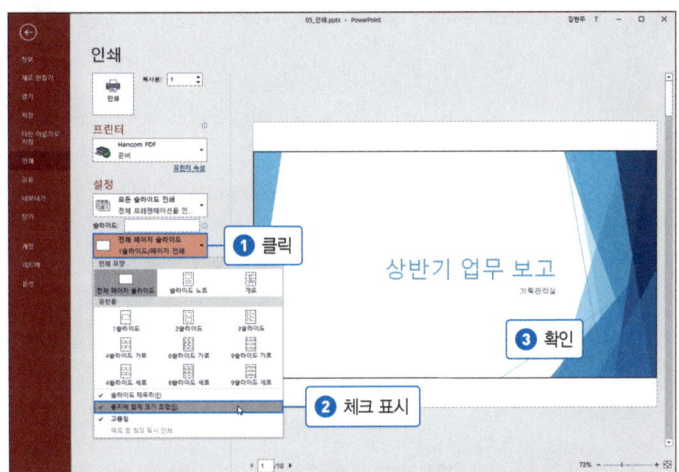

03 프레젠테이션 문서를 크기를 조정하지 않고 인쇄하면 일반적인 워드 프로그램처럼 인쇄할 수 없습니다. 슬라이드의 크기를 인쇄용으로 변경해 보겠습니다.
[디자인] 탭 → [사용자 설정] 그룹 → [슬라이드 크기]를 클릭하고 **사용자 설정 슬라이드 크기**를 실행합니다.

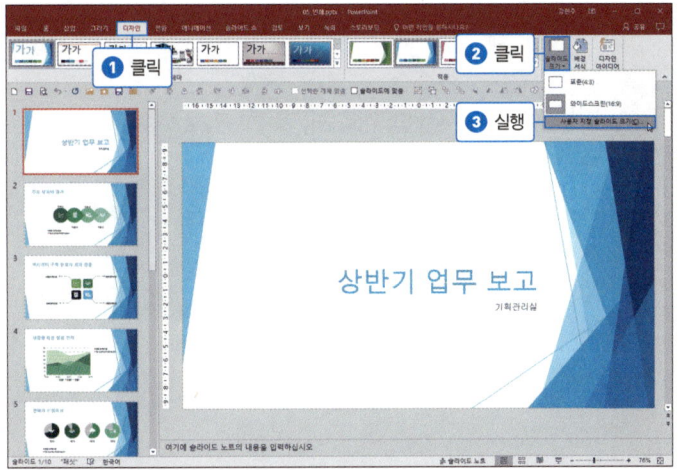

04 '슬라이드 크기' 대화상자가 나타나면 슬라이드 크기에서 'A4 용지'를 선택합니다. A4로 선택을 해도 실제 문서의 너비와 높이는 정확히 210×297mm가 아니라 27.517×19.05cm인 것을 확인할 수 있습니다. 정확히 A4 크기를 입력해야 인쇄할 때 미세하게 여백이 생기는 것을 조정할 수 있습니다. 너비를 '29.7cm', 높이를 '21cm'로 입력하고 〈확인〉 버튼을 클릭합니다.

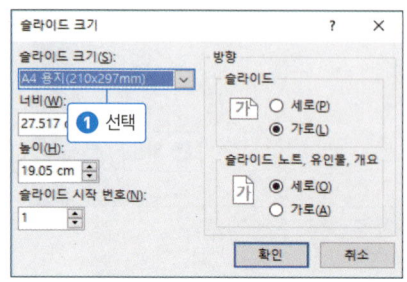
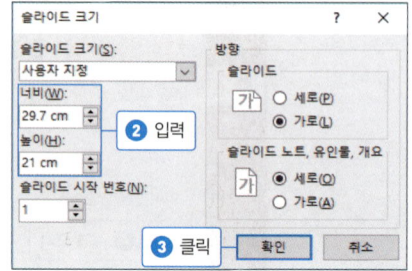

05 슬라이드에 맞게 조정되도록 〈맞춤 확인〉 버튼을 클릭합니다.

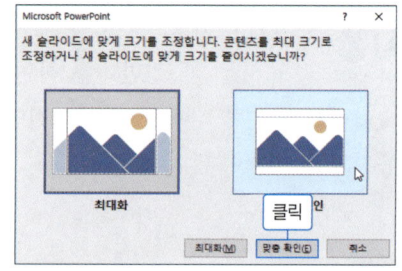

> **tip** 슬라이드 크기를 조정하면 설정된 디자인 중 초기화되는 부분들이 있으니 인쇄용 파일을 하나 복제해서 사용하는 것이 편리합니다. 슬라이드 쇼를 위한 파일은 그대로 디자인을 유지하고 결재를 위한 A4 크기에 맞춘 파일을 따로 관리하면 디자인이나 개체의 위치가 조정되는 것을 쉽게 관리할 수 있습니다.

06 [파일] 탭 → [인쇄]에서 출력할 슬라이드와 인쇄 형태를 설정하고, '전체 페이지 슬라이드'를 클릭해서 '슬라이드 테두리'와 '용지에 맞게 크기 조절', '고품질' 등 원하는 인쇄 옵션을 선택합니다.

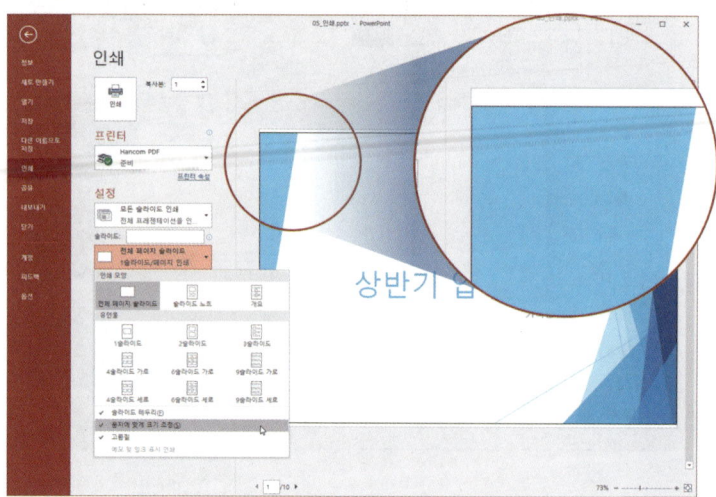

▲ A4 용지를 선택한 경우

SECTION 06 목적에 맞는 인쇄물 준비하기

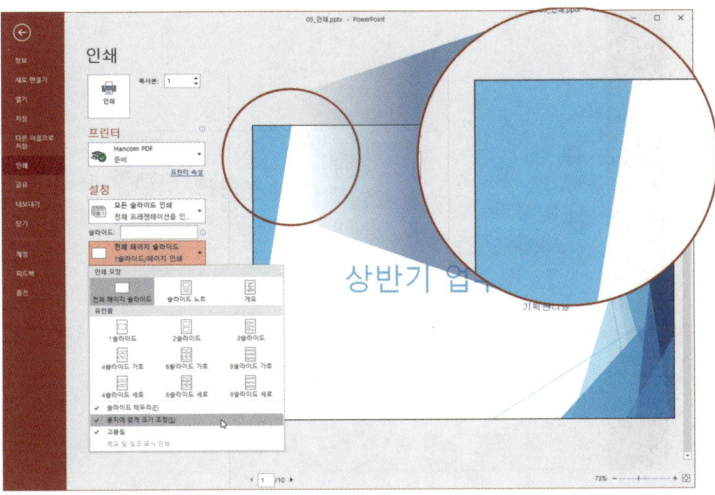

▲ 직접 너비를 '29.7cm', 높이를 '21cm'로 입력한 경우

3 발표자를 위한 슬라이드 노트 인쇄하기

발표를 위해 슬라이드 노트에 작성한 내용을 원하는 형태로 인쇄하는 방법을 살펴보겠습니다.

{실습 파일} 05\06_3.pptx

1 슬라이드 노트에 표, 차트 입력하고 인쇄하기

01 기본 보기 상태에서는 슬라이드 노트에 텍스트만 입력할 수 있습니다.
만일 슬라이드 노트에 슬라이드 내용과 관련된 표나 그림, 차트 등을 삽입하려면 **[보기]** → **[프레젠테이션 보기]** 그룹 → **[슬라이드 노트]**를 클릭합니다. 슬라이드 노트 보기 상태에서 화면 배율을 확대한 다음 내용을 입력하면 됩니다.

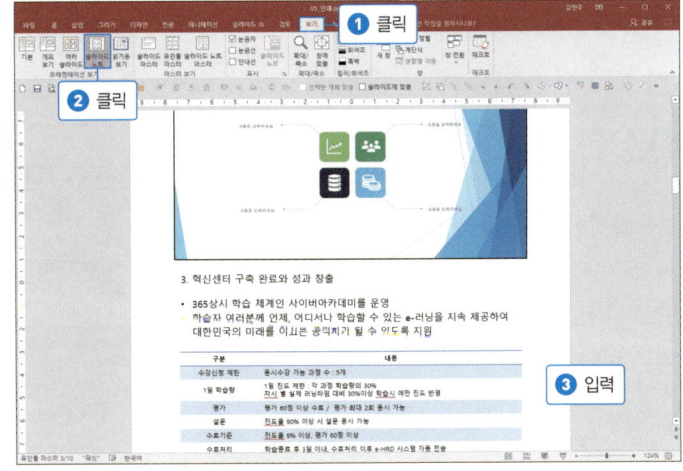

531

02 **[파일] 탭 → [인쇄]**에서 '슬라이드 노트'를 선택하고, '슬라이드 테두리', '용지에 맞게 크기 조정'에 체크 표시한 다음 인쇄하면 슬라이드 노트의 내용이 인쇄되는 것을 확인할 수 있습니다.

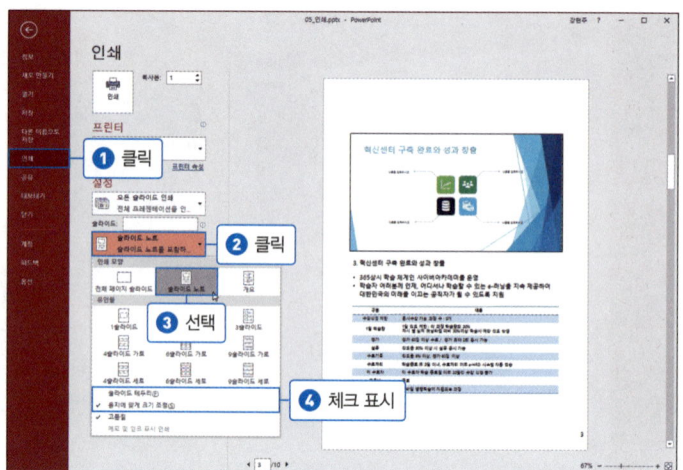

03 슬라이드 노트의 인쇄물에 페이지 번호와 바닥글을 설정하겠습니다. **[파일] 탭 → [인쇄]** 화면 아래쪽의 '머리글 및 바닥글 편집'을 클릭합니다.

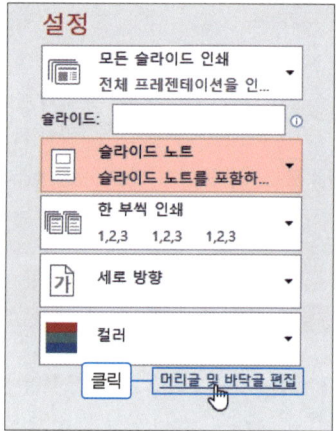

> tip **[삽입] 탭 → [텍스트] 그룹 → [머리글 바닥글]**을 클릭해도 됩니다.

04 '머리글/바닥글' 대화상자가 표시되면 [슬라이드 노트 및 유인물] 탭에서 '페이지 번호'에 체크 표시하고 '바닥글'에 체크 표시한 다음 바닥글 내용을 입력합니다. 〈모두 적용〉 버튼을 클릭합니다.

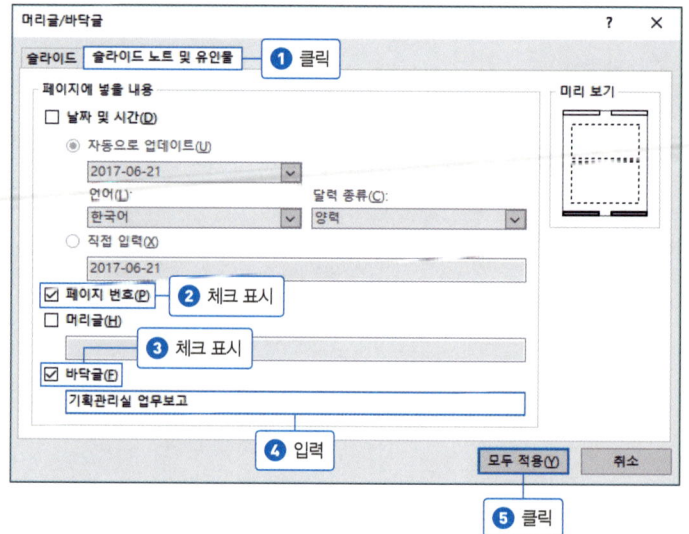

05 페이지 번호와 바닥글이 모든 페이지에 적용된 것을 확인할 수 있습니다.

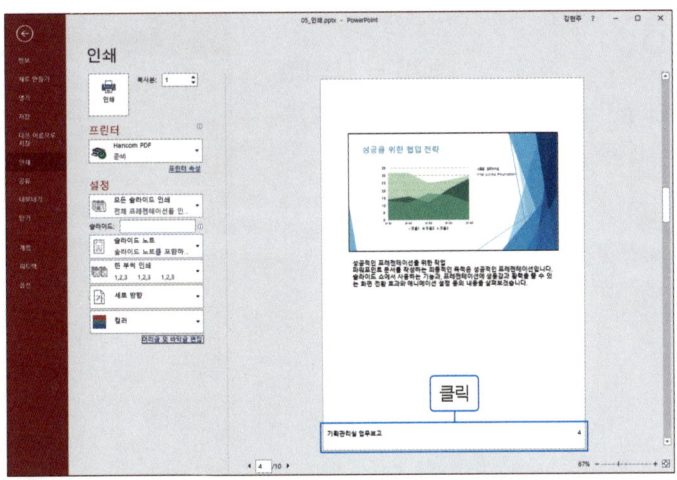

2 나만의 슬라이드 노트 만들기 - 슬라이드 노트 마스터

01 페이지 번호와 바닥글의 위치나 서식을 변경하거나 슬라이드 노트의 형태를 수정하기 위해 **[보기] → [마스터 보기] 그룹 → [슬라이드 노트 마스터]**를 클릭합니다.

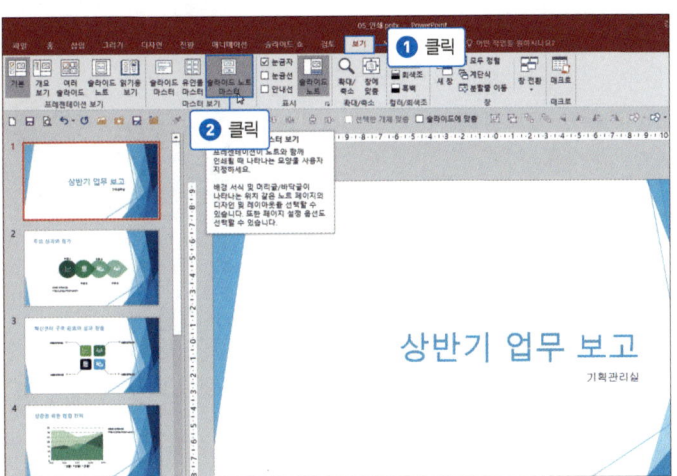

02 슬라이드 노트 마스터 상태에서 페이지 번호와 바닥글의 위치나 서식을 변경하고 도형이나 그림을 삽입해서 원하는 형태를 만듭니다. 슬라이드의 크기와 노트 부분의 크기도 설정할 수 있습니다.

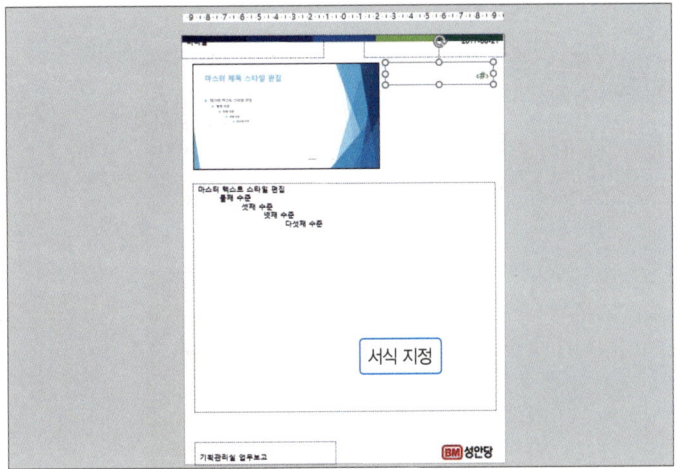

03 원하는 형태로 슬라이드 노트를 설정하고 [보기] → [프레젠테이션 보기] 그룹 → [슬라이드 노트]를 클릭합니다.

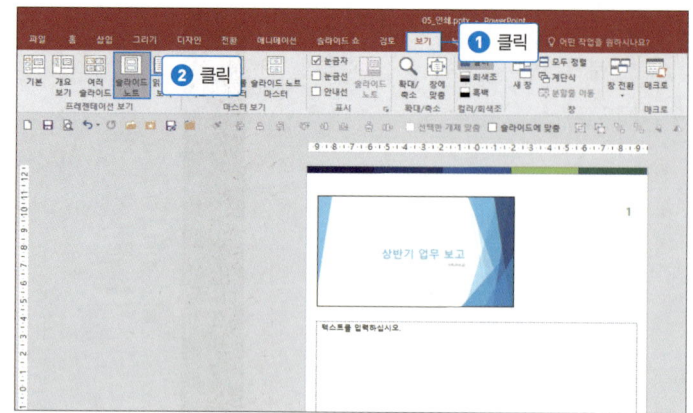

04 슬라이드 노트를 하나씩 확인해 보고, 만일 슬라이드 노트 보기 상태에 슬라이드 노트 마스터의 형태가 반영되지 않았다면 마우스 오른쪽 버튼을 클릭하고 **슬라이드 노트 레이아웃**을 실행합니다.

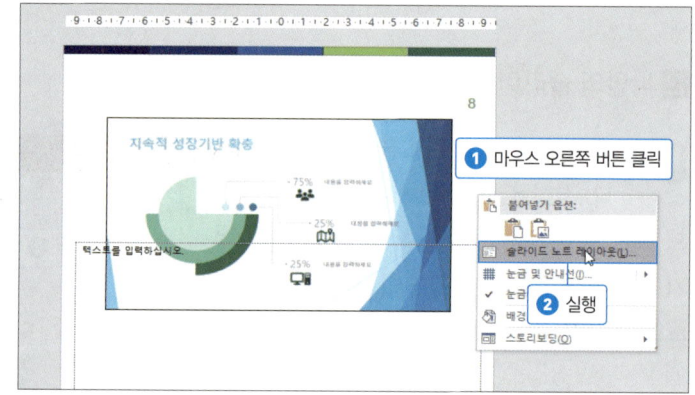

05 '슬라이드 노트 레이아웃' 대화상자가 표시되면 '마스터 다시 적용'에 체크 표시하고 〈확인〉 버튼을 클릭합니다.

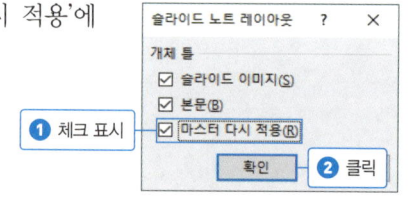

06 모든 슬라이드 노트의 형태를 확인한 다음 [파일] 탭 → [인쇄]에서 '슬라이드 노트'를 선택하고 〈인쇄〉 버튼을 클릭합니다.

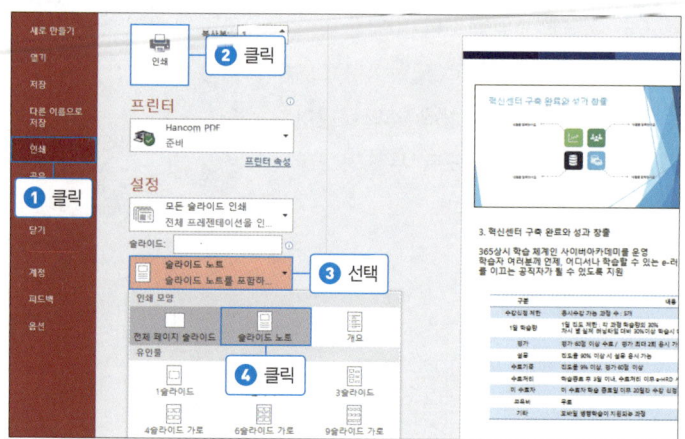

4 청중을 위한 슬라이드 유인물 인쇄하기

프레젠테이션을 진행할 때 청중을 위해 유인물을 준비할 수 있습니다.

{실습 파일} 05\06_3.pptx   {결과 파일} 05\06_3결과.pptx

1 유인물 인쇄하기

01 [파일] 탭 → [인쇄]에서 '3슬라이드 유인물'을 선택하고 '슬라이드 테두리' 옵션을 설정한 다음 인쇄하면 유인물이 인쇄되는 것을 확인할 수 있습니다.

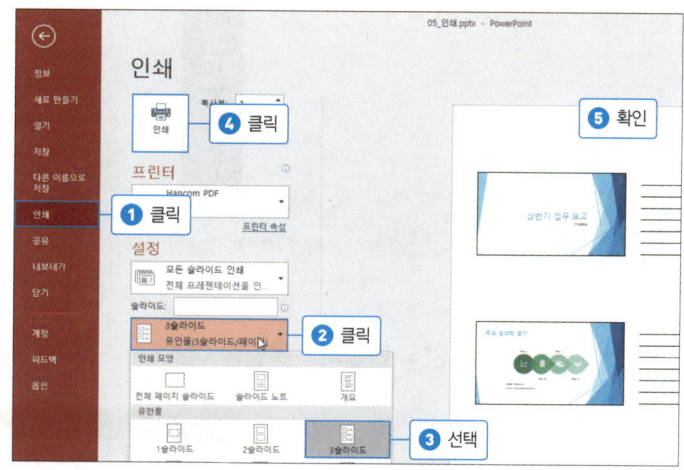

02 인쇄물에 페이지 번호를 설정하겠습니다. [파일] 탭 → [인쇄] 화면 아래쪽의 '머리글 및 바닥글 편집'을 클릭합니다.

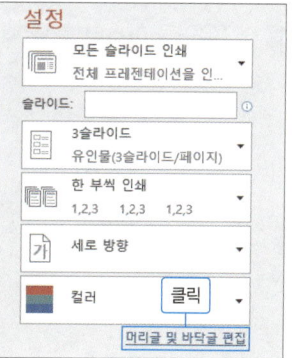

03 '머리글/바닥글' 대화상자가 표시되면, [슬라이드 노트 및 유인물 탭]에서 '페이지 번호'에 체크 표시하고 〈모두 적용〉 버튼을 클릭합니다.

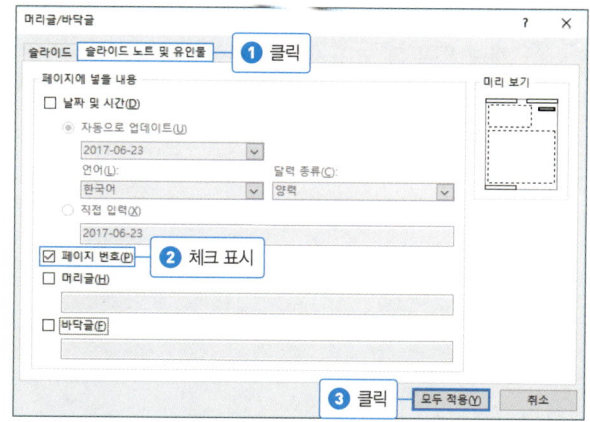

04 모든 페이지에 페이지 번호가 적용된 것을 확인할 수 있습니다.

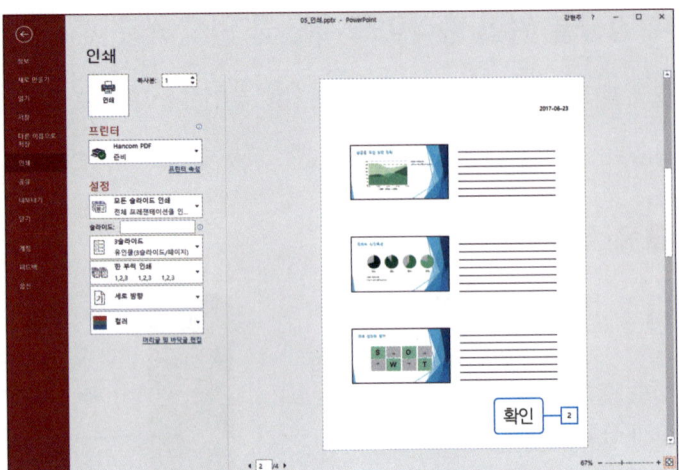

tip ' 용지에 맞게 크기 조정' 옵션을 설정하면 페이지 번호와 바닥글이 보이지 않는 경우가 있으니 유인물을 인쇄할 때 확인하세요.

2 우리 회사 유인물 양식 만들기 - 유인물 마스터

01 페이지 번호의 위치나 서식을 변경하고 유인물의 형태를 수정하기 위해 [보기] → [마스터 보기] 그룹 → [유인물 마스터]를 클릭합니다.

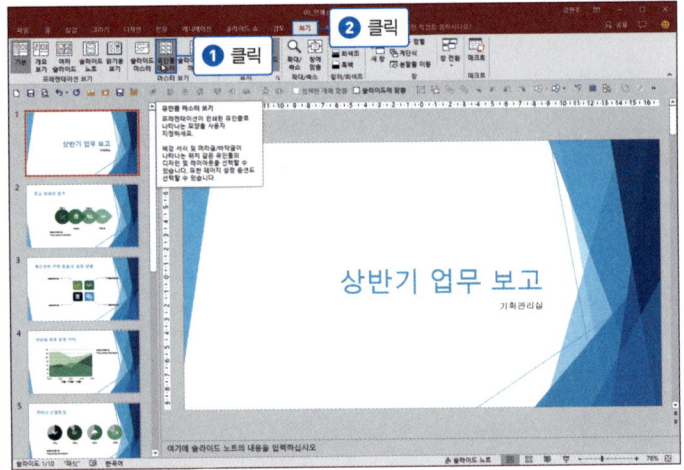

02 [유인물 마스터] 탭 → [개체 틀] 그룹에서 사용하지 않는 개체 틀은 체크 표시를 해제합니다.

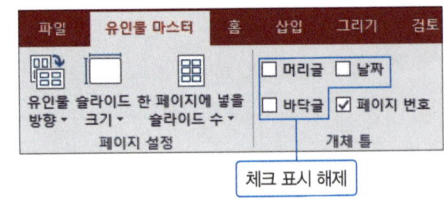

03 유인물 마스터 상태에서 페이지 번호의 위치나 서식을 변경하고 도형이나 그림, 텍스트 상자를 삽입해서 원하는 형태를 만듭니다.

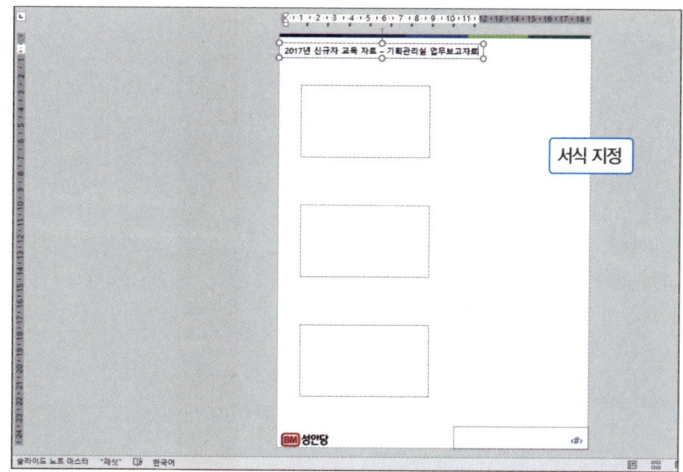

04 원하는 형태로 유인물 형태가 설정한 다음 [**파일**] 탭 → [**인쇄**]에서 '3슬라이드 유인물'을 선택합니다.

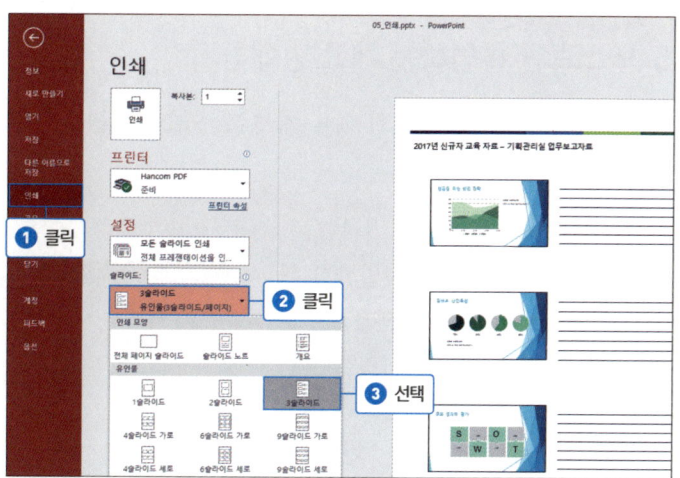

05 또는 그림을 삽입하고 [**그림 도구 서식**] 탭 → [**조정**] 그룹 → [**색**]을 클릭하고 [다시 칠하기] 범주에서 '희미하게'를 선택하면 유인물 용지에 워터마크처럼 사용할 수도 있습니다.

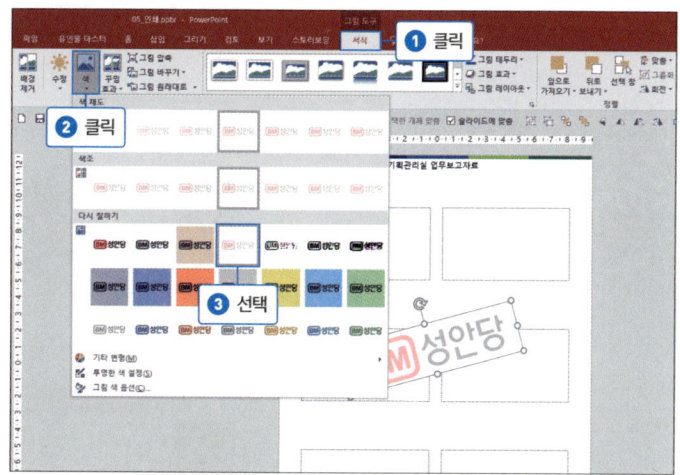

06 유인물 마스터나 슬라이드 노트 마스터를 활용해서 자신만의 인쇄물을 다양하게 만들 수 있습니다.

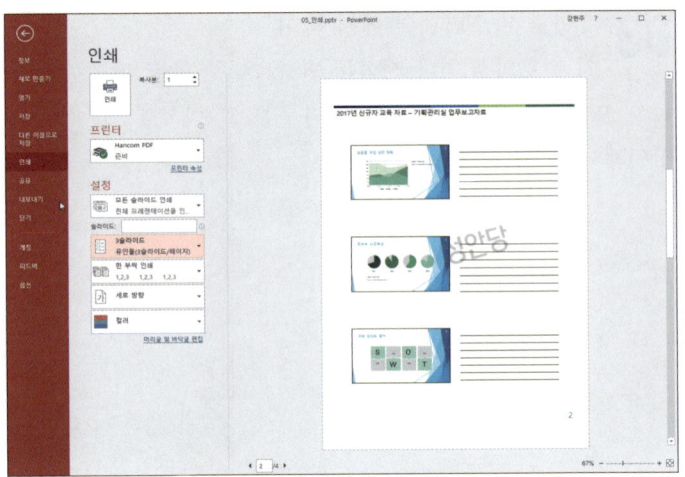

5 텍스트만 확인하는 개요 인쇄하기

프레젠테이션 문서 중 제목과 내용 개체 틀에 입력한 텍스트를 인쇄하려면 개요 인쇄를 하면 됩니다.

{실습 파일} 05\06_4.pptx

01 인쇄 전에 개요를 확인하기 위해, [보기] → [프레젠테이션 보기] 그룹 → [개요 보기]를 클릭합니다. 개요 창에서 슬라이드의 제목과 내용 개체 틀에 입력한 텍스트를 확인할 수 있습니다.

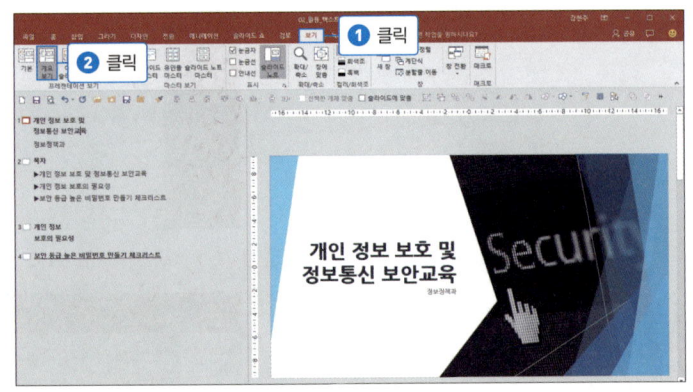

02 [파일] 탭 → [인쇄]에서 '개요'를 선택합니다.

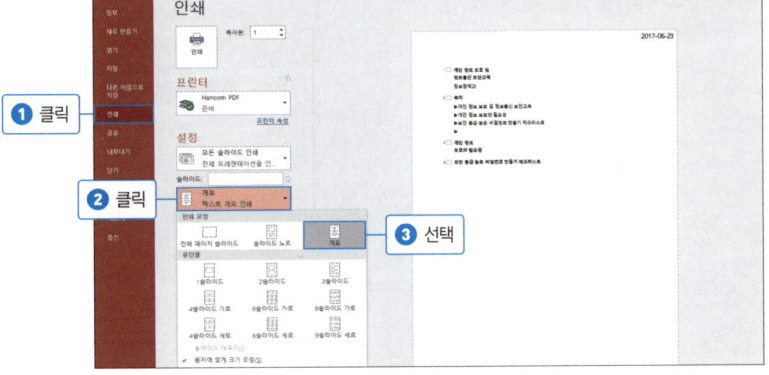

03 개요 인쇄는 개요 창에 보이는 형태로 인쇄됩니다. 제목만 보이는 슬라이드를 수정하기 위해 다시 〈뒤로〉 버튼을 눌러 개요 보기 상태로 이동합니다.

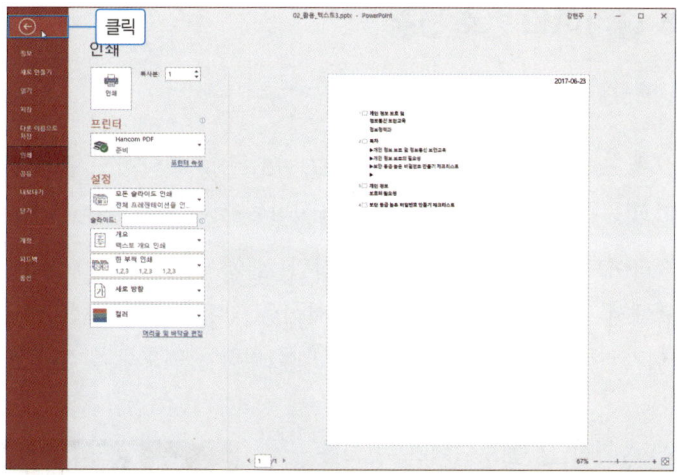

04 개요 창 위에서 마우스 오른쪽 버튼을 클릭하고 **확장 → 모두 확장**을 실행합니다.

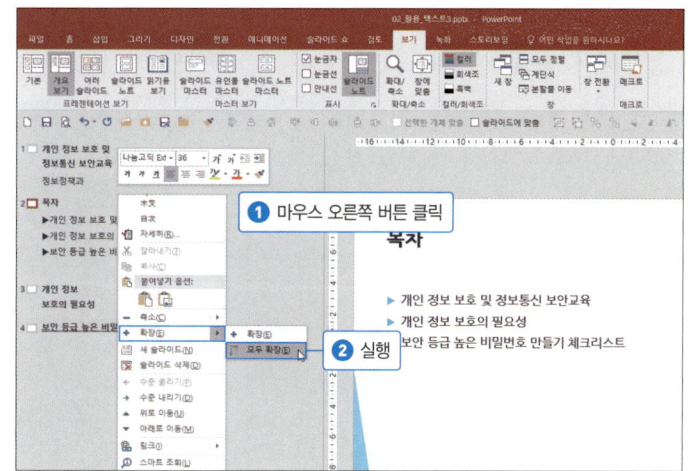

05 다시 [파일] 탭 → [인쇄]에서 '개요'를 선택하고 인쇄합니다. 모든 내용이 보이는 것을 확인할 수 있습니다.

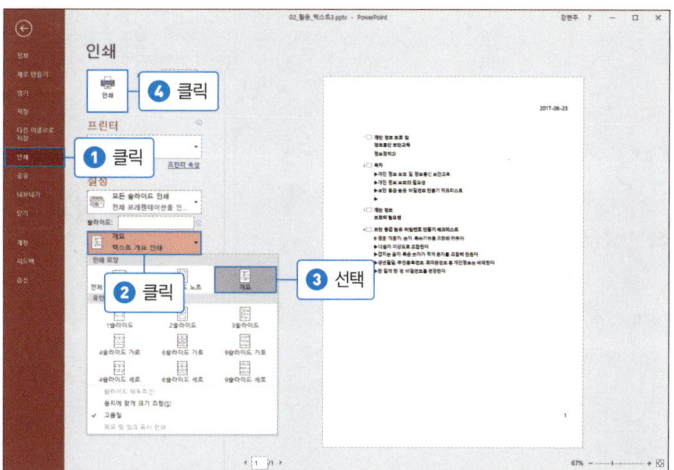

6 슬라이드 번호 변경

{**실습 파일**} 05\06_5.pptx   {**결과 파일**} 05\06_5결과.pptx

실제 프레젠테이션에서는 슬라이드 번호를 넣지 않아도 큰 상관이 없지만, 보고서 역할을 하는 프레젠테이션 문서에는 슬라이드 번호를 표시하는 것이 좋습니다.

슬라이드에 번호를 표시하려면 [삽입] 탭에서 슬라이드 번호의 사용 여부를 설정하고 [슬라이드 마스터] 탭에서 슬라이드 번호의 위치와 서식을 설정합니다. 또한 입력된 번호의 시작 번호를 변경하고 싶다면 [디자인] 탭에서 슬라이드 시작 번호를 원하는 번호로 설정하면 됩니다.

01 [삽입] 탭 → [텍스트] 그룹 → [머리글/바닥글]을 클릭합니다. '머리글/바닥글' 대화상자의 [슬라이드] 탭에서 '슬라이드 번호', '제목 슬라이드에는 표시 안함'에 체크 표시하고 〈모두 적용〉 버튼을 클릭합니다.

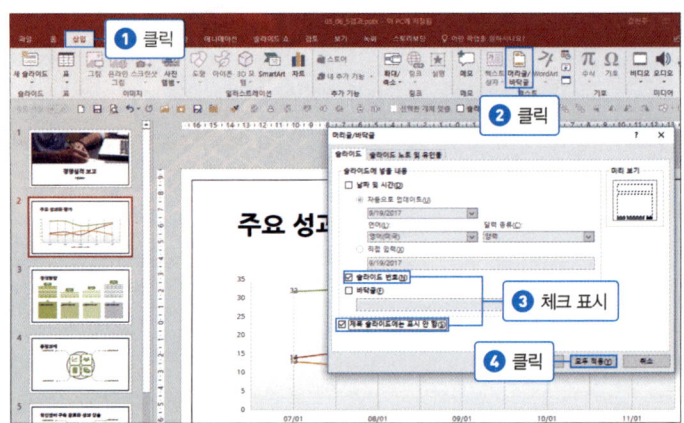

02 슬라이드 마스터에서 원하는 위치와 서식으로 슬라이드 번호 개체 틀을 수정합니다.

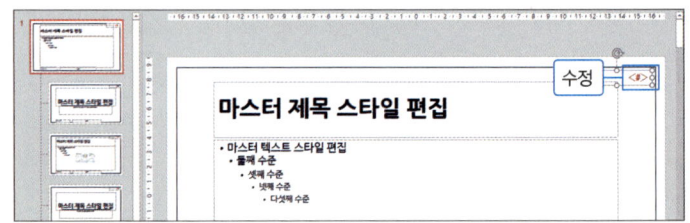

03 제목 슬라이드를 제외한 슬라이드에 번호가 삽입된 것을 확인합니다.

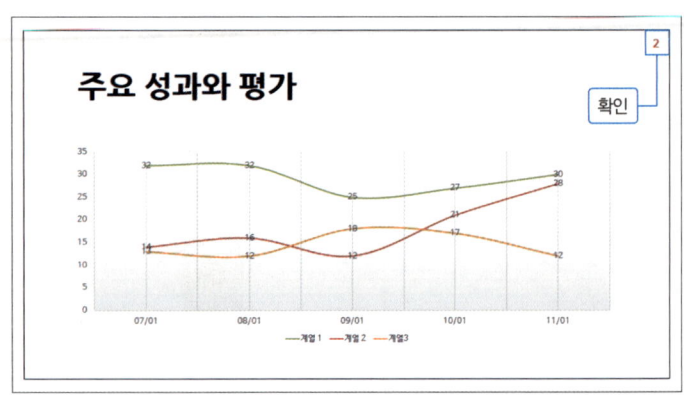

SECTION 06 목적에 맞는 인쇄물 준비하기

04 제목 슬라이드를 제외하고 두 번째 슬라이드부터 슬라이드 번호를 사용하기 때문에 슬라이드 번호가 2번으로 표시되어 있습니다. 실제는 두 번째 슬라이드이지만 1번으로 슬라이드 번호를 변경하겠습니다.

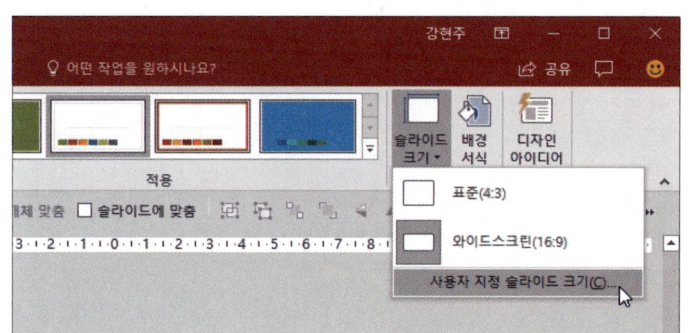

05 [디자인] 탭 → [사용자 설정] 그룹 → [슬라이드 크기] 하고 사용자 설정 슬라이드 크기를 실행합니다. '슬라이드 크기' 대화상자에서 '슬라이드 시작 번호' 항목을 '0'으로 설정하고 〈확인〉 버튼을 클릭합니다.

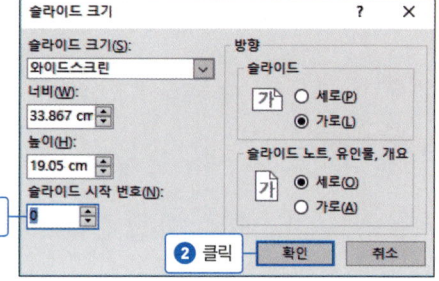

06 슬라이드 번호가 0번부터 설정되고, 두 번째 슬라이드에 1번으로 표시된 것을 확인할 수 있습니다.

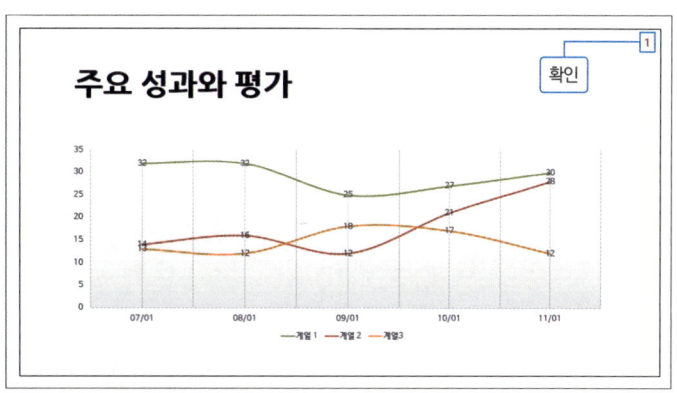

SECTION 07 프레젠테이션 발표 준비하기

프레젠테이션 문서를 위한 기획, 슬라이드 제작 과정에 많은 노력을 기울였다면, 마지막 발표 전 준비 또한 중요합니다. 꼼꼼하게 체크해서 성공적인 프레젠테이션을 진행할 수 있도록 준비하는 것이 필요합니다.

{실습파일} 05\06_6.pptx

1 슬라이드 쇼 재구성하기

발표장에서 갑자기 예기치 않게 발표 시간이 조정되는 경우가 있습니다. 이럴 때 당황하지 않고 슬라이드 쇼를 잘 마치려면 내용 중 어느 부분을 생략해도 좋은지 미리 알고 있어야 합니다. 이런 경우 별도의 파일로 복사해서 요약본을 준비하는 것이 아니라 재구성한 쇼를 만들어, 프레젠테이션 문서 하나를 가지고 다양한 요구에 맞게 구성해서 사용하면 편리합니다. 같은 프레젠테이션이라도 청중에 따라, 발표 시간에 따라 내용이 조금씩 달라질 수 있습니다. 이때 유용한 기능인 쇼 재구성을 설정하는 방법을 알아보겠습니다.

01 [슬라이드 쇼] 탭 → [슬라이드 쇼 시작] 그룹 → [슬라이드 쇼 재구성]을 클릭하고 **쇼 재구성**을 실행합니다.

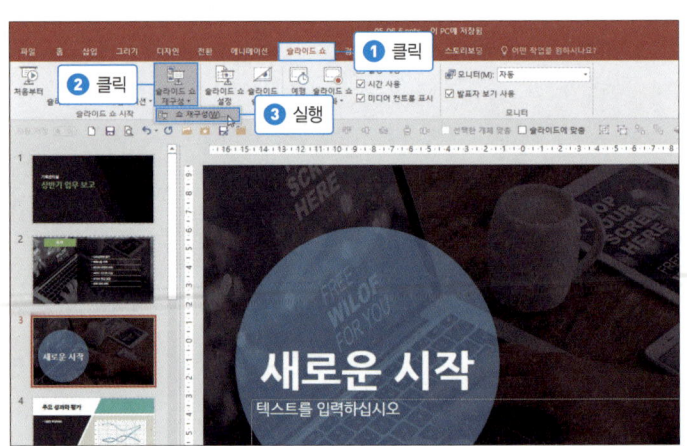

02 '쇼 재구성' 대화상자가 표시되면, 〈새로 만들기〉 버튼을 클릭합니다.

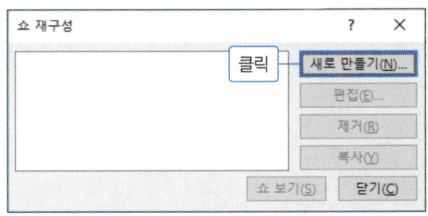

SECTION 07 프레젠테이션 발표 준비하기

03 슬라이드 쇼 이름을 입력하고 왼쪽의 프레젠테이션에 있는 슬라이드 목록에서 사용할 슬라이드를 체크 표시한 다음 〈추가〉 버튼을 클릭합니다. 슬라이드가 추가되면 〈확인〉 버튼을 클릭합니다.

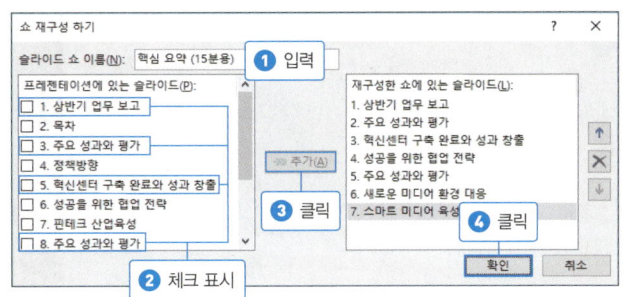

04 재구성한 쇼가 등록된 것을 확인할 수 있습니다. 〈닫기〉 버튼을 클릭합니다.
같은 방법으로 하나의 프레젠테이션 파일을 다양하게 구성해서 사용할 수 있습니다.

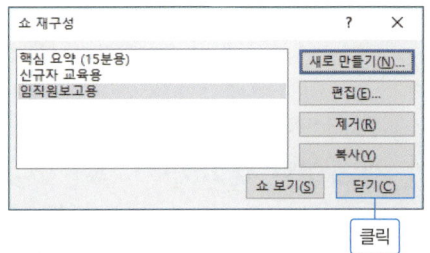

05 재구성한 쇼를 실행하려면, [슬라이드 쇼] 탭 → [슬라이드 쇼 시작] 그룹 → [슬라이드 쇼 재구성]을 클릭한 다음 목록에 등록되어 있는 쇼를 실행합니다.

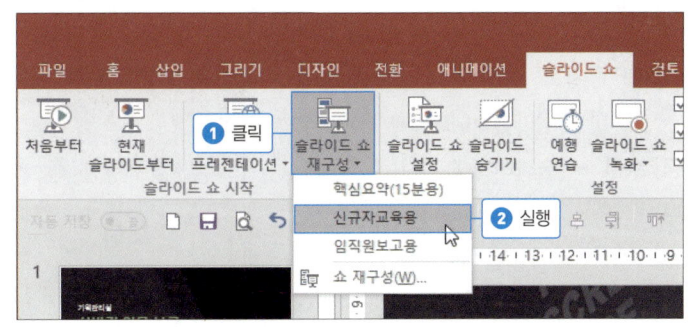

06 재구성한 쇼를 수정하려면 [슬라이드 쇼] 탭 → [슬라이드 쇼 시작] 그룹 → [슬라이드 쇼 재구성]을 클릭한 다음, **쇼 재구성**을 실행합니다. '쇼 재구성' 대화상자가 표시되면, 수정할 쇼를 선택한 다음 〈편집〉 버튼을 클릭합니다.
추가된 슬라이드를 선택하고 오른쪽의 〈위로〉 버튼, 〈아래로〉 버튼을 클릭해 순서를 변경하거나, 슬라이드를 새롭게 추가하거나 삭제합니다.

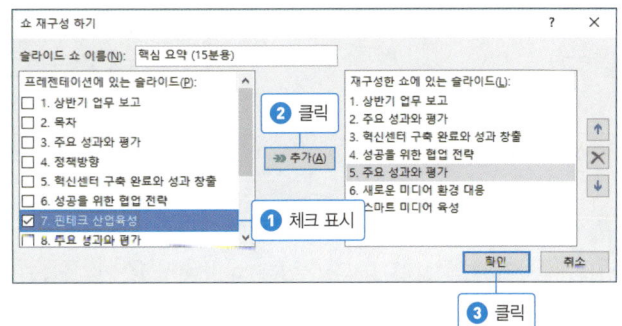

07 재구성한 쇼를 인쇄하려면, **[파일] 탭 → [인쇄]**를 선택하고 '설정' 항목의 인쇄 대상에서 재구성한 쇼 목록을 확인합니다. 인쇄할 쇼를 선택합니다.

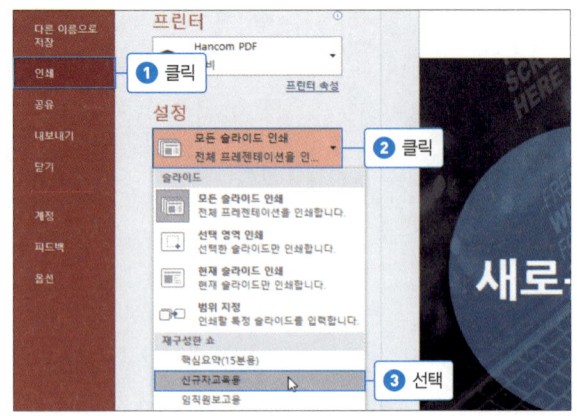

2 슬라이드 숨기기

슬라이드 쇼를 진행할 때 특정 슬라이드를 숨길 수 있습니다.

01 숨기고 싶은 슬라이드를 선택한 다음 **[슬라이드 쇼] 탭 → [설정] 그룹 → [슬라이드 숨기기]**를 클릭합니다.
숨겨진 슬라이드는 슬라이드 창에서 흐리게 표시되고 슬라이드 번호에 대각선 표시가 생깁니다. 다시 한 번 [슬라이드 숨기기]를 클릭하면 숨기기가 취소됩니다.

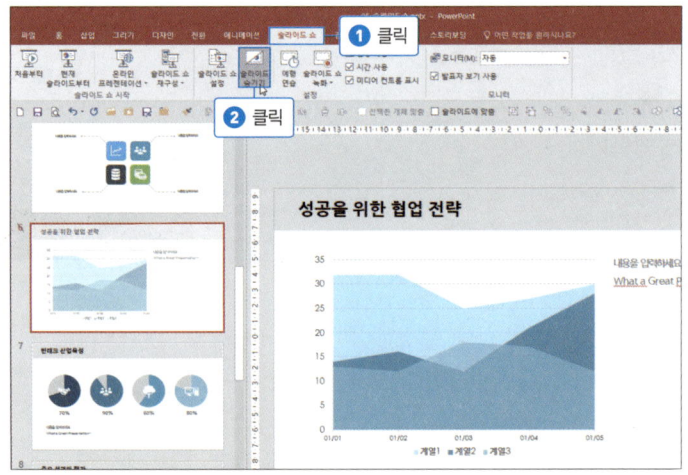

02 숨겨진 슬라이드를 인쇄하려면, **[파일] 탭 → [인쇄]**를 선택하고 '설정' 항목의 인쇄 대상에서 '숨겨진 슬라이드 인쇄'에 체크 표시합니다.

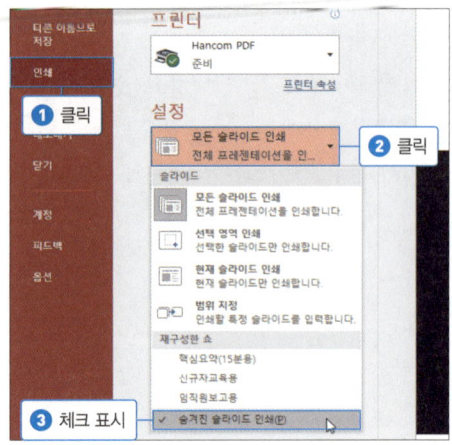

3 슬라이드 쇼 설정

[슬라이드 쇼] 탭 → [설정] 그룹 → [슬라이드 쇼 설정]을 클릭하면 쇼 진행에 관한 여러 가지 설정을 할 수 있습니다.

1 '쇼 설정' 대화상자 살펴보기

① 보기 형식

ⓐ 발표자가 진행(전체 화면) : 일반적인 쇼 보기 상태입니다. 발표자가 Enter 키나 마우스 클릭으로 다른 슬라이드로 전환하면서 발표할 수 있습니다.

ⓑ 웹 형식으로 진행 : 인터넷 웹 페이지 형식으로 표시됩니다.

ⓒ 대화형 자동 진행(전체 화면) : 이 옵션을 선택하면 슬라이드 쇼에서 Enter 키나 마우스를 사용할 수 없습니다. 하이퍼링크가 설정된 개체를 클릭하는 방법으로만 슬라이드 쇼가 실행됩니다.

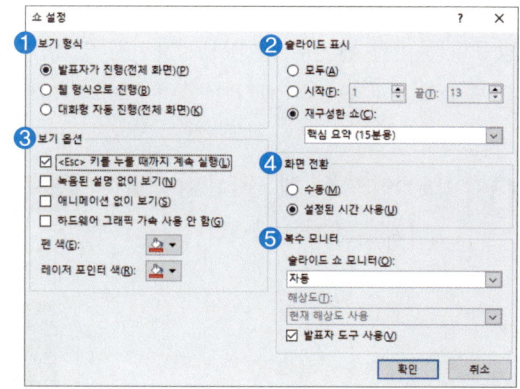

② 슬라이드 표시

슬라이드 쇼에서 표시할 슬라이드를 설정합니다. 시작과 끝을 설정하거나 재구성한 쇼를 선택할 수 있습니다.

③ 보기 옵션

ⓐ Esc 키를 누를 때까지 계속 실행 : 슬라이드 쇼는 기본적으로 맨 마지막 슬라이드에서 Enter 키를 누르면 종료됩니다. 하지만 Enter 키를 눌렀을 때 다시 첫 번째 슬라이드로 되돌아와서 계속 실행되도록 하고 싶다면 이 옵션을 선택합니다. 자동으로 슬라이드 쇼를 진행하면서 이 옵션을 설정하면 계속해서 반복 실행됩니다. 자동 실행 프레젠테이션을 사용하여 전시회나 회의장의 부스에서 프레젠테이션을 무인으로 실행할 때 설정하면 유용합니다.

ⓑ 녹음된 설명 없이 보기 : 프레젠테이션에 설명을 녹음한 경우 이 녹음 없이 슬라이드 쇼를 진행합니다.

ⓒ 애니메이션 없이 보기 : 설정된 애니메이션을 사용하지 않고 슬라이드 쇼를 진행합니다.

ⓓ 하드웨어 그래픽 가속 사용 안 함 : 환경이 좋지 못한 경우나 애니메이션 효과를 많이 사용할 경우 슬라이드 쇼를 재생할 때 멈춤 현상이 발생할 수 있습니다. 이런 경우 체크 표시하면 성능 저하 문제를 해결할 수 있을 경우가 있습니다.

ⓔ 펜 색 : 슬라이드 쇼 상태에서 Ctrl+P 키를 누르면 펜 기능을 실행해 밑줄이나 코멘트를 달 수 있습니다. 이때 펜의 기본 색상을 설정합니다.

ⓕ 레이저 포인트 색 : 슬라이드 쇼 상태에서 Ctrl 키를 누른 채 마우스 왼쪽 버튼을 클릭하면 레이저 포인트를 사용할 수 있습니다. 이때 레이저 포인트의 기본 색상을 설정합니다.

④ 화면 전환

ⓐ 수동 : 화면 전환 시간을 사용하지 않게 됩니다.

ⓑ 설정된 시간 사용 : 시간을 설정한 경우, 그 시간을 사용해서 화면 전환을 진행합니다.

⑤ 복수 모니터

컴퓨터에 복수 모니터를 볼 수 있는 기능이 있다면 이 기능을 사용해 발표자의 컴퓨터 모니터와 스크린에 표시되는 내용을 다르게 설정할 수 있습니다. 발표자는 컴퓨터에서 발표할 슬라이드 노트를 보고 진행하고 청중이 보는 스크린에는 슬라이드만 표시되도록 할 수 있습니다.

4 예행 연습하기

발표할 문서를 완전히 이해하고 자신감 있게 진행하려면 연습이 최선의 방법입니다. 그리고 각 슬라이드를 발표하는데 필요한 시간을 알면 실전에서 늦게 끝나거나 빨리 끝나는 실수를 예방할 수 있습니다.

01 [슬라이드 쇼] 탭 → [설정] 그룹 → [예행 연습]을 클릭합니다.

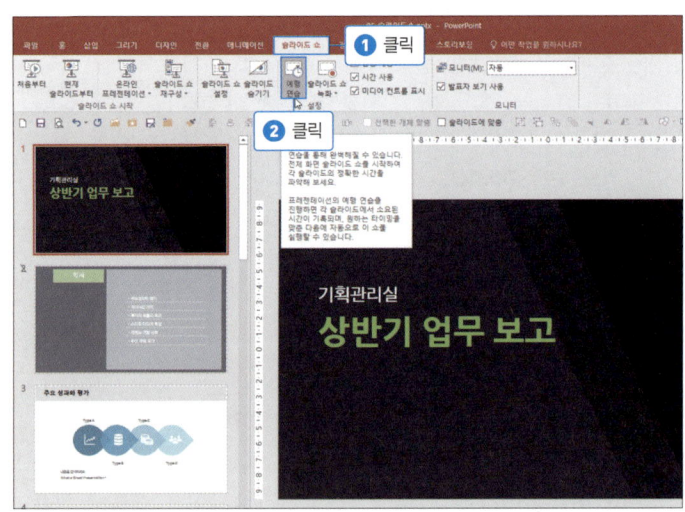

02 슬라이드 쇼 상태가 진행이 되면서, [예행 연습] 도구 모음이 화면 왼쪽 위에 표시되고 슬라이드 시간 상자에 프레젠테이션 시간이 기록되기 시작합니다. 실제 발표하는 것과 동일하게 프레젠테이션을 진행합니다. 순수한 쇼 진행 시간만 기록하기 위해 [예행 연습 도구 모음]에 있는 〈일시 중지〉 버튼을 누르거나 〈다음 슬라이드〉 버튼을 누르면서 진행합니다.

03 마지막 슬라이드까지 슬라이드 쇼가 끝나면 기록된 슬라이드 시간을 저장할 것인지 묻는 대화상자가 표시됩니다. 〈예〉 버튼을 클릭합니다.

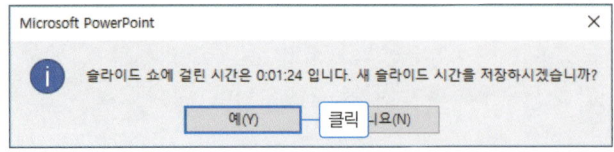

04 여러 슬라이드 보기 상태로 보면 각 슬라이드의 시간이 표시됩니다. 이 시간을 참고로 실제 프레젠테이션에서 소요되는 시간을 파악할 수 있습니다.

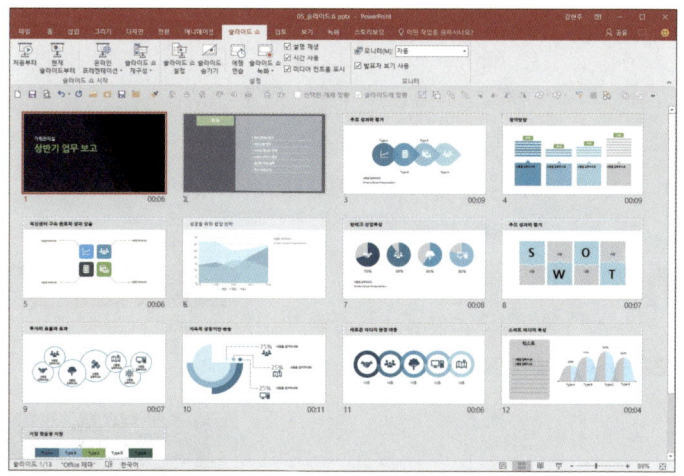

05 만일 이 시간을 이용해서 슬라이드 쇼를 자동으로 진행하려면, **[슬라이드 쇼] 탭 → [설정] 그룹**에서 **[시간 사용]** 항목에 체크 표시를 합니다. F5 키를 눌러 자동으로 프레젠테이션이 진행되는지 확인합니다.

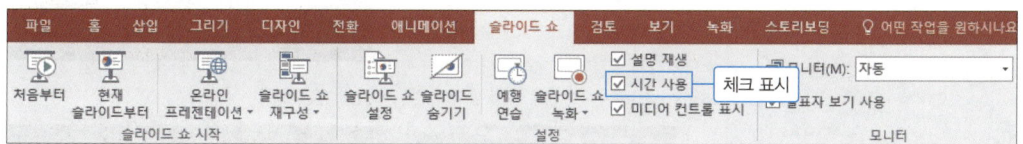

06 프레젠테이션에 기록된 슬라이드 시간을 삭제하려면, **[슬라이드 쇼] 탭 → [설정] 그룹 → [슬라이드 쇼 녹화▼]**를 클릭하고, 펼쳐진 목록 중 **지우기 → 모든 슬라이드의 타이밍 지우기**를 실행합니다.

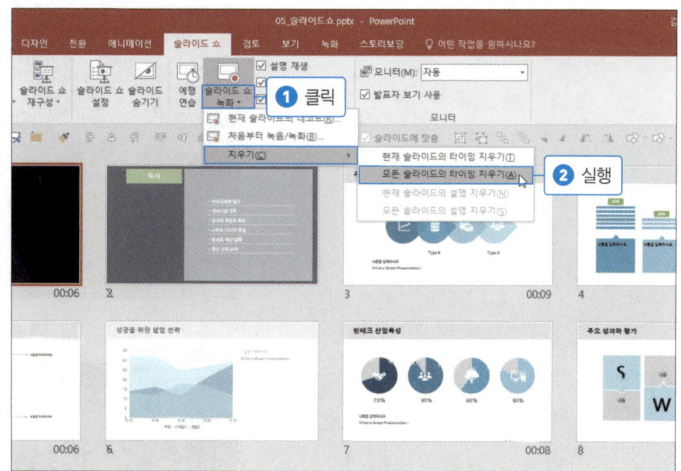

5 슬라이드 쇼 녹화하기

슬라이드 쇼 녹화는 프레젠테이션을 진행하면서 발생하는 마이크를 통한 소리, 발표자의 레이저 포인터의 움직임, 시간 등 모든 것을 저장하는 것입니다. 이 기능은 프레젠테이션을 발표자가 직접 청중에게 발표할 수 없는 자체 실행되는 프레젠테이션에 유용합니다.

01 [슬라이드 쇼] 탭 → [설정] 그룹 → [슬라이드 쇼 녹화]를 클릭하고 **처음부터 녹음/녹화**를 실행합니다.

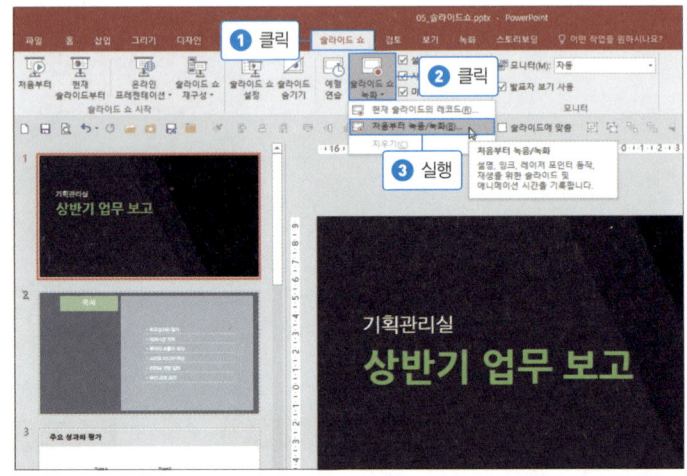

02 슬라이드 쇼 녹화 화면이 표시됩니다. 준비가 되었으면 〈녹화 시작〉 버튼을 클릭합니다.

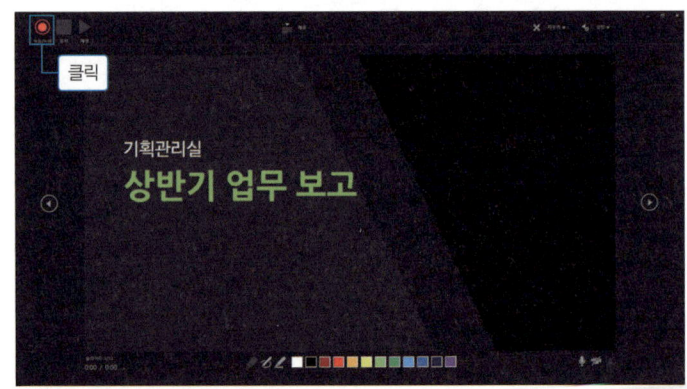

03 설명할 내용을 마이크에 말하고 레이저 포인터나 펜으로 위치도 가리키면서 프레젠테이션을 진행합니다.
다음 슬라이드로 이동하면서 이 과정을 반복합니다.

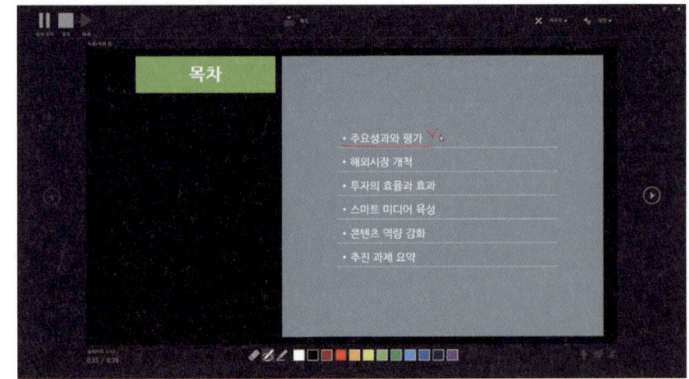

04 슬라이드 쇼 녹화를 모두 마치고 여러 슬라이드 보기 상태에서 확인해 보면 각 슬라이드 아래에 슬라이드 소요 시간이 표시됩니다.

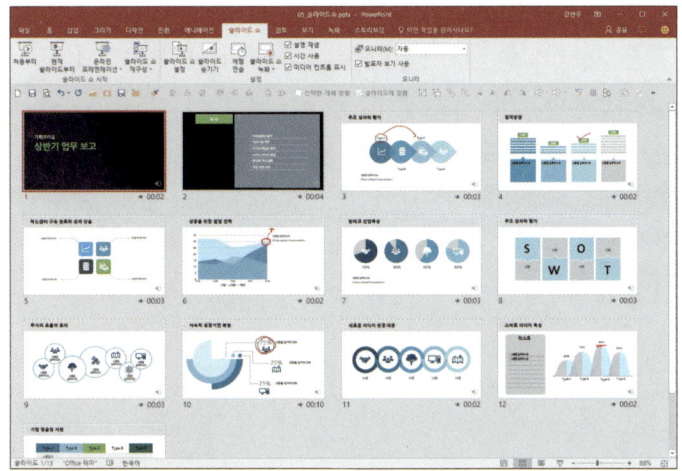

05 녹화된 설명을 확인해 보려면, 기본 보기 상태에서 각 슬라이드에 삽입된 미디어 컨트롤의 〈재생〉 버튼을 클릭합니다.

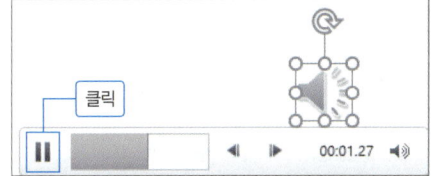

06 이 시간을 이용해서 슬라이드 쇼를 자동으로 진행하면서 설명을 재생하고 싶다면 **[슬라이드 쇼] 탭 → [설정] 그룹**에서 '설명 재생' 항목과 '시간 사용'에 체크 표시합니다.
F5 키를 눌러 자동으로 프레젠테이션 중 녹음된 오디오나 펜의 움직임까지 재생되는지 확인합니다.

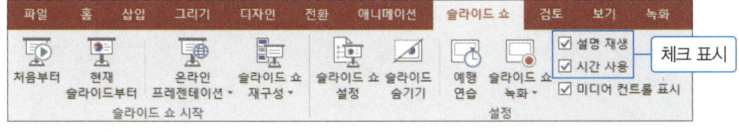

07 일부 슬라이드의 내용만 다시 녹화하려면 기본 보기에서 녹화를 다시 시작할 슬라이드를 선택합니다.
[슬라이드 쇼] 탭 → [설정] 그룹 → [슬라이드 쇼 녹화]를 클릭하고 **현재 슬라이드에서 녹음 시작**을 실행합니다. 녹화 방법은 동일합니다. 녹화를 중지하려면 Esc 키를 누릅니다.

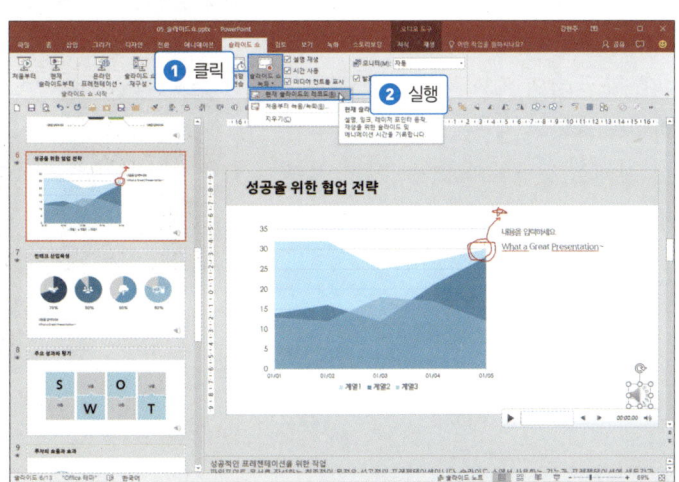

08 녹화된 설명은 유지하면서 재생되지 않도록 하려면, [슬라이드 쇼] 탭 → [설정] 그룹의 '설명 재생'에 체크를 해제합니다. 또는 [슬라이드 쇼] 탭 → [설정] 그룹 → [슬라이드 쇼 설정]을 클릭해서 '쇼 설정' 대화 상자가 표시되면 '보기 옵션' 항목의 '녹음된 설명 없이 보기'에 체크 표시를 합니다.

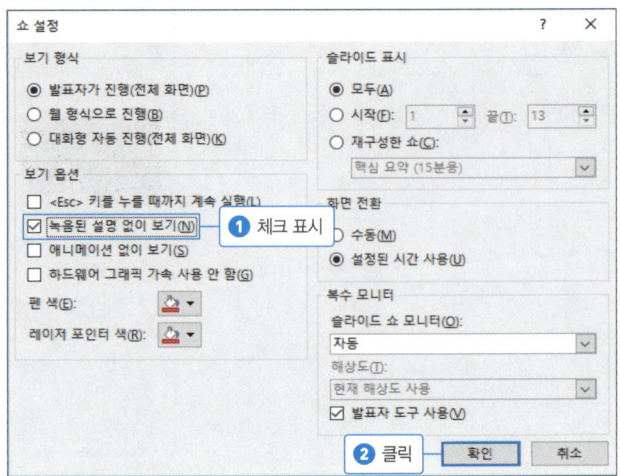

09 설명을 완전히 삭제하려면, [슬라이드 쇼] 탭 → [설정] 그룹 → [슬라이드 쇼 녹화▼]를 클릭하고 펼쳐지는 목록에서 **지우기 → 모든 슬라이드의 설명 지우기**를 실행합니다.

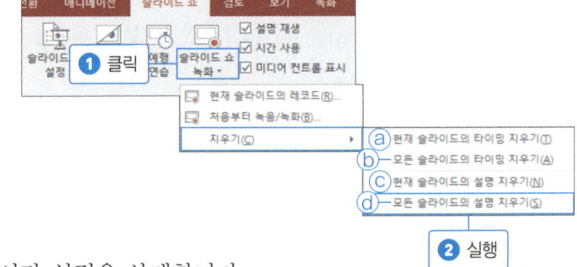

ⓐ **현재 슬라이드의 타이밍 지우기** : 현재 선택된 슬라이드의 시간 설정을 삭제합니다.
ⓑ **모든 슬라이드의 타이밍 지우기** : 모든 슬라이드의 시간 설정을 삭제합니다.
ⓒ **현재 슬라이드의 설명 지우기** : 현재 선택된 슬라이드의 설명을 삭제합니다.
ⓓ **모든 슬라이드의 설명 지우기** : 모든 슬라이드의 설명을 삭제합니다.

> tip 특정 슬라이드의 설명을 삭제할 때 기본 보기에서 소리 아이콘을 선택하고 Delete 키를 눌러도 됩니다.

10 웹 캠이 있는 PC에서 녹화하는 경우 화면의 오른쪽 아래에 발표자의 모습이 카메라에 녹화되어 슬라이드 쇼와 함께 녹화가 가능합니다. 이 상태로 동영상으로 저장해서 설명 자료로 배포할 수 있습니다.

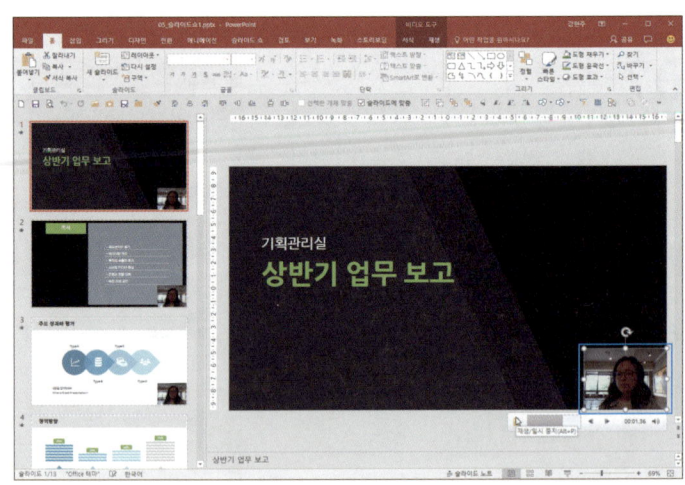

SECTION 08 Microsoft 계정 활용하기

스마트기기와 함께 업무를 편리하게 수행하려면 기본적으로 Microsoft 계정과 Google 계정은 필수입니다. 이 두 계정이 있다면 업무를 할 때 필요한 다양한 기능들을 바로 사용할 수 있습니다.
지금은 주로 Office에 관련된 업무를 위해 Microsoft 계정을 살펴보지만 Google 계정도 유용하니 꼭 함께 사용해 보세요.

1 Microsoft 계정 하나로 사용할 수 있는 기능

Microsoft 계정을 설정하면 단 한 번의 로그인만으로 Office에서 Outlook 및 Skype에 이르기까지 모든 Microsoft 서비스가 함께 작동됩니다. Windows, iOS, Android 디바이스 중 어느 것을 사용하든 또는 세 가지 모두를 번갈아 사용하든 손 안의 디바이스에서 필요한 모든 것이 계정을 통해 유지됩니다.

▲ https://www.microsoft.com/ko-kr/account/default.aspx

① 무료 Office Online

　Outlook.com은 디바이스에서 생산성을 향상시키도록 디자인된 메일, 일정, 사람들 및 작업을 포함한 무료 기능 제품군입니다. Microsoft 계정으로 Outlook.com에 로그인하면 Skype, OneDrive, 및 Office Online에 받은 편지함에서 액세스할 수도 있습니다.

② 어디서든 더 많은 작업이 가능

　Microsoft OneDrive를 사용하면 어디서나 저장된 문서, 사진 및 기타 파일을 모든 장치에서 사용하고 공유할 수 있습니다. Microsoft OneDrive로 장소와 사용하는 장치에 관계없이 파일에 액세스하고, 업무와 일상에서 다른 사용자와 공유하고 함께 작업할 수 있습니다.

01 Microsoft 사이트(https://www.office.com)에 접속해서 계정을 만듭니다.

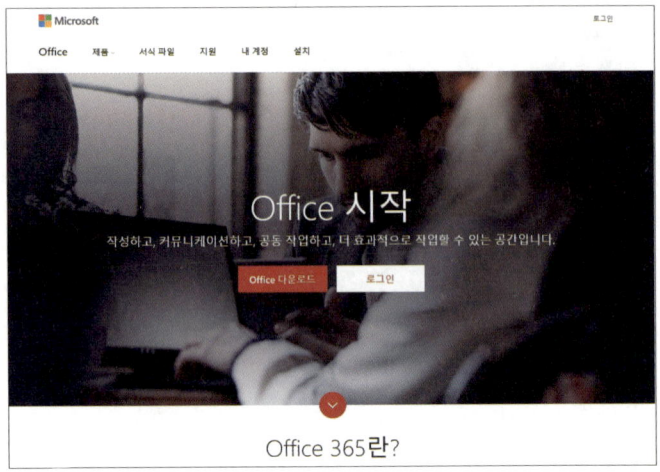

02 사이트에서 만들어진 계정으로 로그인합니다. 사용할 수 있는 여러 기능을 찾을 수 있습니다.

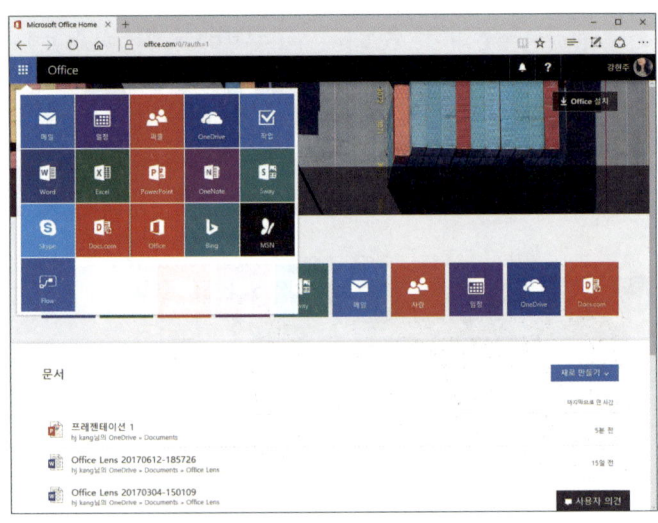

03 그 기능 중 하나가 바로 오피스를 구입하지 않고 무료 Office Online을 사용할 수 있다는 것입니다.

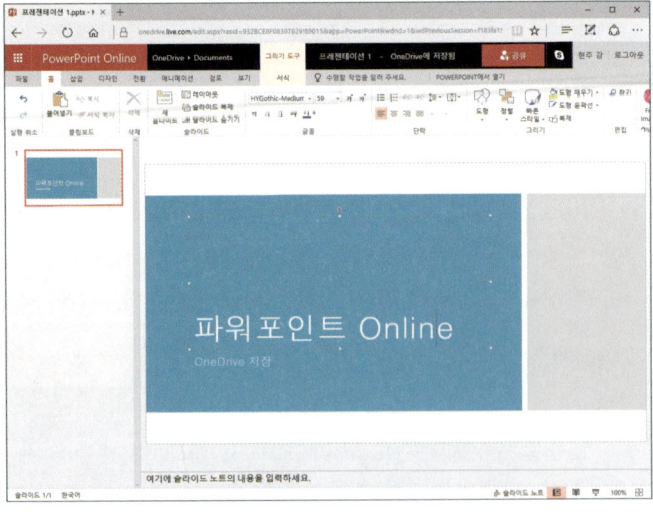

SECTION 08 Microsoft 계정 활용하기

04 참고로 Office 제품을 구매할 때 만일 교사나 학생이라면 무료로 사용할 수 있습니다. 체험판이 아닌 정식 최신 버전을 제공하는 것이니 교사나 학생 분들은 사용해보세요. 학교 이메일만 있다면 간단한 절차를 거쳐 사용 가능합니다.

https://products.office.com/ko-kr/student/office-in-education

2 프레젠테이션 문서 웹에 저장하고 공유하기

OneDrive 또는 Office 365 SharePoint에 문서를 저장하면 문서가 어디에서든지 액세스 가능한 위치에 저장됩니다. 웹에 연결할 수 있다면 언제든지 작업하던 문서를 이어서 작업할 수 있고 다른 사람들과 문서를 쉽게 공유할 수도 있습니다.

01 파워포인트 [파일] 탭 → [계정]을 클릭하고 Microsoft 계정으로 로그인합니다.

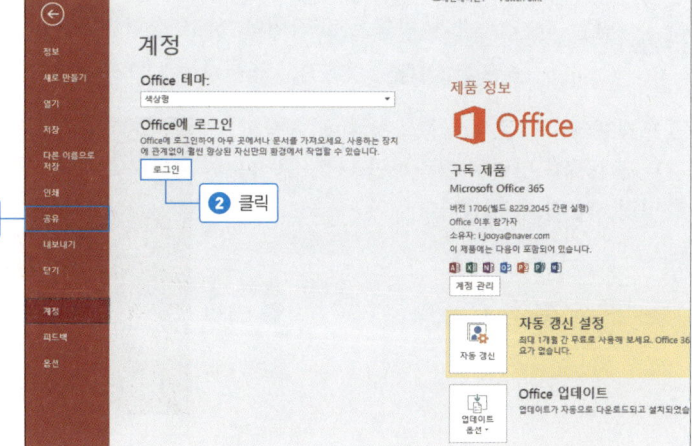

02 [파일] 탭 → [다른 이름으로 저장]을 클릭하고 항목에서 'OneDrive'를 선택합니다. 파일 이름과 저장 위치를 설정하고 〈저장〉 버튼을 클릭합니다.

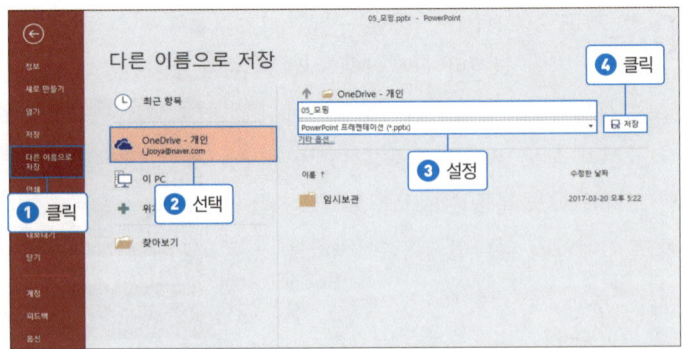

03 이렇게 저장된 파일은 원드라이브(https://onedrive.live.com/about/ko-kr)에 접속하면 어디서든 사용할 수 있습니다.

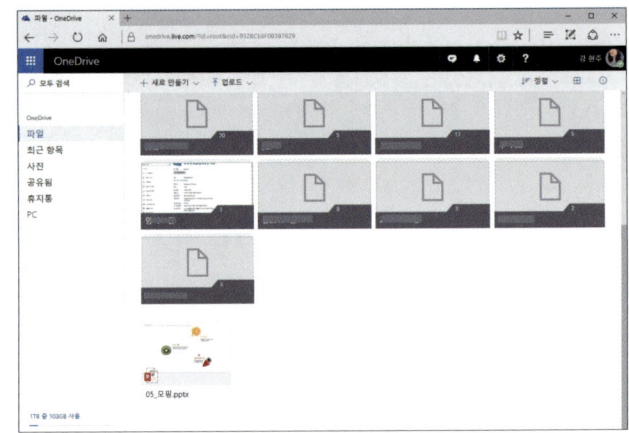

04 만일 다른 사람과 공동으로 작업을 하고 싶다면 [파일] 탭 → [공유]를 클릭합니다. 공유는 먼저 OneDrive 또는 Office 365 SharePoint에 저장해야 합니다.

ⓐ 프레젠테이션 문서를 공유 위치에 저장한 다음 [공유] 명령을 클릭하면 바로 [공유] 명령 사용할 수 있습니다.

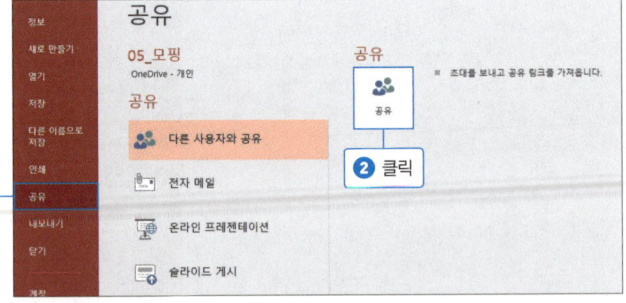

ⓑ 프레젠테이션 문서를 공유 위치에 저장하지 않고 [공유] 명령을 클릭한 경우에는 저장 작업 다음에 공유 가능합니다.

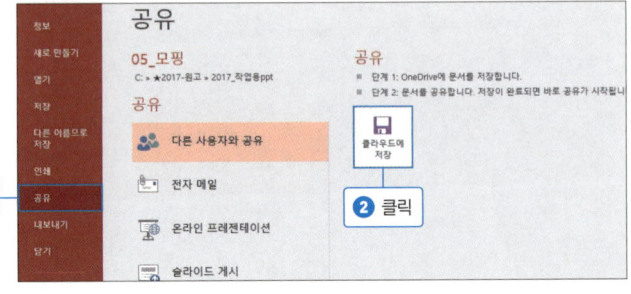

05 또는 리본 메뉴에서 '공유'를 클릭해도 됩니다.

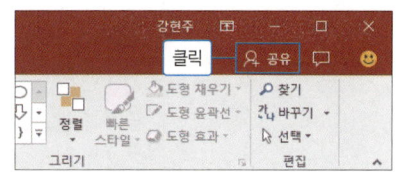

06 공유하려는 사람의 전자 메일 주소를 입력합니다. 초대할 사람의 연락처 정보가 이미 저장되어 있는 경우 이름만 입력하면 됩니다. 파일을 보기만 할 것인지, 편집도 할 수 있는지 권한을 부여합니다. 〈공유〉 버튼을 클릭합니다.

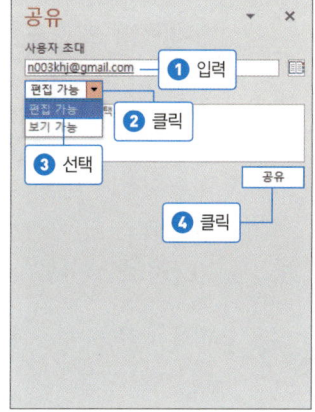

07 프레젠테이션을 공유 위치에 저장하지 않은 경우 지금 저장하라는 메시지가 표시됩니다.

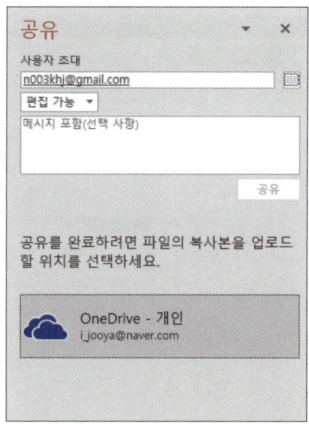

08 공유가 되면 공동 작업 중인 사용자가 표시됩니다.

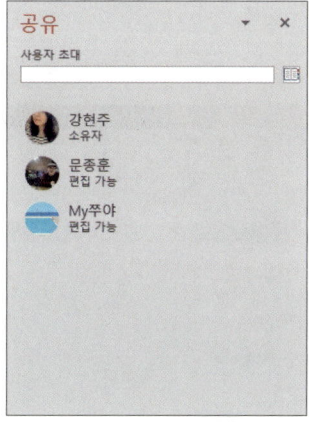

tip 공유 링크만으로 공동 작업이 가능합니다.
① [공유] 작업 창의 아래쪽에서 '공유 링크 가져오기'를 클릭합니다.

② 편집, 보기 전용 권한에 따라 만들어진 링크를 복사합니다. 이 링크를 공동 작업자에게 제공합니다.

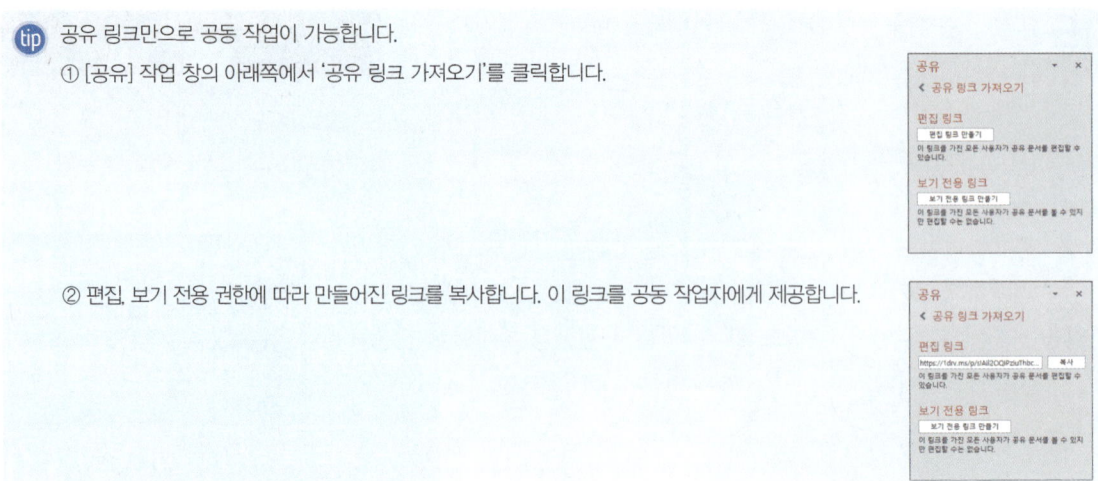

09 초청을 받은 사람은 메일을 확인해 볼 수 있습니다.

10 공유 문서가 저장된 공간에 접속해 보면 공유 작업할 문서를 확인할 수 있습니다.

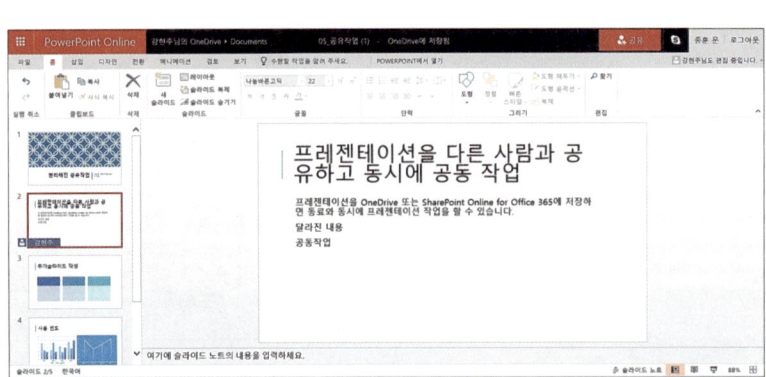
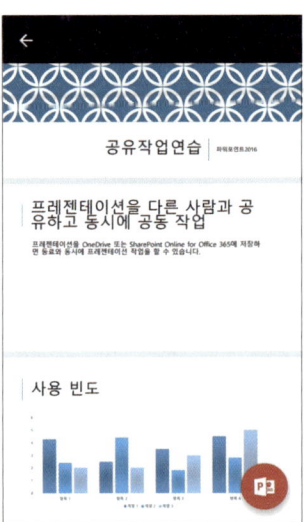

11 만일 스마트폰에서 파워포인트 문서의 내용을 확인하거나 수정하고 싶다면 Microsoft PowerPoint 앱을 설치하면 간단하게 스마트폰에서도 수정할 수 있습니다. Excel이나 Word도 Microsoft 계정만 있다면 무료로 사용할 수 있습니다.

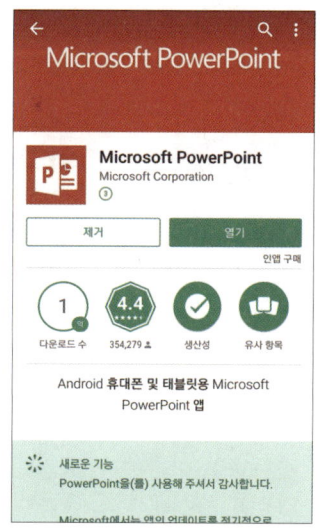

12 스마트폰에서는 화면이 작아 많은 작업을 하기는 불편하지만, 슬라이드 삽입이나 개체 삽입, 삽입된 개체 수정 등 다양한 기능이 제공되니 급한 업무에 활용하면 됩니다.

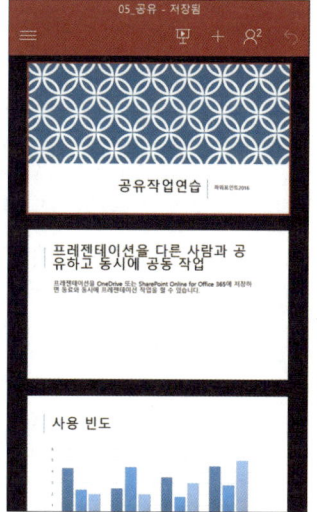

13 다른 사용자가 프레젠테이션을 보고 있거나 프레젠테이션에 대한 작업을 수행 중인 경우, 해당 사용자의 축소판 그림이 리본의 오른쪽 위에 나타납니다.
다른 사용자가 프레젠테이션에 들어오거나 프레젠테이션에서 나가면 알려줍니다.

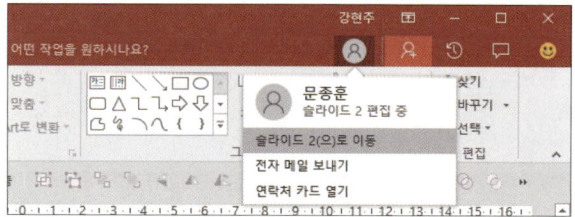

14 보기 또는 공유 작업 창에 프레젠테이션을 편집하는 사용자의 이름이 표시됩니다.

 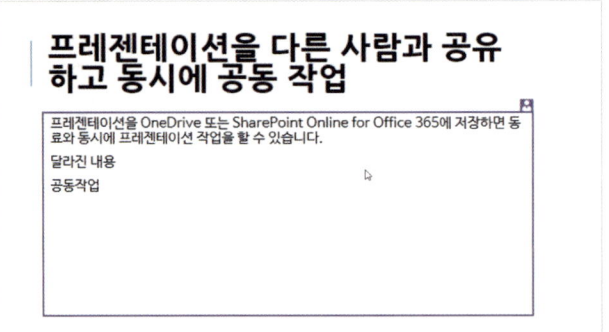

tip 표시되지 않는다면 [옵션] → [고급] → [표시]에서 '선택한 항목에 대해 현재 상태 플래그 표시' 항목에 체크 표시합니다.

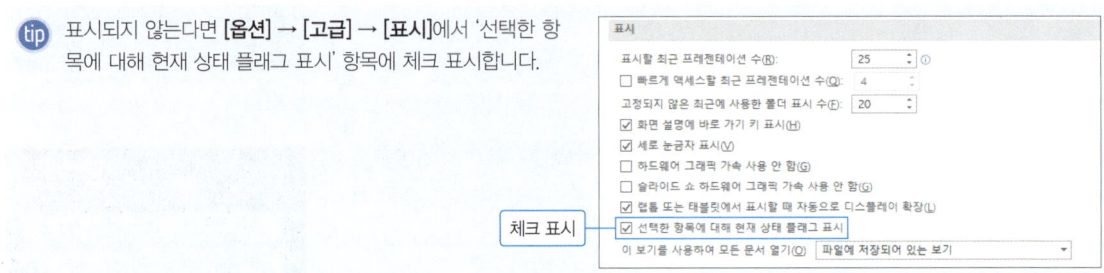

15 사용자의 업데이트 내용과 다른 작성자의 업데이트 내용이 충돌하지 않는 경우 내용이 자동으로 병합되며 추가 작업을 수행할 필요가 없습니다.

충돌하는 변경 내용이 있는 경우 저장을 선택하면 공동 작업자 중 한 명의 변경 내용과 충돌하는 내용을 시각적으로 비교한 화면이 표시됩니다. 유지할 내용을 선택할 수 있습니다.

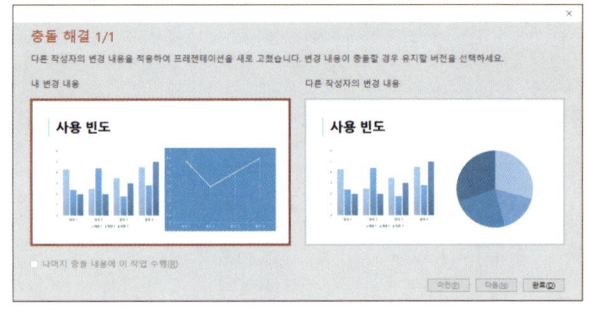

16 작업 창에서는 지금까지 수행된 변경 내용의 전체 목록을 볼 수 있습니다. 이전 버전에 액세스할 수도 있습니다. 작업 창을 보려면 리본 메뉴에서 '작업'을 클릭합니다.

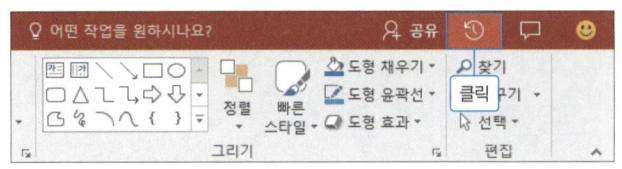 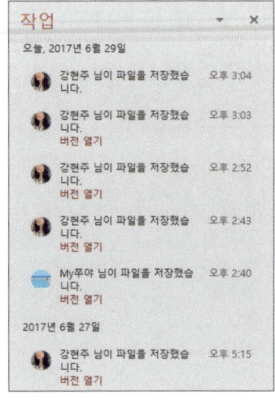

17 Office 365 구독이 있는 경우에 자동 저장된 실시간 공동 작업을 사용할 수 있습니다. 공동 작업하는 다른 사용자가 바로 변경 내용을 볼 수 있도록 하며 공동 작업이 자동 저장된 후 편집하도록 합니다. 한 번에 한 명만 특정 상자에서 작업할 수 있습니다. [옵션] → [일반] → [실시간 공동 작업 옵션]의 '다른 사람과 함께 작업할 때 변경 내용을 자동으로 저장합니다.'에 체크 표시합니다.

> tip 이 기능은 Office 365 구독을 보유하고 있는 경우에만 사용할 수 있습니다. Office 365 구독자는 최신 버전 Office를 보유하고 있는지 확인하세요.

3 원격 청중에게 온라인 프레젠테이션

무료 Office Presentation Service를 사용해서 발표자가 웹을 통해 어디서나 모든 사람과 슬라이드 쇼를 공유할 수 있습니다. 청중에게 링크(URL)를 보내면 초대한 모든 사람이 자신의 브라우저에서 동기화된 슬라이드 쇼 보기를 보게 됩니다.

01 [파일] 탭 → [공유]를 클릭하고 [온라인 프레젠테이션]을 선택합니다. 필요하다면 '원격으로 보는 사용자에게 프레젠테이션을 다운로드 허용'에 체크 표시를 한 다음 〈온라인 프레젠테이션〉 버튼을 클릭합니다.

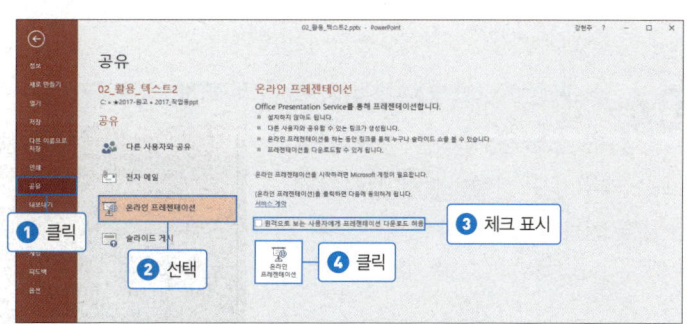

> tip [슬라이드 쇼] 탭 → [슬라이드 쇼 시작] 그룹 → [온라인 프레젠테이션]을 클릭해도 됩니다.

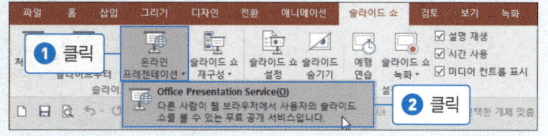

02 프레젠테이션의 슬라이드 쇼에 대해 고유한 URL이 만들어집니다.

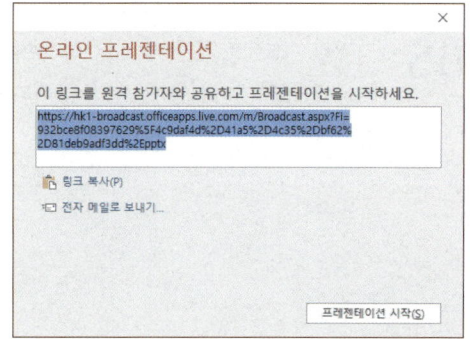

03 청중에게 프레젠테이션 링크를 보내려면 다음 중 하나를 실행합니다.

ⓐ 링크를 복사하려면 '링크 복사'를 클릭합니다. 메신저 프로그램이나 다른 방식으로 복사된 URL을 전달합니다.
ⓑ 프레젠테이션 링크를 전자 메일로 보내려면 '전자 메일로 보내기'를 클릭합니다.

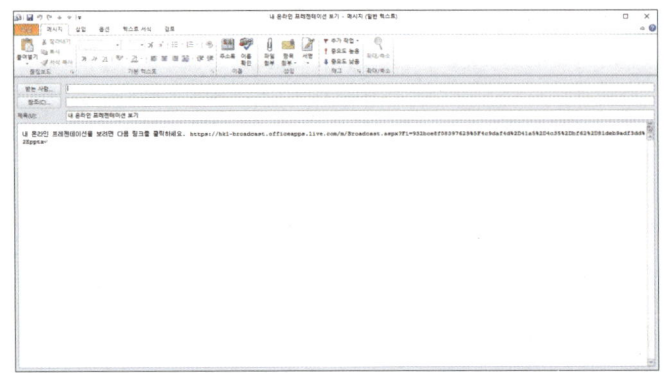

> tip 붙여넣기 단축키는 Ctrl + V 입니다.

04 슬라이드 쇼에 대한 링크를 받은 청중은 링크를 클릭하면, 웹 브라우저가 실행되면서 브로드캐스트를 기다리는 화면이 됩니다.

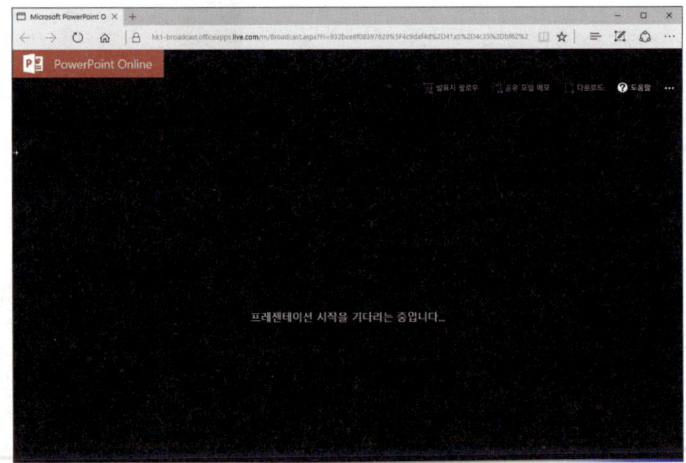

05 발표자는 청중들이 모두 링크를 받은 것을 확인합니다. 프레젠테이션을 시작할 준비가 되면 〈프레젠테이션 시작〉 버튼을 클릭합니다.

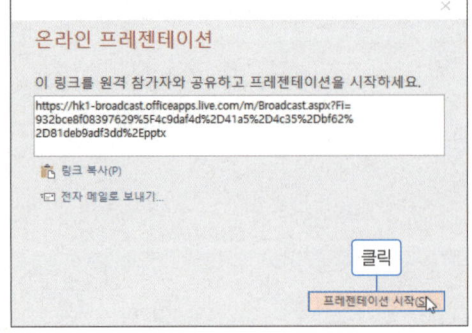

06 프레젠테이션하는 동안에는 청중의 브라우저에 발표자의 슬라이드 쇼가 진행됩니다.

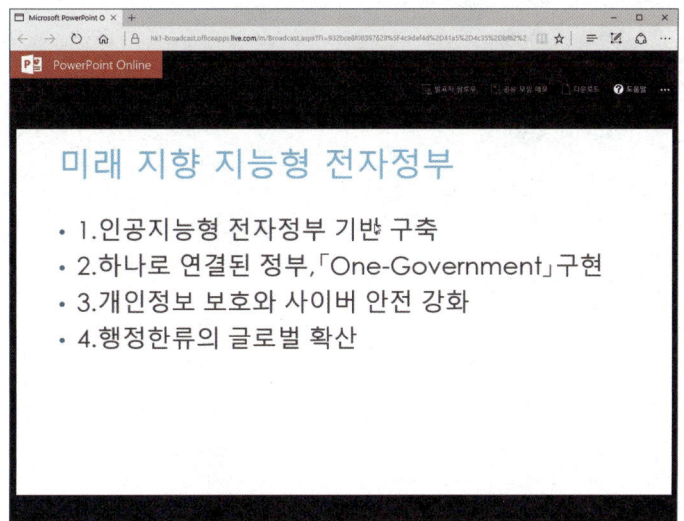

07 온라인 프레젠테이션을 종료하려면 Esc 키를 눌러 슬라이드 쇼 보기를 종료한 다음 [온라인 프레젠테이션] 탭 → [온라인 프레젠테이션] 그룹 → [온라인 프레젠테이션 종료]를 클릭합니다.

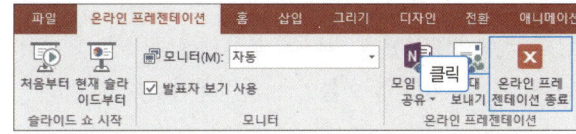

08 프레젠테이션 종료를 확인하려면 〈온라인 프레젠테이션 종료〉 버튼을 클릭합니다.

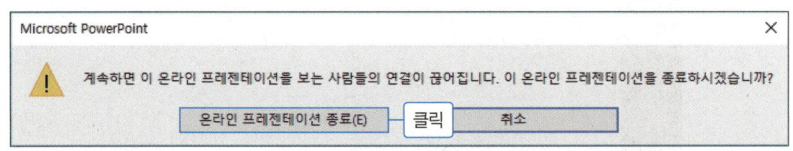

09 브로드캐스트가 종료되면 청중 화면에도 브로드캐스트가 종료되었다는 메시지가 표시됩니다.

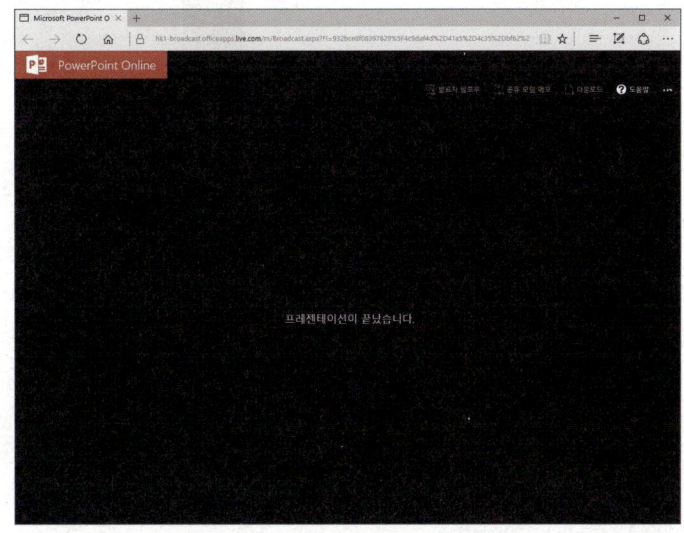

SECTION 09 배포 전 문서 점검하기

프레젠테이션 문서를 다른 사람에게 전달하기 전에 어느 곳에서든 문제없이 실행되는지, 혹은 불필요한 정보가 포함되어 있지 않은지 확인한 다음 안전하게 배포합니다.

1 미디어가 실패 없이 재생되도록 문제 해결

만일 프레젠테이션에 비디오나 오디오 파일과 같은 미디어가 포함되어 있는 경우 재생 문제를 방지하기 위해 미디어 파일의 호환성을 최적화합니다.

01 [파일] 탭 → [정보] 탭을 클릭합니다.

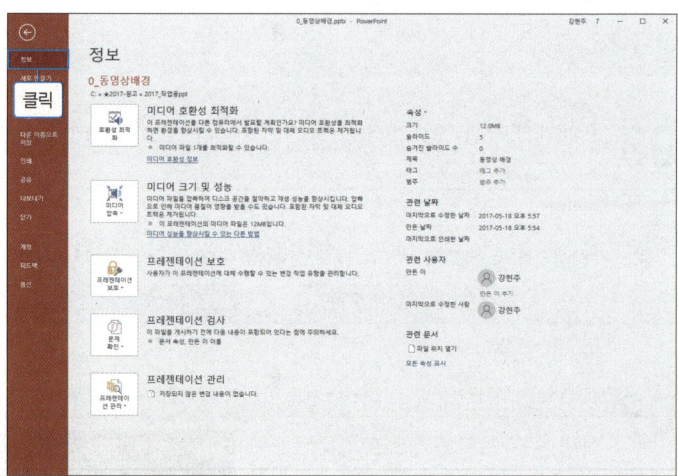

02 기본적으로 프레젠테이션 문서에 관한 정보는 아래의 화면처럼 '프레젠테이션 보호', '프레젠테이션 검사', '프레젠테이션 관리' 세 가지입니다.

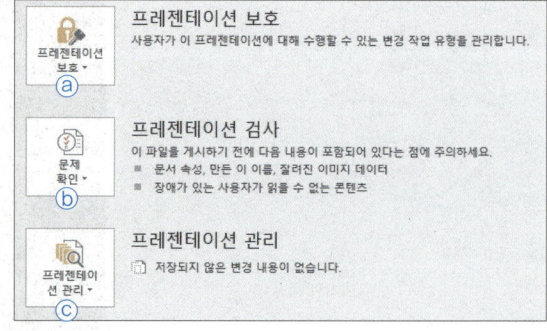

03 하지만, 이전 버전으로 작성된 파일이거나 비디오나 오디오와 같은 미디어가 포함되어 있는 경우 재생 문제를 방지하는 정보들이 제공됩니다.

ⓐ **호환 모드**
이전 버전으로 작업한 파일들(*.ppt)을 열었을 때는 [호환 모드] 명령이 표시됩니다. 변환해서 업그레이드하면 이러한 미디어 파일이 자동으로 업데이트되어 새 형식으로 포함됩니다. 변환하지 않고 그대로 사용하면 호환되지 않는 일부 기능을 사용할 수 없습니다.

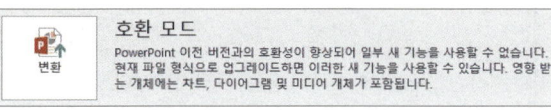

ⓑ **미디어 호환성 최적화**
프레젠테이션에 있는 미디어가 다른 장치에서 재생할 때 호환성 문제가 있을 수 있는 형식으로 삽입된 경우라면, 호환성 최적화 옵션이 표시됩니다. 표시되지 않는 경우 호환성 문제가 없는 상태입니다.

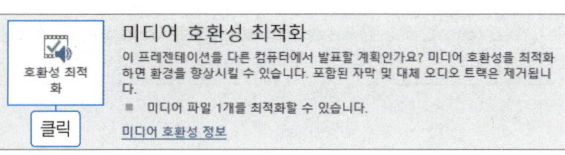

〈호환성 최적화〉 버튼을 클릭합니다. 최적화해야 하는 미디어가 향상됩니다.

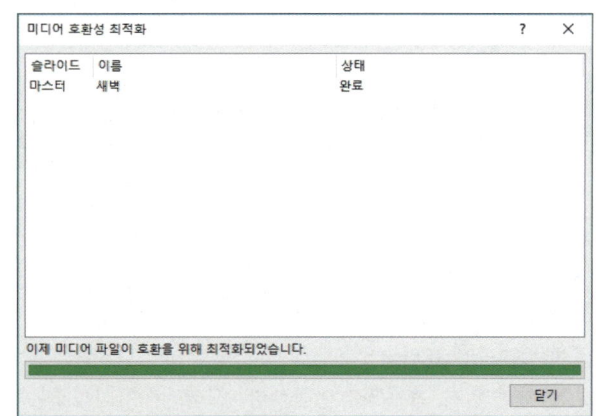

ⓒ **미디어 크기 및 성능**
미디어 파일을 압축하여 재생 성능을 향상하고 디스크 공간을 절약할 수 있습니다.

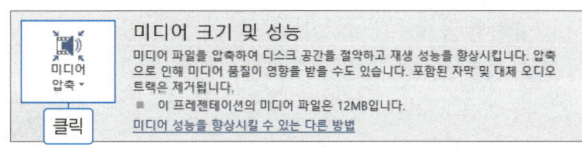

〈미디어 압축〉 버튼을 클릭하고, 비디오 품질을 설정하여 비디오 크기를 결정하려면 다음 중 하나를 선택합니다.

ⓐ **프레젠테이션 품질** : 전체 오디오 및 비디오 품질은 유지하면서 공간을 절약합니다.
ⓑ **인터넷 품질** : 인터넷을 통해 스트리밍 되는 미디어와 유사한 품질이 설정됩니다.

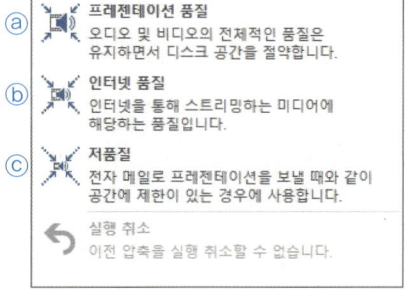

ⓒ **저품질** : 전자 메일로 프레젠테이션을 보내는 등 공간이 제한된 경우 사용합니다.

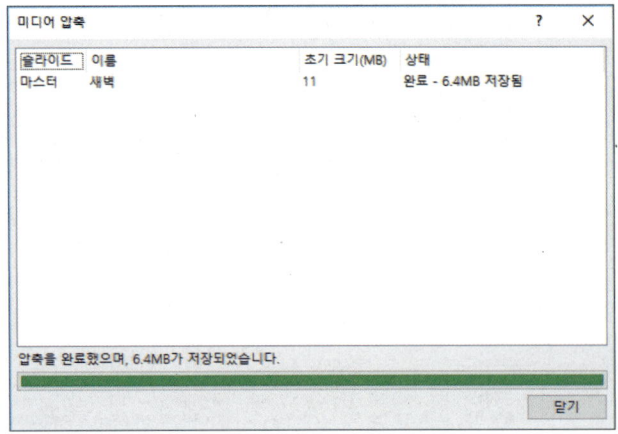

2 프레젠테이션 보호하기

파일을 배포하기 전에 문서에 암호를 설정하거나 최종본으로 표시해서 전달할 수 있습니다.

01 [파일] 탭 → [정보] → [프레젠테이션 보호] 버튼을 클릭합니다.

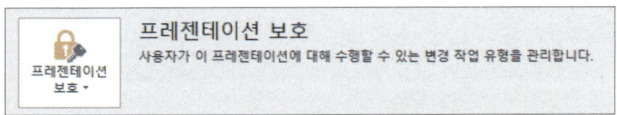

02 [프레젠테이션 보호] 명령의 옵션은 다음과 같습니다.

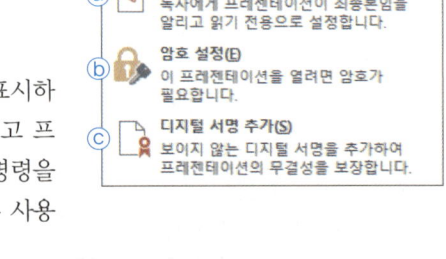

ⓐ **최종본으로 표시**

문서를 읽기 전용으로 만듭니다. 프레젠테이션을 최종본으로 표시하면 입력, 편집 명령 및 언어 교정 표시가 비활성화 또는 해제되고 프레젠테이션은 읽기 전용으로 설정됩니다. [최종본으로 표시] 명령을 사용하면 프레젠테이션의 완료된 버전을 공유하고 있음을 다른 사용자들에게 손쉽게 알릴 수 있습니다.

[최종본으로 표시] 명령은 보안 기능이 아닙니다. 최종 상태로 표시된 파일의 전자 복사본을 받는 모든 사용자들은 파일에서 [최종본으로 표시] 명령을 해제하여 해당 파일을 편집할 수 있습니다.
또는 파일을 열었을 때 표시되는 메시지 표시줄에서 〈계속 편집〉 버튼을 클릭해도 됩니다.

ⓑ **암호 설정**
문서에 대한 열기 암호를 설정합니다. 암호 설정을 선택하면 '문서 암호화' 대화상자가 나타납니다. 암호 상자에 암호를 입력합니다.

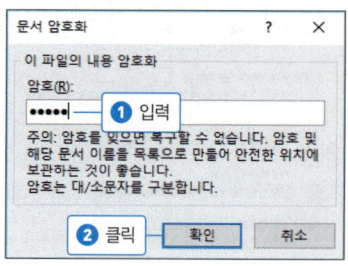

ⓒ **디지털 서명 추가**
표시 또는 표시되지 않는 디지털 서명을 추가합니다. 디지털 서명은 컴퓨터 암호화를 사용하여 문서, 전자 메일 메시지 및 매크로와 같은 디지털 정보를 인증합니다. 디지털 서명은 서명을 입력하거나 신뢰성, 무결성 및 거부할 수 없음을 설정하는 서명 이미지를 사용하여 만듭니다.

3 프레젠테이션 검사하기

파워포인트 2016으로 작성한 프레젠테이션 문서와 이전 버전의 파워포인트 사이의 호환성 문제점을 찾아 미리 해당 문제를 해결하는 방법을 점검하고, 다른 사람에게 문서에 포함된 불필요한 정보까지 전달되지 않도록 확인합니다.

01 [파일] 탭 → [정보] → [문제 확인] 버튼을 클릭합니다.

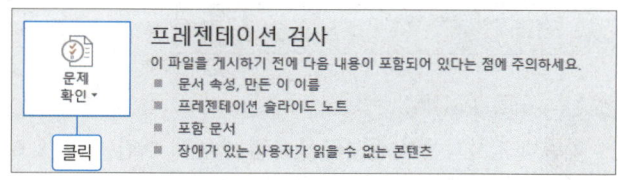

02 명령의 옵션은 다음과 같습니다.

ⓐ **문서 검사**
문서에 포함된 메모나 주석, 속성 및 개인 정보, 숨김으로 설정된 슬라이드 정보, 슬라이드 노트 내용들을 삭제할 수 있습니다. '문서 검사' 대화상자가 표시되면, 삭제하려는 항목에 체크 표시를 하고 〈검사〉 버튼을 클릭합니다.

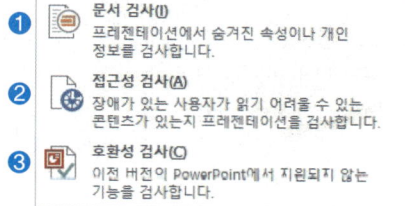

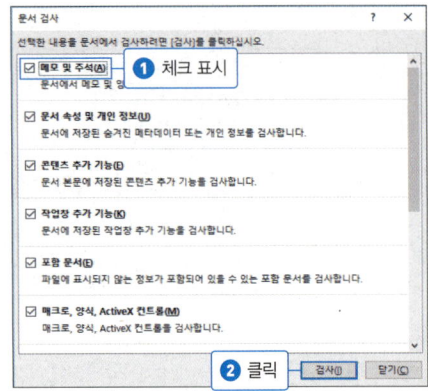

- 삭제할 정보가 검사되면 〈모두 제거〉 버튼이 표시됩니다. 〈모두 제거〉 버튼을 클릭하면 지워집니다.

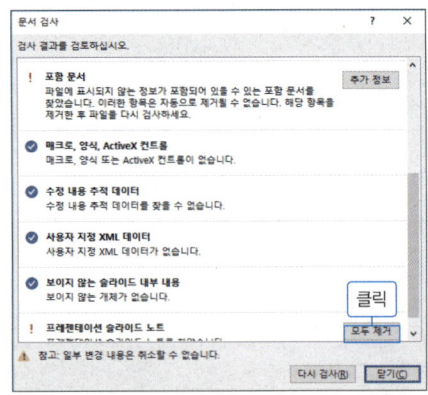

> tip 슬라이드 노트 내용처럼 전달할 필요는 없지만 발표자는 필요한 내용이라면 원본이 지워지지 않도록 다른 사람에게 전달할 파일을 따로 복사해서 작업합니다.

ⓑ **접근성 검사**

맞춤법 검사기에서 잠재적 맞춤법 오류에 대한 경고가 표시되는 것과 비슷하게 접근성 검사에서는 파일의 접근성 문제에 대한 경고가 표시되므로 장애가 있는 사용자가 콘텐츠에 액세스하지 못하게 하는 잠재적 문제를 수정할 수 있습니다.

ⓒ **호환성 검사**

프레젠테이션 문서를 파워포인트 97 – 2003 파일 형식으로 저장하기 전에 손실되는 기능은 없는지 점검해 볼 수 있습니다.

- '호환성 검사' 대화상자가 표시되면 손실되는 기능의 내용을 확인하고 문제짐을 미리 짐김해 봅니다.

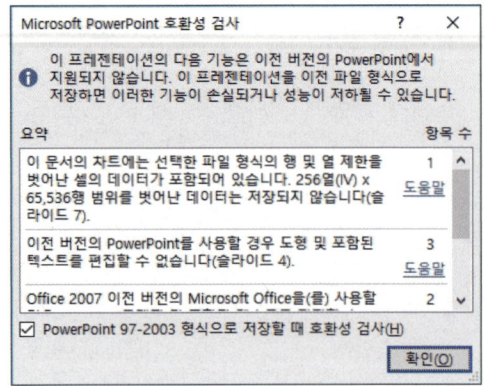

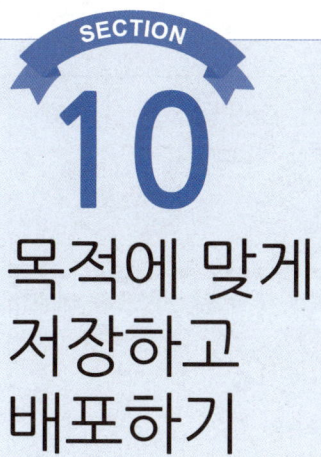

SECTION 10 목적에 맞게 저장하고 배포하기

프레젠테이션 문서를 사용하는 목적에 맞게 다양하게 저장할 수 있습니다. 동영상으로 만들거나 그림으로 저장해서 수정하지 못하는 상태로 전달할 수도 있습니다. 사용하려는 형태에 맞게 저장하는 방법을 살펴보겠습니다.

1 PDF/XPS 문서 만들기

파일을 수정할 수 없도록 저장하면서 쉽게 공유 및 인쇄할 수 있도록 하는 방법으로 PDF 파일로 저장할 수 있습니다. 추가 소프트웨어 또는 추가 기능 없이도 파일을 PDF 또는 XPS 형식으로 변환할 수 있습니다.

01 [파일] 탭 → [내보내기] → [PDF/XPS 문서 만들기]를 선택한 다음 〈PDF/XPS 만들기〉 버튼을 클릭합니다.

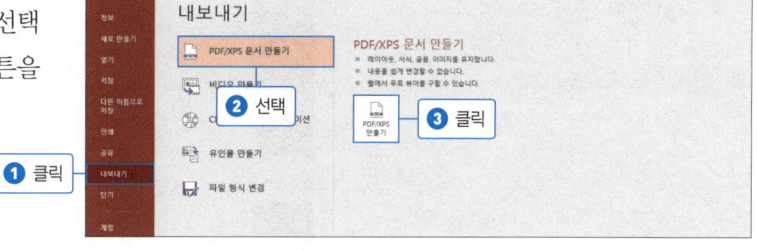

02 'PDF 또는 XPS로 게시' 대화상자가 표시되면 저장할 위치를 설정하고 파일 이름 상자에 프레젠테이션의 이름을 입력하거나 기본 파일 이름을 그대로 사용합니다.

> **tip** 저장 후 파일을 열려면 '게시 후 파일 열기'에 체크 표시하고, 문서를 고품질로 인쇄해야 할 경우 '표준(온라인 게시 및 인쇄)'을, 파일 크기를 줄여야 하는 경우에는 '최소 크기(온라인 게시)'를 선택합니다.

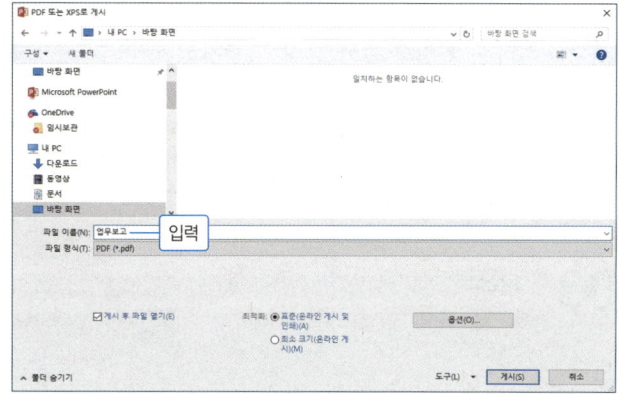

03 〈옵션〉 버튼을 클릭해서 인쇄할 페이지를 설정하고 게시 옵션을 선택합니다. 설정이 완료되면 〈확인〉 버튼을 클릭하고 'PDF 또는 XPS로 게시' 대화상자의 버튼을 클릭합니다.

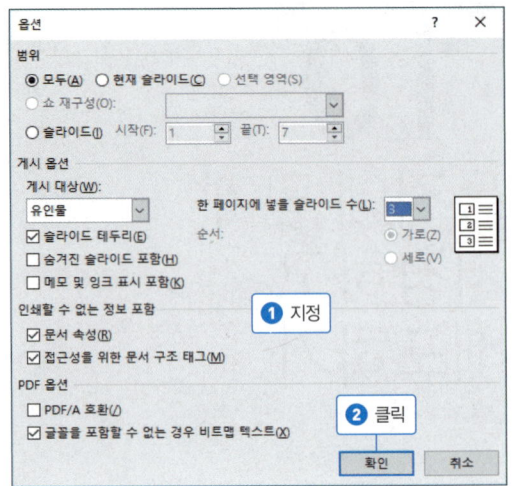

2 프레젠테이션 문서를 비디오로 만들기

프레젠테이션을 보다 쉽게 배포하고 받는 사람이 쉽게 볼 수 있도록 비디오로 저장할 수 있습니다. 컴퓨터에 파워포인트가 설치되어 있지 않아도 프레젠테이션을 볼 수 있습니다.

01 [파일] 탭 → [내보내기] → [비디오 만들기]를 선택합니다.

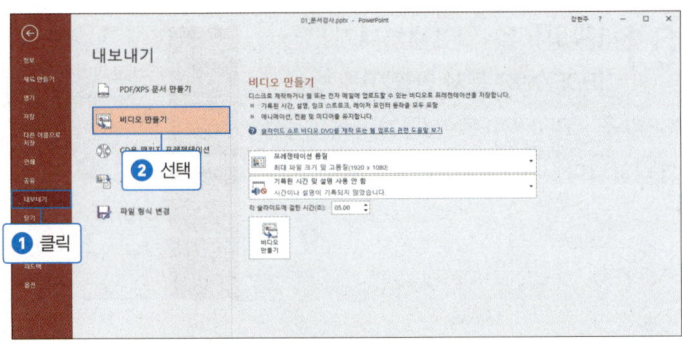

02 비디오 품질과 크기 옵션을 설정하기 위해, [비디오 만들기] 명령에서 '프레젠테이션 품질' 펼침 목록을 클릭하고 다음 중 하나를 선택합니다.

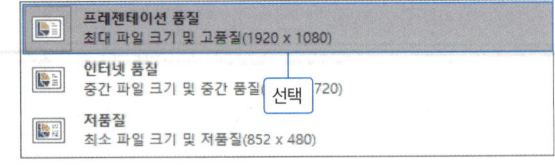

03 '기록된 시간 및 설명 사용' 목록에서 다음 중 하나를 실행합니다.

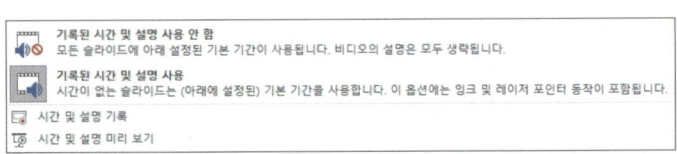

> **tip** 각 슬라이드는 기본적으로 5초씩 표시됩니다. 슬라이드 표시 시간을 변경하려면 [각 슬라이드에 걸리는 시간(초)] 오른쪽의 위쪽 화살표를 클릭하여 시간을 늘리거나 아래쪽 화살표를 클릭하여 시간을 줄입니다.

SECTION 10 목적에 맞게 저장하고 배포하기

04 설정이 모두 끝나면 〈비디오 만들기〉 버튼을 클릭합니다. '다른 이름으로 저장' 대화상자가 표시되면 저장할 위치를 설정하고 파일 이름에 비디오의 이름을 입력하고 〈저장〉 버튼을 클릭합니다.

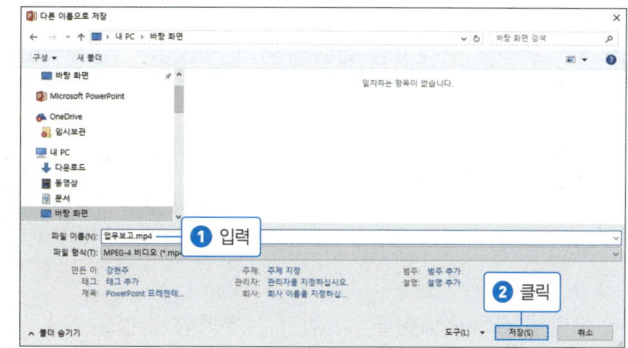

05 프레젠테이션 분량과 내용에 따라 비디오를 만드는 데 오랜

시간이 걸릴 수 있습니다. 화면 아래의 상태 표시줄을 비디오 만들기의 진행 과정을 확인하면서 조금 기다립니다. 만들기가 끝난 후 새로 만든 비디오를 재생하려면 설정한 폴더 위치로 이동한 다음 파일을 더블클릭합니다.

3 CD용 프레젠테이션 패키지 만들기

어느 컴퓨터에서나 글꼴이나 연결된 미디어들이 문제없이 보이도록 안전하게 저장하는 방법입니다.

01 복사할 프레젠테이션을 엽니다. 아직 저장하지 않은 새 프레젠테이션으로 작업하고 있는 경우에는 프레젠테이션을 먼저 저장합니다.
[파일] 탭 → [내보내기] → [CD용 패키지 프레젠테이션]을 선택한 다음, 오른쪽 창에서 〈CD용 패키지〉 버튼을 클릭합니다.

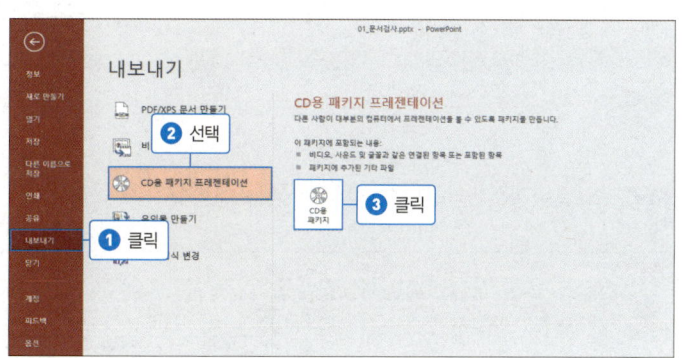

02 'CD용 패키지' 대화상자가 표시됩니다. 복사할 프레젠테이션을 추가하려면 〈추가〉 버튼을 클릭한 다음 파일 추가 대화상자에서 추가할 프레젠테이션을 선택하고 추가를 클릭합니다.
추가할 각 프레젠테이션에 대해 이 단계를 반복하고, 파워포인트가 아닌 기타 관련 파일을 패키지에 추가하려는 경우에도 이 단계를 반복합니다.

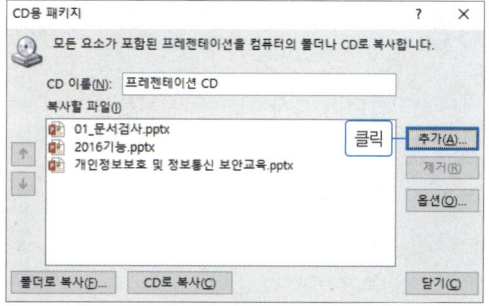

03 〈옵션〉을 클릭한 다음 아래의 항목을 필요에 따라 선택하고 설정이 끝나면 〈확인〉 버튼을 클릭합니다.

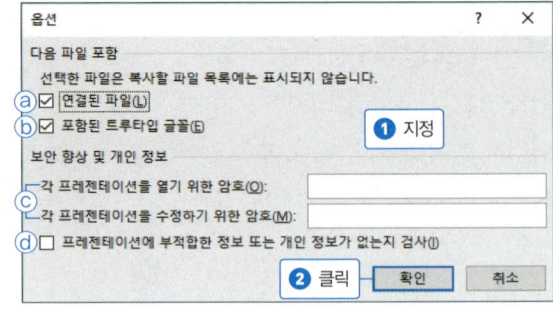

ⓐ **연결된 파일** : 프레젠테이션에 연결된 파일을 패키지에 포함합니다. 차트, 사운드 파일, 동영상 클립 등에 연결된 Microsoft Office Excel 워크시트가 연결될 수 있습니다.

ⓑ **포함된 트루타입 글꼴** : 포함된 트루타입 글꼴을 사용하려면 확인란을 선택합니다.

ⓒ **각 프레젠테이션을 열기 위한 암호/각 프레젠테이션을 수정하기 위한 암호** : 복사된 프레젠테이션을 열거나 편집하기 전에 암호를 입력하도록 하려면 열기 위한 암호, 수정 때 사용할 암호 또는 두 가지 암호 모두 입력합니다.

ⓓ **프레젠테이션에 부적합한 정보 또는 개인 정보가 없는지 검사** : 프레젠테이션에 숨겨진 데이터 및 개인 정보가 있는지 검사하려면 확인란을 선택합니다.

04 폴더에 프레젠테이션을 복사하기 위해 〈폴더로 복사〉 버튼을 클릭하고 폴더 이름과 위치를 설정한 다음 〈확인〉 버튼을 클릭합니다.

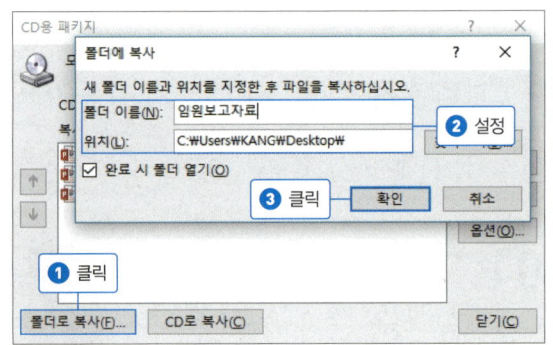

05 연결된 파일을 포함할 것인지 묻는 대화상자가 나타나면, 〈예〉 버튼을 클릭합니다.

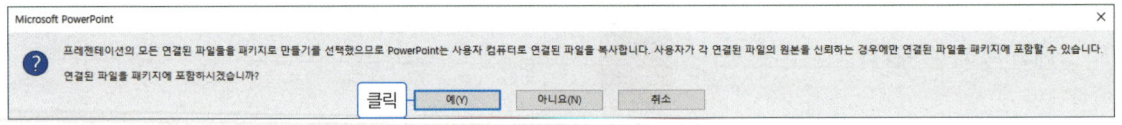

06 파일들이 설정한 폴더에 저장되어 있는 것을 확인할 수 있습니다. 이 폴더만 복사하면 빠지는 부분 없이 안전하게 실행할 수 있습니다.
더 이상 CD용 패키지를 작성하지 않는다면 'CD용 패키지' 대화상자의 〈닫기〉 버튼을 클릭합니다.

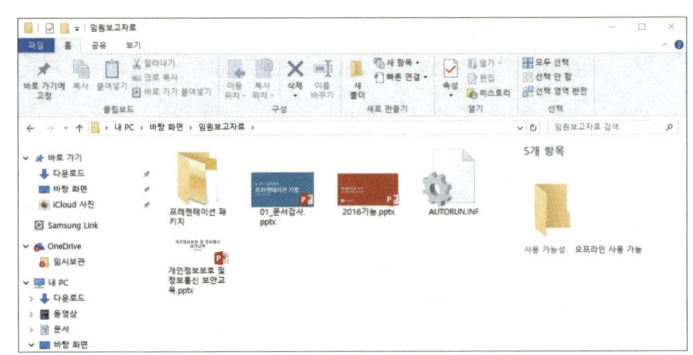

4 유인물 만들기

01 [파일] 탭 → [내보내기] → [유인물 만들기]를 선택한 다음 오른쪽 창에서 〈유인물 만들기〉 버튼을 클릭합니다.

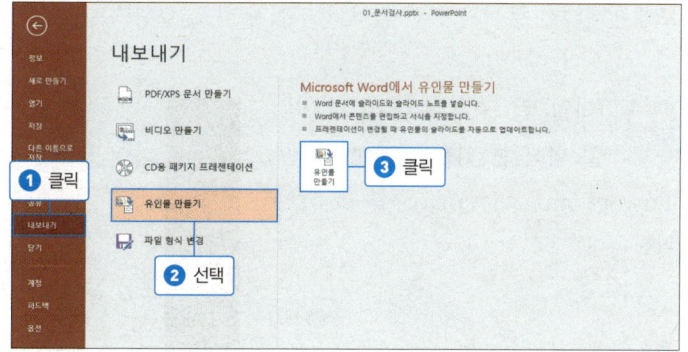

02 Microsoft Word의 페이지 레이아웃 중 원하는 형태를 선택하고 〈확인〉 버튼을 클릭합니다. 원본과 연결하려면 '연결하여 붙여넣기'를 선택합니다.

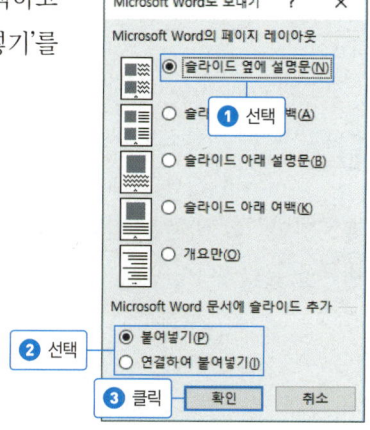

03 Microsoft Word 프로그램이 실행되고 선택한 형태의 유인물이 만들어지는 것을 확인할 수 있습니다.

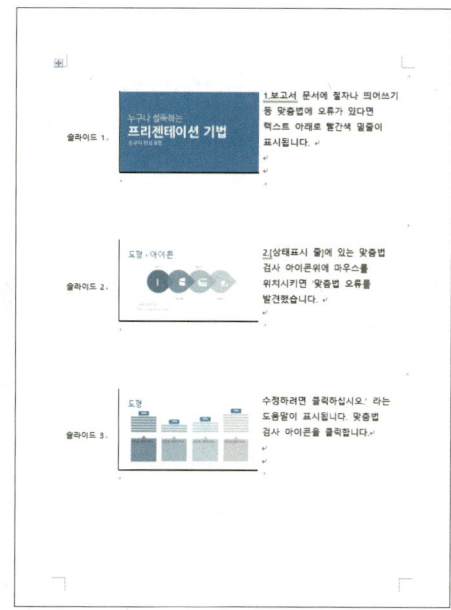

5 PowerPoint 쇼로 저장하기

프레젠테이션 문서를 열면 슬라이드 쇼가 바로 실행되는 형식으로 저장할 수 있습니다.

01 [파일] 탭 → [내보내기] → [파일 형식 변경]을 선택한 다음 'PowerPoint 쇼(*.ppsx)'를 더블클릭합니다.

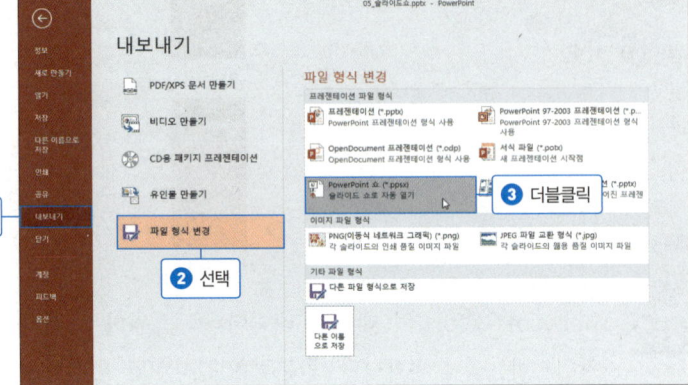

02 '다른 이름으로 저장' 대화상자가 표시되면 저장할 위치를 설정하고, 프레젠테이션의 이름을 입력한 다음 〈저장〉 버튼을 클릭합니다.

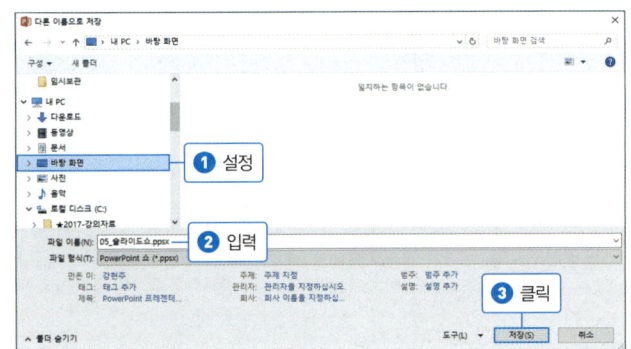

6 수정할 수 없는 그림 형식으로 프레젠테이션 파일 저장하기

프레젠테이션 문서의 슬라이드 내용을 수정할 수 없는 그림 형태로 저장할 수 있습니다.

01 [파일] 탭 → [내보내기] → [파일 형식 변경]을 선택한 다음 'PowerPoint 그림 프레젠테이션 (*.pptx)'을 더블클릭합니다.

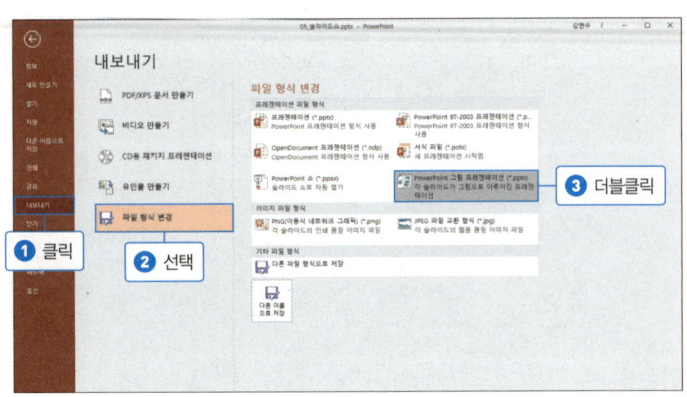

SECTION 10 목적에 맞게 저장하고 배포하기

02 '다른 이름으로 저장' 대화상자가 표시되면 저장할 위치를 설정하고, 파일 이름을 입력한 다음 〈저장〉 버튼을 클릭합니다.

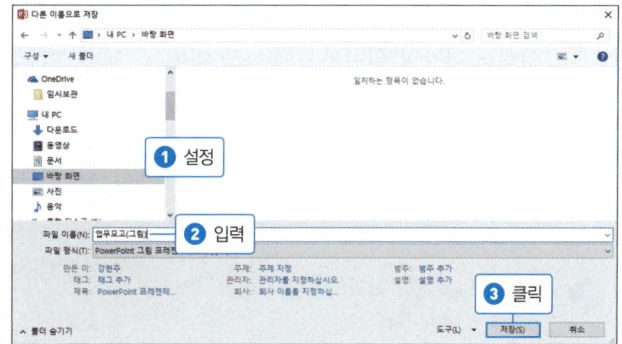

03 설정한 위치에 저장되었다는 대화상자가 표시되면 〈확인〉 버튼을 클릭합니다.
저장된 파일을 열어보면 슬라이드의 내용과 같은 하나의 이미지 파일로 저장되어 있는 것을 확인할 수 있습니다.

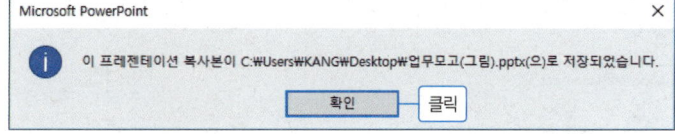

7 그림으로 저장하기

각각의 슬라이드를 이미지로 만들 수 있습니다.

01 [파일] 탭 → [내보내기] → [파일 형식 변경]을 선택한 다음 'PNG(이동식 네트워크 그래픽)(*.png)' 또는 'JPEG 파일 교환 형식(*.jpg)'을 더블클릭합니다.

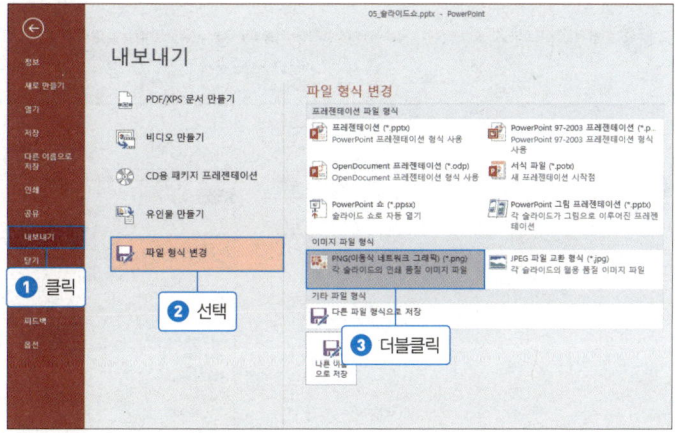

573

02 '다른 이름으로 저장' 대화상자가 표시되면 저장할 위치를 설정하고 파일 이름을 입력한 다음 〈저장〉 버튼을 클릭합니다.

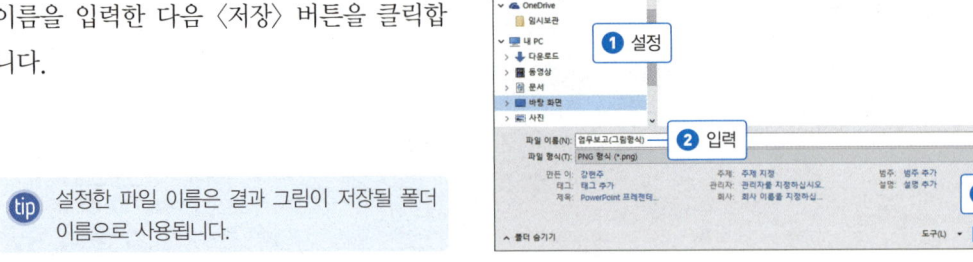

tip 설정한 파일 이름은 결과 그림이 저장될 폴더 이름으로 사용됩니다.

03 프레젠테이션 파일의 모든 슬라이드를 그림으로 저장하려면, 〈모든 슬라이드〉 버튼을 클릭합니다.

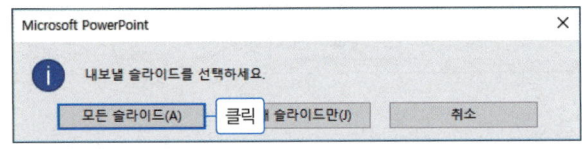

tip [현재 슬라이드만] 버튼을 클릭하면 현재 슬라이드 한 장만 그림으로 저장합니다.

04 설정한 위치에 저장되었다는 대화상자가 표시되면 〈확인〉 버튼을 클릭합니다.

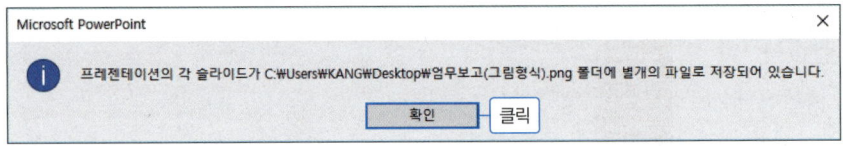

05 윈도우 탐색기로 저장 위치를 확인하면 슬라이드가 그림으로 저장된 것을 확인할 수 있습니다.

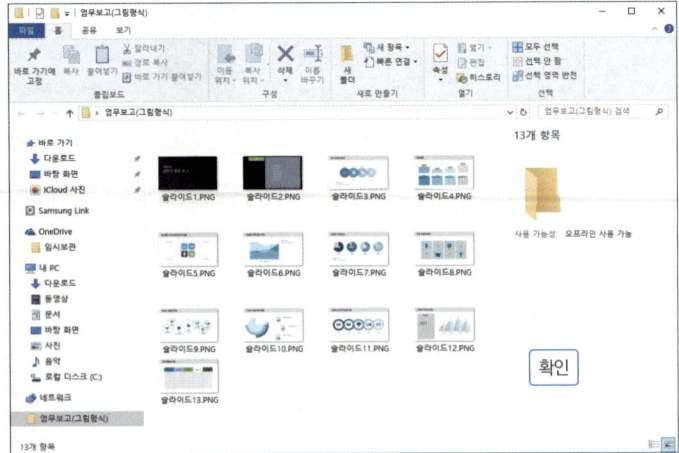

찾아보기
INDEX

ㄱ-ㄴ

가로 막대형 245
강조하기 502
개요 보기 38, 321
개체 112
거품형 246
겹선 161
계정 31
고급 검색 213
구글 알리미 51
구역 97
그라데이션 156
그래픽 만들기 234
그림 바꾸기 192
그림 보정 옵션 202
그림 색 옵션 203
그림 서식 205
그림 스타일 205
그림 압축 34, 214
그림으로 저장 209
그림자 162
글머리 기호 123, 124
기본 보기 38
기타 간격 131
기호 118
기획 단계 47
깔때기형 251
꺾은선형 244
꾸밈 효과 204
끝내기 503
끝 모양 161
나타내기 502
네온 163
눈금선 175

ㄷ

단축키 114
대/소문자 바꾸기 134
대시 161

데이터 계열 서식 396
데이터 요소 서식 397
도형 143
도형 모양 변경 375
도형 병합 333
도형에 맞춰 자르기 196, 198
디자인 아이디어 104

ㄹ-ㅁ

리본 메뉴 42
리본 사용자 지정 75
링크 490
마인드 맵 50
맞춤 180, 199
맞춤법 검사 137
맞춤법 검토 64
맞춤 확인 96
머리글/바닥글 540
모핑 전환 483
목록 수준 113
목차 51
무료 이미지 344
문서 검사 65
문제 확인 65
미니 도구 모음 83, 170
미니 번역기 135
미디어 303
미디어 압축 299
미디어 호환성 최적화 298
밑면에서의 거리 166

ㅂ

바꾸기 135
반사 163
발표 단계 48
발표자 도구 활용 478
방사형 248
배경 제거 212
번호 매기기 125, 310

보안 센터 76
보안 센터 설정 36
부드러운 가장자리 163
분산형 246
비디오 283
비디오 삽입 291
비디오 옵션 286
비디오 트리밍 292
빠른 스타일 154
빠른 실행 도구 모음 76, 78

ㅅ

사진 앨범 216
삽입 및 연결 188
상자 수염 그램 250
상태 표시줄 30
서식 복사 171
선버스트 249
선택 177
세로 막대형 244
셀 여백 281
소리 녹음 414
쇼 재구성 542
수식 121, 122
수정 작업 202
수준 내리기 235
수준 올리기 235
스마트 가이드 174
스마트 조회 134
스토리보드 453
스포이트 172
슬라이드 노트 30, 100
슬라이드 마스터 62, 418
슬라이드 번호 435
슬라이드 삭제 95
슬라이드 쇼 진행 476
슬라이드 스케치 60
슬라이드 크기 428
시도 검색 창 29

ㅇ

아이콘 220
안내선 174
알마인드 50
애니메이션 108, 502
언어 교정 72
에버노트 55
여러 슬라이드 보기 38
연결선 149
연결점 161
영역형 246
예행 연습 68
오디오 303
오디오 녹음 414
오디오 스타일 304
오디오 트리밍 305
온라인 비디오 291
옵션 70
원래대로 166
원형 245
유인물 마스터 536
유인물 마스터 보기 40
이동 경로 503, 517
이미지 크기 및 품질 74
인쇄 526
입체 효과 164
잉크 수식 122

ㅈ

자동 고침 옵션 72
자료 수집 51
자르기 195
자세히 아이콘 45
저장 옵션 33
전자 메일 주소 494
전환 효과 적용 480
점 편집 339
정렬 178
정보 31

제작 단계 48
조명 165
조정 202
좌우 대칭 190
주식형 247
줄 간격 127
중지점 157
지도 247

ㅊ

차트 244
차트 스타일 253
차트 필터 257
채우기 155, 199
책갈피 293
최근에 사용한 도형 143
최대화 96
추가 기능 76

ㅋ-ㅌ

콤보 251
콤보 차트 264
클라우드 57
타이밍 508
탭 42
테두리 그리기 280
테마 102
테마 글꼴 432
테마 색 430
텍스트 112
텍스트 윤곽선 140
텍스트 창 232
텍스트 효과 141
투명한 색 설정 211
트리맵 248

ㅍ-ㅎ

파일에 연결 188
패턴 160
페이드 아웃 306
페이드 인 306
편집 옵션 73
포켓 54
폭포 250
표 269
표 그리기 280
표면형 248
프레젠테이션 47
프레젠테이션 관리 35
핀터레스트 56
한글 입력 체계 73
해상도 352
행/열 전환 256
호환성 검사 566
화면 녹화 407
화살표 161
확대/축소 497
회색조 527
히스토그램 249

번호

3차원 서식 164
3차원 회전 166

A-Z

EMF 398
OneDrive 57
PDF/XPS 567
SmartArt 그래픽 224
WMF 398
WordArt 138
Xmind 50
YouTube 290